Sandra Hofhues & Konstanze Schütze (Hg.)

Doing Research – Wissenschaftspraktiken zwischen Positionierung und Suchanfrage

SCIENCE STUDIES

Sandra Hofhues & Konstanze Schütze (Hg.)

Doing Research – Wissenschaftspraktiken zwischen Positionierung und Suchanfrage

mit Beiträgen von
Maike Altenrath, Shakuntala Banaji, Maximiliane Baumgartner, Oliver Berli, Andreas Breiter, Johannes Breuer, Alena Bührer, Valentin Dander, Sarah-Mai Dang, DIS, Carmela Fernández de Castro y Sánchez, Georg Fischer, Jona T. Garz, Till Gathmann, Magdalena Götz, Naomie Gramlich, Jennifer Grüntjens, Annika Haas, Annemarie Hahn, Maximilian Heimstädt, Bianca Herlo, Petra Herzmann, Anna Heudorfer, Markus Hoffmann, Tobias Jenert, Anja Kaiser, Kristin Klein, Gila Kolb, Sven Kommer, Katrin Köppert, Michaela Kramer, Gesa Krebber, Nicole Kreckel, Martina Leeker, MELT (Ren Loren Britton & Isabel Paehr), Thorsten Lorenz, Jörn Loviscach, Felicitas Macgilchrist, Katja Mayer, Katharina Mojescik, Gerald Moll, Sina Musche, Stephan Porombka, Fabian Rack, Julia Reuter, Lilli Riettiens, Aurora Rodonò, Burkhard Schäffer, Sabrina Schaper, Ingrid Scharlau, Mandy Schiefner-Rohs, Julia Schütz, Marie Schwarz, Nakeema Stefflbauer, Henrike Terhart, Angela Tillmann, Dan Verständig, Lena Wagner, Claudia de Witt, Tim Wolfgarten, Nushin Yazdani, Manuel Zahn.

[transcript]

Bibliografische Information der Deutschen Nationalbibliothek
Die Deutsche Nationalbibliothek verzeichnet diese Publikation in der Deutschen Nationalbibliografie; detaillierte bibliografische Daten sind im Internet über http://dnb.d-nb.de abrufbar.

Dieses Werk ist lizenziert unter der Creative Commons Attribution 4.0 Lizenz (BY). Diese Lizenz erlaubt unter Voraussetzung der Namensnennung des Urhebers die Bearbeitung, Vervielfältigung und Verbreitung des Materials in jedem Format oder Medium für beliebige Zwecke, auch kommerziell. (Lizenztext: https://creativecommons.org/licenses/by/4.0/deed.de)
Die Bedingungen der Creative-Commons-Lizenz gelten nur für Originalmaterial.

Die Wiederverwendung von Material aus anderen Quellen (gekennzeichnet mit Quellenangabe) wie z.B. Schaubilder, Abbildungen, Fotos und Textauszüge erfordert ggf. weitere Nutzungsgenehmigungen durch den jeweiligen Rechteinhaber.

Erschienen 2023 im transcript Verlag, Bielefeld
© Sandra Hofhues, Konstanze Schütze (Hg.)

Umschlaggestaltung/Umschlagabbildung: Carmela Fernández de Castro y Sánchez, Paul Barsch
Lektorat/Korrektorat: Marie Schwarz
Layout/Satz: Carmela Fernández de Castro y Sánchez
Mappings und visuelle Beratung: Paul Barsch
Druck: Majuskel Medienproduktion GmbH, Wetzlar

Print-ISBN 978-3-8376-5632-9
PDF-ISBN 978-3-8394-5632-3
https://doi.org/10.14361/9783839456323
Buchreihen-ISSN: 2703-1543
Buchreihen-eISSN: 2703-1551

Gedruckt auf alterungsbeständigem Papier mit chlorfrei gebleichtem Zellstoff.
Besuchen Sie uns im Internet: https://www.transcript-verlag.de
Unsere aktuelle Vorschau finden Sie unter www.transcript-verlag.de/vorschau-download

- **Inhalt**

.	Vorwort		10
—	Eine paradoxe kleine Form, keine Abkürzung	Jona T. Garz, Lilli Riettiens	12
.exe	Software und ihre Bedeutung für eine erziehungswissenschaftliche Medienforschung	Dan Verständig	18
.png	Nein ist Zufall	Maximiliane Baumgartner	26
.txt	Queer Reading, Writing and Performing Text with the Young Girl Reading Group	Magdalena Götz	34
*	Signifikanz	Ingrid Scharlau, Tobias Jenert	44
#	Zum Potenzial des Hashtags für Wissenschaft und Forschung	Alena Bührer	52
Abb.	Forschung unter Einbezug des Bildlichen	Tim Wolfgarten	62
Abs.	Transkripte als Irritation wissenschaftlichen Schreibens in Absätzen	Burkhard Schäffer	72
Abt.	Forschungsorganisation an Hochschulen für angewandte Wissenschaften	Katharina Mojescik, Angela Tillmann	82
AFK	Designforschung im Kontext sozialer und politischer Partizipation	Bianca Herlo	90
allg.	Drei Überlegungen zum scheinbar Allgemeinen	Markus Hoffmann	98
Anm.	Phänomene, Persona, Publikum des Wissenschaftsblogs	Jörn Loviscach	106
Aufl.	Training for Complexity	DIS	114
(b)cc	Verstreutes Wissen. Die Hochschule der Kopier-Maschinen	Thorsten Lorenz	122
Bd.	Von Verbindungen und Banden des Wissens	Katja Mayer	130
bzw.	Eine bildungswissenschaftliche Sicht auf Künstliche Intelligenz	Claudia de Witt	138
ca.	Im paradoxen Feld der gewollten Ungenauigkeit	Lena Wagner	146
CC	Creative Commons	Fabian Rack	154

cmd	Ein Kommando zur Berechnung auf der Hinterbühne	Andreas Breiter	162
cmd+v	Visual Essay	Anja Kaiser	170
d.h.	Ein erster Versuch	Sven Kommer	178
DR	Doing Research als Blicke ins Buch(-konzept)	Sandra Hofhues, Konstanze Schütze	184
Einf.	Die Einführung in Wissenschaft als Aushandlungsprozess	Anna Heudorfer	192
Erstausg.	… und Versionen. Publizieren in digitalen Makromilieus	Annemarie Hahn	200
et al.	The Hidden Others in Research	Shakuntala Banaji	208
et al.	Wissenschaftliche Zusammenarbeit zwischen Anspruch und Wirklichkeit	Henrike Terhart	216
ff.	Reglementierte Fragilität und performende Unschärferäume	Martina Leeker	224
#fyeo	For whose eyes only? Zur Sichtbarkeit von Forschungsprozessen	Gila Kolb	238
#FYEO	Future Tense: AI from the Margins	Nakeema Stefflbauer, Nushin Yazdani	246
ggf.	Zu den Möglichkeitsbedingungen von Ästhetischer Film-Bildung	Manuel Zahn	254
hrsg.	Zwischen Vernetzung, Diskursanregung und Kooperation	Mandy Schiefner-Rohs	262
Hg.	Kollaboration sichtbar machen	Gesa Krebber	270
i.d.R.	(K)eine Regel für die Regel?	Sina Musche, Jennifer Grüntjens	280
N.N.	What is it, I do(n't) not know? I (we) do not know (but will feel) the name.	MELT (Ren Loren Britton, Isabel Paehr)	288
o.T.	Schreibtischforschung	Stephan Porombka	296
o.A.	Mit und ohne Namen: Warum jedes Schreiben situiert ist	Naomie Gramlich, Annika Haas	304

o.D.	Wie ein fehlendes Datum Standards, Temporalität und Legitimität gestalten kann	Felicitas Macgilchrist	312
o.J.	Recherchepraktiken, Datenquellen und Modellierungen	Sarah-Mai Dang	320
o.O.	Aber standortgebunden: Wissenschaftstheoretische Verortungen	Maike Altenrath	328
S.	Forschungspraxis des Verweisens, Aufforderns und Sichtbarmachens	Michaela Kramer	338
[sic!]	Mit Lauren Berlant durch den Türspalt der Zeiten	Katrin Köppert	346
Tab.	Tabellen und Träume als Technologien des Wissens	Kristin Klein	352
t/'dr	Ethnomethodologische Überlegungen zur Erforschung wissenschaftlicher Textproduktion	Sabrina Schaper	360
u.a.	Das Wissen der „Anderen". Oder: Den weißen Diskursraum denormalisieren	Aurora Rodonò	368
usw.	Aus der Reihe Tanzen als akademische Performance	Valentin Dander	376
Verf.	Texte schreiben, autorisieren, bewerten	Julia Reuter, Oliver Berli	384
Verl.	Eine Kartographie des wissenschaftlichen Verlegens	Maximilian Heimstädt, Georg Fischer	392
vgl.	Funktionalitäten in Erziehungswissenschaft und Design	Julia Schütz, Gerald Moll	400
vgl.	Verhandlungen	Till Gathmann	408
www	Die Funktionen des Internets für die Wissenschaft	Johannes Breuer	416
z.B.	Forschungsmethod(olog)ische Überlegungen zum Verallgemeinern	Petra Herzmann	424
z.Zt.	Vom Umgang mit politischen Bildwelten	Nicole Kreckel	432
.	Autor*innen		440

Vorwort

Sandra Hofhues, Konstanze Schütze

Doing Research ist eine kollegiale Einladung zur Gegenwartsbeschreibung und widmet sich der Mustersuche in den Praxen, Themen und Werkzeugen sowie Materialitäten, Methoden und Strukturen von Wissenschaft unter den Bedingungen der Digitalität. Das titelgebende Konzept des Doings weist dazu eine lange und hilfreiche Tradition auf: Mit ihm wird ein sozialer Konstruktionsprozess verbunden, wonach Wirklichkeit nie eindeutig (vor-)gegeben ist, sondern performativ und damit im Umgehen *mit* etwas oder jemandem hergestellt wird. Übertragen auf unser Buch bedeutet dies, dass wir *das* Forschen entsprechend als ständige Suchbewegung und *die* Forschung als Ort permanenter diskursiver Verhandlungen verstehen. Dabei interessieren uns insbesondere die Herstellungsprozesse *von* Forschung einschließlich ihrer institutionellen und gesellschaftlichen Einbettungen, nicht zuletzt in der Lehre. Wir fragen danach, wie sich ausgehend davon Wissenschaftspraktiken formen, habitualisieren und – auch von ihren Grenzen und Zwischenergebnissen her – denken und konturieren lassen.

Um die scheinbar selbstläufigen Herstellungsprozesse von Forschung greifbar zu machen, geht den Beiträgen in diesem Band eine absichtsvolle Irritation und Verunsicherung voraus, die ihre Verfasser*innen dazu anregte (gar zwang), die eigenen Routinen als Wissenschaftler*in zu befragen. So bestand die Einladung darin, einen wissenschaftlichen oder künstlerischen Beitrag ausgehend von einer Abkürzung zu verfassen und den Ausgangspunkt für ein situiertes Nach-Denken über die jeweilige Praxis an diesen unbedeutenden Partikel zu binden. Inwieweit der Band nun dadurch zu einem Glossar oder zu einem Stimmungsbild für aktuelles Forschen wird, überlassen wir gern Ihren Erkundungen. Aus unserer Sicht zeichnen die Beiträge selbst ein ausgesprochen vieldimensionales Bild gegenwärtigen Forschens mit transdisziplinären Anknüpfungspunkten zwischen Bildung und Digitalität.

Angesichts der unternommenen Suchanfragen und Positionierungen sagen wir abschließend *Danke* für einen unbezifferbar wertschätzenden Austausch, sanfte Verhandlungen und überzeugende Ankerpunkte: Allen Teilhaber*innen danken wir für ihre Beiträge, insbesondere aber dafür, dass sie unserer (Such-) Anfrage derart produktiv nachgegangen sind. Paul Barsch danken wir für die beratende Begleitung, das sinnstiftende Cover und seine visuelle Spur durch das Buch. Unser Dank gilt auch Marie Schwarz, die sich als Lektorin auf viel Lesearbeit eingelassen hat und den Beiträgen – Zitat – den letzten Schliff gab. Und nicht zuletzt danken wir Lea Saha Choudhury für die Abfrage zur Forschung, Filiz Aksoy, Sina Musche und Jennifer Grüntjens für die wissenschaftliche Vorbereitung sowie Paula Goerke und Anna Sprenger für die Unterstützung bei der Übersetzung. Carmela Fernández de Castro y Sánchez danken wir für das wundervolle Gesamtlayout und den Satz aller Beiträge, sodass unser Buch in Eigenregie zu dem werden konnte, was es nun geworden ist.

Wir wünschen eine allseits anregende Lektüre mit zahlreichen interessanten Einblicken und Einsichten.

Hagen/Köln, im April 2022
Sandra Hofhues und Konstanze Schütze

— Eine paradoxe kleine Form, keine Abkürzung   Jona T. Garz, Lilli Riettiens

*Der _ (**Unterstrich**) komprimiert Wissen aus einem komplexen Diskurs um die soziale Konstruiertheit von Geschlecht, während er zugleich den Raum für das Nachdenken über vergeschlechtlichte Subjekte jenseits von Binarität vergrößert. Als paradoxe kleine Form rückt der _ demnach neben historischen und gegenwärtigen Aushandlungsprozessen von Geschlechtlichkeit auch deren jeweilige Aktualisierungen in Forschungspraxis und Wissenserzeugung in den Blick.*

Von Abkürzungen und kleinen Formen

Insbesondere im Kontext wissenschaftlicher Textproduktion ergeben sich Abkürzungen häufig aus einer Notwendigkeit der Textkürzung, wenn die maximale Wörter- oder Zeichenzahl erreicht oder bereits überschritten ist. Herausgebende von Zeitschriften oder Sammelbänden geben die maximale Zeichenzahl für einen Artikel vor, aber auch Twitter begrenzt die Zeichenzahl für einen Tweet und Formulare – elektronische allemal – legen fest, wie viele Buchstaben für eine Antwort möglich sind. Und wenn wir uns beim Schreiben von SMS an die 160 Zeichen halten wollten, um nicht zwei zu versenden, dann waren Abkürzungen neben dem Weglassen von Leerzeichen das Mittel der Wahl. Die Verbindung von Abkürzung und Zeitknappheit offenbart sich vor allem im Akt des Notierens: Meist kürzen wir ab, während wir zuhören, wenn es schnell gehen muss. Abkürzungen erweisen sich hier als von Flüchtigkeit geprägt.

In den genannten Beispielen zeichnet sich ab, dass Abkürzungen vor allem „situativen Erfordernissen angepasst" sind (Jäger/Matala de Mazza/Vogl, 2020: 2), manchmal sind sie schlichtweg praktisch. Und gleichzeitig – und das präsentiert uns der vorliegende Band – eröffnet eine meist aus wenigen Buchstaben bestehende Abkürzung den Blick auf vielschichtiges Wissen, das klein *gemacht* wurde. Als eben solche Resultate von „Verkleinerungsoperation[en]" lassen sich Abkürzungen als kleine Formen lesen (ebd.; siehe auch **ca.**, Wagner 2023), die sich in einem Spannungsfeld von „Komprimierung, Kompromiss und Kompromittierung" bewegen (Jäger/Matala de Mazza/Vogl, 2020 : 1). Im klassischen Sinn bezeichnet das Konzept der kleinen Form zum einen kurze, das heißt kleine Textsorten wie Tagebucheinträge, Essays, Merksprüche, Witze, Fabeln, Kommentare, Gutachten oder Ähnliches. Zum anderen bezieht es sich auch auf die Darstellung von Texten, beispielsweise in Tabellen, Vordrucken, Formularen, Fragebögen oder Listen (vgl. u. a. ebd.; Gamper/Mayer 2017). Mitgedacht wird dabei, dass sowohl die Textsorten als auch die Formen, in denen Informationen geordnet und visualisiert werden, eine epistemische Funktion haben. Sie sind an der Weitergabe von Erfahrungen und an der Hervorbringung ‚neuen Wissens' beteiligt und damit sowohl Bedingung als auch Resultat von Wissenspraktiken. Anschaulich zeigen lässt sich diese Gleichzeitigkeit anhand des Beispiels des Formulars. Mit Hilfe standardisierter Formulare werden Informationen und Beobachtungen zu Körpern (Hoffmann 2008), Tierpräparaten (MacKinney 2019), der Bevölkerung (von Oertzen 2017) oder ganz allgemein zu einem Fall (Hess/Mendelsohn 2013) erhoben und auf äußerst ökonomische Weise auf einer Seite hierarchisch und visuell arrangiert. Dabei ist notwendigerweise bereits diskursiv verhandelt, welche Informationen, welches Wissen als relevant gilt oder gelten kann: Formulare sind undenkbar ohne das ihnen vorgängige Wissen. Die ‚Leistung' des Formulars ist demnach die Verkleinerung und Verdichtung dieses Wissens bei gleichzeitiger (vorübergehender) Komplexitätsreduktion (Paris 2005). Auf formaler Ebene verkleinert und ordnet das Formular Wissen, auf inhaltlicher Ebene reduziert es dessen Komplexität und ermöglicht dadurch überhaupt erst ein Erkennen und Verstehen (Becker 2009). Das Ausfüllen des Formulars und seine (serielle) Verwendung – also das Eintragen von Beobachtungen und Informationen und das genaue Hinsehen, zu dem das Formular anhält – schaffen die Voraussetzungen zur Erzeugung ‚neuen Wissens'. Indem wir die Abkürzung als kleine Form lesen, verweisen wir also auf das *Klein-gemacht-Werden*, das einerseits das *Doing* und damit seine Verwobenheit mit der (Forschungs-) Praxis vergegenwärtigt, während es andererseits ermöglicht, die sich darin abspielenden Diskurse in den Fokus zu rücken.

Vom _ als paradoxer kleiner Form

Abkürzen steht in enger Verbindung zu Zeit und Raum. Wenn wir auf dem Weg zu einem Treffen und spät dran sind, dann nehmen wir eine Abkürzung, um schneller an unser Ziel zu gelangen. Wenn die Zeitschrift uns in Form einer maximalen Wörterzahl lediglich einen gewissen Raum für die Verschriftlichung unserer Gedanken zuweist, dann schreiben wir in (den *erlaubten*) Abkürzungen. Anders verhält es sich hingegen in Bezug auf den _, bei dem es sich keineswegs um eine auf Raum- oder Zeitknappheit reagierende Abkürzung handelt (Stefanowitsch 2018). Vielmehr (er)öffnet er der Idee nach einen Raum und schafft (einen) Platz für all diejenigen, „die sich nicht unter die beiden Pole hegemonialer Geschlechtlichkeit subsumieren lassen wollen und können", denen „ein eigener Ort" bis dato jedoch verwehrt blieb (S_HE 2003: o.S.).[1] Als typografische Intervention wird der _ damit zu einer Raumaneignung, die gleichsam von Verweilen und Bewegung geprägt ist. Denn während es gilt, „diesen Raum dauerhaft zu besetzen" (ebd.), markiert er doch ebenso einen fluiden Prozess absichtsvoll unabschließbarer De- und Rekonfigurationen von Geschlechtsmöglichkeiten jenseits binärer Substantive.

Vor diesem Hintergrund entfaltet der _ in gleich dreifacher Weise performative Kraft: Indem er das Wissen um queeres beziehungsweise nicht-binäres Leben in Text transformiert, verweist er (1) auf die Konstruiertheit einer binären Geschlechterordnung, die auf diese Weise mit jedem Einsatz als zweifelhaft markiert wird. (2) Verortet sein Einsatz die Schreibenden selbst im Diskurs um (nicht-)gendersensibles[2] Sprechen. Der _ dient dann als *signifier*, der markiert, dass den Schreibenden bewusst ist, dass Gender nicht „the assignment of roles to physically different bodies" ist, sondern die „attribution of meaning to something that always eludes definition" (Scott 2001: 6). (3) Eröffnet er einen Möglichkeitsraum, der durch das Erzeugen eines Körper-Wissens jenseits binärer Zuschreibungen das „verändert, was als Erfahrung von Geschlecht und Körper möglich ist und war" (S_HE 2003: o.S.). Die Aneignung dieses Raums erweist sich demnach als auch über den Text hinaus wirksam, denn der _ schafft Platz für „neue[] Körpersubjektivitäten" (ebd.). So gesehen lässt er sich nicht als Abkürzung im Wortsinn verstehen, die ein Ergebnis „sprachlicher Effizienz" ist (Jäger/Matala de Mazza/Vogl 2020: 1), sondern vielmehr als kleine Form. Auch der _ als kleine Form komprimiert Wissen: Den äußerst komplexen, umkämpften und unabgeschlossenen Diskurs um die soziale Konstruiertheit von Geschlecht. Anstatt bei der Markierung einer jeweiligen Subjektposition die Argumente, Abwägungen und Probleme jedes Mal aufs Neue explizieren zu müssen, verdichtet der _ dieses Wissen und re-präsentiert es. Hier machen wir in Bezug auf den _ ein Paradox aus: Während er einerseits die Komprimierung eines Diskurses auf engem Raum ermöglicht, vergrößert er in der gleichen Bewegung den Raum. Dadurch werden andere Fragen nach vergeschlechtlichten Identitäten formulierbar und neues Wissen kann entstehen. Der im _ komprimierte Diskurs ermöglicht eine Ausdehnung des Raums im Nachdenken über vergeschlechtlichte Subjekte. Der _ oszilliert demnach im Spannungsfeld von Verkleinerung und Vergrößerung und avanciert damit zu einer *paradoxen* kleinen Form.

Doing historical Research

Um ihr Argument zu bekräftigen, dass es beim gendersensiblen Sprechen nicht um „[s]tarre Regelanwendung" gehen solle, sondern vielmehr um ein „kontextuelle[s] Abwägen", führen Mai-Anh Boger und Lena Staab (2020: 78) ein Beispiel aus einer ihnen vorgelegten Hausarbeit an. Darin sei die Rede von den „Senator_innen Roms" gewesen – die starre Regelanwendung habe folglich „zu Geschichtsverfälschung [ge]führt, indem Frauen zum Beispiel rückwärtig das Wahlrecht erteilt" worden wäre (ebd.). Hier zeichnet sich ein Argument ab, das uns als unter anderem historisch Arbeitenden häufig begegnet: Das Argument der *Ahistorizität*. Es lässt sich wohl als Sorge lesen, den historischen Gegenständen ‚nicht gerecht' zu werden. Boger/Staab scheinen mit ihrem Beispiel also dafür zu plädieren, lediglich die ‚männliche Form' (Senatoren) zu verwenden, bei der es sich in diesem Fall eben nicht um ein generisches Maskulinum handelt. Die ‚männliche Form' soll an dieser Stelle ganz explizit darauf aufmerksam machen, welche Ein- und Ausschlüsse das damalige politische System im römischen Reich re-produzierte. Auf (mindestens) zwei miteinander verwobenen Ebenen lassen sich hier Prozesse des *Doing Gender* ausmachen: Einerseits auf der Ebene der aktuell Forschenden, andererseits auf der Ebene des Forschungsgegenstands. Liest man Geschlecht nicht etwa als essentielle Eigenschaft von Personen, sondern als von Menschen in sozialen Interaktionen hervorgebracht, vermag die – ob bewusste oder unbewusste – Verwendung des _ bei den „Senator_innen Roms" die Frage anzustoßen, wer im Untersuchungszeit-Raum überhaupt die Möglichkeit hatte, Mitglied des Senats zu werden. Die Verwendung von *Senatoren* in der ‚männlichen Form' suggeriert, es hätten lediglich ‚Männer' Anspruch auf einen Sitz im Senat gehabt. Gleichzeitig stellt sich die Frage, welche ‚Männer' diesen Anspruch in der damaligen Zeit erheben konnten. Der Annahme folgend, dass Geschlecht je nach Kontext, Zeit, Kultur und Ort neu mit Bedeutung aufgeladen werden muss, muss dies auch für historische Kontexte und Akteur_innen gelten: ‚Männlichkeit' war also auch im damaligen Rom Produkt einer Herstellungsleistung, die es überzeugend darzustellen galt (Lindemann 1993/2011: 29). Auf Ebene des Forschungsgegenstands ermöglicht der _ also Fragen nach dem *Doing Gender* damaliger Akteur_innen, in diesem Fall danach, wodurch die ‚Männlichkeit' der ‚Senatoren' überhaupt definiert war: Welche Erwartungen etwa an Klasse, *race*, Kleidung, Sprache, Gestik und Mimik ermöglichten es den ‚Senatoren', als ‚Männer' zu *erscheinen*? Der _ erinnert daran, dass Geschlechterstereotype und das *In-Eins-Fallen* von Sex und Gender imaginierte Ordnungen sind, die ‚reale' Wirkung entfalten. Indem machtvolle Relationen um die Kategorie Geschlecht in den Fokus rücken, wird eine differenzierte historische Auseinandersetzung angestoßen und ermöglicht. Es ist die Sichtbarmachung durch den _, die einerseits den damaligen Prozessen des *Doing Gender* der beteiligten Akteur_innen einen Platz in Sprache, Forschung und damit auch in der Konstruktion von Wirklichkeit einräumt, andererseits aber ebenso den transenden Menschen der Vergangenheit einen Raum zugesteht. Dagegen lässt die Ablehnung des _ in historischer Forschung die Performativität von Geschlecht als ‚moderne Erfindung' erscheinen und re-produziert damit erneut die Annahme, es handele sich bei Geschlecht um feste Materialitäten, „mit denen wir geboren werden" (S_HE 2003: o.S.):

> „Our contemporary belief that gender and sexuality are identities that individuals articulate has dramatically skewed our view of the long-ago past. We are less interested in the significance of rebellion against systemic gender norms in the absence of a declaration of selfhood. We are less able to even see such expressions when the words used to describe them do not line up with our current vocabularies." (Manion 2020: 9)

Vor diesem Hintergrund re-produziert die Bezeichnung *Senatoren* vermeintliche Eindeutigkeiten von Geschlecht und scheint vielmehr das gegenwärtige Bild von ‚Männlichkeit' der Forschenden selbst zu offenbaren. Geschichte erzählt zwar Vergangenes, aber immer nur in Bezug auf die Gegenwart:

> „History is not [...] a reconstruction of how it ‚really' was but th[e] endless construction of new, contemporary stories about the past. And as the present changes, these stories are unavoidably filled in differently." (Depaepe 2010: 32f.)

Die Konflikte um die Nutzung des _ zeugen vor dem Hintergrund, dass der _ einer Idee der Aneignung des Raumes folgt, vom Kampf um eben solche Aneignungsprozesse und Legitimitäten. Der Umstand, dass (historische) Forschung von den beteiligten Akteur_innen betrieben und geformt wird – und deshalb geprägt ist von Aushandlungsprozessen, die sich beispielsweise an kleinen Formen entfachen – rückt in den Fokus, wer darüber bestimmt, ob Schreibweisen ‚legitim' sind. Hierzu gehört in den Geschichtswissenschaften etwa der Vorwurf vermeintlicher Ahistorizität. Als Zeichen gelebter Wissenschaft muss es im Zuge eines *Doing Research* daher immer auch um die Reflektion der eigenen Rolle und des eventuellen eigenen Anspruchs auf Deutungshoheit(en) gehen. Mit Blick auf das Anliegen des vorliegenden Bandes lässt sich demnach ein Zusammenhang von Forschungspraxis und der Erzeugung ‚wissenschaftlichen Wissens' ausmachen, der sich im _ als paradoxer kleiner Form verdichtet. An ihm reiben sich Wissenschaftsdisziplinen und Denktraditionen auf, konfligieren und kontaktieren sich. Und genau das ist es, was den _ so produktiv macht.

Doing Research als Einladung

Als typografische Intervention erscheint der _ geradezu wie das Gegenteil einer Abkürzung: Er eröffnet, verkompliziert und vereindeutigt – und schafft damit Wissen, das bislang häufig keinen Platz, keinen Raum hatte. Anstatt Sex und Gender permanent in Eins fallen zu lassen und anstelle der Annahme, dass bestimmten Körpern *immer schon* eine bestimmte Bedeutung zugeschrieben wurde, bietet der _ die Möglichkeit, Abstand zu nehmen von der imaginierten ‚Wahrheit' eines zugewiesenen Geschlechts bei der Geburt. Er betont Geschlecht als etwas, das Menschen entwickeln, verhandeln, verändern und vor allem *werden*. Dieses Werden ist nie abgeschlossen, sondern muss je neu *performt* werden und unterliegt damit Transformationen. Dementsprechend ermöglicht die Nutzung der paradoxen kleinen Form des _ das Stellen neuer Fragen, anderer Fragen, wodurch Geschlecht als Analysekategorie nicht mehr lediglich eine Aktualisierung der Geschichte als Frauengeschichte zulässt, sondern darüber hinausgeht.

Anhand gegenwärtig immer noch hitzig geführter Debatten über gendersensibles Sprechen verdeutlicht Wissenschaft erneut ihren performativen Charakter: Auch ‚wissenschaftliches Wissen' entsteht durch die Beteiligung verschiedener Akteur_innen, die Ein- und Ausschlüsse produzieren und damit bestimmte Körpersubjektivitäten (un)sagbar machen. Menschen verhandeln im wahrsten Sinne des Wortes über den Raum (in der Sprache) und damit auch darüber, wem welcher Raum zusteht. *Doing Research* verweist demnach auf das gemacht-*worden*-Sein (Freist 2015) und das gemacht-*Werden*, was gleichsam die Möglichkeit eines anders-gemacht-Werdens eröffnet.

Wie Steffen Kitty Herrmann geht es auch uns „nicht darum, dieses Spiel still zu stellen oder durch Definitionen einzugrenzen" (S_HE 2013: o.S.). Vielmehr wollen wir zu einer Diskussion, zum gemeinsamen *Doing Research*, einladen. Da der paradoxen kleinen Form des _ das Potenzial innezuwohnen scheint, Geschlechtlichkeit jenseits einer essentialistischen Fantasie untersuchbar zu machen, bietet sie zudem die Möglichkeit, die komplizierten Aushandlungsprozesse von Erwartungen an Geschlechtlichkeit und die jeweiligen Aktualisierungen auch in ihrer Widerständigkeit und kulturellen Bedingtheit mitzudenken. Damit kann ebenso für die Geschichte sichtbar gemacht werden, was bis heute vielfach unsichtbar bleiben soll: Die Uneindeutigkeit von Geschlecht.

Anmerkungen

1 Uns ist bewusst, dass dies *eine* Lesart des _ ist. Wie im letzten Teil dieses Beitrags nochmals verdeutlicht, sind auch geschlechtersensibles Sprechen und Schreiben (vorläufige) Produkte von Aushandlungsprozessen. Dennoch erscheint es uns für unser Vorhaben, den _ als paradoxe kleine Form zu begreifen, um die dahinterliegenden Diskurse im Spannungsfeld von Forschungspraxis und Wissenserzeugung in den Blick zu rücken, sinnvoll, zunächst die von Steffen Kitty Herrmann (2003) in den Diskurs eingebrachte Idee des _ als Raum(eröffnung) aufzugreifen.

2 In Anlehnung an Mai-Anh Boger und Lena Staab (2020) verwenden wir den Begriff der Gender*sensibilität* und nicht den der Gender*gerechtigkeit*. Auf der Folie des „(An-)Gerufen-Werden[s]" untermauern Boger und Staab ihr Argument, dass Sprache „nie gerecht [ist]. Sie unterwirft uns. Und vor allem ist sie nie gewaltfrei oder frei von Übergriffen [...]" (Boger/Staab 2020: 79).

S_HE (2003). Performing the Gap. Queere Gestalten und geschlechtliche Aneignung. *arranca!, 28*, o.S.

Stefanowitsch, Anatol (2018). Gendergap und Gendersternchen in der gesprochenen Sprache. URL: kurzelinks.de/hdtq [23.08.2021]

Wagner, Lena (2023). Ca. In Sandra Hofhues/Konstanze Schütze (Hg.), *Doing Research*. Bielefeld: Transcript, 146–152.

Referenzen

Becker, Peter (2009). Formulare als „Fließband" der Verwaltung? Zur Rationalisierung und Standardisierung von Kommunikationsbeziehungen. In Peter Collin/Klaus-Gert Lutterbeck (Hg.), *Eine intelligente Maschine? Handlungsorientierungen moderner Verwaltung (19./20. Jh.)*. Paderborn: Nomos, 281–298.

Boger, Mai-Anh/Staab, Lena (2020). DerriDaDa und das mädchenhafte Spiel mit der Sprache. *Betrifft Mädchen, 33*(2), 78–83.

Depaepe, Marc (2010). The Ten Commandments of Good Practices in History of Education Research. *Zeitschrift für pädagogische Historiographie, 16*, 31–34.

Freist, Dagmar (2015). Historische Praxeologie als Mikro-Historie. In Arndt Brendecke (Hg.), *Praktiken der frühen Neuzeit. Akteure – Handlungen – Artefakte*. Köln et al.: Böhlau, 62–77.

Gamper, Michael/Mayer, Ruth (2017). Erzählen, Wissen und kleine Formen. Eine Einleitung. In Dies. (Hg.), *Kurz & knapp: Zur Mediengeschichte kleiner Formen vom 17. Jahrhundert bis zur Gegenwart*. Bielefeld: transcript, 7–22.

Hess, Volker/Mendelsohn, J. Andrew (2013). Paper Technology und Wissensgeschichte. *NTM, 21*(1), 1–10.

Hoffmann, Christoph (2008). Schneiden und Schreiben. Das Sektionsprotokoll in der Pathologie um 1900. In Ders. (Hg.), *Wissen im Entwurf*. Zürich: Diaphanes, 153–196.

Jäger, Maren/Matala de Mazza, Ethel/Vogl, Joseph (2020). Einleitung. In Dies. (Hg.), *Verkleinerung. Epistemologie und Literaturgeschichte kleiner Formen*. Berlin et al.: De Gruyter, 1–12.

Lindemann, Gesa (1993/2011). *Das paradoxe Geschlecht. Transsexualität im Spannungsfeld von Körper, Leib und Gefühl*. 2. Aufl. Wiesbaden: Springer.

Manion, Jen (2020). *Female Husbands. A Trans History*. Cambridge: Cambridge University Press.

MacKinney, Anne (2019). *Liste. Enzyklopädie der kleinen Formen* [Audio-Enzyklopädie des Podcasts microform]. URL: kleine-formen.de/enzyklopaedie-liste/ [23.08.2021]

von Oertzen, Christine (2017). Machineries of Data Power. Manual versus Mechanical Census Compilation in Nineteenth-Century Europe. *Osiris, 32*(1), 129–150.

Paris, Rainer (2005). Soziologie des Formulars. In Ders. (Hg.), *Normale Macht. Soziologische Essays*. Konstanz: UVK, 189–192.

Scott, Joan W. (2001). Fantasy Echo. History and the Construction of Identity. *Critical Inquiry, 27*, 284–304.

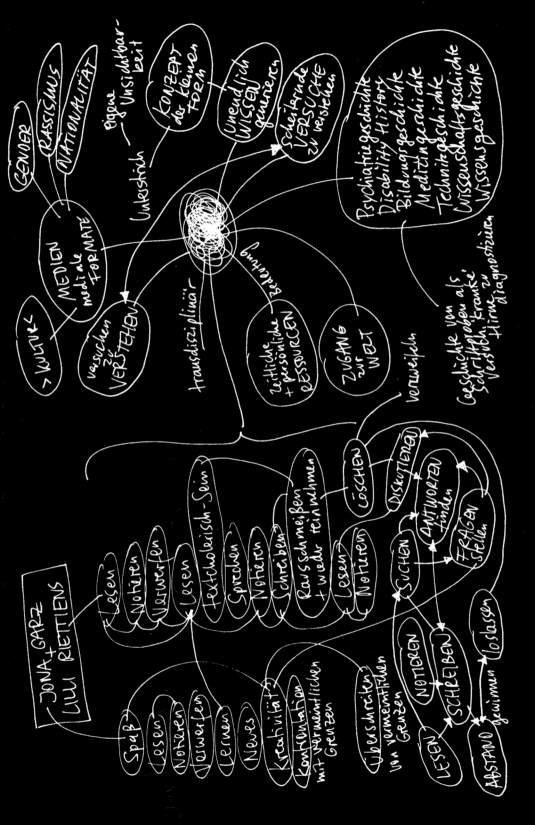

.exe Software und ihre Bedeutung für eine erziehungswissenschaftliche Medienforschung

Dan Verständig

Anhand der Abkürzung .exe (executable) *untersucht der Beitrag die Komplexität hinter der Ausführung von Programmen hinsichtlich technischer Abhängigkeiten aber auch sozialer und kultureller Bedingtheiten. Damit ergeben sich forschungsbezogene Konsequenzen, die im Beitrag über die Beziehung zwischen den Software Studies und einer erziehungswissenschaftlichen Medienforschung diskutiert werden.*

Es hat heute fast einen Hauch von Ironie, dass Kittler 1992 für ein Symposium im Silicon Valley seine These postulierte, dass es keine Software gäbe – denn fast zeitgleich stellte Microsoft die Version 3.1 seines Betriebssystems Windows mit grafischem User Interface vor, welches nicht zuletzt aufgrund seiner Oberfläche und der damit verbundenen Abstraktion zur Hardware eine weltweite Erfolgsgeschichte feierte. Programme, die auf dem Betriebssystem Windows ausgeführt werden, sind sogenannte Executables, ausführbare Programmdateien, die auf die Endung .exe enden. Auch wenn es sich um eine sehr bekannte Abkürzung handelt, ist die Ausführung (execution) von Programmen längst nicht auf diese Formate beschränkt: Es können ganz unterschiedliche Skripte und Kommandos wie Binary Executables (.bin) oder andere Befehle (siehe **cmd**, Breiter 2023) sein, die auf einem bestimmten Betriebssystem ausgeführt werden. Software ist damit immer auch in Software eingebettet. Die Universalität des Computers hat zur Folge, dass wir nicht mehr sehen, ob einfach Zeichen gesetzt werden oder aber der Befehl gegeben wird, Zeichen zu setzen. Doch neben dieser Form der Verschleierung war für Kittler (1992) vor allem eines wichtig: Software wird immer auf Hardware ausgeführt und ist untrennbar mit ihr und ihrer Materialität verbunden.

Software zählt. Heute womöglich mehr denn je. Wem verdankt der Computer als universelle Rechenmaschine seine magische Kraft der Unverwüstlichkeit? Der Software. In welcher Form nehmen die meisten modernen Anwendungen und Apps Gestalt an und werden daher von ihren Benutzer:innen wahrgenommen? Über digitale Medien. Software hat inzwischen eine Vielzahl von physischen, mechanischen und elektronischen Technologien ersetzt, die vor dem 21. Jahrhundert verwendet wurden, um kulturelle Artefakte zu erstellen, zu speichern, zu verteilen und mit ihnen zu interagieren. Software kann, mit Manovich (2013) gesprochen, als Schnittstelle zur Welt, zu anderen, zu unserem Gedächtnis und unserer Vorstellungskraft beschrieben werden. Software macht aus Smartphones ein Schweizer Taschenmesser in der digitalen Welt. Das Denken über Software selbst ist über weite Strecken ihrer Geschichte gemeinhin technisch geblieben. Dies ändert sich durch verschiedene Strömungen in Kunst, Kultur, Gesellschaft und Wissenschaft. Dementsprechend ist eine weite Auslegung von Software heute grundlegend für historische und zeitgenössische Analysen, die sich im Schnittfeld von Technik-, Medien- und Kulturgeschichte bewegen. Software takes command – und das in mindestens zweierlei Hinsicht: Software ist allgegenwärtig und zugleich immer auch von den Eingaben der Menschen abhängig, die mit der Software arbeiten, die Daten für den jeweiligen Input produzieren. Software braucht einerseits Befehle, andererseits bestimmt sie öffentliche, wissenschaftliche, kulturelle und politische Diskurse und durchzieht das Private in einem bislang unbekannten Ausmaß (Pritchar/Snodgrass/Tyżlik-Carver 2018).

Insbesondere die Hinwendung zu Software hat damit auch im Wissenschaftsbetrieb einige Spuren hinterlassen und fordert nicht nur in der gegenstandsbezogenen Auseinandersetzung dazu auf, sich zu ihr zu verhalten. Will man sich in der Erziehungswissenschaft den beschriebenen Phänomenen nicht verschließen, dann scheint es nur folgerichtig, auch nach den Produktionsbedingungen von digitalen Medien zu fragen und Designprinzipien in den Blick zu nehmen. Das bedeutet, dass man sich mit den kulturellen, sozialen, aber auch politischen Einschreibungen von Software befasst, um deren implizite Logiken und explizite Wirkweisen analytisch erfassen zu können. Dabei weist die Ausführung einer Softwareanwendung viele Ähnlichkeiten zur Ausführung von Forschungsprogrammen auf: So ist die Ausführung eines Prozesses oder Programms nicht einfach die reibungslose Erledigung einer Aufgabe, vielmehr kann sie als ein multidimensionales Wechselverhältnis von Befehl und Kontrolle, von Eingabe und Ausgabe, von Daten und – inzwischen vorrangig digitaler/disziplinärer – Infrastruktur verstanden werden. Der Prozess der Ausführung ist damit nur ein Bestandteil von vielen und eingebettet in eine umfangreiche soziotechnische Struktur; ebenso wie der Prozess des Erkenntnisgewinns in den Humanwissenschaften.

In drei Schritten wird im Folgenden eben dieses Wechselverhältnis herausgearbeitet und anschaulich gemacht. Erstens wird die stetig steigende Komplexität und Kontingenz sowohl in gesellschaftlichen als auch wissenschaftlichen Kontexten betrachtet und im Hinblick auf die Software Studies verortet (*executing complexity*). Deren konsolidierenden Bewegungen sind von einer spezifischen *transdisziplinären* Qualität geprägt, die nicht zuletzt für eine erziehungswissenschaftliche Medienforschung bedeutend ist, wie im zweiten Schritt gezeigt wird (*executing transdisciplinarity*). Worum es dabei letztenlich geht, sind disziplinäre Suchbewegungen, das Herstellen von Ordnungen und das Durchkreuzen bestehender Ordnungen sowie Denkweisen und der Umgang mit Wissen im Horizont der Digitalität. Der Beitrag schließt daher mit einer kursorischen Abhandlung über *executing order*.

Executing Complexity

Der Rechtswissenschaftler Lessig (1999) hat die Form der Komplexität über die regulative Macht des Codes in seinem Band *Code is law* festgehalten. Er beschreibt darin eine gewissermaßen neue Form der Regulierung, bei der (rechnerbasierte und digital vernetzte) Technologien eingesetzt werden, um bestehende Regeln durchzusetzen. Die Einschreibung von Werten in Hard- und Software haben bei Lessig unmittelbare Auswirkungen auf das gesellschaftliche Miteinander, sie seien konstitutiv für die Erfahrung von Welt. Unter dem Begriff des Cyberspace – damals en vogue, heute eher anachronistisch – fokussiert er sich auf die Architektur, die durch Hardware, aber auch durch Software definiert sei und die er mit *Code* zusammenfasst. Diese Architektur bette bestimmte Prinzipien ein; sie lege die Bedingungen fest, unter denen Menschen den Cyberspace nutzen. Die Formalstruktur des Raumes definiert also, was in ihm möglich ist und was nicht – und diese Bedingungen beziehungsweise Möglichkeiten beeinflussen wiederum Innovationen in diesem Raum: Einige Architekturen laden zur Innovation ein, andere hemmen sie. Es wird nicht zuletzt durch spätere Arbeiten deutlich (Lessig 2010; van Schewick 2010), dass jene Einschreibungen weitreichende Konsequenzen – nicht nur für die Innovationskraft des Netzes, sondern für die Konstitution gesellschaftlicher Zusammenhänge insgesamt – haben.

Im Zeitraum von 2004 bis 2012 haben sich auch verschiedene Ansätze entwickelt, die Code und Software vor dem Hintergrund ihrer kulturellen Wirkweisen und Einbettungen diskutieren und damit auch gesellschaftstheoretische Bezüge eröffnen. Mit dem Fokus auf Code im Sinne von Quellcode lassen sich hier insbesondere die Arbeiten von Adrian MacKenzie (2005), Florian Cramer (2005) und Alexander Galloway (2004) nennen, die durch ihre Aufsätze und Buchprojekte eine grundlegende Öffnungsbewegung bewirkt haben. Diese sind stark von den Cultural Studies geprägt. Anschließend daran und fast zeitgleich haben sich die Software Studies (Fuller 2008; Wardrip-Fruin 2012; Manovich 2013) und Platform Studies (Montfort und Bogost 2009) mit jeweiligen Buchreihen bei MIT Press herausgebildet, wie Marino (2020: 19) in seinem Einführungsband über die Critical Code Studies zusammenfasst. Die Software Studies nehmen aus ganz unterschiedlichen Perspektiven und mit verschiedenen Zielsetzungen die Herausforderungen in den Blick, die sich durch, mit und über Software ergeben. Zwar wurde die Implementierung und Nutzung von Software zuvor schon in Bereichen wie den Internet Studies oder New Media Studies untersucht, jedoch meist als Begleiterscheinung, die es zu adressieren galt, um die sozialen, kulturellen oder politischen Phänomene der jeweiligen Perspektiven zu beleuchten. Mit dem Aufkommen der Software Studies wurde die Software schließlich zum eigenständigen Untersuchungsgegenstand. Matthew Fuller (2008) beschreibt das Projekt der Software Studies im Eröffnungsband zur gleichnamigen Buchreihe als eine Sammlung von Kurzstudien, die spekulative, erklärende und kritische Texte über spezifische digitale Artefakte, Sprachen und logische Strukturen zusammenbringt. In insgesamt 39 Beiträgen werden zentrale Begriffe zu Software in Anlehnung an ein Lexikon explorativ eingeführt, um das Verständnis von Software als *immaterielles* Artefakt zu überwinden (ebd.: 4). Dabei dienen nicht nur kultur- und medienwissenschaftliche Zugänge als Impulsgeber, sondern auch Beiträge aus den Science and Technology Studies. Software wird als etwas verhandelt, das eine eigene Geschichte hat und somit nicht nur den harten, weil technologischen, Gesetzen unterliegt. Software ist vielmehr ein kontingentes Produkt, welches durch Medientechnologie ebenso bedingt ist wie durch soziale, institutionelle und kulturelle Rahmenbedingungen. Neben den theoretisch-konzeptionellen Beiträgen, die sich in erster Linie an der Frage nach der Bedeutung von Code und Software abarbeiten, ergeben sich in diesem Zusammenhang auch methodische und methodologische Herausforderungen und Fragestellungen. Letztere zielen einerseits unter Einfluss der digitalen Geisteswissenschaften auf computergestützte Analysen ab, andererseits berücksichtigen sie auch hermeneutische Ansätze.

Daneben ist die Forschung mit und über Software allein aufgrund ihrer Beschaffenheit schwierig, wie Chun (2011: 3) festhält. Denn Software in historischer Perspektive zu beforschen, birgt die Herausforderung, dass alte Programme auf aktueller Hardware und aktuellen Betriebssystemen womöglich gar nicht mehr ausgeführt werden können. Selbst der Zugang zu alter Software ist grundlegend problematisch. Gleichzeitig scheint eine kategorische Trennung von Code und Software als Engführung, die der Charakteristik von Software und ihrer performativen Kraft selbst widerspricht. Chun (2011) verdeutlicht diesen Punkt entlang der Diskussion um Source Code, Software und die spekulativen Räume, die über ihre Anordnungen, Ausführungen und Bedeutungszuweisungen entstehen: „Code does not always or automatically do what it says, but it does so in a crafty, speculative manner in which meaning and action are both created" (ebd.: 24). Dementsprechend fasst er Source Code eher als *re-source* statt als Quelle:

„Source code is more accurately a re-source, rather than a source. Source code becomes the source of an action only after it — or more precisely its executable substitute — expands to include software libraries, after its executable version merges with code burned into silicon chips; and after all these signals are carefully monitored, timed and rectified. Source code becomes a source only through its destruction, through its simultaneous nonpresence and presence." (Ebd.: 24f.)

Die Komplexität bei der Betrachtung von Software lässt sich also nur schwer von der Unbestimmtheit trennen, die Source Code schon hervorbringt. Gleichzeitig ist Source Code nicht die alleinige Ressource zur tatsächlichen Ausführung von Prozessen und Abläufen, denn Software ist kein immaterielles, stabiles oder gar wertneutrales Produkt. Vielmehr handelt es sich bei der Anwendung, Ausführung und Produktion von Software um ein vielschichtiges und wandelbares Beziehungsgeflecht, das geprägt ist von verschiedenen diskursiven, ökonomischen und materiellen Praktiken (Kitchin/Dodge 2011: 37), die Kontingenz hervorbringen und Komplexität steigern (Verständig 2020). Das Ergebnis dieser Kontingenz ist die steigende Notwendigkeit einer inter- und transdisziplinären Befragung von digitalen Architekturen auf ihre funktionalen und ethischen Grenzen sowie Reichweiten hin. Eine erziehungswissenschaftliche Medienforschung kann sich diesen – den Medien gewissermaßen vorgelagerten – Prozessen in besonderer Form kritisch-reflexiv zuwenden, um bisherige Herausforderungen in pädagogischen Handlungsfeldern aber auch in der Theoriebildung angemessen zu bearbeiten und neue Problemstellungen überhaupt erst sichtbar zu machen. Erziehungswissenschaftliche Fragestellungen entlang von medialen Gegenstandsbereichen zu diskutieren, erfordert auch eine methodische Offenheit, weswegen eine erziehungswissenschaftliche Medienforschung schon per se Komplexität aufweist und ausführt, etwa indem sie auf disziplinübergreifende Zusammenhänge verweist (*executing complexity*). Doch wie überhaupt versteht sich eine erziehungswissenschaftliche Medienforschung als wissenschaftliche Disziplin? Diese Frage beantwortet Schäffer (2012: 137), indem er einen grundlegenden Überblick gibt:

„Eine erziehungswissenschaftliche Medienforschung sollte Erziehungswissenschaft als sozial- und kulturwissenschaftlich informierte sowie bildungs- und erziehungstheoretisch reflektierte Disziplin auffassen, die sich nicht nur Erziehungsprozessen zwischen ‚Erziehendem' und ‚Zögling' im engeren Sinne widmet, sondern auch solche des Lernens, der Sozialisation und der Bildung aller Altersgruppen in den unterschiedlichsten Kontexten in den Blick nimmt. Eine hieran orientierte erziehungswissenschaftliche Medienforschung umschließt insofern im Grunde alle Formen und Modalitäten des lernenden, bildenden, sozialisierenden und erziehenden Umgangs mit Medien(technologien) sowie auch dessen historische, soziale, kulturelle und gesellschaftliche Voraussetzungen."

Eine erziehungswissenschaftliche Medienforschung kann mit Blick auf Software (und Code) auch über die Betrachtung von medialen Praktiken im Anschluss an Technologien hinausgehen. Denn bereits mit dem *Schreiben* von Code und damit der *Produktion* von Software werden Abhängigkeiten deutlich, die sich nicht nur auf rein technische Zusammenhänge reduzieren lassen, sondern immer auch soziale und kulturelle Ausdrucksformen in sich vereinen, wie am Beispiel einer einzigen Zeile Code durch Montfort/Baudoin/Bell et al. (2014) gezeigt wurde. Gleichzeitig werden hier die Herausforderungen einer inter- beziehungsweise transdisziplinären Forschung besonders offensichtlich, denn auch die erziehungswissenschaftliche fundierte Betrachtung von Code und Software erfordert eine disziplinäre Offenheit insofern, als dass Lernen, Sozialisation, Bildung und Erziehung zumindest adäquat zu digitalen Technologien ins Verhältnis gesetzt werden können.

Executing Transdisciplinarity

Wissenschaft selbst ist unter den Bedingungen der Digitalität maßgeblichen Veränderungsprozessen ausgesetzt. Nicht nur, dass Wissensbestände einem beschleunigten Wachstum unterliegen und sich somit eine unüberschaubare Partikularisierung abzeichnet, auch die Halbwertzeit von Erkenntnissen ist davon in institutioneller, aber auch organisatorischer Hinsicht betroffen, wie Mittelstraß (2005: 18) hervorhebt. Fachliche und disziplinäre Grenzen, wenn man sie überhaupt noch wahrnehmen kann, drohen aufzubrechen; eine Entwicklung, die sich in voller Dynamik an der Entstehung um die Software Studies mitverfolgen lässt. Verschiedene Arbeiten der letzten Jahre haben gezeigt, dass diese sehr junge Disziplin in der Lage ist, alle geisteswissenschaftlichen Disziplinen in ihrer historisch gewachsenen Tradition mit beeindruckender Agilität auf sich zu beziehen und in ein spezifisches Verständnis im Umgang mit Code, Software, Algorithmen und Daten zu überführen.

Wenngleich die Bestimmung der Software Studies eine Konsolidierungsphase nahelegt, dann ist doch mit den verschiedenen interdisziplinären Suchbewegungen, die dieser Konsolidierung vorausgingen, eine hochgradige Vielfalt in den Perspektiven eingeschrieben, die ihren historisch gewachsenen Kern in den jeweils unterschiedlichen Disziplinen haben.

Folgt man Mittelstraß, so scheinen Bestrebungen, diesen Entwicklungen über den Begriff der Interdisziplinarität im Sinne einer „Reparaturvorstellung" (ebd.) entgegenzutreten, nur bedingt angemessen zu sein. Mittelstraß adressiert demgegenüber den Begriff der Transdisziplinarität: Diese bleibe zwar entlang ihrer argumentativen Entstehung und der dabei unterscheidbaren Stufen im Produktionsprozess nach wie vor auf disziplinäre Kompetenzen angewiesen, werde jedoch nicht nur auf disziplinäre Gegenstände angewendet und konstituiere damit schließlich eine neue *Disziplinarität*. Die Disziplinen blieben in diesem Prozess nicht das, was sie waren, sie veränderten sich selbst – gewissermaßen im Fluss der Aushandlung – mit den Gegenständen, Theorien, Methoden und Methodologien, die sie prägten. Transdisziplinarität ist damit nicht nur als ein Forschungs- und Arbeitsprogramm zu sehen, das sich sowohl auf wissenschaftlichen Erkenntnisgewinn als auch auf die außerwissenschaftliche Lösung gesellschaftlicher, kultureller oder ökologischer Herausforderungen bezieht; durch Transdisziplinarität wird Wissenschaft im Kern adressiert und die Ordnung des wissenschaftlichen Wissens zur Disposition gestellt sowie auf seine jeweiligen Grenzen hin befragt.

Executing transdisciplinarity heißt dann auch, dass sich eine bestimmte Kultur von Wissenschaft gegenüber anderen vor dem Hintergrund der Ausdifferenzierung von Wissensbeständen durchzusetzen vermag. Die Einarbeitung des transdisziplinären Wissens in unterschiedliche Diskurstraditionen und das Schaffen von anschlussfähigen Passungen ist dann in besonderem Maße von der Offenheit oder der Öffnung der jeweiligen argumentativen Sichtweisen und Bestrebungen abhängig. Der von Mittelstraß (2005) als bedrohlich eingestuften Unübersichtlichkeit liegt ein Hang zum Verlust der eigenen disziplinären Identität zu Grunde. Diese Problematik lässt sich beispielhaft am deutschsprachigen Diskurs über Bildung und digitale Medien nachzeichnen. Neben Bestrebungen zur interdisziplinären Zusammenarbeit, wie etwa zwischen Medienpädagogik und Informatik, ergeben sich immer wieder auch Abgrenzungstendenzen. Während Positionspapiere wie die *Dagstuhl-Erklärung: Bildung in der digitalen vernetzten Welt* (2016) einen Ansatz zur Kompromissbildung darstellen, sind es Ergänzungen wie das *Frankfurt-Dreieck zur Bildung in der digital vernetzten Welt* (2019), die durch die konsensuale Reduktion von Begriffen und Inhalten erneut Komplexität aufbauen. Zweifelsohne herrscht Konsens über die Bedeutung digitaler Technologien für die Herstellung individueller Orientierung und für die Gestaltung überindividueller Rahmen (wie institutioneller Bildungssettings) sowie für die damit verbundene Organisationsentwicklung. Dennoch zeichnen sich durch begrifflich geprägte Geltungsansprüche Herausforderungen in der Ausführbarkeit des verabschiedeten Programms *Transdisziplinarität* ab. Die Differenz der Diskurslinien wird auch dann deutlich, wenn die Komplexität digital vernetzter Architekturen und ihre kulturell-historisch gewachsene Einbettung in diverse Kontexte – samt der sich damit verändernden Kontroll- und Machtverhältnisse (Galloway/Thacker 2007; Jörissen/Verständig 2017) – auf Deutungen der Kybernetik reduziert werden (Swertz 2020: 95). Die Konsequenz daraus wäre eine Negation der „Gemachtheit von Daten" (Dander 2016) und damit das Ausblenden der immanenten Einschreibungen von Werten und Möglichkeitsräumen in digitale Technologien. Demgegenüber stehen Diskurslinien der Informatik beziehungsweise Medien- und Kulturwissenschaft, die sich Problemen wie dem eines emergenten Bias (Friedman/Nissenbaum 1996), der kulturellen Logik von Berechnungen (Golumbia 2009) und den Produktionsbedingungen von Software nähern (Cox/McLean 2013; Wachter-Boettcher 2017). Dementsprechend bietet die Rekonstruktion der Bewegungen innerhalb und nah an den Software Studies das Potenzial, sich vergleichbaren, über die eigene Disziplin hinausgehenden Problemstellungen zu widmen.

Erinnern wir uns an den Einstieg in diesen Beitrag: Selbst wenn Kittlers These, dass es keine Software gäbe, mit den Software Studies gewissermaßen revidiert wurde, bleibt die Anerkennung dieser Perspektive doch ein fester Bestandteil in eben jenen aktuellen Auseinandersetzungen: Etwa wenn ihr von Marino (2020: 161ff.) ein ganzes Kapitel gewidmet wird oder sie bei Cox und McLean (2013) Erwähnung findet, um den Prozess des Verstehens, die Logik des Denkens über Software und Hardware, zu entschlüsseln. Das Denken über Software prägt damit die Ausführungen von Forschungsansätzen, die sich aus verschiedenen disziplinären Perspektiven zusammensetzen und dadurch erst neue Impulse ermöglichen. Die Software Studies sind losgelöst von einem Denkschema. Sie sind keine feste Disziplin, eher ein intellektuelles Paradigma, das sich darüber auszeichnet, dass ihre Vertreter:innen an der Erforschung der Beziehung zwischen Computer und Medien interessiert sind. Auch inhaltlich lassen sich die Software Studies durch ihr wesentliches Merkmal der Offenheit kennzeichnen: Es muss nicht explizit um Software gehen, die eine funktionalistische

Zweckbindung oder der Medienproduktion gewidmet ist. Ebenso können auch literarische wie künstlerisch-ästhetische Ansätze behandelt oder mediale Taktiken diskutiert werden, etwa wie Menschen einer Überwachung auf der Straße entgehen oder wie der Schaffensprozess von Kunstwerken durch Software beeinflusst wird.

Über die Auseinandersetzung mit Software können also Räume für eine transdisziplinäre Zusammenarbeit entstehen, die Akteur:innen aus Wissenschaft und Gesellschaft – etwa über Citizen Labs oder andere partizipative Projekte – zusammenbringt. Software ist damit ein verbindendes Glied unterschiedlicher wissenschaftlicher Zugänge einerseits und von Akteur:innen unterschiedlicher Felder andererseits. In einer solchen Perspektivsetzung wird die Überwindung der eigenen disziplinären Grenzen im Sinne von innovativer Wissensproduktion verstanden. Es handelt sich jedoch um eine komplexe Entwicklung, die nicht ohne den Verlust bestehender Ordnungen und Traditionen vonstatten geht und damit längst keine tatsächlichen Innovationen im Wissensbetrieb garantiert.

Executing Order

Indem Wissenschaften über und durch digitale Medien sowie deren Technologien ausgeführt oder zumindest berührt werden, finden sich auch in den Medien selbst soziale sowie habituelle Einschreibungen. Es ist daher keine Überraschung, dass rund um die Software Studies und benachbarten Disziplinen stets kontrovers und kritisch über die Einschreibungen von Werten in Software, Daten und Code diskutiert wird. Die kritischen Positionen hierzu bewegen sich in einem breiten Spektrum von einer theoretisch-konzeptionellen Perspektive auf Macht- und Kontrollfragen (Galloway 2004; Chun 2011) über eine Betrachtung der ideologischen Konsequenzen von Software und Code (Galloway 2006; Golumbia 2009; Cox/McLean 2013; Soon/Cox 2020; Marino 2020) hin zu kritischen Ansätzen, die sich umfassend mit der Problematik um Bias und Diskriminierung (D'Ignazio/Klein 2020; McIlwain 2020) auseinandersetzen. Die unterschiedlichen Positionen proklamieren teils explizit, teils implizit eine Perspektive auf Software und Code, die auch für andere disziplinäre Zugänge relevant ist: Gewissermaßen grundlegend werden Beschreibungen des Menschseins und der Menschwerdung unter den Bedingungen der Digitalität beforscht und bestehende Ordnungen in Frage gestellt. Für eine erziehungswissenschaftliche Medienforschung bieten diese Impulse – wie die Problematisierung von Macht- und Kontrollfragen, Bias und Diskriminierung – geradezu ideale Anknüpfungspotenziale, um Zugangs- und Teilhabefragen zu/an digitalen Technologien sowie praxeologische Konsequenzen im Umgang mit Software und Code einzuholen. Auf diese Weise kann es einer erziehungswissenschaftlichen Medienforschung gelingen, zu einem disziplinübergreifenden Erkenntnisgewinn nicht nur in der Theoriebildung, sondern auch in empirisch-analytischen Vorhaben zur Beantwortung fachimmanenter Fragestellungen zu kommen.

Executing order meint dann zum einen das Verflechten und Durchkreuzen von Ordnungen im *doing science*, zum anderen aber auch die reflexive Auseinandersetzung mit den Gegenständen, die zum Ausgangspunkt der Diskurse werden. In Anlehnung an Foucault (1981: 71) lassen sich Diskurse eben nicht bloß als ein Sprechen über Dinge charakterisieren, sondern eher als Praktiken, die systematisch jene Gegenstände hervorbringen, von denen sie sprechen. Dieser doppelten Differenz ist auch die subjektivierende Kraft von Software eingeschrieben, denn die Haltungen, die hinter den Praktiken mit, über und durch Software stehen, prägen Wissenschaft ganz grundlegend. Das reicht von der Ebene der Textproduktion, über die Untersuchung von Fragestellungen im Kontext der Digitalität, hin zur Forschung mit digitalen Methoden und den daran gebundenen forschungsethischen Herausforderungen. Die Bedeutung eines Texts, eines Arguments, eines Sprechakts, einer Artikulation hängt und hing immer von den Bedingungen ab, unter denen die jeweilige Artikulation entsteht und wie sie innerhalb eines Feldes oder disziplinären Diskurses überhaupt existiert. Kurzum: Die Ordnung des Diskurses wird nicht nur gesellschaftlich, sondern vor allem auch wissenschaftlich durch Prozeduren, Rituale und verschiedene Kräfte zugleich kontrolliert, selektiert und kanalisiert (Foucault 1991: 10f.). Digitale Technologien verändern damit nicht nur die Art und Weise, wie wir mit den von uns gewählten Problemen und Untersuchungsgegenständen umgehen, sie bedingen gleichzeitig auch die Möglichkeitsräume, wie Daten, Informationen und Erkenntnisse strukturiert, ausgewertet und repräsentiert werden. Die Ausführung von Prozessen ist keineswegs reibungslos, sondern stets eingebettet in Systeme, die sich diesen Ausführungen widersetzen oder ihnen neue Bedeutungen zuweisen. Eine reflexiv-kritische Hinwendung zu Software kann jedoch eine Abkürzung für Forschungsvorhaben darstellen, die an einem tieferen Verständnis der Phänomene rund um Code und Software interessiert sind – etwa um erziehungswissenschaftliche Erkenntnisse im Horizont der Digitalität zu gewinnen und eine disziplinäre Selbstvergewisserung vorzunehmen.

Referenzen

Breiter, Andreas (2023). cmd. In Sandra Hofhues/Konstanze Schütze (Hg.), *Doing Research.* Bielefeld: Transcript, 163–167.

Chun, Wendy H. K. (2011). *Programmed visions. Software and memory.* Cambridge et al.: MIT Press.

Dander, Valentin (2014). Von der ‚Macht der Daten' zur ‚Gemachtheit von Daten'. Praktische Datenkritik als Gegenstand der Medienpädagogik. *Mediale Kontrolle unter Beobachtung. Datenkritik, 3*(1), 1–21. https://doi.org/10.25969/mediarep/13783

D'Ignazio, Catherine/Klein, Lauren F. (2020). *Data feminism.* Cambridge et al.: MIT Press.

Foucault, Michel (1981). *Archäologie des Wissens.* Frankfurt/Main: Suhrkamp.

Foucault, Michel (2019). *Die Ordnung des Diskurses.* 15. Aufl. Frankfurt/Main: Fischer Taschenbuch.

Fuller, Matthe (Hg.) (2008). *Software studies. A lexicon.* Cambridge et al.: MIT Press.

Galloway, Alexander R. (2004). *Protocol: How control exists after decentralization.* Cambridge et al.: MIT Press.

Galloway, Alexander R. (2006). Language Wants To Be Overlooked. On Software and Ideology. *Journal of Visual Culture, 5*(3), 315–31.

Galloway, Alexander R./Thacker, Eugene (2007). *The exploit. A theory of networks.* Bd. 21. Minneapolis et al.: ebrary.

Golumbia, David (2009). *The cultural logic of computation.* Cambridge et al.: Harvard University Press.

Jörissen, Benjamin/Verständig, Dan (2017). Code, Software und Subjekt. Zur Relevanz der Critical Software Studies für ein nicht-reduktionistisches Verständnis „digitaler Bildung". In Ralf Biermann/Dan Verständig (Hg.), *Das umkämpfte Netz. Macht- und medienbildungstheoretische Analysen zum Digitalen.* Wiesbaden: Springer Fachmedien Wiesbaden, 37–50.

Kittler, Friedrich A. (1992). There is no software. *Stanford Literature Review, 9*(1), 81–90.

Lessig, Lawrence (1999). *Code and other laws of cyberspace.* New York: Basic Books.

Lessig, Lawrence (2010). *Code. Version 2.0.* 2. Aufl. [S.l.]: SoHo Books.

Mackenzie, Adrian (2005). The Performativity of Code. Software and Cultures of Circulation. *Theory, Culture & Society, 22*(1), 71–92.

Manovich, Lev (2013). *Software Takes Command.* London: Bloomsbury Publishing.

Marino, Mark C. (2020). *Critical Code Studies. Initial Methods.* Cambridge et al.: MIT Press.

McIlwain, Charlton D. (2020). *Black Software. The Internet and Racial Justice, from the AfroNet to Black Lives Matter.* New York: Oxford University Press.

Mittelstraß, Jürgen (2005). Methodische Transdisziplinarität. *Zeitschrift für Technikfolgenabschätzung in Theorie und Praxis, 14*(2), 18–23. doi: 10.14512/tatup.14.2.18

Montfort, Nick/Bogost, Ian (2009). *Racing the Beam. The Atari Video Computer System.* Cambridge et al.: MIT Press.

Montfort, Nick/Baudoin, Patsy/Bell, John et al. (2014). *10 PRINT CHR$(205.5+RND(1)); : GOTO 10.* Cambridge et al.: MIT Press.

Pritchard, Hele/Snodgrass, Eric/Tyżlik-Carver, Magda (Hg.) (2018). *Executing Practices.* Bd. 6. London: Open Humanities Press.

Rieder, Bernhard/Röhle, Theo (2012). Digital Methods. Five Challenges. In David M. Berry (Hg.), *Understanding Digital Humanities.* London: Palgrave Macmillan UK, 67–84.

van Schewick, Barbara (2010). *Internet Architecture and Innovation.* Cambridge et al.: MIT Press.

Schäffer, Burkhard (2012). Erziehungswissenschaftliche Medienforschung. Medienpraxiskulturen im Generationenvergleich. In Friedhelm Ackermann/Thomas Ley/Claudia Machold/Mark Schrödter (Hg.), *Qualitatives Forschen in der Erziehungswissenschaft* (S. 135–156). Wiesbaden: Springer.

Soon, Winnie/Cox, Geoff (2020). *Aesthetic Programming. A Handbook of Software Studies.* London: Open Humanities Press.

Swertz, Christian (2020). Big Data als datenbasierte Programmierung: Eine medienpädagogische Analyse künstlicher neuronaler Netzwerke. *MedienPädagogik, 17,* 93–119.

Verständig, Dan (2020). Die Ordnung der Daten. Zum Verhältnis von Big Data und Bildung. In Stefan Iske/Johannes Fromme/Dan Verständig/Katrin Wilde (Hg.), *Big Data, Datafizierung und digitale Artefakte.* Bd. 42. Wiesbaden: Springer, 115–139.

Wachter-Boettcher, Sara (2017). *Technically Wrong: Sexist Apps, Biased Algorithms, and other Threats of Toxic Tech.* New York: W.W. Norton & Company.

Wardrip-Fruin, Noah (2012). *Expressive Processing: Digital Fictions, Computer Games, and Software Studies.* Cambridge et al.: MIT Press.

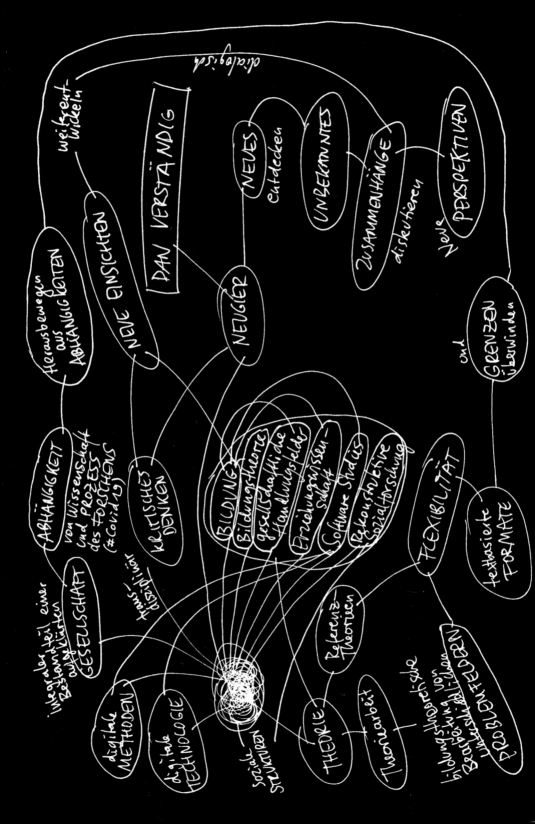

.png   Nein ist Zufall   Maximiliane Baumgartner

Abb. 1

Abb. 2

Abb. 3

Abb. 4

Abb. 5

Abb. 6

Abb. 7

Die Bildserie *png.Ein Bezug zu den Stimmrechtsfarben der Suffragetten ist anzunehmen. Nein ist Zufall.... Nein ist anzunehmen...* versammelt Ausschnitte der gleichnamigen Wandarbeit und ist Teil der Werkreihe *Auf Fassaden schauen oder Die vierte Wand der dritten Pädagogin*. Fragmentarisch re-imaginiert sie das Ornament der Jugendstil-Fassade des Hof-Ateliers Elvira als städtische Bühne und Aktionsraum, das im Auftrag von Anita Augspurg und Sophia Goudstikker (Frauenrechtsaktivistinnen, zeitweise Liebes- und Unternehmerinnenpaar) von August Endell 1889 in München gebaut wurde. Das Hof-Atelier Elvira wurde von Augspurg und Goudstikker als Fotostudio um die Jahrhundertwende betrieben und war ein wichtiger Ort der Frauenbewegung – ein Kontext, welcher jedoch im breiten kunstgeschichtlichen Diskurs zum Ornament kaum mitkommuniziert worden ist. Die Nationalsozialisten zerstörten das Ornament 1937 gewaltvoll im Zuge der Vorbereitungen für die *Erste Große Deutsche Kunstausstellung* im Haus der Kunst, sowie der Feme-Ausstellung *Entartete Kunst*. Ausgehend von queerfeministischen Raumpraxen und Bildpolitiken des Urbanen verfolgt die Bildserie die Frage, inwieweit eine Solidarisierung mit vergangenen Praxen und Bildstrategien, auch im Sinne eines Netzwerkes, möglich ist; oder alternative Bildtraditionen re-imaginiert werden können, die keinen Eingang in einen breiten Kanon gefunden haben. Damit verbindet sich die Frage, inwieweit feministisch geprägte Raumpraxen durch Malerei als Raumpraxis kritisch beleuchtet werden können – und, inwiefern Malerei im Bewusstsein ihrer eigenen gegenwärtigen Mechanismen als bildproduzierendes Verfahren diese Raum- und Bildstrategien hervorheben kann.

.png (portable network graphic) steht als Akronym für ein Rastergrafikformat mit verlustfreier Datenkompression. Im Zusammenhang mit den Annäherungen dieses Bandes konturiert die Formatbezeichnung – und die damit einhergehende Behauptung einer Vollständigkeit von Daten – zum einen Fragen nach einem polivokalen Verständnis von Realitäten und partikularen Perspektiven und fordert zum anderen eine Befragung vermeintlich gesicherter, vollständiger Erzählungen mittels künstlerischer Forschung.

Baumgartner, Maximiliane, ist Bildende Künstlerin und Kunstpädagogin. Sie zeigt ihre Arbeiten sowohl in institutionellen Kontexten, so zum Beispiel im neuen Essener Kunstverein (Essen), im Kunstverein München, in der Stadtgalerie Bern und in der Galerie Max Mayer (Düsseldorf), als auch im urbanen Außenraum in Form von Aktionsräumen, die sie als mögliche Formen von (Gegen-)Öffentlichkeit sowohl als Produktions- als auch als Austragungsort versteht. 2020 erschien in Zusammenarbeit mit dem Neuen Essener Kunstverein und dem Kunstverein München die Publikation *Ich singe nicht für Bilder schöne Lieder* zu ihrer Arbeit beim Verlag Motto Books.

Web: https://www.maxmayer.net/artists/maximilianebaumgartner; aktionsraeume.org

Abb.1-7: Maximiliane Baumgartner. *png.Ein Bezug zu den Stimmrechtsfarben der Suffragetten ist anzunehmen. Nein ist Zufall.... Nein ist anzunehmen...*, Auskopplung einer Wandarbeit (110x80 cm / 95x80 cm / 40x80 cm, siebenteilig), Lack auf Alu Dibond (2021).

.txt Queer Reading, Writing and
Performing Text with the Young
Girl Reading Group

Magdalena Götz

Looking at an artistic workshop by the Young Girl Reading Group (YGRG), this text conceptualizes collective practices of reading, writing and performing .txt (text) *with smartphones as queering practices and as doing* .txt. *Focusing on the entanglements between media, technology, non/human actors and queer/feminist practices, situates* .txt *as media format, artistic material and practice, form and method, as standardizing and ordering but also potentially disordering and transforming.*

"We read together pronouncing the words out loud, emphasizing the relationship of the body of text and the collective body. […] [W]e are trying to depict a situation where the text can be experienced through a reading that is a shared experience." (Serkova/Bezpalov 2021)

With these words, the artist duo Dorota Gawęda and Eglė Kulbokaitė, founders of the YGRG, describe their artistic practice, which "started from a collective reading of texts which explore broadly the intersections between gender and technology" (YGRG Archiv n.d.). Organizing close to 170 reading groups and performances, collectively reading, writing and performing digitally mediated text in various con*texts* and media formats is defined by the artists as a "queer reading experience" (ibid.) and as "a way to approach reading from a non-academic, non-hierarchical, horizontal point of view" (Heublein 2019). Thus, the texts from queer/feminist theory and speculative fiction selected by the artists for the YGRG's *queer readings* can be conceptualized with Sara Ahmed (2017: 16) as "companion texts" and "feminist materials", following Donna Haraway's concept of "companion species" (Haraway 2008), acting as companions to feminists. In what follows, I am describing a workshop by the YGRG in which I participated by reading, writing and performing text together with other feminist companions.

Becoming With Text

Weird Read Intensive is the title of a reading, writing and performance workshop[1] led by Gawęda and Kulbokaitė. It focuses on experiencing reading and writing *otherwise*: collectively, bodily and mediated via smartphones. It is taking place at an exhibition space at NRW-Forum Düsseldorf in an installation created by the artist duo. Using polystyrene blocks covering the floor, digital mobile devices, screens, semi-transparent banners, colorful lights and an artificial waterfall with the artists' self-designed fragrance, the workshop is situated in a material, bodily, sensually perceptible and digitally mediated surrounding.

Artistic projects with a queer/feminist[2] stance that involve digital mobile media, like that of the YGRG, bring actors together to form collectives in material and digital infrastructures and aim at deconstructing powerful dichotomies in support of entangled[3] relations. While artistic practices materialize in physical space, they simultaneously become present on screen and with smartphones, as well as within social media platforms. As such, they create distributed practices, spatialities and temporalities as well as affective relations of participating, of being and *becoming with* and *in* non/human agencies (Haraway 2008: 244; Giffney/Hird 2008: 2f.). Combining diverse intersecting practices, this text entangles describing of and *writing on* artistic practices with practices of *writing up* and theorizing about these practices, adding layers of visual practices of documenting the artistic doings in my research practices. As these layers become interrelated, researching and participating in queer/feminist artistic practices constitutes *circular thinking* and *becoming with* text, the very practices I am researching. Positioning practice-theoretical stances as *always already* entangled with theoretical and methodological approaches in gender, feminist and queer studies, I advocate the need for drawing together practice theory with media artistic practices, aesthetics and queer/feminist studies. In thinking practice together with knowledge, I want to follow Silvia Gherardi (2019: 1) who proposes practice as entangled and as "collective and knowledgeable doing". While she positions practices as "situated modes of ordering and 'agencing'" (ibid.: 8), I intend to focus on modes of disordering and disorienting. This text focuses on research on/with/about media (art) and conceptualizes artistic uses of smartphones to read, write and perform texts and as potential *queering practices*: as practices of queering and queering of practices. To interweave practices with queering, I draw on queer theoretical concepts as suggested by feminist scholar Sara Ahmed: "queer objects" or "queer devices" (Ahmed 2006) as well as "queer use" (Ahmed 2019). By analyzing media artistic practices that enable smartphones to become *queer(ing) devices*, I argue for a specific *queer use* that is disordering and disruptive and potentially queers spaces, objects, texts, and practices that are not inherently queer. Conceptualizing practice(s) as revelatory and generative and by analyzing the retooling of technologies and their disorienting effects on bodies, spaces, and things, I intend to frame *queering practices* using and *doing texts* as potentially collectivizing, performative and disturbing.

Challenging Practices of Reading Text

With our smartphones in our hands, we gather on the soft blocks spread in the art space. We share digital text files in .pdf and .epub format. We open the e-book of science fiction author Octavia Butler's *Fledgling*, a novel about a young, black-skinned vampire living in mutualistic symbiosis with humans, portraying queer sexualities, challenging normalized power relations on the level of race, class, and gender. We read the .txt together off our phones. We listen to each other voicing words. We search our way into text, narration and space, into reading collectively, our relations to each other and our smartphones, emotions and bodies. While reading, we look for new postures, lie down on, over, next to the blocks, someone reads upside down. In open search movements, we bodily, cognitively and affectively engage with unfamiliar reading practices. A collective reading group is forming out of individuals and smartphones.

Understanding "media as practice" (Couldry 2004: 129), media practices can be described as practical doing(s) with media that are situative, bodily, processual, cross-media, infrastructural, historical and socio-cultural (Dang-Anh/Pfeifer/Reisner/Villioth 2017: 7f.). Framing praxis as specific, singular and situated, but at the same time circulating independently of singular subjects positions praxis as eluding common dualisms (Völker 2019: 509). Researching artistic praxis and practices using smartphones and .txt, therefore, requires an entangled approach expanding the question of "what people do with media" (Couldry 2004: 118) to what media do with people (Dang-Anh/Pfeifer/Reisner/Villioth 2017: 15), with non-human actors and practices as Nick Couldry (2004: 129) indicates in asking: "what is the role of media-oriented practices in ordering other practices?" Against this backdrop, I want to argue that media practices like reading text collectively using smartphones are not only *ordering* but also *disturbing* other practices, such as normalized practices of reading, of bodily (be)coming together and solitary smartphone use. While our gazes are focused on phone screens, we are constantly being made aware of the presence of bodies in physical space, by finding new postures, by giving our voices to the texts we read. Using smartphones this way disturbs how bodies interact, devices are used and texts are read, they become disoriented. In this regard, Ahmed's "queer phenomenology" (Ahmed 2006) positions the concept of (dis)orientation as central and, thus, the situating of bodies in space and time, towards or away from objects that (dis)orient them. Following Ahmed's concepts of "disorientation device" (ibid.: 172) and "queer devices" (ibid.: 179), I focus on the potentiality for objects, spaces, practices and texts to become queer, thereby, challenging orientations like heteronormativity, norms and power structures. In this context, the practice of *queer reading*[4], of reading text against the grain and in search of its subversive potential, enables reading .txt as disorienting practice, as counter to norms of institutions, regulated (online and offline) spaces, historiography, western progress narratives, against text as an all too traditional medium.

Doing .txt and Queer(ing) Writing

Inspired by what we read the day before, we set out to compile a performance text. To write collaboratively, we use our smartphones and the web-based text editor Etherpad. With different colors assigned to each of us, we compose together, write with, across and over each other, weaving a colorful text. Associating, referring to one another, as well as to vampires, social media and pop culture, we collectively produce a 94-line text we title *sand witch craft – scent which crafts*.

Drawing together collaborative digital media use and artistic practices, I inquire which practices become relevant in artistic projects, "how they are established and through which organizational, technological, institutional, and aesthetic interconnections they are formed" (Schüttpelz/Gießmann 2015: 9). Following artistic practices using smartphones to read, write and perform together, I suggest that media and artistic practices are mutually, cooperatively and continuously produced and distributed among various actors and agencies. In the workshop, these cooperative .txt practices constitute spatial and temporal relations, while relying on technical devices and software as part of the infrastructure for cooperation. Using Etherpad, an "open source online editor providing collaborative editing in really real-time" (Etherpad 2021), allows its users to write a text together, share its .url and download it afterwards as .txt, .pdf, .rtf, .doc, .od or .html. Here, the file extension .txt refers to an electronic, human-readable text file, structured as sequences of characters forming words and lines, stored as encodable and thus computer-readable data. Contrary to so-called binary files, text files can easily be accessible and editable with text editors. Our collectively written text emerges through relations between non/human participants, their joint reading, writing and performing, or if you will, through *doing text*. As such, Etherpad can be interpreted as a device for queer writing and .txt as an interface or node between human and non-human actors.

Writing and reading collectively from screens, pronouncing words out loud engendering their vocalization and embodiment, queers these traditionally solitary practices, making collaboration a queer practice in itself. Instead of idealizing the notion of cooperation, however, I want to stress the volatility that is shaping the practices, which are in themselves fragile and transitory, thereby refusing to align all too neatly onto a narrative of positivistic, *straight*forward cooperation. For instance, seeing each other type text on screen in real time *orients* but also continuously *disorients* our thoughts and words, that form and get reshaped as others write, add, delete and propose other threads to weave with.

Performing Text Collectively

We then stage the text for our performance in the art space. Sitting down in a circle, we read the text from our smartphones in distributed roles. Our words spread out through the room. We are filming ourselves with a CCTV camera, transmitting an eerie black and white image to a big screen in the center of the room. Simultaneously, a 360-degree camera is documenting the performance, distorting images, space, human and machine bodies. One performer acts as a visual jockey: using a search engine on her laptop, she associatively looks for images matching the text, which appear in the middle of one of three wall screens. On the left screen, we broadcast our collective writing process via Etherpad's automatic timeslider feature, on the right we share the process of reading together by transmitting one performer's smartphone display.

Collectively reading out loud from screens seems as if they have cast a spell on us, putting focus on the smartphones, the text and our (be)coming together. Transferring our writing process with the timeslider function creates a cinematic component in the art space, depicting an uncanny appearance of letters and words as if guided by a ghostly hand; just like the visual jockey's live broadcast mimics a flow of thoughts and images in one's associative brain. The cameras create partial, distorted images of our bodies and devices in the space, contributing to a rather *weird, intensive, queer(ed)* impression. Allowing to share, read, write and perform texts together, enables a retooling of smartphones to support queering their solitary use. Digital mobile devices can, thereby, allow for collectivizing, performative and disturbing practices, that can be described as

practices *queer* to their intended use, or as *queering practices*. As such, smartphones can potentially become queer and queer practices surrounding them. In this, I propose that not only objects but also practices potentially become queer, as "queer objects" (Ahmed 2006: 157ff.) are deeply entangled with the practices that make them. "Becoming queer", then, centrally focuses on the practices of queering and of "disturb[ing] the order of things" (ibid.: 163, 161). Queering is, thus, understood as a specific appearance, gathering, performing of things, as a disturbance of their order (Ahmed 2006: 167). In this sense, *queering* constitutes deviating from *straightening* practices of institutions, bodies and things within a dominantly hetero-normative society, while establishing orientations towards other kinds of (dominant) practices. In positioning smartphones as potentially queer(ing) devices, I translate Ahmed's line of argumentation onto technological objects.[5] Following the example of the table, she describes how it is transformed from a straightening, hetero-normalizing dining table into a "reorientation device" "when the kitchen table supports feminist writing" and into a "supporting device for queer gatherings" (Ahmed 2006: 179). Similarly, smartphones in the workshop reorient us by supporting reading, writing and performing text together, thus, making the mobile devices *queer(ing) devices* enabling *queering practices* and doing .txt.

Queering Spaces, Things and Texts

While we read, write and perform texts, the artists take photographs and videos using smartphones, capturing non/human actors, texts and screens. Then, they share them as a story on their Instagram account, adding text by writing captions and tagging people. The image-text-assemblages have an eerie, uncanny visual quality, disturbing the all too perfectly staged and colorful fluffy flows of Instagram feeds.[6]

Using digital mobile devices to collectively read texts, write a performance script, to perform, document, and share contents on social media, smartphones are put at the center of the workshop practices. Connecting human and non-human actors and defining use as a "way of being in touch with things" (Ahmed 2019: 21), hints at how we relate to things is generated in active use, that is, *in practice*. Using things as practicing, can thereby be understood as their epistemological quality: things *in practice* can become revelatory about their specific being and *becoming with*. Or to use Ahmed's words who considers "how usefulness can be evocative: use as how we handle things; use as how we mingle with things" (ibid.: 22) – and, as I want to add – how we mingle and practice with technological things. In the context of artistic and media practices with smartphones, I want to argue with Ahmed for a potential *queer use* – a use that is not intended, but rather extended and transversed, a use *queer* to the use expected or how some*thing* is used "by those other than for whom they were intended" (ibid.: 199). This queerness, however, has to be activated:

> "Queer uses would be about releasing a potentiality that already resides in things *given* how they have taken shape. Queer use could be what we are doing when we release that potential." (ibid.: 200)

Here, I want to stress the doing necessary to release the potentialities of how things can be queered, by queering their use. As such, the potential *becoming queer* of spaces can depend on

> "how those who identify as queer make use of spaces. […] The implication here is that uses are queer because spaces are not: queerness as what is injected into spaces by queer users." (ibid.)

Consequently, queer spaces per se do not exist, neither do queer things – it is their *use* that makes them potentially queer spaces or things (ibid.). Smartphones, thus, can become *queering devices* when used queer to everyday use in artistic practices such as in the YGRG workshop; just as texts can potentially become queer when used, written or read in a queer con*text*. Thereby, I suggest, queer use is always situative and temporary. Localizing the potential for queer use in the spaces "somewhere between our bodies and our worlds" (ibid.: 201), I argue for practices as the connecting (and potentially dividing)[7] tissue in realizing queer uses.

Sticking with the Queerness of Practices

Analyzing the queering of reading and writing practices by reading queer/feminist texts, that counter normative narratives as well as by collectively reading, writing and performing text, which queers technologies and media practices of isolated, solitary use of smartphones, I suggest that queering provides an alternative concept to understanding (artistic) practices using or doing .txt (see ff. Leeker 2023). In that context, .txt serves as media format, as artistic material, as practice and method, as it constitutes a tool challenging all too normative practices of *doing text*. The queering of media, technological, artistic, cultural technique and bodily practices as well as the potentially, situative, and temporarily disturbing of things, spaces, bodies and their practices as a deviating from orienting practices, I describe as *queering practices*. In this context, I conceptualize queering as a critical media practice, as it considers and enacts things, matters and relations otherwise. In making and using queer objects and devices, artists and participants of the YGRG workshop *queer* intended, everyday practices of smartphone use. As such, queer/feminist artistic practices are probing and countering the straightening, the aligning, the (hetero-)normative forming mechanisms of smartphone uses (Strick 2012). Conceptualizing practice in their queering potential as *queering practices* unfolds and reflects practice as potentially generative, revelatory, collectivizing, performative and disturbing. As such, queer practices can have a diverting effect in disorienting normalized straightening practices. Thereby, it is the practice of *using* things, media, spaces and texts in a queer manner that potentially queers them. Localizing the potential for queer use between bodies, spaces, objects and media, practices constitute the connecting tissue in actualizing queer uses and devices. Emphasizing the need for "a meta-language of describing practice", Nick Couldry (2004) postulates that "we have to point to things as one practice as distinct from another practice, as distinct from something that's just messy and confused and isn't anything at all" (Genner 2020: 6). While I agree that describing practices calls for critical use of language, I argue that immersing oneself in and researching practices, such as (media) artistic practices, necessarily is *messy* and *confusing*, especially because practices entangled in media and the artistic are themselves not as distinct, nor as *straight* as one might hope for. Therefore, claiming to be able to clearly distinguish one practice from another, runs the risk of drawing boundaries where entanglements are, while smoothing over the messiness and disorder centrally inherent to practice(s). Thus, I want to propose being a "feminist killjoy" (Ahmed 2017) and sticking to and "staying with the trouble" (Haraway 2016) of the messiness and queerness of practices, research practices, material and generating knowledge on and with media as smartphones and texts. If "feminist theory is world making" so is *doing research*; and "if our texts are worlds, they need to be made out of feminist materials" (Ahmed 2017: 14). As we are becoming with text, it greatly matters how we write, who we cite, which typographies we use, how and what we read, who we read (with) and which texts we make our companion texts.

Abb. 1-10

Abb. 11-14

Photo credit

The images in this article consist of screenshots taken by the author from the Instagram account of the Young Girl Reading Group (@y_g_r_g) from the story highlight "YGRG workshop" (https://www.instagram.com/stories/highlights/17864136457432608/) (1, 6, 7, 8, 9, 10); screenshots taken from the author's smartphone screen during the workshop from the e-book of Octavia Butler's Fledgling (2) and the collective writing process using Etherpad (4); photos taken by Katja Ilner showing collective reading and writing via smartphones (3, 5); a screenshot of an Instagram post by Dorota Gawęda (@tuniatunia) (https://www.instagram.com/p/Bzf_bHzIiNu/) (7); a screenshot of the exported performance text in .txt format (11); and photos taken by the author of the collective reading and writing of text in the workshop and the t-shirt participants got from the artists (12, 13, 14). The numbers represent the images counting from top to bottom, from left to right.

Notes

1 The workshop *Weird Read Intensive* took place on the 5th and 6th of July 2019 at NRW-Forum Düsseldorf as part of the event *Digital Imaginaries* initiated by the Akademie der Avantgarde in cooperation with the Institute for Art and Art Theory at the University of Cologne.
2 Relating to *techno-ecofeminism*, Yvonne Volkart defines *queer/feminist* as queer and feminist deconstructions: as practices of "'queering' of powerful dichotomies. [...] Those who help to break through these dualistic hierarchies in the direction of complex relations and entanglements of agents always take action, one could say, in a queer/feminist or ecofeminist way" (Volkart 2019: 119).
3 For the notion of entanglement see Barad 2007.
4 For a summary of the practice of *queer readings*, its use in queer theory and as a feminist method challenging heteronormativity see Björklund 2018.
5 Thinking together Ahmed's concepts of orientation with media, Nelanthi Hewa (2021) proposes a *media phenomenology*. Franziska Wagner (2019) brings disorientation together with virtual-reality films, arguing with Ahmed for their queer potentials and perspectives in bodily mediations.
6 Kristin Klein (2021) looks at YGRG's work to exemplify how digitality is articulated in the artistic in terms of body, space, materiality and image circulation by critically reflecting on concepts of postdigitality and Post-Internet. I am thankful to her for our shared in-depth experiencing and analyzing YGRG's practices.
7 For an in-depth analysis on media (theories) and their potential to connect and divide, also in relation to gender, see Bergermann/Schüttpelz/Dommann/Stolow/Taha 2021.

References

Ahmed, Sara (2006). *Queer Phenomenology. Orientations, Objects, Others*. Durham: Duke University Press.
Ahmed, Sara (2017). *Living a Feminist Life*. Durham et al.: Duke University Press.
Ahmed, Sara (2019). *What's the Use? On the Uses of Use*. Durham: Duke University Press.
Barad, Karen (2007). *Meeting the Universe Halfway. Quantum Physics and the Entanglement of Matter and Meaning*. North Carolina: Duke University Press.
Bergermann, Ulrike/Schüttpelz, Erhard/Dommann, Monika/Stolow, Jeremy/Taha, Nadine (Ed.) (2021). *Connect and Divide. The Practice Turn in Media Studies*. Zürich: Diaphanes.
Björklund, Jenny (2018). Queer Readings/Reading the Queer. *Lambda Nordica, 23*, 7–15.
Couldry, Nick (2004). Theorising Media as Practice. *Social Semiotics, 14*, 115–132.
Dang-Anh, Mark/Pfeifer, Simone/Reisner, Clemens/Villioth, Lisa (2017). Medienpraktiken. Situieren, erforschen, reflektieren. Eine Einleitung. *Navigationen, 17*(1), 7–36.
Etherpad (2021). n.t. URL: etherpad.org [11.10.2021]
Genner, Julian (2020). To Everything, Turn, Turn, Turn? Taking Stock of the Practice Turn in Social Theory, Sociology, and Media Studies. *Working Paper Series, Collaborative Research Center 1187, Media of Cooperation, 15*.
Gherardi, Silvia (2019). Practice as a Collective and Knowledgeable Doing. *Working Paper Series, Collaborative Research Center 1187, Media of Cooperation, 8*.
Giffney, Noreen/Hird, Myra J. (Ed.) (2008). *Queering the Non/Human*. Aldershot: Ashgate.
Haraway, Donna J. (2008). *When Species Meet*. Minneapolis: University of Minnesota Press.
Haraway, Donna J. (2016). *Staying with the Trouble. Making Kin in the Chthulucene*. Durham: Duke University Press.
Heublein, Lewon (2019). Permeable Screens: The Young Girl Reading Group. Interview with Dorota Gawęda and Eglė Kulbokaitė. URL: pw-magazine.com/2019/permeable-screens-the-young-girl-reading-group [11.10.2021]
Hewa, Nelanthi (2021). When the Machine Hails You, Do You Turn? Media Orientations and the Constitution of Digital Space. URL: journals.uic.edu/ojs/index.php/fm/article/view/10978/10075 [11.10.2021]
Klein, Kristin (2021). Auditions for Audacity. Technologie, Körper und Raum bei der Young Girl Reading Group im Kontext von Post-Digital und Post-Internet. In Judith Ackermann/Benjamin Egger (Ed.), *Transdisziplinäre Begegnungen zwischen postdigitaler Kunst und Kultureller Bildung*. Wiesbaden: Springer, 43–60.
Leeker, Martina (2023). ff. In Sandra Hofhues/Konstanze Schütze (Hg.), *Doing Research*. Bielefeld: Transcript, 224–230.
Schüttpelz, Erhard/Gießmann, Sebastian (2015). Medien der Kooperation. Überlegungen zum Forschungsstand. *Navigationen, 15*(1), 7–54.
Serkova, Natalya/Bezpalov, Vitaly (2021). Dorota Gaweda and Egle Kulbokaite: "Through my nose, through your every pore, we change. And all that you Change Changes me". URL: tzvetnik.online/portfolio_page/dorota-gaweda-and-egle-kulbokaite-conversation [11.10.2021]
Strick, Simon (2012). The Straight Screen: Begradigungsarbeiten am iPhone. *Feministische Studien, 30*, 228–244.
Volkart, Yvonne (2019). Techno-Ecofeminism. Nonhuman Sensations in Technoplanetary Layers. In Cornelia Sollfrank (Ed.), *The Beautiful Warriors. Technofeminist Praxis in the Twenty-First Century*. Colchester et al.: Minor Compositions, 111–135.
Völker, Susanne (2019). Praxeologie und Praxistheorie: Resonanzen und Debatten in der Geschlechterforschung. In Beate Kortendiek/Birgit Riegraf/Katja Sabisch (Ed.), *Handbuch interdisziplinäre Geschlechterforschung*. Wiesbaden: Springer, 509–518.
Wagner, Franziska (2019). Zum Greifen nah? Annäherungen an das Verhältnis von Nähe und Distanz in VR-Filmen. *Montage AV, 28/2*, 121–142.
YGRG Archiv (n.d.). About YGRG. URL: arielfeminisms.dk/ygrg [11.10.2021]

MAGDALENA GÖTZ

- "DOING RESEARCH"
  - VERANTWORTUNG d. REFLEXION eigener PRIVILEGIEN
    - FREIHEIT zu DENKEN

- mossy
- speculative
- sometimes lonely
- sometimes connecting
- inspiring
- always WORK in PROGRESS
- transdisziplinär
  - QUEERSTUDIES + ART
  - FEMINIST STUDIES + ART
  - GENDER MEDIA STUDIES
  - AFFECTS
  - INFRASTRUCTURES
  - digital / mobile media
  - QUEER FEMINIST MEDIA ART

* Signifikanz　　　　　　　　　　Ingrid Scharlau, Tobias Jenert

Der Signifikanztest hat eine ausgesprochene Erfolgsgeschichte vorzuweisen, obwohl er immer wieder als problematische Praktik ausgewiesen wird. Vor diesem Hintergrund stellt sich die Frage, ob der Signifikanztest weitergehende Funktionen jenseits der begrenzten statistischen Aussagekraft erfüllt. Der **Signifikanzstern (*)** *entpuppt sich dabei als symbolischer Repräsentant einer Praktik, die hilft, Zugang und Zugehörigkeit zur disziplinären Gemeinschaft zu regeln. Er verweist auf Praktiken des Forschens und Publizierens, er schafft Ordnung, reduziert Komplexität und ermöglicht Orientierung.*

In vielen empirischen Wissenschaften steht der Stern (*) für das signifikante Ergebnis eines statistischen Tests. Er kürzt also die Formulierung *statistisch signifikant* ab. Diese ist selbst wieder eine Verkürzung der genauen Testergebnisse auf eine Standardformulierung. Dabei werden auch die Voraussetzungen des Tests und der methodologischen Erwägungen, die ihm vorausgehen, aus der Darstellung gewissermaßen herausgekürzt. Zentral für die folgende Argumentation ist, dass damit eine Abkürzung im Denken genommen wird und wissenschaftliches Urteilen durch eine quasi-automatische und vermeintlich objektive Schlussform ersetzt wird. Unser Beitrag wird von der Vermutung geleitet, dass die Karriere des Signifikanzsterns nicht allein und vielleicht nicht einmal vorwiegend auf der Leistungsfähigkeit des zugrundeliegenden Testverfahrens beruht. Wir fragen deswegen nach der weiterführenden Symbolkraft des Sterns im Kontext wissenschaftlichen Handelns und akademischer Kulturen, mit besonderer Aufmerksamkeit für eine wissenssoziologische und wissenschaftskritische Perspektive. In einem ersten Abschnitt schildern und kritisieren wir knapp das Verfahren des Signifikanztests, seine Geschichte und seine Verwendung im Schließen aus Daten, die – darauf liegt unser Fokus – durch seine Aussagekraft nicht gedeckt ist. Im zweiten Abschnitt widmen wir uns der weitergehenden Frage nach der Semantik des Begriffs *signifikant* und seiner Bedeutung für die Etablierung wissenschaftlicher Gemeinschaften.

Das statistische Verfahren, seine Praxis und seine Kritik

Signifikanztests haben sich in vielen Wissenschaften überraschend schnell durchgesetzt und sind auch heute noch weit verbreitet, obwohl es viele Einwände gegen sie gibt und alternative statistische Verfahren, etwa die Bayes-Inferenz, existieren. Wir diskutieren den Signifikanzstern exemplarisch an einem besonders charakteristischen Mikrokosmos, der Psychologie. Viele der Beobachtungen dürften aber ähnlich für andere Wissenschaften gelten. Als charakteristisch kann die Psychologie hier gelten, weil sie gleichzeitig mit der und durch die Verbreitung von Signifikanztests eine schnelle sowie wirksame Stärkung ihrer angenommenen Wissenschaftlichkeit und gesellschaftlichen Rolle erfuhr. Sie hat Signifikanztests so stark adaptiert, dass andere Verfahren des Schließens aus Daten praktisch verdrängt wurden. Ein geeigneter Fall ist die Psychologie auch deshalb, weil sie in den vergangenen Jahrzehnten gerade in Bezug auf ihre quantitativen Methoden für andere Wissenschaften zum Vorbild geworden ist – und auch, weil die Folgen dieser Praxis in ihr inzwischen besonders deutlich geworden sind.

Signifikanztests wurden in der ersten Hälfte des 20. Jahrhunderts zunächst für die Agrarwissenschaft entwickelt und in der Psychologie ab Mitte der 1930er Jahre erstmals verwendet. Über die amerikanische Graduiertenausbildung wurden sie rasch zum Standard und ersetzten dabei andere statistische Verfahren („inference revolution", Gigerenzer/Swijtink/Porter/Daston/Beatty/Krüger 1989, Kapitel 6; Rucci/Tweney 1980). Seit 1952 werden sie in *Publication Manual der American Psychological Association* (APA) empfohlen:

> „Convention permits the single asterisk (*) to indicate statistics which are 'significant at the 5% level,' and the double asterisk (**) to mean 'significant at the 1% level'." (APA Council of Editors 1952: 33)[1]

Bereits Mitte der 1950er Jahre enthielt die überwiegende Mehrheit der Artikel einflussreicher Zeitschriften in der Psychologie Signifikanztests (und beinahe ausschließlich positive Ergebnisse; Sterling 1959); heute liegt der Anteil nahe bei 100 %. Im Jahr 1962 legte der Herausgeber für das sehr renommierte *Journal of Experimental Psychology* sogar fest, dass Artikel ohne signifikantes Ergebnis nicht und solche, die nur ein Signifikanzniveau von .05 erreichen, nur ausnahmsweise publiziert werden können (Melton 1962). Eine ähnliche Entwicklung lässt sich in der Erziehungswissenschaft beobachten, die Signifikanztests ebenfalls früh einsetzte, da sie auf diese Weise in die Praxis, hier vor allem die Bildungspolitik, wirken konnte (Danziger 1987). Auch weitere Fächer wie Soziologie, Archäologie, Politikwissenschaft und Ökonomie sowie später noch die Medizin und Neurowissenschaften übernahmen die Verfahren mit Nachdruck.

Wir fahren mit einer sehr kurzen Skizze der Verfahren fort (weiterführend und sehr lesenswert etwa Gigerenzer 1987, 2004; Gigerenzer/Swijtink/Porter/Daston/

Beatty/Krüger 1989, Kapitel 3 und 6; Meehl 1978). Typischerweise in Tabellen oder Grafiken gebraucht, während in Texten die Darstellung $p < .05$ üblicher (und von der APA vorgeschrieben) ist, steht der Stern in der Regel als Abkürzung für einen signifikanten statistischen Nullhypothesentest. Dieser Test[2] prüft die Geltung einer Nullhypothese, beispielsweise *Die Lernstrategie X hat keinen Effekt auf Kompetenzen*. Die Nullhypothese ist in der Regel für die Forschung wenig interessant (man will ja schließlich wissen, welche Lernstrategien einen Effekt haben) und sehr spezifisch (*kein Effekt*, also exakt 0). Wenn unter Geltung dieser Hypothese ein vorher festgelegtes Signifikanzniveau unterschritten wird, wird das Testergebnis als *signifikant*, genauer als *statistisch signifikant* bezeichnet. Dies bedeutet, dass die erhobenen (oder extremere) Daten unter Annahme der Nullhypothese (und anderer Annahmen über die Verteilungsfunktion der Daten) eine Wahrscheinlichkeit unterhalb des Signifikanzniveaus haben. Ist dies der Fall, wird die Nullhypothese abgelehnt. Ein statistisch gerechtfertigter Schluss über alternative Hypothesen oder Erklärungen, etwa dass die Lernstrategie wirksam ist, kann aus der Ablehnung nicht gezogen werden – auch wenn diese Praxis weit verbreitet ist.

Das Signifikanzniveau beziehungsweise der akzeptierte Alpha-Fehler steht dafür, dass die Nullhypothese tatsächlich[3] zutrifft, aber aufgrund der Ergebnisse des statistischen Tests abgelehnt wird. Das Fehlerniveau kann gewählt werden und sollte dem zu tolerierenden Schlussfehler angepasst werden; praktisch haben sich fünf Prozent durchgesetzt, ohne dass dafür spezielle Gründe ersichtlich wären. Bemerkenswert ist, dass die Bedeutung eines signifikanten Ergebnisses selbst von Expert_innen oft falsch verstanden wird (Haller/Krauss 2002; für Mutige zur Selbstüberprüfung Dienes 2008: 212), etwa dahingehend, dass die Wahrscheinlichkeit, in einer zukünftigen Untersuchung dieselben Ergebnisse zu erhalten, 95 % beträgt, oder dass die Wahrscheinlichkeit, dass die Lernstrategie nicht wirkt, sehr gering ist. Das zentrale Missverständnis ist hier die Annahme, dass Signifikanz etwas über die Wahrscheinlichkeit von Hypothesen aussagt. Tatsächlich beschreibt sie jedoch nur, wie erwähnt, die Wahrscheinlichkeit von Daten unter der Nullhypothese. Carver (1978: 383) nennt diese sehr verbreiteten Missverständnisse „fanciful inferences", um zu betonen, dass der Signifikanztest ohne solche Unterstellungen kaum seine dominante Stellung hätte erhalten können.

Fisher, einer der Erfinder von Signifikanztests, war überzeugt, sie seien eine vollkommen objektive Form des Schließens aus Daten. Auch wenn dies sicherlich nicht von allen geteilt wurde, sickerte es doch in die Darstellung von Tests ein. Wie Gigerenzer, Swijtink, Porter, Daston, Beatty und Krüger (1989) berichten, wurde der Signifikanztest von Beginn an als kanonisch dargestellt, als feststehende Tatsache und objektives, neutrales Werkzeug, das keiner Semantik zu bedürfen scheint. Auch in Zeitschriftenpublikationen werden Signifikanztests auf die erwähnten Formeln und den Stern reduziert. Vor diesem Hintergrund entwickelte sich, was Gigerenzer und Kollegen das „null ritual" nennen und was im Signifikanzstern symbolisiert ist: die immer gleiche mechanische Anwendung desselben Verfahrens auf beliebige Daten:

„(1) Set up a statistical null hypothesis of ‚no mean difference' or ‚zero correlation.' Don't specify the predictions of your research hypothesis or of any alternative substantive hypotheses. (2) Use 5% as a convention for rejecting the null. If significant, accept your research hypothesis. (3) Always perform this procedure." (Gigerenzer/Krauss/Vitouch 2004: 392)

In der Folge dieser Entwicklung lassen sich einige Probleme beobachten, die in den vergangenen Jahren zu einer stürmischen Methodendiskussion in verschiedenen Wissenschaften geführt haben. Eines davon ist der hohe Anteil statistisch signifikanter Befunde; nicht signifikante Befunde wurden, ganz im Sinne Meltons, jahrzehntelang kaum publiziert (Farelli 2011), was vermutlich zu einer erheblichen Verzerrung des Gesamtbildes geführt hat (Ioannidis 2005). Infolge des durch Zeitschriften ausgelösten Drucks, signifikante Ergebnisse zu erzielen, entwickelten und verbreiteten sich fragwürdige Forschungspraktiken, etwa Hypothesen aus einem Datensatz zu entwickeln und danach an diesem statistisch zu prüfen (Kerr 1998), Daten durch verschiedene Tests zu durchforsten, von denen nur die signifikanten berichtet werden, (John/Loewenstein/Prelec 2012), die Erhebung abzubrechen, nachdem Signifikanz erreicht wurde (Simmons/Nelson/Simonsohn 2011), oder wunderliche Datensätze aus der Analyse auszuschließen. All diese weit verbreiteten Praktiken verletzen Grundvoraussetzungen des Signifikanztests.

Selbst wenn sie korrekt angewendet würden, sind Signifikanztests nicht einfach Werkzeuge, sondern implizieren spezifische wissenschaftstheoretische und methodologische Vorstellungen. Dies ist im Falle von empirischen Wissenschaften deswegen besonders bedeutsam, weil viele von ihnen wissenschaftstheoretische und -methodologische Überlegungen aus der Forschung selbst auslagern, sodass diese als Gegenstand der Reflexion unsichtbar werden. Fishers Vorstellung eines quasi-mechanischen Schließens haben wir bereits erwähnt. Auch wenn viele heutige Wissenschaftler_innen diese Vorstellung explizit vermutlich ablehnen würden, schimmert sie im konkreten Einsatz von Signifikanztests zumindest durch. So spielen die Daten selbst, ihre Sichtung und Beschreibung in der konkreten Forschungspraxis eine marginale Rolle. Mit der breiten Verwendung der Varianzanalyse, deren Fokus auf den Effekten einzelner Bedingungen liegt, setzen sich ein einzelner Typus des Experiments (Danziger 1985, 1987) und eine bestimmte Vorstellung von Kausalität durch, die auf den Prinzipien der Isolation von Faktoren und der Kontrolle beruht. Theoriegeleitete wird zunehmend durch induktive Forschung ersetzt. Insgesamt verschreiben sich Wissenschaften, in denen Signifikanztests zum Standard werden, einer Art „incremental encyclopedism" (Bazerman 1987: 273), in dem einzelne Forscher_innen innerhalb eines inhaltlich und methodisch weitgehend standardisierten Rahmens kleine Teilstücke zum Wissen beitragen.

Diese Entwicklung lässt sich auch im Zeitschriftenartikel nachzeichnen, der zeitgleich mit der Verbreitung von Signifikanztests erhebliche Änderungen durchmacht, die bis heute halten und in den vergangenen Jahrzehnten vielleicht sogar noch einmal verstärkt haben. Belege hierfür sind eine zunehmende Uniformität der Methoden, flachere Ableitungen von Forschungsproblemen aus der Literatur wie auch Schlussfolgerungen, die sich nicht mehr weit von den Daten entfernen, und die Verschiebung des rhetorischen Fokus von einer überzeugenden Argumentation auf den Nachweis, dass man keine Fehler gemacht hat und den Standards Genüge tut (Danziger/Dzinas 1997). Ein Teil dieser Änderungen ist im *Publication Manual* der APA kodifiziert. Dieses Manual ist mehr als eine Sammlung stilistischer Konventionen, nämlich Ausdruck wie Ursache der disziplinspezifischen Epistemologie und Werte und eine wichtige Sozialisationserfahrung von Wissenschaftler_innen (Madigan/Johnson/Linton 1995: 428). Seit einigen Jahrzehnten werden die APA-Konventionen auch in anderen Wissenschaften zunehmend zum Standard, etwa in Teilen der Pädagogik/ Erziehungswissenschaft, der Soziologie, der Psycholinguistik und didaktischer Diskurse. Wir behaupten nicht, dass die Einführung des Signifikanztests all diese Änderungen verursacht hat. Auch wenn aufgrund der Chronologie Einflüsse naheliegen, handelt es sich hier eher um ein dichtes Gewebe miteinander verflochtener Prozesse, in denen sich wissenschaftliche Praktiken eher langsam verschieben als plötzlich ändern. Der Signifikanzstern wirkt in diesem Prozess wie ein stabilisierendes Moment.

Interessanterweise wurde diese verkürzte Praxis seit Beginn von scharfer Kritik begleitet, sodass die Schwächen des Signifikanztests seit seinem Entstehen bekannt waren. Die Kritik konnte sich jedoch nur wenig Gehör verschaffen und insbesondere dem praktischen Erfolg wenig entgegensetzen (insbesondere, aber nicht nur Cohen 1994; Gigerenzer 2004; Meehl 1978) und so haben sich weder bescheidene Forderungen nach zusätzlicher Information wie Konfidenzintervallen (Loftus 1993) noch die Forderung nach substantiellen quantitativen Modellen (Meehl 2006) noch der radikale Vorschlag einiger Mitglieder der *APA Task Force on Statistical Inference*, auf den Signifikanztest zu verzichten (Fidler 2002), durchgesetzt.

Schon den frühen Kritikern merkt man einen gereizten Ton an, der sich in den Diskussionen bis heute hält. Zur Illustration Loftus (1991: 103):

„Despite the stranglehold that hypothesis testing has on experimental psychology, I find it difficult to imagine a less insightful means of transiting from data to conclusions."

Insgesamt ergibt sich der Eindruck starrer Praxis auf der einen und starrer Gegenwehr auf der anderen Seite.[4] Hartnäckig und erstarrt scheint diese Debatte aber auch deswegen zu sein, weil sich in ihr zwei Weisen ausdrücken, Wissenschaft zu tun. Die eine Weise charakterisiert die Mitwirkung an der Produktion von Erkenntnis für praktische und pragmatische Zwecke einschließlich der Sicherung der gesellschaftlichen Relevanz der eigenen Wissenschaft und der Sicherung der eigenen Karriere. Die andere orientiert sich stärker an der Suche nach Wahrheit oder zumindest reinen Formen der Erkenntnisgenerierung. In ihr scheint noch der Habitus weltabgewandter Gelehrter durch, die übersehen, wie eng die Verwendung von Signifikanztests mit vielen anderen Aspekten von Wissenschaft verflochten ist. Während die einen weitermachen wollen wie bisher (und man ihnen übrigens zugestehen muss, dass die Psychologie genau in der Zeit, in der sich die fragwürdige Statistik durchsetzte, zu großer gesellschaftlicher Relevanz fand), möchten die anderen am liebsten neben die Praxis stellen und bei Null anfangen. Es stecken aber alle im gleichen Geflecht der historischen Entwicklung, und der weitere Weg wird wohl ein komplexes und erst im Rückblick durchschaubares Bewegungsmuster zwischen *weiter so* und *ganz anders* sein.

Sinnstiftung in der Wissenschaft

Bis hierhin haben wir gezeigt, dass der Signifikanztest eine ausgesprochene Erfolgsgeschichte vorzuweisen hat, obwohl er offenkundig und wiederkehrend als problematische wissenschaftliche Praktik ausgewiesen wird. Vor diesem Hintergrund stellt sich uns die Frage, ob der Signifikanztest weitergehende Funktionen jenseits der begrenzten statistischen Aussagekraft erfüllt. Wir möchten uns dieser Frage nähern, indem wir uns die Struktur der Wissenschaft als System kultureller Gemeinschaften vergegenwärtigen und fragen, was der Signifikanzstern als Symbol für diese Gemeinschaften bedeutet.

Das Wissenschaftssystem ist in disziplinäre Gemeinschaften gegliedert, die sich als Kulturen mit jeweils eigenen und teils sehr distinkten Merkmalen beschreiben lassen (Becher/Trowler 2001). Kulturen verfügen über jeweils eigene Bedeutungssysteme: Bestimmte Symbole sind Ausdruck tieferliegender kultureller Sinnstrukturen, die sich Außenstehenden nicht ohne Weiteres erschließen. Der Signifikanzstern kann so als ein Symbol verstanden werden, das auf weiterführende Sinnzusammenhänge in der Wissenschaft verweist. Anders formuliert: Welche Botschaft sendet die einzelne Person mit dem Gebrauch des Signifikanzsterns? Inwiefern signalisiert und legitimiert das Erzielen signifikanter Ergebnisse die Zugehörigkeit zu ihrer Scientific Community? Der Duden (o.D.) unterscheidet neben der statistischen zwei weitere Bedeutungen des Adjektivs *signifikant*. Alltags- oder bildungssprachlich bedeutet es „in deutlicher Weise als wesentlich, wichtig, erheblich erkennbar" und „in deutlicher Weise als kennzeichnend, bezeichnend, charakteristisch, typisch erkennbar". Speziell für den wissenschaftlichen Kontext sprechen Onwuegbuzie und Leech (2004) von „multiple significances" und weisen neben der statistischen eine praktische, klinische und ökonomische Signifikanz aus. Praktische Signifikanz bezieht sich auf die Stärke eines Zusammenhangs. Zusammenhänge könnten zwar statistische Signifikanz erreichen, in ihrer Wirkung aber zu klein sein, um für die Beantwortung der Fragestellung oder das Treffen einer konkreten Entscheidung bedeutsam zu sein. Klinische Signifikanz ermisst, inwiefern eine Intervention für die Betroffenen eine tatsächlich wahrnehmbare Verbesserung ihrer Lebensumstände bewirkt. Ökonomische Signifikanz bezeichnet die Ressourceneffizienz einer Intervention und fragt danach, ob sich mit einer Intervention unter realistischem Ressourceneinsatz ein relevantes Ergebnis (im Sinne der klinischen Signifikanz) erzielen lässt. Während der Stern die statistische Signifikanz repräsentiert, umschreiben die anderen Signifikanzen das, was alltagssprachlich unter *signifikant* verstanden wird, nämlich verschiedene Ausprägungen von lebensweltlicher Bedeutsamkeit.

Im Kern verweist der Stern also nur auf einen engen Teilaspekt des semantischen Umfangs von Signifikanz. Statistisch signifikante Ergebnisse sind keineswegs immer und zwingend auch besonders bedeutsam oder wichtig. Allerdings, so unsere These, wird dem Stern gerade als Abkürzung in der wissenschaftlichen Praxis häufig eine Bedeutung zugeschrieben, die auch die alltagssprachliche Semantik umfasst: Signifikante Ergebnisse sind wichtige Ergebnisse und nur wenn statistisch Signifikanz erreicht wird, ist Forschung wichtig genug, um publiziert zu werden. Der Stern hat in der Wissenschaft, zumindest innerhalb bestimmter disziplinärer Gemeinschaften, also einen Bedeutungsüberschuss erworben. Wenn wir an dieser Stelle kein intentionales Handeln einzelner Forscher_innen oder eine planvolle Strategie unterstellen, so müssen wir fragen, warum sich Forschungs-, Publikations- und Rezeptionspraktiken etabliert haben, die diesen Bedeutungsüberschuss produzieren. Betrachten wir wissenschaftliche Disziplinen als kulturelle Gemeinschaften – mit Lave und Wenger (1991) könnte man auch von Communities of Practice sprechen –, gehen wir davon aus, dass der Stern mit der Zeit zu einem geteilten Symbol geworden ist, dessen Gebrauch eine Funktion für die kulturelle Gemeinschaft erfüllt. Kulturelle Symbole dienen häufig dazu, Zugehörigkeit auszudrücken, sich gegenüber anderen Kulturen abzugrenzen und einzelnen Personen den Zugang zur Gemeinschaft zu ermöglichen oder zu verwehren. Lave und Wenger (1991) sprechen dabei von einer „Legitimate Peripheral Participation": Neue Mitglieder müssen sich gegenüber der Gemeinschaft bewähren, indem sie bestimmte Praktiken adaptieren. Erst wenn diese Praktiken verinnerlicht sind und (aus der Perspektive etablierter Mitglieder der Gemeinschaft) zufriedenstellend ausgeführt werden, werden die Neuen in den Kern der Gemeinschaft aufgenommen und es wird ihnen erlaubt, höherwertige und gegebenenfalls auch von der Norm abweichende Praktiken auszuüben. Betrachten wir den Stern als kulturelles Symbol, so können wir den konstatierten Bedeutungsüberschuss als symbolische Repräsentation einer Praktik interpretieren, die dabei hilft, den Zugang und die Zugehörigkeit zu einer disziplinären Gemeinschaft zu regeln. Er erfüllt demnach eine wichtige Funktion für die Gemeinschaft, weil er auf eine Fülle dahinterliegender Praktiken (zu forschen und zu publizieren) verweist, damit Ordnung schafft, Komplexität reduziert und Orientierung ermöglicht.

Uns sind keine Daten dazu bekannt, ob Forscher_innen, die keine Signifikanztests verwenden, tatsächlich der Zugang zur Scientific Community verwehrt wurde. Als Narrativ sind die entsprechenden Zusammenhänge im Diskurs allerdings präsent. Oben haben wir bereits Loftus' Polemik gegen den Signifikanztest erwähnt. Er fährt fort:

„Somewhere along the line, however, we all internalized one lesson that is entirely correct: The more you reject the null hypothesis, the more likely it is that you'll get tenure." (Loftus 1991: 103; ähnlich Gigerenzer/Krauss/Vitouch 2004; Nosek/Spies/Motyl 2012)

Handlungsspielräume und Alternativen sind jedenfalls erst kürzlich, nach der Replikationskrise, offensichtlich geworden (etwa Chambers 2017; Dienes 2008).

Neben dieser Ordnungs- und Orientierungsfunktion innerhalb des kulturellen Gefüges disziplinärer Gemeinschaften lässt sich auch nach Funktionen des Sterns im Verhältnis zu anderen gesellschaftlichen Subsystemen und Akteuren fragen. Was bedeutet es, wenn die Wissenschaft gegenüber einer nichtwissenschaftlichen Öffentlichkeit betont, man habe (statistisch) signifikante Ergebnisse vorzuweisen? Zunächst ist anzumerken, dass es seit Jahrzehnten einen Trend zur „Verwissenschaftlichung der Sprache des öffentlichen Lebens" (Polenz 2000: 495) gibt. Prinzipiell ist es also nicht außergewöhnlich, dass ein Begriff aus der wissenschaftlichen Fachsprache zunehmend auch außerhalb der Wissenschaft gebraucht wird. Allerdings kann man fragen, warum Wissenschaftler_innen in der Außendarstellung von Ergebnissen gerade auf die statistische Signifikanz verweisen. Ein Grund könnte darin liegen, die eigene Aussage über den Verweis auf ein technisches Verfahren zu rechtfertigen, anstatt ein Phänomen oder eine empirische Beobachtung durch eine argumentativ haltbare Theorie zu erklären. Damit wird eine Distanz zur eigenen Interpretationsleistung, dem In-Beziehung-Setzen von lebensweltlichem Phänomen, empirischen Beobachtungen und theoretischen Modellierungen hergestellt: Das Verfahren trifft die Aussage, nicht die Wissenschaftler_in. So werden sichere Ergebnisse versprochen, die von der individuellen Interpretations- und Argumentationsleistung der Forscher_innen unabhängig sind. Wie erwähnt, zeigt sich diese Distanzierung auch innerwissenschaftlich im Forschungsartikel.

Schluss

Forschung verspricht immer einen Überschuss und muss dies auch wohl, um ihre gesellschaftliche Bedeutung zu sichern. Der Signifikanzstern trägt hierzu bei, indem er einerseits, wie wir hoffen gezeigt zu haben, die Mehrdeutigkeit des Begriffs *signifikant* ausnutzt, andererseits zentrale Schritte wissenschaftlichen Schließens und Begründens abkürzt und wissenschaftliches Schließen auf eine bestimmte, von Forscher_in, Lebenswelt und Öffentlichkeit gleichermaßen distanzierte Weise interpretiert.

Anmerkungen

1 Wir gehen hier nicht auf die Frage des Signifikanzniveaus ein. Das Ergebnis eines Tests ist nicht mehr oder minder signifikant, was Meehl (1978: 78) in die – je nach Lesart zynische oder humorvolle – Formulierung „a difference in the expected direction at the .05 (one asterisk), .01 (two asterisks!), or .001 (three asterisks!!) level of significance" gebracht hat. Das Signifikanzniveau kann gewählt werden, wobei sich .05, .01 und .001 als typische Werte durchgesetzt haben, aber ein Test ist nicht hochsignifikant, wenn er nicht nur das gesetzte Niveau von .05, sondern auch gleich .01 erreicht. Stetig ist der *p*-Wert, der die Wahrscheinlichkeit angibt, unter Geltung der Nullhypothese dieses oder ein extremeres Ergebnis zu erhalten.
2 Es handelt sich bei der heute verbreiteten Form des Signifikanztests um eine inkongruente Mischform aus zwei älteren Verfahren (Gigerenzer 2004).
3 In der vereinfachten Ontologie, die dem Signifikanztest zugrunde liegt, gibt es Einflüsse oder es gibt sie nicht. Auch über diese Abkürzung wäre noch einiges zu sagen.
4 Vielleicht ist diese Kombination ein Grund, warum Chambers seinem 2017 veröffentlichten Buch *The Seven Deadly Sins of Psychology* das folgende Zitat von F. Scott Fitzgerald voranstellt: „One should be able to see that things are hopeless and yet be determined to make them otherwise."

Referenzen

APA Council of Editors (1952). Publication Manual of the American Psychological Society. *Psychological Bulletin, 49* (4:2), 389–449.

Bazerman, Charles (1987). Codifying the Social Scientific Style: In John S. Nelson/Allan Megill/Donald N. McCloskey (Hg.), *The Rhetoric of the Human Sciences*, Madison: University of Wisconsin Press, 125–144.

Becher, Tony/Trowler, Paul (2001). *Academic Tribes and Territories.* 2. Aufl. Buckingham: Open University Press.

Carver, Ronald P. (1978). The Case against Statistical Significance Testing. *Harvard Educational Review, 48*, 378–399.

Chambers, Chris (2017). *The Seven Deadly Sins of Psychology.* Princeton: University Press.

Cohen, Jacob (1994). The Earth is Round (p < .05). *American Psychologist, 49*, 997–1003.

Danziger, Kurt (1985). The Origins of the Psychological Experiment as a Social Institution. *American Psychologist, 40*, 133–140.

Danziger, Kurt (1987). Statistical Methods and the Historical Development of Research Practice in American Psychology. In Lorenz Krüger/Gerd Gigerenzer/Mary S. Morgan (Hg.), *Ideas in the Sciences*, The Probabilistic Revolution, Bd. 2, Cambridge: MIT Press, 35–47.

Danziger, Kurt (1996). The Practice of Psychological Discourse. In Kenneth J. Gergen/Carl F. Graumann (Hg.), *Historical Dimensions of Psychological Discourse*, Cambridge: Cambridge University Press, 17–35.

Danziger, Kurt/Dzinas, Katalin (1997). How Psychology Got Its Variables. *Canadian Psychology, 38*, 43–48.

Dienes, Zoltan (2008). *Understanding Psychology as a Science.* Houndsmill: Palgrave McMillan.

Duden (o.D.). signifikant. *Duden online.* URL: duden.de/node/166971/revision/167007 [1.6.2021]

Fanelli, Daniele (2011). Negative Results are Disappearing from Most Disciplines and Countries. *Scientometrics, 90*, 891–904.

Fidler, Fiona (2002). The Fifth Edition of the APA Publication Manual. *Educational and Psychological Measurement, 62*, 749–770.

Gigerenzer, Gerd (1987). Probabilistic Thinking and the Fight against Subjectivity. In Lorenz Krüger/Gerd Gigerenzer/Mary S. Morgan (Hg.), *The Probabilistic Revolution: Vol. II. Ideas in the Sciences*, Cambridge: MIT Press, 11–33.

Gigerenzer, Gerd (2004). Mindless Statistics. *The Journal of Socio-Economics, 33*, 587–606.

Gigerenzer, Gerd/Krauss, Stefan/Vitouch, Oliver (2004). The Null Ritual. In David Kaplan (Hg.), *The Sage Handbook of Quantitative Methodology for the Social Sciences*, Thousand Oaks: Sage, 391–408.

Gigerenzer, Gerd/Swijtink, Zeno G./Porter, Theodore/Daston, Lorraine/Beatty, John/Krüger, Lorenz (Hg.) (1989). *The Empire of Chance: How Probability Changed Science and Everyday Life.* Cambridge: Cambridge University Press.

Haller, Heiko/Krauss, Stefan (2002). Misinterpretations of Significance. *Methods of Psychological Research Online, 7*, 1–20.

Ioannidis, John P. A. (2005). Why Most Published Research Findings Are False. *PLoS Medicine, 2*, e124.

John, Leslie K./Loewenstein, George/Prelec, Drazen (2012). Measuring the Prevalence of Questionable Research Practices With Incentives for Truth Telling. *Psychological Science, 23*, 524–532.

Kerr, Norbert L. (1998). HARKing: Hypothesizing After the Results are Known. *Personality and Social Psychology Review, 2*, 196–217.

Lave, Jean/Wenger, Etienne (1991). *Situated Learning: Legitimate Peripheral Participation.* Cambridge: Cambridge University Press.

Loftus, Geoffrey R. (1991). On the Tyranny of Hypothesis Testing in the Social Sciences. *Contemporary Psychology, 36*, 102–105.

Loftus, Geoffrey R. (1993). Editorial Comment. *Memory & Cognition, 21*, 1–3.

Madigan, Robert/Johnson, Susan/Linton, Patricia (1995). The Language of Psychology. *American Psychologist, 50*, 428–436.

Meehl, Paul E. (1978). Theoretical Risks and Tabular Asterisks. *Journal of Consulting and Clinical Psychology, 46*, 103–115.

Meehl, Paul E. (2006). The Power of Quantitative Thinking. In Niels G. Waller/Leslie J. Yonce/William M. Grove/David Faust/Mark F. Lenzenweger (Hg.), *A Paul Meehl Reader*, Mahwah: Erlbaum, 433–444.

Melton, Arthur W. (1962). Editorial. *Journal of Experimental Psychology, 64*, 553–557.

Nosek, Brian A./Spies, Jeffrey R./Motyl, Matt (2012). Scientific Utopia: II. *Perspectives on Psychological Science, 7*, 615–631.

Onwuegbuzie, Anthony J./Leech, Nancy L. (2004). Enhancing the Interpretation of "Significant" Findings. *The Qualitative Report, 9*, 770–792.

Polenz, Peter von (2000). *Deutsche Sprachgeschichte vom Spätmittelalter bis zur Gegenwart. Bd. I: 14. bis 16. Jahrhundert.* Berlin: De Gruyter.

Rucci, Anthony J./Tweney, Ryan D. (1980). Analysis of Variance and the "Second Discipline" of Scientific Psychology. *Psychological Bulletin, 87*, 166–184.

Simmons, Joseph P./Nelson, Leif D./Simonsohn, Uri (2011). False-Positive Psychology. *Psychological Science, 22*, 1359–1366.

Sterling, Theodore D. (1959). Publication Decisions and Their Possible Effects on Inferences Drawn from Tests of Significance – or vice versa. *Journal of the American Statistical Association, 54*, 30–34.

\# Zum Potenzial des Hashtags für Wissenschaft und Forschung Alena Bührer

*Die Funktionslogik des **Hashtags (#)** erlaubt es, themenzentriert Narrationen zu sammeln und auf diese Weise Diskurse zu gestalten und umzudeuten. Die kollaborative Gestaltung von Hashtag-Öffentlichkeiten hat immer schon aktivistisches Potenzial, insofern es Minderheiten und marginalisierten Gruppen ermöglicht, Räume herzustellen und den eigenen Anliegen Ausdruck zu verleihen. So werden durch Hashtags einerseits Beziehungen gestaltet, andererseits dynamische Öffentlichkeiten ad hoc produziert.*

Mediatisierung und Digitalisierung transformieren Alltagspraktiken und stellen neue Öffentlichkeiten her. Mit diesen Entwicklungen muss auch das Verhältnis zwischen Öffentlichkeit und Wissenschaft neu gedacht werden. Das Potenzial sozialer Medien für den Austausch in Wissenschaft und Forschung wird an diversen Stellen diskutiert (Geier/Gottschling 2019; Schmidt 2016), gleichzeitig werden diese Praktiken bisweilen eher zurückhaltend genutzt (König/Nentwich 2020: 7). Hashtags und deren soziotechnische wie auch kommunikative Gebrauchsweisen koordinieren Öffentlichkeiten im Sinne von „ad hoc publics around specific themes and topics" (Bruns/Burgess 2015: 14). In der sozial- und medienwissenschaftlichen Forschung sowie in der massenmedialen Berichterstattung werden Hashtags in den letzten Jahren insbesondere im Kontext des digitalen Aktivismus verhandelt. Beispielsweise wurde die ab 2017 verschärfte Debatte über Sexismus und sexuelle Gewalt unter dem Hashtag #MeToo auf Twitter entfacht. Die Protestaktionen zu Klimawandel und Klimapolitik haben sich seit der Entstehung der Bewegung 2018 unter dem Hashtag #FridaysForFuture auf diversen Plattformen kumuliert. Und seit dem Jahr 2020 wurden erneut vermehrte internationale Diskussionen im Kontext von Rassismus und rassistischer Gewalt in den USA mit dem Hashtag #BlackLivesMatter angestoßen.

In diesem Beitrag soll aus einer mediensoziologischen und medienlinguistischen Perspektive anhand bestehender Forschungsergebnisse und aktueller Diskurse skizziert werden, wie Hashtagging als Medienpraktik (Couldry 2004) im Zusammenspiel von Alltags- und Wissenschaftspraxen begriffen werden kann. Ausgehend vom Hashtag-Aktivismus soll beschrieben werden, wie die Funktionalität des Hashtags gebraucht wird, um ad hoc Öffentlichkeiten (um)zugestalten (Bruns/Burgess 2015) und so emanzipatives Potenzial zu entfalten (Drüeke 2015; Koster 2020a). Daran anknüpfend wird ein Ausblick darauf geworfen, welche Schlussfolgerungen für wissenschaftsbezogene Social-Media-Praktiken abgeleitet werden können.

Funktionalität des Hashtags

Das Rautezeichen **(#)** in seiner Gebrauchsweise des Hashtags hat sich erst mit der Digitalisierung entwickelt. Zuvor war es im amerikanischen Englisch als number sign (einer Zahl vorangestellt) und pound sign (einer Zahl nachgestellt) bekannt (Bernard 2018: 23f.). Die Geburtsstunde des Hashtags wird dem US-amerikanischen Produktdesigner Chris Messina zugeschrieben, der im August 2007 vorschlug, das Zeichen # für Gruppen im Microbloggingdienst Twitter zu nutzen, um „contextualization, content filtering and exploratory serendipity within Twitter" (Messina 2007) zu ermöglichen. Nachdem sein Vorschlag zunächst nur schwachen Zuspruch erhielt, bewährte sich das Prinzip schon kurze Zeit später in der praktischen Anwendung. Als im Oktober 2007 Waldbrände um San Diego ausbrachen, regte Messina an, das Hashtag #SanDiegoFire zu nutzen, um auf die verheerenden Zustände aufmerksam zu machen (Bernard 2018: 13ff.; Bruns/Burgess 2015: 16f.). Von Beginn an wird der Gebrauchsweise des Hashtags folglich einerseits ein Ordnungsprinzip und andererseits ein kollektiv hergestellter, aktivistischer Charakter zugeschrieben. Während sich das Hashtag zunächst vorwiegend im Kontext von Microbloggingdiensten verorten ließ, hielt es mit der Ausdifferenzierung der Social-Media-Plattformen Einzug in alle größeren Social Network Sites, Microblogs und UGC-Plattformen, beispielsweise Instagram, Facebook, TikTok, YouTube, sowie in Messenger-Dienste, beispielsweise WhatsApp und Telegram (Bruns/Burgess 2015: 24; Laucuka 2018: 56).

Die Verbindung zwischen dem Zeichen # und dessen Funktionen innerhalb von Social-Media-Plattformen lässt sich in medienlinguistischer Perspektive mithilfe des funktionalen Ebenenmodells von Dang-Anh, Einspänner und Thimm (2013a; 2013b) charakterisieren. Anhand von Twitter beschreiben die Autor*innen die Zeichen-Funktion-Beziehung zentraler Operatoren (unter anderem Hashtags), die technische Operationen der Plattform mit kommunikativen Handlungen der Nutzer*innen verknüpfen. Auf der ersten Operatorenebene, der „programmdeterminierte[n], systembestimmte[n] Zeichenkodierung" (Dang-Anh/Einspänner/Thimm 2013b: 79), werden Inhalte durch Zuweisung des Zeichens indexiert. Auf der zweiten Ebene, der Ebene des Textes, wird der Operator mit weiteren Zeichen oder Zeichenketten (beispielsweise Schlagworten, Akronymen, Abkürzungen, zusammengesetzten Phrasen) angereichert, die durch das vorangesetzte Hashtag-Zeichen mit anderen Inhalten, die die gleiche Verbindung von Operator und Text nutzen, verlinkt werden. Betrachtet man die technische Seite, werden Posts durch die

Nutzung des Doppelkreuzes demnach verknüpft, „mithin auch aggregierbar und durchsuchbar gemacht" (Schmidt/Taddicken 2020: 7). Als dritte Ebene beschreiben die Autor*innen die performativ-funktionale Handlungsebene, die die technische und textuelle Ebene mit derjenigen der Praktiken verknüpft, indem „Handlungsziele und -zwecke interpretiert werden" (Dang-Anh/Einspänner/Thimm 2013a: 141). Diese dritte Ebene ist es, die sich in der Forschung als besonders bedeutsam erweist: Laucuka (2018) konnte anhand eines Literatur-Reviews in Kombination mit semantischen Analysen, Inhalts- und Diskursanalysen auf den Plattformen Twitter, Instagram und Facebook nachweisen, dass die kommunikativen Funktionen von Hashtags weit über ihre ursprünglich intendierte Nutzung der Verschlagwortung und Aggregation hinausgehen: „topic marking, aggregation, socializing, excuse, irony, providing metadata, expressing attitudes, initiating movements, propaganda and brand marketing" (ebd.: 62). Hashtags dienen folglich nicht lediglich dazu, Inhalte thematisch auffindbar zu machen, sondern zielen darauf, sie als „meaningful part of the message" (ebd.) umfassend zu kontextualisieren. Kontextualisierung wird mit Dang-Anh, Einspänner und Thimm (2013a: 144; 2013b: 84) als Aushandlung und Interpretation von Handlungen verstanden, indem sie in einen gemeinsam konstruierten Kontext eingebettet werden. Hashtags stellen sich demnach „aus einem Rautezeichen als Indikator und einer daran unmittelbar anschließenden Zeichenfolge mit operativer und kommunikativer Funktionalität" (Dang-Anh/Einspänner/Thimm 2013a: 141) her. Auf der technisch-operativen Seite dient es dem Sortieren und Filtern von Informationen. Auf der kommunikativen Seite geht die Verknüpfung des Operators mit kontextualisierenden Schlagworten über eine technische Indexierung als Bedeutungskonstitution und kommunikative, soziale Praktik hinaus (Dang-Anh 2016: 157). Ausgehend vom practice turn in den Sozialwissenschaften formuliert Couldry (2004) seine Theorie der media as a practice, um Medien nicht mehr lediglich als Text, Produkt oder Institution, sondern als Medienpraktiken zu verstehen. Damit steht die Frage im Mittelpunkt der Untersuchung, was Menschen mit Medien machen: „what types of things do people do in relation to media? And what types of things do people say in relation to media?" (ebd: 121). Tagging oder in der englischsprachigen Literatur auch Hashtagging, verstanden als Handlungsvollzug des Verschlagwortens mit dem Doppelkreuz, wird in diesem Kontext als kommunikative Medienpraktik im Sinne einer durch Zeichen vermittelten sozialen Praktik, die soziale, kulturelle und politische Prozesse konstruiert, verstanden (Dang-Anh 2019a: 37). Beim Hashtagging nehmen Nutzer*innen die thematische Indexierung und Kontextualisierung ihres Posts selbst vor:

„Hashtags bieten den [Nutzer*innen] von Microblogs die Möglichkeit, Diskurse zu verfolgen, an ihnen teilzunehmen, sie zu gestalten, sie umzudeuten, neue Diskurse zu kreieren, aber auch sie zu ignorieren oder sie zu umgehen." (Dang-Anh/Einspänner/Thimm 2013a: 156)

Auf diese Weise tragen Hashtags dazu bei, Diskurse innerhalb einer bestimmten Öffentlichkeit auszuhandeln.

Hashtag-Öffentlichkeiten

Im Zuge der Mediatisierung unterliegen alle Bereiche von Gesellschaft und Kultur einem grundlegenden Wandel (Krotz 2007). Durch den Mediatisierungsschub der Digitalisierung in den letzten Jahren wird dieser Wandel oft als „deep" oder „tiefgreifend" bezeichnet (Couldry/Hepp 2017). Die tiefgreifende Mediatisierung vollzieht sich einerseits als tiefe Einbettung sozialer Domänen in die gegenwärtigen Medienumgebungen und andererseits als tiefgreifende Technisierung sowie Datafizierung der Alltagspraktiken (Hepp 2018: 36). Dieser kulturelle und soziale Wandel wird nicht von den Medien selbst vorangetrieben, sondern von den Menschen, die diese aktiv in ihren Alltag einbeziehen (Krotz 2007: 33). Damit einhergehend unterliegt Öffentlichkeit einer digitalen Transformation. Bereits 1962 charakterisiert Habermas den Strukturwandel der Öffentlichkeit als maßgeblich von (Massen-)Medien beeinflusst und kritisiert später die Macht der Medieninstitutionen als Gatekeeper der Öffentlichkeit und Themensetzer (Habermas 1962/1990, 2006; siehe auch Müller-Doohm 2018; Schmidt 2018: 46–49).

Im Zuge der Digitalisierung unterliegt Öffentlichkeit einem fortschreitenden technischen und sozialen Wandel. Durch die interaktiven Strukturen des Internets können Nutzer*innen selbstbestimmt Informationen produzieren, vermitteln, auswählen und rezipieren, was mit Bruns (2008) als produsage verstanden wird. So entstehen persönliche Öffentlichkeiten, die nach dem Prinzip der persönlichen Relevanzsetzung aufgespannt werden (Schmidt 2013: 43). Öffentlichkeiten werden demnach nicht mehr durch das Monopol der Medienberichterstattung hergestellt, „sondern auch von institutionell nicht privilegierten Individuen gestaltet" (Einspänner/Dang-Anh/Bürger 2012: 60; siehe auch Schmidt 2018: 49ff.). Dabei liegt das partizipatorische Potenzial der Internetöffentlichkeiten darin, dass sich prinzipiell jede*r beteiligen kann. An die Stelle massenmedialer Kontrollinstanzen treten andere Mechanismen.

Schmidt (2018) versteht soziale Medien als Intermediäre in der Gestaltung von Öffentlichkeit. Als Teil der intermediären Funktion werden die Infrastrukturen (Oberflächenarchitektur, Datenstrukturen und Algorithmen) der sozialen Medien und die dahinter verborgenen Geschäftsmodelle der Betreibenden verstanden. Im Rahmen dieser vermittelnden Instanzen gestalten die Nutzer*innen ihre Praktiken aus, können Inhalte produzieren und verbreiten (Schmidt 2018: 64ff.). Insbesondere im Hinblick auf die damit verbundene steigende Algorithmisierung von Medienpraktiken wird das Verhältnis von Mediatisierung und Öffentlichkeit in der Wissenschaft kritisch betrachtet. Gillespie (2014: 188ff.) etwa kritisiert die Undurchsichtigkeit und Intransparenz der Relevanzsetzung durch Algorithmen und daraus entstehender „calculated publics". Auch unter Begriffen wie filter bubbles oder Echokammern werden die Risiken dieser selektiven Teilöffentlichkeiten diskutiert (Schmidt 2018: 67ff.; Wimmer 2018: 249f.). Im Hinblick auf das partizipatorische Potenzial des Internets werden also sowohl enthusiastische Positionen hinsichtlich neuer digitaler Formen von Teilhabe als auch kritische Gegenstimmen insbesondere bezüglich der technischen Strukturierung des Internets eingenommen, jedoch heben sich digitale Partizipationsmöglichkeiten gerade dadurch hervor, dass sie sich nicht allein aus den technischen Infrastrukturen des Internets, sondern aus den sozialen Gebräuchen derselben ergeben (Wimmer 2018: 250ff.).

Ausgehend von der beschriebenen Operativität generieren Hashtags ihre Reichweite über Interessensgruppen und sind nicht wesentlich von einer Verbindung in Form eines Freundschafts- oder Follower*innenverhältnisses oder einer Registrierung auf der jeweiligen Plattform abhängig (Bruns/Burgess 2015: 15). Öffentlichkeiten durch Hashtagging entstehen themenzentriert, „when large numbers of comments and retweets appear on social media in response to a hashtag word, phrase, or sentences" (Yang 2016: 14; siehe auch Koster 2020a: 104). Thematische Hashtags wenden sich an eine imagined community, die der Thematik online folgt und/oder Diskussionen mitgestaltet. Diese unterscheidet sich von Netzwerken, die aus dem Verhältnis zwischen Online-Freund*innen oder Follower*innen entstehen, indem sie sich um eine „shared communicative practice" bilden (Bruns/Burgess, 2015: 19). Diese Öffentlichkeiten sind nicht als getrennt zu betrachten, sondern können sich überlappen, insofern Hashtags sowohl innerhalb auf Beziehungen basierender Netzwerke als auch innerhalb der Hashtag-Community sichtbar sind (ebd.).

Bruns und Burgess (2015: 14) konzeptualisieren Hashtag-Öffentlichkeiten als „ad hoc publics". Diese Ad-hoc-Öffentlichkeiten werden durch die Vorgabe oder Empfehlung spezifischer Hashtags von diskursrelevanten Akteur*innen eröffnet (Dang-Anh/Einspänner/Thimm 2013a: 152). Aufgrund der partizipativen Strukturen von Social-Media-Plattformen unterliegen Hashtags und die damit indexierten Beiträge keiner administrativen oder redaktionellen Kontrolle und können schnell und zeitnah, ad hoc, kommuniziert werden:

„To include a hashtag in one's tweet is a performative statement: it brings the hashtag into being at the very moment that it is first articulated, and – as the tweet is instantly disseminated to all of the sender's followers […] announces its existence." (Bruns/Burgess 2015: 23)

Hashtags sind an eine Teilöffentlichkeit gerichtet, die innerhalb des Kontexts der Verschlagwortung operiert (Dang-Anh 2019a: 39). Sie suchen diese selbstorganisiert – durch die individuell ausgeführte Praktik des Hashtaggings weniger beeinflusst von Algorithmen – zu koordinieren (Bruns/Burgess 2015: 24f.). Hier sei dennoch hervorgehoben, dass Hashtags zwar von Nutzer*innen selbst gewählt werden, aber der Algorithmus der jeweiligen Plattform die Hashtag-Suchresultate maßgeblich beeinflusst. Als Beispiel hierfür kann die Anordnung von Twitter-Beiträgen als Top Tweets, deren algorithmische Gewichtung für Nutzer*innen undurchsichtig ist, genannt werden. Anschließend an Gillespies Kritik betonen Bruns und Burgess (2015: 25), dass Beiträge, die unter einem Hashtag gesammelt werden, nur „a constructed, partial and curated view of the tweets that have been posted as part of the conversation around that hashtag" sind. Hieran schließt auch Koster (2020a: 104) an und argumentiert, dass sich gerade aber „im Zusammenspiel mit algorithmischen Verfahren kollektive bzw. kollaborative politische Handlungsformen eröffnen". Entgegen der Konzentration auf die „personalisierende, fragmentierende und vor allem polarisierende Wirkung durch den Einsatz von Algorithmen in der Strukturierung sozialer Kommunikation" (ebd.: 110) argumentiert sie, dass durch Hashtagging die algorithmischen Strukturen genutzt werden, um themenzentrierte Relevanzen zu steigern. Im Sinne von kollaborativen Öffentlichkeiten nach Schmidt (2013) können Hashtag-Öffentlichkeiten als ein kollektives Projekt verstanden werden. Bernard (2018: 8) spricht in diesem Zusammenhang von einer „kollektiven Verschlagwortung der Welt". Insbesondere im Rahmen aktivistischer Praktiken wird sich dieser Charakter des Hashtags zu Nutze gemacht.

Hashtag-Aktivismus

In der forschenden Auseinandersetzung mit Hashtags liegt oftmals ein Schwerpunkt auf politischer Kommunikation und digitalem Aktivismus. Protestieren als soziale Praxis hat sich gleichwohl im Zuge von Mediatisierung und Digitalisierung verändert: Proteste finden nicht mehr allein auf den Straßen statt, sondern werden durch digitale Artikulationsformen in Online- und Offline-Praktiken hybrid konstituiert (Dang-Anh 2019a: 42). Aktivist*innen haben sich eine Vielzahl von Medienpraktiken angeeignet, um sich online zu mobilisieren, zu organisieren, sich an Diskursen zu beteiligen sowie Aufmerksamkeit und Sichtbarkeit zu schaffen. Dang-Anh (2019b: 78) kommt zu dem Schluss: „Medienpraktiken sind konstitutiv für Proteste". Aktivistische Praktiken unter Zuhilfenahme von Hashtags werden in der Forschung unter dem Begriff des Hashtag-Aktivismus gefasst (Fielitz/Staemmler 2020: 431ff.). Im Hashtag-Aktivismus, „meaning discursive protest on social media united through a hashtagged word, phrase or sentence" (Yang 2016: 13), werden Beiträge zu gesellschaftspolitischen Themen nach der Funktionslogik des Hashtags gebündelt, wodurch die politische Öffentlichkeit mit dem Ziel, „gemeinsam diskursiven Wandel herbeizuführen" (Fielitz/Staemmler 2020: 431), erweitert wird. Die Dynamik von Hashtag-Aktivismus resultiert in besonderem Maße aus dem Zusammenspiel von traditionellen Massenmedien und partizipativen Social-Media-Plattformen, wenn die Medienberichterstattung aktuelle Trends aufgreift und auf diese Weise die Reichweite weiterhin erhöht (ebd.: 432). Im Rahmen des Hashtag-Aktivismus werden überwiegend gesellschaftspolitische Einzelphänomene, die sich mit unterschiedlich motivierten Formen von (intersektionaler) Diskriminierung und Gewalt auseinandersetzen, verhandelt. An ihnen wird das narrative Gestaltungspotenzial von Hashtags deutlich. Die dadurch angestoßenen Diskurse werden zudem maßgeblich von der massenmedialen Berichterstattung wie auch von der Sozialforschung aufgegriffen, wie die folgenden Bewegungen zeigen. Die Bewegung um #BlackLivesMatter wurde 2012 ins Leben gerufen, erreichte jedoch erst 2014 nach dem Erschießen Michael Browns in Ferguson eine breitere Öffentlichkeit (Gallagher/Reagan/Danforth/Dodds 2018: 2). Aus dem Hashtag entwickelte sich eine soziale Bewegung, die regelmäßig Diskussionen zu den Themen Rassismus, rassistische und polizeiliche Gewalt führt. Zahlreiche Betroffene tauschen sich unter dem Hashtag aus, erzählen von ihren persönlichen Erfahrungen, sprechen ihr Beileid aus und diskutieren über Polizeigewalt. Yang (2016: 14) argumentiert anhand dieses Beispiels, dass dem Hashtag-Aktivismus ein narrativer Charakter innewohnt, „because these comments and retweets consist of numerous personal stories and appear in temporal order". Unter narrative agency versteht sie die Handlungsmacht, Erzählungen über Hashtags kollektiv und öffentlich zu verbreiten. Auf diese Weise werden Narrative koproduziert, indem persönliche Erfahrungen, Gedanken und Gefühle unter Hashtags aggregiert werden. Auch für #MeTwo schließt Koster (2020a: 114), dass sich durch die Sammlung vieler einzelner diskriminierender und alltagsrassistischer Erfahrungen von Menschen mit Migrationshintergrund eine gemeinsame Betroffenheit äußert, die „nicht allein Kritik im Modus einer Schuldzuweisung, sondern eine Sichtbarmachung des Problems als gesamtgesellschaftliches Problem" ist. Im Zusammenspiel algorithmischer Strukturen der Social-Media-Plattformen und narrativen Praktiken des Hashtaggings erkennt Koster „emanzipative[s] Potential" (ebd.: 104), das neue Räume für politische Handlungsmöglichkeiten und Meinungsbildung eröffnet (115f.).

Dieses emanzipative Potenzial kann jedoch nicht allen Artikulationen via Hashtags zugeschrieben werden, da auch diskriminierende Einzelpersonen und Gruppen ihre Inhalte frei in sozialen Medien verbreiten können (Drüeke 2015: 26; Koster 2020a: 109). Diese Form der Herstellung von Gegenöffentlichkeiten und Gegenprotest wird oft unter dem Begriff hashjacking – einer Zusammensetzung der Wörter hashtag und hijacking – verhandelt. Darunter wird die dynamische Umdeutung eines Diskurses und die Herstellung einer Gegenöffentlichkeit durch das Kapern eines Hashtags verstanden. Unter bereits besetzten Hashtags werden demnach Beiträge gesammelt, die oppositionelle Meinungen vertreten und das Hashtag damit neu kontextualisieren. Darius und Stephany (2020: 3) definieren den Begriff folgenderweise:

„Consequently, the action of ‚hashjacking' as using hashtags that were established by politically opposed groups or a general civil society discourse, is executed with the goal of quantitatively dominating the content referring to this specific hashtag."

Ein weiteres gesellschaftspolitisches Phänomen, das im Rahmen des Hashtag-Aktivismus in Berichterstattung und Forschung stark diskutiert wird, ist #MeToo, eine transnationale Bewegung, die sich 2017 im Zusammenhang des Skandals um Harvey Weinstein entwickelte. Mit diesem Hashtag wurden persönliche Narrationen über Erfahrungen von Sexismus und sexueller Gewalt geteilt. Ausgelöst wurden damit lokale wie translokale Debatten um „privilege, power hierarchies, and the economic and political inequality of women" (Knüpfer/Hoffmann/Voskresenskii 2020: 2). Als Antwort wurde von der Identitären Bewegung in Deutschland und Österreich die Kampagne 120 Dezibel gestartet. Mit dem Hashtag #120db wurde dazu aufgerufen, Erfahrungen sexueller Gewalt durch Menschen mit Migrationshintergrund auf die gleiche Weise wie über #MeToo zu teilen, infolgedessen sich die Debatte mit Rassismus und Fremdenhass auflud. Verstehen lässt sich diese Kontextualisierung als „a form of hijacking of an established discursive position, aided by the communicative infrastructures of social media" (ebd.: 5), um die Gegenposition zu untergraben. Ähnliche Dynamiken zeigten sich bereits 2013 mit dem feministischen Hashtag #aufschrei, als „sexist jokes were quickly posted in this counterpublic to ridicule the movement" (Antonakis-Nashif 2015: 106).

Dass sich die Gestaltung einer Gegenöffentlichkeit durch die Medienpraktik des hashjackings auch emanzipativ darstellen kann, zeigte sich im Oktober 2020 während des US-Wahlkampfes. Sensibilisiert durch die Einbettung in den größeren Kontext der Black-Lives-Matter-Bewegung erlangte das Hashtag #ProudBoys eine hohe Medienaufmerksamkeit. Etabliert wurde es von der gleichnamigen gewaltbereiten, rechtsextremen Gruppierung, die aufgrund eines Auftritts des damaligen Präsidenten und Präsidentschaftskandidaten Donald Trump in einem TV-Duell mit seinem Konkurrenten Joe Biden in den Mittelpunkt internationaler Debatten gelangt war. Auf eine Frage hinsichtlich seiner Positionierung zu der Gruppe antwortete Trump mit dem umstrittenen Statement: „Proud Boys – stand back and stand by". Diese Aussage sorgte für zahlreiche Debatten, welche im Anschluss auf diversen Social-Media-Plattformen weitergeführt wurden. Die rechte Gruppe nutzte #ProudBoys, um ihre feindlichen und diskriminierenden Haltungen über Tweets zu verbreiten. Auf den Vorschlag des Schauspielers George Takei hin kaperten LGBTQIA+-Aktivist*innen das Hashtag, indem sie unter diesem Begriff Bilder von homosexuellen Paaren sammelten und #ProudBoys mit visuellen und textuellen Narrationen umdeuteten, sodass es sich (auch) gegen Homophobie sowie intersektionale Diskriminierung positionierte.

Die Funktionslogik des Hashtags ermöglicht es folglich, themenzentriert Narrationen zu sammeln und damit Diskurse zu gestalten oder umzudeuten. Die kollaborative Gestaltung von Hashtag-Öffentlichkeiten ermöglicht es Minderheiten und marginalisierten Gruppen, Räume herzustellen und ihren Anliegen Ausdruck zu verleihen (Koster 2020b: 444). So werden durch Hashtags einerseits Beziehungen gestaltet, andererseits Öffentlichkeiten hergestellt (Drüeke 2015: 29). Am Beispiel von #ProudBoys konnte aufgezeigt werden, dass Diskurse dynamisch umgestaltet werden können und Hashtags somit auch immer als „Ort eines Kampfes um Deutungshoheit" (Koster 2020a: 112) zu verstehen sind. Hashtags „symbolisieren […] das Diskursthema" (Dang-Anh/Einspänner/Thimm 2013a: 156) und schaffen Sichtbarkeit über massenmediale Diskurse hinaus. Wie in den Beispielen deutlich wurde, trägt aber insbesondere das Zusammenspiel von Berichterstattung und Online-Kommunikation dazu bei, öffentliche Diskurse zu deuten (ebd.; Einspänner/Dang-Anh/Bürger 2012: 66). Gleichzeitig ist hervorzuheben, dass Hashtags der algorithmischen Strukturierung der Plattformen unterliegen und nicht eingesehen werden kann, nach welchen Kriterien Trends kategorisiert werden. Koster (2020a: 117) betont daher:

„Hashtag-Öffentlichkeiten sind lediglich kurze Momentaufnahmen gesellschaftlicher Formationen, die genauso schnell in sich zusammenfallen (können), wie sie aufgetaucht sind. Hashtag-Öffentlichkeiten sind darüber hinaus temporäre Repräsentationen, eingebettet in soziale Hierarchien und Machtstrukturen sozialer Netzwerke und ihrer ‚Gesellschaften'."

Ausblick

Öffentlichkeiten, die sich im Rahmen des Hashtaggings herausbilden, entstehen themenzentriert, ad hoc und dynamisch. Im Kontext aktivistischer Praktiken werden auf diese Weise Narrationen hergestellt, die sich gesammelt als persönliche Erfahrungen, Meinungen und Gedanken an die Hashtag-Öffentlichkeit richten und neue Diskursräume schaffen. Hashtagging kann demnach als soziale Praktik verstanden werden, die nicht nur im Rahmen sozialer Bewegungen ihr performativ-emanzipatives Potenzial entfaltet, sondern auch für Wissenschaft und Forschung nutzbar gemacht werden kann.

Soziale Medien und ihre partizipatorischen Medienpraktiken transformieren Öffentlichkeit und damit auch die Trias Medien, Öffentlichkeit, Wissenschaft. Nicht zuletzt durch die Covid-19-Pandemie ist der Begriff der Wissenschaftskommunikation in den Fokus öffentlicher Diskussionen gerückt. Wenn auch von Seiten der Wissenschaftler*innen eher zurückhaltend genutzt, gestaltet sich die Wissenschaftskommunikation zunehmend über Social-Media-Plattformen (König/Nentwich 2020: 7). Für fachlichen wie interdisziplinären Austausch und Kooperation im Wissenschaftssystem können diese jedoch zur Stärkung der (internationalen) Community beitragen (Lüthje 2017:

109f., 117ff.; Voigt 2012: 14f., 87ff.). Das kollaborative Organisations- und Kommunikationsprinzip des Hashtags kann hierzu beitragen, denn

> „hashtags on Twitter contribute to building and maintaining academic identity, such as promoting one's own work by using hashtags, partaking in hashtag communities, and reaping the benefits of membership in a networked community of academics" (Singh 2015: 267).

Hashtags ermöglichen es, Menschen, Diskussionen und Trends zu folgen und sie miteinander zu vernetzen. Hashtag-Communities von Akademiker*innen können sich innerhalb eines Spektrums von losen Interessensgruppen bis hin zu organisierten Communities (siehe auch **Aufl.**, DIS 2023) aufspannen. Während der Black-Lives-Matter-Proteste in 2020 erlangten Angeline Dukes' Tweets mit den Hashtags #BlackInNeuro und #BlackInNeuroWeek hohe Aufmerksamkeit und wurden dazu gebraucht, Forscher*innen of Color in den Neurowissenschaften zu vernetzen und so der Marginalisierung im Wissenschaftsfeld entgegenzutreten (D'Ambrosio 2021; Roberts 2020). Unter den Hashtags finden sich insbesondere auch intersektionale Verschränkungen, verstanden als „das Zusammenwirken verschiedener Differenzkategorien wie beispielsweise Geschlecht, race, Sexualität und Klasse" (Drüeke 2015: 30). Singleton, eine Organisatorin, betonte in einem Interview:

> „As a Black Queer woman, the beauty of #BlackInNeuroWeek was that it highlighted intersectionalities that are often forgotten in university diversity initiatives. Seeing the amplified voices of Black Disabled, Black Non-Binary, Black trans, Black lesbian/gay folks and Black Women in neuro is so necessary to creating inclusive, welcoming spaces. By being intersectional #BlackInNeuroWeek not only highlighted Blackness but also the beauty and complexity of Black identities in our field." (Singleton, zit. nach Roberts 2020)

In anderen Disziplinen etablierten sich ähnliche Hashtags, etwa #BlackInImmuno (Qaiser 2020). Auf diese Weise konnten Wissenschaftler*innen zeigen, dass das aktivistische Potenzial des Hashtags auch in den Wissenschaftskontext übertragen werden kann. In diesem Fall wird Sichtbarkeit und Diversität in einem Wissenschaftsfeld geschaffen, in dem People of Color unterrepräsentiert sind. Es ermöglicht eine Grundlage für den translokalen Austausch zwischen Menschen, die ähnliche Erfahrungen teilen, und so die Grundlage dafür, einen diskursiven Wandel voranzutreiben. Um mit Bernard (2018: 10) zu schließen: „Das # ist also längst kein rein funktionales Sonderzeichen mehr, sondern ein verheißungsvolles gesellschaftliches Symbol".

Referenzen

Antonakis-Nashif, Anna (2015). Hashtagging the Invisible: Bringing Private Experiences into Public Debate. In Nathan Rambukkana (Hg.), *Hashtag Publics. The Power and Politics of Discursive Networks*, New York et al.: Peter Lang, 101–113.

Bernard, Andreas (2018). *Das Diktat des Hashtags. Über ein Prinzip der aktuellen Debattenbildung*. Frankfurt/Main: Fischer.

Bruns, Axel (2008). *Blogs, Wikipedia, Second life, and Beyond. From Production to Produsage*. New York: Peter Lang.

Bruns, Axel/Burgess, Jean (2015). Twitter Hashtags from Ad Hoc to Calculated Publics. In Nathan Rambukkana (Hg.), *Hashtag Publics. The Power and Politics of Discursive Networks*, New York et al.: Peter Lang, 13–27.

Couldry, Nick (2004). Theorising Media as Practice. *Social Semiotics*, *14*(2), 115–132.

Couldry, Nick/Hepp, Andreas (2017). *The Mediated Construction of Reality*. Cambridge et al.: Polity Press.

Dang-Anh, Mark (2016). Zur Operativität von Schriftzeichen in digitalen Medien. In Jianhua Zhu/Jin Zhao/Michael Szurawitzki (Hg.), *Akten des XIII. Internationalen Germanistenkongresses Shanghai 2015*, Bd. 3, Frankfurt/Main: Peter Lang, 155–160.

Dang-Anh, Mark (2019a). Protest als mediale Praxis. Straßenprotestkommunikation online und offline. *Sprachreport*, *35*(4), 36–45.

Dang-Anh, Mark (2019b). *Protest twittern. Eine medienlinguistische Untersuchung von Straßenprotesten*. Bielefeld: Transcript.

Dang-Anh, Mark/Einspänner, Jessica/Thimm, Caja (2013a). Kontextualisierung des Hashtags. Die Mediatisierung des politischen Sprachgebrauchs im Internet. In Hans-Joachim Diekmannshenke/Thomas Niehr (Hg.), *Öffentliche Wörter. Analysen zum öffentlich-medialen Sprachgebrauch*, Stuttgart: Ibidem, 137–159.

Dang-Anh, Mark/Einspänner, Jessica/Thimm, Caja (2013b). Mediatisierung und Medialität in Social Media: Das Diskurssystem „Twitter". In Konstanze Marx/Monika Schwarz-Friesel (Hg.), *Sprache und Kommunikation im technischen Zeitalter*, Berlin et al.: De Gruyter, 68–91.

Dang-Anh, Mark/Pfeifer, Simone/Reisner, Clemens/Villioth, Lisa (2017). Medienpraktiken. Situieren, erforschen, reflektieren. Eine Einleitung. *Navigationen*, *17*(1), 7–36.

Darius, Philipp/Stephany, Fabian (2020). How the Far-Right Polarises Twitter: 'Highjacking' Hashtags in Times of COVID-19. SocArXiv. October 12.

DIS (2023). Aufl. In Sandra Hofhues/Konstanze Schütze (Hg.), *Doing Research*. Bielefeld: Transcript, 114–121.

Drücke, Ricarda (2015). Feministischer Hashtag-Aktivismus. *Soziale Bewegungen*, *28*(3), 26–35.

Einspänner, Jessica/Dang-Anh, Mark/Bürger, Tobias (2012). Digitale Diskurse. Neue Formen von Öffentlichkeit in Online-Medien. *merz - Medien + Erziehung*, *56*(1), 59–66.

Fielitz, Maik/Staemmler, Daniel (2020). Hashtags, Tweets, Protest? Varianten des digitalen Aktivismus. *Forschungsjournal Soziale Bewegungen*, *33*(2), 425–441.

Gallagher, Ryan/Reagan, Andrew/Danforth, Christopher/Dodds, Peter Sheridan (2018). Divergent Discourse between Protests and Counter-Protests: #blacklivesmatter and #AllLivesMatter. *PloS One*, *13*(4).

Geier, Andreas/Gottschling, Markus (2019). Wissenschaftskommunikation auf Twitter? Eine Chance für die Geisteswissenschaften! *Mitteilungen Des Deutschen Germanistenverbandes*, *66*(3), 282–291.

Gillespie, Tarleton (2014). The Relevance of Algorithms. In Tarleton Gillespie/Pablo J. Boczkowski/Kirsten A. Foot (Hg.), *Inside Technology. Media Technologies. Essays on Communication, Materiality, and Society*, Cambridge et al.: MIT Press, 167–194.

Habermas, Jürgen (1962/1990). *Strukturwandel der Öffentlichkeit*. Frankfurt/Main: Suhrkamp.

Habermas, Jürgen (2006). Political Communication in Media Society: Does Democracy Still Enjoy an Epistemic Dimension? The Impact of Normative Theory on Empirical Research. *Communication Theory*, *16*, 411–426.

Hepp, Andreas (2018). Von der Mediatisierung zur tiefgreifenden Mediatisierung. In Jo Reichertz/Richard Bettmann (Hg.), *Kommunikation – Medien – Konstruktion*, Wiesbaden: Springer, 27–45.

Knüpfer, Curd/Hoffmann, Matthias/Voskresenskii, Vadim (2020). Hijacking MeToo. Transnational Dynamics and Networked Frame Contestation on the Far Right in the Case of the '120 Decibels' Campaign. *Information, Communication & Society*, 1–19.

König, René/Nentwich, Michael (2020). Soziale Medien in der Wissenschaft. In Jan-Hinrik Schmidt/Monika Taddicken (Hg.), *Handbuch Soziale Medien*, Wiesbaden: Springer, 1–20.

Koster, Ann-Kathrin (2020a). Im Zeichen des Hashtags. In Jan-Philipp Kruse/Sabine Müller-Mall (Hg.), *Digitale Transformationen der Öffentlichkeit*, Weilerswist: Velbrück, 103–123.

Koster, Ann-Kathrin (2020b). Das radikaldemokratische Moment von Hashtag-Aktivismus. *Forschungsjournal Soziale Bewegungen*, *33*(2), 442–456.

Krotz, Friedrich (2007). *Mediatisierung. Fallstudien zum Wandel von Kommunikation*. Wiesbaden: VS.

Laucuka, Aleksandra (2018). Communicative Functions of Hashtags. *Economics and Culture*, *15*(1), 56–62.

Messina, Chris (2007). *Groups for Twitter; or A Proposal for Twitter Tag Channels*. URL: factoryjoe.com/2007/08/25/groups-for-twitter-or-a-proposal-for-twitter-tag-channels/ [09.03.2021]

Müller-Doohm, Stefan (2018). Medientheorie und Öffentlichkeitsforschung. In Dagmar Hoffmann/Rainer Winter (Hg.), *Mediensoziologie. Handbuch für Wissenschaft und Studium*, Baden-Baden: Nomos, 146–157.

Schmidt, Jan-Hinrik (2013). Onlinebasierte Öffentlichkeiten. Praktiken, Arenen und Strukturen. In Claudia Fraas/Stefan Meier/Christian Pentzold (Hg.), *Online-Diskurse. Theorien und Methoden transmedialer Online-Diskursforschung*, Köln: Halem, 35–56.

Schmidt, Jan-Hinrik (2016). Soziale Medien als Intermediäre für Wissenschaftskommunikation. URL: acatech.de/wp-content/uploads/2018/05/Expertise_Schmidt_Entwurf.pdf [09.03.2021]

Schmidt, Jan-Hinrik (2018). *Social Media*. 2. Aufl. Wiesbaden: Springer.

Schmidt, Jan-Hinrik/Taddicken, Monika (2020). Soziale Medien: Funktionen, Praktiken, Formationen. In Dies. (Hg.), *Handbuch Soziale Medien*, Wiesbaden: Springer. 1–15.

Wimmer, Jeffrey (2018). Partizipation und (Gegen-)Öffentlichkeit. In Dagmar Hoffmann/Rainer Winter (Hg.), *Mediensoziologie. Handbuch für Wissenschaft und Studium*, Baden-Baden: Nomos, 247–254.

Yang, Guobin (2016). Narrative Agency in Hashtag Activism: The Case of #BlackLivesMatter. *Media and Communication*, *4*(4), 13–17.

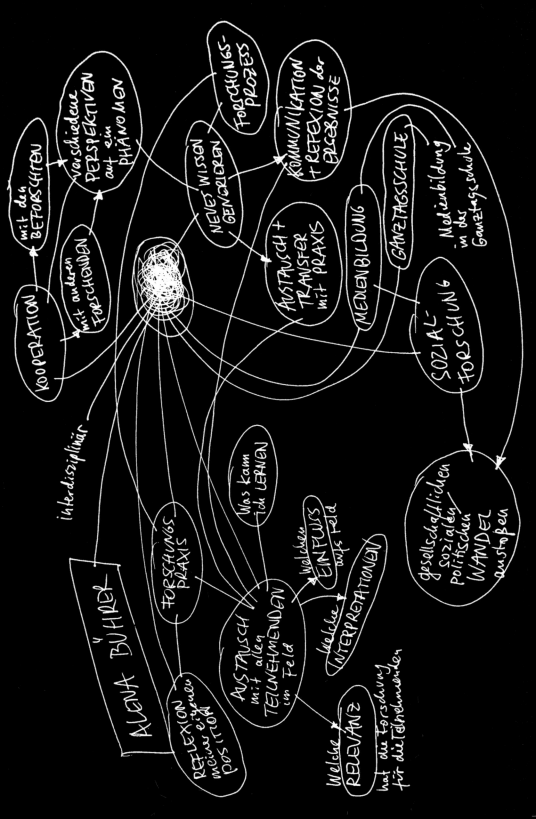

Abb. Forschung unter Einbezug des Bildlichen

Tim Wolfgarten

In Rückschau auf ein Forschungsprojekt, das sich mit Themenausstellungen zu Migration beschäftigte und dabei das Bild als mediale Repräsentationsform fokussierte, unternimmt dieser Text eine Tiefenbohrung zur Frage, was Forschung unter Einbezug des Bildlichen bedeuten kann. Im Mittelpunkt stehen die Logik des Bildlichen (**Abbildung, Abb.**)*, die Logik der Sprache und mögliche Übergänge zwischen beiden Sphären. Dabei ist nicht nur zu klären, was am Bildlichen überhaupt versprachlicht werden kann, sondern auch, wann und auf welche Weise sich dieser Transfer innerhalb des Forschungsprozesses vollziehen sollte.*

Bestimmt ein Jahr lang lagen die circa fünf mal fünf Zentimeter großen Bildchen in unterschiedlichen Anordnungen auf unserem Wohnzimmerboden (siehe **Abb.** 1). Mit dem Hinweis auf das Wohnzimmer wird bereits deutlich, dass die Forschung zu einem großen Teil in privaten Wohnräumen betrieben wurde. Somit wirkte sie auch in den Alltag hinein, beispielsweise indem die kleinen zurechtgeschnittenen Ausdrucke ein vorsichtiges Bewegen im Zimmer verlangten, um sie nicht versehentlich wegzutragen. Wie kam es zu diesem Setting, für das bereits im Vorfeld einige inhaltliche und damit einhergehende forschungspraktische Entscheidungen getroffen worden waren?

Die gezeigte Abbildung beziehungsweise Bildmontage der drei zeitlich aufeinanderfolgenden Dokumentationen ist meiner Dissertationsschrift entnommen (Wolfgarten 2018: 211). In dem Projekt beschäftigte ich mich mit Themenausstellungen zu Migration und fokussierte dabei insbesondere das Bild als mediale Repräsentationsform. Für die Analyse konnten insgesamt 814 solcher thematisch ausgerichteten Ausstellungen berücksichtigt werden, die zwischen den Jahren 1974 und 2013 in Deutschland besuchbar waren. Das Daten- beziehungsweise Bildkorpus, das über das Begleitmaterial der Ausstellungen errichtet wurde, beinhaltete in der Summe 13.049 Abbildungen, die in der Auseinandersetzung Aufschluss über meine Fragen geben sollten. Verfolgt wurden dabei vor allem zwei Fokussierungen: Mich interessierte zunächst, was über die Bilder in den Themenausstellungen inhaltlich vermittelt wird – demnach die Frage nach dem Was. Darüber hinaus interessierte mich, wie die gezeigten Inhalte dargestellt sind und welche Affekte aufseiten der Besucher*innen beziehungsweise Rezipient*innen über die formale Bildgestaltung aufgerufen werden – somit auch die Frage nach dem Wie. Die beiden Leitfragen basierten auf meinen theoretischen Vorannahmen sowie meiner Sicht, mit der ich auf das Medium Bild und das Format der Themenausstellung blickte. Diese Sicht war bildungstheoretisch wie auch diskursanalytisch geprägt. So ging ich davon aus, dass Bilder einerseits als Bildungsanlässe zu verstehen sind und unmittelbare Affekte seitens der betrachtenden Personen aufrufen, sie andererseits aber auch in Diskurse eingebunden sind und diese nicht nur abbilden, sondern gleichermaßen ausformen. Über dieselbe doppelte Perspektive blickte ich auf die thematisch ausgerichteten Ausstellungen, die einerseits als konkrete Bildungsräume verstanden wurden, in denen Selbst- und Weltverhältnisse – insbesondere zum Thema Migration – verhandelt werden, denen andererseits aber auch ein diskursiver Charakter zugeschrieben wurde, da über sie nur eine Auswahl bestimmter und keineswegs alle möglichen oder vorstellbaren Sichtweisen auf das Thema eröffnet werden.

Die Orientierung an den beiden Schwerpunktsetzungen ließ für mich im weiteren Verlauf weniger Raum für die Wahl des methodisch passenden Instrumentariums: Um die inhaltlichen Aussagen der gezeigten Bilder zu analysieren, fiel die Entscheidung auf die quantitativ ausgerichtete sowie bereits entwickelte Bildtypenanalyse (Grittmann/ Ammann 2009, 2011); um Aussagen zu den etablierten Affekterfahrungen tätigen zu können, benötigte ich dagegen ein Instrument, das die Qualität des Bildlichen berücksichtigt – insbesondere die der Ausdrucksformen und Gestaltungsweisen – und

Abb. 1

demnach in Ansätzen bereits in den Kunst- und Kulturwissenschaften bedacht wird. Als ausgearbeitetes Instrument lag eine solche Methode in den Erziehungs- und Sozialwissenschaften für die Analyse eines größer angelegten Korpus jedoch noch nicht vor. Galt es demnach, die einzelnen Bilder innerhalb der Bildtypenanalyse unter Einbezug einer computergestützten Codier-Software nach und nach elektronisch über ihre reduzierten Aussagen zu codieren (zum Beispiel Bewohner*innen im privaten Wohnraum, Arbeiter*innen im Gastronomiebetrieb oder Besucher*innen nicht-kommerzieller Ausflugsorte), um „die über das gesamte Bildmaterial sowie die einzelnen Bildtypen transportierte dominante Idee des untersuchten […] Themas zu deuten" (Grittmann/Ammann 2011: 175), so standen gemäß der bezeichneten Pathosanalyse die verwendeten Ausdrucksformen sowie deren affizierendes Potenzial im Vordergrund des Interesses.

Da in der zweiten Analyse zunächst die Erfassung der etablierten Pathosdarstellungen innerhalb des Korpus und deren Systematisierung verfolgt wurde, um im Anschluss auf deren Affizierungspotenzial eingehen zu können, stellte das wiederholende Vergleichen der formalgestalterisch verwendeten Darstellungsweisen die wesentliche Tätigkeit des iterativ ausgerichteten Analyseprozesses dar. Ziel des permanent gegenüberstellenden sowie vergleichenden Verfahrens war das Gruppieren und dadurch das Herausarbeiten formaler Ähnlichkeiten unter gleichzeitiger Bedingung von größeren Unterschieden. Die auf diese Weise entstandenen Bildgruppen ließen dann bezüglich ihrer Pathosdarstellungen gleichzeitig eine interne Homogenität sowie externe Heterogenität erkennen, über die sie im Hinblick auf mögliche Rezeptionswirkungen interpretiert wurden (siehe exemplarisch **Abb.** 2).

Diese anfangs zu den jeweiligen Bildtypen und später darüber hinaus vorgenommenen Anordnungen wurden mehrfach reorganisiert und im Anschluss hinsichtlich markant hervortretender Ausformungen verdichtet. Das methodische Vorgehen der Verdichtung ist in diesem Fall nicht im Sinne einer Anreicherung des Materials mit weiteren Bildern zu verstehen, sondern als Selektionsprozess, in dem Einzelabbildungen mit gleichen, ähnlichen, aber auch weniger eindeutigen Ausdrucksformen beiseitegelegt wurden (siehe **Abb.** 1). Die verbliebenen Einzelbilder und Bildkombinationen stellten dann einen komprimierten Auszug des Ausgangsmaterials dar, in dem ebenfalls die Darstellungsweisen der zuvor ausselektierten Bilder aufgingen und über den die wesentlichen affektevozierenden Pathosdarstellungen repräsentiert wurden. Der Vergleich strebte somit neben der Anordnung ähnlich anmutender Darstellungsformen auch gleichermaßen deren Kontrastierung an. Folglich wurden darüber Unterschiede erkennbar und gruppenspezifische Charakterisierungen traten über die Bruchstellen hervor.

Auf eine Ergebnispräsentation wird in diesem Beitrag verzichtet.[1] Stattdessen soll das Moment der Versprachlichung von bildlichen Informationen näher in den Blick genommen werden. Dabei ist einzubeziehen, dass anders als beim Medium der Sprache, über die Informationen zeitlich in linearer Abfolge vermittelt werden, die Vermittlung von bildlichen Aussagen zeitlich simultan stattfindet – das Bild wird als Ganzes gezeigt. Somit ist der Gegenstand zu klären, demnach die Frage, was genau aus dem Bildlichen zu versprachlichen ist, wie auch der Zeitpunkt, an dem dies innerhalb des Forschungsprozesses geschieht. Die Frage, welcher Gegenstand des Bildlichen in welcher Linearität beziehungsweise Reihenfolge zu welchem Zeitpunkt ins Sprachli-

Abb. 2

che übertragen wird, lässt sich pauschal sicherlich nicht mit *richtig* oder *falsch* beantworten, sondern ist über das Forschungsinteresse sowie hinsichtlich der Nachvollziehbarkeit des Vorgehens auszuloten, wozu Entscheidungen getroffen werden müssen, die sich dann auf das konkrete Tun – das *doing research* – auswirken. Der grobe Gegenstand wie auch die Linearität, also was in welcher Reihenfolge aus dem Bildlichen ins Sprachliche übertragen wird, waren im Rahmen des Projekts über das Forschungsinteresse und die damit einhergehenden Leitfragen bereits vorab festgelegt: Aus Zwecken der Orientierung wurden zunächst die gezeigten Inhalte und in einem darauffolgenden Schritt deren formale Gestaltung analysiert. Die Klärung des Zeitpunktes, wann innerhalb des Forschungsprozesses die in den Fokus zu setzenden bildlichen Aspekte versprachlicht werden sollten, war ein eher unumgängliches Resultat, das methodisch auf die inhaltlich getroffene Entscheidung folgte beziehungsweise daran rückgekoppelt wurde.

Innerhalb der Typenanalyse fand die Versprachlichung der bildlichen Aussagen vor allem am Einzelbild statt. Mithilfe von MAXQDA, einer elektronisch gestützten Analyse-Software, wurde das digitalisierte Material nach und nach, Bild für Bild, mit der jeweils reduzierten Bildaussage codiert. Das Ergebnis war eine Liste von Codierungen, die auf erster Ebene den am Material entwickelten Bildtypen entsprach und auf zweiter Ebene den binnendifferenzierten Motivvariationen innerhalb der jeweiligen Bildtypen, beispielsweise Arbeiter*innen im Gastronomiebetrieb, in der Fabrik oder im Einzelhandel.[2] Der Ort der Versprachlichung war dabei der Computer (siehe **Abs.**, Schäffer 2023) und der Fokus lag auf dem Einzelbild – die in der Analyse herauszuarbeitende Gesamtstruktur wurde demnach erst am Ende der Codier-Durchgänge sichtbar. Daher ist der Zeitpunkt der Versprachlichung in diesem Analyseprozess vergleichsweise früh zu datieren. Die Übertragung bildlicher Informationen in sprachliche kann somit als Voraussetzung im Sinne einer Aufbereitung des Bildkorpus verstanden werden, da die analytischen Aussagen – was mit welcher Häufigkeit über die gezeigten Bilder inhaltlich an die Betrachter*innen vermittelt wird und was nicht – auf dem numerischen Vorkommen der sprachlichen Bildtypen basierten, die dann hinsichtlich weiterer Details beschrieben und interpretiert wurden.

In diesen Punkten unterschied sich die Forschungstätigkeit innerhalb der Pathosanalyse. Der Ort war nicht an den Computer gebunden, sondern erweiterte sich auf die Fläche des Wohnzimmerfußbodens, der einen größeren Arbeitsplatz bot – der Monitor reichte dazu nicht aus und auch die Erweiterung der Arbeitsfläche durch einen zweiten Bildschirm wäre den Anforderungen nicht gerecht geworden. Der Grund dafür war der ebenfalls erweiterte Fokus, der nun nicht mehr zunächst auf dem Einzelbild lag, sondern auf der Strukturebene der etablierten Pathosdarstellungen und affektevozierenden Gestaltungsformen. Der Grund wiederum für die Fokuserweiterung, die zur vergrößerten Arbeitsfläche führte, war wiederum die Notwendigkeit, das Bildliche in die Analyse miteinzubeziehen, denn anders als bei der Typenanalyse ließen sich die formalgestalterischen Darstellungsweisen weniger über sprachbasierte Codierungen fassen. Der Modus des Operierens war dementsprechend ein bildlicher – kein sprachlicher – und zur Analyse beziehungsweise Offenlegung der Affektstruktur, an der sich die Pathosdarstellungen und Ausdrucksformen ausrichteten, mussten ebendiese in ihrer bildlichen Qualität berücksichtigt werden. Der Zeitpunkt der Versprachlichung bildlicher Aspekte war im Vergleich zur Bildtypenanalyse demnach ein späterer. Sie fand nicht mehr vorwiegend am Einzelbild vor dem Analyseprozess statt, um die Gesamtstruktur mittels sprachbasierter Codierungen zu erfassen, sondern hauptsächlich im Anschluss an den Analyseprozess, in dem das Bildliche miteinbezogen wurde, wobei das Medium der Sprache dann zur Explikation der darzustellenden Ergebnisse diente.

Auch wenn einerseits die in Worte gebrachten Bildinhalte noch zu einem späteren Zeitpunkt in ihrer Bildlichkeit betrachtet wurden und andererseits der Vergleich von Ausdrucksformen sowie Gestaltungsweisen bereits auf Sprache basierende Gedanken evozierte, ist die grobe Unterscheidung zwischen der Tätigkeit der Versprachlichung bildlicher Aspekte in zeitlich vor und zeitlich nach den wesentlichen analytischen Schritten innerhalb der beiden methodischen Vorgehensweisen dennoch tragfähig. Was bedeutet es sodann für die Forschungstätigkeit – das *doing research* –, wenn anknüpfend an den Titel dieses Beitrags das Bildliche in die Analyse miteinbezogen und erst zu einem späteren Zeitpunkt versprachlicht wird, wenn also die Worte für den Gegenstand, der betrachtet wird, vorübergehend fehlen? Zunächst bedeutet es, dass das analytische Vorgehen in der Logik des Bildlichen erfolgt und Erkenntnisse gewonnen werden, für die erst im Nachhinein Worte aufzubringen sind. Dies bedeutet sodann, dass beim Agieren mit einem größeren Bildkorpus auf struktureller Ebene ebendiese herauszuarbeitende Beziehungsstruktur verräumlicht und über ein auf Relationen basierendes Mapping sichtbar gemacht werden muss. *Ein Bild mit Bildern bilden* hieße kurzgefasst die Aufgabenstellung, wobei das Gesamtbild der Beziehungsstruktur, das heißt dem Relationsgeflecht der Einzelabbildungen zueinander, entspricht und die Tätigkeit des Bildens einerseits eine bildnerische Komponente umfasst, andererseits eine bildungsbezogene. Der bildungsbezogene Aspekt wird deshalb unterstrichen, da die Verräumlichung der Einzelabbildungen in eine Gesamtstruktur keiner Einordnung in einem Gesamtbild entspricht, das vorher schon visualisiert werden könnte und anhand dessen die einzelnen Abbildungen ihrer bestimmten Positionen zuzuordnen wären. Vielmehr muss es in dem Prozess des Mappings erst erkannt, skizziert und rückgebunden am Material bezüglich dessen Passung erprobt werden, wozu eine Offenheit hinsichtlich der möglichen Zusammenhänge notwendig ist.

Um die beiden kontrastiv gegenübergestellten Verfahrensmodi in einer darstellerischen Weise voneinander abzugrenzen und dadurch den bildungsbeziehungsweise erkenntnisbezogenen Aspekt zu verdeutlichen, bietet sich ein Vergleich zu visuellen Matrizen als Testverfahren an (siehe exemplarisch **Abb.** 3). Über die exemplarische Abbildung werden zwei unterschiedliche Varianten eines Matrizentests gezeigt, wobei sich die Aufgabenstellungen sowie die dahinterliegenden Prinzipien ähneln. Ist die Struktur im links abgebildeten Testverfahren jedoch visuell als Ganzes sichtbar, muss diese im rechts dargestellten Test als Regel über die acht Einzelfragmente erschlossen werden. Über die Schlussfolgerung der anzuwendenden Regel lässt sich sodann das zu ergänzende Teilfragment ermitteln und die Lösung innerhalb der angebotenen Möglichkeiten bestimmen.

Im Vergleich zum Vorgehen bei einem Matrizentest ist die vorgegebene Anordnung der Einzelfälle als Ergebnisse einer geltenden Regel innerhalb der Analyse bildlicher Zusammenhänge eben nicht gegeben. Die zu rekonstruierende Struktur ist somit auch nicht eindeutig erschließbar beziehungsweise induktiv ableitbar. Das Prinzip ist ein anderes und lässt sich vielmehr über die Schlussform der Abduktion fassen, über die – anders als bei denen der Deduktion und Induktion – „von einer bekannten auf zwei unbekannte Größen geschlossen wird, genauer: vom Resultat und einer nur *hypothetisch als geltend unterstellten* Regel auf den Fall" (Koller 2012: 110). Für das Erkennen bildlicher Zusammenhänge – der möglichen Regeln, über die die Einzelabbildungen in Beziehung zueinanderstehen könnten und über die sie ihren Fallbezug erhalten – bedarf es eines stetigen Neuanordnens der in der Schlusslogik als Resultat zu verstehenden Abbildungen, für die die Worte zunächst fehlen und deshalb in ebendiese vergleichende Betrachtung einzubinden sind. Wenn sich Hans-Christoph Koller im Kontext seiner Einführung in die Theorie transformatorischer Bildungsprozesse auf Charles Sanders Peirce bezieht und äußert, dass das Vorgehen der Abduktion „die einzige wirklich Neues entdeckende Schlussform [in der genannten Trias] sei" (Peirce zit. nach Koller 2012: 110), dann wird der Bildungsbezug deutlich und das ausprobierende Anordnen sowie Umsortieren innerhalb der vergleichenden Betrachtung erhält den Status einer unumgänglichen Praxis in dem skizzierten Setting. Damit ist sodann eine Voraussetzung für das praktische Vorgehen festgehalten, wobei Koller unter Einbezug von Jo Reichertz zudem noch weitere Kriterien für den Erkenntnisgewinn definiert. Diese beziehen sich neben der Praxis auch auf die Person: „die habituelle Bereitschaft, eigene Überzeugungen

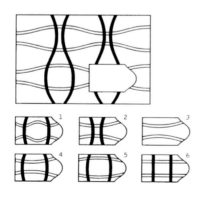
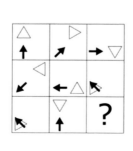
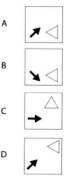

Abb. 3

in Frage zu stellen" und „die ‚Ausschaltung des bewusst kontrollierenden und planenden Verstandes'" (Reichertz zit. nach Koller 2012: 110f.). Letzteres – das Ausschalten des bewusst kontrollierenden und planenden Verstandes – mag zunächst paradox klingen, wenn es um die Tätigkeit des Forschens geht (siehe dazu **z.B.**, Herzmann 2023). Dennoch birgt ebendieses bewusst ungebundene Vorgehen eine Offenheit gegenüber den bildlich möglichen Zusammenhängen und somit ein Potenzial für das Erschließen bisweilen ungeahnter Regeln sowie den damit einhergehenden Fallstrukturen.

Wurde das Infragestellen der eigenen Überzeugungen sowie dessen Absicherung durch das iterative Vorgehen der stets neuanzuordnenden Einzelabbildungen mit dem Ziel des Erkennens unerwarteter Zusammenhänge bereits thematisiert, lässt sich das Ausschalten des planenden Verstandes für die genannte Zielsetzung durch weitere Möglichkeiten herbeiführen und einplanen. Mit der folgenden Fotografie (**Abb.** 4) wurde ein Prozessstand innerhalb des beschriebenen Projekts dokumentarisch festgehalten, auf den an späterer Stelle noch eingegangen wird. An dieser Stelle ist vielmehr die ebenfalls dokumentierte Kaffeetasse relevant, die für den damaligen Zweck zwar keine Bedeutsamkeit hatte, innerhalb der Aufnahme jedoch nicht als störend empfunden wurde. Mit der Kaffeetasse oder vielmehr dem Konsum des koffeinhaltigen Getränks wird eine Anspielung auf die Tageszeit gemacht – die Dokumentation des Prozessstandes wurde frühmorgens aufgenommen –, zu der ich teilweise noch müde und vom Schlaf eingenommen war. Was ich über diese Anspielung keinesfalls zum Ausdruck bringen möchte, ist, dass Forschung unter Einbezug des Bildlichen sowie im Modus der Abduktion schlaftrunken, mit getrübtem Verstand oder beiläufig geschehen solle. Dennoch war es oftmals ein frühmorgendlicher Zeitpunkt, zu dem meine Gedanken für gewöhnlich häufiger abschweiften, als die zu rekonstruierenden Zusammenhänge erkannt wurden, die ich dann weiterverfolgte und die auch noch zu einem späteren Zeitpunkt haltbar waren. Die unterschiedlichen Verfassungen meiner Person als eine Instanz der Forschungstätigkeit – an dieser Stelle ausgeführt über die Tageszeit – wurden bewusst in den Prozess eingeplant, indem die einzelnen Abbildungen in unterschiedlichen Anordnungen über den Tag hinweg beziehungsweise über den gesamten Zeitraum auslagen und der Zugriff in diversen Situationen möglich war. Darüber hinaus begleiteten mich die einzelnen Abbildungen und Formationen auch außerhalb meiner Wohnung. So kam es durchaus vor, dass ich in einem ganz anderen Kontext ein Bild sah, dass Assoziationen zu der aktuell auliegenden Anordnung zuließ und Impulse für einen bislang noch nicht erkannten Zusammenhang auslöste (siehe auch **o.T.**, Porombka 2023).

Ein Anker- und Orientierungspunkt für den Prozess der herauszuarbeitenden möglichen Beziehungsstrukturen von Einzelabbildungen sowie deren Relationen zueinander kann über bereits fokussierte Rezeptionsebenen der vielschichtigen Bildkomplexe

Abb. 4

für die vergleichende Betrachtung hergestellt werden, so, wie es innerhalb der Pathosanalyse über den Formvergleich der Ausdrucksweisen geschehen ist. Die Kriterien können aber auch offen und undefiniert bleiben, um ein stärker exploratives Vorgehen zu verfolgen, wie es beispielsweise innerhalb der Annäherungen an das Bildmaterial geschehen ist, über das sich ein erster Überblick verschafft wurde. Dies war etwa im Kontext der genannten Prozessdokumentation (**Abb.** 4) der Fall, weswegen sie neben der Kaffeetasse ebenfalls für den Beitrag ausgewählt wurde: Innerhalb der bildlichen Auseinandersetzung näherte ich mich an den Bildtypus der Bewohner*innen in ihrem Wohnraum an, wobei in diesem Schritt die Einzelabbildungen fokussiert wurden, auf denen mehr als eine Person dargestellt ist. Darüber hinaus wurde die fotografische Dokumentation als exemplarische Abbildung gewählt, um den Prozess der Versprachlichung bildlich gewonnener Erkenntnisse darzustellen. So werden über die Fotografie gleichzeitig zwei aufeinanderfolgende Stadien des Vorgehens ersichtlich: die Anordnung von Einzelabbildungen innerhalb eines möglichen Zusammenhangs (1) und ein erstes schemenhaftes Modell, über das ebendieser Zusammenhang zwar auch in einer bildlichen Weise dargestellt wird, dessen auf Bildern basierende Einzelfälle jedoch durch in Worte gefasste Verbindungs- sowie Differenzierungslinien innerhalb der angewendeten Regel matrizenhaft ersetzt wurden (2). Die Versprachlichung bildlicher Zusammenhänge über ein erstes schematisches Modell bedeutet für den Kontext demnach weniger, die verwendeten Einzelbilder umfänglich in Sprache zu fassen, sondern vielmehr deren Relationen zueinander und vor allem die darüber hervortretenden Teilaspekte des Bildmaterials, die ausschlaggebend für die Binnenstruktur sind (siehe **Abb.** 5).

Ist der Fallbezug aufgrund der zunächst fehlenden Regel über ein solch bildlich erkanntes sowie mögliches Zusammenhangsmodell auf Probe hergestellt und lassen sich dadurch die relevanten Teilaspekte der vielschichtigen Bildkomplexe definieren, ist es möglich, dieses Strukturmodell in der Anwendung auf das Material zu überprüfen und das Bildliche über die Sprache zu fassen. Dies war zuvor nur in umfassenden Einzelbeschreibungen möglich, da die gemeinsame Vergleichsebene fehlte, über die die mehrdeutigen Formen ihre konkreten Aussagen erhalten. Gleichzeitig war es vorab auch nicht gewollt, da über den Einbezug der bildlichen Logik ebendieser Vielschichtigkeit der zu einem Sinnkomplex miteinander verschränkten Ausdrucksformen sowie Gestaltungsweisen mit einer Offenheit begegnet werden sollte, die ebenfalls die Transmodalität der über das Bild rezipierbaren Wahrnehmungsinhalte berücksichtigt. Wird das anfänglich schemenhaft skizzierte Modell innerhalb des Aussagebereichs für haltbar befunden, lassen sich beide Ebenen – die der Fälle und die der Struktur – in ein umfassenderes Modell am Computer zusammenführen, das sich anschließend ausformulieren lässt (siehe **Abb.** 6).

Im Forschungsprozess stellte der Wechsel von einer horizontal ausgerichteten Arbeitsfläche zu einer vertikalen, veranschaulichenden Fläche einen wesentlichen Übergang dar. Dieser wird auch von Georges Didi-Huberman im Kontext der Ausstellung *Atlas. How To Carry The World On One's Back?* im Zusammenhang künstlerischer Ideenfindungen aufgegriffen, wobei er folgende Unterscheidung trifft: „On a table you can change, on a tableau it is finished. So, the table is about working process, the tableau is about finished work" (Didi-Huberman zit. nach Wolfgarten 2018: 211). Diese Differenzierung hat insbesondere eine leibliche Dimension, insofern sich der Arbeitsmodus der Rekonstruktion von Zusammenhängen über das von oben gebeugte Draufschauen körperlich einprägt und so memoriert wird, wohingegen die horizontale Blickachse über den aufrechten Sitz vor dem Bildschirm mit der Tätigkeit des Präsentierens sowie Ausformulierens verbunden wird.

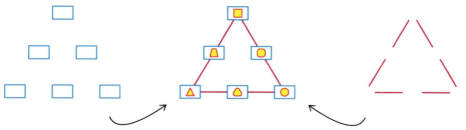

Abb. 5

Mit diesem Übergang komme ich zum Ende der für diesen Band angefragten Tiefenbohrung in Bezug auf die Frage, was Forschung – *doing research* – unter Einbezug des Bildlichen für mich bedeutet, selbst wenn die Aspekte der konkreten Verschriftlichung solcher thematisierten Modelle[3] und die Rolle von Abbildungen innerhalb der Ergebnispräsentation beziehungsweise Wissenschaftskommunikation nicht ausgeführt wurden. Abschließend und stark verallgemeinernd bedeutet es für mich vor allem, im Einklang mit den gesetzten Zielen abzuwägen, wann aus der Logik des Bildlichen in die Logik der Sprache überzugehen ist und andersherum. Es bedeutet für mich sodann, die Grenzen und Potenziale des jeweiligen Mediums zu erkennen, wie auch die Möglichkeiten, die ein solch intermediales Vorgehen insgesamt bietet. Das bedeutet dann auch, dass diese Möglichkeiten für weitere Kontexte eröffnet werden können, auch solche, in denen Bilder beispielsweise eine weniger explizite Rolle spielen. So lagen ebenfalls für das Verfassen des vorliegenden Beitrags Aspekte meiner Überlegungen auf separaten Karteikarten in unterschiedlichen Anordnungen verbildlicht auf dem Esstisch aus, die mal intensivere Auseinandersetzungen wie auch mal vereinzelte Reaktionen aus einem Augenblick heraus bewirkten und mich meine Vorstellungen über die inhaltliche Ausgestaltung reflektieren ließen.

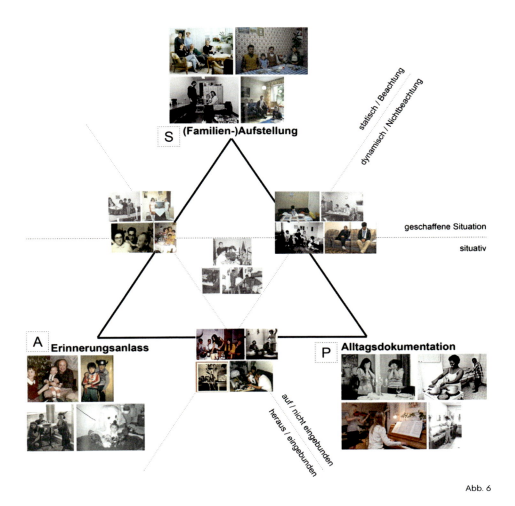

Abb. 6

Abbildungen

Abb. 1: Tim Wolfgarten, *Exemplarische Montage zeitlich aufeinander folgender Prozessstände zum methodischen Vorgehen der Materialverdichtung*, Köln 2018.

Abb. 2: Tim Wolfgarten, *Exemplarische Darstellung formalgestalterischer Analogien innerhalb des Bildtypus der Arbeiter*innen*, Köln 2018: Selahattin Kaya, *BMW München 1960er Jahre*, München um 1960. Ahmet K./DOMiD-Archiv, *o.T.*, Essen 1962. Westfälisches Industriemuseum Dortmund, *Italienischer Bergmann auf der Zeche Hannover*, Bochum um 1956. Kemal Kurt, *AEG*, Berlin 1981. Walter Seidensticker, *Spanische Näherinnen im Nähsaal der Firma Seidensticker*, Lage 1963. Ruth Walz, *Waschmaschinenproduktion bei Siemens*, Berlin um 1970. Guenay Ulutunçok, *Aydin Gürbey | FORD*, Köln 2011. Aktaş M./DOMiD-Archiv, *o.T.*, Essen 1962. Selahattin Kaya, *In der Produktion bei BMW*, München um 1975. DOMiD-Archiv, *ohne Angaben*. Kemal Kurt, *Baustelle*, Berlin um 1980. Spandauer Volksblatt, *Beim Straßenbau*, Berlin o.D.

Abb. 3: Zwei Varianten eines Matrizentests: Spektrum Akademischer Verlag, *Sprachfreie Tests. Figur aus dem Progressive Matrizen-Test von Raven*, Heidelberg 2000. Making Moves B.V., *Beispiel 2*, Amsterdam o.D.

Abb. 4: Dokumentation eines Prozessstandes zur Rekonstruktion sozialer Strukturen über bildliche Zusammenhänge.

Abb. 5: Zusammenführung der Fall- und Strukturebene zu einem Modell, über das eine vergleichbare Bedeutungsebene berücksichtigt wird.

Abb. 6: Ausgearbeitetes Modell der zuvor exemplarisch abgebildeten Fallanordnung und Strukturskizze[4].

Referenzen

Grittmann, Elke/Ammann, Ilona (2009). Die Methode der quantitativen Bildtypenanalyse. Zur Routinisierung der Bildberichterstattung am Beispiel von 9/11 in der journalistischen Erinnerungskultur. In Thomas Petersen/Clemens Schwender (Hg.), *Visuelle Stereotype*. Köln: Halem, 141–158.

Grittmann, Elke/Ammann, Ilona (2011). Quantitative Bildtypenanalyse. In Thomas Petersen/Clemens Schwender (Hg.), *Die Entschlüsselung der Bilder. Methoden zur Erforschung visueller Kommunikation. Ein Handbuch*. Köln: Halem, 163–178.

Herzmann, Petra (2023). z.B. In Sandra Hofhues/Konstanze Schütze (Hg.), *Doing Research*. Bielefeld: Transcript, 424–431.

Koller, Hans-Christoph (2012). *Bildung anders denken. Einführung in die Theorie transformatorischer Bildungsprozesse*. Stuttgart: Kohlhammer.

Porombka, Stephan (2023). o.T.. In Sandra Hofhues/Konstanze Schütze (Hg.), *Doing Research*. Bielefeld: Transcript, 296–303.

Schäffer, Burkhard (2023). Abs. In Sandra Hofhues/Konstanze Schütze (Hg.), *Doing Research*. Bielefeld: Transcript, 72–81.

Wolfgarten, Tim (2018). *Zur Repräsentation des Anderen. Eine Untersuchung von Bildern in Themenausstellungen zu Migration seit 1974*. Bielefeld: Transcript.

Anmerkungen

1 Siehe dazu ausführlicher die Studie sowie das Kapitel zur Offenlegung des methodischen Vorgehens innerhalb der Pathosanalyse, aus dem die beiden Abbildungen sowie einige Textteile entnommen wurden.

2 Dies sind die drei dominierenden Motivvariationen des Bildtypus der Arbeiter*innen.

3 Die Verschriftlichung des gezeigten Modells (**Abb.** 6) sowie die zentrale Textpassage, über die der wesentliche Erkenntnisgewinn vermittelt wird, findet sich auf den Seiten 163f. der genannten Schrift.

4 Die den drei Gruppen zugeordneten Einzelbuchstaben beziehen sich auf die drei in dem Modell wesentlich evozierten Rezeptionsmodi, über die die Bildinhalte und -aussagen erschlossen werden: über das Paradigma der Bildanthropologie, Bildsemiotik oder der Bildphänomenologie. So wird der Blick innerhalb der Rezeption der (Familien-)Aufstellungen stark auf zeichen- und symbolbasierte Markierungen gerichtet und die Bildaussagen werden insbesondere über den bildsemiotischen Zugang (S) erschlossen: Welche habituellen Informationen können dem Bild bezüglich der abgebildeten Personen entnommen werden, welche Aussagen sind hinsichtlich der sozialen Position erkennbar und wie sind die Beziehungen untereinander symbolisch gestaltet? Die Bildaussagen der Erinnerungsanlässe werden hingegen eher über den Zugang der Bildanthropologie (A) rezipiert: Was sind die Gründe sowie Bedingungen – das heißt der Anlass –, die zur Produktion der Bilder geführt haben, die uns nun als menschliche Spuren vorliegen? Der bildphänomenologische Zugang (P) zu den Bildinhalten ist dann vornehmlich in den Motiven der Alltagsdokumentation zu sehen: Gemeint sind Ereignisse und Alltagssituationen, deren bildliche Dokumentationen eine vermeintliche Anwesenheit innerhalb der Rezeption suggerieren.

TIM WOLFGARTEN

- Was ist der MEHRWERT d. FORSCHUNG?
- ERZIEHUNGSWISSENSCHAFT
- SOZIAL + KULTURWISSENSCHAFTEN
- BILDTHEORIE + KUNSTKRITIK
- nachgehen einer FRAGE mit Zuweisung GÜTEKRITERIEN
- über TRANSFER von PRAXIS in GESELLSCHAFT oder WELT einzuwirken
- WISSENSERKENNTNIS
- STRUKTUREN herausfinden
- permanent vergleichen
- erneut vergleichen
- ANORDNEN / Neuanordnen
- FORM finden
- BESCHREIBEN
- gesellschaftl. RELEVANZ
- justiert PERSPEKTIVE der forschenden Person/Rezipienten
- wie kann WELT auch anders gesehen werden
- finanziert mich / finanziert durch Steuergelder
- neue Sichtweise auf Welt od. Teile sichtbar machen
- phänomenologisch
- WISSENSGENERIERUNG
- POTENTIAL für KRITIK
- PRAXIS
- SCHNITTSTELLE von BILD / MIGRATIONS- / BILDUNGSWISSEN- + ERZIEHUNGSWISSENSCHAFT
- transdisziplinär
- still
- persönl. MOTIVATION
- FRAGEN + INTERESSEN

Abs. Transkripte als Irritation wissenschaftlichen Schreibens in Absätzen

Burkhard Schäffer

Ausgehend von der historischen Entwicklung des wissenschaftlichen Schreibens in Absätzen arbeitet der Artikel heraus, wie der **Abs. (Absatz)** *sinnhafte Ordnung stiftet. Transkripte gesprochener Sprache irritieren diese Ordnung nachhaltig. Am Beispiel des Interpretationsprozesses der Dokumentarischen Methode wird gezeigt, dass die Interpretation des Transkripts eine Wiederherstellung der verlorenen Ordnung, eine Heilung der Irritation, darstellt. Absätze sind insofern nicht arbiträr, sondern stellen ein Medium dar, in dem sich die Form wissenschaftlichen Schreibens rhythmisiert entfaltet.*

Im Zuge digitalisierter Veröffentlichungspraxen wissenschaftlicher Texte halten – bislang noch vereinzelt – Absatznummerierungen Einzug und beginnen die Seitenzahl als alleiniges Referenzierungsmerkmal wissenschaftlicher Texte zu bedrängen. Ähnlich wie in der Bibel, bei der Bücher, Kapitel *und* Sätze statt Seiten zitiert werden, philosophischen Abhandlungen und juristischen Gesetzestexten, die ebenfalls zwischen Paragrafen, Absätzen und Sätzen differenzieren, oder Werken der Weltliteratur wie Goethes *Faust*, bei denen Versteile gezählt werden, werden vor allem bei Open Access Onlinezeitschriften in sogenannten Freemium-Modellen keine Seiten, sondern Absätze gezählt.[1] Vereinzelt wird, etwa bei der Zeitschrift *Forum Qualitative Sozialforschung* (FQS), vollständig auf Seitenzahlen verzichtet: Hier steht hinter jedem Absatz eine in eckige Klammern gesetzte Zahl ([1], [2], [3] …), sodass Zitationen im Fließtext dann nicht mehr die Form *Müller 2020, S. 33*, sondern *Müller 2020, [17]* oder *Müller 2020 [5]* haben. Grund genug, sich mit Absätzen als Basis wissenschaftlicher Praxen näher zu beschäftigen, denn Absätzen ist eine andere Qualität inhärent als Seiten: Innerhalb einer Publikation ist die Zeichenzahl einer Seite durch den Seitenspiegel, die Definition der Ränder, die Zeichengröße und Zeilenabstände definiert; Absätze dagegen sind in der Länge variabel. Im Extremfall kann ein Absatz 10.000 Zeichen enthalten oder auch nur 400. Ein Beitrag mit beispielsweise 45 Absätzen kann bei festem Zeichenmaß für eine Seite zwölf oder auch nur sieben Seiten lang sein.

Jenseits dieses folgenreichen Wandels von der Seiten- zur Absatzorientierung wird in diesem Beitrag zunächst die Funktion und Bedeutung von Absätzen in wissenschaftlichen Texten näher beleuchtet. Die Befunde werden kontrastiert mit einem anderen Format, dem viele der Merkmale herkömmlicher Absätze fehlen: dem Transkript in der qualitativen Sozialforschung. Während Seiten sinnvares sind, folgen Absätze, so die kursorische Rekonstruktion, einer seit dem Mittelalter immer weiter ausdifferenzierten inneren Logik von wissenschaftlichen Texten, die sich aus einer sequenziellen, aufeinander aufbauenden und sich aufeinander beziehenden Folge von *Sätzen*, *Absätzen* und *Kapiteln* zusammensetzen, die von *Überschriften* und *Unterüberschriften* strukturiert werden. Ausgehend von dieser Beobachtung ist der vorliegende Beitrag dreigeteilt: Im ersten Teil geht es um die Entwicklung einer Ordnung des Schreibens in Absätzen. Nach einer kurzen historischen Rekonstruktion dieser Entwicklung, die überraschende Kontinuitäten der Textproduktion über die Jahrhunderte zutage treten lässt, werden Absätze als historisch gewachsene, medienpraxiskulturgebundene habituelle Rahmungen systematischer Denkbewegungen in herkömmlichen wissenschaftlichen Praxen rekonstruiert (1). Vor diesem Hintergrund stellen Transkripte mit Zeilennummern, die man mit Latour (2012) als „Inskriptionen" bezeichnen kann, gewissermaßen eine Auflösung und epistemologische Herausforderung dieser gewachsenen Ordnung dar, denn das in der qualitativen Sozialforschung sehr verbreitete Referenzierungssystem der Zeilennummern kontrastiert und irritiert diese herkömmliche Ordnung in großem Maße (2). Im dritten Teil wird dann beispielhaft rekonstruiert, wie beim Interpretationsprozess über die Transkripte eine neue Schicht aus Absätzen gelegt wird, was zu einer neuen Ordnung sowie immensen Sinnexpansion führt, die dann in Schritten der Reduktion und Kondensierung für die Scientific Community wieder handhabbar gemacht, also in publizierbare Absätze und Kapitel überführt werden muss.

Die Entwicklung der Ordnung

Das Wort *Absatz*, so belehrt uns Wikipedia, entstammt dem spätmittelhochdeutschen *abesaz* (Unterbrechung, Abschnitt, Abstufung) und hat einen vielfältigen Bedeutungshof: Vom Teil der Schuhsohle, der Ablagerung von Sedimentgesteinen oder dem Treppenabsatz bis hin zum Absatz von Produkten eines Betriebs sind dem Begriff mannigfaltige Bedeutungen inhärent. Ein Absatz im hier interessierenden Sinne bezieht sich auf die Gliederung schriftlicher Texte. Schon in Büchern des Mittelalters stößt man auf keine fortlaufenden, unstrukturierten Textwüsten mehr, sondern Texte werden durch allerlei visuelle und orthografische Mittel in ihrer räumlichen und ästhetischen Anordnung strukturiert (Jakobi-Mirwald 2004). Orientiert an der lateinischen Schrifttradition, die aus ästhetischen Gründen eine Rechteckanordnung bevorzugte, ermöglichen rechteckige Absätze eine Unterscheidung von Haupttext und Kommentaren oder Stichworten, die in eigenen Rechtecken untergebracht werden können (Friedrich 2016). So wird der „Haupttext nicht unterbrochen, sondern pausiert nur, während man die Anmerkung liest" (ebd.). Auch wird neben verschiedenen Schrifttypen ab dem neunten Jahrhundert der *punctus* eingeführt, „ein einfacher Punkt in mittlerer Zeilenhöhe", der

> „eine mittlere Pause [kennzeichnet]. Der punctus elevatus, bestehend aus einem umgedrehten Strichpunkt, beschreibt eine schwache Pause, eine starke Pause wird durch einen Strichpunkt eingesetzt (punctus versus)" (ebd.).

Die hier näher interessierenden Absätze werden zudem durch Initialen und Lombarden, also vergrößerte, farblich und ornamental gestaltete Anfangsbuchstaben voneinander abgesetzt (ebd.).
Schaut man sich Absätze in heutigen Publikationen an, sticht ins Auge, dass sich wichtige Strukturprinzipien aus dem Mittelalter nicht gewandelt haben. Zu nennen ist die Orientierung an viereckigen Absätzen und Spalten. Auch ist die Kommentartechnik übernommen worden, was insbesondere bei Lehrbüchern Verwendung findet, wenn Merksätze nochmals gerahmt oder farblich abgesetzt werden. Zwar werden keine ornamentalen Ausschmückungen und Bebilderungen zur Kennzeichnung neuer Absätze verwendet, aber Initialen werden oft farblich abgesetzt, sind größer als die im Fließtext eingesetzte Schrift und verwenden eine andere Type. Statt mit Lombarden wird mit Einrückungen zur Abgrenzung von Absätzen gearbeitet. Im Vergleich zum Mittelalter sind unterschiedlich formatierte Ober- und Unterüberschriften hinzugekommen. Die vielfältigen Formatierungsmöglichkeiten, die heutzutage schon in einem einfachen Textverarbeitungsprogramm benutzt werden können, sind an ästhetischen Überlegungen und sinnstrukturierenden Konventionen orientiert, die bis weit ins Mittelalter zurückreichen. Und mehr noch: Solche und andere Formatierungen bilden das Gerüst jeglichen Denkens neuzeitlicher Wissenschaft und entfalten innerhalb akademischer Praxen eine hochgradig strukturierende Funktion im Zusammenspiel von *Absätzen*, die durch orthografische Markierungen in *Sätze* getrennt sowie in *Kapitel*, *Überschriften* und *Unterüberschriften* aufgeteilt sind. Neben ästhetischen, ortho- und typografischen sowie pragmatischen Funktionen ist bei Absätzen vor allem die semantische Dimension hervorzuheben: Absätze sind, genauso wie Überschriften, an einer rhythmischen Entfaltung von Sinn orientiert. In einem Absatz soll *ein* Sinnzusammenhang expliziert werden und im nächsten Absatz der *nächste*, sodass eine Folge von Absätzen ein in sich geschlossenes Kapitel bildet. Zudem sind innerhalb von Absätzen Sätze sequenziell und folgerichtig aufeinander zu beziehen. Jede*r Studierende wird spätestens im Laufe des Grundstudiums darauf trainiert, sich an – disziplinbezogen differenzierenden – Varianten dieses Gerüsts

zu orientieren. Insofern kann man von einer Habitualisierung wissenschaftlicher „Medienpraxiskulturen" (Schäffer 2003) im Umgang mit Texten sprechen, die bestimmte, bis auf Aristoteles (1983, 1112bff.) zurückgehende, logisch anmutende Formen des Darstellens von Befunden und klaren Schlussfolgerns präferieren und andere, etwa der literarische oder associative Textformen ausschließen (etwa rhizomartige, hierzu Deleuze/Guattari 1977). Allerdings steht diese Darstellungspraxis im Widerspruch zur konkreten wissenschaftlichen Forschungspraxis, die oft von Umwegen, Fehlschlägen und Sackgassen der arbeitenden „Denkkollektive", aber auch überraschenden, nicht vorhergesehenen Lösungen geprägt ist (Fleck 1935/1980: 111ff.). Mit Hoyningen-Huene (2014) lassen sich wissenschaftliche Denkformen im Gegensatz zu außerwissenschaftlichen dennoch als solche charakterisieren, die einer größeren „systematicity" verpflichtet sind und innerhalb von neun Dimensionen zum Tragen kommen:

> „Descriptions, explanations, predictions, the defense of knowledge claims, critical discourse, epistemic connectedness, an ideal of completeness, knowledge generation, and the representation of knowledge." (ebd.: 27)

Ohne hierauf näher einzugehen, lässt sich festhalten, dass solche und ähnliche Kriterien nur erfüllbar sind, wenn Wissenschaftler*innen sich an der oben beschriebenen sequenziellen Schriftpraxis orientieren, also ihre Texte durch logisch aufeinander aufbauende Absätze sinnvoll gliedern, gleichwohl ihre Forschungspraxis eine ganz andere, nämlich tentative, suchende ist.

Die Irritation der Ordnung

Erst vor dem Hintergrund der hier nur rudimentär dargestellten Entwicklungsgeschichte des Absatzes, aber auch aufgrund der ubiquitären Verwendung der Absatztechnologie wird deutlich, welche Revolution des Denkens es darstellte, als Wissenschaftler*innen auf die Idee kamen, wortwörtliche Transkripte gesprochener Sprache zu untersuchen und unter Verwendung unterschiedlicher Regelsysteme *Transkripte* zu erstellen, die alle schriftsprachlichen Gepflogenheiten über Bord warfen, um wortwörtliche Rede wiederzugeben (Dittmar 2004). Diejenigen, die in die Praxis wissenschaftlichen Schreibens in sinngruppierten Absätzen einsozialisiert sind und diese auch bei Transkripten beibehalten wollen, bekommen bei narrativ angelegten Interviews (Schütze 1976; Nohl 2017) oder Gruppendiskussionen (Bohnsack 1989; Loos/Schäffer 2001; Bohnsack/Przyborski/Schäffer 2010) Probleme, denn: Die Einteilung in Absätze ist, wie dargelegt, mit Sinnzuschreibungen verbunden und eine Untergliederung in Absätze *ex ante*, wie es bei eher oberflächlichen Analysemethoden gang und gäbe ist, würde zu einer Vorabinterpretation bei der Transkription führen. Um dies zu verdeutlichen, ist in Abb. 1 der Beginn des Transkripts eines biografischen Interviews angegeben, das ich für meine Dissertation (Schäffer 1996) geführt habe (zunächst als Transkript in Microsoft *Word*).

Zwar ist hier auch eine Absatzformatierung vorhanden (linksbündig, Schriftart *Courier New* und weitere Formatierungen), aber viele Errungenschaften wissenschaftlicher Textproduktion sind außen vor geblieben. Die Konventionen akademischer Textproduktion werden gewissermaßen transzendiert: Absätze sind nicht sinnorientiert, sondern markieren nur einen Sprecher*innenwechsel[2]. Überschriften fehlen völlig. Interpunktionszeichen dienen nur als Hinweise, ob der Informant die Stimme stark oder schwach senkt (Punkt oder Semikolon), leicht oder stark hebt (Komma oder Fragezeichen) oder eine kurze Pause macht (ein umklammerter Punkt), verlieren also ihre Funktion als sinnabgrenzende und -konstituierende Zeichen. Auch ist, außer bei Substantiven, die Groß-Kleinschreibung nach Satzzeichen suspendiert. Schließlich tritt an die Stelle von Absätzen die Zeilennummerierung, wie die Paginierung ein ebenfalls nicht an Sinn, sondern an einer messenden Chronologie orientiertes Ordnungsprinzip. Hierdurch wird der Text auf einer Mikroebene adressierbar, die sich allein quantitativ an der Zeilenlänge bemisst (wenn die Zeilenlänge geändert wird, verändern sich auch die Nummern). Als Steigerung dieser Adressierungsform käme noch die Nummerierung von Wörtern als kleinsten Sinneinheiten in Frage, allerdings stellt sich hier bald die Frage nach dem Mehrwert eines solchen Vorgehens für Zwecke sozialwissenschaftlicher Forschung.[3]

Liest man das Beispieltranskript, wird zudem etwas anderes deutlich: Gesprochene Sprache ist – sieht man von wenigen Personen ab, die nahezu druckreif formulieren können – nicht an den (wissenschaftlichen) Konventionen von Schriftsprache orientiert, sondern mischt in vielfach verschachtelten Vorder- und Hintergrundkonstruktionen verschiedene Ebenen von Erzählungen, Beschreibungen, Argumentationen und Bewertungen. Nohl (2017: 24) bringt dies mit Bezug auf Fritz Schützes Arbeiten treffend auf den Punkt:

„Eine Haupterzählung wird durch eine Hintergrundkonstruktion im Modus der Beschreibung unterbrochen, innerhalb derer sich dann wieder eine weitere Hintergrundkonstruktion, nun im Modus der Bewertung findet, die selbst wieder durch eine Hintergrundkonstruktion gestützt wird, die vielleicht eine Erzählung ist. Schließlich kehrt der Informant wieder zur Haupterzählung zurück."

Daher ist bei Transkripten eine klare semantische Abgrenzung weitaus schwieriger (und manchmal gar nicht) zu identifizieren.

Die Wiederherstellung der Ordnung

Bei der Interpretation solcher Artefakte wie einem Transkript bedienen sich Wissenschaftler*innen der Absatztechnologie. Beim Screenshot in Abb. 2 ist das gleiche Transkript in die Auswertungssoftware *DokuMet QDA* importiert worden, einer Software für das Interpretieren mit der Dokumentarischen Methode (Schäffer/Klinge/Krämer 2020; DokuMet QDA 2021). Der nicht in Sinndimensionen gegliederte Transkriptausschnitt durchläuft nach dem Import verschiedene Arbeitsschritte, die im Folgenden im Hinblick auf das Absatzproblem untersucht werden.

Die Transkription ist im linken oberen Fenster platziert. In ihr wurden in einem ersten Interpretationsschritt die erwähnten Textsorten farblich hervorgehoben: Grün für erzählende, Blau für beschreibende, Rot für bewertende und Gelb für argumentierende Textsorten. Die weiß gebliebenen Stellen markieren Rezeptionssignale oder Kurzkommentare des Interviewers. An dem Farbenspiel zeigt sich bereits eindrucksvoll die Verschachtelung gesprochener Sprache in Vorder- und Hintergrundkonstruktionen unter Verwendung verschiedener Textsorten. In den unteren beiden Fenstern werden im Rahmen der Formulierenden Interpretation (FI) Themen identifiziert und rechts oben im Rahmen der Reflektierenden Interpretation (RI) die Orientierungsrahmen herausgearbeitet, innerhalb derer diese Themen abgehandelt werden. Durch die Arbeitsschritte wird über das Transkript eine neue *Mikroabsatzstruktur* gelegt: Jeweils eine Überschrift (Kurzthema bei der FI, Textsorte bei der RI) wird mit einem Absatz verbunden, in dem die Interpretation platziert ist, die sich auf über Zeilennummern referenzierte Textstellen des Transkripts bezieht. Mit dieser massiven Verabsatzung ist eine enorme *Expansion von Sinn* verbunden: Im Laufe des Interpretationsprozesses werden vor dem Hintergrund interner und externer Vergleichshorizonte – also innerhalb des Falls sowie im Vergleich zu anderen Fällen (Bohnsack 2013; Nohl 2013) – in der FI Themen herausgearbeitet und in der RI abduktive Hypothesen über Orientierungsrahmen oder Handlungsorientierungen entwickelt, die dann „als-ob-deduktiv" (Schäffer 2020: 72ff.) an weitere Passagen angelegt und schließlich im Rahmen „pragmatischer Induktion" (Schurz 2002: 133) entweder verworfen oder bestätigt werden.[4]

1 Bm: Puhh wo fang ick da an, dit is immer so'n bißchen blöd
       mit'm anfangen, hm (2) fängt man eigentlich da an wo man
       anfängt (.) mit'n Leben, ick würde sagen mit der Jeburt.
       (.) //Hmhm// Und zwar jib's da eigentlich schon wat zu
5   erzählen (.) also mein Vadder hatte den ersten Arbeitstag-
       der war erst bei da Armee ne //Hmm// da hat er'n ersten
       Arbeitstag jehabt und jenau an dem Tag gings bei meiner
       Mutter los und ick war ja nu ‚ne Frühjeburt (.)//Hm// und dit
       war halt hm (.) November ‚72 und da war nun ‚n Riesensturm,
10   dit war wohl der Jahrhundertsturm überhaupt, war wohl der
       größte (.) Sturm überhaupt, und da hat's überall die Dächer
       abje- abjefegt und so und Bäume sind umgekippt uff der Straße
       und mein Opa, meine Mutter hinten rin ins Auto (.) und dann
       über't Feld gefahren, weil die konnten die Allee nich fahren,
15   die wohnten bei NW-Dorf und dit nächste Krankenhaus war UB-
       Stadt //Oh Gott// und dann konnten se die janzen Alleen nich
       lang fahren dort und dann sind se über dit Feld gefahren,
       über'n Acker (.) und denn im Krankenhaus anjekommen, dit muß
       natürlich allet schnell gehen und dann irgendwie fingen se
20   dann an daß Stromversorgung, da is'n Baum einjebro-
       einjestürzt inne Stromversorgung, da ham se keen Strom
       jehabt, da ham se hier Notstrom gehabt und dann hier hh
       Kerzenlichter und so'n Zeug //Ja// ham se da hingestellt und
       bei Kerzenlicht bin ick dann zur Welt jekommen, dit war
25   schon mal mein-//Daat is ja-// (.) mein Dings, dit fand ick
       schon mal janz cool, denn hat- darum hat mich der Arzt dann
       damals immer Sturmfalke jenannt (.) hh ick meine- //Wie?
       Sturmfalke?// Sturmfalke, oder SturmEF eigentlich, weil mein
       Nachname is halt EF ne,//Ja. Ja.// darum hat er auch SturmEF
30   gesagt der Arzt, war noch janz lustig

Abb. 1

Damit hat gewissermaßen alles wieder seine Ordnung. Die Vordergrund-Hintergrund-Verschachtelungen des Transkripts sind im Zuge der Interpretation durch die darüber gelegte Absatzstruktur domestiziert, die nun im herkömmlichen Modus wissenschaftlicher Praxis des Schreibens bearbeitet werden können. Das Irritationspotenzial durch das absatzlose Transkript wurde durch den Bruch mit den beschriebenen Absatzkonventionen erreicht, natürlich nur dann, wenn alles gut läuft und den Interpretierenden etwas ein- oder aufgefallen ist. Mit der über das Transkript gelegten neuen Absatzstruktur aus Interpretationen wird also ein Anschluss zu herkömmlichen Veröffentlichungsformen in Absätzen und Kapiteln ermöglicht.

Allerdings – und dies wird üblicherweise in Abhandlungen über das Darstellungsproblem qualitativer Methoden thematisiert (sehr instruktiv hierzu Stegkemper/Grunau/Rupp/Huchler 2018) – stehen Interpretierende nun vor dem Problem der Inflation von Absätzen. Wie auch in der Objektiven Hermeneutik (Wernet 2021) wird im „nicht-linearen, zyklisch-iterativen Prozess" (Stegkemper/Grunau/Rupp/Huchler 2018: 1) qualitativen Forschens, der bei der Dokumentarischen Methode stark methodisch kontrolliert wird, ein interpretativer Informationsüberschuss erzeugt, der für eine Weiterverarbeitung bis hin zur Veröffentlichung wieder in Form von Reduktion und Kondensation eingehegt werden muss. Bei der Dokumentarischen Methode, die auf Typenbildung abzielt, habe ich für das Kondensations- und Reduktionsproblem den Vorschlag einer „Typenbildenden Interpretation" (Schäffer 2020) unterbreitet, bei dem auf Basis der Interpretationsabsätze der Reflektierenden Interpretation zunächst Typenhypothesen in „sinn- und soziogenetischen Aspekten" (ebd.: 76f.) wiederum absatzweise verdichtet werden. Diese Verdichtungen werden den Interpretierenden in der Software *DokuMet QDA* in einem *Typengenerator* zur Verfügung gestellt (Abb. 3). Der Typengenerator ist eine neue Arbeitsoberfläche mit Suchoptionen (erste Spalte), in der man aus Fällen (zweite Spalte) auswählen kann, um bestimmte Aspekte zu gruppieren (dritte Spalte). Jedem Aspekt ist die ursprüngliche Stelle im Transkript zugeordnet, die bei Bedarf geöffnet werden kann. In einem Freifeld (vierte Spalte) können dann typenhafte Verdichtungen vorgenommen werden. Auf diese Weise nähert sich der Text langsam einer für eine Veröffentlichung brauchbaren Absatzstruktur. Durch den Export in ein herkömmliches Textverarbeitungsprogramm schließt sich dann der Kreis: Alles ist wieder in Absätzen dargestellt, die irritierenden Transkripte können gewissermaßen domestiziert als Zitate und damit in klassischer Absatzform eingefügt und weiterverarbeitet werden.

Fazit und Ausblick

In diesem Beitrag wurde eine dreiteilige Entwicklung skizziert: Ausgehend von der Beobachtung, dass in einigen Onlinejournalen auf Absätze und nicht mehr auf Seiten referenziert wird, wurde zunächst auf die historische Entwicklung der uns heutzutage entgegentretenden, selbstverständlich anmutenden Form wissenschaftlichen Schreibens in Absätzen und Kapiteln eingegangen. Als zentrales Merkmal von Absätzen wurde dessen Sinnstrukturierung herausgearbeitet. Diese sinnhafte Ordnung wird, so der zweite Teil des hier entwickelten Arguments, durch Transkripte gesprochener Sprache nachhaltig irritiert, da hier viele Regeln wissenschaftlichen Schreibens außer Kraft gesetzt werden. Im dritten Teil wurde am Beispiel des Interpretationsprozesses der Dokumentarischen Methode innerhalb einer QDA-Software herausgearbeitet, dass Interpretation aus Sicht der Tradition wissenschaftlichen Schreibens eine neukonstituierende Wiederherstellung der Ordnung, wenn man so will: eine Heilung der Irritation, darstellt. Über das ungeordnete Transkript wird gleichsam ein Netz aus Absätzen ausgeworfen, das zu einer massiven Expansion von Sinn führt, der wiederum in einem letzten Schritt wieder reduziert und kondensiert werden muss, um Anschluss an herkömmliche Praxen wissenschaftlichen Schreibens zu gewinnen. Absätze sind insofern nicht arbiträr, sondern stellen ein Medium dar, in dem sich die Form wissenschaftlichen Schreibens rhythmisiert entfaltet.

Am Beispiel der Störung der herkömmlichen Absatzordnung durch das Transkript und dessen Domestizierung im Prozess der Interpretation durch Verabsatzung zeigt sich aber noch etwas (siehe auch **Abb.**, Wolfgarten 2023): Interpretiert man Transkripte als „Inscriptions" im Sinne Bruno Latours (2012), sind Absätze die Form, in der „Visualisation and Cognition" unter Zuhilfenahme vielfältiger soziotechnischer Praxen zusammengebracht werden. „Drawing Things Together" im Sinne Latours ist insofern das Zusammenhandeln von Wissenschaftler*innen mit Aufnahmegeräten, Interpretations- und Textverarbeitungssoftware, Universitäten, Verlagen, Drucktechnologien und vielen weiteren Akteuren, wodurch dieser komplexe, Zeiten und Orte umspannende, dreidimensionale Prozess in die Zweidimensionalität eines linearen wissenschaftlichen Textes überführt wird, auf den man in Weiterführung des Spiels unendlicher Referenzen verweisen kann: Siehe **Abs.** 42.

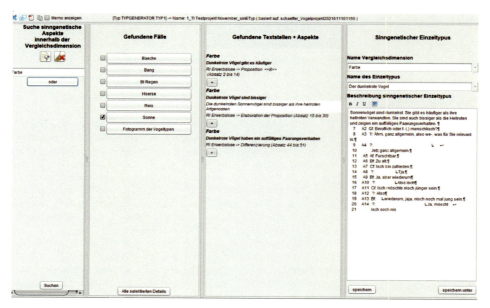

Abb. 2 & 3

Abbildungen

Abb. 1: *Word*-Transkript eines biografischen Interviews. Bild: Burkhard Schäffer. Zur Interpretation Schäffer 1996: 189ff.

Abb. 2: Screenshot einer Reflektierenden Interpretation in *DokuMet QDA*. Bild: Burkhard Schäffer.

Abb. 3: Typengenerator in *DokuMet QDA*. Dargestellt ist ein Dummyprojekt zu Demonstrationszwecken, in dem zwischen Vogeltypen differenziert wird, hier in der Dimension *Farbe der Federn*. Bild: Burkhard Schäffer.

Anmerkungen

1 Im Rahmen von Finanzierungsmodellen für Open-Access-Publikationen werden in Freemium-Modellen kostenlos HTML-Versionen der Aufsätze mit Absatznummerierung angeboten. Ein PDF mit Seitenzahlen ist dann kostenpflichtig (Keller 2017).

Auf einer der größten Plattformen für Open-Access-Publikationen, openediton.org, werden mittlerweile 179 Journals gelistet, die ein solches Modell fahren.

2 Rezeptionssignale wie *Hmm* oder *Ok* werden bei vielen Veröffentlichungen nicht mehr als Sprecher*innenwechsel mit einem neuen Absatz geführt, sondern innerhalb des Absatzes belassen.

3 Im Kontext einer (sozio-)linguistischen Spezialfragestellung oder bei den Digital Humanities mag das Nummerieren von Wörtern gleichwohl Sinn ergeben, etwa um Verwendungsformen bestimmter Metaphern in Wortumfeldern zu erschließen.

4 Zu diesem Zusammenspiel von Abduktion, Als-ob-Deduktion und pragmatischer Induktion siehe Schäffer 2020: 72ff.

Referenzen

Aristoteles (1983). *Nikomachische Ethik*. Stuttgart: Reclam.

Bohnsack, Ralf (1989). *Generation, Milieu und Geschlecht. Ergebnisse aus Gruppendiskussionen mit Jugendlichen*. Leverkusen: Budrich.

Bohnsack, Ralf (2013). Typenbildung, Generalisierung und komparative Analyse: Grundprinzipien (Hg.), *Die dokumentarische Methode und ihre Forschungspraxis. Grundlagen qualitativer Sozialforschung*. Wiesbaden: Springer, 241–270.

Bohnsack, Ralf (2021). *Rekonstruktive Sozialforschung*. Leverkusen: UTB.

Bohnsack, Ralf/Przyborski, Aglaja/Schäffer, Burkhard (Hg.) (2010). *Das Gruppendiskussionsverfahren in der Forschungspraxis*. 2., durchges. Aufl. Leverkusen: Budrich.

Deleuze, Gilles/Guattari, Félix (1977). *Rhizom*. Berlin: Merve.

DokuMet QDA (2021). Qualitativ-rekonstruktive Forschung mit DokuMet QDA. URL: dokumet.de [12.10.21]

Fleck, Ludwik (1935/1980). *Entstehung und Entwicklung einer wissenschaftlichen Tatsache. Einführung in die Lehre vom Denkstil und Denkkollektiv*. Frankfurt/Main: Suhrkamp.

Friedrich, Sabine (2016). Mehr als Texte und Bilder. Das Layout einer Handschriftenseite. URL: dhmuseum.uni-trier.de/node/422 [12.10.21]

Hoyningen-Huene, Paul (2014). *Systematicity. The Nature of Science*. New York: Oxford University Press.

Jakobi-Mirwald, Christine (2004). *Das mittelalterliche Buch. Funktion und Ausstattung*. Stuttgart: Reclam.

Keller, Alice (2017). Finanzierungsmodelle für Open-Access-Zeitschriften. *Bibliothek Forschung und Praxis, 41*(1), 22–35.

Latour, Bruno (2012). Visualisation and Cognition: Drawing Things Together. *Knowledge and Society. Studies in the Sociology of Culture Past and Present, 6*, 1–40.

Loos, Peter/Schäffer, Burkhard (2001). *Das Gruppendiskussionsverfahren. Grundlagen und empirische Anwendung*. Leverkusen: Leske/Budrich.

Nohl, Arnd-Michael (2013). Komparative Analyse: Forschungspraxis und Methodologie dokumentarischer Methode. In Ralf Bohnsack/Iris Nentwig-Gesemann/Arnd-Michael Nohl (Hg.), *Die dokumentarische Methode und ihre Forschungspraxis*. Wiesbaden: Springer, 271–293.

Nohl, Arnd-Michael (2017). *Interview und Dokumentarische Methode. Anleitungen für die Forschungspraxis*. Wiesbaden: Springer.

Schäffer, Burkhard (1996). *Die Band. Stil und ästhetische Praxis im Jugendalter*. Leverkusen: Leske/Budrich.

Schäffer, Burkhard (2003). *Generationen – Medien – Bildung. Medienpraxiskulturen im Generationenvergleich*. Leverkusen: Leske/Budrich.

Schäffer, Burkhard (2020). Typenbildende Interpretation. Ein Beitrag zur methodischen Systematisierung der Typenbildung der Dokumentarischen Methode. In Jutta Ecarius/Burkhard Schäffer (Hg.), *Typenbildung und Theoriegenerierung. Methoden und Methodologien qualitativer Bildungs- und Biographieforschung*. 2. überarb./erweit. Aufl. Leverkusen: Budrich, 65–88.

Schäffer, Burkhard/Klinge, Denise/Krämer, Franz (2020). Softwarevermitteltes Forschen, Lehren und Lernen mit der Dokumentarischen Methode. *Zeitschrift für Qualitative Forschung, 2*, 163–183.

Schurz, Gerhard (2002). Karl Popper, Deduktion, Induktion und Abduktion. In Jan M. Böhm/Heiko Holweg/Claudia Hoock (Hg.), *Karl Poppers kritischer Rationalismus heute*. Tübingen: Mohr Siebeck, 126–143.

Schütze, Fritz (1976). Zur Hervorlockung und Analyse von Erzählungen thematisch relevanter Geschichten im Rahmen soziologischer Feldforschung. In Ansgar Weymann/Arbeitsgruppe Bielefelder Soziologen (Hg.), *Kommunikative Sozialforschung*. München: Fink, 159–260.

Stegkemper, Jan Markus/Grunau, Thomas/Rupp, Claudia/Huchler, Martin (2018). *Die Verschriftlichung qualitativer Forschung zwischen Verschleierung und Selbstdarstellung. Überlegungen zu einem Grundproblem qualitativer Sozialforschung*. Frankfurt: Pedocs.

Wernet, Andreas (2021). *Einladung zur Objektiven Hermeneutik. Ein Studienbuch für den Einstieg*. Leverkusen: Budrich.

Wolfgarten, Tim (2023). Abb. In Sandra Hofhues/Konstanze Schütze (Hg.), *Doing Research*. Bielefeld: Transcript, 62–71.

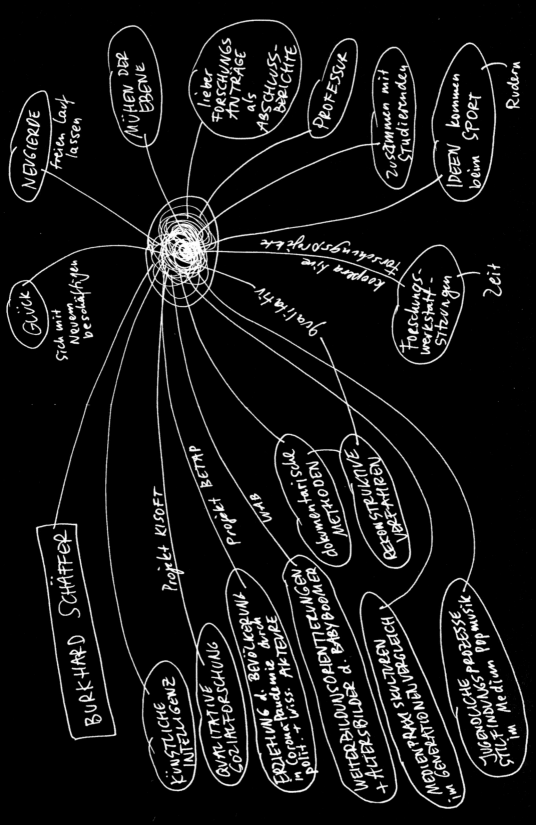

Abt. Forschungsorganisation an Hochschulen für angewandte Wissenschaften

Katharina Mojescik, Angela Tillmann

Dieser Beitrag skizziert aus organisationstheoretischer Perspektive und am Beispiel der Hochschulen für angewandte Wissenschaften (HAW) erste Aspekte des organisationalen doing research. Ausgehend von organisationalen Unterschieden zwischen Universität und HAW werden aktuelle Entwicklungen und daraus resultierende Anforderungen an HAW aufgezeigt. Dabei wird deutlich, dass der sogenannte Forschungsschwerpunkt, hier verstanden als organisationale **Abt.** *(Abteilung), eine zentrale Größe dieser Entwicklungen sind. Der Artikel legt dar, wie über die Einrichtung von Forschungsschwerpunkten Forschung an HAW hervorgebracht wird.*

Zunächst mag der Begriff der *Abteilung* in Bezug auf Forschungskontexte verwundern, gar irritieren, da Abteilungen vornehmlich mit einem anderen Organisationstypus assoziiert werden – dem des Unternehmens, in dem organisationale Aufgaben arbeitsteilig an spezifische Abteilungen übertragen werden. Ziel von Organisationshierarchien und Abteilungsstrukturen ist es, Dauerhaftigkeit, Personenunabhängigkeit sowie Komplexitätsreduktion herzustellen (Luhmann 2019). So gibt es in Unternehmen etwa eigene Forschungs- und Entwicklungsabteilungen, deren Zweck die Produktinnovation und -entwicklung sowie Sicherstellung einer dauerhaften Marktposition ist (wie bei Tech-Unternehmen wie Apple oder Automobilhersteller). Während eine organisationale Trennung bei marktwirtschaftlich ausgerichteten Organisationstypen einleuchten mag, wirft sie im Hochschulkontext einige Fragen auf: Wie stehen die Begriffe *Abteilung* und *Forschung* zueinander? Kann wissenschaftliche Forschung an Hochschulen, deren Ziel per definitionem die Einheit von Forschung und Lehre ist, in Abteilungen organisiert sein? Dabei steht bezogen auf den Buchtitel des vorliegenden Bandes vor allem die übergeordnete Frage im Vordergrund, ob und wie sich eine zunehmende Organisation von Forschung über die Einrichtung von Abteilungsstrukturen auf das Forschungshandeln auswirkt. Versteht man den Buchtitel *doing research* konstruktivistisch, gilt es zu prüfen, wie und welche Forschung heute im Kontext der Einführung von Organisationseinheiten wie einer *Forschungsabteilung* hervorgebracht wird.

Aus unserer Sicht bietet sich zur Diskussion dieser Frage ein Blick auf die *Hochschulen für angewandte Wissenschaften (HAW)* an, da der Forschung erst mit Beschluss der neuen Hochschulgesetze der Länder in den 1990er Jahren mehr Raum gegeben wurde und sie sich seither aufgefordert fühlen, sich im Wettbewerb untereinander und mit den Universitäten um Sichtbarkeit, Akzeptanz und Forschungsgelder zu behaupten. Eine Folge dieser Entwicklung ist, dass die Einrichtung von Forschungsabteilungen, vielfach durch die Institutionalisierung sogenannter Forschungsschwerpunkte und -institute, an HAW gefördert wird – über Landesmittel sowie mit Rückgriff auf finanzielle und personelle Ressourcen der Hochschulen. Die Relevanz anwendungsorientierter Forschung und Praxis-Forschung, die sich vom Selbstverständnis her stärker an aktuellen gesellschaftlichen Bedarfen orientieren und Kooperationen mit der Praxis suchen, eröffnet allerdings nicht nur HAW neue Forschungsfelder. Auch Universitäten entdecken die Anwendungsorientierung in der Forschung, was den Wettbewerb um Forschungsgelder befördert und die binäre Opposition von Grundlagenforschung und angewandter Forschung weiter in Frage stellt. Im Folgenden werden wir unter hochschulpolitischer und organisationstheoretischer Perspektive Aspekte des Wandels von Forschung am Beispiel der HAW beleuchten. Das Augenmerk richten wir vor allem auf eine spezifische Abteilungsform: Im Mittelpunkt steht die Organisationseinheit *Forschungsschwerpunkt*, deren Entstehen im Kontext der historischen und politisch intendierten Hochschulentwicklung betrachtet wird. Im Mittelpunkt stehen daher Aspekte der organisationalen Herstellung von Forschung in HAW. Unseren Überlegungen liegt dabei ein organisationstheoretisches Verständnis von Hochschulen[1] zugrunde.

Hochschule als Organisation

Universitäten zählen zu den ältesten und beständigsten Organisationen weltweit (Stichweh 2005). Es handelt sich um soziale Gebilde, die über eine bestimmte Anzahl an Mitgliedern verfügen, die arbeitsteilig daran arbeiten, definierte Ziele zu erreichen. Diese Ziele knüpfen einerseits noch immer an das Humboldtsche Bildungsideal an, werden jedoch andererseits hochschulbezogen ausformuliert sowie hochschul- und abteilungsspezifisch in sogenannten Hochschul-, Fakultäts- oder Institutsentwicklungsplänen konkret ausbuchstabiert. Wenngleich Universitäten die ältesten und somit beständigsten Organisationen darstellen, weichen sie von „rational-bürokratischen Organisations- und Entscheidungsmodellen" (Hüther 2010: 128) ab, die charakteristisch für die formalen Strukturen und Hierarchien von Organisationen sind. So nehmen bereits Professor*innen in diesem Gefüge eine organisationale Sonderstellung ein, da ihnen qua Berufung und im Gegensatz zu Mitgliedern von Verwaltungen die in Artikel 5 des Grundgesetzes verankerte „Freiheit von Forschung und Lehre" verfassungsrechtlich zugesichert wird. Im Rahmen ihrer Forschungsaktivitäten agieren sie also weitgehend eigenständig; weder staatliche Akteure noch die Hochschulleitung sind ihnen hier weisungsbefugt.

Organisationstheoretisch wurde diese Besonderheit der Hochschulen im Vergleich zu anderen Organisationen vor allem in Ansätzen der 1970er und 1980er Jahre hervorgehoben, wo sie als organisierte Anarchien (Cohen/March/Olsen 1972), lose gekoppelte Systeme (Weick 1976) oder Expert*innenorganisationen (Mintzberg 1983) verstanden wurden.[2] Cohen, March und Olsen konzentrieren sich dabei auf die Entscheidungsfindung an Hochschulen und hinterfragen die Grundannahme der Rationalität. Bei Mintzberg sowie Weick stehen die organisationalen Strukturen und die daraus erwachsenen Kontrollmechanismen im Vordergrund. Mintzberg stellt dabei den Expert*innenstatus des wissenschaftlichen Personals heraus, wodurch das Forschungshandeln innerhalb der eigenen Disziplin und eben nicht mit der Hochschulleitung verhandelt wird. Die Hochschulleitung dient vorrangig der Bereitstellung eines breiten organisationalen Stabes, der die Expert*innen bei ihrer Arbeit unterstützen soll. Weick (2009: 91) betont darüber hinaus, dass für Bildungseinrichtungen „reichhaltig verbundene Netzwerke" kennzeichnend sind, die aufgrund der losen Kopplung mit schwach ausgeprägten Möglichkeiten der Einflussnahme einhergehen. Dies ermögliche ihnen einerseits Ermessensfreiheit, erschwere aber andererseits ihre Koordination. Auch wenn in diesem Beitrag die genannten Ansätze nicht vertiefend vorgestellt werden können, deutet sich hier bereits an, dass bürokratische und/oder technokratische Steuerungs- und Planungsprozesse (bisher) hinter die Interessen von Forschung zurücktreten. Organisationstheoretisch lassen sich Abteilungen im Hochschulkontext somit als *zeitgenössisches* Phänomen verstehen: Sie liefern Hinweise dafür, dass sich die organisationalen Strukturen von Hochschulen zunehmend wandeln. Indem sie bislang lose gekoppelte Systeme institutionell strukturieren und verknüpfen, wirken sie sich freilich auf die organisational verankerte Kooperation und Koordination aus. Wir stellen uns nun die Frage, ob sich anhand der zunehmenden Strukturierung und Institutionalisierung von Forschungsabteilungen, vor allem von Forschungsschwerpunkten, innerhalb von Hochschulen nicht auch neue Steuerungsdimensionen abzeichnen – mit Implikationen für das Forschungshandeln und die Forschenden. Mit Rückgriff auf das Bildungsideal an Hochschulen möchten wir hierzu zunächst die Entwicklungen von HAW zu Forschungseinrichtungen beleuchten.

Entwicklung der Hochschullandschaft

Für das deutsche Hochschulsystem ist das Humboldtsche Bildungsideal, wonach Lehre und Forschung an Universitäten eine Einheit bilden sollten, noch an vielen Stellen leitend. Über den Einheitsgedanken soll sichergestellt werden, dass sich einige Universitäten nicht ausschließlich der Forschung widmen, während andere zu Bildungseinrichtungen werden (Huber 2012; Lieb 2009). Hieran wird bereits eine Besonderheit von Hochschulen im Gegensatz zu anderen Organisationen wie Unternehmen erkennbar: Hochschulen verfolgen nicht *einen* spezifischen Zweck, sondern gleich *zwei* – um Ressourcen konkurrierende – Ziele. Nun wird das Humboldtsche Ideal zwar noch heute postuliert, aber auch zunehmend in Frage gestellt. Im Zuge der Bildungsexpansion in den 1960er Jahren hat sich die deutsche Hochschullandschaft, vor allem in Reaktion auf gesellschaftliche Anforderungen, weiter ausdifferenziert. Neben dem Ausbau und der Neugründung zahlreicher Universitäten wurde im Zuge dessen mit den HAW ein neuer Hochschultypus etabliert. Dieser Typus führte zu einer Dichotomie der Hochschullandschaft, die sich sowohl in der Zielsetzung als auch den organisationalen Strukturen widerspiegelt: Auf der einen Seite stehen die Universitäten, deren Primat in der (Grundlagen-)Forschung liegen soll und die nur nachgelagert als akademische Lernorte verstanden werden; auf der anderen Seite stehen HAW, welche in erster Linie anwendungsorientiertes Wissen vermitteln und nur nachgängig forschen sollen (Enders 2010). Diese divergierende Zielsetzung wurde auch in den organisationalen Strukturen verankert. So wurden Universitäten und ihre Professuren in erster Linie als Lehrstühle organisiert, bei denen die Lehrstuhlinhabenden in der Regel über einen administrativen und wissenschaftlichen Mitarbeitendenstab verfügen, der ihnen in Forschung und Lehre zuarbeitet. Bis heute ist ihr Lehrdeputat auf wenige Veranstaltungen begrenzt, sodass sie sich vorrangig der Forschung widmen können. In der HAW verfügen Professuren hingegen über keinen solchen Mitarbeitendenstab und sind durch ein hohes Lehrdeputat vorrangig in die Ausbildung der Studierenden involviert. Seit Mitte der 1980er Jahre wird diese Dichotomie zunehmend brüchig. Durch die Novellierung der rechtlichen Rahmenbedingungen wurde die Funktion und das Aufgabenspektrum der HAW auf anwendungsorientierte Forschung und Entwicklung erweitert (Enders 2010). Zeitgleich wurde ein weiterer Aspekt des Humboldtschen Bildungsideals vor dem Hintergrund der gesellschaftlichen Entwicklungen kritisch hinterfragt: die Staatsabhängigkeit der Finanzierung von Hochschulen. Martin Winter (2012) zufolge setzte hier Dorothee Wilms, damalige Bundesministerin für Bildung und Wissenschaft, bereits 1983 mit der Publikation von „Leitlinien für eine neue Hochschulpolitik aus Sicht des Bundes" neue Maßstäbe. Winter argumentiert, dass diese programmatische Schrift mit dem Titel *Wettbewerb statt Bürokratie* eine „Abkehr von einer staatlichen Planungs- und Steuerungsphilosophie sowie gleichzeitige Hinwendung zum Wettbewerbsgedanken" (ebd.: 17) einläutete. Dass dieser Gedanke in den Folgejahren Früchte trug, zeige sich auch bei der Westdeutschen Rektorenkonferenz (1984) und dem Wissenschaftsrat (1985). Unter Verweis auf einen Vortrag des ehemaligen Leiters der wissenschaftlichen Kommission des Wissenschaftsrats, Peter Graf Kielmansegg, auf der Jahresversammlung der Westdeutschen Rektorenkonferenz werde dieser Paradigmenwechsel besonders deutlich: So betone Kielmansegg, dass es in der Wissenschaft „seit jeher um den Wettbewerb der Ideen gegangen" sei, welcher jetzt durch einen neuen und auszubauenden „Wettbewerb von Organisationen" ergänzt werde (Kielmansegg 1984, zit. nach Winter 2012: 18). Winter zeichnet hier einen Wandel der Hochschule nach, der heute auch unter dem Stichwort *Governance* diskutiert wird und unter dem zahlreiche Reformen des New Public Management verstanden werden, die eine Modernisierung der Hochschulen bewirken sollen (Münch 2011; Ricken/Koller/Keiner 2013). Zusammenfassend lässt sich die Zielsetzung der hochschulpolitischen Reformbestrebungen vor allem in der Stärkung der Autonomie und Selbstverwaltung der Hochschulen beschreiben sowie einer Outputkontrolle, auch auf die Verwertbarkeit der Ergebnisse bezogen. Insgesamt, so die weit verbreitete Annahme, werden Hochschulen damit zunehmend zu „unternehmerischen Akteuren" (Clark 2008; Kehm 2012). Konkret spiegelt sich dies vor allem in der Akquise von Drittmitteln wider. Um die für das Forschungshandeln notwendigen finanziellen und personellen Ressourcen zu erhalten, müssen Forschende in kompetitiven Förderverfahren überzeugen. In den Förderprogrammen der Drittmittelgeber werden neben Universitäten explizit auch HAW adressiert, allerdings mit besonderem Fokus auf die „anwendungs- und umsetzungsorientierte Forschung", welche in Kooperation mit Praxispartner*innen und Unternehmen umgesetzt werden und „gezielte Lösungen für konkrete gesellschaftliche und wirtschaftliche Probleme" (BMBF o.D.) anbieten soll. Bereits seit 1992 wird die Forschung an HAW fortwährend in spezifischen Programmen gefördert, wobei initial der Aufbau einer technischen Infrastruktur forciert wurde, während der Schwerpunkt in den Nachfolgeprogrammen zunehmend auf die Förderung von Forschungskooperationen mit Unternehmen oder Praxispartner*innen verlagert wurde (BMBF 2016: 6). Die Zielsetzung des aktuellen Programms liegt darin, „das Potenzial der HAW besser zu erschließen und für den Wirtschafts- und Innovationsstandort Deutschland nutzbar zu machen" (BMBF o.D.). Ist ein solches Verständnis von Forschung in den Ingenieurwissenschaften gegebenenfalls noch anschlussfähig, werden Sozial- und Geisteswissenschaftler*innen protestieren. Darüber hinaus lässt sich festhalten, dass die Programme der Forschungsförderung, auf die HAW im Zuge des hohen Lehrdeputats und fehlenden Mittelbaus in besonderem Maße angewiesen sind, auch Ziele und Konzeptionen von Forschung beeinflussen. So wird in den anwendungsorientierten Förderprogrammen explizit eine Zusammenarbeit mit nicht-wissenschaftlichen Einrichtungen und der Wissenstransfer forciert. Klassische Grundlagenforschung obliegt demnach weiterhin den Universitäten.

Forschungsschwerpunkte als Forschungsabteilungen

Forschungsaktivitäten werden somit zunehmend auch von HAW angestrebt, allerdings unter erschwerten organisationsstrukturellen Bedingungen, vor allem hinsichtlich der Personalausstattung. Wie passen nun die Forschungsabteilungen in HAW hier hinein? Eine mögliche Erklärung wäre, dass mit der Einrichtung von Forschungsschwerpunkten organisationale Strukturen geschaffen werden, um Forschung nicht nur möglich, sondern auch sichtbar und wettbewerbsfähig zu machen. Der Fokus wird insbesondere auf die Kooperation und interdisziplinäre Vernetzung innerhalb der Organisation gelegt. Grundsätzlich müssen sich die forschenden Akteur*innen dabei an den Zielvorgaben der Hochschulen messen, die sich wiederum an der Hochschulrektorenkonferenz orientieren. Betrachtet man die Forschungslandkarte der Hochschulrektorenkonferenz (HRK), so ist hier von „profilbildender Forschung" (Stiftung zur Förderung der Hochschulrektorenkonferenz o.D.) sowohl an Universitäten als auch an HAW die Rede, welche im Rahmen von besagten Forschungsschwerpunkten institutionell verankert wird. Hierzu müssen

„zwischen den HAW abgestimmte Kriterien hinsichtlich der Zahl der kooperierenden Professuren, der jährlichen wissenschaftlichen Publikationen und Patentanmeldungen sowie der eingeworbenen Drittmittel" (ebd.)

erfüllt werden. Dies wird von der Forschungskommission der HRK-Mitgliedergruppe *Fachhochschulen* evaluiert. Hieran werden bereits einige Spezifika von Forschungsschwerpunkten hinsichtlich ihrer organisationalen Verankerung ersichtlich. So handelt es sich bei den Forschungsschwerpunkten, die auf Fakultätsebene oder fakultätsübergreifend angelegt werden, nicht etwa um spezifische Organisationskonstrukte einzelner Hochschulen, sondern um einen interorganisationalen Konsens, der zudem in gemeinsame Kriterien überführt und kommuniziert wird. Als Anforderungsparameter werden die Anzahl der kooperierenden Professuren, ihre Publikationen und ihre Drittmittel aufgeführt; diese sind konstituierend für die Forschungsabteilungen. Bei den Forschungsschwerpunkten handelt es sich somit um organisationale Untereinheiten, die im Zeitverlauf politisch intendiert und anschließend implementiert wurden. Dadurch wird Forschung an HAW sichtbar gemacht und ermöglicht, indirekt aber auch – über Organisationsprozesse – gesteuert. In der Regel steht am Anfang ein finanzieller Anreiz seitens des Landes und/oder der Hochschulleitung. Um diesen zu erhalten, sind Professor*innen aufgefordert, sich mit Kolleg*innen zusammentun und über ein gemeinsames Forschungsprogramm zu verständigen; gern gesehen sind interdisziplinäre Zusammenschlüsse. Die Bewilligung von Forschungsschwerpunkten entscheidet, in welchen Bereichen zukünftig geforscht werden soll. Die Ressourcenfrage ist damit jedoch nicht zwangsläufig geklärt, da es sich in der Regel um eine Anschubfinanzierung zum Aufbau des Forschungsschwerpunkts handelt. Die dauerhafte Etablierung desselben obliegt der nächsten Organisationseinheit, den Fakultäten. Ihre Stellschrauben zur Verstetigung von Forschung sind allerdings überschaubar, denn es gibt kein Sekretariat zur Forschungsunterstützung, wodurch die Verwaltung der Forschungsprojekte den Professor*innen und Mitarbeiter*innen obliegt, die diese im engen Austausch mit der Zentralverwaltung, deren Stellen im günstigen Falle aufgestockt werden, organisieren. Professor*innen sind zudem aufgefordert, mit anderen Organisationseinheiten die Reduktion ihres Lehrdeputats zu verhandeln. Teils kann die Lehrdeputatsreduktion auch eigenständig organisiert werden – etwa über die Einwerbung von Drittmitteln, da Professor*innen an HAW, im Unterschied zu Universitätsprofessor*innen, in bestimmten Anträgen Mittel für Lehrdeputatsreduktionen mitbeantragen können.

Diese eher ernüchternde Sicht soll durch eine Perspektive, in der die erkennbaren Vorteile benannt werden, ergänzt werden. So zeigt sich der Mehrwert der neu geschaffenen Organisationseinheit *Forschungsabteilung* auf verschiedenen Ebenen. Zunächst motiviert der Zusammenschluss zu einer Abteilung die beteiligten Mitglieder, sich kontinuierlich über Forschungsfragen und -projekte und auch das eigene Forschungsverständnis auszutauschen Forschung gemeinsam anzustoßen, zu reflektieren und zu organisieren sowie Publikationen zu planen. Dafür werden den forschenden Professor*innen teils unterschiedliche Zeitfenster zur Verfügung gestellt und teilweise sogenannte Koordinationsstellen von Fakultäten finanziert, die mit wissenschaftlichen Mitarbeiter*innen besetzt werden, die sich parallel weiterqualifizieren können, dabei aber dem Wissenschaftszeitvertragsgesetz unterliegen. Hoffnung wird auch in die stärkere Sichtbarkeit der gemeinsamen Forschungsaktivitäten gesetzt, über die weiterhin auch Akteure aus der Praxis motiviert werden sollen, sich mit der Forschungsabteilung in Verbindung zu setzen und neue Forschungsfragen und -projekte zu entwickeln. Ein großer Mehrwert von Forschungsabteilungen liegt somit sowohl in der zusätzlichen Bereitstellung von personellen Ressourcen, in der internen und externen Vernetzung als auch in der stärkeren Wahrnehmung von Forschung sowie möglichen Profilbildung. Unter Rückbezug auf die eingangs skizzierten organisationstheoretischen Annahmen lässt sich festhalten, dass die beteiligten Professor*innen ihre Forschung in den Forschungsabteilungen verstärkt miteinander kommunizieren und Kooperationen untereinander anregen. Damit geht allerdings eine Einschränkung der Ermessensfreiheit einher, da die jeweiligen Forschungsinteressen aufeinander abgestimmt und im Zuge eines gemeinsamen Forschungsprogramms passfähig gemacht werden müssen. Nun ließe sich aus unserer Sicht durchaus argumentieren, dass diese institutionell verankerte Kooperation der Professuren im Rahmen der Forschungsschwerpunkte einen Bruch mit dem bisherigen organisationstheoretischen Verständnis von Hochschulen als lose gekoppelte System oder Expert*innenorganisationen darstellt, indem Kooperation und Koordination explizit in die organisationalen Strukturen überführt werden. Zeitgleich ermöglichen Forschungsabteilungen allerdings auch Synergien, von denen die beteiligten Professuren profitieren. Durch Modelle wie Koordinationsstellen werden innerhalb des Netzwerkes auch personelle Ressourcen zur Verfügung gestellt, die – im Rahmen der rechtlichen Einschränkungen des Wissenschaftszeitvertragsgesetzes – das Forschungshandeln der Professuren relativ dauerhaft administrativ unterstützen können. Darüber hinaus werden an den zitierten Kriterien der HRK die messbaren Leistungsparameter erkennbar, die bereits hinlänglich im Zuge des Governance-Diskurses in der Hochschulforschung kritisch diskutiert werden (Münch 2011; Stichweh 2005; Schimank 2018). Deutlich wird auch, dass mittels dieser neuen Steuerungsform ein Wettbewerb zwischen den Hochschulen initiiert wird. Ihre Reputation erhalten Hochschulen nun gerade im Zuge der Governance durch ihre Forschungsstärke. Diese lässt sich an verschiedenen Parametern messen: eingeworbene Drittmittel, veröffentlichte (Peer-Review-)Publikationen (in Journals mit Impact-Faktor), Anzahl betreuter Promotionen und je nach Disziplin auch Patentanmeldungen. Hieran lässt sich eine Parallele zu marktwirtschaftlichen Organisationstypen wie Unternehmen ziehen, die wir eingangs als Kontrastfolie zur Hochschule skizzierten.

Forschungshandeln, so lässt sich zusammenfassend festhalten, gerät an Universitäten und HAW gleichermaßen unter ökonomischen Druck, indem die Professuren ihren wissenschaftlichen Output an hochschulextern festgesetzten Kriterien messen lassen müssen. Und auch von staatlicher Seite wird weiterhin Einfluss geübt, indem die Förderung einer unterstützenden organisationalen Struktur wie Forschungsschwerpunkten von ebendiesen Kriterien abhängig ist. Bei HAW kommt erschwerend hinzu, dass teilweise auch seitens der Forschungsförderer eine Überführung in „innovative Produkte und Dienstleistungen" (BMBF o.D.) und ökonomische Nutzbarmachung der erforschten Erkenntnisse explizit gefordert wird. Hierfür werden Kooperationen mit nicht-wissenschaftlichen Akteur*innen verlangt, idealerweise mit Unternehmen, aber auch mit sozialen Organisationen (siehe auch et. al., Terhart 2023). Die Umsetzung obliegt derzeit freilich noch den Professor*innen, die sich Dank des verfassungsrechtlich zugesicherten Rechts auf Freiheit von Forschung und Lehre weiterhin als lose gekoppelte Einheiten eines sich zunehmend ökonomisierenden Hochschulsystems betrachten können.

Doing Research an HAW

In dem Beitrag haben wir aus einer organisationstheoretischen Perspektive und am Beispiel der HAW erste Aspekte des organisationalen *doing research* und ihre Implikationen für die Forschung skizziert. Ausgehend von organisationalen Unterschieden zwischen Universität und HAW sind aktuelle Entwicklungen in der Forschung und daraus resultierende Anforderungen aufgezeigt worden. Dabei wurde deutlich, dass sogenannte Forschungsschwerpunkte, deren Einrichtung erst aus einer politischen (Governance-)Intention nachvollziehbar wird, eine zentrale Größe in dieser Entwicklung sind. Unter Berücksichtigung der organisationsstrukturellen Differenzen wurde weiterhin dargelegt, wie über die Einrichtung von Forschungsschwerpunkten zwar Forschung für die HAW ermöglicht, aber zeitgleich an spezifische Auflagen geknüpft wird, welche sich wiederum auf das Forschungshandeln auswirken. Ermöglicht wird Forschung, indem durch die Bewilligung eines Forschungsschwerpunkts zunächst einmal ein Ort in der Hochschule geschaffen wird, an dem Forschung unter einer gemeinsamen Zielrichtung und unter spezifischen, von Hochschulrat und Hochschulleitung vergebenen, Kriterien gefördert wird. So ist mit der Einrichtung eine Anschubfinanzierung verbunden, die es ermöglicht, eine erste Infrastruktur bereitzustellen und Anträge auf den Weg zu bringen, worüber weitere Forschung finanziert wird. Der jeweilige Forschungsschwerpunkt mit zugehörigen Professor*innen ist dann aufgefordert, in Aushandlung und gleichzeitiger Konkurrenz zu anderen Organisationseinheiten, zeitliche und personelle Ressourcen zu generieren. In der Regel (siehe auch i.d.R., Musche/Grüntjens 2023) steht nach einer gewissen Zeit eine Evaluation vonseiten der Hochschulleitung an, in der vielfach ein Selbstbericht nach vorab festgelegten Kriterien und ein Forschungskonzept für die nächsten Jahre vorzulegen ist. Als Kriterien werden beispielsweise Kooperationen mit außeruniversitären Einrichtungen, Publikationen (möglichst Peer-Reviewed und mit Impact-Faktor versehen), Drittmittel der letzten drei bis fünf Jahre und gestellte Anträge aufgelistet. Parallelen zu den marktwirtschaftlichen Organisationstypen wie Unternehmen werden hier deutlich.

Gleichzeitig zeigt sich, dass über Forschungsschwerpunkte eine hochschulübergreifende Sichtbarkeit und Anerkennung der Forschung erfolgt. Zudem werden Forschungskooperationen mit Akteur*innen außerhalb der Hochschule möglich, die nicht nur an unternehmerischen, sondern auch an zivilgesellschaftlichen Zielen ausgerichtet sind. Das Forschungshandeln ist somit weder an den Kalkülen des Marktes orientiert, noch orientiert es sich widerspruchslos an staatlichen Hoheitsansprüchen. Nicht zuletzt eröffnen die Forschungsschwerpunkte einzelnen Professor*innen zeitliche und personelle Ressourcen. Auch stellen die Kooperationen zwischen Professuren innerhalb eines Forschungsschwerpunkts eine wertvolle Ressource dar, indem sie die Kommunikation zwischen den Mitgliedern steigern, wodurch gemeinsame Forschungsinteressen ersichtlich und Profile gestärkt werden können. Durch die Bündelung der jeweiligen Kompetenzen und wissenschaftlichen Zugänge lassen sich zentrale Fragestellungen multiperspektivisch betrachten. Gerade für HAW stellen Forschungsabteilungen damit derzeit eine Möglichkeit dar, um die oben skizzierte Disbalance in den organisationalen Strukturen zwischen HAW und Universitäten teils auszugleichen und ein eigenes Forschungsprofil zu entwickeln. Freilich kritisch zu betrachten ist, dass die Kriterien zur Verstetigung von Forschungsschwerpunkten stark an neuen – an Universitäten weitgehend etablierten – Leistungsparametern ausgerichtet sind, wodurch die Besonderheiten von HAW und ihre organisationsspezifischen Stärken (Wissenstransfer in die Praxis, hohe Involviertheit der Studierenden) unberücksichtigt bleiben. Dies verwundert, da auch im Governance-Diskurs zunehmend die Bedeutung der Third Mission thematisiert wird. Eine Erklärung könnte vor allem darin liegen, dass sich diese Stärken nur schwer in leistungsorientierte und vor allem messbare Kriterien überführen lassen.

Anmerkungen

1 Den Begriff der Hochschule verwenden wir dort, wo eine Differenzierung in Universität und HAW aus unserer Perspektive nicht relevant ist. Bei der Hervorhebung zentraler Unterschiede verweisen wir auf den jeweiligen Hochschultypus.

2 Hierbei handelt es sich freilich um eine exemplarische Auswahl an Ansätzen, die für unsere Perspektive leitend ist, und keine vollumfängliche Darlegung der theoretischen Zugänge in der Hochschulforschung (Wilkesmann/Schmidt 2012; Würmseer 2010).

Referenzen

BMBF (o.D.). Forschung an Fachhochschulen. URL: forschung-fachhochschulen.de/de/forschung-an-fachhochschulen-1722.html [02.09.2021]

Bundesministerium für Bildung und Forschung (2016). *Forschung an Fachhochschulen. Wie aus praxisorientierter Forschung Produkte und Dienstleistungen werden.* Bonn.

Clark, Burton R. (2008). *Creating Entrepreneurial Universities. Organizational Pathways of Transformation.* Bingley: Emerald.

Cohen, Michael D./March, James G./Olsen, Johan P. (1972). A Garbage Can Model of Organizational Choice. *Administrative Science Quarterly, 17*(1), 1–25.

Enders, Jürgen (2010). Hochschulen und Fachhochschulen. In Dagmar Simon/Andreas Knie/Stefan Hornbostel (Hg.), *Handbuch Wissenschaftspolitik.* Wiesbaden: Springer, 443–456.

Huber, Michael (2012). Die Organisation Universität. In Maja Apelt/Veronika Tacke (Hg.), *Handbuch Organisationstypen.* Bd. 21, Wiesbaden: Springer, 239–252.

Hüther, Otto (2010). *Von der Kollegialität zur Hierarchie? Eine Analyse des New Managerialism in den Landeshochschulgesetzen.* Wiesbaden: Springer.

Kehm, Barbara M. (2012). Hochschulen als besondere und unvollständige Organisationen? Neue Theorien zur ‚Organisation Hochschule'. In Uwe Wilkesmann/Christian J. Schmid (Hg.), *Organisationssoziologie. Hochschule als Organisation.* Wiesbaden: Springer, 17–25.

Lieb, Wolfgang (2009). Vom humboldtschen Bildungsideal zur unternehmerischen Hochschule. *Kritische Vierteljahresschrift für Gesetzgebung und Rechtswissenschaft, 92*(3), 272–288.

Luhmann, Niklas (2019). *Schriften zur Organisation 2: Theorie organisierter Sozialsysteme.* Wiesbaden: Springer.

Mintzberg, Henry (1983). *Structures in Fives. Designing Effective Organizations.* Upper Saddle River: Prentice-Hall.

Musche, Sina & Grüntjens, Jennifer (2023). i.d.R. In Sandra Hofhues/Konstanze Schütze (Hg.), *Doing Research.* Bielefeld: Transcript, 280–287.

Ricken, Norbert/Koller, Hans-Christoph/Keiner, Edwin (2013). *Die Idee der Universität – revisited.* Wiesbaden: Springer.

Schimank, Uwe (2018). Leistungsbewertung als Identitätsbedrohung? Wie ProfessorInnen Evaluationen erfahren können. In Stefanie Börner/Diana Lindner/Jörg Oberthür/Ulf Bohnmann/André Stiegler (Hg.), *Praktiken der Selbstbestimmung: Zwischen subjektivem Anspruch und institutionellem Funktionserfordernis.* Wiesbaden: Springer, 137–160.

Stichweh, Rudolf (2005). Neue Steuerungsformen der Universität und die akademische Selbstverwaltung. Die Universität als Organisation. In Ulrich Sieg/Dietrich Korsch (Hg.), *Die Idee der Universität heute.* München: De Gruyter Saur, 123–134.

Stiftung zur Förderung der Hochschulrektorenkonferenz (o.D.). Profilbildende Forschung an Fachhochschulen. URL: forschungslandkarte.de/profilbildende-forschung-an-fachhochschulen.html [02.09.2021]

Terhart, Henrike (2023). et al. In Sandra Hofhues/Konstanze Schütze (Hg.), *Doing Research.* Bielefeld: Transcript, 216–223.

Weick, Karl E. (1976). Educational Organizations as Loosely Coupled Systems. *Administrative Science Quarterly, 21*(1), 1–19.

Weick, Karl E. (2009). Bildungsorganisationen als lose gekoppelte Systeme. In Sascha Koch (Hg.), *Neo-Institutionalismus in der Erziehungswissenschaft. Grundlegende Texte und empirische Studien.* Wiesbaden: Springer, 85–109.

Westdeutsche Rektorenkonferenz (Hg.) (1984). *Differenzierung und Wettbewerb im Hochschulbereich: Jahresversammlung 1984. Dokumente zur Hochschulreform. 55/1984.* Hannover.

Wilkesmann, Uwe/Schmid, Christian J. (Hg.) (2012). *Hochschule als Organisation.* Wiesbaden: Springer.

Wilms, Dorothee (1984). *Wettbewerb statt Bürokratie. Leitlinien für eine neue Hochschulpolitik aus Sicht des Bundes.* Bonn.

Winter, Martin (2012). Wettbewerb im Hochschulwesen. *die hochschule, 21*(2), 17–45.

Wissenschaftsrat (1985). *Empfehlungen zu Wettbewerb im deutschen Hochschulsystem.* Köln.

Würmseer, Grit (2010). *Auf dem Weg zu neuen Hochschultypen. Eine organisationssoziologische Analyse vor dem Hintergrund hochschulpolitischer Reformen.* Wiesbaden: Springer.

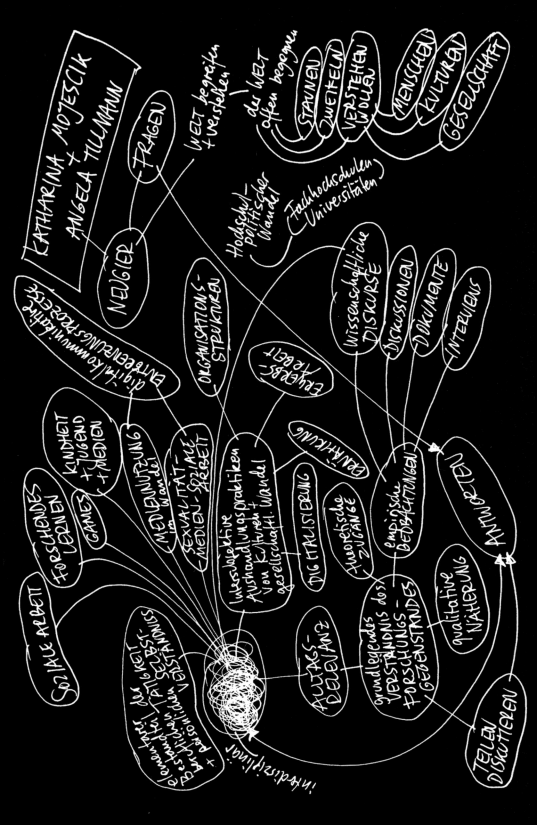

AFK Designforschung im Kontext sozialer   Bianca Herlo
     und politischer Partizipation

Die Reallabore, die im Projekt INTERPART als Forschungsinfrastruktur dienten, zeigen, wie soziale Teilhabe digitale Partizipation maßgeblich bedingt. **Away from Keyboard (AFK)** *könnte hier als Credo, aber auch als Resultat des Forschungsansatzes gedacht werden, indem es dafür plädiert, den Blick auf die gesellschaftlichen Herausforderungen digitaler Transformationsprozesse zu richten. Verfolgt wird die These, dass praxisgeleitete Designforschung und transdisziplinäre Forschung helfen, die Zusammenhänge von sozialen Problemlagen und Technologieentwicklung aufzudecken und der Reproduktion von Ungleichheiten entgegenzuwirken.*

Nachdem der Blick auf die globale Vernetzung durch die digitale Transformation lange Zeit von euphorischen Narrativen beherrscht war, mehren sich in Digitalisierungsforschung und Öffentlichkeit allmählich kritische Perspektiven (Greenfield 2021). Die Idee einer gleichberechtigten Teilhabe in der digitalen Welt gerät dabei immer mehr ins Wanken. Vor diesem Hintergrund positioniert sich die Designforschung verstärkt im Kontext aktueller Debatten um Postkolonialismus, Rassismus, soziale und digitale Ungleichheiten. Wie können wir die Digitalisierung gerechter gestalten? Dabei stellt die Annahme, dass Technologie nicht neutral ist, ein wichtiges Axiom der Designforschung dar. Technologie wird von Menschen gemacht und diese Menschen transportieren ihre Haltungen, bewusst oder unbewusst (Benjamin 2019). Damit reproduzieren sie nicht nur bestehende Ungleichheiten und Diskriminierungen vulnerabler Gruppen, sie amplifizieren diese auch. Um diese Zusammenhänge aufzudecken und ihnen entgegenzuwirken, so meine These, spielen praxisgeleitete Designforschung und transdisziplinäre Forschung eine dezisive Rolle.

Diese These möchte ich entlang des transdisziplinären Forschungsprojektes *Interkulturelle Räume der Partizipation*, kurz INTERPART[1], diskutieren und dabei die sozialen und politischen *agencies* von Designprozessen näher beleuchten.

Hierfür skizziere ich – nachdem ich **AFK** als Leitgedanken eingeführt habe – den transdisziplinären Ansatz von INTERPART, um partizipatorisches Design in der Designforschung und transdisziplinären Forschung zu verorten. In der partizipatorischen Gestaltung beziehen sich Fragen nach der Inklusion der Beteiligten direkt auf die Gestaltung von Artefakten, Systemen und Prozessen. Die Gestaltung von Artefakten und Interaktionen wird als zentral verhandelt, wenn es darum geht, theoretisches Wissen und Erfahrungswissen aus der Praxis miteinander zu verknüpfen. Um gemeinsam mit Praxispartner*innen aus Verwaltung und Zivilgesellschaft danach zu fragen, wie Interkultur in der Beteiligung gestaltet werden kann, eignete sich der Forschungsansatz *Social Living Lab* (Franz 2015; Dezuanni/Foth/Mallan/Hughes 2018) oder *Reallabor*[2] (Schneidewind/Augenstein/Stelzer/Wanner 2018). Den Ansatz des Reallabors stelle ich vor, um mich anschließend einer multilingualen, interaktiven Installation zu widmen. An ihr veranschauliche ich die Rolle von Artefakten für die Ko-Produktion von Wissen im Methodenbündel des Projekts. Die abschließende Reflexion stellt die Ergebnisse in den Kontext partizipativer Forschung.

Away from Keyboard?

In den folgenden Ausführungen liegt der Fokus auf den Beziehungen *zwischen* partizipatorischem Design, Technologieentwicklung und deren soziopolitischen Implikationen in Forschungsansätzen, die neue Formen der Wissensproduktion anstreben und sich experimentell der Ko-Produktion von Wissen für gesellschaftlich relevante Fragen widmen. Die Reallabore, die im Projekt INTERPART als Forschungsinfrastruktur dienten, zeigen auf, wie soziale Teilhabe die digitale Partizipation maßgeblich bedingt. **AFK** könnte hier als Credo, aber auch als Resultat des Forschungsansatzes gedacht werden, indem es dafür plädiert, den Blick auf die gesellschaftlichen Herausforderungen digitaler Transformationsprozesse zu richten, das heißt, Technologieentwicklung nicht als Lösung oder singulär zu bewältigendes Problem zu verhandeln. Nicht zuletzt hat die Covid-19-Pandemie vor Augen geführt, dass Techsolutionismus (Morozov 2011), also die Vorstellung, dass eine App, ein Softwareprogramm oder ein Algorithmus die beste Lösung für jedes komplexe Problem bietet, in der kurzen Gegenwart handelt und langfristige Auswirkungen ignoriert.

Dagegen ist es wichtig, so die Prämisse hier, über Erfahrungen, Einstellungen, Gerechtigkeitsvorstellungen möglichst vieler Bescheid zu wissen, um die Implikationen digitaler Technologien deutlich zu machen – in Bezug auf soziale Ungleichheiten und Diskriminierungen. Als Designforscherin bin ich mir sehr wohl bewusst, dass partizipative Forschungs- und Gestaltungsformate nicht per se zu gerechteren Ergebnissen führen. In meiner Forschung beziehe ich mich daher auf die Praxis des partizipatorischen Designs, wie sie in der skandinavischen Tradition der sozialen Bewegungen in den 1970er Jahren ihren Anfang nahm (Mareis/Held/Joost 2013). Diese unterscheidet sich in vielerlei Hinsicht von anderen, eher traditionellen Praktiken kollaborativen Designs: Sie hat ein klares Interesse an Fragen der Gleichberechtigung, sozialen Gerechtigkeit und Partizipation;

sie weist Sensibilität für Probleme und Komplexitäten auf, anstatt auf allzu vereinfachte Lösungen ausgerichtet zu sein. Die von mir angewandten Formen des partizipatorischen Designs und der Forschung zielen darauf ab, die Rolle der Expertise innerhalb der Wissensproduktion neu zu rahmen. Obwohl sie nicht gegen Expert*innenwissen gerichtet sind, stellen sie Expert*innen als Quelle von Macht und Autorität in Frage (Schuler/Namioka 1993). Mit dieser Perspektive wurden innerhalb des Projekts INTERPART Fragen der Machtverhältnisse virulent, die sich während der transdisziplinären Forschungsarbeit weiter veränderten.

Transdisziplinäre Forschung und partizipatorisches Design

In transdisziplinärer Forschung werden theoretisches Wissen und Erfahrungswissen aus der Praxis miteinander verknüpft. Dies setzt eine enge Zusammenarbeit zwischen den Beteiligten voraus, über die Grenzen der eigenen Disziplin und Wissenschaft hinweg (Schneidewind 2016). Die Herausforderung besteht darin, einen kommunikativen Raum zu schaffen, in dem ein Prozess der gemeinsamen Wissensproduktion gelingt. Nicht zuletzt zur Vermittlung zwischen Fachsprachen und Arbeitspraktiken geht es darum, ein Instrumentarium zu entwickeln, mit dem auch implizites Alltags- und Erfahrungswissen eingebunden und explizit gemacht werden kann.

Unterschiedliche Wissensarten aufeinander zu beziehen ist der Designforschung inhärent, da sie sich seit geraumer Zeit auf partizipative und kollaborative Möglichkeiten der Wissensproduktion bezieht (Sanders 2013; Mareis 2010, 2011). Im Participatory Design und Social Design als Arbeitsbereiche der Designdisziplin wächst dabei seit einigen Jahren das soziale und politische Bewusstsein: Beide verstehen sich als kollaborativ, transdisziplinär, partizipativ, gemeinwohlorientiert, systemisch denkend und im Sinne einer sozial gerechteren, ökologisch nachhaltigeren Zukunft agierend – unabhängig davon, inwiefern diese normativen Setzungen zum gewünschten Ziel führen. Gerade in der partizipatorischen Gestaltung zielt die frühe Einbindung derer, für und mit denen gestaltet wird, darauf ab, Möglichkeiten zu schaffen, um viele unterschiedliche Perspektiven aufeinander zu beziehen und Aushandlungsprozesse zu ermöglichen. Fragen nach der Inklusion der Beteiligten beziehen sich dabei direkt auf die Gestaltung von Artefakten, Systemen und Prozessen: Sie bestimmen maßgeblich die Möglichkeitsräume medialer, sozialer Interaktionen mit (Suchman 2007). Denn gerade die soziomaterielle Anordnung beeinflusst die realweltlichen Kontexte und damit die Art und Weise, auf die Welt zu blicken, sie zu verstehen und zu handeln (Latour 1999; Ehn 2013). Die Bezugssysteme und Wirkungsmechanismen zwischen menschlichen und nichtmenschlichen Akteuren sind aktiv an der Gestaltung sozialer Ordnungen und Interaktionen beteiligt (Latour 2014). Dabei kann der Bruch mit gewohnten Konstellationen und Abläufen zu soziomateriellen „Rekonfigurationen" (Suchman 2007) führen, gewohnte Sehweisen und Rollenzuweisungen aufbrechen und neue Perspektiven beziehungsweise Interpretationen ermöglichen.

Auf diese Weise vollzieht sich auch in der kulturwissenschaftlich geprägten Designforschung die Hinwendung zur materiellen Kultur bei der Gestaltung von Realitäten (Barad 2014; Deacon 2011; Stakemeyer/Witzgall 2014). Damit verbunden ist eine Neuinterpretation der politischen Implikationen von Artefakten. Der Fokus auf Designobjekte als epistemische Objekte (Mareis 2011) gewinnt erneut an Aufmerksamkeit, denn das breite Spektrum technischer, politischer, sozialer und ästhetischer Wissensformen wird im Objekt selbst und mittels gestalteter Objekte verhandelt. Vor diesem Hintergrund war ein im INTERPART-Projekt entwickeltes Artefakt, die mehrsprachige, interaktive Klingel-Installation *Talk to Me*, eine Möglichkeit, um die Rolle von Designobjekten als epistemischen Objekten in transdisziplinären Prozessen zu erörtern.

INTERPART im Forschungsansatz des Reallabors

INTERPART untersuchte über die Dauer von drei Jahren Möglichkeiten für interkulturellen Dialog in der Stadtentwicklung. Das Projekt hatte zum Ziel, einen institutionellen Wandel, der unter anderem durch Zuwanderung und Digitalisierung angestoßen wird, anhand des Forschungsformats *Reallabor* aktiv mitzugestalten. Von Anfang an waren die Städte Berlin und Wiesbaden als Praxispartnerinnen einbezogen, genauer der Senatsverwaltung für Stadtentwicklung in Berlin (Referat Soziale Stadt) und der Landeshauptstadt Wiesbaden (*Stabsstelle für Identität. Engagement. Bürgerbeteiligung*). In der Zusammenarbeit von Wissenschaftler*innen aus Stadt-, Migrations- und Designforschung mit Fachleuten aus der Verwaltung und der Partizipationspraxis sowie mit lokalen Akteuren als Ko-Forscher*innen wurde danach gefragt, wie Stadtentwicklungsprozesse um Aspekte sozialer und digitaler Teilhabe erweitert werden können. Wie können Bewohner*innen, unabhängig von Geschlecht, Alter und Herkunft, ermächtigt werden, ihre Stadt mitzugestalten? Wie kann Beteiligung möglichst viele Menschen einbinden und motivieren – auch diejenigen, die sich bisher kaum einbringen?

Für INTERPART waren die soziomateriellen Anordnungen zentral. Die Reallabore dienten als Forschungsinfrastruktur, um *transdisziplinär, partizipativ* und *transformativ* zu forschen. Dieses Vorgehen war mit dem Anspruch verbunden, interkulturelle Dialogräume zu gestalten und Praxispartner*innen und Akteure aus der Zivilgesellschaft als Ko-Forscher*innen in den gesamten Prozess zu involvieren, um konkrete Veränderungen anzustoßen. Das Methodenbündel, das in den Berliner und Wiesbadener Reallaboren zum Einsatz kam, bestand aus einer Vielzahl qualitativer und experimenteller Forschungsmethoden: von Recherchen und Befragungen bis zu partizipativen Workshops, experimentellen Beteiligungsformaten und Beteiligungstools, Ko-Forschungsangeboten und Interventionen im öffentlichen Raum. Mit dieser Vielfalt an Vorgehensweisen konnten Fragen und Annahmen geprüft, neu formuliert und schrittweise Lösungsansätze herausgearbeitet werden.³ Zum hier betrachteten Credo **AFK** passt, dass die Präsenz vor Ort ausschlaggebend dafür war, um sich auf lokale Gegebenheiten einzulassen, *community building* zu betreiben und intensive soziale Interaktionen zu ermöglichen.

Generell unterstreicht die Konzeptualisierung von INTERPART als Reallabor die Annahme, dass die zunehmende Symbiose von lokalem Engagement und Forschungsinfrastrukturen neue Möglichkeiten der kollektiven und kollaborativen Problemerkennung und des anschließenden Handelns ermöglicht – insbesondere dann, wenn der spezifische soziale Kontext als zentral erachtet wird. Für Social Living Labs und Reallabore stehen stets gesellschaftliche Veränderungen in realweltlichen Kontexten im Mittelpunkt. Im Reallabor kommen, zeitlich und örtlich begrenzt, Engagierte und Forschende zusammen. Sie widmen sich gemeinsam Problemen, die das Zusammenleben in sozialer, ökologischer oder politischer Hinsicht direkt betreffen (Bergmann et al. 2021) und verknüpfen theoretisch-wissenschaftliches Wissen und Erfahrungswissen aus der Praxis (*transdisziplinär*). In Reallaboren geht es darum, möglichst viele Perspektiven und Akteure aus Wissenschaft, Wirtschaft, Politik, Verwaltung und Zivilgesellschaft in den Forschungsprozess einzubinden und insbesondere Menschen Gehör zu verschaffen, die unterrepräsentiert sind und sonst eher selten zu Wort kommen (*partizipativ*). Das dort geteilte, gesellschaftsrelevante Wissen hilft dabei, Probleme gemeinsam zu identifizieren, Lösungsansätze zu entwickeln und umzusetzen (*transformativ*). Die Erkenntnisse werden von Forscher*innen und Ko-Forscher*innen aufgenommen und weiterentwickelt (Autor*innen-Kollektiv INTERPART 2021).

Reallabore kommen damit einem neuen Wissenschaftsverständnis entgegen, das sich erst im Dialog mit der Gesellschaft als transformativ und relevant versteht. *Away from Keyboard* verfolgen sie über disziplinäre Grenzen hinaus die Verknüpfung unterschiedlicher Wissensbestände (Haraway 2016). In Reallaboren interagieren die beteiligten Personen miteinander, aber auch mit räumlichen Konstellationen, physischen Umgebungen, Objekten und (digitalen) Artefakten. Dadurch engagieren sie sich in einem Prozess der Zusammenarbeit, in dem Formen des Ausdrucks, Auftritts, der Ansprache, der Darstellung, des Sich-Einbringens und Interagierens mit menschlichen Akteuren und Artefakten ebenso die Erkenntnisse beeinflussen wie der lokale Kontext. Vor diesem Hintergrund initiierte das Projektteam eine Vielzahl an Aktivitäten, darunter auch Interventionen im öffentlichen Raum. Die Interventionen bestanden aus einer Reihe von experimentellen partizipatorischen Formaten, in deren Mittelpunkt die Installation *Talk to Me* stand.

Talk to me als epistemisches Objekt⁴

Mit der interaktiven, mehrsprachigen Klingel-Installation *Talk to me* entwickelte und nutzte das Projektteam ein hybrides Artefakt, um bei den Interventionen die Herausforderung von Sprachbarrieren in Beteiligungsprozessen zu adressieren. Sprachbarrieren tangierten auch die Auseinandersetzung damit, wie sich Beteiligungsformate so gestalten lassen, dass Zugewanderten und Menschen mit Migrationsgeschichte der Zugang erleichtert wird. Im Kern ging es um die Erfahrung mit und Nutzung von einer mehrsprachigen Benutzer*innenoberfläche als Beteiligungsinstrument sowie die digitale Erweiterung eines physischen Raums. Dafür wurde eine Gegensprechanlage an einer menschengroßen Torkonstruktion befestigt, die man durchschreiten konnte und die prominent als Eingang zur Intervention platziert war. Dort wurden die Teilnehmer*innen aufgefordert, ihre bevorzugte Sprache für den Dialog *mit dem Platz* auszuwählen, indem sie ein Klingelschild betätigten und damit die Interaktion einleiteten. Stadtplanungsprojekte befassen sich häufig mit der Gestaltung öffentlicher sozialer Räume wie Parks und Plätze. *Talk to Me* knüpfte an diese Praxis an und verwickelte die Teilnehmer*innen in einen mehrsprachigen Dialog mit dem Platz, der sie mit dem urbanen Raum verband.

Auf visueller und materieller Ebene sollte das Motiv der Sprechanlage das städtische Leben aufrufen und auf eine vertraute Form der dialogischen Interaktion verweisen. Klingelschilder zeigen oft die Vielfalt einer Straße oder eines Wohnblocks auf. Die

Konstruktion der Klingel-Installation nahm auf das Konzept der räumlichen Intervention Bezug, das INTERPART als temporären, spielerischen und experimentellen Eingriff in den öffentlichen Stadtraum auffasste: Die Interventionen waren so konzipiert, dass sie eine gewisse Irritation bei den Teilnehmer*innen hervorriefen und mit einigen Erwartungen brachen, die an formalisierte Beteiligungsverfahren der Stadtplanung geknüpft sind. Die Irritation als Gestaltungsansatz wählte das Projektteam, um Situationen zu schaffen, die offen für neue Wege der Interaktion sind und das Potenzial haben, aus dem selbstreferentiellen Rahmen etablierter partizipatorischer Formate auszubrechen.

Bei der Klingel-Installation konnten die Interaktionen auf unterschiedlichen Stufen zwischen digitalem und analogem Raum hin- und herwechseln. Die Online-Interaktion und Benutzer*innenschnittstelle waren nach dem **AFK**-Prinzip gestaltet: Digitale Partizipation war nicht auf die Interaktion am mobilen Endgerät angewiesen. Experimentelle Interaktionen mit hybriden Tools erweitern die analoge Beteiligungserfahrung in lokalen Kontexten.

Am Türklingel-Interface war ein Raspberry Pi Mini-Computer mit einem mobilen LTE-Router angebracht, verbunden mit Googles KI-basierter Übersetzungssoftware *Translate, Speech-to-Text* und *Text-to-Speech*. Für die Teilnehmer*innen, die mit der Installation interagierten, wurde die Gegensprechanlage somit zu einer mehrsprachigen, greifbaren Benutzer*innenschnittstelle, bei der Befehle an einen Computer über ein physisches Objekt gegeben wurden. Das Drücken eines Klingelschilds initiierte einen Dialog, bei dem die Klingel-Installation als Personifizierung des Platzes zu den Teilnehmer*innen sprach. Die Antworten der Besucher*innen wurden in der Eingabesprache wiedergegeben, in fünf Zusatzsprachen übersetzt (Deutsch, Englisch, Französisch, Türkisch, Arabisch) und ausgedruckt. Neben dem Drucker befand sich ein Tisch, an dem das INTERPART-Team die Besucher*innen dazu aufforderte, Korrekturen einzutragen und am Ergebnisboard aufzuhängen.

Die Sprachauswahl ergab sich in erster Linie aus dem Wissen der lokalen Partner*innen über die meistgesprochenen Erstsprachen in den jeweiligen Nachbarschaften. Gleichzeitig stand sie unter den Bedingungen der Verfügbarkeit von Sprachen in den Modulen der Google-Cloud-API. Ausgewählt wurde der von Google angebotene Dienst aufgrund seiner einfachen Zugänglichkeit und vergleichsweise großen Anzahl an verfügbaren Sprachen. Der zeitliche und finanzielle Rahmen erlaubte keine Alternativen, die weitere Forschungs- und Entwicklungsarbeit in diesem Bereich erforderten. Da wir uns im Projektteam der inhärenten Voreingenommenheit der maschinellen Übersetzung von Google bewusst waren (Prates/Avelar/Lamb 2020), aber keine direkten personenbezogenen Daten übertragen wurden, beschlossen wir, weiterhin mit der Google-API zu arbeiten. Darüber konnten wir Mega-Plattformen und Datenverarbeitung thematisieren und uns auf die Grenzen der KI-gestützten Übersetzung konzentrieren, anstatt sie als Problemlösung zu verstehen.

Anhand von teilnehmenden Beobachtungen und Gesprächen mit Besucher*innen stellte sich schnell heraus, dass *Talk to me* eine Reihe von Emotionen hervorrief. Die eigene Sprache auf dem Klingelschild zu finden, beschrieben die meisten Teilnehmer*innen als positive Erfahrung. Sie fühlten sich wertgeschätzt, emotional angesprochen und waren davon berührt, mit einer Installation in ihrer Erstsprache zu kommunizieren. Zahlreiche Besucher*innen schmunzelten über die Fehler, die in der Kommunikation mit der Maschine, beispielsweise aufgrund von Nebengeräuschen, entstanden waren. Auch Momente der Frustration kamen zustande, etwa wenn die Spracherkennungs-KI arabische Dialekte nicht erkennen konnte. Diese Verständnis- und Übersetzungsfehler führten zu einer Auseinandersetzung mit dem Tool und wurden (ungeplant) zum Anlass, miteinander zu kommunizieren: Die Teilnehmer*innen prüften, je nach Sprachkenntnissen, Übersetzungen gegenseitig. Die Klingel-Installation wurde somit zur Anlaufstelle, zum Anziehungspunkt und Gesprächsanlass. Diese Gespräche konnten zu vertieften Diskussionen über die Nachbarschaft führen. Sie verleiteten dazu, sich in eigens gestalteten Erzählräumen zu intensiven Gesprächen über den interkulturellen Dialog in der Nachbarschaft einzulassen (Seydel/Gliemann/Stark/Herlo 2021). Die Installation zeigte, dass die Gestaltung von physischen Objekten, Bezugssystemen und Prozessen einen erheblichen Einfluss darauf hat, ob und wie Einzelpersonen oder Gruppen Informationen austauschen, sich engagieren und/oder interkulturellen Dialog führen.

Die Einbindung vieler Perspektiven

Bei der Durchführung von partizipativen Prozessen in der Stadtplanung werden Teilnehmer*innen in der Regel mit einem bestimmten Thema oder einer bestimmten Frage angesprochen, auf die die Vertreter*innen der Stadt konkrete Antworten erwarten. Auf der Grundlage von Interviews, die zu Beginn des Projekts mit lokalen Initiativen geführt wurden, beschloss das Forschungsteam jedoch, einen Schritt zurückzutreten und die ersten Interventionen vor Ort zu nutzen, um ein Gespräch mit den Akteuren vor Ort zu initiieren. Dafür wurde ein narrativer Ansatz gewählt, um Einblicke in unterschiedliche Hintergründe der Teilnehmer*innen zu gewinnen und die Menschen dazu zu ermutigen, ihre persönlichen Geschichten zu erzählen. Bei allen im Projekt entstandenen Beteiligungsformaten ging es darum, eine Öffnung hin zu Stadtnutzer*innen zu signalisieren, die sich sonst eher nicht an formalisierten partizipativen Planungsprozessen beteiligen, zu ihrem expliziten wie impliziten Wissen als Expert*innen des Alltags, ihren Kommunikationsformen, Wissensarten und Erfahrungen. Die nötige offene Haltung musste alle Elemente bestimmen und in Formen für analoge und digitale Partizipation eingeschrieben werden.

Die soziale Komplexität in einer postmigrantischen und postdigitalen Gesellschaft stellt eine besondere Herausforderung für städtische Beteiligung dar. Ungleichheiten sowie deterministischen, technologiegetriebenen Perspektiven auf gesellschaftliche Herausforderungen, insbesondere in Krisenzeiten, entgegenzuwirken ist somit eine Hauptaufgabe der partizipativen Designforschung. Als Ergebnis der Bemühungen lässt sich sagen, dass das hier vorgestellte interaktive Artefakt und die gestalteten Situationen Lern- und Denkprozesse sowohl bei Forscher*innen als auch Teilnehmer*innen auslösten. Die Erfahrungen mit den gewählten Formaten zeigen, wie wichtig die Gestaltung solcher partizipativen Situationen sein kann. Mit Hilfe einer gesprächsoffenen Haltung können sich bisher marginalisierte Gruppen nachhaltiger in Beteiligungssituationen einbringen sowie den Raum finden, ihre Wahrnehmungen, Meinungen und Bedürfnisse zu formulieren.

Hierbei spielten die eingangs erwähnten Fragen nach den Machtverhältnissen in partizipativen Projekten eine dezisive Rolle (auch **et al.**, Banaji 2023). Eine räumliche Anordnung sowie eine kommunikative Haltung, die wertschätzende Anerkennung gegenüber dem Alltagswissen der Teilnehmer*innen kommuniziert, kann bestehenden Machtverhältnissen entgegenwirken, wenn auch nicht lösen. So bestätigte sich im Laufe des Prozesses, dass digitale Teilhabe nicht ohne die soziale Frage adressiert werden kann. Trotz der zunehmenden Anwendung digitaler Partizipation bleiben viele der Herausforderungen, mit denen Partizipationsprojekte in der Stadtplanung und -entwicklung konfrontiert sind, dieselben: Auch Online-Beteiligung ist sozial selektiv. Zahlreiche Untersuchungen zeigen, dass Einzelpersonen, Communities und Regionen, die kulturell, sozial und wirtschaftlich an den Rand gedrängt werden, weniger von der digitalen Transformation profitieren und oft kaum digital teilnehmen. Dies führt potenziell zu größeren Nachteilen und Ungleichheiten (Ragnedda 2018; Eubanks 2018; Sloane 2019). Eine der wichtigsten Herausforderungen für Gestaltung, Politik und Governance besteht daher darin, ein tieferes Verständnis der digitalen Spaltung mit ihren Strukturen der Ungleichheit zu erreichen (im Kontext von COVID-19 siehe Van Deursen 2020). Soziale Teilhabe bedingt und bestimmt maßgeblich digitale Teilhabe. Die Gestaltung von digitaler Teilhabe und Inklusion bedeutet auch, so meine These, die Förderung von Verhandlungen über die Art und Weise, in der digitale Technologien, Praktiken und Infrastrukturen unsere Zusammenarbeit unweigerlich und beständig neu (mit)formen.

Anmerkungen

1 Das Verbund-Projekt INTERPART (Interkulturelle Räume der Partizipation, 2018–2021) wurde vom Bundesministerium für Bildung und Forschung (BMBF) im Rahmen der Fördermaßnahme *Migration und gesellschaftlicher Wandel* gefördert. Das Projekt ist eine Zusammenarbeit der TU Dortmund, Universität der Künste Berlin, Senatsverwaltung für Stadtentwicklung in Berlin, Landeshauptstadt Wiesbaden, Zebralog GmbH und UrbanPlus, Stadtforschung.

2 Im deutschsprachigen Diskurs zu transformativer Forschung wird überwiegend der Begriff *Reallabor* verwendet. Er knüpft an die experimentelle Wende in der gesellschaftswissenschaftlichen Forschung an (Wanner/Hilger/Westerkowski/Rose/Stelzer/Schäpke 2018). Im englischsprachigen und skandinavischen Raum wurde das Konzept der Innovationsumgebung *Living Lab* im Laufe der Jahre immer stärker auf die alltäglichen Lebensräume von Bürger*innen bezogen (Hillgren/Linde/Peterson 2013). In Social Living Labs fand schließlich eine dezidierte Hinwendung zu sozialen Kontexten statt (Franz 2015). Trotz unterschiedlicher Traditionen weisen die Konzepte große Überschneidungen auf und werden oft synonym verwendet. Vor allem in Europa werden sie als Instrumente für eine intensivere Bürger*innenbeteiligung und sozialen Zusammenhalt verstanden (Wissenschaftlicher Dienst des Deutschen Bundestages 2018). Je nach Land oder disziplinärer Verankerung gibt es allerdings Unterschiede in der Methodik und Umsetzung.

3 Die ausführliche Beschreibung des Projekts und seiner Ergebnisse sind im Lesebuch *Beteiligung interkulturell gestalten* nachzulesen (Autor*innen-Kollektiv INTERPART 2021).

4 Eine ausführliche Beschreibung der Installation, ihres Aufbaus und der Funktionsweise findet sich in Herlo/Stark/Bergmann 2021 und Autor*innen-Kollektiv INTERPART 2021.

Referenzen

Autor*innen-Kollektiv INTERPART (2021). *Beteiligung interkulturell gestalten. Ein Lesebuch.* Berlin: Jovis, im Erscheinen.

Banaji, Shakuntala (2023). et al. In Sandra Hofhues/Konstanze Schütze (Hg.), *Doing Research.* Bielefeld: Transcript, 208–215.

Barad, Karen (2014). Diffracting Diffraction. Cutting Together-Apart. *Parallax, 20*(3), 168–187.

Benjamin, Ruha (2019). *Race After Technology.* Cambridge: Polity Press.

Bergmann, Matthias/Schäpke, Niko/Marg, Oskar/Stelzer, Franziska/Lang, Daniel J./Bossert, Michael/Gantert, Marius et al. (2021). Transdisciplinary Sustainability Research in Real-World Labs. Success Factors and Methods for Change. *Sustainability Science, 16*(1), 541–564.

Deacon, Terrence (2011). *Incomplete Nature. How Mind Emerged from Matter.* New York: Norton & Company.

Dezuanni, Michael/Foth, Marcus/Mallan, Kerry/Hughes, Hilary (Hg.) (2018). *Digital Participation through Social Living Labs. Valuing Local Knowledge, Enhancing Engagement.* Cambridge: Chandos.

Ehn, Pelle (2013). Partizipation an Dingen des Designs. In Claudia Mareis/Matthias Held/Gesche Joost (Hg.), *Wer gestaltet die Gestaltung? Praxis, Theorie und Geschichte des partizipatorischen Designs.* Bielefeld: Transcript, 79–105.

Franz, Yvonne (2015). Designing Social Living Labs in Urban Research. *info, 17*(4), 53–66.

Greenfield, Adam (2021). At the End of the World, Plant a Tree. In Bianca Herlo/Daniel Irrgang/Andreas Unteidig/Gesche Joost (Hg.), *Practicing Sovereignty. Digital Involvement in Times of Crises.* Bielefeld: Transcript, 147–168.

Haraway, Donna (2016). *Staying with the Trouble. Making Kin in the Chthulucene.* Durham: Duke University Press.

Herlo, Bianca/Stark, Sandra/Bergmann, Malte (2021). Talk to Me. A Multilingual Interactive Installation as a Boundary Object. In Bianca Herlo/Daniel Irrgang/Andreas Unteidig/Gesche Joost (Hg.), *Practicing Sovereignty. Digital Involvement in Times of Crises.* Bielefeld: Transcript, 247–268.

Hillgren, Per-Anders/Linde, Per/Peterson, Bo (2013). Matroyshka Dolls and Boundary Infrastructure – Navigating Among Innovation Policies and Practices. In Helinä Melkas/Jacob Buur (Hg.), *Proceeding of the Participatory Innovation Conference.* Lahti: Lappeenranta University of Technology, 1–8.

Latour, Bruno (1999). *Pandora's Hope. Essays on the Reality of Science Studies.* Cambridge: Harvard University Press.

Mareis, Claudia (2011). *Design als Wissenskultur. Interferenzen zwischen Design- und Wissensdiskursen seit 1960.* Bielefeld: Transcript.

Mareis, Claudia/Held, Matthias/Joost, Gesche (Hg.) (2013). *Wer gestaltet die Gestaltung?* Bielefeld: Transcript.

Mareis, Claudia/Windgätter, Christoph (Hg.) (2018). *Wild Thing. Unordentliche Prozesse in Design und Wissenschaft.* Berlin: Kadmos.

Morozov, Evgeny (2011). *The Net Delusion. The Dark Side of Internet Freedom.* New York: Public Affairs.

Prates, Marcelo O. R./Avelar, Pedro H. C./Lamb, Luis (2020). Assessing Gender Bias in Machine Translation. A Case Study with Google Translate. *Neural Computing and Applications, 32*, 6363–6381.

Ragnedda, Massimo (2018). Conceptualizing Digital Capital. *Telematics and Informatics, 35*, 2366–2375.

Sanders, Elizabeth B. N. (2006). Scaffolds for Building Everyday Creativity. In Jorge Frascara (Hg.), *Design for Effective Communications. Creating Contexts for Clarity and Meaning.* New York: Allworth Press, 65–77.

Schneidewind, Uwe (2016). Warum transformative Wissenschaft? Ein Gespräch mit Prof. Dr. Uwe Schneidewind über das Verhältnis von Wissenschaft und Gesellschaft und die Bedingungen für transformative Forschung in Deutschland. *Nachrichten der ARL, 2*, 13–17.

Schneidewind, Uwe/Augenstein, Karoline/Stelzer, Franziska/Wanner, Matthias (2018). Structure Matters: Real-World Laboratories as a New Type of Large-Scale Research Infrastructure. A Framework Inspired by Giddens Structuration Theory. *GAIA – Ecological Perspectives for Science and Society, 27*(1), 12–17.

Schuler, Douglas/Namioka, Aki (Hg.) (1993). *Participatory Design. Principles and Practices.* New Jersey: L. Erlbaum Associates.

Seydel, Hanna/Gliemann, Katrin/Stark, Sandra/Herlo, Bianca (2021). Erzählen im Reallabor. Ein Beitrag zur Konzeptionellen Ausgestaltung Partizipativer Methoden der Gemeinsamen Wissensproduktion durch Erzählräume im Reallabor. *Raumforschung und Raumordnung/Spatial Research and Planning, 79*(4), 351–365.

Sloane, Mona (2019). On the Need for Mapping Design Inequalities. *Design Issue, 35*(4), 3–11.

Stakemeier, Kerstin/Witzgall, Susanne (Hg.) (2014). *Power of Material/Politics of Materiality.* Zürich: Diaphanes.

Suchman, Lucille Alice (2007). *Human-Machine Reconfigurations: Plans and Situated Actions.* 2. Aufl. Cambridge: Cambridge University Press.

Van Deursen, Alexander J. A. M. (2020). Digital Inequality During a Pandemic. Differences in COVID-19-Related Internet Uses and Outcomes among the General Population. *Journal of Medical Internet Research, 22*(8).

Wanner, Matthias/Hilger, Annaliesa/Westerkowski, Janina/Rose, Michael/Stelzer, Franziska/Schäpke, Niko (2018). Towards a Cyclical Concept of Real-World Laboratories. A Transdisciplinary Research Practice for Sustainability Transitions. *DisP – The Planning Review, 54*(2), 94–114.

Wissenschaftlicher Dienst des Deutschen Bundestages (2018). Reallabore, Living Labs und Citizen Science-Projekte in Europa. *Umwelt, Naturschutz, Reaktorsicherheit, Bildung und Forschung,* WD 8-3000-020/18.

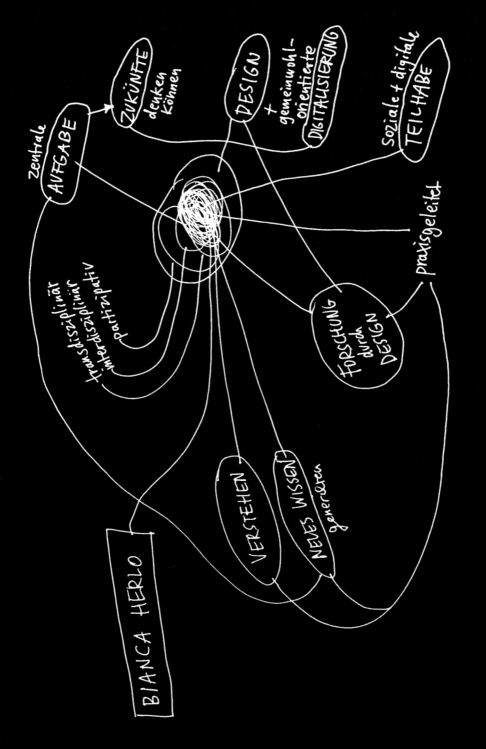

allg. Drei Überlegungen zum scheinbar Allgemeinen — Markus Hoffmann

Die allgemeinste aller Abkürzungen **allg.** *(allgemein) präsentiert sich auf den ersten Blick so selbstverständlich, dass eine nähergehende Betrachtung überflüssig scheint. Vor diesem Hintergrund möchte der Beitrag eine Ent-Selbstverständlichung der Abkürzung vornehmen und dadurch einige für die Erziehungswissenschaft bemerkenswerte, produktiv-irritierende Momente sichtbar werden lassen.*

Bei näherer Betrachtung offenbart sich die Abkürzung **allg.** als Unklarheit der erziehungswissenschaftlichen Disziplin selbst. Dies soll im ersten Teil des Textes hinsichtlich erziehungswissenschaftlicher Selbstbeschreibungen des Allgemeinen vergegenwärtigt werden (*Irritation über eine allg. Erziehungswissenschaft*). Ein weiteres irritierendes Moment, das anhand der Abkürzung offengelegt werden soll, ist der erziehungswissenschaftliche Zugriff auf Jugend und Medien am Beispiel jugendlichem Pornografiekonsums (*Irritation über ein erziehungswissenschaftliches Sprechen*). Kurz wird dazu illustriert, dass die Sexualität von Kindern und Jugendlichen seit Jahrhunderten auch Gegenstand erziehungswissenschaftlicher Auseinandersetzungen ist, und welche wirkmächtige Bedeutung die Verwendung der Abkürzung **allg.** beziehungsweise zu Verallgemeinerungen in diesem Kontext haben kann. Schließlich bietet der letzte Abschnitt (*one more thing*) die Gelegenheit, dieses Essay selbst als Irritation zu sichten und damit vielleicht der Abkürzung **allg.** nachspüren zu können.

Die Irritationen bauen sich durch zwei mal zwei unterschiedliche Blöcke auf. Im jeweils ersten Block wird sich an gängigen wissenschaftlichen Darstellungsweisen orientieren. Die zweiten Blöcke hingegen bieten investigative Ausflüge in Bereiche außerhalb der Wissenschaft und damit für einen Moment die Möglichkeit, die Abkürzung **allg.** durch eine andere Perspektive, durch zeitlich unstete Hyperlinks, zu reflektieren. Betrachten wir für eine erziehungswissenschaftliche Annäherung an **allg.** zunächst die Selbstaussagen der Disziplin. Was liegt näher, als dazu Einführungswerke beziehungsweise Denominationen zu sichten, welche den Titel *allgemein* explizit tragen?

Irritation über eine allg. Erziehungswissenschaft

Erstaunlicherweise fällt bei der Betrachtung *erziehungswissenschaftlicher Einführungswerke* auf, dass diese sui generis das Allgemeine der Erziehungswissenschaft nahebringen sollen. So obliegt ihnen der Anspruch, wissenschaftlich aufbereitet jene Momente erscheinen zu lassen, welche als einführendes Wissen – und damit wahrscheinlich in der Erziehungswissenschaft konsensual als Allgemeines – angesehen werden. Bereits bei einer kursorischen Sichtung aktueller Einführungswerke muss jedoch bemerkt werden, dass es alles andere als einheitlich ist, was *die* Erziehungswissenschaft qua Einführungsliteratur **allg.** zu bearbeiten scheint: Thompson (2020) etwa wirft in ihrem Einführungsband die Frage auf, ob *Kompetenz* ein *pädagogischer Begriff* sei und schließt an mit der **allg.** *Frage nach dem Menschen*. Fend und Berger (2019) dagegen beschreiben das Allgemeine der Erziehungswissenschaft durch eine internationale und historische Perspektive und parallelisieren dabei über weite Teile des Bandes die Begriffe *Erziehung* und *Sozialisation*. Dieses von Fend/Berger als zusammengehörend geführte Begriffspaar wird wiederum in Peter Vogels Einführungsband in die *Grundbegriffe der Erziehungs- und Bildungswissenschaft* (2019) voneinander separiert und mit je eigenen Inhalten gefüllt; und schließlich handelt es sich bei Zirfas (2018) beispielhaft um ein Werk, in dem die Erziehungswissenschaft in drei von vier Kapiteln ganz **allg.** als *Pädagogik* tituliert wird. So wie in den Einführungswerken spezifische Perspektiven auf Erziehungswissenschaft und nicht zuletzt Lesarten eingeschrieben sind, deutet sich mit den eben umrissenen Bänden eine fast konturlose Vielfalt an, was *das Allgemeine* der Erziehungswissenschaft zu sein scheint. Symptomatisch stehen die Werke einer **allg.** Einführung in die Erziehungswissenschaft beziehungsweise in deren Grundbegriffe eher für eine fast schon unklare Pluralität der Forschungsgegenstände und Theoriebezüge, die mit dem Begriff der *allg. Erziehungswissenschaft* einhergehen – vor allem historisch, phänomenologisch und sozialtheoretisch. Bedeutsam wird diese Erkenntnis des Allgemeinen als eigentlich Un-Allgemeines dadurch, dass dieses fast schon omnipräsente Moment der **allg.** Erziehungswissenschaft charakteristisch für die Disziplin selbst ist; und die Abkürzung **allg.** genutzt als Quasi-Heuristik analytisch deren sehr unterschiedlichen Selbstbeschreibungen durch Begriffe, Konzepte und Perspektiven offenlegt. So mutet die nun schließende Frage geradezu antinomisch an: Teilt die **allg.** Erziehungswissenschaft überhaupt ein Allgemeines der Erziehungswissenschaft?

Erstaunlicherweise fällt bei der Betrachtung von *Professuren für Erziehungswissenschaft* auf, dass es bei vielen Denominationen der **allg.** Erziehungswissenschaft merkwürdig anmutende Notwendigkeiten für Besonderheiten gibt. Es scheint, dass nicht wenige hochschulseitige Denominationen der *allg. Erziehungswissenschaft* in Selbstbeschreibungen mit Zusätzen wie „mit dem Schwerpunkt…", „…unter besonderer Berücksichtigung von…" oder „insbesondere" versehen werden – weil die theoretische Entgrenzung des Allgemeinen zu Konkretionen in universitären und damit organisationalen Wirklichkeiten zwingt. Ist es folglich illusorisch, Professuren für eine **allg.** Erziehungswissenschaft zu schaffen, die im Sinne eines generalistischen (Selbst-)Anspruchs alles Allgemeine ihres Fachs auch abzubilden vermögen? Folgt man diesem Gedanken und erachtet dergleichen fürwahr als illusorisch, gelangt man wiederum zu der Frage, wie es sich mit genau jenen Denominationen verhält, die keine Einschränkung des Allgemeinen ausweisen. Die Technische Universität Chemnitz verweist qua Selbstbeschreibung etwa auf eine „Konzeptualisierung des allgemeinen pädagogischen Gegenstandsfeldes", die sich hinter der Denomination verberge (TU Chemnitz 2017); und die Universität München argumentiert über eine „enge und vielschichtige Verbindung zwischen Pädagogik und Philosophie", um ein generalistisches Allgemeines derselben zu erläutern (Universität München: o.D.). Mit Blick auf die exemplarischen Denominationen im Kontext der **allg.** Erziehungswissenschaft kann skizzenhaft festgehalten werden, dass das Allgemeine der Erziehungswissenschaft entweder so generalistisch zu sein scheint, dass Spezialisierungen beinahe willkürlich daherkommen; oder Spezialisierungen notwendig werden, weil der Anspruch eines Allgemeinen ohnehin uneinlösbar erscheint. Und damit offenbart sich ein Kuriosum: Wenn das Allgemeine doch als gemeinsame Klammer, als grundlegendes Fundament und damit auch im Sinne einer *Inter*-Disziplinarität verstanden werden muss, aus dem das Spezielle oder das Besondere der Erziehungswissenschaft erst hervorgehen kann – wird das Allgemeine gerade dadurch letztlich zu einem Speziellen, das neben, statt unter- oder über, allem Speziellen liegt? Und so mutet die schließende Frage geradezu antinomisch an: Ist das Allgemeine nicht gerade durch sein Charakteristikum des Allgemeinen vielmehr doch ein Spezielles?

Das, was sich hinter diesen exemplarischen erziehungswissenschaftlichen Selbstbeschreibungen verallgemeinernd kaschiert, kann mit distanziertem Blick auf die jeweilige Deutung der Abkürzung **allg.** ent-selbstverständlicht werden. Vor diesem Hintergrund lässt sich als Zwischenfazit festhalten, dass gerade *über* die Abkürzung **allg.** ein Zugriff auf erziehungswissenschaftliche Beschreibungen möglich wird, der offenlegt, wie wenig selbstverständlich, wie wenig *common sense* es ist, was die Erziehungswissenschaft als das Allgemeine ihrer Disziplin versteht. Dies spitzt sich in der Frage zu: Gibt es überhaupt die **allg.** Erziehungswissenschaft?

Irritation über ein erziehungswissenschaftliches Sprechen

Das Irritationspotenzial der Abkürzung **allg.** wird nicht nur beim Betrachten der Erziehungswissenschaft als Disziplin offensichtlich, auch der Blick auf die Verhandlung eines erziehungswissenschaftlichen Gegenstands scheint sich zu lohnen. So soll die zweite gedankliche Verknüpfung von **allg.** und Erziehungswissenschaft über den Fokus auf das wohl wichtigste Sujet der Disziplin erfolgen: das kindliche Subjekt. Erziehungswissenschaftliche Blicke auf Kinder beziehungsweise Jugendliche werden im Folgenden zu der Trias *allg., Erziehungswissenschaft und Medien* verwoben, ehe anschließend ein dezidierter Blick auf das Sprechen der Erziehungswissenschaft über Online-Pornografie geworfen wird, um irritierende Momente des **allg.** ausfindig zu machen.

Mit Blick auch auf historische Klassiker*innen lässt sich zunächst feststellen, dass im Sprechen über das zu erziehende Kind ein besonderer Sprachmodus populär erscheint: Es existiert ein benanntes Subjekt der Erziehung, das durch erzieherische Maßnahmen zwar angesprochen und anhand dessen erzieherische Gedanken entfaltet werden; die eigentliche Adressierung muss jedoch wesentlich umfassender verstanden werden, da über das (imaginierte) Kind eine Verallgemeinerung gesamtgesellschaftlich-erzieherischer Notwendigkeiten beabsichtigt wird. So spannte Rousseau (1958) seine negative Erziehung um seinen fiktiven Zögling Émile, um sein grundlegend revolutionäres Erziehungsverständnis in bürgerlichen Kreisen zu platzieren; Campe (1988) kreierte mit seinem philanthropisch-väterlichen Rat an seine Tochter ein einflussreiches Dokument zur **allg.** Erziehung von Mädchen. Dabei kann keineswegs davon gesprochen werden, dass gerade die erziehungswissenschaftlichen Grundlegungen der Aufklärungspädagogik oder des Neuhumanismus von einer *Allgemeinheit* zur Kenntnis genommen werden konnten. Vielmehr blieb es besonders dem (Bildungs-)Bürgertum vorbehalten, vornehmlich in bürgerlichen Salons über literarische Werke und deren gesellschaftliche Implikationen zu diskutieren (Schmid 1985). Daran schließen sich grundsätzlichere Gedanken an: In pädagogischer Kommunikation wird scheinbar immer wieder eine einzelne erziehungsbedürftige Person herangezogen, welche stellvertretend für eine Allgemeinheit steht; oder es wird eine Allgemeinheit adressiert und es verbleibt unklar, wie gültig die Schlussfolgerungen für die einzelnen Subjekte beziehungsweise sozialen Milieus tatsächlich sind. Dies gilt auch mit Blick auf wiederkehrende Momente pädagogischer Auseinandersetzungen, etwa in den letzten Jahren verstärkt sichtbar in der Bewertung des Zusammenspiels von Kindern/Jugendlichen und *neuen Medien*. Da das *Sprechen über* auch mit Blick auf diese Verknüpfung – Kinder/Jugendliche und Medien – thematisch nahezu unüberschaubar breit gefächert ist, soll eines der „heißen Eisen" (Glück/Scholten/Strötges 1992) pädagogischer Blicke für eine nähergehende Betrachtung ausgewählt werden: die seit 200 Jahren belegte und andauernde erziehungswissenschaftliche Debatte zur Sexualität Heranwachsender, aktuell durch Online-Pornografie re-aktualisiert (vgl. Klein 2010). Dies spitzt sich in einer nächsten, nicht weniger grundlegenden Frage zu: Was bietet die Abkürzung **allg.** – erneut verstanden als Heuristik – für kursorische Einblicke in erziehungswissenschaftliches Sprechen über Heranwachsende und Online-Pornografie?

Das kritische Wenden der Abkürzung **allg.** scheint mitunter vor dem Hintergrund lohnenswert, dass einzelne Biografien beziehungsweise isolierte und subjektiv interpretierte Befunde, die jedoch verallgemeinert werden, in Bezug auf die Sexualität Jugendlicher öffentliche Debatten dominieren. Als Heuristik zeigt die Befassung mit der Abkürzung und den ihr inhärenten Begriffen, Konzepten und Perspektiven erstaunlich offensichtlich, wie das Allgemeine benutzt wird, um sehr speziell über eine weitere Trias: *neue Medien, Pornografie und Jugend* zu sprechen. Gerade der durch das Internet für Heranwachsende leicht zugängliche Kontakt mit Pornografie hat zum Topos der *Sexuellen Verwahrlosung* (Schetsche/Schmidt 2010) geführt. Dabei weist dieser Topos eine bemerkenswerte Genese auf, in deren Zentrum die Abkürzung **allg.** auszumachen ist: Ausgangspunkt bildet die Befragung von Jugendlichen aus höchst deprivierten Lagen, die über ein einzelnes Jugendzentrum eines Berliner *Brennpunkts* akquiriert wurden, zu deren Sexualverhalten und Pornokonsum (Siggelkow/Büscher 2008). Einzelne Extreme wurden in dem hieraus resultierenden Buch zu Kapiteln stilisiert wie *die Pornoseuche* oder *Sexorgien am Wochenende*. Am Horizont dämmerte die *Gefahr der sexuellen Enthemmung*, die spätestens im Jahre 2022(!) zu Vergewaltigungen auch und gerade unter Geschwistern führen werde, so dass etwa die Spielplätze dann nicht mehr sicher seien (ebd.: 183). Die Betitelung des Buches verallgemeinerte die betrachteten Einzelbiografien und rief absatzstark *Deutschlands sexuelle Tragödie* aus. Das Magazin *Stern* wiederum öffnete für diese **allg.** Ausrufung „bereitwillig seine Pforten" (Niemeyer 2010: 43) und kreierte einer Jugend-skeptischen und kulturpessimistischen Leser*innenschaft das Bild einer durch *neue Medien* sexuell völlig desolaten Jugend. Dieses Bild wiederum griffen weitere überregionale Zeitungen und Boulevardmagazine wie *Bild* und *Spiegel* auf (vgl. ebd.); und entgegen empirischen Befunden, die bei Jugendlichen eine zunehmend sexuell konservativere(!) Einstellung erfassen (vgl. Bode/Heßling 2015), hält sich der Topos der durch *neue Medien* sexuell verwahrlosten Jugend hartnäckig. Und er ist erfolgreich: Als Bestseller erweist sich nach wie vor Johannes Gernerts Ratgeberliteratur *Generation Porno* (2010), in welcher der Autor neben ungedeckten Bedrohungsszenarien auch wissenschaftlich generiertes Wissen zum genannten Thema aufbereitet. Aber – und das muss der präzise wissenschaftliche Blick, der hinter das Buch schaut, feststellen – sind die **allg.** Ausrufung einer *Generation Porno* mit dem knackig-verkaufsträchtigen Untertitel *Jugend, Sex, Internet* und eine diesbezügliche Problemzuschreibung Attribuierungen, welche die Jugendlichen selbst für sich nicht gelten lassen (vgl. Matthiesen/Martyniuk/Dekker 2011; Schmidt/Matthiesen 2011). Jedoch, und das ist das Perfide, wird gerade mittels dieses **allg.** generationalen *labeling approach* ein aufmerksamkeitssicherndes pädagogisches Problem kreiert, welches dann konsequenterweise auch bearbeitet werden muss. Und genau dafür war das Sexuelle in seinen sozialen Facetten schon immer ein hervorragender Gegenstand. Dies konnte bereits Katharina Rutschky in ihrer herausragenden Analyse zur *schwarzen Pädagogik* (1977) feststellen: Bereits um 1800 ging es in pädagogischen Texten um die unbedingt erzieherische Verhinderung der kindlichen Onanie oder den abzuwendenden Blick von nackter Haut, da ansonsten die Gesellschaft dem Untergang geweiht sei. Auch beim Sprechen über neue Medien, Pornografie und Jugend finden sich bestimmte kommunikative Modi: Erstens die Verallgemeinerung des Speziellen und zweitens die homogenisierende Anrufung einer Allgemeinheit (vgl. Klein 2010). Für das Pädagogische scheinen die hinter der Abkürzung **allg.** stehenden Adressierungsabsichten also einen gewissen Charme innezuhaben, indem mit **allg.** etwas zum Pädagogischen werden kann, das dann in eine pädagogisch legitimierende Bearbeitung überführt werden kann.

Suchmaschinentreffer zu *Jugend und Pornografie* bergen neben etwaigen Links zu pornografischen Inhalten immer auch als Infotainment getarnte *Clickbaitinhalte* – also wenig wissenschaftliche, reißerische und unterkomplexe Darstellungen des Gegenstandes, mit dem Zweck, aus ökonomischen Erwägungen die Zugriffszahlen zu erhöhen. Werden bei Google die beiden Worte *Porno Jugend* eingegeben, erscheint je nach Algorithmus weit oben der Treffer: „Grund zur Sorge – Therapeutin warnt: So gefährlich ist Porno-Sucht für Jugendliche" (Focus Online 2020). Weder Überschrift noch Untertitel verraten bei der Betrachtung, worum es genau geht, außer, dass die Gesamtsituation schlimm zu sein scheint, da Jugendliche – und zwar **allg.** formuliert! – pornosuchtgefährdete Wesen seien. Irritierend wirkt bei solch starken Thesen jedoch, dass im ersten von insgesamt ohnehin nur drei Absätzen nicht weiter auf Jugendliche eingegangen wird. Als Argument zur *Pornosucht* von Jugendlichen dient vielmehr *eine* Studie über *alle*(!) Nutzer*innen von PornHub, nach welcher die Nutzung im Vergleich zum Vorjahr um dystopische *zwölf Sekunden*(!) angestiegen war. Dennoch, so wird ohne weitere Belege alarmierend ausgerufen, ende dies bei Jugendlichen „in der Enge der Sucht, sexueller Funktionsstörungen und starker Verunsicherung in Bezug auf Sexualität und Beziehung" (vgl. ebd). Weiter geht der investigative Rechercheweg des Allgemeinen: Verfolgt man die Verbreitung dieses Alarmismus, lässt sich erspüren, wie sehr auch in Onlinemedien *Sex sells* gilt – und dies umso wirksamer, je schlimmer *auf Andere* gezeigt werden kann. Wird der erste Absatz jener besorgniserregenden Meldung kopiert und wiederum in Google als Suche eingegeben, erscheinen viele unterschiedliche *News*-Seiten, welche allesamt den Sorgen jener Therapeutin einen *catchy title* einräume; und alle warnen, dass *die Jugend* **allg.** gefährdet sei! Dass Jugendliche mit Pornos unbestritten einen eigenen altersspezifischen Umgang haben – der sich zwar von Erwachsenen unterscheidet, aber keineswegs alle Jugendlichen oder gar uns alle ins Verderben stürzen wird – kann übrigens wissenschaftlich untersucht für Mädchen in der Studie von Matthiesen/Martyniuk/Dekker (2011) und für Jungen in der Studie von Schmidt/Matthiesen (2011) nachgelesen werden. Eine selektive Strategie darin, jugendliches Onlineverhalten zu verallgemeinern und gleichzeitig zu problematisieren, finden wir in den Werken Manfred Spitzers. Äußerst erfolgreich, wenngleich nicht eindeutig empirisch belegt und über weite Strecken falsch, ist sein populärwissenschaftliches Buch *Digitale Demenz* (2012). Herbeikorreliert wird ein Zusammenhang von jugendlichen *Internetnutzern* und einem Hang zu Fettleibigkeit, Aggression, sozialer Isolation und Selbstmord. Diese Allgemeinplätze und faktischen Falschaussagen wurden jedoch vielfach wissenschaftlich aufgedeckt und durch komplexe Argumentationen widerlegt (Appel/Schreiner 2015). Illustrativ stehen die genannten Beispiele für einen immer wieder auffindbaren diskursiven Modus Operandi: Verallgemeinerungen geschehen oftmals beiläufig; und gerade dazu eignet sich die Abkürzung **allg.** hervorragend, um – quasi nebenbei – einzelne Befunde oder Ansichten zu universalisieren. Etwa für Echokammern scheinen gerade Verallgemeinerungen interessant, da sie sich dadurch auszeichnen,

dass die Grenzen von einzelnen Meinungen und gesellschaftstheoretischen Diagnosen unscharf werden. Besser verkaufen lassen sie sich auch, wenngleich enthaltene Thesen kaum empirisch überprüft oder sogar widerlegbar sind.

Die hiermit gelieferten Skizzen werfen bereits einen merkwürdigen Schatten auf die Abkürzung **allg.** und stimmen nachdenklich: Über wen wird eigentlich gesprochen, wenn **allg.** gesprochen wird? Und was animiert die Sprechenden, *etwas Allgemeines über andere* zu sagen? Gerade im Kontext von Jugend und Medien verdeutlichen die Beispiele, dass es sich *im* **allg.** Sprechen vielmehr um eine *Verallgemeinerung durch* Sprechen handelt. Und dabei wiederholen sich auch historisch recht identische Muster: Erstens ist die Jugend besonders schlimm, gefährdet und gefährlich zugleich – egal, wann diagnostisch gesprochen wird, wie beispielhaft von Rutschky (1977) für das 18. und 19. Jahrhundert und von Ferchhoff (2011) für das 20. und beginnende 21. Jahrhundert dargestellt. Zweitens ist das Sexuelle im Kontext von Heranwachsenden immer eine erziehungswissenschaftliche *Moralpanik* wert. Und drittens sozialisieren sich Heranwachsende mit *social media* und entwickeln (neue) Techniken, Artefakte und Möglichkeiten, wie es sich oftmals für Teile Erwachsener biografisch nicht erschließt. Dies wird auch durch die immer noch aufzufindende Bezeichnung *neue* Medien sowie durch die ausgerufene *moralische Verdammung* beziehungsweise *neuronale Verdummung* deutlich, die bei den hier dargestellten Beobachtungen eher Auskunft über das Medien- und Sexualverständnis der Protagonist*innen selbst zu geben scheinen. Historisch informiert (und weiter oben mit Rousseau und Campe nur *anskizziert*) könnte zugespitzt gefragt werden: Was wollen diejenigen, die so **allg.** über Jugend sprechen, durch ihr Sprechen *für sich selbst* und *gesellschaftlich* bewirken?

one more thing

Insgesamt ist zu sehen, wie schnell unter den passenden thematischen und gesellschaftskontextuellen Diskursmöglichkeiten einzelne Akteur*innen eigene unreflektierte Normativitäten verallgemeinern und diese anschließend verbreitet werden. Damit kann gezeigt werden, wie ebenso schnell ein **allg.** Bild *über* etwas kreiert wird, was bei präziser Betrachtung alles andere als allgemeingültig ist – sondern als sehr speziell eingeordnet werden muss. Sicherlich konnte gezeigt werden, dass das jeweilige Verständnis beziehungsweise die Intention von *allgemein* bei genauerer Betrachtung so speziell zu sein scheint, dass die Abkürzung **allg.** immer wieder auch problematisiert werden *könnte*. Und dennoch scheint es ein geteiltes Verständnis davon zu geben, was es mit dieser kleinen Abkürzung auf sich hat.

Dafür soll zum Schluss dieses Essays eine dritte, letzte Sichtung der Abkürzung vorgenommen werden. Fokussiert werden dabei allerdings nicht mehr erziehungswissenschaftliche Einblicke in die Verwendung von **allg.**, sondern *das Schreiben* dieses Essays selbst. Einige Forschungsstränge der Erziehungswissenschaft beschäftigen sich explizit mit den Praktiken des (wissenschaftlichen) Schreibens (oder auch Sprechens, siehe auch **Verf.**, Reuter/Berli 2023), und wie diese Praktiken selbst das Feld strukturieren und hervorbringen. Auch das Schreiben und Lesen dieses Essays kann als Praktik verstanden werden, welche bestimmte Momente des Diskurses neuformieren mag, aber auch tradieren kann. Damit kommt die Abkürzung ein letztes Mal kritisch in den Blick – und zwar als Wortlaut, wie sie sicherlich beim Lesen erklungen ist. Wird das Essay vollumfänglich betrachtet, fällt auf, dass die Abkürzung **allg.** zu fast keinem Moment präzise ausgeschrieben wurde. Gleichzeitig kann davon ausgegangen werden, dass beim Lesen selbst – und jetzt verstanden als Praktik – das Wort in seiner Gänze erklungen ist (siehe **tl'dr**, Schaper 2023). Erklärbar wird dies auch dadurch, dass Sprache phonetisch angeeignet wird. In Sprachmustern existiert jedoch kein kommunikativer Bezug zum Klang vieler Abkürzungen als solche, wie eben der Abkürzung [ˈalg] in diesem Essay. Und vielleicht, unabhängig von disziplinären Annäherungen an eben jene, ist *genau das* der Kern dieser Abkürzung selbst: Scheinbar egal, welcher biografische und disziplinäre, welcher soziale und sozialisatorische Hintergrund vorliegt, wir *wissen*, was die Abkürzung bedeutet – und wenn es nur auf phonetischer Ebene ist, durch die wir sie aussprechen können. Mit Blick auf die vielen Veruneindeutigungen und Irritationen, welche durch die disziplinäre Perspektive auf **allg.** entstanden sind, müsste das Wesen von **allg.** vielleicht vom Phänomen und von dessen biografischen, sozialen und kulturellen Einschreibungen her gedacht werden. Und vielleicht ist dies das Zeichen der Abkürzung **allg.**, dass sie übersituativ, de-individualisiert und sozialräumlich losgelöst existieren kann. Denn gleich welche (inter-)disziplinären Hintergründe wir haben: Irgendwie war beim Lesen klar, dass es sich hier weder um die Abkürzung für *allgEGENWART* oder etwa eine Abkürzung für das schöne *allgÄU* handelt, sondern im Kopf das kleine, einfache Wort erklingt: [ˈalgəˌmaɪn].

Referenzen

Appel, Markus/Schreiner, Constanze (2015). Leben in einer digitalen Welt. Wissenschaftliche Befunde und problematische Fehlschlüsse. *Psychologische Rundschau, 66*(2), 119–123.

Bode, Heidrun/Heßling, Angelika (2015). *Jugendsexualität 2015. Die Perspektive der 14- bis 25-Jährigen. Ergebnisse einer aktuellen repräsentativen Wiederholungsbefragung.* Köln: Bundeszentrale für Gesundheitliche Aufklärung.

Campe, Joachim Heinrich (1796/1988). *Väterlicher Rath für meine Tochter. Ein Gegenstück zum Theophron.* Quellen und Schriften zur Geschichte der Frauenbildung. Bd. 3. Paderborn: Hüttemann.

Fend, Helmut/Berger, Fred (2019). *Die Erfindung der Erziehung. Eine Einführung in die Erziehungswissenschaft.* Stuttgart: Kohlhammer.

Ferchhoff, Wilfried (2011). *Jugend und Jugendkulturen im 21. Jahrhundert. Lebensformen und Lebensstile.* Wiesbaden: VS.

Focus Online (2020). Grund zur Sorge. Therapeutin warnt: So gefährlich ist Porno-Sucht für Jugendliche. URL: kurzelinks.de/tddw [01.09.2021]

Gernert, Johannes (2010). *Generation Porno. Jugend, Sex, Internet.* Köln: Fackelträger.

Gilfert, Achim (2015). 5.000 Jahre Kritik an Jugendlichen. Eine sichere Konstante in Gesellschaft und Arbeitswelt. URL: kurzelinks.de/vrqw [04.03.2021]

Glück, Gerhard/Scholten, Andrea/Strötges, Gisela (1992). *Heiße Eisen in der Sexualerziehung. Wo sie stecken und wie man sie anfasst.* Weinheim: Deutscher Studien-Verlag.

Klein, Alexandra (2010): Jugend, Medien und Pornographie. In Michael Schetsche/Renate-Berenike Schmidt (Hg.), *Sexuelle Verwahrlosung.* Wiesbaden: VS, 167–183.

Matthiesen, Silja/Martyniuk, Urszula /Dekker, Arne (2011). „What do girls do with porn?". Ergebnisse einer Interviewstudie, Teil 1. *Zeitschrift für Sexualforschung, 24*(4), 326–352.

Niemeyer, Christian (2010). Deutschlands sexuelle Moralpaniken. Eine Tragödie in sechs Akten, aufzuführen unmittelbar vor Betreten der rettenden Arche. In Michael Schetsche/Renate-Berenike Schmidt (Hg.), *Sexuelle Verwahrlosung.* Wiesbaden: VS, 27–50.

Reuter, Julia & Berli, Oliver (2023). Verf. In Sandra Hofhues/Konstanze Schütze (Hg.), *Doing Research.* Bielefeld: Transcript, 384–391.

Rousseau, Jean-Jaques (1958). Erstes Buch. In Theodor Rutt (Hg.), *Emil oder Über die Erziehung.* In neuer deutscher Fassung besorgt von Josef Esterhues. Paderborn: Schöningh.

Rutschky, Katharina (Hg.) (1977). *Schwarze Pädagogik: Quellen zur Naturgeschichte der bürgerlichen Erziehung.* Frankfurt/Main et al.: Ullstein.

Schaper, Sabrina (2023). tl'dr. In Sandra Hofhues/Konstanze Schütze (Hg.), *Doing Research.* Bielefeld: Transcript, 360–367.

Schetsche, Michael/Schmidt, Renate-Berenike (2010). Gefühlte Gefahren. Sexuelle Verwahrlosung zur Einführung. In Dies. (Hg.), *Sexuelle Verwahrlosung.* Wiesbaden: VS, 7–24.

Schmid, Pia (1985). *Deutsches Bildungsbürgertum. Bürgerliche Bildung zwischen 1750 und 1830.* Frankfurt/Main: Johann-Wolfgang-Goethe-Universität.

Schmidt, Gunter/Matthiesen, Silja (2011). „What do boys do with porn?". Ergebnisse einer Interviewstudie, Teil 2. *Zeitschrift für Sexualforschung, 24*(4), 353–378.

Siggelkow, Bernd/Büscher, Wolfgang (2008). *Deutschlands sexuelle Tragödie. Wenn Kinder nicht mehr lernen, was Liebe ist.* Asslar: Gerth Medien.

Spitzer, Manfred (2012). *Digitale Demenz. Wie wir uns und unsere Kinder um den Verstand bringen.* München: Droemer.

Thompson, Christiane (2020). *Allgemeine Erziehungswissenschaft: Eine Einführung. Grundrisse der Erziehungswissenschaft.* Stuttgart: Kohlhammer.

TU Chemnitz (2017). Was wir tun und wieso. URL: tu-chemnitz.de/phil/ipp/erzwiss/ueberuns.php [25.08.2021]

Universität München (o.D.). Allgemeine Erziehungswissenschaft. URL: kurzelinks.de/cv0f [25.08.2021]

Vogel, Peter (2019). *Grundbegriffe der Erziehungs- und Bildungswissenschaft.* Opladen et al.: Budrich.

Zirfas, Jörg (2018). *Einführung in die Erziehungswissenschaft. Grundstudium Erziehungswissenschaft.* Paderborn: Ferdinand Schöningh.

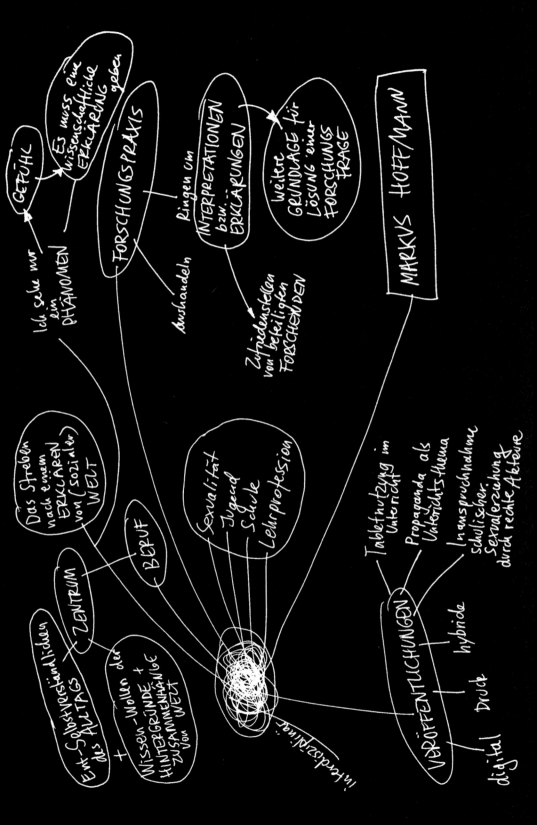

Anm. Phänomene, Persona, Publikum des Wissenschaftsblogs   Jörn Loviscach

Ein tagesaktueller, mit persönlichen **Anm.** **(Anmerkungen)** *gespickter Blog mag der Antipode zur klassischen Wissenschaftskommunikation mittels Journals und Büchern sein. Dieser Beitrag leuchtet deshalb die Praxis der Nutzung digitaler Medien für die Wissenschaft entlang von Wissenschaftsblogs aus. Er soll beim Lesen wie beim Schreiben und Gestalten verschiedener Kommunikationsaspekte von Wissenschaftsblogs helfen sowie Anstöße zur Medienforschung geben.*

Vor dem Zeitalter des Web hat man sich in der Wissenschaft lokal verständigt, über Journals und auf Konferenzen kommuniziert, Zitate vorsichtig durch **Anm.** verständlicher gemacht, seltener Politik betrieben (Einstein/Szilárd 1939). Die digitale Wissenschaftskommunikation hat dies in drei Aspekten tiefgreifend geändert:

Verbreiterung: Kommunikation ist prinzipiell für größere Kreise sichtbar – auch außerhalb von Forschung und Entwicklung; oft sind Externe sogar das Zielpublikum und dürfen sich beteiligen.

Beschleunigung: Selbst die Veröffentlichung eines nicht begutachteten *Letter to the Editor* dauert bei einem traditionellen Journal Monate. Blogbeiträge erscheinen dagegen in Sekundenschnelle.

Formenreichtum: Neben statischem Text existieren diverse weitere mediale Formate – von der Online-Diskussion über den Laborbesuch per 3D-Brille bis hin zu Terabytes an Versuchsdaten.

Um ein überschaubares Terrain abzustecken, fokussiert dieser Beitrag die deutschsprachigen Wissenschaftsblogs[1]. Als Blog soll hier gelten, dass eine erkennbare Person an fester Stelle im Web frei zugänglich, mit gewisser Regelmäßigkeit und meist anlassbezogen kurze Texte veröffentlicht, die standardmäßig rückwärts nach dem Veröffentlichungszeitpunkt sortiert erscheinen. Bei einem Wissenschaftsblog haben die meisten – aber vielleicht nicht alle – dieser Texte einen Bezug zur Wissenschaft. Das Wort *anlassbezogen* soll klarstellen, dass turnusmäßige Vorlesungsskripte noch keinen Blog ausmachen. Unscharfe Grenzen sind: Ab wie vielen, sich abwechselnden Autor*innen handelt es sich eher um ein Magazin? Genügt für die Regelmäßigkeit ein Beitrag pro Monat? Wie viele Gesangsvideos und Ähnliches dürfen enthalten sein, bevor der Wissenschaftsbezug abhanden kommt? Wann geht dieser durch Unterkomplexität verloren? Die Definition spricht ausdrücklich nicht von *Wissenschaftler*innen*, um Journalist*innen und Hobbyist*innen einzuschließen und um – durch Großzügigkeit – ein weiteres definitorisches Problem zu umgehen: „Is a blog by a PhD in dentistry who spews climate denialism in every post a science blog?" (Zivkovic 2012). Um das Thema *Wissenschaftsblog* breit zu erfassen, benutzt dieser Beitrag drei sich überschneidende Blickwinkel: Er betrachtet einführend die verschiedenen sichtbaren Phänomene des Wissenschaftsblogs, dann die Rollen (Personas) der Autor*innen und schließlich das Publikum. Ein Ausblick nicht zuletzt auf die audiovisuelle Zukunft der Wissenschaftskommunikation bildet den Abschluss.

Phänomene und ihre (Be-)Deutung

Um sich den Wissenschaftsblogs wissenschaftlich zu nähern, kann man mit der Phänomenologie beginnen: Was sehen wir? Der Übersichtlichkeit halber stelle ich aber sofort Deutungsmöglichkeiten dahinter.

Erstens: Technik. Am offensichtlichsten dürfte die Technik sein: Nutzt man allgemeine Kommunikationsplattformen wie Twitter und Facebook, eine spezielle Blog-Plattform, ein individuelles System oder mehrere dieser Lösungen parallel? Gibt es einen RSS-Feed, einen E-Mail-Newsletter? Sind *Likes* und Kommentare möglich? Gibt es Share-Knöpfe und ein Trackback? Besitzen die Beiträge Tags, werden Hashtags unterstützt? Gibt es eine Suchfunktion? Werden Clickzahlen (womöglich offen sichtbar) erfasst? Praktisch alle Forschungsarbeiten zum Thema Social Media scheinen diese Funktionen allerdings als gegeben hinzunehmen. Vielleicht sind es keine geplanten Entscheidungen, sondern kontingente Eigenschaften eines einst gewählten oder von der Organisation vorgegebenen Systems. Man könnte sie aber auch mit Bedacht wählen: Wer zum Beispiel auf der eigenen Seite RSS-Feed oder Newsletter anbietet, könnte die Zahl der Klicks in den großen Netzwerken schmälern. Die stufen dann den Content aufgrund des scheinbar geringeren Engagements herab und zeigen ihn seltener an – ein Effekt, der in der sonst so aktiven Online-Marketing-Branche noch nicht diskutiert zu werden scheint.

Zweitens: Frequenz und Themen. Wie häufig und wie regelmäßig Blogbeiträge veröffentlicht werden, kann geplant sein – jede Woche zur Primetime oder eben gerade nicht zur Primetime? – oder aber eine Reaktion auf aktuelle Anlässe darstellen, etwa das Erscheinen einer Studie. Die Frequenz geht deshalb Hand in Hand mit der Art der Inhalte, wobei ein Mix verschiedener Inhalte typisch sein dürfte: Diskussionen interessanter oder fragwürdiger Ergebnisse von anderswo, aktuelle Politik, die eigene Forschungsarbeit – vielleicht im Geiste von Open Science oder Working/Learning Out Loud –, testweise in den Raum gestellte Ideen, aber auch ein Video vom Glatteis vor der Tür. Etwas systematischer könnte man die Inhalte nach Jarreau (2015a: 167f) einteilen in: neue Forschung, Antworten

auf schwache Berichterstattung über Forschung, aktuelle Fehlinformationen, weiche Wissenschaftsthemen, persönliche Themen, Antworten auf Beiträge anderer.
Drittens: Stil in Text, Bild und Layout. Dass Texte auf Wissenschaftsblogs eher informell und emotional formuliert sind, spricht für eine direktere Kommunikation. So finden Zou/Hylad (2019), dass Abschwächungen und Verstärkungen, *I* und *you* sowie direkte Fragen in den – wenigen – untersuchten Wissenschaftsblogs häufiger waren als in Journals. Das erinnert an Knoblauchs (2017: 377ff.) „doppelte Subjektivierung": Erstens wird das Subjekt öffentlich und zweitens wird es zur alleinigen Entscheidungsinstanz. Stilmittel wie Netz-Jargon und Emojis (McCulloch 2019) scheinen bislang in Wissenschaftsblogs eher selten. Offen bleibt dabei: Ist dies eine bewusste Entscheidung oder können die Autor*innen nicht mit diesen Mitteln umgehen? Einige Wissenschaftsblogs sind gestaltet, wie man es von Hochglanz-Magazinen kennt: mit einer bewussten Ästhetisierung von Typografie und Layout, vielleicht sogar mit Stockfoto-Symbolbildern. Umgekehrt finden sich selbst bei einigen kommerziellen Angeboten und erst recht bei privat betriebenen Wissenschaftsblogs Designs, die unbedacht wirken. Auch hier ist von außen unklar, ob dies ein bewusst gewähltes Stilmittel ist. Einiges scheint sich als Quasi-Standard durchgesetzt zu haben: das lineare Erzählen von Erlebtem statt der wissenschaftlichen Struktur *Methoden – Resultate – Diskussion*, klare statt feuilletonistischer Überschriften, die Abwesenheit sprachlicher Fehler. Letzteres mag als Zeichen für Bildung und Sorgfalt gelesen werden, grenzt aber auch Personen aus, deren Beiträge diesen Regeln nicht entsprechen – oder entsprechen können (Wilts 2018).
Viertens: Plattform und Monetarisierung. Was das Hosting und die finanziellen Aspekte eines Wissenschaftsblogs angeht, zeigen sich diverse Möglichkeiten:

Wissenschaftler*innen schreiben (a) auf Webseiten der Institution über Themen ihrer Expertise. Etwa die FU Berlin und die Universität Hamburg bieten dazu Plattformen[2]; bei grober Durchsicht scheinen sich viele der dortigen Blogs um einzelne Lehrveranstaltungen oder um Mitteilungen zu ranken.
Wissenschaftler*innen schreiben (b) auf Webseiten eines Unternehmens über Themen ihrer Expertise. Hier scheint es an deutschsprachigen Beispielen zu fehlen; für ein Beispiel siehe deshalb etwa Google.[3] Kritik hat eine Variante geerntet, bei der Expert*innen aus einem Unternehmen einen gesponserten Blog in einem Wissenschaftsblog-Netzwerk schreiben sollten (Carmichael 2010).
Wissenschaftler*innen oder Journalist*innen schreiben (c) über freie Themen auf Webseiten, die Einnahmen durch Werbung generieren, aber nicht unbedingt Honorare auszahlen. Viele große Plattformen wie Twitter, aber auch Wissenschaftsblog-Netzwerke fallen hierunter.
Eine stiftungsfinanzierte und in dieser Hinsicht ungewöhnliche Lösung verfolgt (d) das Blogportal *Hypotheses*.[4] Es nimmt obendrein durch die redaktionelle Betreuung einen Magazin-Charakter an.
Enthusiast*innen, Doktorand*innen oder Professor*innen schreiben (e) über Berufliches ebenso wie über Privates auf von ihnen – zumindest augenscheinlich – selbst finanzierten Seiten.

Die letzte dieser Möglichkeiten scheint von Autor*innen an Hochschulen deutlich häufiger genutzt zu werden als die erste. Bieten Institutionen die Technik nicht an, weil sie den Betreuungsaufwand scheuen (Technik, Redaktion, Rechtsfragen) oder weil sie Reputationsschäden erwarten? Nutzen Wissenschaftler*innen etwaige institutionelle Angebote nicht, weil sie Bevormundungen befürchten oder weil sie sich abheben oder besser auffindbar sein wollen?

Fünftens: Kommentare. Kommentare sind die Essenz von Online-Diskussionen. Wie jede Kommunikation wirken sie in mehrfacher Hinsicht: Ob, wann und wie Blog-Autor*innen Kommentare beantworten, sendet Signale – zum Beispiel über ihr Interesse an einer Interaktion. Eine lebendige Diskussion mag eine Verstärkungsspirale in Gang setzen und weitere Leser*innen anziehen. Fachniveau, Tonfall, aber auch sprachliche Gewandtheit der Kommentare senden Signale über die Leser*innenschaft – was auf diese zurückwirkt: Etwa könnten (scheinbar?) hochqualifizierte Kommentare andere Leser*innen abschrecken, eigene Kommentare zu schreiben, aber gleichzeitig die Reputation des Blogs stärken. Wenn kaum Kommentare vorhanden sind, lässt das vermuten, dass der Blog uninteressant ist. Blogbetreiber*innen scheinen noch nicht auf den strategischen Gedanken zu kommen, Kommentare selbst zu verfassen. Unlauter verdeckte Aktionen drohen aber auch von außen: Politisch und/oder wirtschaftlich bedeutsame Wissenschaftsblogs könnten von vorgetäuschten Meinungsäußerungen Dritter in Form von Astroturfing und Sockpuppets betroffen sein. Statt mit solchen verdeckten Aktivitäten scheinen Wissenschaftsblogs derzeit eher mit zwei anderen Phänomenen konfrontiert. Zum einen sieht man hartnäckige Fehleinschätzungen und Fehlinformationen von der *flat earth* bis hin zu hochkomplexen, aber abwegigen physikalischen Crackpot-Theorien. Zum anderen finden sich durch Beleidigungen und Unterstellungen toxische Beiträge von Trolls. Ob man auf Kommentare dieser beiden Arten mit einem Antworttext (Stern 2021), mit Blockung oder gar nicht reagiert, ist eine schwierige Entscheidung. Was toxisch ist oder noch als ruppig durchgeht, scheint dabei von der Wissenschaftsdisziplin abzuhängen – was auf viele Arten auf die jeweiligen Disziplinen zurückwirken könnte.

Sechstens: Wissenschaftlichkeit. Dass sich ein Blog – zumindest in vielen seiner Beiträge – mit *Wissenschaft* befasst, kann mehr oder weniger *wissenschaftlich* passieren, was in diesem Medium oft selbstbezüglich reflektiert wird (Wenniger 2016). Die Methoden der verschiedenen Disziplinen unterscheiden sich zwar stark voneinander – Umfragen in der Mathematik, Experimente in der Ägyptologie? –, aber einige Aspekte finden sich disziplinübergreifend wieder:

(a) Nachvollziehbarkeit: Werden un- oder missverständliche Begriffe definiert? Werden eigene Experimente und Daten nachvollziehbar dokumentiert? (Beispiel: zerforschung 2021)
(b) Quellenangaben (mitten im Text verlinkt und/oder ausführlich): Sind sie belastbar oder wird ihre Güte diskutiert? Sind sie für die Leser*innen zugänglich oder diskutiert man gerade die Quellen, die fachlich, sprachlich oder wegen einer Paywall *nicht* für alle zugänglich sind?
(c) (Kritische) Selbstreflexivität: Gibt man den Stand der Forschung und die Argumente einer Diskussion treu wider? Benennt man die eigene Meinung als solche? Fällt man Trugschlüssen anheim? Ist man grundsätzlich skeptisch? Korrigiert man im Sinne eines Ex-Post-Peer-Review eigene Fehler?

Persona

Menschen schlüpfen bewusst oder unbewusst in verschiedenen Kontexten in verschiedene Masken und Rollen, also – um den hier öfters verwendeten Begriff von C. G. Jung aufzugreifen – in *Personas*. Das passiert schon allein, weil nicht alles privat Denkbare auch öffentlichkeitsfähig ist, nicht alles ins Overton-Fenster passt. Im Internet scheint man bei der Wahl seiner Rolle(n) nur wenig eingeschränkt zu sein. Angesichts der im Netz verfügbaren, vielleicht verräterischen Informationen (etwa ein Luftbild vom Wohnhaus oder der Titel der Abschlussarbeit) sind aber nicht alle Rollen tragfähig; auch, wer kulturelles Kapital – Homer im Original zitieren, einen Gangsta-Rap verfassen – vortäuscht, wird schnell von der Crowd entlarvt.

Erstens: Medialer Auftrag. Ein grundlegender Teil der Persona ist der mediale Auftrag, den man sich als Blogger*in zuschreibt. Die Kategorien des „Blogging Approach" bei Jarreau (2015a: 164) lassen sich so deuten: Die dort befragten Wissenschaftsblogger*innen verstehen sich die meiste Zeit als Wissenschaft übersetzende Erklärer*innen, oft auch als redaktionelle Kommentator*innen, eher selten als Journalist*innen, die Interviews führen und andere Meinungen einholen. Jarreau (2015b: 19) zeigt jedoch auch die Variationsbreite auf: „This study is significant in showing that science bloggers with different day jobs (e.g. research vs. journalism) see their communication roles differently."

Zweitens: Auftreten. Zwar gibt es Untersuchungen zu den Persönlichkeitsfaktoren von Blogger*innen (Guadagno/Oknie/Edo 2008), aber medial sichtbar und wirksam ist die Persona, nicht die natürliche Person. Tritt die Persona locker, sogar arrogant auf, provoziert sie oder tastet sie vorsichtig? Zeigt sie auch nichtfachliche Seiten? Äußert sie politische Ansichten im Text oder zum Beispiel über Logos? Agiert sie immer gefasst oder wird sie laut (mangels deutschsprachigem Beispiel: Taleb 2021)? Schon die Wahl des Portraitfotos kann Bände sprechen. Und gerade in Deutschland sind die akademischen Titel stark mit der Person(a) verbunden. Wirkt es reputationsverstärkend oder aber peinlich, Titel prominent im Blog anzuführen? Wie hängt das vom Publikum ab? Ein ebenso heikles Thema ist der Humor: In der medialen Kommunikation kann man Missverständnisse schlechter einfangen als von Angesicht zu Angesicht. Der Witz ist allerdings gerade, dass Humor das Risiko des Missverstandenwerdens eingehen muss, um zu funktionieren. Humor kann außerdem unangebracht sein – etwa, wenn es um Leben oder Tod geht – oder er kann auf Kosten Schwächerer gehen. Augenzwinkernde Formulierungen in zwei Online-Artikeln wurden in einer kleinen portugiesischen Studie (Pinto/Riesch 2017) überwiegend begrüßt, stießen aber bei einem Teil des Publikums auf Ablehnung. Allerdings: Es allen recht machen zu wollen, ist vielleicht langweilig; auf einem privaten Blog kann man hier großzügiger agieren als in einer Pressemitteilung.

Drittens: Authentizität. Bei Blogs könnte die (wahrgenommene) Authentizität fundamental sein, vergleichbar etwa mit der Street Credibility (Ahlers 2019). Zur Authentizität gehört elementar, dass die Autor*innen zumindest als kuratierte Personas sichtbar werden. Selbst auf institutionellen Wissenschaftsblogs liest man inzwischen Selbstbeschreibungen mit persönlichen Vorlieben und Marotten. Blog-Postings über das Wetter oder Erlebnisse im Büro stärken die Beziehung: Sie sind zwar fachlich bedeutungslos, dienen aber der phatischen Kommun(ikat)ion. Wahrgenommene Authentizität verlangt Kontinuität: Eine Persona sollte umso überzeugender sein, je länger man sie kennt. Wenn sich eine Vielzahl von Autor*innen abwechselt – etwa auf institutionellen Blogs –, dürfte das diesbezüglich kontraproduktiv wirken. Wer dagegen eine Autor*in über längere Zeit verfolgt, könnte eine parasoziale Beziehung aufbauen. Erzieht das unterschwellig zum wissenschaftlichen Arbeiten? Führt ein Vergleich der eigenen Lebensumstände mit den auf dem Blog präsentierten Reisen zu Konferenzen in fernen Ländern zu Resignation?

Viertens: Bloggen oder nicht. Schon allein, indem man einen Blog betreibt, kommuniziert man vieles: Man hält das Geschriebene – oder sich selbst – für wichtig genug, man hat Zeit zum Bloggen. Letzteres kann für Stirnrunzeln sorgen (Jarreau, 2015b: 135). Wenn man hauptberuflich ein Institut für Virologie zu leiten hat, scheint das kurze Format von Twitter ein passabler Mittelweg. *Keinen* Blog zu betreiben, sagt ebenfalls etwas aus, wenn auch vieldeutig: Kann man das nicht? Hat man nichts Wichtiges oder Interessantes mitzuteilen? Ist man *zu* wichtig? Fürchtet man den Vergleich mit den bereits bloggenden Kolleg*innen? Lo (2016: 124f.) fand in einer nicht repräsentativen Umfrage Unterstützung für „Blogging wastes time that would better be used for research", „Blogging is not a serious form of communication for scientists", aber auch „Blogging may cause trouble with colleagues, management, or funders". Gravierend war der Fall des vielzitierten Cornell-Professors Brian Wansink: Er hat mit einem einzigen unbedachten Blog-Posting sein Lebenswerk als methodisch inkorrekt enthüllt (etwa Rosenberg/Wong, 2018). In Deutschland scheint die Neigung der Nachwuchswissenschaftler*innen zur Wissenschaftskommunikation im Netz ohnehin vergleichsweise klein zu sein, so eine ebenfalls nicht repräsentative Studie – auch, weil die Persona unpassend scheint, „vor allem etwas für Selbstdarsteller" (Könneker/Niemann/Böhmert 2018: 872).

Publikum

Ein Wissenschaftsblog besitzt wie jeder Kommunikationsakt Adressat*innen. Allerdings erweist es sich als zu simpel, diese als *die an Wissenschaft interessierten Kreise* zu beschreiben.
Erstens: Kleine Reichweiten. So könnte ein Blog gerade dadurch unbedacht-authentisch reizvoll sein, dass er sich *nicht* strategisch bei Adressat*innen anbiedert. Oder der Blog dient als Tagebuch, das vor allem die Autor*in selbst als Publikum hat. Schreiben hilft bei der Selbstorganisation: Man denke an die Labortagebücher der Naturwissenschaften – die allerdings eher selten zu Blogs werden. Blogschreiben kann eine Therapie sein, nach McCain/Campbell (2018) aber auch narzisstische Züge annehmen. Saunders et al. (2017: 7) finden in sieben englischsprachigen Ökologie-Blogs die weite Spanne von zigtausend bis mehreren Millionen Views und resümieren trotz des doch engen Felds: „[I]t is difficult to compare blog sites in terms of reach and impact, due to large variability in authorship, writing style, content focus and geographical networks." Solche Beobachtungen sprechen zum einen dafür, dass das Web anpassungsfähiger sein könnte als bisherige Massenmedien. Zum anderen unterstreichen sie die Frage, ob Masse überhaupt das Ziel ist: Wenn man Gedanken in den Raum wirft, um schnell *substanzielle* Rückmeldungen zu erhalten, können zwölf Follower*innen viel sinnvoller sein als eine Million. Ist mancher Blog ein Weg, Gespräche zu führen, die sonst am Kaffeeautomaten oder im wöchentlichen Kolloquium stattfänden?
Zweitens: Große Reichweiten. Wenn man nicht weiß, was das – vielleicht nicht einmal ausdrücklich geplante – kommunikative Ziel ist und ob die Adressat*innen Botschaften nicht nur anklicken, sondern auch begreifen, sind Klickzahlen gefährlich. Selbst die immerhin auf der Basis von Netzwerk- und Sprachanalysen begründete Aussage „we compared economists to scientists, who are arguably ahead in the use of social media sites" (Della Giusta/Jawroska/Vukadinović Greetham 2021: 86) ist damit heikel. Sinnvollere Zahlen sollen Altmetriken liefern; sie bringen aber neue Probleme mit sich (Thelwall 2020). Ein Beitrag, der viral geht, dürfte der mediale Jackpot sein – wenn das Ziel der Blogger*in in einer hohen, aber dennoch unbezahlten und damit authentischer wirkenden Reichweite besteht. Im Blog schnell auf ein aktuelles Ereignis zu reagieren, ist eine Strategie, dieses Ziel zu erreichen. Aber oft stehen Wissenschaftlichkeit und Viralität einander im Wege. Meldungen über revolutionäre Elektroauto-Akkus, von denen man nie wieder etwas hört, oder über psychologische Studien, die das beweisen, was man immer schon zu wissen glaubte, liegen in puncto Viralität klar im Vorteil gegenüber besonnenen Betrachtungen.
Drittens: Strategie. Strategische Wissenschaftskommunikation wird auf bestimmte Zielgebiete (insbesondere Hochschul-intern, Region, Bundesland) und Zielgruppen (etwa Beschäftigte, Bewerber*innen, Student*innen) ausgelegt sein (Honecker 2019: 22). Viele Wissenschaftsblogs hinterlassen aber den Eindruck, dass den Autor*innen das Denken in Marken und Produkten sowie das Optimieren von Zahlen auf erfrischende Art egal sind. Wer zum Beispiel keine Beiträge auf Twitter stellt oder kopiert, kann dort keine Retweets bekommen, um seine Reichweite zu steigern. Die allererste strategische Frage sollte lauten: Warum überhaupt auf Deutsch bloggen? Soll ein Fachpublikum in den MINT-Disziplinen erreicht werden, dürfte Englisch die Lingua franca sein, auch für hiesige Wissenschaftler*innen. Jenseits vom Fachpublikum und in Disziplinen, die sich mit hiesigen Themen – etwa Bildungsfragen – befassen, liegt Deutsch nahe. Sonderfall bei den Kleinen Fächern: Ein Institut in *Deutschland* twittert auf *Englisch* über *China*.[5]

Viertens: Primäre Nutzer*innen. Jarreau/Porter (2017: 18) resümieren nach einer nicht repräsentativen Umfrage zu englischsprachigen Wissenschaftsblogs:

> „The readers of science blogs as a whole are an elite, highly educated group of mostly scientists and future scientists who actively seek out science media content. […] They are coming to science blogs to seek out information they cannot find other places […], but also to be entertained, to interact with a community of like-minded users, and to seek out the specific perspectives and expertise offered by their ‚favorite' science bloggers[.]"

Dies beruht allerdings auf Daten aus dem Jahr 2015; vielleicht hat sich die Aufmerksamkeit etwa durch die Covid-19-Pandemie geändert. Die Nutzung von Blogs für die wissenschaftliche Arbeit (im Sinne einer wissenschafts*internen* Kommunikation, siehe **d.h.**, Kommer 2023) scheint bisher selten getrennt von der allgemeinen Nutzung untersucht worden zu sein. Finden Wissenschaftler*innen überhaupt Zeit zum Bloglesen – oder ertrinken sie bereits in der Flut traditioneller Veröffentlichungen? Eine bezüglich der *externen* Wissenschaftskommunikation immer drängendere Frage ist, ob diese Fehlinformationen entgegenwirken kann – zum Beispiel durch Wissenschaftsblogs. Das Publikum, das man dafür ansprechen will, ist vielleicht gar nicht aufnahmebereit (Scheufele/Krause 2019) – oder überhaupt nicht an dieser Stelle anzutreffen. Wissenschaftsblogger*innen müssten also direkt dort kommentieren, wo Fehlinformationen verbreitet werden. Aber sogar das kann sich unerwartet negativ auswirken: Beispielsweise finden Pennycook/Bear/Collins/Rand (2020), dass Warnhinweise, wenn sie nur bei einigen Beiträgen gegeben werden, den wahrgenommen Wahrheitsgehalt von anderen problematischen Beiträgen erhöhen.

Fünftens: Unausgesprochene Adressat*innen. Das offenkundig adressierte Publikum eines Blogs ist vielleicht nicht das einzige. Im Sinne der Mehrfachadressierung (Hartung 2001) sind weitere Kreise denkbar:

Journalist*innen, die Beiträge in traditionellen Medien weiterverbreiten – so dürfte vielen Menschen Twitter nur in Form von Screenshots in Zeitung und Tagesschau bekannt sein.

Potenzielle Mitautor*innen, Industriepartner*innen, Drittmittelgeber*innen, wobei letztere von Projekten ausdrücklich Outreach verlangen mögen.

Konferenzveranstalter*innen auf der Suche nach Keynote-Sprecher*innen, Journalist*innen auf der Suche nach Interviewpartner*innen oder Diskussionsteilnehmer*innen, Sendeanstalten auf der Suche nach Expert*innen oder Moderator*innen.

Politiker*innen oder ihre Referent*innen – allerdings hat die Politik hier wohl noch Lernbedarf, selbst bei direkter Adressierung (Pörksen 2019).

Die Leitungsebene der eigenen Institution.

Ganz im Sinne der Mehrfachadressierung könnten einige dieser Gruppen weniger von den eigentlichen Inhalten geleitet sein als durch die bloßen Zahlen von Views oder Follower*innen.

Fazit und Ausblick

Wissenschaftsblogs sind ein vielgestaltiges Phänomen mit entscheidenden Funktionen und Effekten, die den traditionellen Medien fehlen. Trotz der angekündigten Revolution (Scheloske 2012: 267) scheinen Blogs in der Breite des wissenschaftlichen Habitus jedoch selbst nach Jahrzehnten nicht angekommen zu sein – zumindest nicht in Deutschland. Dass das Bloggen nicht zum akademischen Selbstverständnis gehört, hat allerdings auch Vorteile: So kann man hier noch recht frei von Reglements und Leistungskontrollen agieren, die einen medialen Einheitsbrei begünstigen würden.

Die Nutzung von Text im Internet geht zurück, Audio und Video legen immer weiter zu (Beisch/Schäfer 2020). Für Wissenschaft und Bildung ist das ein Alarmsignal, weil komplizierte Argumente, ausgedehntes Mitdenken, Verweise, Kommentare und Korrekturen in den zeitbasierten Medien schwerfallen. Allerdings scheinen sie ein Vehikel, um eine breite – und junge – Öffentlichkeit zu erreichen. Mit Bild und Ton steigt der Produktionsaufwand gegenüber Text massiv an. Der YouTube-Kanal von Nguyen-Kim[6] wird vom Südwestrundfunk finanziert; aber auch Professor*innen[7] finden Zeit für solche Formate. Ein wichtiger Trick, um den Produktionsaufwand in Grenzen zu halten, scheint, Zwiegespräche, Interviews und Diskussionsrunden zu veranstalten. Strategisch empfiehlt es sich, dazu Personen einzuladen, die bekannter sind als man selbst, um von deren Halo zu profitieren. Umgekehrt könnte man sich von bekannten YouTuber*innen interviewen lassen (Donhauser/Beck 2021).

Die Spirale aus steigendem Production Value und mitwachsender Erwartungshaltung des Publikums, aber ebenso die Likes und andere gamifizierte Rückmeldungen an die Autor*innen, befeuern die Logik eines Markts für Aufmerksamkeit statt für Substanz. Dies verstärkt einen alten Trend: „Some see the measure of real success in science blogging as ‚getting picked' for a network" (Faukles 2016: 72). Eine solche Marktlogik hebelt die ursprünglichen Ideen von Demokratisierung und Graswurzel-Aktivitäten aus. Der Wissenschaft würde es dienen, kein mediales Wettrüsten mit wenigen Gewinner*innen zu veranstalten, sondern die Pluralität zu kultivieren.

Anmerkungen

1. Blogs sind flüchtig, so dass schon bald nach der Insatzgabe dieses Textes einige der Links nur noch per Webarchiv erreichbar sein werden. Die Flüchtigkeit hat allerdings auch publizistische Vorzüge: Über einen misslungenen Beitrag wächst das Gras der Zeit.
2. Siehe hierzu URL: blogs.uni-hamburg.de/blogfarm.html (Universität Hamburg) und URL: cedis.fu-berlin.de/services/systeme/blogs/index.html (FU Berlin) [09.03.2021].
3. Siehe URL: ai.googleblog.com [09.03.2021].
4. Siehe URL: de.hypotheses.org [08.03.2021].
5. Siehe URL: twitter.com/FuStudies [08.03.2021].
6. Siehe URL: youtube.com/c/maiLab [08.03.2021].
7. Siehe URL: volker-quaschning.de [08.03.2021].

Referenzen

Ahlers, Michael (2019). 'Kollegah the Boss'. A Case Study of Persona, Types of Capital, and Virtuosity in German Gangsta Rap. *Popular Music, 38*(3), 457–480.

Beisch, Natalie/Schäfer, Carmen (2020). Ergebnisse der ARD/ZDF-Onlinestudie 2020. Internetnutzung mit großer Dynamik. Medien, Kommunikation, Social Media. URL: ard-zdf-onlinestudie.de [09.03.2021]

Carmichael, Mary (2010). ScienceBlogs, PepsiGate, and Institutional Content. URL: kurzelinks.de/cwj0 [09.03.2021]

Della Giusta, Marina/Jaworska, Sylvia/Vukadinović Greetham, Danica (2021). Expert Communication on Twitter. Comparing Economists' and Scientists' Social Networks, Topics and Communicative Styles. *Public Understanding of Science, 30*(1), 75–90.

Donhauser, Dominik/Beck, Christina (2021). Pushing the Max Planck YouTube Channel with the Help of Influencers. *Frontiers in Communication, 5*, Art. 601168.

Einstein, Albert/Szilárd, Leo (1939). Brief an F. D. Roosevelt. URL: kurzelinks.de/61ni [06.03.2021]

Faukles, Zen (2016). Indie Blogging. On Being a "Ronin". In Christie Wilcox/Bethany Brookshire/ Jason G. Goldman (Hg.), *Science Blogging. The Essential Guide.* New Haven: Yale University Press, 70–78.

Guadagno, Rosanna E./Okdie, Bradley M./Eno, Cassie A. (2008). Who Blogs? Personality Predictors of Blogging. *Computers in Human Behavior, 24*(5), 1993–2004.

Hartung, Martin (2001). Formen der Adressiertheit der Rede. In Klaus Brinker/Gerd Antos/Wolfgang Heinemann (Hg.), *Text- und Gesprächslinguistik. Ein internationales Handbuch zeitgenössischer Forschung.* Berlin et al.: de Gruyter, 1348–1354.

Honecker, Patrick (2019). *Das neue Handbuch Wissenschaftskommunikation. PR, Marketing und Kommunikation für Wissenschaft.* Berlin: DUZ.

Jarreau, Paige B. (2015a). All the Science that Is Fit to Blog. An Analysis of Science Blogging Practices. URL: kurzelinks.de/kfr4 [07.03.2021]

Jarreau, Paige B. (2015b). Science Bloggers' Self-Percieved Communication Roles. *Journal of Science Communication, 14*(4), 1–25.

Jarreau, Paige B./Porter, Lance (2018). Science In the Social Media Age. Profiles of Science Blog Readers. *Journalism & Mass Communication Quarterly, 95*(1), 142–168.

Kommer, Sven (2023). d.h. In Sandra Hofhues/Konstanze Schütze (Hg.), *Doing Research.* Bielefeld: Transcript, 178–183.

Könneker, Carsten/Niemann, Philipp/Böhmert, Christoph (2018). Weniger Wertschätzung, weniger Engagement. Zur Situation der Wissenschaftskommunikation in Deutschland. *Forschung & Lehre, 10*, 870–872.

Knoblauch, Hubert (2017). *Die kommunikative Konstruktion der Wirklichkeit.* Wiesbaden: Springer.

McCulloch, Gretchen (2019). *Because Internet. Understanding the New Rules of Language.* New York: Penguin Random House.

McCain, Jessica L./Campbell, W. Keith (2018). Narcissism and Social Media Use. A Meta-Analytic Review. *Psychology of Popular Media Culture, 7*(3), 308–327.

Pennycook, Gordon/Bear, Adam/Collins, Evan T./Rand, David G. (2020). The Implied Truth Effect. Attaching Warnings to a Subset of Fake News Headlines Increases Perceived Accuracy of Headlines without Warnings. *Management Science, 66*(11), 4944–4957.

Pinto, Bruno/Riesch, Hauke (2017). Are Audiences Receptive to Humour in Popular Science Articles? An Exploratory Study Using Articles on Environmental Issues. *Journal of Science Communication, 16*(4).

Pörksen, Bernhard (2019). Umgang mit Rezo. Arroganz statt Inhalte. URL: kurzelinks.de/n9ad [09.03.2019]

Rosenberg, Eli/Wong, Herman (2018, 20. September). This Ivy League Food Scientist Was a Media Darling. *The Washington Post.* URL: kurzelinks.de/zv9o [12.05.2021]

Saunders, Manu E. et al. (2017). Bringing Ecology Blogging Into the Scientific Fold. Measuring Reach and Impact of Science Community Blogs. *Royal Society Open Science, 4*, Art. 170957.

Scheloske, Marc (2012). Bloggende Wissenschaftler. Pioniere der Wissenschaftskommunikation 2.0. In Beatrice Dernbach/Christian Kleinert/Herbert Münder (Hg.), *Handbuch Wissenschaftskommunikation.* Wiesbaden: Springer, 267–274.

Scheufele, Dietram A./Krause, Nicole M. (2019). Science Audiences, Misinformation, and Fake News. *Proceedings of the National Academy of Sciences, 116*(16), 7662–7669.

Stern (2021). „Oh Mann, Angelique!". Christian Drosten kontert Internet-Troll. URL: kurzelinks.de/pip4 [09.03.2021]

Taleb, Nassim N. (2021). Bitcoin Misfits. URL: kurzelinks.de/0e93 [09.02.2021]

Thelwall, Mike (2020). The Pros and Cons of the Use of Altmetrics in Research Assessment. *Scholarly Assessment Reports, 2*(1), 2.

Wenninger, Andreas (2016). Wissenschaftsblogs. Zwischen gesellschaftlicher Kontextherstellung und Selbstbezüglichkeit. In Andreas Wenninger/Daniela Schiek/Carsten G. Ullrich (Hg.), *Qualitative Online-Erhebungen. Voraussetzungen – Möglichkeiten – Grenzen.* Wiesbaden: Springer, 25–54.

Wilts, Geesche (2018). Dürfen Legastheniker*innen Bloggen? URL: kurzelinks.de/e7n0 [08.03.2021]

zerforschung (2021). Auf der Suche nach Corona im Berliner Untergrund. URL: kurzelinks.de/7vk1 [09.03.2021]

Zivkovic, Bora (2021). Science Blogs – definition and a history. URL: kurzelinks.de/whys [08.03.2021]

Zou, Hang/Hyland, Ken (2019). Reworking Research. Interactions in Academic Articles and Blogs. *Discourse Studies, 21*(6), 713–733.

JÖRN LOVISCACH

"Ich habe keine besondere BEGABUNG, ich bin nur sehr NEUGIERIG." (Einstein)

- Wieder ausprobieren
- METHODISCHE PROBLEME
- AUSPROBIEREN
- DISKUTIEREN
- SCHREIBEN
- KERNTHESEN
- LESEN
- LESEN
- LESEN
- HERAUSFINDEN warum Sachen nicht so sind bzw. funktionieren wie ICH meine
- interdisziplinär
- E-LEARNING
- BLENDED LEARNING

Aufl. Training for Complexity DIS

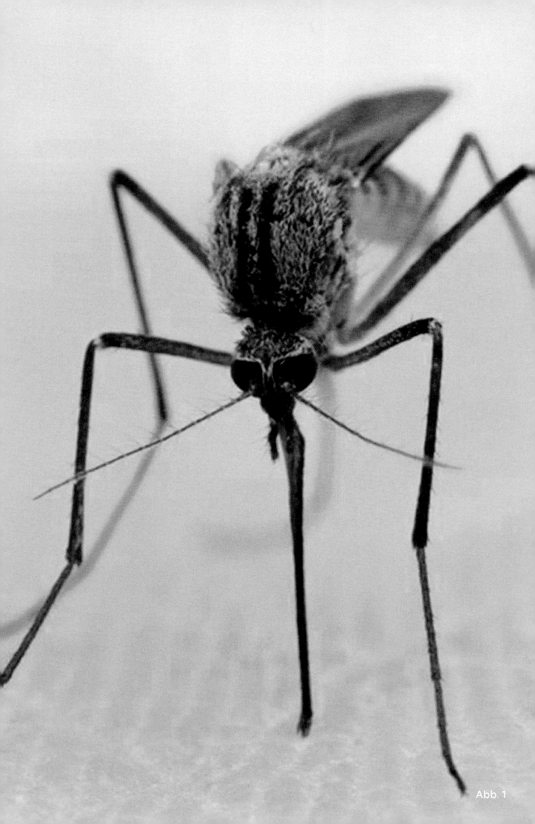

Abb. 1

Abb. 2

Abb. 3

Abb. 4

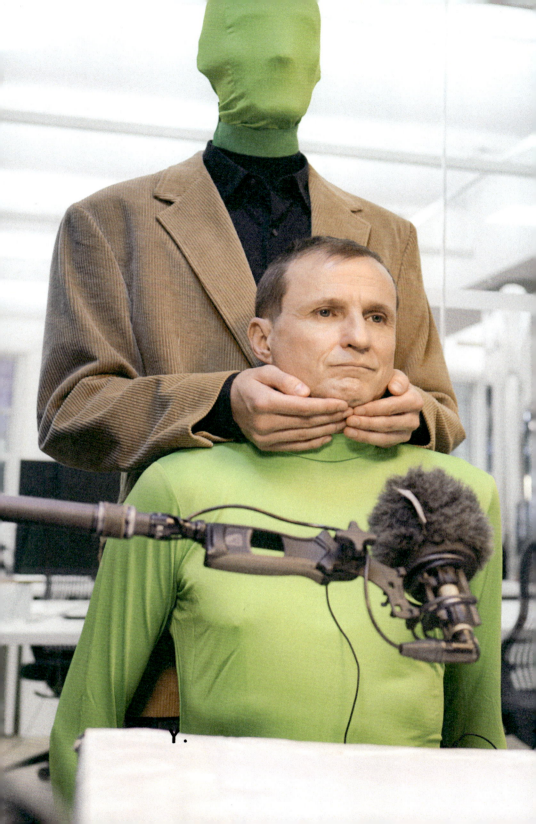

Abb. 6

Seit einem guten Jahrzehnt prägt das Kollektiv DIS den Kunstdiskurs und gründet wichtige neue Plattformen für die Produktion, Diskussion und Reflexion kultureller Formen. Dabei hinterfragt DIS ausdauernd die ökonomischen Effekte sowie medialen Traditionen der Gegenwart, und kommentiert diese spielerisch bis beißend kritisch. DIS konzentriert sich auf Ansätze zur ästhetischen Untersuchung von Gegenwartsgewissheiten und versammelt Künstler*innen und Denker*innen in verschiedenen medialen Formaten und Ausstellungsprojekten. Durch ihre experimentellen kuratorischen Projekte erweitert DIS die Möglichkeiten der Kunst und moderiert künstlerische, kommerzielle, sowie pädagogische Beteiligungen an den politischen und ökonomischen Sphären der Gegenwartskonstellationen. Mit der aktuellen Plattform dis.art engagiert das Kollektiv sich im Schnittfeld von Unterhaltung und Bildung. Die versammelten Video-Essays und Formate bieten Gelegenheit für konkrete Begegnung mit den Komplexität zukünftiger Weichenstellungen. Sie schlagen Lösungen vor, werfen Fragen auf oder vertiefen Spekulationen, die dazu anregen, über die Herausforderungen der Zeit nachzudenken.

Aufl. (Auflage) stellt den künstlerisch forschenden Ansatz des Kollektivs DIS ins Zentrum und untersucht Mittel und Werkzeuge, mit denen die gegenwärtigen Herausforderungen audiovisuell beforscht werden können. Vor dem Hintergrund des titelgebenden *Doings* in diesem Band bietet die Bildserie aber vor allem Ermutigungen für Spekulationen, veränderte Zugangsweisen sowie unangepasste Modi des (Be)Forschens zwischen zeitgenössischer Kunst, Kultur, Aktivismus, Philosophie und Technologie. Die gewählten Ausschnitte versammelt eine Auswahl von Abbildungen und Plakaten aus der Serie *Thumbs That Type and Swipe: The DIS Edutainment Network*, 2018 in La Casa Encendida, Madrid.

DIS ist ein in New York City ansässiges Künstler*innenkollektiv, das von Ren Lauren Boyle, Marco Roso, Solomon Chase und David Toro gegründet wurde und Wissen und Diskurse in Erfahrungen verwandelt. Getreu dem Credo: Um die Welt zu verändern, müssen wir unsere Fähigkeit, sie zu verstehen, verändern, konfrontiert DIS die Komplexität der Gegenwart radikal und auf Augenhöhe. 2016 kuratierte DIS die bb9 [berlinbiennale 9] und ihre kulturellen Interventionen manifestieren sich in einer Vielzahl von Medien und Plattformen, von ortsspezifischen Ausstellungen bis hin zu laufenden Online-Projekten. Die frühe Iteration von DIS war das DIS Magazine (2010–2017), das neben redaktionellen Beiträgen und Mixtapes auch diskursbildende Essays veröffentlichte. Im Jahr 2018 wechselte das Kollektiv die Plattform von einem Online-Magazin zu einer Video-Streaming-Edutainment-Plattform – (dis.art) – und konzentriert sich seitdem auf die Zukunft der Schnittfläche von Bildung+Unterhaltung [Genre-Non-Conforming Edutainment].

Web: https://dis.art

Abb. 1-6: *Thumbs That Type and Swipe: The DIS Edutainment Network*, La Casa Encendida, Madrid (2018); Bildauswahl: Konstanze Schütze.

(b)cc Verstreutes Wissen. Die Hochschule der Kopier-Maschinen   Thorsten Lorenz

Wissenschaft, Lehre und Forschung basieren kommunikativ seit Mitte des 20. Jahrhunderts nicht mehr auf dem Buchdruck, sondern auf Kopien und Formularen. Xerox hat die Hochschulen mit Verwaltungs-Technologien durchsetzt. Mit ihnen ändert sich die Distribution, die Kontrolle, die Präsentation und das Verständnis von Wissenschaft und ihren Organisationen fundamental, wie im Folgenden anhand der Abkürzung **Cc/Bcc (Blind Carbon Copy)** *dargelegt wird.*

Kopierer dringen durch alle Ritzen der Informationsgesellschaft. Sie stehen in allen Schulen und Hochschulen ebenso wie in Büros und Verwaltungseinheiten. Keine zufällige Nähe. Denn Wissenschaft ist immer auch schon verwaltete Wissensorganisation – durch Kopiermedien. Besonders Hochschulen leben parasitär von dem kleinen Automaten, dessen Vorlagen vom Wirt Buchdruck genährt werden. Aber seltsam: Keine Mediengeschichte, keine Wissensgeschichte interessiert sich für das Kopiergerät[1]. Eine mittelgroße bis große Universität wie Freiburg produzierte zu Beginn des 21. Jahrhunderts rund 30 Millionen Kopien jährlich, umgerechnet auf die Studierenden und Mitarbeiter:innen 1.000 pro Person (Lorenz 2016: 143). Virtuelle Kopien, digital verteilte Datei-Kopien erhöhen noch einmal den Printeinsatz. Manche glauben, der Laserdrucker, angesiedelt im mittleren Vervielfältigungs- und Verwaltungsbereich, habe den Kopierer verdrängt. Aber auch er ist eine Erfindung von Xerox und damit nichts anderes als ein digital getarnter Fotokopierer. Die Akronyme **Cc** und **Bcc** sind Marker dieser unbewussten und umso wirkungsmächtiger werdenden Wissenstechnologie der Papiermaschinen.

Kopie-Einträge: Die Verwaltung des Geistes

Kopien und Kopierapparate haben Wissenschaft, Forschung und Lehre fundamental verändert, nicht nur und offensichtlich in der Produktion von Aufsatzkopien über Arbeitsblätter bis hin zur Abgaberegelung von Kopierexemplaren der Zulassungs-, Diplom- und Dissertations-Arbeiten in den Prüfungsordnungen. Jeder wird, einem Wort McLuhans folgend, mit dem Fotokopierer Autor und Verleger zugleich. Jedermann wird Herausgeber:in in eigener Sache und schafft sich durch die „Xerographie [...] sein maßgeschneidertes Buch – das Sofort Plagiat" (McLuhan/Fiore/Agel 2011: 123).
Der Geist weht durch die Toner, aber es hilft nichts: Der Apparat ist ohne Sex, ohne Appeal. Denn aus ihm entstehen keine Bibliotheken[2], sondern Dokumente, Akten[3]. Er produziert nicht Leseordnungen, sondern Entropien, das verwaltete Papierchaos.

Ganze Verwaltungsindustrien sekundieren seinen Output: Leitz-Ordner, Hängeordner, Klemmhefter, Klarsichthüllen, Spiralheftungen, Tacker, wasserlösliche und wasserunlösliche Textmarker, Folien. Eine gewaltige Industrie der Unterrichts- und Präsentationsmedien hat sich in dieses Chaos eingereiht.

Jedes Medium, so McLuhans Medienontologie, hat zum Inhalt ein älteres Medium, das dessen Gesetzlichkeit verrät und zugleich verbirgt. Auch die Mailakronyme **Cc** und **Bcc** verweisen auf eine (Blind) CarbonCopy, eine durch ein zwischengelegtes Kohlepapier übertragene Kopie auf ein oder mehrere meist dünnere, gewichtsärmere Papiere. In ihnen manifestieren sich Schreib- und Distributionstechnologien, gleichzeitig aber Kommunikations- sowie Büro-Verwaltungsabläufe, die alle sozialen Systeme durchdringen. Ende des 19. Jahrhunderts sorgt vor allem die Schreibmaschine für eine beschleunigte Vervielfältigung geschäftlicher Briefe und ihrer Ablage. Damit verwandeln sich diese zu Sende- und Bearbeitungsmedien, denn sie wollen (wie es einst in der alten Kanzley-Sprache hieß) prozessieren, also weiterverarbeitet werden (Vismann 2000: 134). Viele Kopien, ein Aktenvorgang. Und die Leser:innen bestätigten im Durchlauf die Lektüre des Schreibens – durch unterschriftliche Gegenzeichnung. Kopien werden generell markiert, überschrieben, annotiert, unterschrieben beziehungsweise gegengezeichnet. In Bücher darf man nicht schreiben, in Kopien muss man schreiben. Kopien vereinen folglich in vollendeter Dreieinigkeit die Medientaxonomie Speichern, Bearbeiten und Senden. Die vierte Prozessstufe heißt: Löschen, Aktenvernichtung.

Die CarbonCopy gehört in die technische Welt der Typewriter sowie in die Organisationswelt der Büros und der Bürokratie. Mit ihr wurden Abschriften und deren Korrekturen überflüssig. Die Bürotechnik schaltete auf Beschleunigung um. 1928 wurden alle höheren Reichsbehörden angewiesen, Reinschriften plus Kohle-Durchschlag zu liefern (Vismann 2000: 274). Rechtskräftig werden diese Fassungen durch die offensichtliche Übereinstimmung mit dem Original. Erst die Fotokopie gibt in bester Medienparadoxie ihre Urkundlichkeit als Dokument auf – damit entstehen erhebliche Rechtsfragen, die bis zur heutigen Debatte um das COPY-Right führen[4]. Im Februar 1959 bringt Xerox den ersten vollautomatischen Kopierer auf den Markt, das legendäre Modell *Xerox 914*. Dieser Fotokopierer ist der erste und ungeheuerlichste Angriff auf das Gutenberg-Zeitalter, eine Kollision des Buchdrucks mit Erfindungen aus dem Bereich der Elektrostatik und des Radarbildschirms. Entscheidend aber ist die Emanzipation vom Fachpersonal des Druckwesens: Jeder kann Kopien erstellen. In schönster Werbelyrik wird 1970 ein neuer Trockenkopierer *Jedermann-Kopierer* genannt. Er „ist so einfach zu bedienen, daß man ihn selbst einem Professor für Philosophie anvertrauen kann" (N.N. 1970). Mit einem *einfachen* Knopfdruck wird aus Geist Formular-Philosophie. Und wenn auch Xerox neben seiner Hauptzentrale in Rochester/New York ab 1970 seinen legendären *Xerox PARC* aufbaut, das Zentrum der Computer-Innovationen und des Büro-Desktops, bleiben dies Parallelgeschichten des Analogen und Digitalen, die nur eines verbindet: Der Firmenname und das Prinzip der Kopie (Friedewald 1999: 237ff.; Heilmann 2012: 177).

Kopie-Blindheit: Un-Medien

Der Erfolg des Kopierers ist unheimlich – und heimlich. Denn er ist ein blinder Fleck der Medienwissenschaft, der Medien- und Wissenschaftsgeschichte und im Besonderen der Mediendidaktik[5]. Der Grund: Der Kopierer gehört laut Lernmittelverordnung (LMVO) nicht zu den didaktischen Medien (L.Z. 1980), womit er wissenschaftsintern und systemisch beobachtbar würde, sondern – zur Einrichtung, zum Mobiliar. Kopierer haben keinen Eros, Kopien kann man nicht schenken. Die wissenschaftliche Liebe, die Philo-Sophie übergeht ihn. Er ist weder ein Massen- noch ein Individualmedium, weder Buchdruck noch individuelle Briefkultur. Er gehört zu den flexiblen Medien der mittleren Reichweite. Gerade deshalb gelingt der Einbruch des Kopierwesens in Hochschulen, Schulen und Büros so mühelos. In seiner Kombination von Verwaltung, Wissenschaft und Pädagogik liegt sein weltweiter Erfolg[6].

Das Sendezeichen **Cc** bewahrt diese Geschichte auf. Mit einer bürokommunikativ einschlägigen Adressierung: Es informiert den Begleit-Adressaten, meint ihn jedoch nicht. Er wird in der Kommunikations-(E-ti)Kette auf stumm geschaltet und darf/sollte nicht antworten – aber lesen. Der eigentliche Adressat aber antwortet – indem er die an ihn ergangene Mail verarbeitet und in der Antwort mitkopiert. Für die Mehrfach-Adressierung lautet der Kommunikationsbefehl *WORM*: Write Once, Read Multiple Times. Für das Büro im Xerox-Zeitalter: Write Once, Print Multiple Times. Das wird in digitalen Zeiten des Laserdruckers in der Sprache der Kopier-Hersteller konvertiert zu: „Today, rather than print and distribute, we distribute and then print" (Sellen/Harper 2002: 14). Nur dass der Laserdrucker 1972 als Umbau eines Fotokopierers hervorging – selbstredend eine Erfindung von Xerox (Heilmann 2012: 181). Jeder besitzt seitdem einen (konvertierten) Fotokopierer. Und legt seine files in – Ordner ab.

Bereits der Erfinder der CarbonCopy Ralph Wedgwood sah zu Beginn des 19. Jahrhunderts dessen Verwendung für Blinde vor (Alfred 2009). Die heutige **Bcc**-Blindcopy aber ist ein kommunikationstheoretisches Paradox. Kommuniziert wird dem **Bcc**-Blindempfänger, dass alle anderen Empfänger blind sind für seine Teilnahme. Legitimiert wird diese Verteilung durch eine Etikette: Die Blindempfänger hinterlassen keine Adressenspur, sie können nicht im selben Vorgang erkannt und zurückadressiert werden. **Bcc** sind Kommunikate ohne für andere sichtbaren Kommunikanten. Diese Diskretion ist umstritten. Die Transparenz, Offenheit und auch Öffentlichkeit wissenschaftlicher Kommunikation werden dadurch windschief, die Öffentlichkeit und das Wissen um die Verteilung von Informationen gehen verloren. Dieser Verdacht, in der wissenschaftlichen Kommunikation seine Leser:innen nicht mehr zu kennen, taucht zum ersten Mal bei der Verwendung neuer fotomechanischer Kopien im Bibliotheks- und Hochschulwesen auf (Dommann 2008: 48). **Bcc** im geschäftlichen Briefverkehr wiederum begegnet erstmals 1948 in einem Handbuch für Sekretärinnen (Wanous/Erickson 1948: 359) und wird, wie schon **Cc**, normiert im *Standard for the Format of ARPA Network Text Messages*.

Kopie-Werke: Unwerke

Kopiermedien halten Einzug in Bibliotheken, in denen ihnen eine besondere Aufgabe zukommt. Im 19. Jahrhundert begann das Archivwesen, früher mühsam erstellte Abschriften zunächst durch fotografische Kopier-Verfahren zu ersetzen. Im Zentrum standen Faksimilierungs-Projekte und die Konservierung der Originale durch Entlastung ihrer Benutzung. Aber erst dadurch werden auch kritische Werkausgaben unter Zugrundelegung von Faksimiles möglich, die die Textgenese (etwa in der Wiedergabe von Korrekturen und Überschreibungen der Autor:innen) bezogen. In der wissenschaftlichen (Medien)Praxis bemerkt man eine Verschiebung von der Abschrift zur Abbildung (Dommann 2008: 32ff.) – eine entscheidende Wende der praktischen Medienvisualistik, die der Fotokopierer und Xerox Mitte des 20. Jahrhunderts verabsolutieren werden. Denn Kopien ist ihre Vorlage egal. Bereits die Entwicklung des ersten Xerox-Kopierers *914* war auf die Reproduktion grafischer Patentwürfe ausgerichtet. Bild, Text, Grafik: Alles wird dem Kopierer zu *visual data*. Eben deshalb wird es jetzt einfach, Grafiken, Bilder und Texte zu arrangieren, zurechtzuschneiden, zu collagieren. Daraus entstehen für Publikationen bereits in der Konzeption neue Formate, die zuvor nur sehr aufwändig zu (re)produzieren waren. Der moderne Xerox-Kopierer liebt aber vor allem Kurztexte und Kurzfassungen. Zusammengebunden oder geheftet wurden aus Anthologien Reader. So wie der Begriff *Typewriter* einst Sekretärinnen und Schreib-Maschinen gleichzeitig bezeichnete, versteht man unter *Reader* das Produkt ebenso wie Leser:innen – was auf die späteren Selbstlese- und Selbstschreibmaschinen verweist. In den 1980er Jahren ergeht eine Flut an Warnungen vor dem Missbrauch des Fotokopierers. Es entbrennt eine neue Diskussion, über die Ontologie des Textes (Lorenz 2016: 145f.). Er produziere kein *Ganzwerk*, keine Textsorten, Lehrer bedürfen einer *Textsortenschulung* – offensichtlich die Abwehr dekonstruktivistischer Angriffe auf homogene Textmodelle, und damit auf Autor:innen und deren Vergütung. Der Verband der Schulbuchverlage schätzt zu diesem Zeitpunkt allein die schulische Kopierwelle auf 1,2 Milliarden Exemplare (Herbst 1985: 8). 1986 erscheint endlich eine Bekanntmachung des Ministeriums für Kultus und Sport Baden-Württemberg, die schwerwiegende pädagogische Gründe gegen einen übertriebenen Einsatz von Vervielfältigungen und Kopien im Unterricht vorbringt (N.N. 1986). Bemängelt wird, dass auf Kopien nicht mehr ganze Sätze formuliert, sondern nur Wörter eingefügt werden müssen – der Einbruch der Lücken-Formulartexte. Mit der Kopie stirbt die Kultur der Exzerpte. Keine Zusammenfassungen, keine Verdichtungen, sondern Hervorhebungen. Keine Paraphrasen, sondern Farbunderlays mit Textlinern. Aus Ver-Arbeitung wird Be-Arbeitung, aus Autor Sekretär, aus Formulierungen Formulare. Man spricht von Zettelpädagogik.

Gleichzeitig entsteht mit dieser Entropie eine neue Kreativität, die sich gerade loser und zufälliger Textbeziehungsweise Bild-Assoziationen bedient[7]. Aus Verzettelung soll Vernetzung werden. Vorbild hierfür wird Vannevar Bushs legendärer Büroschreibtisch *Memex*, der allein auf der Basis von Kopien (unter anderem Mikrofilme) ein Archiv beliebiger Medien aufzeichnete und vernetzte (Friedewald 1999: 61ff.). Erst die miniaturisierten Kopien konnten und sollten vernetzt, auffindbar, verschaltet werden. Der Mythos, den dieses Projekt im Text von Vannevar Bush *As we may think* (1945) auslöste, besteht schlicht in der Unterstellung, maschinelle und menschliche Assoziationen homolog setzen zu können (Porombka 2001: 29ff.). Damit brach der Damm für eine Mythos-Welle über Vernetzung und eine Orientierung in der Datenflut. Die Bürotechnologie erfreut sich an diesem kreativen Spiel. So ist etwa die Meta-Plan-Technik die Erfindung eines Büroherstellers und ein Blick in Adobes pdf-Funktionenpaket offenbart, dass und wie direkt an die Funktion der Akte angeknüpft wird: Speichern (Ablegen), Cancellieren (Bearbeiten), Übertragen (Senden) und Vernichten (Vismann 2011: 11).

Ko-peer review

Der wissenschaftliche Kommunikationsverkehr explodiert durch Kopiertechnologien, und mit ihnen etablieren oder verändern sich Forschungsmethoden, Gattungen, empirische Testfeldzüge, die Visualisierung von Lehre und – die Publikations- und Editionspraxis. Bis Ende des 19. Jahrhunderts mussten etwa Zeitschriftenaufsätze in mühsam erstellten Abschriften in drei bis fünf Exemplaren eingereicht werden. Erst die Schreibmaschine und die Carbon-Kopie vereinfachten und beschleunigten die Vorlagen für Peer-Reviews, die wie klassische Aktenvorgänge in den Kommissionen zirkulierten (vgl. Spier 2002). Insofern ist Wissensproduktion in der Kopierlogik eine WissensREproduktion. Doch die Wissenschaftszeitschriften litten bis in die Mitte des 20. Jahrhunderts unter einem Mangel an Einreichungen, der erst durch den Einsatz des Xerox-Kopierers 1959 gebrochen werden konnte. 1960 forciert die Deutsche Forschungsgesellschaft die Verbreitung des Kopierers für die Fernleihen der bundesweiten Bibliotheken durch unterstützende Maßnahmen. Auf diese Weise wird die wissenschaftliche Vernetzung beschleunigt, die bereits bei den Mikrofilm-Kopien der 1940er Jahre zu beobachten war (Dommann 2008: 37ff.). Die vereinfachte Distribution verstärkt die Akquise neuer, externer Gutachter:innen in Peer-Review-Verfahren, die eine deutliche Publikationszunahme bewirken. Dabei entsteht aus der bereits praktizierten Blindkopie eine Doppelblindkopie und damit eine kuriose Missachtung wissenschaftlicher Kommunikation. Denn nicht nur werden die adressierten Peer-Reviewer dem Absender des Artikels vorenthalten, auch umgekehrt wird die Autorenschaft für die Gutachter:innen und diese gegenseitig verbli/endet. Der Wissenschaftsverkehr folgt den Kopiertechnologien. Aber er ermöglicht umgekehrt Informationszugänglichkeit und Transparenz. Hans Magnus Enzensberger machte bereits 1970 in seiner modularen Baukasten(!)-Theorie der Medien darauf aufmerksam, dass der Kopierautomat in der kompliziertesten Bürokratie der Welt, in der Sowjetunion, durchgehend fehle (Enzensberger 1999: 267). Die Folge sei ein schwerfälliger (Des)Informationsfluss. Umgekehrt formuliert: Kopierer beenden die Zensur und beschleunigen die Informationswege, und das in bester Selbstrekursion, denn die meisten Kopien werden von Kopien gezogen. Damit lässt sich der Weg der Leser:innen allerdings nicht mehr verfolgen. Kopien produzieren an sich ein *blind reading*, eine für die Autor:innen und das bibliothekszentrierte Wissenschaftssystem blinde unbekannte Leserschaft (Dommann 2008: 49).

Kopier-Methoden: Lückentexte

Für Schulen und Hochschulen, für Wissenschaft, Forschung und Lehre ergeht eine Sonderregelung für das Erstellen von Kopien. Vor allem aber werden empirische Wissenschaften im Kopierzeitalter neu genährt durch wissenschaftlich vertraute Vorlagen. Test- und Evaluationsbögen treten bereits im 19. Jahrhundert einen Triumphzug an. Formulare und Protokolle, Listen und Tabellen (Daston 2002: 133) sind die modernen Einschreibesysteme, die Papierwerkzeuge oder „technischen Dinge" (Rheinberger 2010:146) der Labors[8]. Gerade Diagramme (ebd.: 152f.) und Verlaufskurven (de Chadarevian 2001) gehören zu den wissenschaftlichen Bildproduktionen, die dann Mitte des 20. Jahrhunderts ein semiotisches Fressen für den Fotokopierer werden. Kopier- und verwaltungsintensiv sind die Erhebungsformulare in der Soziologie und Psychologie, im Besonderen der Meinungsforschung. Sie sind Abkömmlinge der standardisierten Verwaltungsbögen- und Durchlaufbögen[9] und gehören im weitesten Sinne zu den Blind-Kopien, denn die adressierten Teilnehmer:innen einer Untersuchung wissen notwendig nicht voneinander. Auch die Studierenden und Schüler:innen werden Sekretär:innen der neuen Technologien. Sie sind Testende und Getestete zugleich: Ihre ausgefüllten Formulare werden pädagogisch aufgewertet zu sogenannten Lerntagebüchern, in dem Lernende die Raffinesse der Selbstkontrolle erproben sollen und dabei Leben als Lernbiografie zeichnen[10]. Die meisten Kopien in Schulen werden für Arbeitsblätter gedruckt, die wiederholt nichts anderes als zu bearbeitende, auszufüllende Lückentexte sind. Für die jungen Sekretär:innen wird hierzu eine Management-Figur erfunden: die und der selbsttätige, selbstlernende Studierende, der sich an individualisierten Kopier-Materialien in Akten verwandelt (Lorenz 2016). Auf diese Weise versteht sich (Hoch-) Schule als Medienorganisation. Die Besonderheit von Vordrucken liegt nicht zuletzt darin, dass sich ihre Einträge schneller erfassen lassen als Prosatexte, weil sie eben nur zum Teil (in ihren Änderungen/ Abweichungen) gelesen werden müssen. Aus Eingebung wird Eingabe – in Lückentexte. Formulare werden deshalb Standard für (psychologische) Massentests, Multiple Choices und vor allem der schnellen Erfass- und Berechenbarkeit von Leistungen, die Wiedergeburt der Learning Analytics.

Auch digitale Technologien schalten grundlegend auf der Basis von Kopien. Jeder Maschinenbefehl ist bereits eine Kopie. Das macht die elektrostatische Papierkopie im selben Jahr ihrer Erfindung einer zweiten Papiermaschine verwandt: der Turing-Maschine (Lorenz 2004: 103ff.)[11]. Die grundlegende Operation einer Turing-Maschine ist das Lesen, Kopieren/Schreiben und Löschen von Strichen. Dann rekursiv wieder Lesen, Schreiben, Löschen, Lesen. Am Ende entscheidet die Maschine, ob es in ihr noch etwas zu lesen gibt (die Stoppfunktion). Schreiben, Lesen, Kopieren: Das ist die Maschinensprache der Kopierer und Computer. Sie sind miteinander verwandt, denn Computer zu bauen setzt wiederum zwingend Kopiermaschinen und Blaupausen voraus. Die Chiparchitektur des *Intel 8086*, die unter Leitung von Jean Claude Cornet entwickelt wurde, benötigte für die Konstruktion eine Blaupausenfläche von 64 qm (Schrödel 1990: 102ff.). Die Digitaltechnik baut also auf der analogen Carbon-Kopie auf, die heutige Chipherstellung auf fotografischer Maskentechnik.

Kopier-Teams: Bildungsorganisation

Zur Vernetzung durch (geteilte) Kopien gehört ein gerade von Pädagog:innen betriebener Mythos: Die Team- und Gruppenarbeit, die in den Hochschulen die Forderung nach hochschulübergreifenden Projektanträgen potenziert. Es geht in der Xerox-Philosophie um die Verteilung von Dokumenten, *document sharing*. Jede komplexere Firma wird so in ihren Kommunikationsabläufen darstellbar. Auch Exzellenz-Hochschulen müssen sich als eine Firma der Kommunikation und Datenabläufe verstehen. Bildungssysteme sind in erster Linie Organisationen, dann erst eine pädagogische und/oder wissenschaftliche Idee. *Benchmarking* heißt heute im Wettbewerb ihr Regulativ – selbstredend eine Erfindung von Xerox (Schmidt 2001: 333).
1994 benennt sich Xerox um. Die Firma heißt jetzt *The Document Company*, ihrem klassischen Werbespruch folgend: „We document the world". Ein Jahr später kommt der Multifunktions-Kopierer *Document Center System 20/35* auf den Markt, das erste Gerät für Druck/Kopie/Scan/Fax. Das Hauptgeschäft heißt jetzt Knowledge Management (Judkins/West/ Drew 1985). Heute versteht sich Xerox weniger als Hardwarelieferant denn als Dienstleister für „Learning Organization Optimization" (Xerox 2021). Damit baut das Weltunternehmen Bildungseinrichtungen zu dem Leitformat *Xerox Digital Alternatives* aus. Im Juni 2016 wirbt dieses Bildungsprogramm mit den Vorzügen des Kopierbüros:

„Die Vermittlung hochwertiger Bildung ist mehr als nur ein Vollzeitjob. Every educator spends nights and weekends reviewing student submissions, preparing curriculum content, and keeping up with trends in education. Dabei fallen jede Menge Dokumente an, die bearbeitet und verwaltet werden müssen" (Xerox 2016).

Und gerade deshalb beginnen wir zu begreifen: Wir leben nicht im Zeitalter der Reproduktion, sondern im Zeitalter der Kopien, die sich fortwährend weiterschreiben, und wir sind darin gefangen wie Sekretär:innen unserer selbst. Die Kopie und ihr schönstes Produkt, das Formular, haben triumphiert. Wenn wir Autor:innen Glück haben, wird dieser Sammelband (siehe **DR**, Hofhues/Schütze, 2023) von vielen kopiert werden. Ganz im Sinne der Forschung – und im Sinne von Xerox und seiner größten Denkstätte für die digitale Zukunft: Dem *Xerox PARC*. R steht für *research*. Im Namen von Xerox we are *doing research*.

Anmerkungen

1 Zu den wichtigsten Ausnahmen gehören Dommann (2008, 2014); Vismann (2011); Urbons (1991). Einige der vorliegenden Ideen sind Fortschreibungen von Lorenz (2004, 2016).
2 Eine Gegengeschichte hierzu entwirft die medienhistorische Rekonstruktion von Dommann (2008).
3 Zur Geschichte und im Besonderen der Rechtsgeschichte von Akten-Bildung siehe Vismann (2011), Kemmerer (2016).
4 Zur Nichtanerkennung von fotomechanisch reproduzierten Dokumenten etwa bei Einsprüchen gibt es eine Reihe von Urteilen der Bundesgerichte. Dokumente und Akten repräsentieren freilich nicht nur Rechtsvorgänge, sondern stellen sie erst her (Vismann 2011; Dommann 2014; Gerstengarbe/Lang/Schneider 2010).
5 Zur notwendigen Kopiervorlage von Unterrichtsentwürfen siehe Meyer (1980: 20).
6 Zur historischen Rekrutierung und Herrschaft des Beamtenapparates siehe Kittler (1998); Vismann (2011: 134).
7 Hektor Haarkötter (2021) hat hierzu erst kürzlich eine anregende Studie zur Verzettelung vorgelegt, die gerade die Produktivkraft von unterschätzten Kleinformen, den Zetteln und Notizen, in der Geschichte seit Leonardo da Vinci verfolgt.
8 Zur Listen- und Tabellenführung in der Geschichte der Kanzleyen siehe Vismann (2000: 22ff., 204ff.).
9 Die Anwendung von Formularen benötigt – ebenso wie die Kopiererstellung – kein Fachwissen, sondern „Regelanwendung" (Menne-Haritz 1996: 20).
10 Zu diesem Wandel von government zu governance siehe Bartmann (2012: 18ff.).
11 Alan Turing beschrieb 1936 seine Universalmaschine zu Fragen der Entscheidbarkeit als eine Papier- oder Papierband(*tape*)-Maschine. Bernhard Dotzler (1996) hat die Geschichte dieser berechnenden Papiermaschinen und die Transformation der mechanischen Apparaturen in das elektronische Zeitalter nach-geschrieben.

Referenzen

Bartmann, Christoph (2012): *Leben im Büro. Die schöne neue Welt der Angestellten*. München: Hanser.
Bush, Vannevar (1945). As we may think. *Atlantik Monthly, 176*(1945), 101–108.
de Chadarevian, Soraya (2001). Die >Methode der Kurven< in der Physiologie zwischen 1850 und 1900. In Michael Hagner (Hg.), *Ansichten der Wissenschaftsgeschichte*. Frankfurt/Main: Fischer, 161–188.
Daston, Lorraine (2002). Warum sind Tatsachen kurz? In Barbara Büscher/Christoph Hoffmann/Anke te Heesen/Hans-Christian von Herrmann (Hg.), *Cut and Paste um 1900. Der Zeitungsausschnitt in den Wissenschaften*. Berlin et al: Diaphanes, 132–144.
Dommann, Monika (2008). Papierstau und Informationsfluss. Die Normierung der Bibliothekskopie. *Historische Anthropologie, 16*(1), 31–54.
Dommann, Monika (2014). *Autoren und Apparate. Die Geschichte des Copyrights im Medienwandel*. Berlin: Fischer.
Dotzler, Bernhard J. (1996). *Papiermaschinen. Versuch über „Communication & Control" in Literatur und Technik*. Berlin: De Gruyter.
Enzensberger, Hans M. (1999). Baukasten zu einer Theorie der Medien. In Claus Pias/Lorenz Engell/Oliver Fahle (Hg.), *Kursbuch Medienkultur. Die maßgeblichen Theorien von Brecht bis Baudrillard*. München: DVA, 264–278.
Friedewald, Michael (1999). *Der Computer als Werkzeug und Medium. Die geistigen und technischen Wurzeln des Personal Computers*. Diepholz: GNT-Verlag.
Gerstengarbe, Carina/Lang, Katharina/Schneider, Anna (2010). Wasserzeichen. Vom 13. Jahrhundert bis zum Digital Watermarking. *Navigationen – Zeitschrift für Medien- und Kulturwissenschaften. Kulturen des Kopierschutzes II, 10*(2), 9–61.
Haarkötter, Hektor (2021). *Notizzettel. Denken und Schreiben im 21. Jahrhundert*. Berlin: Fischer.
Herbst, Dietrich (1984). Enteignung durch Fotokopieren. Falsche Perspektiven bei der Novellierung des Urheberrechtsgesetzes. Frankfurt/Main: Börsenverein des Deutschen Buchhandels.
Hofhues, Sandra/Schütze, Konstanze (2023). DR. In Sandra Hofhues/Konstanze Schütze (Hg.), *Doing Research*. Bielefeld: Transcript, 184–191.
Judkins, Phillip/West, David/Drew, John (1985). *Networking in Organizations. The Rank Xerox Experiment*. Aldershort: Gower.
Kittler, Friedrich A. (1998). Die Herrschaft der Schreibtische. In Herbert Lachmayer/Eleonora Louis (Hg.), *Work & Culture: Büro. Inszenierung von Arbeit*. Klagenfurt: Ritter, 39–42.
L.Z. (1980). Fotokopien sind keine ‚Lernmittel'. Keine Gebühren für Unterrichtsmaterialien. Schulgeld- und Lernmittelfreiheit gilt uneingeschränkt. *Lehrerzeitung GEW Baden-Württemberg*, (10), 245.
Lorenz, Thorsten (2004). Copy! Right! Vom Gesetz der Kopie-Bildung. In Rüdiger Campe/Michael Niehaus (Hg.), *Gesetz. Ironie: Festschrift für Manfred Schneider*. Heidelberg: Synchron, 85–107.
Lorenz, Thorsten (2016). Die Schule des Büros. Die Verwaltung des Geistes durch Medien-Sekretariate. In Joseph Vogel/Friedrich Balke/Bernhard Siegert (Hg.), *Medien der Bürokratie*. Paderborn: Fink, 141–150.
McLuhan, Marshall/Fiore, Quentin/Agel Jerome (2011). *Das Medium ist die Massage. Ein Inventar medialer Effekte*. Berlin: Tropen.
Menne-Haritz, Angelika (1996). *Akten, Vorgänge und elektronische Bürosysteme. Mit Handreichungen für die Beratung von Behörden*. Marburg: Archivschule Marburg.
Meyer, Hilbert (1980). *Leitfaden zur Unterrichtsvorbereitung*. Berlin: Cornelsen.
N.N. (1970). Jedermann-Kopierer. *Burghagens Zeitschrift für Bürotechnik und Informatik, 1292*, 932.
N.N. (1986). Verwendung von Vervielfältigungen im Unterricht. *Kultus und Unterricht, 14*, 349–352.
Porombka, Stephan (2001). *Hypertext. Zur Kritik eines digitalen Mythos*. Paderborn: Fink.
Rheinberger, Hans-Jörg (2010). Papierpraktiken im Labor. Interview der Herausgeber mit Hans-Jörg Rheinberger. In Karin Krauthausen/Omar W. Nasim (Hg.), *Notieren, Skizzieren. Schreiben und Zeichnen als Verfahren des Entwurfs*. Berlin et al.: Diaphanes, 139–158.
Schmidt, Artur P. (2001). *Wohlstand_fuer_alle.com. Chancen und Risiken des elektronischen Wirtschaftswunders. Menschen. Medien. Märkte*. München: DVA.
Schrödl, Klaus (1990). Quantensprung. *DOS, 12*, 102–110.
Sellen, Abigail J./Harper, Richard (2002). *The Myth of the Paperless Office*. Cambridge: MIT Press.
Spier, Ray (2002). The History of Peer-Review Process. *Trends in Biotechnology, 20*(8), 357–358.
Urbons, Klaus (1991). *Copy Art. Kunst und Design mit dem Fotokopierer*. Köln: DuMont.
Vismann, Cornelia (2011). *Akten. Medientechnik und Recht*. 3. Aufl. Berlin: Fischer.
Wanous, Samuel J./Erickson, Lawrence W. (1948). *The Secretary's Book. A Complete Reference Manual*. New York: Ronald Press.
Xerox (2016). Xerox Digital Alternatives. URL: kurzlinks.de/gjyf [30.08.2021]
Xerox (2021). Learning Organization Optimization. URL: kurzlinks.de/4cry [30.08.2021]

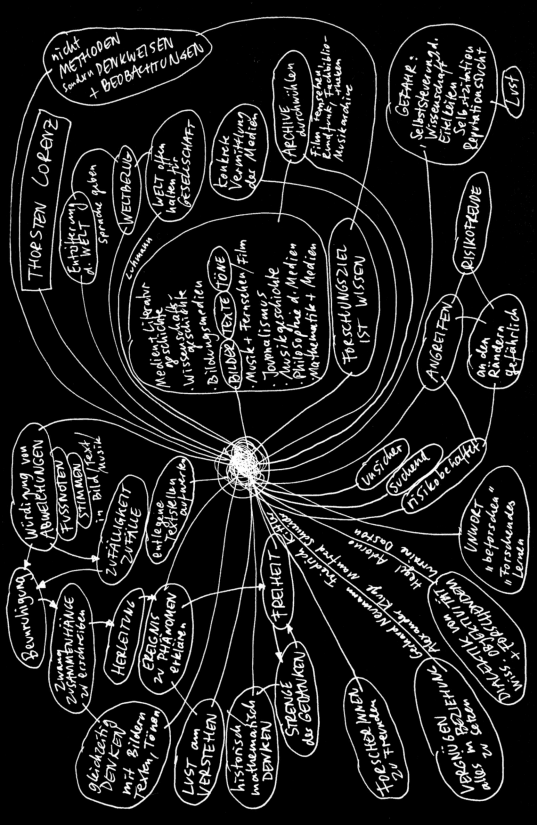

Bd. Von Verbindungen und Banden des Wissens   Katja Mayer

Die Autorin wirft zunächst einen Blick auf die etymologische Wortherkunft, um **Bd.** **(Band)** *in seinem historischen Artikelspektrum zu beleuchten. Anschließend diskutiert sie die gegenwärtigen Gebrauchsweisen des Begriffs und seiner Abkürzung in der Forschungspraxis unterschiedlicher wissenschaftlicher Disziplinen.*

Die Abkürzung **Bd.** steht in der akademischen Welt gemeinhin für Band, also ein Element eines aus mehreren Bänden bestehenden größeren Gesamtwerks. Ein Band kann ein Buch sein, als Teil eines größeren Druckwerks oder gar einer ganzen Bibliothek, oder aber zu einer zeitlich eingegrenzten beziehungsweise offenen Schriftenreihe gehören, also zu einer Sammlung etwa von Artikeln oder Gedichten. Solch fortlaufende Sammelwerke, auch Periodika genannt, enthalten in der Regel nach Zeitpunkt der Veröffentlichung gereihte und durchnummerierte Hefte oder Bände, wie beispielsweise wissenschaftliche Zeitschriften. Im Gegensatz dazu enthält das Gesamtwerk von Autor*innen oftmals nach Themen oder Lebensabschnitten geordnete und kuratierte Bände, welche wiederum aus Einzelwerken zusammengestellt werden können. Ähnlich werden Schriftenreihen von Verlagen anhand thematischer oder institutioneller Schwerpunkte in Bänden herausgegeben, die sich auch durch ein einheitliches Erscheinungsbild auszeichnen. Die Herausgabe eines solchen Gesamtwerks ruft zum Teil gegensätzliche Reaktionen hervor: Einige erfreuen sich, dass ein neuer Wissensbestand systematisiert abgeschlossen wurde und sie ein weiteres nummeriertes Werk in ihre Sammlung aufnehmen können; andere hingegen sehen darin Geschäftemacherei, indem bereits erschienene Werke nochmals unter neuem Namen verkauft werden (Eriksson/Helesson 2017).

Die Abkürzung **Bd.** findet sich hauptsächlich in Bibliografien und Literaturlisten und ist – obwohl sie das Wort bloß um zwei Buchstaben reduziert und durch das Hinzufügen eines Punktes nur wenig Platz spart – immer noch geläufig. Im Bibliothekswesen füllen Anleitungen zur Erfassung und Verwendung der Band-Informationen viele Seiten der Regelwerke zur Katalogisierung. Man unterscheidet unter anderem zwischen mehrbändigen Gesamtwerken, Bänden von Zeitschriften, zeitschriftenartigen Reihen und Zeitungen sowie Bänden von Lieferungswerken und Loseblattausgaben. In einschlägigen Foren wird zum Band einiges berichtet, so ist man mitunter mit dem Problem konfrontiert, dass fehlerhafte Eingaben der Gesamtwerkstitel dazu führen, die Nummerierung der Bände durcheinander zu bringen. Die Bandangabe setzt sich zusammen aus der Bandbezeichnung und der Bandzählung und ist durchaus komplex: Die Paragrafen, die die Bandangabe bestimmen, füllen neun Seiten der Katalogisierungsregeln für wissenschaftliche Bibliotheken der Deutschen Nationalbibliothek (2006: §168ff.). Es scheint demnach, als hätte es die Bibliothekswissenschaft geschafft, die potenzielle Mehrdeutigkeit des Begriffs *Band* mit Hilfe der Abkürzung zu standardisieren und in einen terminus technicus zu überführen. Wir – die geschätzten Leser*innen und ich – wollen uns daher nun etwas tiefergehender mit der Begrifflichkeit auseinandersetzen und werden dafür zunächst einen Blick auf die etymologische Wortherkunft werfen, um Band in seinem historischen Artikelspektrum zu beleuchten. Dementsprechend an kontextueller Semantik angereichert, wird es danach wesentlich aufschlussreicher sein, die gegenwärtigen Gebrauchsweisen des Begriffs und seiner Abkürzung in der Forschungspraxis zu diskutieren.

Begriffsgeschichte

Der Begriff *Band* im deutschen Sprachgebrauch zu Beginn des 21. Jahrhunderts weist auf das alt- sowie mittelhochdeutsche Wort *bant* (Pfeifer 1993). Dieses bezeichnete vorwiegend eine Fessel oder einen Strick, jedenfalls etwas, das zum Binden diente. Das althochdeutsche Wort *bintan* meinte im achten Jahrhundert „umwinden, verknüpfen, fesseln", etwa im Zusammenhang mit dem Verbinden von Verletzungen oder auch dem Binden von Fässern auftretend. Als neutrale oder maskuline Form geht der Begriff des Bandes im Germanischen weiter auf den wesentlich älteren indoeuropäischen Wortstamm *banda* zurück, verwandt mit dem altindischen Wort *bandháh*, welches ebenfalls für etwas, das bindet oder verbindet – spezifischer auch für Verwandtschaft – stand. Weitere hier anknüpfende Verweise zeigen auf die griechischen Worte

„*peı̄sma* (πεῖσμα) ‚Tau, Seil', [oder auch] *pentherós* (πενθερός) ‚Schwiegervater' (auf die durch Heirat entstehende Bindung bezogen), [und das lateinische Wort] *offendı̄x* ‚der Priestermütze'" (ebd.).

Dazu in einem dualen Verhältnis von Gegensatz und Verbindungsstiftung stand damals wie heute das *Entbinden*: Schon früh trat diese Bezeichnung im Niederhochdeutschen vorwiegend im metaphorischen Zusammenhang auf und bezeichnet neben Lossprechen und Befreien auch Gebären. *Enpindung* wurde im 14. Jahrhundert für die Absolution von Sünden sowie für Erklärung verwendet, während der Begriff *firbintan* bereits um das Jahr 1.000 neben *zusammenfügen* auch *verpflichten* meinte. Im 15. Jahrhundert bezeichnete im mittelniederdeutschen Gebrauch *vorbindinge* zunehmend auch Verbindung im Sinne eines Bündnisses oder eines Verbands. Das Band war nicht mehr nur „eine Wunde bedeckende, schützende Binde" (18. Jahrhundert), sondern zeigte auf die Verbindungen in einer „Gruppierung, Vereinigung, Organisation" (19. Jahrhundert) (ebd.). Auch der Verwendungskontext des Begriffs *Band* selbst wandelte sich im Verlauf der Jahrhunderte, wie Pfeifer (1993) oder vor ihm auch schon Kluge (1883) darlegen: Mit Bändel wurde um das Jahr 1.000 etwa ein schmales, bewegliches Band bezeichnet. Im 19. Jahrhundert war die Verwendung bereits viel breiter, so sprach man von einem Band oder Bandeisen, wenn man ein „dünn gewalztes, bandförmiges Eisen" meinte, *der* Band oder der Bandwurm wurde der im Darm schmarotzende lange Plattwurm genannt (Pfeifer 1993). Ein Band im Körper bezeichnete ein Bindegewebsbündel aus Fasern – man erkannte damals, dass solche Bänder Knochen mit anderen Knochen verbanden, um Gelenke zu bilden. Dabei wurde klar, dass einige Bänder die Beweglichkeit von Gelenken einschränken oder bestimmte Bewegungen ganz verhindern konnten. Im 20. Jahrhundert kamen zu diesen Begriffen des Bandes noch das Bandmaß – ein Messband –, das Tonband – ein Magnetband für die Aufnahme von Schallwellen –, und mit ihm die Musikband dazu. Wann genau die Räuberbande auf der etymologischen Bildfläche erschien, ließ sich leider nicht eruieren.

Doch kommen wir nun ohne weitere Umschweife zurück zum terminus technicus **Bd.**, dessen erstes Auftreten im deutschen Sprachgebrauch sich für die vorliegende Untersuchung leider ebenfalls nicht genau bestimmen ließ. Man weiß jedoch, dass das Binden von Büchern und das Gestalten von Einbänden als Deckel und Rücken von Büchern für die Wortbedeutung von **Bd.** (Band) wohl den Ausschlag gegeben hat, im Deutschen wie im Französischen (Kluge 1883). Die englische Entsprechung für Band *volume* geht wiederum auf das Französische zurück: Der altfranzösische Begriff *volumen* – welcher sowohl für Umfang und Größe als auch für eine beschriebene Pergamentrolle steht – verweist auf den analogen lateinischen Begriff, der *die Rolle* und das, was gerollt wird, meint, also einerseits den Inhalt, als auch andererseits den Umfang seines Trägers bezeichnet (Hoad 1993). Die Bedeutung von Band als „Buch, das Teil einer Serie ist" scheint im Englischen im 16. Jahrhundert entstanden zu sein, im Kontext der Revolution durch die Erfindung der Druckerpresse. Die neu gewonnenen Möglichkeiten, Bücher massenhaft zu vervielfältigen, schufen neue Organisationsformen und erlaubten es Autoren (und erst später auch Autor*innen), in Bänden zu kommunizieren. Nicht zuletzt könnte auf diese Zeit auch der Begriff des Wälzers zurückgehen, welcher auch heute noch gerne synonym für ein mehrbändiges Werk in der Literatur verwendet wird. Während im Wälzer das lateinische *volumen* mitschwingt, bezeichnet die Schwarte seit dem 17. Jahrhundert umfangreiche Bücher mit dickem Ledereinband, in denen man schmökert. Soweit die kurze etymologische Rückschau. Für die folgende weitere Beleuchtung des Begriffs **Bd.** (Band) im wissenschaftlichen Gebrauch sind hier nun zusammenfassend folgende historische Bedeutungen und Zusammenhänge von Belang: Die Unterteilung einer Sammlung von Einzelwerken in Bände zeigt auf die damit einhergehenden Systematisierungsbestrebungen von Wissensbeständen. Diesen Aspekt werden wir gleich im Hinblick auf die Vermessung von wissenschaftlichem Wissen und den Verbindungen von Wissen weiter erläutern, denn die auf **Bd.** Information angewiesene Bibliometrie liefert die heute maßgeblichen Bewertungsinstrumente in der Wissenschaft. Weiter führt die Auseinandersetzung mit dem Band zu wichtigen Hinweisen, was die unterschiedlichen Formate und Volumen der wissenschaftlichen Kommunikation in den Disziplinen betrifft. Zuletzt werfen wir noch einen Blick auf das allseits beliebte Format des Sammelbandes und damit auf eine besondere Form der Bande, ehe wir uns mit den Politiken der damit verbundenen Publikationsmärkte beschäftigen.

Publikationspraktiken

Da der Fokus der vorliegenden Sammlung auf zeitgenössischen Forschungspraktiken liegt, erscheint es nun angemessen, die Verwendungsweisen von **Bd.** vom Sprachgebrauch auf den Forschungsalltag zu übertragen und genauer zu erläutern, wo Band, Bände, Verbindungen und Verbünde in diesem Kontext eine Rolle spielen. Halten wir nochmals kurz fest: Ein Band stellt eine bestimmte Art dar, Wissen zu formatieren, zu speichern und weiterzugeben (siehe **(b)cc**, Lorenz 2023). Im wissenschaftlichen Alltag begegnen wir der Abkürzung **Bd.** hauptsächlich in Literaturlisten und Bibliografien als Referenz. Auch Bände selbst tragen in ihren eigenen Bezeichnungen oftmals die Abkürzung mit, selten direkt im Titel, aber oft nachfolgend auf Seite 2, im Zuge der Nennung der Urheberrechte und der angemessenen Kataloginformation. Während in der angewandten Forschung technische Manuskripte und Patente den Output dominieren, der selten in Form von Bänden erscheint, versammeln Bände aus der akademischen Forschung unter anderem Journalbeiträge in zeitlicher Ordnung, Bücher als Gesamtwerke oder Werksausgaben in zeitlicher oder thematischer Sortierung oder eine bestimmte Autor*innenschaft unter einer gemeinsamen thematischen Schwerpunktsetzung. Würde man das Wissenschaftssystem seit dem 17. Jahrhundert nur anhand der wissenschaftlichen Publikationsmärkte charakterisieren, so könnte man seit dem 20. Jahrhundert – und erst recht seit der Digitalisierung – von einer beispiellosen Erfolgsgeschichte berichten: Wachstum, wohin das Auge blickt. Von den ersten wissenschaftlichen Journals wie dem französischen *Journal des sçavans* (etabliert im Jahre 1665, mit Unterbrechungen bis 2016 erschienen) oder den *Philosophical Transactions* der Britischen Royal Society (welche heute bei Band 379 stehen und viele tausende Artikel veröffentlicht haben) ist es ein weiter Weg gewesen. Marktanalysen sprechen heute von mehr als neun Millionen Forscher*innen, die um die zwei Millionen englischsprachigen Artikel pro Jahr veröffentlichen, was zu mehr als drei Milliarden Volltextdownloads führte. Diese Zahlen wachsen jedes Jahr um circa drei Prozent, die unterschiedlichen Zugangsformen – wie Open Access oder nicht – sind hierbei noch nicht berücksichtigt (STM Report 2018; Europäische Kommission 2019). Die Qualitätskontrolle war bei diesen Publikationen anfangs nicht so zentral, das heute gängige Peer-Review-System entwickelte sich erst im 18. Jahrhundert als Begutachtungsform durch die Herausgeberschaft, externe Gutachten kamen vermehrt im 19. Jahrhundert auf und wurden erst gegen Mitte des 20. Jahrhunderts zum Standard (siehe auch **Hg.**, Krebber 2023; **Hrsg.**, Schiefner-Rohs 2023). Die Organisation des Peer-Reviews, die Auswahl und Bewertung der eingelangten Artikel sowie das Management von Gestaltung und Druck der Zeitschriften verlangten immer mehr Ressourcen, nicht nur von Seiten der Herausgeber*innen, sondern auch von den Wissenschaftler*innen und damit den Autor*innen. Wo bis Mitte des 20. Jahrhunderts noch die wissenschaftlichen Verbände und Vereine Hauptträger sowohl des Herausgebens als auch des Verlegens der Publikationen waren, verlor dieses Modell nach dem zweiten Weltkrieg zunehmend an Bedeutung: Kommerzielle Verlage – bislang eher im Kontext der Populärwissenschaft in Erscheinung getreten und hierbei erfolgreich das Geschäftsmodell des Abonnements aufbauend – rückten weiter vor in die Felder von Wissenschaft, Technik und Medizin. Wissenschaft wurde in dieser Zeit außerdem zum Wettbewerb zwischen verfeindeten Weltmächten, man wollte so effizient und gezielt wie möglich forschen und die vielversprechendsten Köpfe fördern.

Metriken des Wissens

Der Science Citation Index wurde in den 1960er Jahren mit dem Ziel geschaffen, das Outputvolumen des ständig wachsenden und sich differenzierenden Wissenschaftssystems automatisiert und systematisch beobachtbar zu machen. Dazu wurden Zeitschriftenartikel nach Verweisen auf andere Werke durchsucht und diese dann festgehalten und auf Lochkarten gestanzt. Man folgte damit einer Vorgehensweise aus dem Rechtsbereich, bei der Berichte über Gerichtsentscheidungen ähnlich systematisiert wurden. Für die erfolgreiche Automatisierung von zentraler Bedeutung war die Standardisierung der Verweisformen, wobei auch der Unterschied zwischen Zitat und Referenz zu klären war:

„Es scheint mir sehr schade zu sein, einen guten Fachbegriff zu verschwenden, indem man die Wörter Zitat und Referenz austauschbar verwendet. Ich schlage daher vor und übernehme die Konvention, dass, wenn Papier R eine bibliographische Fußnote enthält, die Papier C verwendet und beschreibt, dann enthält R eine Referenz auf C, und C hat ein Zitat von R. Die Anzahl der Referenzen, die ein Papier hat, wird durch die Anzahl der Einträge in seiner Bibliografie als Endnoten, Fußnoten usw. gemessen, während die Anzahl der Zitate, die ein Papier hat, gefunden wird, indem man es [in einem] Zitationsindex nachschlägt und sieht, wie viele andere Papiere es erwähnen" (De Solla Price 1986: 284, Übersetzung K.M.).

Der vermehrte wissenschaftliche Output und die strengeren Qualitätskontrollen im Peer-Review führten jedenfalls dazu, dass Autor*innen die von ihnen verwendeten Quellen zitierten, etwa um ihre Behauptungen und Argumente zu untermauern, um auf weitere Informationen zum Thema hinzuweisen, oder auch, um das zitierte Wissen zu kritisieren oder zu falsifizieren. Während man die Bedeutung des Verweises nicht standardisieren konnte, so war es aber zumindest möglich, die bibliografische Information zur Quelle über eine Zeitschrift hinweg zu vereinheitlichen, etwa durch das Einführen von Konventionen, ob Namen ausgeschrieben werden sollten, wo die Jahreszahl zu positionieren oder Anmerkungen als Fußnoten darzubieten sind. Die vermehrte Verwendung von **Bd.** ist ebenfalls auf diese Zeit zurückzuführen. Die Standardisierung der Quellenangaben diente fortan der besseren Auffindbarkeit von Zitaten und bildete damit die Grundlage für eine neue Art der Vermessung von Wissensproduktion.

Der damit begründete relationale Fokus auf die Zitation, also auf die gesetzte Verbindung zu anderen Werken oder anderen Autor*innen, sollte fortan die Kommunikationsweise wissenschaftlichen Wissens revolutionieren und die Geschäftsmodelle kommerzieller Wissenschaftsverlage dominieren. Aus dem Science Citation Index entwickelte sich bald eine Metrik zur Bewertung wissenschaftlicher Zeitschriften: der Journal Impact Factor. Dieser Faktor ist ein Maß für die Häufigkeit, mit der ein durchschnittlicher Artikel einer Zeitschrift in einem bestimmten Jahr zitiert wurde. Er wird verwendet, um die Wichtigkeit oder den Rang einer Zeitschrift zu messen, indem die Häufigkeit berechnet wird, mit der ihre Artikel zitiert werden. Zeitschriften mit hohen Impact-Faktoren wurden zu begehrten Publikationsorganen und konnten daher ihre Preise erhöhen. Zusätzlich konnten im Wissenschaftsbereich besonders hohe Gewinnmargen erzielt werden, denn Autor*innen wie Gutachter*innen, oft sogar die Herausgeber*innen, nahmen die Aufgaben entweder ehrenamtlich wahr oder wurden bereits durch öffentliche Gelder gefördert. Ferner fielen mit der Digitalisierung zunehmend die Druckkosten weg. Die damit einhergehende Verlagerung der kommerziellen Transaktionen vom Kauf von Werkkopien hin zur Aushandlung von Zugangsrechten (Lizenzierung) brachte neue Geschäftsmodelle mit sich (etwa Open Access Fees). Zusätzlich konnte man wesentlich einfacher erfolgreiche mit weniger erfolgreichen Zeitschriften in Bündel schnüren und den Bibliotheken Zugang zu ganzen Kollektionen verkaufen. Diese Impact-Metrik basierend auf der Idee des wissenschaftlichen Verweises trug nicht nur dazu bei, den Wettbewerb unter den wissenschaftlichen Zeitschriften neu zu organisieren, sondern auch die Bewertung von Forschungsleistungen stark an diese Logik anzupassen. „Publish or perish" (Coolidge 1932: 308) – veröffentlichen oder untergehen – in diesem Ausdruck werden die Optionen der wissenschaftlichen Karriereplanung auf den Punkt gebracht: In vielen Disziplinen zählt heute die Häufigkeit des Publizierens und Zitiertwerdens in anerkannten wissenschaftlichen Zeitschriften als wirksamste Demonstration von Forschungsleistung. Solchermaßen erfolgreiche Veröffentlichungen von Forschungsergebnissen bringen sowohl den Wissenschaftler*innen als auch ihren Institutionen die Aufmerksamkeit, die sie benötigen, um wiederum die nötigen Gelder für ihre Tätigkeiten akquirieren zu können. Veröffentlichungen und Zitationen werden demnach heute als wichtigster Maßstab für wissenschaftliche Kompetenz und als zentrales Kriterium für die Rekrutierung von Wissenschaftler*innen herangezogen. Wissenschaftler*innen, die nur selten publizieren und wiederum weniger zitiert werden – oder sich gar auf Tätigkeiten konzentrieren, die nicht zu anerkannten Publikationen führen, wie zum Beispiel das Lehren oder den Diskurs mit der Gesellschaft – haben es daher wesentlich schwerer, die nötige metrische Aufmerksamkeit für ihr Schaffen zu erzeugen. In einem auf Publikation und Zitation optimierten System sprechen ihre Leistungen eben keine Bände.

Wissensbanden

Das gedruckte Buch ist als Wissensspeicher heute nicht mehr von zentralem Interesse. Stattdessen wandelt es sich als eBook zum flüchtigen elektronischen Genuss in matter Helligkeit auf papierähnlichem Bildschirm. Es zählen auch hier der schnelle Zugriff, die prompte Durchsuchbarkeit ohne Nachschlagen, und bestenfalls die Verlinkung der Inhalte zu externen Quellen per Klick. Es wird nicht mehr geblättert, sondern nur mehr fokussiert konzentriert. Man liest per Lizenz, kontrolliert durch ein digitales Rechtemanagement. Die langfristige Speicherung dieser digitalen Buchinhalte und der Schutz vor starken Sonnenstürmen sind nach wie vor offene Fragen mit denen sich *chief book strategists* beschäftigen.

Mit der fortschreitenden Digitalisierung verändern sich auch die Publikationsmärkte in den Geistes-, Sozial- und Kulturwissenschaften sowie in all jenen Forschungsbereichen, in denen bislang das Buch wichtiger als die Zeitschrift war (Engels/Istenič Starčič/Kulczycki/Pölönen/Sivertsen 2018). Die oben genannten Charakteristika des eBooks sind für die wissenschaftliche Arbeit und den dort herrschenden Lese- und Publikationsdruck äußert praktisch. Selbst wissenschaftliche Monografien sind inzwischen immer öfter kapitelweise online beziehbar und verlieren damit ihren Spannungsbogen, der vormals zwischen den Buchdeckeln im Text gespannt war. Dies ist freilich weniger problematisch, wenn die Monografie ohnehin aus einer Sammlung von Artikeln akkumuliert wurde. Für die Kuratierung und Herausgabe sowie das Studium des – meist posthumen – Gesamtwerks einer Autor*in scheinen diese Entwicklungen jedenfalls enorme Erleichterungen zu bringen, nicht zuletzt durch den Trend, die Onlineversion des wissenschaftlichen Werkes Open Access zur Verfügung zu stellen. Es ist anzunehmen, dass sich das Oeuvre-Format der *digital natives* mit zunehmender Digitalisierung weiter stark verändern wird. Man darf gespannt sein, wie das Verlags- und Herausgabewesen damit umgehen wird. In der Übergangsphase finden wir jedenfalls viele Arrangements, die sowohl die beschriebenen Publikationsmärkte als auch die wissenschaftlichen Bewertungsmetriken bestens zu bedienen wissen. So versammeln etwa Sammelbände wissenschaftliche Beiträge, die von verschiedenen Autor*innen verfasst wurden. Die Beiträge in solch einem Sammelband sind meist Originalwerke, also keine Wiederveröffentlichungen. Während die Herausgeber*innen von Zeitschriften oder die Komitees wissenschaftlicher Konferenzen oftmals als Torhüter bestimmter wissenschaftlicher Denkschulen oder Clubs im positiven Sinne beschrieben werden (Neylon 2015) – also als Hüter*innen der Qualität und Integrität –, gelten Sammelbände im naturwissenschaftlichen Kontext eher als nebensächliche Publikationsformen. Man gibt Festschriften zu Ehren berühmter Persönlichkeiten oder zur Feier wichtiger Erkenntnisse heraus, übersetzt Fachwissen für Laien oder lädt Kolleg*innen für Beiträge in Lehrbüchern ein. Die vielbändigen Konferenzproceedings, die mehr dem *special issue* einer Zeitschrift ähneln, sind in diesen Disziplinen hoch angesehen und wichtig für die Bewertung der wissenschaftlichen Leistung.

In den Geistes-, Sozial-, und Kulturwissenschaften sind Beiträge in Sammelbänden jedoch zentrale Publikationsformate (Sivertsen/Larsen 2012) und insbesondere auch bedeutend für die wissenschaftliche Karriere. Mitunter wird besonders Augenmerk auf die Versammlung der Beitragenden in einem Sammelband gelegt, um die epistem-ideologische Ausrichtung einer Kandidat*in besser einschätzen zu können. Traditionellerweise basieren solche Sammelbände ebenso auf der Zusammenkunft von bereits vorab verbundenen Personenkreisen, sei es durch gemeinsame Ziele, Wissenskulturen oder aber gemeinsam besuchte Veranstaltungen, etwa Workshops. Mit der Zeit werden wiederholt Sammelbände in ähnlichen Konstellationen herausgegeben, man lädt ein, wird eingeladen. Die akademische Höflichkeit gebietet eine solche Politik – wenn man es sich leisten kann. Die Zeiten, in denen Verlage die Kosten solcher Publikationen tragen, sind längst vorbei. Inzwischen zählen *edited volumes* zu den beliebtesten *Gold-Open-Access*-Geschäftsmodellen in den Geistes-, Sozial-, und Kulturwissenschaften. Mittlerweile wird auch hier entlang des Peer-Reviews unterschieden – es gehört dabei zur gängigen Praxis, dass die Beitragenden sich gegenseitig begutachten. Der Publikationsdruck in allen wissenschaftlichen Disziplinen hinterlässt jedenfalls auch im Sammelband seine Spuren, doch handelt es sich dabei heute weit weniger um einen „Jahrmarkt der Eitelkeiten" (Franck 1999) als um ein Kalkül der Bewertung, eine sehr gezielte Publikationsstrategie, um die Metriken der Aufmerksamkeit zu optimieren.

Nachdem hinlänglich bekannt ist, dass das akademische System in vielerlei Hinsicht wie ein Drogenkartell strukturiert ist – Außenseiter*innen sind bereit, auf Lohn und Sicherheit zu verzichten, um die Aussicht auf Prestige, Freiheit und relativ hohe Gehälter zu erhalten (Alfonso 2013) – macht es Sinn, auch die mafiösen Strategien hinter dem Publikationsgeschehen kurz anzustreifen. Sogenannte Zitationskartelle bestehen aus Autor*innen oder Zeitschriftenherausgeber*innen, die sich verbündet haben, um die Zitierhäufigkeit ihrer Artikel zu erhöhen, indem sie Artikel von Kartellmitglieder*innen unverhältnismäßig häufiger zitieren als andere relevante Artikel. Man hat von Fällen gehört, bei denen Autor*innen von Herausgeber*innen dazu angehalten worden sein sollten, entweder die von der Zeitschrift veröffentlichten Artikel selbst oder andere Zeitschriften innerhalb des Kartells zu zitieren (Davies 2012). Während Selbstzitate – man verweist auf eigene Werke – inzwischen von vielen automatischen Indizes und Metriken ausgesiebt werden (weiterführend Szomszor/Pendlebury/Adams 2020), sind Zitationskartelle immer noch schwer durch solch automatisiertes Vorgehen auszumachen. Neue relationale Detektoren sollen den Unterschied zwischen Denkschulenzugehörigkeit und *profile boosting* erkennen (Fister 2016). Erste Widerrufe, nämlich Rücknahmen von zu oft zitierten Artikeln und Aberkennungen von Rankings, zeichnen ein Bild eines rigider werdenden Kontrollsystems, welches jedoch kaum nachkommt, den Tricks der Banden entgegenzuwirken.

Fazit

Es werden heute mehr Zeitschriften und Wissenschaftsbücher denn je verlegt, gedruckt und online vertrieben, deren Erscheinungsformen in Zukunft weiter variieren werden. Das Schmökern zwischen den Buchdeckeln, das Wälzen inmitten eines abgegrenzten Wissensbestandes im Einband wird in der Wissenschaft gewiss weiter zurücktreten – und damit werden sich wohl auch die Einheiten und Formate des Denkens anpassen. In der Katalogisierung werden Bände den Versionen weichen, das **Bd.** wird durch v – die Version – ersetzt. Das Gesamtwerk im Kontext oder gar in der zeitlosen Wahrnehmung des Genies könnte dabei ebenfalls weichen. Stattdessen werden die neuen Verbindungen, die neuen Vernetzungstechniken des Denkens, immer spürbarer die traditionellen Bande des Wissens und die Fesseln des Marktes sprengen. Bis das der Fall ist, bleiben der Wissenschaft noch andere Optionen, ihre Publikationsmärkte zu regeln: So erstellen künstliche Intelligenzen ganz automatisch Sammelbände aus den Verlagsarchiven und bereichern sie um Zusammenfassungen und Meta-Analysen. Sie könnten auch Artikel für Zeitschriften optimieren oder gar selbst schreiben, und hier nach strengen Zitationsregeln agieren, die sowohl den wissenschaftlichen Qualitätsansprüchen Rechnung tragen als auch den bibliometrischen Mess- und Bewertungsmethoden in optimierter Weise Genüge tun. Warum sollte nicht auch das selbständige Lesen von Büchern, das vielen im 19. Jahrhundert noch suspekt war, da man Angst vor „Lesesucht" hatte (Bunz 2012), im 21. Jahrhundert den Maschinen überlassen werden? Nachdem die gelehrten Eliten dann auch die lästige Kontrolle des maschinellen Lernens auslagern konnten, ist der Weg frei, ganz neue Perspektiven auf die zarten, latenten Bande des Metawissens zu eröffnen.

Referenzen

Alfonso, Alexandre (2013). How Academia Resembles a Drug Gang. *Impact of Social Sciences*. URL: kurzelinks.de/ri2d [01.04.2021]

Bunz, Mercedes (2012). *Die stille Revolution. Wie Algorithmen Wissen, Arbeit, Öffentlichkeit und Politik verändern, ohne dabei viel Lärm zu machen*. Edition unseld, Bd. 7. Berlin: Suhrkamp.

Coolidge, Harold J. (1932). *Archibald Cary Coolidge. Life and Letters*. Boston: Houghton Mifflin.

Davies, Phil (2012). The Emergence of a Citation Cartel. *The Scholarly Kitchen*. URL: kurzelinks.de/5abq [01.04.2021]

DeSolla-Price, Derek (1986). *Little science, big science... and beyond*. New York: Columbia University Press.

Engels, Tim C.E./Istenič Starčič, Andrea/Kulczycki, Emanuel/Pölönen, Janne/Sivertsen, Gunnar (2018). Are book publications disappearing from scholarly communication in the social sciences and humanities?, *Aslib Journal of Information Management, 70*(6), 592–607.

Eriksson, Stefan/Helgesson, Gert (2017). The false academy: predatory publishing in science and bioethics. *Med Health Care and Philos 20*, 163–170.

Fister, Iztok/Fister, Iztok jr./ Perc, Matjaž (2016). Toward the Discovery of Citation Cartels in Citation Networks. *Frontiers in Physics, 4*, 49.

Franck, Georg (1999). Scientific communication -- a vanity fair?, *Science 286*(5437), 53–55.

Krebber, Gesa (2023). Hg. In Sandra Hofhues/Konstanze Schütze (Hg.), *Doing Research*. Bielefeld: Transcript, 270–279.

Lorenz, Thorsten (2023). (b)cc. In Sandra Hofhues/Konstanze Schütze (Hg.), *Doing Research*. Bielefeld: Transcript, 122–129.

Neylon, Cameron (2015). The Limits on "Open": Why knowledge is not a public good and what to do about it. URL: kurzelinks.de/eynr [01.04.2021]

Pfeifer, Wolfgang (1993). Etymologisches Wörterbuch des Deutschen, digitalisierte und von Wolfgang Pfeifer überarbeitete Version im Digitalen Wörterbuch der deutschen Sprache. URL: dwds.de/wb/etymwb/Band [01.04.2021]

Schiefner-Rohs, Mandy (2023). Hrsg. In Sandra Hofhues/Konstanze Schütze (Hg.), *Doing Research*. Bielefeld: Transcript, 262–269.

Sivertsen, Gunnar/Larsen, Birger (2012). Comprehensive bibliographic coverage of the social sciences and humanities in a citation index: an empirical analysis of the potential. *Scientometrics, 91*(2), 567–575.

Szomszor, Martin/Pendlebury, David A./Adams, Jonathan (2020). How much is too much? The difference between research influence and self-citation excess. *Scientometrics, 123*, 1119–1147.

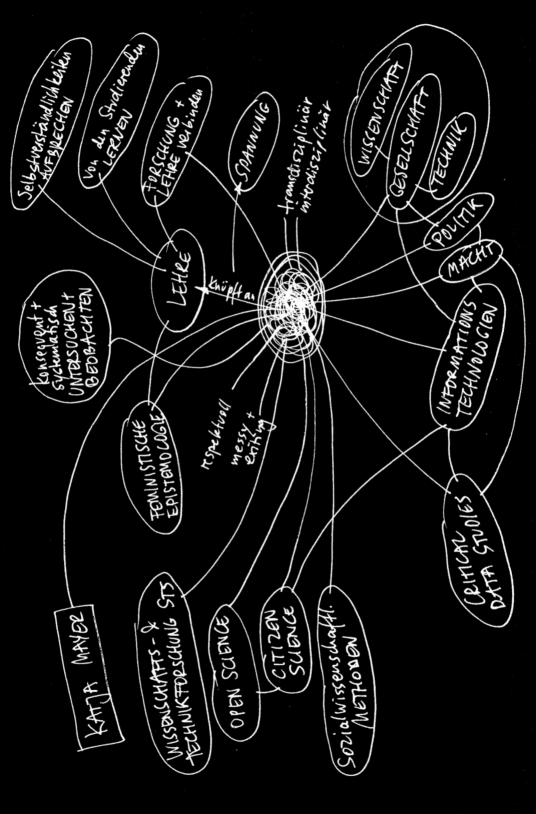

bzw. Eine bildungswissenschaftliche
Sicht auf Künstliche Intelligenz

Claudia de Witt

Im Folgenden wird mit der Abkürzung **bzw.** **(beziehungsweise)** *eine Praktik des Forschens über Künstliche Intelligenz in der Bildung – speziell der Hochschulbildung und vorrangig aus Perspektive der Bildungswissenschaft – vorgestellt, die gestaltungsorientiert (design based) an Entwicklungsmöglichkeiten digitalisierter und personalisierter Lehr- und Lernkulturen arbeitet.*

Die Abkürzung **bzw.** ist fast genauso uneindeutig wie der Begriff Künstliche Intelligenz (KI). Mit ihrer Verwendung ist generell eine Unterstreichung, eine stärkere Betonung oder eine nähere Ausführung des genannten Substantivs verbunden. **bzw.** stellt immer einen Bezug zwischen zwei verschiedenen Nomina her; die Abkürzung ist kein Ersatz für ein *und* oder ein *oder* und wird auch nicht als Korrekturmöglichkeit verwendet, wenn man sich plötzlich umentscheidet, vielmehr bringt sie eine besondere Qualität der dezidierten präziseren Beschreibung mit sich. Die sinngemäße Bedeutung von **bzw.** anzuwenden hilft in diesem Beitrag, eine konkretere Beschreibung der Forschungspraktik über KI aus bildungswissenschaftlicher Perspektive vorzunehmen und diese in der Hochschulbildung als Entwicklungs- und Anwendungsforschung (*Design Based Research*) zu charakterisieren. So meint **bzw.** ein *oder*, das im Sinne von *oder vielmehr* beziehungsweise *genauer gesagt* eingesetzt wird. Ebenso gut kann es für ein *das heißt* (siehe hierzu Kommer 2023) stehen, das das Beschriebene erweitert und präzisiert. Damit eignen sich diese Verbindungswörter als Brücke, um dem Begriff KI über Technologien, Verfahren und Anwendungen näher zu kommen. **bzw.** kann ebenso ein *besser gesagt* bedeuten, das das Dargestellte vertieft. Auch dieser Konnotation wird in diesem Beitrag Rechnung getragen, insofern am Beispiel des *AI.EDU Research Labs* die aus der KI-basierten Entwicklungsarbeit hervorgehenden Umsetzungen *illustriert* werden. Und wenn **bzw.** ein *ebenso wie* bedeutet, wenn also eine analoge Beziehung zwischen zwei Substantiven vorliegt, dann kann auch die Abkürzung *resp.* (respektive) angewandt werden. Diese spezielle Beziehungsweise kommt zum Abschluss des Beitrags für die KI-Forschung und für das Praktizieren von Wissenschaftskommunikation zum Einsatz.

Zu KI in der Bildung forschen

KI ist eine der gefragtesten Technologien in Bereichen wie der Medizin, dem Handel oder der Industrie. Im Bildungskontext dagegen befindet sich ihr Einsatz relativ am Anfang, da es hier noch wenige Daten und Anwendungen gibt. Um Innovationen mit KI im Bildungsbereich voranzubringen und mögliche Anwendungen in Schule, Hochschule oder (beruflicher) Weiterbildung zu entwickeln, eignet sich besonders eine Wissenschaftspraktik, die eng mit der Technikentwicklung verwoben ist: Der Design Based Research (DBR)-Ansatz spricht, im Gegensatz zu einer Evaluations- und Experimentalforschung, dem Design eine zentrale Rolle im Forschungshandeln zu. KI-Forschung **bzw.** Doing Design Based Research zu KI in der Bildung verbindet neue theoretische Erkenntnisse mit innovativen Problemlösungen. Gestaltungsorientierte Tätigkeiten im Doing Research suchen nach Anwendungen von KI-Verfahren und Entwicklungen von KI-Systemen, um unter anderem Lehr- und Lernprozesse mit einhergehenden Bewertungen und Einordnungen von Wissensbeständen verbessern zu können. Mit einer solchen Entwicklungsforschung lassen sich technologievermittelte Innovationen im *Bildungsalltag* erschaffen **bzw.** lässt sich in der Hochschullehre ein wissenschaftliches Ziel – mit dem Zweck des Erkennens **bzw.** Verstehens – mit einem praktischen Ziel – mit dem Zweck des Veränderns **bzw.** Weiterentwickelns – verbinden (Reinmann 2005, 2015 und 2018). Der Forschungsprozess im DBR beginnt mit einer Analyse und Bestimmung des praktischen Problems und dessen Kontextes sowie einer theoretischen Aufarbeitung zum State of the Art. Anschließend müssen kreative Ideen für die Innovationen gefunden und ausgewählt werden, um deren Realisierungen zu planen und den Prozessverlauf zu reflektieren. Mit mehrmaligem Erproben, Evaluieren und Reflektieren der Interventionen, den Iterationen, geht eine ständige Qualitätsentwicklung und -sicherung einher. Eine passende praktische Lösung und eine erweiterte theoretische Erkenntnis schließen den Forschungszyklus ab (Fortbildungszentrum Hochschullehre o.D.). Eine Innovation **bzw.** der Einsatz von KI in der Hochschulbildung gelingt dann, wenn kreative Problemlösungen mit systematischen, empirisch-analytischen Methoden in mehreren Iterationsschleifen in Verbindung gebracht und auf den Prüfstand gestellt werden McKenney/Reeves 2012). Um beispielsweise Personalisierung, KI-gestützte Assistenz- und Empfehlungssysteme und Intelligente Tutorielle Systeme in der Bildung im Sinne von Doing Research zu etablieren, ist auch Interdisziplinarität gefordert: Eine Forschung zu KI im Hochschulkontext bedingt eine interdisziplinäre Zusammenarbeit mindestens zwischen Forschenden der Informatik und der Bildungswissenschaft **bzw.** Mediendidaktik, aber auch weiteren Sozial- und Geisteswissenschaftler:innen, Psycholog:innen oder Ethiker:innen. Für ihre Zusammenarbeit ist ein gemeinsames Verständnis von zentralen Begriffen und Abläufen im Forschungsprozess notwendig. Dazu gehört das Wissen, woraus KI als Forschungsgebiet hervorgegangen ist und ein Verständnis davon, was KI, genauer gesagt: KI-Technologien, -Verfahren und -Anwendungen, bedeutet und leisten kann.

Wissen über KI in der Bildung anwenden

KI ist ein gutes Beispiel dafür, wie durch ein Zusammentreffen von Forschenden ein neues, zukunftsweisendes Forschungsgebiet etabliert werden kann. Nachdem bereits Alan Turing 1947 die Frage aufgeworfen hatte, ob Maschinen denken können, war es John McCarthy, der 1956 auf der Dartmouth Konferenz die Bezeichnung *Künstliche Intelligenz* verwendete und damit diesem Themengebiet seinen Namen gab. In den darauffolgenden Jahren zeigte sich in den meisten Untersuchungen zu KI-Systemen eine vorrangig mathematisch orientierte Forschungspraktik, die versuchte, kognitive Fähigkeiten mit Hilfe formaler Logiken zu beschreiben und im Computer zu repräsentieren. Damit bauten die Wissenschaftler:innen auf eine Berechenbarkeit von operationalisierbaren Aspekten des Lernens und des Problemlösens. Mittlerweile ist KI ein etablierter Forschungsgegenstand der Informatik, aber auch zu einem interdisziplinären Forschungs- und Anwendungsfeld geworden. KI wird als Sammelbegriff verwendet, der sowohl für eine Bandbreite von Technologien – von Expertensystemen bis hin zu maschinellem Lernen – als auch für Systeme und deren Anwendungen – etwa autonome Fahrzeuge, smarte Assistenten oder Empfehlungssysteme – steht. Es gibt extreme Strömungen, die nur lernende Systeme zu KI zählen. Es lässt sich aber mit Blick auf die vielzähligen und komplexen Anwendungen heute schon schwer sagen, wo genau *einfache* Digitalisierung aufhört und wo KI beginnt (de Witt/Rampelt/Pinkwart 2020: 9).

KI gilt als disruptive Technologie und damit als Innovationstreiber. Disruptiv bezeichnet man eine Technologie dann, wenn sie etwas bisher erfolgreich Bestehendes zerstört, obsolet macht, ersetzt und/oder vollständig verdrängt. KI wird alle Bereiche des menschlichen Lebens verändern. Autonome Gegenstände wie Roboter oder selbstfahrende Autos sollen uns Menschen zukünftig von routinemäßigen oder gefährlichen Tätigkeiten entlasten, lernende Maschinen übernehmen nicht nur Routinetätigkeiten, sondern stellen Diagnosen und treffen Entscheidungen. Technologische Innovationen lassen sich als zukunftsweisende Neuerungen begreifen und können etwa in der Bildung eingesetzt werden, um bestehende Lehr- und Lernkulturen zu verbessern. Diese Innovationen erfordern zugleich Anpassungen von Qualifikationsprofilen, Infrastrukturen, rechtlichen und ethischen Rahmenbedingungen. **bzw.** treiben sie neue Sichtweisen auf Urheberschaften und angepasste Prüfungsformen, etwa durch die mögliche Erstellung von Texten mittels KI, voran. Mit der Algorithmisierung gelangen somit immer mehr informatische Praktiken in andere wissenschaftliche Disziplinen hinein.

Die Informatik spricht von *starker KI*, wenn Systeme bewusstseinsähnliche Eigenschaften aufweisen und letztlich dieses *maschinelle Bewusstsein* dem menschlichen ebenbürtig oder sogar überlegen ist (Russell/Norvig 2012). Nichtsdestotrotz ist KI noch weit davon entfernt, eine Superspezies zu werden, auch wenn etwa der technologische Posthumanismus die Position vertritt, KI könne den Status des Menschen als Krone der Schöpfung infrage stellen und eine *maschinelle Superspezies* schaffen. Der technologische Posthumanist geht davon aus, dass der Mensch von den technologischen Errungenschaften profitiere und „zu einer besseren Version seiner selbst" werde, so Janina Loh, aber „vor allem erschafft er eine artifizielle Alterität – Andersartigkeit, Verschiedenheit, die der menschliche Spezies ablöst und damit ‚den' Menschen überwindet" (Loh 2018: 12f.). Den für uns sichtbaren (Forschungs-)Alltag prägt allerdings schwache KI. Zum *intelligenten* Verhalten dieser KI gehören dann Möglichkeiten und Fähigkeiten zur (visuellen) Wahrnehmung, zur Mustererkennung, zur Simulation selbstständigen Lernens, zum eigenständigen Finden von Problemlösungen, zur Sprach- und Gesichtserkennung oder zum (logischen) Schlussfolgern – neben dem Treffen von Entscheidungen und Vorhersagen. Im Medizin- und Finanzsektor, im Handel und in der Industrie ist KI bereits ein Innovationsmotor und verändert unseren Alltag. Zugleich stellt sie aber auch für den Bildungsbereich ein bedeutsames Forschungsfeld dar und bietet dort vielfältige Einsatzmöglichkeiten. Besonders umfangreiche Forschung zu KI findet hier – national wie international – in der Hochschulbildung statt. Forschende der Erziehungs**bzw.** Bildungswissenschaft gehen beispielsweise von der Hypothese aus, dass eine schwache KI im Kontext von Bildung helfen kann, zu verstehen, wie wir unsere menschlichen kognitiven Fähigkeiten verbessern und weiterentwickeln können und wie unser Lernen funktioniert. Denn auch wenn KI sich nicht selbst verstehen oder ihre Entscheidungen nicht rechtfertigen kann oder über die Wahrnehmung einer Selbstwirksamkeit (*Self-Awareness*) verfügt, kann die Kombination aus großen Datenmengen und didaktisch gestalteter KI helfen, die Entwicklung von Intelligenz und Lernfortschritten nachzuvollziehen (Luckin 2018: 91). So verspricht KI für Lehren und

Lernen Qualitätsverbesserungen und eine höhere Effektivität, die durch doing research in vielfältiger Weise ermittelt werden können.

Über KI Im Anwendungsfeld forschen

Um tiefer zu bohren, wie eine Wissenschaftspraktik und eine Technikentwicklung weiter zusammenwachsen können, muss das Anwendungsfeld mit seinen Herausforderungen – das heißt KI in Hochschulstudium – in den Blick genommen werden. Besonders Hochschulen sind ein Feld für die Entwicklung, Erprobung und Einsatz von KI-Anwendungen geworden. Hier werden beispielsweise (als Teilgebiet der KI) Learning Analytics, genauer gesagt: die Messung, Sammlung, Analyse und Berichterstattung von Daten über Lernende und ihre Kontexte, betrachtet, um das Lernen und die Umgebungen, in denen gelernt wird, einerseits besser zu verstehen und andererseits zu optimieren (Siemens 2011; Greller/Drachsler 2012). Bei Learning Analytics können allerdings auch Methoden zum Einsatz kommen, die nicht zu KI gehören.

Die Bandbreite an Szenarien, in denen KI in der Bildung eingesetzt werden kann, ist groß. Sie reichen von Anwendungen zur Unterstützung von Lernenden wie Intelligente Tutorielle Systeme, Recommender für personalisierte Inhalte **bzw.** Feedback oder Kuratierung von Inhalten auf der Grundlage individueller Bedarfe über adaptive Systeme für Lehrende etwa zur Unterstützung ihres didaktischen Designs, Automated Essay Scoring-Systeme oder Assessments bis hin zu Anwendungen für wahrscheinliche Studienverläufe über Profiling und Vorhersagen (Wannemacher/Bodmann 2021; Zawacki-Richter/Marín/Bond/Gouverneur 2019). Diese Anwendungen haben das Potenzial, einer sehr heterogenen Zielgruppe personalisiertes Lernen anzubieten. KI-Anwendungen im Bildungsbereich lassen sich in Kategorien einteilen, etwa in *persönliche Tutoren*, intelligente Unterstützung für kollaboratives Lernen und *intelligente virtuelle Realität für das Lernen* (Luckin/Holmes/Griffiths/Corcier 2016). Als persönliche Tutoren kommen Recommender, Systeme zur Empfehlungsgebung und Unterstützung des Selbststudiums, zum Einsatz. Diese Systeme ermöglichen personalisiertes Lernen, indem sie riesige Datensätze nutzen, um den individuellen Bedürfnissen der Lernenden gerecht zu werden. Mit der sich stetig ausbreitenden Digitalisierung des Lernens und dem kontinuierlichen Wachstum von Bildungsdaten ist die Zahl der entwickelten Recommender in den letzten Jahren deutlich gestiegen. Diese große Datenmengen können dazu genutzt werden, um den individuellen Bedürfnissen der Lernenden näher zu kommen. Drachsler et al. (2015) identifizierten Aufgaben von Recommendern vorrangig darin, Lerninhalte, Lernaktivitäten, Lernsequenzen und Lernpartner:innen vorzuschlagen und Lernergebnisse vorauszusagen. Neben der mit KI erreichbaren Skalierung und Adaptivität von Lernprozessen ist die Personalisierung in Studium und Studienverlauf eines der großen Forschungsthemen im Kontext von Learning Analytics und KI. Damit ist das Ziel verbunden, die Leistungsfähigkeit digital vermittelter Bildungsprozesse für Studierende und für Lehrende zu steigern. Personalisierung findet man bisher in vielen Konzepten des E- und Mobile Commerce. Sie wird insbesondere durch Recommender-Systeme, Web-Personalisierung, Informationsfiltering und personalisiertes Informationsretrieval ausgeführt. *Personalisierung* steht für einen Prozess, der die Funktionalität, die Schnittstelle, den Informationszugang und -inhalt oder die Besonderheit eines Systems adaptiert, um seine persönliche Relevanz für eine Person oder eine Kategorie von Personen zu erhöhen (Fan/Poole 2006: 183). Eng mit der Personalisierung verbunden sind adaptive Systeme, die zum Beispiel in der Lage sind, Kursmaterialien unter Verwendung verschiedener Parameter und vordefinierter Regeln zu verändern, Bedarfe der Lernenden zu erfassen und ihnen Vorschläge für den weiteren Lernprozess zu unterbreiten (siehe auch **cmd**, Breiter 2023). Personalisierung in der Hochschulbildung ist ein auf den Lernfortschritt von Studierenden ausgerichteter Ansatz. In Interaktion mit dem System werden Lernziele, -inhalte, -tempo und -ergebnisse eng auf die Bedürfnisse einer Person abgestimmt. Die Qualität personalisierten Lernens liegt dann in der Kombination einer gefilterten Auswahl von Lerninhalten und einer unterstützten Selbsteinschätzung durch ein gutes Feedbacksystem (*Denken Sie einmal darüber nach, eine andere Lernstrategie anzuwenden*) sowie in der intelligenten Aktivierung des Lernprozesses durch eine zunehmende Verantwortungsunterstützung für die Studierenden.

Mit KI Lernprozesse personalisieren

Forschung im Themenfeld von KI lässt nicht nur Möglichkeiten der Mensch-Computer-Interaktion **bzw.** augmentierter Intelligenz in Augenschein nehmen, sondern sie ermöglicht die Partizipation an der Gestaltung von Zukunft. Für Bildungswissenschaftler:innen ist es daher Herausforderung, Motivation und Aufgabe, durch die Teilhabe an technologischen Weiterentwicklungen und durch ihre Visionen und Zielvorstellungen die Zukunft von Bildung und Lernen wesentlich mitzubestimmen. Dies ist auch ein Beweggrund des hier exemplarisch näher betrachteten *AI.EDU Research Labs*. Das Lab ist Teil des

Forschungsschwerpunkts D^2L^2 – Digitalisierung, Diversität und Lebenslanges Lernen – und ein Kooperationsprojekt der FernUniversität in Hagen mit dem Deutschen Zentrum für Künstliche Intelligenz (DFKI)[1]; seine Forschungspraktik orientiert sich am skizzierten DBR-Ansatz. In einem interdisziplinären Team aus Wissenschaftler:innen der Informatik und Bildungswissenschaft wurden zu Anfang der Entwicklungs- und Forschungsarbeiten die Ziele geklärt **bzw.** die Fragen formuliert, was mit der Einführung von KI in die Hochschulbildung erreicht werden will, welche Probleme mit KI gelöst werden könnten und welche Einsatzszenarien in einer Projektlaufzeit von drei Jahren möglich wären. Aufgrund der gemeinsamen Lehr-Erfahrungen bestand im Team schnell Konsens darüber, Methoden der KI im Studium einzusetzen, um Studierenden bei ihren persönlichen Bildungszielen und ihren individuellen Lernprozessen zu unterstützen – und nicht etwa, um auf *Bildungserfolge* im Sinne von Abschlüssen abzuzielen – und damit das bisher standardisierte Hochschulstudium zu personalisieren. Personalisiertes Lernen kann anhand eines individuellen Rückmeldesystems oder dynamischen Empfehlungen sichtbar machen, was Erfolg im Einzelnen und für die Einzelne:n beinhaltet; es kann Erkenntnisse darüber liefern, wie man eigenständig lernt, um die im Studiengang vorgegebenen Ziele, eine wissenschaftliche Qualifikation und/oder eben persönliche Bildungsziele zu erreichen – auch wenn hiermit formal ein Abbruch einhergeht. So widmet sich die aktuelle Forschung des Labs zwei Ebenen der Personalisierung im begleiteten Selbststudium: Einmal einer Personalisierung auf inhaltlicher Ebene, um die Aneignung der Lerninhalte und der eigenen Lernprozesse in einem Semester zu unterstützen und einer Personalisierung auf Ebene der Selbstorganisation, um das Durchlaufen des Hochschulstudiums unter Berücksichtigung der Selbstbestimmung und Eigenverantwortlichkeit der Studierenden zu unterstützen und zu erleichtern. Modellhaft – in Testbeds – werden im *AI.EDU Research Lab* Methoden und Anwendungen der KI in Studium und Lehre entwickelt, erprobt und erforscht, um Studienabschlüsse durch eine Verringerung der Studienabbruchsquote und um individuelle Lernerfolgsquoten zu erhöhen. Abgesehen von diesem übergeordneten Forschungsziel fallen die weiteren Teilziele je nach Disziplin – Informatik oder Bildungswissenschaft – durchaus unterschiedlich aus. Jedoch ist allen Beteiligten bewusst, dass die Entwicklung KI-basierter Anwendungen nur gemeinsam erarbeitet werden kann, wodurch disziplinübergreifende Begriffsverständnisse, Austausch über Vorgehens- und Darstellungsweisen an Bedeutung gewinnen. Für die forschenden Bildungswissenschaftler:innen bedeutet dies, dass sie sich in das Fachgebiet der Informatik einarbeiten und den State of the Art zu KI, einschließlich ihrer Chancen und Grenzen, ermitteln müssen. Die Informatiker:innen erhalten im Gegenzug ein tiefergehendes Verständnis von (medien-)didaktischen Ansätzen, Bildungsvorstellungen und Lernzielen. Ebenfalls findet eine interdisziplinäre Auseinandersetzung mit überzogenen Erwartungen an KI statt, beispielsweise mit der Ambition, innerhalb von zwei bis drei Jahren eine universelle digitale Assistenz für Studierende entwickeln zu können, die als vernetztes Wissenssystem, Kommunikationsschnittstelle und Empfehlungsgeber für diverse Anforderungen in einem agieren kann.[2]

Im Sinne des DBR werden die im Lab entwickelten KI-Anwendungen als Demonstratoren zunächst auf einer Forschungsinstanz getestet, ehe sie nach formativen Evaluationen über Plug-ins in die reguläre Instanz der Lernumgebung integriert werden und somit eine Forschung an realistischen KI-basierten Lehr-/Lernszenarien ermöglichen. Für diese Integrationsbegleitung in den regulären Praxiseinsatz sind Abstimmungen mit den IT-Einrichtungen der Hochschule erforderlich, um die KI-Anwendungen qualitativ zu optimieren und zu beforschen. Die Forschungspraktik zur Neuentwicklung und Erforschung von KI-basierten Systemen wie Recommendern **bzw.** Empfehlungssystemen für eine individuelle Lernunterstützung im Studium und für den Studienverlauf lässt sich anhand einiger Arbeitsschritte verdeutlichen: Für die Modellierung und weitere Entwicklung sind vor allem die Datenquellen an der Hochschule zu analysieren, Prozesse zur regelmäßigen Datenabfrage und -bereitstellung sowie des gesamten Datenmanagements zu definieren, vollständige Datenexporte aus den Lernumgebungen vorzunehmen und für das so genannte *Expertsystem* das Domänenmodell inklusive Ontologien, das Lernenden- und das Didaktikmodell zu beschreiben. Aufgrund geringer vorliegender Datenmengen hat es sich als sinnvoll erwiesen, dass für die Personalisierung zunächst regelbasierte Systeme für die KI-Anwendungen eingesetzt **bzw.** mit einem Expertensystem (Wissen von Expert:innen) aufgebaut werden. Durch fortlaufende Nutzung der KI-Anwendungen durch die Studierenden können dann die Algorithmen – die erst auf wissensbasierten, semantischen Regeln und einigen innovativen Designs basieren – von regelbasierten zu datenzentrierten Algorithmen übergehen **bzw.** es kommen mehr und mehr maschinelle Lernmodelle und künstliche neuronale Netze, der Funktionsweise des Gehirns nachempfundene Algorithmen, (in realen Lernkontexten zur Anwendung. In dieser Forschungspraxis wird der Vorteil hybrider Systeme deutlich: Hier verbindet sich das Wissen, die Interpretations- und Entscheidungsfähigkeit des Menschen mit dem Vorteil der KI, große Datenmengen zu verarbeiten, einzuordnen und zu klassifizieren sowie Muster zu erkennen. Auf Basis dieser Daten lassen sich Prototypen, etwa Automatic Assessment Tools und intelligente Feedbacks, für Studierende so gestalten, dass sie die Studieninhalte mit automatisierten Assessments verknüpfen. Dafür werden ein Konzept und die technischen Voraussetzungen für ein Expertensystem vorbereitet und auf theoretischen Vorarbeiten zurückgehende Recommendations modelliert. Zur Pilotierung gehören die Testungen des Expertensystems auf der Grundlage von Ontologien und Verfahren des maschinellen Lernens basierend auf vorhandenen Datensätzen.

Für die Personalisierung über den Studienverlauf werden Educational Data Mining, Learning Analytics und maschinelles Lernen eingesetzt **bzw.** werden Erfolgs- und Misserfolgsfaktoren im Studium durch ECTS- und Panelbefragungsdaten identifiziert, um anschließend ein anwendungsbereites Modell selbstregulierten Lernens auf empirischer und theoretischer Basis zu entwickeln. Außerdem werden die so erzeugten Daten durch ein Pseudonymisierungsverfahren mit den Daten der Lernumgebung verknüpft; dieses Verfahren wird von den Datenschutzbeauftragten der Hochschule begleitet. Vorliegende ethische Rahmenrichtlinien zum Einsatz von KI-Verfahren werden partizipativ mit Studierenden bewertet und für die eigenen Anwendungen angepasst. In den Arbeitsschritten der Diversifikation, Skalierung und Forschung erfolgen zu den entwickelten Testbeds Evaluationen, Anpassungen und abschließende konzeptionelle Arbeiten. Für den Studienbetrieb werden zusätzlich didaktische Interventionen durch KI erstellt. Diese sind abhängig von der Art der Didaktik, die von instruktionsorientiertem Design bis zum forschenden Lernen reichen. Zu den Testungen und finalen Auswertungen gehören die Durchführung von Testphasen im regulären Studienbetrieb in einem Semester oder mehreren Semestern. Die Testungen umfassen formative Evaluationen, die in die weitere didaktische und technische Gestaltung der KI-Anwendungen einfließen, und Testphasen mit optimierten Tools und Recommendern im regulären Betrieb mit verfeinerten Erhebungsinstrumenten. Erkenntnisse des DBR – **bzw.** aus dem vorgestellten, praktizierten Forschungsprojekt – fließen also unmittelbar wieder in die Gestaltung der Testbeds, in die KI-Anwendungen **bzw.** Recommender ein, um sie für die Zielgruppe, die Studierenden und Lehrenden, erfahrbar zu machen.

KI-Forschung kommunizieren

Die Potenziale von KI lassen sich nur verlässlich erforschen, wenn für die zu entwickelnden Anwendungen umfangreiche Daten vorliegen und KI-Anwendungen in ihrem Kontext, über die Bedingungen und Folgen ihres Einsatzes erschlossen werden. So sind Big Data und der Kontextbezug zwei Aspekte, die KI-Forschung auszeichnen. Zudem können für den Forschungsprozess selbst KI-Methoden eingesetzt werden, etwa bei empirischen Analysen des Innovationsgeschehens.

Zum Doing Research über und mit KI gehören letztlich die Wissenschaftskommunikation als Kommunikation von Forschenden untereinander und mit der Öffentlichkeit genauso wie die Innovationskommunikation für die Verbreitung und Vermittlung der Innovationen. So werden die Forschungsaktivitäten eng von Veröffentlichungen begleitet und nicht erst am Ende des Forschungsprozesses präsentiert, sondern permanent. Auf diese Weise können auch die Zielgruppen jederzeit selbst Rückmeldungen zu den Neuerungen geben. Forschungsfilme stellen Ziele, Evaluationen und Anwendungen in einem Corporate Design des Forschungsprojekts vor und lassen sich in den (Zwischen-)Ergebnispräsentationen einsetzen **bzw.** über die jeweilige Homepage downloaden. Verwendete Daten, Datensammlung und -aufbereitung, werden in Verzeichnissen zur Verarbeitung von Tätigkeiten dargestellt und kontinuierlich aktualisiert. Präsentationen und Publikationen bilden allerdings noch immer die verbreitetsten Organe zur Kommunikation von Forschung. Die Präsenz auf nationalen und internationalen Tagungen und internationale Publikationen führt zu Best Paper Awards im europäischen Raum, zu neuen Kontakten zu internationalen Forscher:innen bis hin zu Anfragen über den Austausch von Algorithmen – genauer gesagt: Anfragen aus China zum Austausch über die neuen KI-Anwendungen. Dieses Interesse von einer der führenden KI-Nationen belegt die Aktualität der Forschungsaktivitäten. Wissenschaftspraktik ist also auch wesentlich kommunikative Praktik. Zudem ist KI ein gesellschaftliches Thema und das Interesse an Forschungsinnovationen zu KI in Alltag, Beruf, Aus- und Weiterbildung dementsprechend groß; an dem neuen Wissen sind daher nicht nur Forscher:innen interessiert. Somit leistet praktizierte Wissenschaftskommunikation zu KI auch Aufklärung über deren potenzielle Nebeneffekte wie etwa Diskriminierung durch Ähnlichkeitsmuster, ubiquitäre Quantifizierung, Intransparenz von Entscheidungen, Deep Fakes oder die Entwertung von Sprache, um nur einige zu nennen – nicht nur im Bildungsbereich.

Anmerkungen

1 Siehe auch URL: fernuni-hagen.de/forschung/schwerpunkte/d212/projekte/ai-edu.shtml [22.08.2021].

2 In dem Forschungsverbund machen die Informatiker:innen deutlich, dass ein KI-System kein universeller Problemlöser ist, sondern nur für eine bestimmte Aufgabe und mit einer Menge an Daten programmiert werden kann. Dennoch ist die Vision eines persönlichen, intelligenten Assistenz-Systems (*PIA*), das bei der Lösung von individuellen Problemen helfen und in vielen Situationen im Studium eine Antwort weiß, im *AI.EDU Research Lab* die Folie, vor der die einzelnen KI-Anwendungen entstehen und zusammengeführt werden sollen.

Referenzen

Breiter, Andreas (2023). cmd. In Sandra Hofhues/Konstanze Schütze (Hg.), *Doing Research*. Bielefeld: Transcript, 162–169.

Drachsler, Hendrick/Verbert, Katrien/Santos, Olga C./Manouselis, Nikos (2015). Panorama of Recommender Systems to Support Learning. In Francesco Ricci/Lio Rokach/Bracha Shapira (Hg.), *Recommender Systems Handbook*. 2. Aufl. Boston et al.: Springer, 421–452.

Fan, Haiyan/Poole, Marshall S. (2006). What Is Personalization? Perspectives on the Design and Implementation of Personalization in Information Systems. *Journal of Organizational Computing and Electronic Commerce, 16*(3), 179–202.

Fortbildungszentrum Hochschullehre (o.D.). Design Based Reseach. URL: kurzelinks.de/q7du [22.08.2021]

Greller, Wolfgang/Drachsler, Hendrik (2012). Translating Learning into Numbers. A Generic Framework for Learning Analytics. *Educational Technology & Society, 15*(3), 42–57.

Kommer, Sven (2023). d.h. In Sandra Hofhues/Konstanze Schütze (Hg.), *Doing Research*. Bielefeld: Transcript, 178–183.

Loh, Janina (2018). *Trans- und Posthumanismus zur Einführung*. Hamburg: Junius.

Luckin, Rosemary (2018). *Machine Learning and Human Intelligence. The Future of Education for the 21st Century*. London: UCL Institute of Education Press.

Luckin, Rosemary/Holmes, Wayne/Griffiths, Kark/Corcier, Laurie B. (2016). *Intelligence Unleashed. An Argument for AI in Education*. London: Pearson.

McKenney, Susan/Reeves, Thomas C. (2012). *Conducting Educational Design Research*. New York: Routledge.

Reinmann, Gabi (2005). Innovation ohne Forschung? Ein Plädoyer für den Design-Based-Research-Ansatz in der Lehr-Lernforschung. *Unterrichtswissenschaft, 33*(1), 52–69.

Reinmann, Gabi (2015). Reader zum Thema Entwicklungsorientierte Bildungsforschung. URL: kurzelinks.de/2m33 [22.08.2021]

Reinmann, Gabi (2018). Reader zu Design-Based Research. URL: kurzelinks.de/eio3 [22.08.2021]

Russell, Stuart/Norvig, Peter (2012). *Künstliche Intelligenz. Ein moderner Ansatz*. München et al.: Pearson.

Siemens, George (2011). Learning Analytics. A Foundation for Informed Change in Higher Education. *Vortrag im Rahmen von EDUCAUSE. Learning Initiative*.

Wannemacher, Klaus/Bodmann, Laura (2021). *Künstliche Intelligenz an den Hochschulen*. Potenziale und Herausforderungen in Forschung, Studium und Lehre sowie Curriculumentwicklung. Arbeitspapier Nr. 50. Berlin: Hochschulforum Digitalisierung.

de Witt, Claudia/Rampelt, Florian/Pinkwart, Niels (Hg.) (2020). *Künstliche Intelligenz in der Hochschulbildung*. Whitepaper. Berlin: KI-Campus.

Zawacki-Richter, Olaf/Marín, Victoria I./Bond, Melissa/Gouverneur, Franziska (2019). Systematic Review of Research on Artificial Intelligence Applications in Higher Education. Where Are the Educators? *International Journal of Educational Technology in Higher Education, 16*(1),1–27.

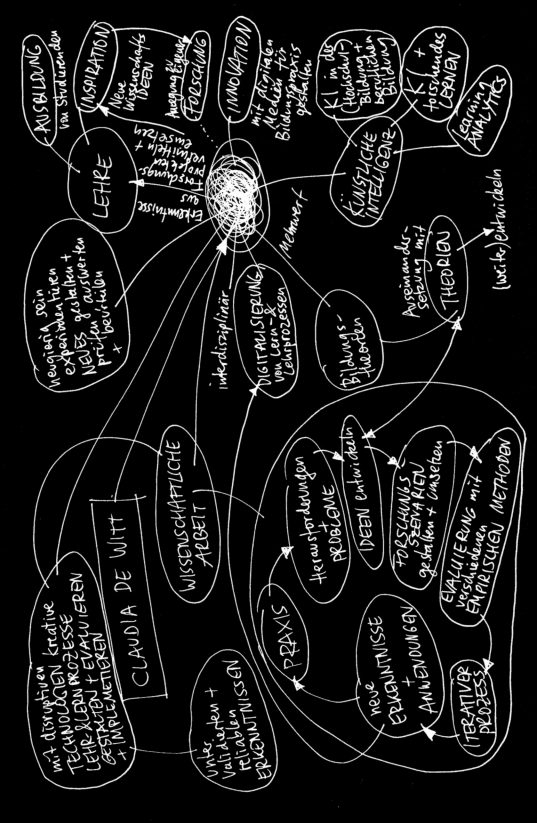

ca.   Im paradoxen Feld der gewollten Ungenauigkeit   Lena Wagner

Dieser Beitrag erörtert entlang der Grenzen der etymologischen Unschärfe des originär lateinischen Wortes circa **(ringsumher)**, *abgekürzt mit* ca., *dessen Unstimmigkeit in wissenschaftlichen Konstruktionsprozessen durch rundende Tendenzen der Unter- oder Überrepräsentation. Die Position des Adverbs im Dazwischen führt die Grundannahme der exakten Forschung von einem übereinstimmenden Text- und Wortverständnis in der akademischen Medienproduktion wie -rezeption ad absurdum.*

In der Funktion eines Synsemantikons tritt die Abkürzung **ca.** lexikalisch-semantisch unselbstständig auf. Durch die daran gekoppelte Polysemie wird sie in situationsdifferenzierenden Verbindungen mit Zeit-, Mengen- oder Größenangaben charakteristisch zur Bewältigung medialer Produktionsästhetik verwendet. Die Qualität von **ca.** als reizvolles Gestaltungsmittel in Texten liegt, aufgrund der variierenden Schwäche des vagen Bezeichnens des originär lateinischen *circum* für *ringsumher* oder *auf beiden Seiten* (DWDS 2021), in der grammatischen Härte des unveränderlichen Adverbs im komplexen System der deutschen Sprache. In Form der Zuordnung aus gesprochenen Lauten und zwei geschriebenen Buchstaben in Kombination mit dem eigentümlichen Abkürzungspunkt partizipiert **ca.** am Emergenzphänomen der Kompositionalität eines Satzes (und konsekutiv der semantischen Verbindungen eines Textes). Im Sinne der Grammatik als prototypisches Zeichensystem nimmt die Abkürzung die Position des „kleinsten denkbaren Element[s] der Medialität" (Genz/Gévaudan 2016: 209) – eines Zeichens – ein.

Ein Zeichen ist dann gegeben, wenn etwas für etwas anderes steht (Krah 2013: 16), wenn also das *Etwas* **ca.** über sich hinaus weist und *etwas anderes*, nämlich den variablen Umkreis einer Maßeinheit, repräsentiert. Mit Peircescher Terminologie gesprochen gelingt im Rezeptionsprozess qua Interpretation von **ca.** als Teil des gesamten Kommunikationsereignisses[1] zunächst keine Assoziation zwischen dem Repräsentanten, also dem darstellenden materiellen **ca.**, und dem Repräsentat, dem tatsächlich Dargestellten (Genz/Gévaudan 2016: 113). Durch die Tätigkeiten der Herstellung und Wahrnehmung des Einzelzeichens, die eine Voraussetzung für gelingende semiotische Vermittlung sind, entsteht noch keine Vorstellung des Bezeichneten. Die wesentliche Abhängigkeit des Begriffs **ca.** von einem Zahlwort oder einer Ziffer und seine damit einhergehende *Willkürlichkeit* im Verbund mehrerer Einzelzeichen eines Satzes und Textes als Ganzes, das „in seinem semiotischen Potenzial die Möglichkeiten übersteigt, die in den einzelnen Komponenten angelegt sind" (ebd.: 60), verweisen auf sein Wesen als *Symbol*, ergo als Objekt durch Konvention.

Durch die Unmöglichkeit der Flexion erhält das Adverb eine sinnbildlich wirkende Anpassungsfähigkeit an das kategorisch geforderte variierende Numerale, die auf einem sozial konstruierten, mehr oder weniger *schweigenden* Konsens einer Kommunikationsgemeinschaft beruht. Im „Resonanzraum der Stille" (Koschorke 2004: 153) wissenschaftlicher Disziplinen, die in einem innigen Verhältnis zur Sprache stehen, herrscht diskursive Einigkeit darüber, dass die Begleiterscheinung **ca.** stets den schützenden Mantel eines stilistischen Verums um die Daten legt. Durch die tradierte Zwischenstellung „zwischen den Extremen der institutionellen Setzung und der autoregulativen Entstehung von Normen" (Genz/Gévaudan 2016: 164) behauptet sich **ca.** als erprobtes, risikofreies Erkennungszeichen für Barrierefreiheit in der Textrezeption. Im Dekodierungsvorgang des Zeichens verhandelt die Abkürzung in knapper Form eines kunstvollen, diplomatischen Vermittlers (un-)genaue Größen. In seinem attributiven Sosein nimmt es demnach als ästhetische, kleine Form rundende Akzentuierungen vor, die sich einerseits dem Ausgangsinteresse eines Textformats beugen, das den standardsprachlichen Kritiken der kognitionspsychologischen Leseforschung unterworfen ist. Andererseits sind es den, von einem spezifischen (wie dem akademischen) Markt formalisierten und normalisierten, Grenzen der Medienform geschuldet. Der zyklische, in sich selbst konventionelle Wertungsdiskurs der Kodierung des *normalen* symbolischen Zeichens **ca.** wird zweifellos vom Typus der Zugänglichkeit des medialen Endprodukts bestimmt.

Zugänglichkeit und Symbolwertung

Genz und Gévaudan (2016: 175) unterscheiden drei Typen der Zugänglichkeit von Medien in ästhetischen Zusammenhängen. Den effektiven Ökonomieprinzipien[2] zur besseren Textverständlichkeit folgend geht die Darbietung von **ca.** mit einer leichten (1) *emotionalen* und (2) *kognitiven* Zugänglichkeit einher. Eine unbewusste Aktivierung von Gemütsbewegungen (zum Beispiel von Neugierde, Lese-, Lernmotivation) sowie die Aufbereitung und Vermittlung von Wissensinhalten ohne größere „intellektuelle Anstrengung" (ebd.: 176) werden gewährleistet. Binnen eines aus gesellschaftsethischer Perspektive wünschenswerten wissenschaftlichen Integrationsdiskurses sind für eine große, teils nicht fachkundige Leser_innenschaft komplexe Ergebnisse nachvollziehbar. So wird auch die (3) *soziale* Zugänglichkeit aufgrund erhöhter Verbreitung des Medienprodukts in sämtlichen Kanälen – sei es durch Word-of-Mouth-Kommunikation[3] oder Netzviralität in einem geöffneten Wissenschaftssystem – positiv valutiert. In Exklusivitätsdiskursen, in denen Rezipient_innen erst ab einem gewissen Bildungsniveau auftreten, werde allerdings, so Genz und Gévaudan (2016: 176), eine diffizile Darlegung von Wissen ohne simplifizierende Verzerrungen und Lücken, wie sie durch **ca.** hervorgerufen werden können, höher bewertet. Diese federführenden Bewertungskriterien des Erscheinungsbildes einer wissenschaftlichen Publikation geben Anlass, den Auftritt des komplexitätsreduzierenden Funktionswortes in professionellen Kontexten zu hinterfragen.

Inkonsistenz durch natürlich-sprachliche Unexaktheit

Die sich in eingefahrenen Bahnen bewegende Entschlüsselung von **ca.** als gewolltes Ungenauigkeitssymbol signalisiert die immanente Widersprüchlichkeit seiner Verwendung in der akademischen Textproduktion exakter, besser *mathematischer* Wissenschaft, wobei „solche ‚mathematischen' Wissenschaften [nicht] als Teile der Mathematik mißzuverstehen" (Lorenzen 1960: 10) sind. *Mathematisch* meint vielmehr die potenziell finale Ausgestaltung der Forschungserkenntnisse in mathematischen Theorien (diese Erkenntnisse mögen nicht ausschließlich aus Zahlen bestehen, wobei die Resultate eben nur mittels Mathematik und formaler Logik erarbeitet werden können) (ebd.). Das von empirischer Forschung wohlwollend akzipierte Loblied der programmatischen Exaktheit[4] verschleiert, dass die idealtypischen Denkmodelle der Mathematik und Logik als evidente Basis für die Konstruktionsprozesse des *doing research* der sozialen Realwissenschaft *a priori* einer *Independenz der Arbitrarität* des natürlichen Sprachgebrauchs unterliegen und ihre Erkenntnisse von den „‚Unexaktheiten' der natürlichen Sprache" (ebd.: 11) befreit sein müssen. Die Abkürzung **ca.** verkehrt demnach in ihrer etymologischen Unschärfe genau diese von Lorenzen postulierte Annahme des Wollens und Könnens einer exakten Wissenschaft zur Artikulation in (numerisch) konstruierter Sprache. Eine genormte Kunstsprache, wie die mathematische Metasprache, ist in systematischer Relation frei vom Umgang mit der natürlich-sprachlichen Wirklichkeit, wovon sie sich aber, so räumt Lorenzen (1960: 11) ein, erst loslösen musste. Die Historizität der Standardisierung rechnerischer Notationen beruht auf wissenschaftlichen, akkordierenden Interaktionen zugunsten der Konvergenz und Vereinheitlichung der kulturell unterschiedlichen Symbolsysteme. Hier knüpft auch folgender Übersetzungsversuch an.

Mathematischer Übersetzungsversuch: ≈

Folgte die exakte realwissenschaftliche Textproduktion dem Ruf Lorenzens, so ließe sich das bildschriftliche **ca.** am treffendsten in das nicht-lautsprachliche, schriftbildliche[5] und in der Mathematik eigenständige Zeichen der Doppeltilde ≈ übersetzen. Basierend auf der Kodierung des Gleichheitszeichens = als ikonischem Zeichen, das mittels Analogie (zwei absolut gleiche Parallellinien) auf das von ihm bezeichnete Objekt (Gleichheit) referiert, gilt die Doppeltilde als symbolisches Ikon: Den arithmetischen Kommunikations(aus)handlungen entstammend, ist die dyadische Wellenlinie „im Kreislauf aus innovativer Durchbrechung von Konventionen und Konventionalisierung von Innovationen" (Genz/Gévaudan 2016: 164) zum Repräsentanten für *ungefähr gleich* oder *gerundet* erstmals von Mathematiker Alfred Greenhill in *The Applications of Elliptic Functions* (1892) entwickelt worden (Lankham/Nachtergaele/Schilling 2016: 237). Nach dem Kontiguitätsprinzip kennzeichnet ≈ die Rundung der nachfolgenden Zahl.

Es sei an dieser Stelle nochmals darauf hingewiesen, dass nach rein *idealwissenschaftlichen* innermathematischen Betrachtungen, „in der Mathematik […] alle Zahlenwerte exakt an[ge]gaben" (Hoffmann et al. 2009: 55) werden können. Eine reelle Zahlenangabe lässt keine ambige Interpretation zu. Im Hinblick auf das Verhältnis von „realen Erscheinungen und ihrer mathematischen Widerspiegelung" (ebd.) wird aber die mit der Auf- oder Abrundung entstehende, in ihrer lebenswirklichen Bedeutung variierende Fehlerhaftigkeit dadurch legitimiert, dass der die originäre Zahl ersetzende Näherungswert einerseits die gleichen produktionsästhetischen Eigenschaften mit sich führt wie das natürlich-sprachliche Zeichen **ca.**: Es wird eine Verkürzung der Ziffer zum Zweck der Platzersparnis und der leichteren kognitiven Zugänglichkeit vollzogen (siehe _, Garz/Riettiens 2023). Andererseits legitimiert sich die Angabe eines Näherungswertes durch das Prinzip einer sinnvollen Genauigkeit, also einer Aufzeichnung von weniger, aber zweckmäßigeren Stellen als im Ergebnis vorhanden. Auch beim Rechnen mit dem Computer können aufgrund der Speicherkapazitäten Zahlen nur bis zu einem gewissen Genauigkeitsgrad angegeben werden, weshalb das IEEE (Institute of Electrical and Electronics Engineers) mittels der internationalen Norm *754-2019 Standard for Floating-Point Arithmetic* die Standarddarstellung der Gleitkommazahlen für Mikroprozessoren regelt (IEEE 2019).

Das Ikon ≈ verdeutlicht folglich zugleich, dass aufgrund des systemhaften und symmetrischen Rundens keine falsche Genauigkeit angegeben werden mag.

In der Realwissenschaft[6] wird überdies angestrebt, die Scheingenauigkeit zu umgehen, weil Messinstrumente nur eine bestimmte Genauigkeit aufweisen. Alle Messwerte „irgendwelcher Größen sind mit Fehlern behaftet" und „große Anzahlen unterliegen unkontrollierbaren Schwankungen" (Schuppar 1999: 23). Dennoch können die mittels Reproduktionen und Replikationen erzeugte Präzision (Grad der Übereinstimmung der Werte unterschiedlicher Messungen) und Richtigkeit (Grad der Übereinstimmung eines Mittelwerts einer Messreihe mit dem Referenzwert) die Genauigkeit des referentiellen Näherungswertes kommentieren. Die *Differenz* zwischen dem exakten Wert und dem Näherungswert lässt sich durch ein Intervall oder Fehlerschranken im Sinne eines Toleranzwertes als „absoluter Fehler" (Hoffmann et al. 2009: 5) angeben. Die konkrete Abweichung eines Sollwertes ist bestimmbar.

Rhetorisches Paradoxon

Wird jedoch der Lorenzenschen Forderung nach dem Ausdruck in einer künstlich konstruierten Sprache nicht nachgekommen oder, vice versa, am sprachlichen Symbol **ca.** in der exakten realwissenschaftlichen Textproduktion festgehalten, so verweist die Abkürzung aus retrospektiver Sicht – entgegen seinem mathematischen ikonischen Äquivalent $\approx$ – eben *nicht* auf jenen Spielraum einer berechenbaren Deviation. Denn das pragmatische Adverb kann, muss aber keineswegs mathematische Rundungsregeln zur Folge haben. Das Runden auf eine Zahl genau in der Mitte zwischen zwei Zahlen nach einem vorgesehenen Zahlenformat wie der *IEEE 754-2019* und die zugehörige Spannweite zwischen den Zahlen ist im sprachlichen Zeichensystem nicht normiert. Die Abkürzung **ca.** entwirft insofern ein (der Rhetorik, wohlan einer wirkungsvollen Textgestaltung und damit nicht dem Informationsgewinn zugeschriebenes) logisches Paradoxon: Je nach Kontext konstruiert die Bilateralität von **ca.** disruptiv einen unterschiedlichen Wert der Differenz im Zahlenraum des Näherungswerts und exakten Werts. Dieses opportunistische *Dazwischen* lässt präzise arbeitende Wissenschaftler_innen seine Legitimation prüfen: Angelehnt an das Rhetorikverständnis von Blumenberg (1981: 111), dem gemäß die Rhetorik „alles [ist], was diesseits der Evidenz übrigbleibt", begreift Baecker (2012) sie als eine „Form des Wissens um Kommunikation", die genau dort platziert ist, wo man sie braucht,

> „wenn die Evidenz und die Garantie einer externen Wirklichkeit verloren gehen und das Bewusstsein einer durch Kommunikation konstruierten und strikt vorläufigen Wirklichkeit sowie einer an ihren Widerständen zu erkennenden Wirklichkeit an ihre Stelle tritt" (ebd.: 39).

Unter Berücksichtigung der vorangegangenen Überlegungen erscheint **ca.** in genau solch einer *Form des Wissens um Kommunikation* und nicht wie die mathematische Doppeltilde als *Form der Kommunikation von Wissen*. Dem rhetorischen Stilmittel haftet damit das „kunstvolle Produzieren" an, das als „Lernbarkeit kunsthafter Techniken zum Zwecke ihrer nachbildenden Verwendung" (Smesch 2005: 140) begriffen wird.

Die Wiederkehr von **ca.** wird notwendig, wenn das von der Textproduzent_in vorausbemerkte menschliche kognitive Kapital der Rezipient_innen der *externen* Wirklichkeit der Mathematik unterliegt, dieser Wirklichkeit aber dennoch zur „Selbstexplikation ihrer immanenten Überzeugungskraft" (Kopperschmidt 2018: 87) sowie zur Öffentlichkeit verholfen werden soll. Die Abkürzung kompensiert demnach die methodischen Kommunikationsmängel der exakten Idealwissenschaften und ermöglicht in „geltungstheoretischer Attraktivität" (ebd.: 5) eine sozial konstruierte *prinzipielle* Wahrheitszugänglichkeit. Scharfkantig lässt sich behaupten, dass die seit der Antike unbestrittene Argumentations- und Überzeugungstradition den Evidenzanspruch der Wahrheit der Wirklichkeit annimmt und diese Wahrheit zur Zustimmungsfähigkeit modelliert. Bei näherer Betrachtung mag für **ca.** im Kontext der Wissenschaftslinguistik nur noch die Wahl zwischen der dem Beitrag vorangestellten Annahme der stumm konventionalisierten, vom zeitgenössischen sprachlichen sowie formalen Minimalismus determinierten, tautologischen Leerformel oder den reichlichen (historischen, alltagsweltlichen, wissenschaftlichen) Bemühungen um die Sinnhaftigkeit des Sinnlosen auftreten.

Disziplinäre Selbstaufklärung

Der Ausweg aus dem dargebotenen Dilemma liegt in der „methodischen Diszipliniertheit" (Berger/Heintel 1998, zit. nach Berger/Winiwarter/Dressel/Heimerl 2014: 17) der polymorphen Realwissenschaft zu *internen* Begrenzungsmöglichkeiten der zufälligen Fenstergröße der Abkürzung. Gemeint ist damit, dass seitens der *scientific community* zu disziplinärer Selbstaufklärung motiviert und „über die Bedingungen der Möglichkeit des eigenen Tuns und über dessen Probleme und Grenzen" (Berger/Winiwarter/Dressel/Heimerl 2014: 18) reflektiert wird. Aus der Perspektive der Ethnomethodologie impliziert das Projekt der fachlichen Selbstaufklärung über **ca.**, dass wissenschaftliche Akteur_innen durch Aktion in einer konkreten Situation – hier: der unmittelbaren Anwendung der Abkürzung in einem medialen Textprodukt – ihre eigene Definition von Wirklichkeit zum Ausdruck bringen (Abels 2009: 88). In der Nähe des *Symbolischen Interaktionismus* nach Blumer zeigen sich die Aktant_innen damit gegenseitig auf,

> „wie sie die Situation [*ca.* in der Textproduktion, Anmerkung L.W.] verstehen und kommen über kontinuierliche *Interpretationen* ihrer Handlungen allmählich zu einer *gemeinsamen Definition der Situation*" (ebd.).

In Anlehnung an Garfinkels Ethnomethodologie als Theorie des Handelns und der Ordnung scheint hier die Metapher des Fensters und seiner Größe treffend: Je nach Wirklichkeitsmodell und „System der Sinnorientierungsoptionen" (Schmidt 2006: 22) einer Wissenschaftsdisziplin eröffnet sich ein neuer Blick auf den Interpretationsumfang von **ca.** Ein solches Wirklichkeitsmodell wächst stetig durch das mittels Handlung gefütterte und durch Handlungserfahrungen systematisierte kollektive Wissen der Akteur_innen heran. Doch es verfestigt sich erst durch die sozial-reflexive Bezugnahme dieser in nochmals anschließenden Handlungen und Kommunikationen, ähnlich den oben erläuterten kreisläufigen linguistischen Wertungsdiskursen (ebd.). Einer wissenschaftlichen Gemeinschaft müssen demnach für ein Wirklichkeitsmodell von und mit **ca.** permanente Interaktionsprozesse inhärent sein, in welchen „andauernd […] sich gegenseitig beeinflussende […] Definitionsleistungen erfolgen" (Reiger 2007: 139). Diese Definitionsleistungen über **ca.** und daraus resultierende Wirklichkeitsmodelle, die, so Schmidt (2006: 22), für alle Beteiligten den Umgang mit „lebenspraktisch wichtig gehaltenen Handlungsbeziehungsweise Bezugnahmebereichen in gesellschaftlichen Interaktionen" strukturieren, verweilen aber gegenwärtig in ihrer Identifikationsphase. Die Fragen, unter welchen Gegebenheiten **ca.** in welchen Publikationskanälen, für welches Publikum und mit welchen Konsequenzen in der wissenschaftlichen Textproduktion einzusetzen ist, liegen brach.

Organische Solidarität als Problemlösung

Bemühungen um Antworten auf diese Definitionsfragen rücken die axiomatische Erkenntnis in den Vordergrund, dass die disziplinäre Position, von der aus analysiert wird, „für die Prozesse und Ergebnisse des Forschens und Nachdenkens nicht gleichgültig ist" (Berger/Winiwarter/Dressel/Heimerl 2014: 17). Gerade in der Gemeinschaft der Sozialwissenschaft mit ihren Teildisziplinen wie der Kommunikations- oder Kulturwissenschaft, so hielt Hagstrom (1964: 195) unter Rückgriff auf Durkheims soziologische Studien über die Organisation höherer Gesellschaften fest, ist der Grad der Übereinstimmung in Bezug auf forschungsrelevante Normen, Werte und Überzeugungen verhältnismäßig gering. Hagstrom spricht von „Dissens", während die Fehlorganisation in Formalgemeinschaften wie der Mathematik in Durkheims Terminologie als „Anomie" definiert wird. In der Mathematik sei die „mechanische Solidarität", also der Grad der geteilten Überzeugungen, hoch, während die „organische Solidarität", die Abhängigkeit einzelner Individuen voneinander, als niedrig eingeschätzt wird. Diese sei in der Sozialwissenschaft wiederum hoch (ebd.).

Seit Hagstroms These von der mangelnden sozialen Regelung in der *scientific community* wurden unterschiedliche Beweisführungen für die Güte dieser Annahme vorgelegt und die Dynamiken von spezifischen Wissenschaftsgemeinschaften untersucht.[7] Krekel-Eiben (1990: 32) fasst die Ergebnisse des Anomiediskurses folgendermaßen zusammen:

> „Je größer der paradigmatische Konsens innerhalb einer Gemeinschaft ist, desto weniger sind Diskussionen über Normen und Werte notwendig und desto geringer ist die Interaktionsdichte" (ebd.).

Im Umkehrschluss führt mangelnde Übereinkunft zur Notwendigkeit der Verständigung einer nicht-anomischen Gemeinschaft.

Die Problematik der Verwirklichung mechanischer Solidarität, vor allem in theoretischer Forschung, die ferner die Zugänglichkeit von **ca.** rationalisiert, liegt allerdings in ihrer Organisationsform selbst: Die Teammitglieder der Wissenschaftsgemeinschaft müssen den gesamten Forschungsprozess überblicken (ebd.: 31). Die Lösung des Problems stützt auf kommensurablen Fertigkeiten der Forschungsmitglieder und erlaubt deshalb keine Arbeitsteilung. Doch je stärker die personellen Verflechtungen von Wissenschaftler_innen, desto höher ist auch die Wahrnehmung von Konkurrenz (ebd.). Konkurrenzverhalten, so Krekel-Eiben, rufe bei einzelnen Wissenschaftler_innen eine „individuelle Angstsituation" hervor, sodass originelle Beiträge vermieden und „Modethemen" (ebd.: 28) favorisiert würden. Ein Netzwerk soll aber gerade als nicht-hierarchische Organisationsform einen *Raum des anderen Denkens* (Hendrix/Windheuser 2020) und „damit ein widerständiges Moment des Offenseins für prekäre, nichthegemoniale, marginalisierte Stimmen im Ringen um die Erweiterung des Wahrnehmbaren und Intelligiblen" (Lengersdorf/Völker 2020, zit. nach

Schlüter/Metz-Göckel 2020: 13) sein. Die Integration neuer Materie in die Wissenschaftsdisziplin wird durch eine solche Solidarität begünstigt.

Disziplinäre Akribie und transdisziplinärer Wankelmut

Für organische und mechanische Solidarität in der Sozialwissenschaft braucht es offene Wissenschaftspraktiken und eine Änderung der routinierten Forschungspraxis. Bowman und Keene (2018: 364) halten fest: „this open approach to science moves us from a ‚trust me, I'm a scientist' to a ‚here, let me show you' position". Der Forderung nach offenen Wissenschaftspraktiken zur Erhöhung von Reproduzierbarkeit, Replizierbarkeit und Generalisierbarkeit von Ergebnissen (Dienlin et al. 2021: 2) folgend ließen sich die Exaktheitsansprüche der Sozialwissenschaft und die damit einhergehende Bestimmung der sozial-konstruierten Fenstergröße von ca. in *disziplinärer* Forschung mittels eines Vergleichs der Variationen ihrer empirischen Feinabstimmungen ausbalancieren. Es ließe sich ein disziplinärer Kanon – zum Beispiel für die Kommunikationswissenschaft – von Handlungsweisen für die Abkürzung ca. fixieren.

Ausgehend von den einzelnen disziplinären Paradigmen, die nach Kuhn (1970: 175) „for the entire constellation of beliefs, values, techniques, and so on shared by the members of a given community" stehen, lassen sich Übersetzungen zwischen den Disziplinen anstreben (Berger/Winiwarter/Dressel/Heimerl 2014: 17). Diese *interdisziplinären* Translationen gelingen dann, wenn keine „isolierten Subjekte" (ebd.) auf sich selbst gestellt forschen, sondern als Reaktion auf wissenschaftliche Wettkämpfe im Team agiert wird. Durch das Konglomerat der vielfach möglichen disziplinären Zugänge und der gegenseitigen Translationen treten sicherlich Differenzen in den Herangehensweisen an die Viabilität von ca. in den interdisziplinären Teams auf, doch gerade diese Verschiedenheit fördert den Ausweg aus dem disziplinübergreifenden Paradoxon.

Nach dem Dreistufenmodell der Interdisziplinarität kann nach gemeinsamer Umkodierung des Zeichens ca. im Zeichensystem der wissenschaftlichen Textproduktion die terminologische Anwendung vereinheitlicht und der neue Gültigkeitsbereich von ca. in räumlicher, zeitlicher, sachlicher und sozialer Hinsicht in den Prozess der Erkenntnisgewinnung überführt werden (Jantsch 1972, zit. nach Berger/Winiwarter/Dressel/Heimerl 2014: 24). Die Wirklichkeit, die ca. dann entwirft, wird von jenen in der *scientific community* verstanden, die sich auf dieses Wirklichkeitsmodell geeinigt haben und an seiner interaktiven Aushandlung teilhatten.

Die Viabilität von ca. in Prozessen der Wissensgenerierung *transdisziplinärer* exakter Forschung zu realisieren, ist für die heterogene Wissenschaftsgemeinde allerdings fast unmöglich. Erkenntnistheoretische Übereinkünfte geraten hier durch die Integration nicht-wissenschaftlicher Akteur_innen in den Hintergrund. Die Differenz der vielfältigen Standpunkte zielt hier darauf, eine prozessorientierte Forschungsausrichtung und die Transparenz der Typen nicht-wissenschaftlichen Wissens, das aus unterschiedlichen sozialen Positionen heraus entsteht, zu erarbeiten (Berger/Winiwarter/Dressel/Heimerl 2014: 25). Das Eintauchen transdisziplinärer Ansätze in die jeweiligen sozialen Felder löst die disziplinären Distanzen der Forscher_innen auf (ebd.: 17). Wirklichkeitsmodelle, in denen ca. als indexikalisch unwandelbar konstruiert wird, schließen die gewünschte Transparenz der Widersprüche und Pluralität transdisziplinärer Praxis aus. Das kritisierte Schweigen in der Wissenschaftsgemeinschaft entpuppt sich ebenda als goldene Regel, denn für das Schweigen gibt es in der Wissensgesellschaft keinen institutionell beglaubigten Ort, sodass „an den Rändern der Sprache, wo die Begriffskonventionen sich auflösen, Kontakt mit dem bisher Ungedachten" (Koschorke 2004: 153) aufgenommen werden kann.

Anmerkungen

1 Genau genommen lässt sich die Produzent_in von ca. als erste Rezipient_in ansehen, insofern die Interpretation weiterer Rezipient_innen antizipiert wird.
2 Die Komprimierung des Satzbaus, eine eindeutige Lesbarkeit und Hörbarkeit im Duktus sowie eine schnell aufzufassende Satzaussage sind Beispiele für solch effektive Ökonomieprinzipien.
3 Der Begriff *Word-of-Mouth* wird als Form verbaler und nonverbaler Kommunikation verstanden, deren Intention von der Rezipient_in als von kommerziellen Interessen losgelöst wahrgenommen wird. Ich schließe mich Radić und Posselt (2009: 251) an, die *Word-of-Mouth* als Synonym von Weiterempfehlung oder Mundpropaganda verwenden.
4 Siehe hierzu *, Scharlau/Jenert (2023).
5 Zur Schriftbildlichkeit in formalen Schriften siehe Krämer/Cancik-Kirschbaum/Totzke 2012.
6 Natur-, sozial- und geisteswissenschaftliche Fachrichtungen sind an dieser Stelle gleichermaßen gemeint.
7 Weit verstanden sind zum Beispiel Argumentationsführungen entlang des Paradigmenbegriffs von Kuhn (1970) oder Hargens (1975) Sammlung an Beweismaterial zu den alltäglichen Gewohnheiten und Überzeugungen von Wissenschaftler_innen verschiedener Disziplinen.

Referenzen

Abels, Heinz (2009). Ethnomethodologie. In Georg Kneer/Markus Schroer (Hg.), *Handbuch Soziologische Theorien*. Wiesbaden: Springer, 87–110.

Baecker, Dirk (2012). *Kommunikation*. Stuttgart: Reclam.

Berger, Wilhelm/Winiwarter, Verena/Dressel, Gert/Heimerl, Katharina (2014). Methoden und Praktiken interdisziplinärer und transdisziplinärer Wissenschaft. In Dies. (Hg.), *Interdisziplinär und transdisziplinär forschen. Praktiken und Methoden*. Bielefeld: Transcript, 17–28.

Blumenberg, Hans (1981). Anthropologische Annäherung an die Aktualität der Rhetorik. In Ders. (Hg.), *Wirklichkeiten in denen wir leben. Aufsätze und eine Rede*. Stuttgart: Reclam, 104–136.

Bowman, Nicholas David/Keene, Justin Robert (2018). A Layered Framework for Considering Open Science Practices. *Communication Research Reports, 35*(4), 363–372.

Dienlin, Tobias/Johannes, Niklas/Bowman, Nicholas David/Masur, Philipp K./Engesser, Sven/Kümpel, Anna Sophie/et.al. (2021). An Agenda for Open Science in Communication. *Journal of Communication, 71*(1), 1–26.

DWDS – Digitales Wörterbuch der deutschen Sprache (2021). zirka. *Berlin-Brandenburgische Akademie der Wissenschaften*. URL: dwds.de/wb/zirka [05.03.2021]

Garz, Jona T./Riettiens, Lilli (2023). _ . In Sandra Hofhues/Konstanze Schütze (Hg.), *Doing Research*. Bielefeld: Transcript, 12–17.

Genz, Julia/Gévaudan, Paul (2016). *Medialität, Materialität, Kodierung. Grundzüge einer allgemeinen Theorie der Medien*. Bielefeld: Transcript.

Hagstrom, Warren O. (1964). Anomy in Scientific Communities. *Social Problems, 12*(1), 186–195.

Hargens, Lowell L. (1975). Anomie und Dissens in wissenschaftlichen Gemeinschaften. In Nico Stehr/René König (Hg.), *Wissenschaftssoziologie. Studien und Materialien*. Opladen: Westdeutscher Verlag, 375–392.

Hendrix, Ulla/Windheuser, Jeannette (2020). Ein Raum für das andere Denken. Die Offene Frauenhochschule als ‚geschichtliche Gegenwart'. In Anne Schlüter/Sigrid Metz-Göckel/Lisa Mense/Katja Sabisch (Hg.), *Kooperation und Konkurrenz im Wissenschaftsbetrieb. Perspektiven aus der Geschlechterforschung und -politik*. Opladen: Budrich, 80–94.

Hoffmann, Sabine/Kleinschmidt, Eva/Kowaleczko, Evelyn/Kurtzmann, Grit/Leye, Dieter/Lindstädt, Marion/et. al. (2009). Näherungswerte und Sinnvolle Genauigkeit. In Ministerium für Bildung, Wissenschaft und Kultur, Mecklenburg-Vorpommern (Hg.), *Sicheres Wissen und Können im Rechnen mit Zahlen und Größen*. Rostock: Druckerei der Universität Rostock, 55–59.

IEEE (2019). IEEE Standard for Floating-Point Arithmetic. *IEEE Std 754-2019* (Revision of IEEE 754-2008), 1–84.

Kopperschmidt, Josef (2018). *Wir sind nicht auf der Welt, um zu schweigen. Eine Einleitung in die Rhetorik*. Berlin: De Gruyter.

Koschorke, Albrecht (2004). Wissenschaftsbetrieb als Wissenschaftsvernichtung. Einführung in die Paradoxologie des deutschen Hochschulwesens. In Dorothee Kimmich/Alexander Thumfart (Hg.), *Universität ohne Zukunft?* Frankfurt/Main: Suhrkamp, 142–157.

Krämer, Sybille/Cancik-Kirschbaum, Eva/Totzke, Reiner (2012). *Schriftbildlichkeit. Wahrnehmbarkeit, Materialität und Operativität von Notationen*. Berlin: Akademie Verlag.

Krah, Hans (2013). Kommunikation und Medien: Semiotische Grundlagen. In Hans Krah/Michael Titzmann (Hg.), *Medien und Kommunikation. Eine interdisziplinäre Einführung*. 3. Aufl., Passau: Stutz, 13–33.

Krekel-Eiben, Elisabeth M. (1990). *Soziologische Wissenschaftsgemeinschaften. Ein struktureller Vergleich am Beispiel der Fachpublikationen in der Bundesrepublik Deutschland und den USA*. Wiesbaden: Springer.

Kuhn, Thomas S. (1970). *The Structure of Scientific Revolutions*. 2. Aufl. Chicago: University of Chicago Press.

Lankham, Isaiah/Nachtergaele, Bruno/Schilling, Anne (2016). Linear Algebra. As an Introduction to Abstract Mathematics (Lecture Notes for MAT67). URL: math.ucdavis.edu/~anne/linear_algebra/mat67_course_notes.pdf [07.06.2021]

Lorenzen, Paul (1960). *Die Entstehung der exakten Wissenschaften*. Berlin et al.: Springer.

Radić, Dubravko/Posselt, Thorsten (2009). Word-of-Mouth Kommunikation. In Manfred Bruhn/Franz-Rudolf Esch/Tobias Langner (Hg.), *Handbuch Kommunikation. Grundlagen – Innovative Ansätze – Praktische Umsetzungen*. Wiesbaden: Gabler, 249–266.

Reiger, Horst (2007). Symbolischer Interaktionismus. In Renate Buber/Hartmut H. Holzmüller (Hg.), *Qualitative Marktforschung. Konzepte – Methoden – Analysen*. Wiesbaden: Gabler, 137–155.

Scharlau, Ingrid/Jenert, Tobias (2023). *. In Sandra Hofhues/Konstanze Schütze (Hg.), *Doing Research*. Bielefeld: Transcript, 44–51.

Schlüter, Anne/Metz-Göckel, Sigrid (2020). Netzwerke qualifizieren für Kooperation und Konkurrenz. In Anne Schlüter/Sigrid Metz-Göckel/Lisa Mense/Katja Sabisch (Hg.), *Kooperation und Konkurrenz im Wissenschaftsbetrieb. Perspektiven aus der Geschlechterforschung und -politik*. Opladen: Budrich, 10–26.

Schmidt, Siegfried J. (2006). Eine Kultur der Kulturen. In Christoph Jacke/Eva Kimminich/Siegfried J. Schmidt (Hg.), *Kulturschutt: Über das Recycling von Theorien und Kulturen*. Bielefeld: Transcript, 21–31.

Schuppar, Berthold (1999). *Elementare numerische Mathematik*. Braunschweig: Vieweg + Teubner.

Smesch, Klaus (2005). Produktionsästhetik. In Gerd Ueding (Hg.), *Historisches Wörterbuch der Rhetorik*. Bd. 7. Tübingen: Niemeyer, 140–154.

LENA WAGNER

- DETEKTIVARBEIT
- DETAILARBEIT
- eigenen Flow in Detailarbeit finden
- Zeit vergeht wie im Flug
- FEINFÜHLIGKEIT für WORTE
- theoretisches Arbeiten
- Modellarbeiten
- IDEALE UND GEISTESWISSENSCHAFTEN
- MEDIEN + SPRACHWANDEL
- interdisziplinär
- Normalität digitaler TRANSFORMATION und medialer KONVERGENZ bei MEDIENANWENDUNGEN

CC Creative Commons   Fabian Rack

Der vielfach von Wissenschaftscommunities befürwortete offene Austausch von Forschungsergebnissen muss häufig erst aktiv durch die Urheber:innen hergestellt werden. Hier kommen **CC (Creative Commons)**-*Lizenzen ins Spiel, mit denen sich Bedingungen von Open Access realisieren lassen. Der Beitrag stellt das Lizenzmodell vor.*

Urheberrecht, Open Content, Systeme

Das World Wide Web (siehe **www**, Breuer 2023) brachte immense Verbreitungsmöglichkeiten von kulturellen und wissenschaftlichen Inhalten mit sich: Text, Bild und Musik können in digitaler Form nun ohne Grenzen und in kurzer Zeit geteilt werden. Damit einher gehen neue Praktiken des Erstellens, Adaptierens und Teilens von Inhalten. Praktiken, die immer häufiger mit dem Recht in Konflikt gerieten und Restriktionen nach sich zogen. So ist online das Teilen fremder Inhalte, die unter urheberrechtlichen Schutz fallen, nur unter sehr eingeschränkten Bedingungen erlaubt. Nehmen wir etwa das Beispiel Musik: Der in den 1990ern entwickelte Audio-Kompressionsstandard MP3 stand – abgesehen vom fehlenden haptischen Erlebnis – dem Hören einer CD in kaum etwas nach. Auch bei kleinen Bandbreiten wurde es mit dem MP3-Format möglich, sich auf der Musiktauschbörse Napster Anfang der 2000er Jahre ohne großen Aufwand ganze Musikstücke herunterzuladen, ohne dafür zu zahlen. Die Plattenverkäufe gingen stark zurück, und die Musikindustrie setzte ihre Urheberrechte gegen Napster durch. Nach dem Fall Napster verfolgte die Kreativindustrie jahrelang straf- und zivilrechtlich das illegale Tauschen von Filmen, Software, Musik und Computerspielen in virtuellen Filesharing-Börsen. Auch in den Folgejahren fand aus Sicht der Kreativindustrien für Musik, Film und Software ein massiver Kontrollverlust im Netz statt. Sie machten sich – mit Erfolg – für Gesetze stark, um den Verstoß gegen Urheberrechte besser verfolgen zu können. Über Rechtsanwaltskanzleien wurden und werden noch heute Abmahnungen verschickt und Kostennoten sowie Schadensersatzansprüche vor Gericht durchgesetzt.[1] So wurde das Urheberrecht für breite Teile der gesamten Gesellschaft spürbar.

Parallel gewannen Bewegungen Zulauf, die in den Verbreitungsmöglichkeiten der Digitalität eine Chance für Wissenschaft und Kultur sahen. Es erstarkte zum einen die Idee, kreative Inhalte als *Open Content* frei zu teilen und damit der ganzen Welt zur Nachnutzung (etwa Weitergabe oder Veränderung) bereitzustellen. Dahinter stand das Interesse, nachzuvollziehen, was andere aus den geteilten Inhalten machten und wie sich kreativ darauf aufbauen ließe (Lessig 2004).[2] Auch Wissenschaftscommunities begannen, den freien Fluss von Wissen zu fordern – und formulierten etwa 2003 das Berliner Open-Access-Paradigma, das sich den offenen und freien Zugang zu Wissen und dessen uneingeschränkte Nachnutzbarkeit auf die Fahne schrieb.[3] Während also die Kreativindustrien immer stärker Kontrolle und Rechtsdurchsetzung übten, wurden für Open-Content-Bewegungen die strikten Restriktionen des Urheberrechts eher zum Hindernis. Und während das Urheberrecht im Sinne der Industrie auf gesetzlicher Ebene immer weiter verschärft wurde, fand Open Content in der Gesetzgebung höchstens vereinzelt Berücksichtigung.

Die von der Urheberrechtsdebatte betroffenen Bereiche – man betrachte allein die Kreativwirtschaft, die *Alltagskreativität* (bei der keine Absicht zur Vermarktung von Inhalten besteht) und die Wissenschaften (bei denen die freie Verbreitung von Inhalten häufig gewünscht ist) – bilden höchst unterschiedliche Systeme. Und obwohl dort jeweils eigene Logiken greifen, gilt für das geistige Schaffen ein einheitlicher urheberrechtlicher Grundsatz getreu dem Motto *Alle Rechte vorbehalten*: Alle Güter, die das Urheberrecht schützt (etwa Text, Musik, Film), werden zu deren Vermarktung gegen Bezahlung lizenziert; urheberrechtlich geschützte Inhalte zu übernehmen, zu speichern, weiterzugeben, ist also grundsätzlich nur mit Einwilligung der Urheber:innen möglich. Dieser Grundsatz ragt oft auch in Bereiche hinein, bei denen keine Einnahmeverluste für Urheber:innen drohen. Stimmen in der Urheberrechtswissenschaft fordern deswegen eine stärkere Differenzierung der unterschiedlichen Sektoren, zumal das Urheberrecht mittlerweile die Kommunikation in der Gesellschaft regle, nicht allein das Wirtschaftsrecht von Kreativen und deren Verwertern (de la Durantaye et al. 2020). Entsprechend wurden in den letzten Jahren immer wieder konzeptionelle Vorschläge für eine Neuordnung des Urheberrechts gemacht (Christiansen et al. 2015).

Warum unter CC lizenzieren?

Wer als Urheber:in vom urheberrechtlichen Maximalschutz abweichen will – etwa um die Anforderungen von Open Content und Open Access zu realisieren –, kann das mit Hilfe von Lizenzverträgen, muss dabei aber jedenfalls aktiv werden. Lizenzverträge legen fest, in welcher Form und unter welchen Bedingungen die Nutzung und Weitergabe von urheberrechtlich geschützten Materialien erlaubt werden. Solche Lizenzen selbst zu formulieren, würde Kreativen und Wissenschaftler:innen jedoch Expertise in Lizenzfragen und damit viel Aufwand abverlangen.

Um dieses Problem zu lösen, wurde das Modell der Creative-Commons (**CC**)-Lizenzen geschaffen. Es bietet die Möglichkeit, auf einfache Weise der gesamten Öffentlichkeit die Nutzung von Inhalten und deren Weitergabe zu erlauben – ohne dass die Nutzungshandlungen einzeln definiert und ausgehandelt werden müssen. Wer Inhalte unter eine Open-Content-Lizenz wie die **CC**-Lizenzen stellt, bietet diese unter den Lizenzbedingungen zur kostenlosen Nutzung an. Das ist das wesentliche Merkmal von Open-Content-Lizenzen und eine Abweichung vom urheberrechtlichen Grundsatz. Warum aber sollten Urheber:innen die Kontrolle aus der Hand geben und eine kostenlose Nutzung ihrer Werke wollen? Hierfür gibt es unterschiedliche Motive: Einige wollen schlicht einen Beitrag zur kulturellen Allmende (also dem öffentlichen Gemeingut) leisten – man denke an eine Hobbyfotografin, deren Schaffen nicht dadurch motiviert sein mag, mit ihrer Fotografie Geld zu verdienen, sondern ihre Fotos der Allgemeinheit zur Verfügung zu stellen oder die auf andere, symbolische Formen der Belohnung durch Teilen ihrer Fotos hofft. Wer also wünscht, dass sich die eigenen Werke unkompliziert verbreiten können, kann sie mit **CC**-Lizenzen versehen, um die Nachnutzung für diejenigen zu ermöglichen, denen das Werk gefällt.

Neben so gesehen eher intrinsischen Motiven zur Weitergabe von Wissen finden sich auch allerhand externe Erwartungen, die in Anreizen oder Verpflichtungen für Urheber:innen münden, Werke zur Nutzung freizugeben. So gibt es institutionelle Bekenntnisse zu Open Access, etwa seitens der Deutschen Forschungsgemeinschaft (DFG), die sich 2014 in einem Appell positiv zum Einsatz von **CC**-Lizenzen in der Wissenschaft geäußert hat.[4] Häufig ist es auch eine Bedingung der Förderung von Forschungsprojekten, den wissenschaftlichen Output nach Open-Access-Kriterien zu teilen. Das Berliner Open-Access-Paradigma verlangt dabei nicht nur freien Zugang, sondern auch freie Nutzbarkeit: Die Kopie und Online-Weiterverbreitung eines Inhalts muss zu jedem Zweck erlaubt sein, ebenso seine Veränderung. Damit ist die Überlegung verknüpft, dass alles, was mit öffentlichen Abgaben finanziert wird, der Allgemeinheit auch zur ungehinderten Nutzung bereitstehen sollte. Gerade darin wird ein besonderes gesellschaftliches Interesse zum Ausdruck gebracht – Wissenschaft ist auf Erkenntnis gerichtet und nicht auf Warenaustausch wie bei der kommerziellen Verwertung von Musik oder Kinofilmen.[5] In vielen Fällen ist der urheberrechtliche Schutz seiner Sache außerdem nicht dienlich, weil der Inhalt von vornherein zur freien Weitergabe gedacht wurde. Dazu ein weiteres Beispiel: Stellen etwa ein Gesundheitsministerium oder eine öffentlich getragene Wissenschaftsinstitution eine Online-Broschüre über die Durchführung von Corona-Tests her, so wird ihnen als Institutionen der öffentlichen Hand wenig daran gelegen sein, einem Verlag exklusive Nutzungsrechte an der Broschüre einzuräumen. Vielmehr wird beabsichtigt sein, dass jedes Testzentrum sie frei drucken und vor Ort auslegen kann. Die Institution kann diese Absicht durch eine **CC**-Lizenz zum Ausdruck bringen und die Weitergabe der Broschüre rechtssicher ermöglichen. Das mag intuitiv auch schon deshalb einleuchten, weil es die öffentliche Hand ist, die Materialien zur Verfügung stellt, die auch öffentliches – sprich von allen nutzbares – Gut sein sollten. Im Übrigen sind es Open-Content-Lizenzen, die kollaborative und dezentrale Projekte wie die Wikipedia überhaupt erst rechtssicher möglich machen. Denn dort werden Texte geschaffen, die von der Öffentlichkeit überarbeitet und weiterentwickelt werden können. Mit strikter Auslegung des Urheberrechts müssten für diese Bearbeitungen durch andere Personen die Zustimmungen der bisherigen Urheber:innen individuell eingeholt werden. Damit sind soziale Praxen mitunter kontraintuitiv zu geltendem Recht. **CC**-Lizenzen (und andere Open-Content-Lizenzmodelle) geben hierfür eine Handhabe; sie verleihen Urheber:innen die Souveränität, an kollaborativer, gemeinschaftlicher Wissensproduktion zu partizipieren.

Natürlich sollten für die Freigabe von Inhalten unter **CC**-Lizenz gewisse Parameter gewährleistet sein: Die Inhalte sollten in einer Umgebung entstehen, der es nicht primär darum geht, Nutzungsrechte gegen Geld einzuräumen. Wissenschaftlicher Output im Zuge öffentlicher Förderung wäre ein solcher Fall. Open Content zu produzieren, bedeutet aber zugleich nicht, sich damit Verdienstmöglichkeiten zu entsagen. Denn die Erstellung von oder auch Zugänge zu Inhalten können dennoch von einer Bezahlung abhängig gemacht werden, Letzteres etwa über kostenpflichtige Datenbanken.

Was sind Werke?

Zweifelsohne basieren alle Überlegungen – seien es jene um die Wissensallmende oder auch um Creative Commons – auf der Frage, was ein Werk ist. Denn *Werke* (allgemeiner auch *Materialien* oder *Inhalte*[6]) sind konkreter Gegenstand der **CC**-Lizenzierung. Das Urheberrecht meint mit Werken immaterielle Schöpfungen, in denen die Individualität der Autor:in zum Ausdruck kommt. Dabei mag man zunächst an literarische Erzeugnisse, Musikkompositionen oder Malereien denken, aber es sind auch wissenschaftliche Zeichnungen, Aufsätze oder 3D-Modelle gemeint. Allgemeine Voraussetzung dafür, unter den urheberrechtlichen Werkbegriff zu fallen, ist eine *persönliche geistige Schöpfung* – es handelt sich um Menschengemachtes, das eine gewisse Originalität aufweist. Erkenntnisse, Fakten oder Theorien sind hingegen keine Werke; ihnen mangelt es an schöpferischer Originalität, egal wie viel Geistesarbeit in sie hineingeflossen ist. Und hier kann es in der Abgrenzung schwierig werden: in der Musik die Abgrenzung des Stils (frei) von der Melodie oder dem Text (schutzfähig); in der Literatur jene der historischen Umstände (frei) vom konkreten Text (geschützt); im wissenschaftlichen Aufsatz die Trennung der dargestellten Fakten und verwendeten Theorien (frei) von der Form ihrer Präsentation (geschützt, oder zumindest schutzfähig) (Loewenheim/Leistner 2020). Wissenschaftliche Papers fallen in den meisten Fällen unter Urheberrechtsschutz.

Was hat der Werkschutz zur Folge? Liegt ein Werk vor, so gibt es in der Regel auch eine Person, der man dieses Werk zuordnen kann. In der Konsequenz sind das Kopieren, das Online-Stellen, das Verbreiten, die Weitergabe von Änderungen, das Verleihen durch eine Bibliothek, als *Nutzungshandlungen* zu begreifen, für die eine Erlaubnis von eben jener Person benötigt wird. Sie hat (meistens) die Freiheit, zu entscheiden, ob und wie das Werk verwertet werden soll: *Alle Rechte vorbehalten*. Das Urheberrecht schützt darüber hinaus nicht nur Werke, sondern auch ihm verwandte Leistungen. Das sind bestimmte Abbildungen (*Lichtbilder*), Datenbanken, Ton- und Filmaufnahmen. In der Wissenschaft hängt es stark von der jeweiligen Disziplin ab, ob der Schutz nach urheberrechtlichen Vorschriften greift oder nicht; gerade bei Forschungsdaten ein häufig diskutiertes Thema (Hartmann 2013).

Die unterschiedlichen Module verdeutlichen, dass CC-lizenziertes Material zwar weitgehend, jedoch nicht völlig bedingungslos genutzt werden darf (Kreutzer 2016). Urheberrechte werden nicht aufgegeben, sondern in unterschiedlichen Freiheitsgraden – vor allem mit Blick auf Veränderbarkeit (ND – No Derivatives) und kommerzielle Nutzung (NC – Non Commercial) der Inhalte – gelockert. Hat man eine CC-Lizenz ausgewählt, funktioniert diese auf mehreren Ebenen: Es gibt, erstens, eine allgemeinverständliche Ebene (*Deed*), die mit Hilfe von Piktogrammen die wesentliche Reichweite der Lizenz darstellt. Zweitens gibt es den eigentlichen Lizenztext, also ein juristisches Dokument, das über mehrere Seiten lang die Bedingungen genau ausdefiniert und auch vor Gericht Bestand hat. Und drittens gibt es einen maschinenlesbaren Code, mit dessen Hilfe Suchmaschinen dazu in der Lage sind, CC-lizenzierte Materialien aufzufinden (die Google-Bildersuche etwa kann dezidiert CC-lizenzierte Abbildungen suchen).

Um auf der anderen Seite Inhalte unter eine CC-Lizenz zu stellen, muss man zunächst über die entsprechenden Nutzungsrechte verfügen. Hat man einen Inhalt alleine frei geschaffen, ist man selbst Urheber:in. Generiert man diesen Inhalt in einem Kollektiv oder Arbeitsverhältnis, liegen die Nutzungsrechte möglicherweise nicht mehr (nur) bei einem selbst, sondern etwa bei einer wissenschaftlichen Institution oder einem künstlerischen Kollektiv. Und: Hat man bereits einem Verlag exklusive Nutzungsrechte eingeräumt, ist eine CC-Lizenzierung nicht mehr erlaubt – oder nur nach Nachverhandeln und der Erlaubnis des Verlags.[7] Für die eigentliche Lizenzierung fallen keine Kosten an, Bedingungen müssen nicht individuell ausgehandelt werden, Rechtsunsicherheiten sind verhältnismäßig gering. Die Lizenzen werden heute von einem breiten Publikum genutzt und finden breite Akzeptanz. CC-Lizenzen können also die freie Weitergabe und den Austausch von Material – nicht nur, aber auch im Internet – erheblich vereinfachen.

Warum Commons?

An dieser Stelle sei noch einmal auf den Begriff der *Commons* eingegangen, der zuvor in Bezug auf Creative Commons eingeführt, aber nicht weiter thematisiert wurde. Der Begriff ist facettenreich und umfasst soziale sowie kulturelle Praktiken (Helfrich/Bollier 2019). Im Folgenden sollen Commons im Zusammenhang mit Eigentumsrechten beleuchtet und vor diesem Hintergrund als *Allgemeingüter* verstanden werden, die von allen genutzt werden können und dürfen.

Eigentum ist eine Rechtsposition, die einer Person das Recht an einem Gut zuspricht. Meist denkt man hier an materielle Gegenstände (Sachen). Ein:e Eigentümer:in kann selbst darüber entscheiden, wie sie mit der Sache verfährt (wie sie ihr Eigentum nutzt), und wie und ob sie andere von der Nutzung ausschließt. Dies gilt auch für das Urheberrecht, weil Urheber:innen gegen unerlaubte Nutzungen ihres *Gegenstands*, dem kreativen Inhalt, vorgehen können. Die Ideengeschichte von Urheberrechten geht auf unterschiedliche Philosophien zurück; mitunter auf jene, dass ein strenger Schutz geistigen Schaffens einen Anreiz für Kreativität und Innovation setzen soll (Dreier 2018).[8] Erneut sind die Wissenschaften in diesem Punkt nicht gleichzusetzen mit der Kreativwirtschaft, der es in erster Linie um die Vermarktung von Inhalten mittels Monopolrechten geht. Gleichzeitig ist das Urheberrecht auch sozialgebunden, es hat also gewisse Grenzen, wenn andere Interessen ins Spiel kommen und überwiegen. So darf eine Wissenschaftler:in den Aufsatz einer anderen Wissenschaftler:in für den eigenen wissenschaftlichen Gebrauch kopieren. Sie darf Teile daraus zitieren, um eigene Aussagen zu belegen. Die Urheberrechte der zitierten Person sind dann unterlegen, weil sie mit ihrem Aufsatz in einen Diskurs getreten ist, in dem auch andere ein gewichtiges Interesse an dessen Nutzung haben. In einem solchen Fall ist die Nutzung erlaubnisfrei möglich und diese Grenzen der Urheberrechte sind gesetzlich als *Schranken* verbrieft. Wenn man so will, liegt hierin ein Stück struktureller Commons.

Wo nun die Grenzen von Urheberrechten und Commons verlaufen, ist ein ständiger politischer Aushandlungsprozess, bei dem idealerweise Autor:innen, Verlage, Forschende, Verwertungsgesellschaften, Intermediäre, Plattformen und Nutzer:innen in einen politischen Diskurs treten und sich so ein austariertes System ergibt. Im Ergebnis ist das Urheberrecht ein restriktives Recht, das die Kontrolle über die meisten Nutzungen zunächst einmal bei den Urheber:innen belässt. Zudem ist es teilweise aus Sicht von Nutzenden schwer zu beurteilen, was nun nach den Schrankenbestimmungen im Umgang mit Wissenschaftspublikationen erlaubt ist und was nicht. Diese *gesetzlichen* Erlaubnisse (oben als strukturelle Commons bezeichnet) sind eher schwach ausgeprägt, sodass CC-Lizenzen hier ein Lösungsangebot darstellen, um weitgehend freie Nutzung zu ermöglichen und aus Nutzer:innensicht zu gewährleisten, dass diese auch erlaubt ist.

Fazit: Bleibt es *mein* Werk?

Der abschließenden Frage, ob ein Werk *mein* Werk bleibt, nachdem ich es etwa über eine CC-Lizenz bis zu einem Grad frei verfügbar gemacht habe, kann man sich auf mehreren Ebenen widmen. Da sei zunächst wieder die Kontrollebene: Welche Aspekte der Nutzung können bei Materialien unter CC-Lizenz noch beeinflusst werden? Einmal ließe sich das *Mein* in *meinem Werk* im Hinblick auf eine Vergütung bei dessen Nutzung verstehen. Sie ist – wie dargestellt – in dem durch die CC-Lizenz gewährten Umfang kostenlos, sodass die Frage nach dem *Mein* hier mit *Nein* zu beantworten wäre. Bei der Frage, ob *ich alle meine Rechte aufgebe* (anders gewendet: *ob ich nicht möchte, dass Urheberrechte einer freien Weitergabe im Wege stehen*), hängt die Antwort von der jeweiligen Lizenzvariante ab, da schließlich die kommerzielle Nutzung und die Weitergabe von abgewandelten Versionen einer Zustimmung vorbehalten bleiben können. Ferner führt die Reflexion um *mein* Werk auch zu der Frage, ob bei einer Nutzung eine Namensnennung erfolgen muss. Werde ich als Autor:in genannt, wenn jemand mein Material nutzt?

Nach der CC-Lizenz ist das Pflicht (BY), allerdings nur, soweit es sich um eine Nutzung im Sinne der Lizenz handelt (etwa ein Online-Stellen in einem Repositorium). Die Namensnennung bei einer paraphrasierten These aus einem wissenschaftlichen Aufsatz hingegen hat (in der Regel) nichts mehr mit dem Urheberrecht und CC BY zu tun. Ob dann eine Namensnennung und Quellenangabe erfolgen muss, ist mehr eine Frage von Wissenschaftskodizes: Die gute wissenschaftliche Praxis hält zur Quellenangabe an. Eher theoretischer Natur ist die Frage, ob das Urheberrecht komplett aufgegeben werden kann. Das ist nicht möglich, zumindest nicht in Kontinentaleuropa: Hier wird das Urheberrecht aus dem Grundverständnis eines Werks begründet, das sich eine Künstler:in aus der Seele schneidet und mit dem sie ein Leben lang in einer untrennbaren moralischen Verbindung steht – im Gegensatz zum angloamerikanischen Urheberrecht, das auf dem Fundament des Fortschritts für Wissenschaft und Kultur fußt und utilitaristisch geprägt ist.

Zusammenfassend lässt sich mit CC-Lizenzen die freie Verbreitung von urheberrechtlich geschützten Inhalten wie Papers, Abbildungen und Filmaufnahmen einfach realisieren, da mit ihrer Hilfe der strenge Rechtevorbehalt des gesetzlichen Urheberrechts geöffnet wird. Wo dieser urheberrechtliche Maximalschutz nicht erwünscht ist, bieten CC-Lizenzen für Urheber:innen Mittel, die gewünschte Freiheit souverän herzustellen. Rechtlich gesehen handelt es sich bei solchen Lizenzen um Standardverträge, die alle einsetzen können. Das Lizenzmodell ist weltweit etabliert und für Open Content das bekannteste. Die Organisation Creative Commons pflegt nicht nur das CC-Lizenzmodell und passt es an neue Begebenheiten an, sondern zeigt politischen Einsatz und reagiert auf neue Entwicklungen, wie etwa zuletzt mit dem *Open COVID Pledge*.

Exkurs

Wie funktionieren CC-Lizenzen?

Mit CC-Lizenzen kann der Allgemeinheit erklärt werden: Der lizenzierte Inhalt ist frei nutzbar. Das heißt, er kann – je nach Lizenzvariante – zu jedem Zweck kopiert, abgedruckt und übersetzt, verändert, kombiniert oder sonst wie abgewandelt und weitergegeben werden. Das Lizenzmodell stellt sechs Module zur Verfügung, mit denen sich festlegen lässt, wie der Inhalt genutzt werden kann. Sie können in folgenden Kombinationen verwendet werden:

1. CC BY: Das Material darf zu jedem Zweck frei genutzt und weitergegeben werden, unter der Bedingung, dass der Name der Autor:in angegeben wird und ein Lizenzhinweis erfolgt.[9]
2. CC BY-NC: Wie 1., nur dass zusätzlich die Bedingung gilt, dass keine kommerzielle Nutzung erlaubt ist.
3. CC BY-ND: Wie 1., mit der Einschränkung, dass keine Abwandlungen des Materials (auch keine Übersetzungen) ohne weitere Zustimmung weitergegeben werden dürfen.
4. CC BY-SA: Wie 1., nur dass Abwandlungen – im Gegensatz zur Variante 3. – zwar erlaubt sind, sie aber nur unter gleichen freien Bedingungen weitergegeben werden dürfen, also nicht unfrei/proprietär, was gewisse Monopolisierungen verhindern soll (*copyleft*).
5. CC BY-NC-SA: Kombination aus 1., 2. und 4.
6. CC BY-NC-ND: Kombination aus 1., 2. und 3.

CC im Kontext von Open COVID

Die Coronapandemie hat aufs Neue die Diskussionen um die Offenheit wissenschaftlicher Forschung und die freie Nutzung von Erfindungen und anderen geistigen Gütern entfacht. So haben im April 2021 einige Unternehmen ihre freiwillige Zustimmung an die Öffentlichkeit erklärt, dass andere Hersteller, Einzelpersonen und Kollektive ihre Erfindungen und andere geistige Güter zum Einsatz gegen die Coronapandemie nutzen dürfen.

Die Organisation Creative Commons reagierte bereits im März 2020 auf die Coronapandemie, indem sie entscheidend bei dem *Open COVID Pledge* mitwirkte (Rack 2020). Der Pledge ist eine Art Verzichtserklärung, mit der sich Eigentumsrechte für den Zeitraum der Pandemie freigeben lassen. Hier geht es vor allem um industrielle Anwendungen: die freie Herstellung von Schutzausrüstung wie Atemmasken, von Arzneimitteln, von Geräten zur Labordiagnostik und von Ersatzteilen. Mit dem Pledge wurde auf den Wunsch hilfsbereiter Rechteinhaber eingegangen, zur Bekämpfung der Coronapandemie über ein Instrument zur weitreichenden Freigabe von Erfindungen, Urheberrechten oder Designs zu verfügen. Er sollte dafür sorgen, dass in Notlagen nicht durch Aushandlungen von Lizenzen Reichweiten und wertvolle Zeit verloren gehen. Der *Open COVID Pledge* ist allerdings etwas anderes als CC-Lizenzen. Diese sind unwiderruflich und zeitlich unbegrenzt, und vor allem nicht auf Patente und industrielle Verfahren anwendbar, sondern nur auf urheberrechtlich geschützte Materialien. Der Pledge hingegen war vorrangig auf die Freigabe technischer Erfindungen ausgerichtet.

Kurz nach dem Start der Initiative schlossen sich laut der Organisation Creative Commons[10] mehrere US-amerikanische Technologie-Konzerne der Initiative an; darunter Amazon, Facebook, Hewlett Packard, IBM und Microsoft. Sie öffneten ihren Patentschutz für eine gewisse Zeit, um Wissenschaftler:innen und Firmen, die an der Forschung, Entwicklung und Verteilung von medizinischen Geräten und Mitteln arbeiteten, in deren Bemühungen gegen die Ausbreitung und Auswirkungen der Coronapandemie zu unterstützen.

Anmerkungen

1 Dass Eltern teils mit vier- und fünfstelligen Summen Schadensersatz- und Gerichtskosten für frühere Verfehlungen ihrer Kinder zahlen mussten und somit die Rechtsdurchsetzung angesichts eines hochgeladenen Computerspiels von unter 100 € weit übers Ziel hinausschoss, wodurch die Akzeptanz von Urheberrechten litt, bestreitet heute wohl kaum noch jemand (jedenfalls ist das der Eindruck des Autors aus der Beratungspraxis als Anwalt).
2 Die Bewegungen konnten an das Modell von Open-Source-Software anknüpfen, das die Vervielfältigung und Weitergabe von urheberrechtlich geschützter Software – zu jedem Zweck, in unveränderter oder veränderter Form – erlaubt.
3 URL: openaccess.mpg.de/Berliner-Erklaerung [01.09.2021].
4 URL: dfg.de/foerderung/info_wissenschaft/2014/info_wissenschaft_14_68/ [01.09.2021].
5 Die Organisation Creative Commons startete 2005 das Projekt *Science Commons* mit dem Ziel, die Idee von Open Content aus Kunst und Kultur gezielt in die Wissenschaft zu überführen. Seit 2009 ist *Science Commons* kein eigenständiges Projekt mehr, sondern in Creative Commons übergegangen.
6 *Inhalte* sind nach Terminologie des Urheberrechts nicht exakt, weil das Urheberrecht grundsätzlich nicht Inhalte, sondern nur ihre konkrete Form schützt; der Begriff soll hier dennoch zur Vereinfachung als Oberbegriff verwendet werden.
7 Schließlich sind CC-Lizenzen nicht die einzigen Lizenzmodelle aus der Open-Content-Welt. So wurden etwa Lizenzmodelle spezifisch für Open-Access-Publikationen in der Wissenschaft geschaffen. Hier seien beispielsweise die Digital-Peer-Publishing (DPPL)-Lizenzen (URL: hbz-nrw.de/produkte/open-access/lizenzen/dppl [01.09.2021]) genannt, die anders als die CC-Lizenzen zwischen Online- und Offline-Nutzung – also zwischen E-Journalen und gedruckten Journalen – unterscheiden, und damit speziell auf die Bedürfnisse für Wissenschaftspublikationen eingehen. Die CC-Lizenzen machen diesen Unterschied nicht.
8 In Kontinentaleuropa hat das Urheberrecht eine starke persönlichkeitsrechtliche Komponente, aber Anreize werden zu deren Begründung auch vertreten.
9 Umfangreiche Hilfestellungen und weitere Verweise finden sich in den FAQ von Creative Commons Deutschland: URL: de.creativecommons.net/faqs [01.09.2021].
10 URL: kurzelinks.de/t6hs [01.09.2021].

Referenzen

Breuer, Johannes (2023). www. In Sandra Hofhues/Konstanze Schütze (Hg.), *Doing Research*. Bielefeld: Transcript, 416–423.
Christiansen, Per/von Gehlen, Dirk/Hofmann, Jeanette/Klimpel, Paul/Köklü, Kaya/Kreutzer, Till/Otto, Philipp/Schindler, Mathias/Wattig, Lena (2015). Berliner Gedankenexperiment zur Neuordnung des Urheberrechts. URL: kurzelinks.de/3agb [01.09.2021]
de la Durantaye, Katharina/Grünberger, Michael/Handke, Christian/Heine, Moreen/Hilty, Reto M./Janal, Ruth/Klass, Nadine/Ory, Stephan/Peifer, Karl-Nikolaus, Stang, Felix L./Zech, Herbert (2020). Urheberrecht 2030 – Memorandum zur Zukunft des kreativen Ökosystems in Europa. URL: kurzelinks.de/pvm7 [01.09.2021]
Dreier, Thomas (2018). Einleitung. In Thomas Dreier/Gernot Schulze (Hg.), *Urheberrechtsgesetz*. 6. Aufl. München: C.H. Beck, Randnr. 1–28.
Hartmann, Thomas (2013). Zur urheberrechtlichen Schutzfähigkeit der Forschungsdaten. In Jürgen Taeger (Hg.), *Law as a Service. Recht im Internet- und Cloud-Zeitalter*. Bd. 1. Edewecht: OlWIR, 505–515.
Helfrich, Silke/Bollier, David (2019). *Frei, fair und lebendig. Die Macht der Commons*. 2. Aufl. Bielefeld: Transcript.
Kreutzer, Till (2016). Open Content – Ein Praxisleitfaden zur Nutzung von Creative-Commons-Lizenzen. 2. Aufl. URL: kurzelinks.de/z7dt [01.09.2021].
Lessig, Lawrence (2004). *Free Culture: The Nature and Future of Creativity*. New York: Penguin Press.
Loewenheim, Ulrich/Leistner, Mathias (2020). § 2. In Ulrich Loewenheim/Mathias Leistner/Ansgar Ohly (Hg.), *Urheberrecht. Kommentar*. 6. Aufl. München: C.H. Beck, Randnr. 76–86.
Rack, Fabian (2020). Open COVID. Freie Lizenzen für offenes Wissen in der Coronakrise. *iRights.info*. URL: kurzelinks.de/l9uc [01.09.2021].

Fabian Rack

- Rechtswissenschaft
  - Urheberrecht
    - Datenschutzrecht
    - Persönlichkeitsrechte bei Abbildungen
  - Arbeit mit Gesetzen, Rechtsprechung + Literatur
  - juristische Gutachten
    - entwickeln einer Lösung
    - Verfassen von Texten

disziplinär / interdisziplinär

hilfreich / nützlich

- Lösungswege für bislang nicht behandelte Probleme finden
- Wachsamkeit für künftige Probleme

cmd Ein Kommando zur Berechnung Andreas Breiter
auf der Hinterbühne

Die Abkürzung **cmd** **(command)** *verweist auf ein zentrales Konzept der Informatik, mit dessen Hilfe Befehle ausgeführt werden können, die unterhalb der Benutzungsoberfläche des Computers liegen. Anhand des fiktiven Kommandos* **cmd** *traceuserbehavior werden im Beitrag die verborgenen Aspekte und Tragweiten algorithmischer Datenverarbeitung in den Blick genommen und speziell im Forschungskontext kritisch diskutiert.*

Die Informatik, aus der die hier betrachtete Abkürzung **cmd** hervorgeht, versteht sich selbst als Leitdisziplin der Informationsgesellschaft und damit als *Gestaltungswissenschaft* der digitalen Transformation. Ursprünglich ist die deutschsprachige Disziplin in den 1960er Jahren aus zwei Strömungen heraus entstanden: zum einen aus der Computerwissenschaft (*Computer Science*) im anglo-amerikanischen Raum mit einem Schwerpunkt auf Berechenbarkeit und Rechenmaschinen sowie zum zweiten aus der französischen *Informatique* – von der sie auch ihren Namen erhielt – mit Fokus auf der Informationsverarbeitung. Heutzutage ist eine diesbezügliche Unterscheidung nicht mehr zu erkennen, stattdessen differenziert sich die akademische Disziplin *Informatik* (oder eben englisch: *Computer Science*) immer stärker aus: in Hardware-nahe Bereiche (wie *Cyber-physical Systems*), in Software Engineering sowie in Human-Computer Interaction (HCI) an der Schnittstelle zwischen Informatik, Psychologie und Sozialwissenschaften. Im Mittelpunkt steht die Verarbeitung und Speicherung von Daten mit Hilfe von Computersystemen und deren Programmierung sowie die Gestaltung der Schnittstellen von Mensch und Maschine (*Human-in-the-loop*).

In diesem Kontext spielt die Abkürzung **cmd** eine zentrale Rolle: Mit Einsatz der Taste **cmd** lässt sich die Kommandozeile des Computers öffnen, mit deren Hilfe Befehle ausgeführt werden können, die nicht unmittelbar auf der Ebene der Anwendungs- oder Dienstprogramme liegen. Hinter einem *Kommando* verbirgt sich außerhalb der Begriffsverwendung in militärischen Kontexten eine Zeichenfolge, mit der entweder das Betriebssystem oder ein Anwendungsprogramm veranlasst wird, eine oder mehrere Funktionen auszuführen. Oft werden die Begriffe *Befehl* oder *Anweisung* synonym hierzu verwendet. Die mit **cmd** verfolgte Anweisung wird am Computer durch den *Prozessor* ausgeführt. Dieser ist ein Microchip, der im Kern nur binäre Codes verarbeiten kann (also Nullen und Einsen). Der Prozessor holt sich die zu verrechnenden Daten aus dem Speicher (auch ein Microchip) und legt sie nach erfolgter Rechenleistung dort wieder ab. Um den Aufwand der Programmierung zu reduzieren, wurden formale Programmiersprachen (etwa Assembler, Pascal, C/C++ oder Java) entwickelt, die mit einfachen (natürlich-sprachigen Befehlen) komplexe Instruktionen ausführen können. Mit fortschreitender Entwicklung kann das *Kommando* – etwa bei grafikorientierten Benutzungsoberflächen – auch durch das Anklicken beziehungsweise Berühren eines Menüpunktes oder Icons erfolgen. Sowohl durch die direkte Eingabe eines Kommandos als auch durch das Klicken auf ein Icon greifen wir mit **cmd** hinter die Oberfläche (*User Interface*) eines Computers auf eine darunterliegende, Nutzer*innen meistens unbekannte, Systemschicht zu. Dabei ist die Unterscheidung von *Interfaces* und *Systemschicht* für den vorliegenden Beitrag besonders interessant: Denn bereits in die Systemschicht sind spezifische Nutzungsmöglichkeiten als Handlungsoptionen für Nutzende eingeschrieben, die wesentlich dadurch bestimmt sind, wie sie von Informatiker*innen als Produzent*innen verstanden werden (siehe .**exe**, Verständig 2023). Interface und Systemschicht lassen sich zudem gesellschaftstheoretisch interpretieren, wenn Informatik nicht bloß als anwendungsorientiertes Mittel zur Herstellung von Soft- oder Hardware oder Gestaltung von Mensch-Maschine-Schnittstellen verstanden wird, sondern infolge deren Produktion und Anwendung gesellschaftliche Reproduktionsmechanismen kritisch beleuchtet werden: In Anlehnung an die Goffmansche Theorie (1959) ließe sich beispielsweise auch hier zwischen Vorderbühne und Hinterbühne unterscheiden (siehe auch **Hg.**, Krebber 2023). Goffmans Konzept basiert auf der Grundannahme, dass jede zwischenmenschliche Interaktion dadurch geprägt ist, dass die Teilnehmenden mittels verschiedener Darstellungsformen ein bestimmtes Bild von sich präsentieren. Analog zum Theater wird auf der Vorderbühne das idealistische Selbstbild gespielt, während auf der Hinterbühne Tatsachen oder informelle Handlungen verborgen liegen. Beide Bühnen grenzen aneinander und sind zugleich voneinander abgeschnitten. Dieses Konzept lässt sich auf die Trennung zwischen Benutzungsoberfläche (*welche Funktionen werden angeboten?*) und Betriebssystem (*was wird ausgeführt?*) beziehungsweise Datenbanksystem (*was wird wie gespeichert?*) übertragen. Ein Interface wäre demnach die Vorderbühne, also das, was sich Nutzer*innen aneignen können. Die Systemschicht stelle demgegenüber die Hinterbühne dar, in der soziale Reproduktion stattfinden kann. Mehr noch: In gewisser Weise spielen die Entwickler*innen auch auf der Vorderbühne den Nutzer*innen etwas vor. Berry (2011) beschreibt diese in Technik eingeschriebenen, sozialen Beziehungen als „digital iceberg": So sehen Nutzende allenfalls einzelne digitale Spuren an der Oberfläche, wenngleich sie die elektronischen Signale, die über Leiterbahnen kommuniziert werden oder versteckte Einträge im Betriebssystem beziehungsweise in den Registern des Prozessors nicht (mehr) wahrnehmen können. Am Beispiel eines fiktiven **cmd** *traceuserbehaviour* sollen diese unsichtbaren Aspekte des digitalen Eisbergs näher in den Blick genommen werden.

traceuserbehaviour

Stellen wir uns vor, das Betriebssystem auf der Hinterbühne hätte eine versteckte Funktion (**cmd** *traceuserbehaviour*), die es erlaubt, alle Anwendungen, die wir auf dem Computer aufrufen und alle Daten, die wir eingeben (per Tastatur, Maus, Touch, Sprache, Gesten), zu verfolgen und aufzuzeichnen. Diese Funktion gibt es so nicht in einem Betriebssystem, wäre aber relativ leicht herzustellen (zu programmieren). Hierzu ließen sich vielfältige Anwendungsbereiche finden. So gäbe es etwa Funktionen zur permanenten Überwachung durch staatliche oder private Sicherheitsorgane sowie *intelligente* Systeme, die uns anhand unserer Nutzungshistorie Hilfestellungen zur Arbeitserleichterung gäben. Die Vielfalt dieser Szenarien ist groß: von der Kontrolle bis zur Assistenz. Mit **cmd** *traceuserbehaviour* lösen wir eine Folge von Befehlen aus, deren systematische Abfolge in der Informatik als *Algorithmus* bezeichnet wird. Donald E. Knuth, ein Informatikpionier, definiert einen Algorithmus als eine Menge von Regeln, die eine Folge von Operationen definiert, sodass jede Regel effektiv und eindeutig ist und die Sequenz in endlicher Zeit beendet wird (Knuth 1979). Ich möchte hier explizit auf die Bühnenmetapher nach Goffman zurückgreifen, wonach bereits im Grundverständnis eines Algorithmus eine bestimmte Vorstellung des Nutzungsszenarios eingelagert ist. Auch nach Gillespie (2014: 167) sind Algorithmen „procedures for transforming input data into a desired output, based on specified calculations". Er argumentiert, dass die Algorithmen träge und bedeutungslos seien, bis sie mit Datenbanken verknüpft würden, auf denen sie ihre Berechnungen durchführten. Kitchin (2017) verweist in diesem Kontext darauf, dass Algorithmen auf verschiedene Weise verstanden werden können: technisch, rechnerisch, mathematisch, politisch, kulturell, ökonomisch, kontextuell, materiell, philosophisch und ethisch. Sie seien immer eingebettet in sozio-technische Zusammenhänge, was ihre Betrachtung im Zusammenhang mit Goffmans Bühnenmetapher so fruchtbar macht.

Ich bleibe noch einen Moment beim informatischen Kern eines solchen Befehls: Was steckt hinter **cmd** *traceuserbehaviour*? Im Kern der Ausführung steht eine Übersetzung der Programmzeilen in maschinenlesbaren Code. Dies soll am Beispiel eines Sortierverfahrens (*Quick Sort*) im Folgenden veranschaulicht werden. In der Programmiersprache C würden die zugehörigen Programmzeilen so aussehen:

```c
#include<stdio.h>
void quicksort(int number[5],int first,int last){
    int i, j, varpivot, vartemp;

    if(first<last){
        varpivot=first;
        i=first;
        j=last;

        while(i<j){
            while(number[i]<=number[pivot]&&i<last)
                i++;
            while(number[j]>number[pivot])
                j--;
            if(i<j){
                vartemp=number[i];
                number[i]=number[j];
                number[j]=temp;
            }
        }

        vartemp=number[pivot];
        number[pivot]=number[j];
        number[j]=vartemp;
        quicksort(number,first,j-1);
        quicksort(number,j+1,last);
    }
}
```

Diese Vorschrift wird von einem Übersetzer (*Compiler*) in eine maschinenlesbare Form gebracht und dann an den Prozessor weitergegeben. Ein Auszug aus einer Maschinensprache (Assembler) für die gleiche Sortierfunktion könnte so aussehen[1]:

```
_quickSort@12:
    ; set up stack, save regs
    push    ebp
    mov     ebp, esp
    push    ebx
    push    ecx
    push    edx

    ; Load function parameters into registers
    mov     ebx, [ebp + 8]      ; A stored in ebx
    mov     ecx, [ebp + 12]     ; p stored in ecx
    mov     edx, [ebp + 16]     ; r stored in edx

    ; if (p < r)
    cmp     ecx, edx
    jnl     endIf2
```

Anhand des exemplarisch dargestellten Assembler-Codes wird deutlich, dass mit der Ausführung des Befehls einzelne Anweisungen an den Prozessor übergeben und von diesem wiederum technisch weiterverarbeitet werden. Jeder Prozessor verfügt über einen Befehlssatz mit deren Hilfe jeweils einzelne Schritte ausgeführt werden: Speicher auslesen, Operation ausführen, Schnittstellen ansteuern. Sie werden immer auf die gleiche Art und Weise ausgeführt. Der Prozessor kann sich dagegen nicht widersetzen. In unserem fiktiven Beispiel von **cmd** *traceuserbehaviour* ermöglicht die definierte Schrittfolge die Protokollierung der Tastatureingabe und Mausbewegungen. Sprachbefehle (beispielsweise über die Sprachassistenzsysteme) werden aufgezeichnet, eingehende E-Mails und Dokumente gescannt und abgespeichert sowie sämtliche Bilder und Videos archiviert und verschlagwortet. Es entsteht ein riesiger Datensatz über die eigenen *Bewegungen*, Interessen und persönlichen (nicht nur digitalen) Vorlieben. Hier kommen jetzt die sozio-technischen Zusammenhänge ins Spiel, wie sie etwa Kitchin (2017) skizziert. Von ihnen ausgehend lassen sich verschiedene Einsatzszenarien des Befehls vorstellen, die je nach Kontext von nützlich bis bedrohlich ausfallen: In sicherheitskritischen Infrastrukturen müssen alle Eingaben beispielsweise in einem Datenbanksystem gespeichert werden, um Fehlbedienungen des Systems ausfindig zu machen – dies kann der Absicherung ebenso wie der Überwachung der Nutzer*innen dienen und unterliegt gesetzlichen Vorschriften. Informationssicherheits-Managementsysteme (Pohlmann 2019) werden in diesem Kontext aufgebaut, um Menschen und Daten zu schützen. Das gleiche Überwachungssystem könnte – beispielsweise bei regimekritischen Journalist*innen – auch zu einem Eingriff in das persönliche Grundrecht und unter Umständen lebensbedrohlichen Konsequenzen führen.

Bei Forschungsarbeiten ergibt sich das gleiche Dilemma. Die Nutzung der Hinterbühne durch **cmd** *traceuserbehaviour* würde es Forschenden erlauben, auf „digitale Spuren" (Breiter/Hepp 2018) von Nutzer*innen zuzugreifen. Auf der einen Seite ergäben sich daraus nützliche und hilfreiche Einsatzszenarien, etwa für Expert*innen für Usability und Gebrauchstauglichkeit sowie Interaktionsdesign (Preece/Rogers/Sharp 2015). Softwaresysteme könnten auf Basis des Nutzungsverhaltens ständig verbessert werden und die Gestaltung barrierefreier Informationssysteme wäre einfacher, weil das System sich ständig an die individuellen Bedarfe der Nutzer*innen anzupassen vermöge. Soziale Interaktionen ließen sich leichter und ohne aktive Mitwirkung der Akteur*innen rekonstruieren (im Sinne von non-reaktiven Verfahren der empirischen Sozialforschung, siehe Döring/Bortz 2016); mittels Datenanalysen könnten dann die Kommunikationsformen in den verschiedenen Medienensembles beschrieben werden. Als weiteres nutzenbezogenes Beispiel könnte die Digitalisierung von Lern- und Lehrprozessen und der gestiegene Einsatz von Software in formalen und informellen Bildungsprozessen dienen. Lernanalysen (Ifenthaler/Drachsler 2018) auf Basis von **cmd** *traceuserbehaviour* könnten durch die Ermittlung der Bewegungen in und zwischen den softwaregestützten Lernsystemen dafür genutzt werden, individualisierte Lernwege zu empfehlen und personalisierte Lernaufgaben bereitzustellen (etwa beim Musiklernen, siehe Krieter/Breiter 2018). Dies soll dabei helfen, die Lern- und Lehrprozesse zu verbessern sowie die Lernwirksamkeit zu erhöhen (Knobbout/van der Stappen 2020; Tsai et al. 2021).

Auf der anderen Seite bedeute die Nutzung einer solchen Befehlsfolge einen drastischen Eingriff in die Privatsphäre. Die informierte Einwilligung der Betroffenen wäre zwingend erforderlich und die Akzeptanz damit eher niedrig, was wiederum den Aufwand für die Forschenden erhöhe. Auch eine mögliche Anonymisierung müsse transparent erfolgen. Hierfür gibt es Verfahren wie *differential privacy* (Dwork 2008), die aber vor allem auf großen Datenmengen funktionieren und technisch sehr komplex sind. Krieter/Viertel/Breiter (2021) konnten zeigen, dass die Bereitschaft zur Teilnahme an Forschungsprojekten mit derart intrusiven Verfahren eher gering ist und nur durch umfangreiche Sicherheitsmaßnahmen und Transparenz erhöht werden kann. Ein weiterer kritischer Aspekt der Nutzung der Hinterbühne ist die Verletzlichkeit der Computersysteme. Mit Hilfe von **cmd** *traceuserbehaviour* könnten weitreichende Eingriffe in die Grundstruktur des Rechners vorgenommen sowie Programme jeglicher Art (auch versteckt) ausgeführt werden. Das ist ein elementarer Baustein jeder Systemarchitektur, denn die Nutzer*innen wollen nicht alle Befehle manuell auf der Vorderbühne ausführen und sind dankbar für parallele Prozesse im Hintergrund. Dies gilt allerdings sowohl für Software mit gewünschten Funktionen als auch für sogenannte Schadsoftware. Auch diese bedient sich gerne der Kommandozeile. Durch die Einspeisung von Viren oder Trojanern (Pohlmann 2019) können Funktionen ausgeführt werden, von denen Benutzer*innen nichts erfahren – und so das Kommando übernehmen oder Festplatten verschlüsseln oder gar löschen.

Wenn **cmd** *traceuserbehaviour* also nicht nur dazu diene, Daten aufzuzeichnen, sondern zugleich den Aufbau einer großen Datenmenge steuern und Algorithmen bereitstellen würde, die Muster in den

Daten erkennen, wäre der Schritt zum Einsatz von Verfahren des maschinellen Lernens nicht mehr weit (Burell 2015; MacKenzie 2017). Auf der Hinterbühne von **cmd** *traceuserbehaviour* verbärgen sich dann – ganz im Sinne eines Eisbergs – undurchschaubare Rechenanweisungen, die bei künstlichen neuronalen Netzen nicht mehr rekonstruierbar sind. Im Gegensatz zu Systemen, die auf imperativer Programmierung basieren, werden Systeme des maschinellen Lernens *trainiert*, nicht programmiert. Dafür wird ein mathematisches Modell formuliert, eine Kostenfunktion aufgestellt und in Bezug auf bestimmte Eingangs- und Ausgabedaten optimiert. Die Trainingsanweisungen sind transparent, die Entstehung der *gelernten* Muster nicht. Hierdurch können zum einen Artefakte entstehen, die sich der Nachvollziehbarkeit entziehen. Zum anderen hängen die Ergebnisse immer vom vorliegenden Trainingsdatensatz ab. Das bedeutet auch, dass durch den Trainingsdatensatz bereits bestimmte Festlegungen erfolgen: Wenn dort nur Testergebnisse von männlichen Sportlern aus Südasien enthalten wären, würde eine Übertragung auf Sportlerinnen in Kamerun nicht möglich sein. Für diese algorithmisch produzierten Vorurteile gibt es bereits zahlreiche Anwendungsbeispiele (O'Neil 2016): automatische Gesichtserkennung, Bewertung der Kreditwürdigkeit, Personalauswahl, Lernleistungsprognosen oder *predictive policing* (Brantingham/Valasik/Mohler 2018). Lee und Björklund Larsen (2019: 1) beschreiben Algorithmen in Systemen des maschinellen Lernens als „biased blackboxes", die Rassismus reproduzieren und damit Ungleichheit automatisieren. Die in ihren Diskursen vorherrschende Vision einer *Datafizierung* basiert auf der Verfügbarkeit großer Datenmengen durch ständiges Nachverfolgen und Aufzeichnen digitaler Spuren einerseits sowie leistungsfähigen Algorithmen andererseits, die eine Umgebung der Überwachung generieren. Durch das weitreichende Eingreifen auf der Hinterbühne öffnet **cmd** *traceuserbehaviour* das Fenster für eine Totalüberwachung im Sinne dieser *dataveillance* (van Dijk 2014) – womit die Gefahr eines Kontrollverlusts einhergeht. Diese Phänomene wurden insbesondere im Bildungskontext ausführlich untersucht (vgl. Lupton/Williamson 2017; Yu/Couldry 2020). Hartong und Breiter (2021) etwa beschreiben die automatische Produktion und Reproduktion von Sozialindizes für die Ressourcenallokation an Schulen auf Basis der erzeugten und erhobenen Daten durch einen Algorithmus und zeigen daran die Entstehung von *inequalities of dataveillance* auf.

Konsequenzen

Der Beitrag hat versucht, anhand des fiktiven Kommandos **cmd** *traceuserbehaviour* die Mächtigkeit und versteckten Wirkungen von Algorithmen zu verdeutlichen, die sich – selbst für Expert*innen – zumeist im Verborgenen abspielen. Hierfür habe ich die Bühnenmetapher genutzt, wie sie insbesondere für zwischenmenschliche Interaktionen gebräuchlich ist, aber auch im hier vorgestellten Zusammenhang angemessen sein könnte: In Anlehnung an Goffman sollte deutlich geworden sein, dass Nutzer*innen lediglich Ausschnitte von Computersystemen sehen und erleben können. Dabei lassen sich durch Befehle dieser Art Forschungsfragen über Tragweiten von Algorithmen verfolgen, die sowohl zum Wohle der Nutzer*innen als auch zu deren Überwachung eingesetzt werden können. Die kritische Informatikforschung beschäftigt sich schon seit Jahrzehnten mit diesem Dilemma. Durch die gestiegenen Einsatzmöglichkeiten von Verfahren des maschinellen Lernens – die auf die heute massenhaft verfügbaren digitalen Daten zurückgehen – muss der Hinterbühne derartiger, Daten verarbeitender Systeme mehr Beachtung geschenkt werden. Unter dem Stichwort *Transparent AI* oder *Explainable AI* wird versucht, die möglichen Vorurteile, die bereits in den Daten vorliegen ebenso wie die durch die Algorithmen bestimmten Vorhersagen für die Nutzer*innen leichter zugänglich, also erklärbar, zu machen. Allerdings gibt es auch hier Studien, die eher skeptisch sind, was die Wirksamkeit und Akzeptanz transparenter KI-Systeme angeht (Heuer/Jarke/Breiter 2021). Nicht zuletzt deswegen ist mit der Nutzung von **cmd** eine forschungsethische Dimension verbunden, die die Disziplin der Informatik zur Reflexion ihres Handelns anregen sollte. Ein Zugriff auf die Algorithmen und Daten auf der Hinterbühne zu Forschungszwecken erfordert zugleich ein an den Nutzer*innen orientiertes und datenschutzfreundliches Design. Dafür sind bereits a priori Voraussetzungen für eine transparente, datensparsame und nutzer*innenzentrierte Gestaltung zu schaffen (*privacy by design*, siehe Langheinrich 2001). Für *Doing research* mit **cmd** ergeben sich hieraus zahlreiche Implikationen: Es braucht ein grundlegendes Verständnis der ethischen, rechtlichen und sozialen Verstrickungen, im Idealfall in Form einer interdisziplinären Zusammenarbeit. Diese muss zu einem zentralen Bestandteil der Förderung im Studium und in der Dissertationsphase werden.

Anmerkungen

1 Siehe URL: kurzelinks.de/vr3i [27.10.2021].

Referenzen

Berry, David M. (2011). *Understanding Digital Humanities*. Basingstoke: Palgrave Macmillan.

Brantingham, P. Jeffrey/Valasik, Matthew/Mohler, George O. (2018). Does Predictive Policing Lead to Biased Arrests? Results From a Randomized Controlled Trial. *Statistics and Public Policy, 5*(1), 1–6.

Breiter, Andreas/Hepp, Andreas (2018). Die Komplexität der Datafizierung. Zur Herausforderung, digitale Spuren in ihrem Kontext zu analysieren. In Christian Katzenbach/Christian Pentzold/Sigrid Kannengießer/Marian Adolf/Monika Taddicken (Hg.), *Neue Komplexitäten für Kommunikationsforschung und Medienanalyse: Analytische Zugänge und empirische Studien*. Berlin: SSOAR, 27–48.

Burrell, Jenna (2015). How the Machine 'Thinks'. Understanding Opacity in Machine Learning Algorithms. *Big Data & Society, 3*(1), 1–12.

Döring, Nicole/Bortz, Jürgen (2016). *Forschungsmethoden und Evaluation für Human- und Sozialwissenschaftler*. Berlin: Springer.

Dwork, Cynthia (2008). Differential Privacy. A Survey of Results. In Manindra Agrawal/Ding-Zhu Du/Zhenhua Duan/Angsheng Li (Hg.), *Theory and Applications of Models of Computation (TAMC)*. Berlin et al.: Springer, 1–19.

Gillespie, Tarleton (2014). The Relevance of Algorithms. In Tarleton Gillespie/Pablo J. Boczkowski/Kirsten A. Foot (Hg.), *Media Technologies. Essays on Communication, Materiality, and Society*. Cambridge: MIT Press.

Goffman, Erving (1959). *The Presentation of Self in Everyday Life*. Garden City et al.: Doubleday.

Heuer, Hendrik/Jarke, Juliane/Breiter, Andreas (2021). Machine Learning in Tutorials. Universal Applicability, Underinformed Application, and other Misconceptions. *Big Data & Society, 8*(1).

Ifenthaler, Dirk/Drachsler, Hendrik (2018). Learning Analytics. In Helmut Niegemann/Armin Weinberger (Hg.), *Lernen mit Bildungstechnologien. Praxisorientiertes Handbuch zum intelligenten Umgang mit digitalen Medien*. Berlin et al.: Springer, 1–20.

Kitchin, Rob (2017). Thinking Critically About and Researching Algorithms. *Information, Communication & Society, 20*(1), 14–29.

Knobbout, Justian/van der Stappen, Esther (2020). A Capability Model for Learning Analytics Adoption. Identifying Organizational Capabilities from Literature on Learning Analytics, Big Data Analytics, and Business Analytics. *International Journal of Learning Analytics and Artificial Intelligence for Education, 2*(1), 47–66.

Knuth, Donald E. (1997). *The Art of Computer Programming. Volume 1: Fundamental Algorithms*. Redwood City: Addison Wesley Longman.

Krieter, Philipp/Breiter, Andreas (2018). Analyzing Mobile Application Usage. Generating Log Files from Mobile Screen Recordings. Präsentiert auf der *20th International Conference on Human-Computer Interaction with Mobile Devices and Services (MobileHCI 18)*, New York.

Krieter, Philipp/Viertel, Michael/Breiter, Andreas (2021). ‹Da habe ich es dann einfach ausgeschaltet›. Perspektiven von Lernenden auf Datensammlung mittels Langzeit-Bildschirmaufzeichnungen in non-formalen Bildungskontexten. *MedienPädagogik, 44*, 1–21.

Langheinrich, Marc (2001). Privacy by Design. Principles of Privacy-Aware Ubiquitous Systems. In Gregory D. Abowd/Barry Brumitt/Steven Shafer (Hg.), *Ubicomp 2001. Ubiquitous Computing*. Berlin: Springer, 273–291.

Lee, Francis/Björklund Larsen, Lotta (2019). How should we theorize algorithms? Five ideal types in analyzing algorithmic normativities. *Big Data & Society, 6*(2), 1–6.

Lupton, Deborah/Williamson, Ben (2017). The Datafied Child. The Dataveillance of Children and Implications for their Rights. *New Media & Society, 19*(5), 780–794.

Mackenzie, Adrian (2017). *Machine Learners. Archaeology of a Data Practice*. Cambridge: MIT Press.

O'Neil, Cathy (2016). *Weapons of Math Destruction. How Big Data Increases Inequality and Threatens Democracy*. New York: Crown.

Pohlmann, Norbert (2019). *Cyber-Sicherheit*. Berlin: Springer.

Preece, Jenny/Rogers, Yvonne/Sharp, Helen (2015). *Interaction Design. Beyond Human-Computer Interaction*. New York: Wiley.

Tsai, Yi-Shan/Rates, Diego/Moreno-Marcos, Pedro M./Muñoz-Merino, Pedro J./Jivet, Ioana/Scheffel, Maren/Drachsler, Hendrik/Delgado Kloos, Carlos, Gašević, Dragan (2020). Learning Analytics in European Higher Education. Trends and Barriers. *Computers & Education, 155*.

van Dijck, Jose (2014). Datafication, Dataism and Dataveillance. Big Data between Dcientific Paradigm and Decular Belief. *Surveillance & Society, 12*(2), 197–208.

Verständig, Dan (2023). .exe. In Sandra Hofhues/Konstanze Schütze (Hg.), *Doing Research*. Bielefeld: Transcript, 18–25.

Yu, Jun/Couldry, Nick (2020). Education as a Domain of Natural Data Extraction. Analysing Corporate Discourse about Educational Tracking. *Information, Communication & Society*, 1–18.

ANDREAS BREITER

- prägt mein LEBEN
- Ich verstehe die FRAGE nicht

INFORMATIK / SOZIOLOGIE / BILDUNGSFORSCHUNG
- Learning Analytics
- Bias in KI Tutorials
- Fake-News
- Informationsvisualisierungen

- empirisch
- praktisch
- nutzenorientiert
- interdisziplinär
- die herrschende MEINUNG hinterfragen

Cmd+V Visual Essay   Anja Kaiser

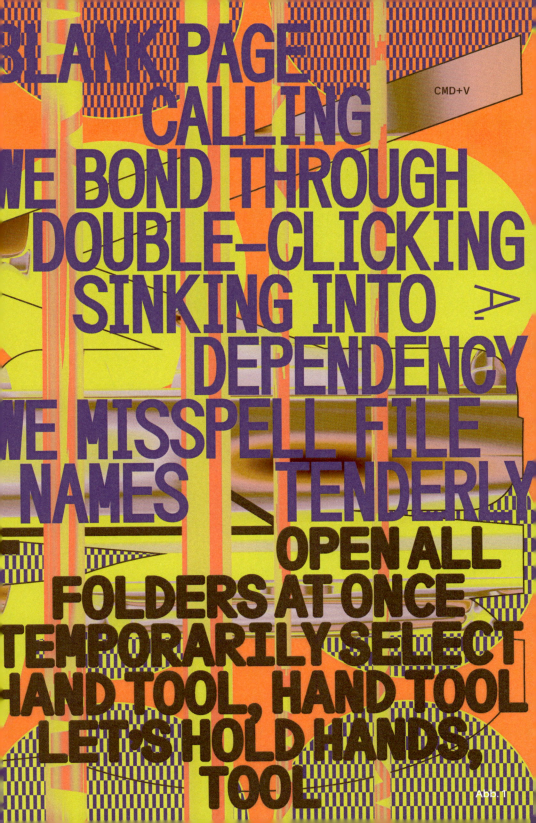

Abb. 1

MAGIC MOUSE IS A GATHERER
MAGIC MOUSE IS DISSONANT
BLANK PAGE IS ARROGANT

[competing shortcuts entangled in parallel operations]

Abb. 2

Abb. 3

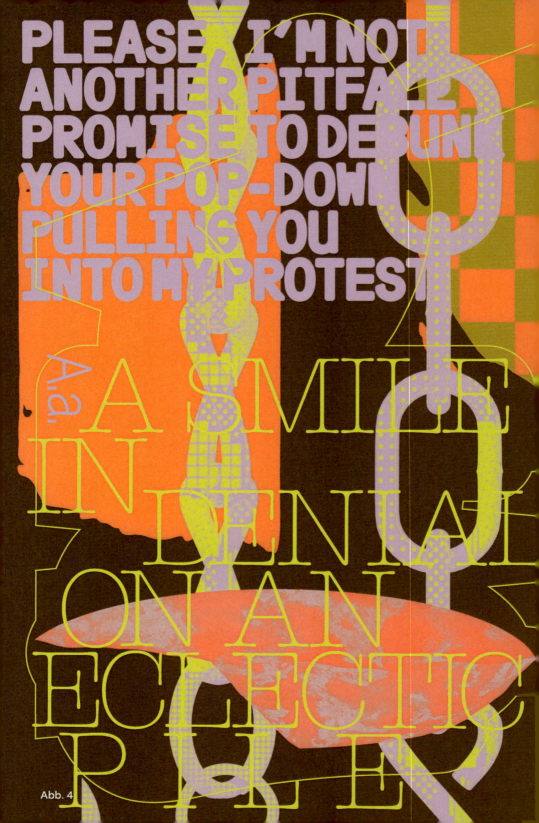
Abb. 4

o/ AND THE PAGE REPLIES: TEAR IT ALL DOWN! PEEL ALL LAYERS UP! (BACKGROUND GRUNTS: FOREGROUND COME CLOSER)

(X)
Structured structures with no claim to order
Structures in opposed connections
Structures in connected opposition
Sidestep the crutches and steady grids

ii. Letter shapes intertwine and
cling to images and objects
Words seek encounters at the margins
a, a, a, a, b, c, cheer in multiplicity

Abb. 5

Abb. 6

Die zweiseitige Praxis des Lesens und Schreibens ist direkt in das Wort Typografie eingeschrieben. Dem Griechischen entlehnt, hat es zwei Ursprünge: *týpos* bedeutet *Gestalt* oder *Abdruck* und *-graphie* steht für *schreiben*. Der Beitrag **CMD+V** widmet sich den beziehungsstiftenden Strategien der *Dirty Typography* – stört, erweitert und verbündet die binären Handlungsoptionen der Typografie. Alle Inhalte der Zwischenablage wurden eingefügt, ebenso wie die anliegenden Verfasstheiten – das Schwammige, Ausgefranste, Vorder- und Hintergründige artikuliert und verheddert sich visuell.

CMD+V ist bekannt als Tastaturbefehl in macOS [entspricht der Ctrl/Strg-Taste unter Windows] und dient beim Einfügen von vorher aufgenommenen Inhalten dem schnelleren und vor allem mehrmaligen Übertragen von bereits vorhandenem. Im Kontext der Verhandlungen um *Doing Research* interessiert uns der Ansatz, Forschung und Forschen an den Herausforderungen der Gegenwart auszurichten und über typografische und gestalterische Mittel und Werkzeuge neu zu denken, oder zu kommentieren.

Anja Kaiser ist Grafikdesignerin, Künstlerin und Pädagogin. Sie befasst sich mit der Aneignung von widerständigen Medien, undisziplinierten grafischen Methoden und einer messy/unordentlichen Designgeschichte. Sie lehrt aktuell als Vertretungsprofessorin an der Hochschule für Grafik und Buchkunst Leipzig in der Fachklasse für Typografie. Ihre Arbeiten wurden in Brno auf der internationalen Design Biennale gezeigt und ausgezeichnet. 2017 erhielt sie den INFORM Preis der Galerie für Zeitgenössische Kunst Leipzig, eine Auszeichnung für konzeptuelles Gestalten an der Schnittstelle von Grafikdesign und Kunst. 2020 widmete ihr Le Signe – Centre National du Graphisme in Chaumont eine umfassende Einzelausstellung zu ihrer autonomen und angewandten Gestaltungspraxis.

Web: https://linktr.ee/AnjaKaiser

Abb. 1-6: Anja Kaiser. *Visual Essay CMD+V* (2021). Eine erste Fassung dieses Beitrags wurde im *Glossary of Undisciplined Design* von Spector Books im April 2021 veröffentlicht.

d.h.   Ein erster Versuch   Sven Kommer

Die zunächst trivial erscheinende Abkürzung **d.h.** **(das heißt)** *entpuppt sich bei genauerer Betrachtung als in vielfacher Hinsicht bedeutungsvoll – in der Alltagssprache, im Bildungskontext sowie in der Wissenschaft und ihrer Kommunikation. Anhand von vier Zugriffen nähert sich der Beitrag diesen Bedeutungsebenen der weiterführenden Schachtelung auf kritisch-anekdotische Weise.*

Die Abkürzung **d.h.** scheint auf den ersten Blick keine besondere Bedeutung zu haben: In Wörterbüchern und anderen Quellen wird sie schlicht unter *das heißt* geführt – und das war es auch schon. Bestenfalls finden sich Synonyme, die aber schnell einen anderen Bedeutungsrahmen transportieren. So war dann auch meine erste Reaktion auf die Frage der Herausgeber*innen, ob ich etwas zu **d.h.** schreiben könnte: „Das heißt?". Letztendlich ergab sich daraus eine längere, von allen möglichen anderen Themen unterbrochene Phase des Nachdenkens und der Suche nach einer Idee, wie diese Schreibaufgabe sinnvoll zu bewältigen wäre. Vor dem Hintergrundrauschen des zweiten Pandemie-Sommers und seiner vielen Diskurse sowie der Arbeit an einem Projekt zur Nutzung von Erklärvideos durch Schüler*innen – und nicht zuletzt mit Blick auf den eigenen Sprachgebrauch – kristallisierte sich dann langsam eine Idee heraus.

Ein erster Zugriff: Die (alltagssprachliche) Frage

Ich beginne im Anekdotischen am Beispiel *unserer* Familienkommunikation. In diesem Kontext hat sich die Frage *das heißt?* über die Jahre zu einem rhetorischen Standard entwickelt. Auf eine sachgebundene Aussage (*ich komme heute später*) lautet die Replik nicht selten „das heißt?". Es wird also nach der Bedeutung der zuvor gemachten Aussage – beispielsweise für den Alltag der Familienorganisation – gefragt. Wenn ich *später* komme, kann das bedeuten, dass auf keinen Fall bereits am Nachmittag mit meiner Rückkehr zu rechnen ist, das gewohnte Abendessen aber nicht gefährdet ist. Es kann ebenso gut der Hinweis sein, dass man mit diesem nicht auf mich warten soll, da keine Aussicht besteht, rechtzeitig zurück zu sein. Letztendlich zielt die Frage damit auf den Erhalt präziserer Informationen, zumindest implizit aber auch nach den Folgen. Bei der Frage nach den *Folgen* nähern wir uns dann schon der Wissenschaft – dazu später.

Weniger alltagssprachlich, aber über lange Jahre keineswegs selten, ist eine weitere Situation, in der das *das heißt* vorkam (und vorkommt): Es geht um die typische Situation einer mündlichen Prüfung, in der die Kandidat*in soeben *brav* vorgetragen hat, was zu der gestellten Frage in jeder Einführungs- oder Sekundärliteratur (oder auch in der Wikipedia) steht. Nicht selten klingt das wie auswendig gelernt, der Sprachduktus unterscheidet sich vom bisherigen, wir befinden uns also auf der untersten Stufe der Bloomschen (oder anderer) Taxonomie(n). Als Prüfer erhoffe ich aber natürlich mehr als dieses Level, möglicherweise ja sogar so etwas wie einen *Bildungseffekt* (gerne nach Marotzki 1990 und anderen) eines mehrjährigen Studiums. Möglichst freundlich (nicht immer leicht, wenn ich die entsprechende Passage gerade zum vierten Male hintereinander gehört habe) frage ich also: „Das heißt?" An dieser Stelle entscheidet sich dann schnell, wie die Prüfung weitergeht... Aus der scheinbar *kleinen* Floskel **d.h.** ist also blitzartig ein rhetorisches Instrument dessen geworden, was einmal *strukturelle Gewalt* genannt wurde. Wobei – auch hier ist es mit eindimensionalen Kausalitäten gar nicht so einfach – dieses *todernste Spiel* auch ganz anders ausgehen kann: Möglicherweise erhalte ich eine kluge Antwort, die ich so keinesfalls antizipiert habe und die mich selber zum Nachdenken, vielleicht sogar zu neuen Forschungsfragen bringt.

Zweiter Zugriff: Der/die/das[1] Erklärbär*in

Wir verlassen die Alltagssprache und kommen zu einem weiteren Einsatzbereich, noch immer stark dem Mündlichen verhaftet: **d.h.** leitet eine längere Sequenz von Erklärungen oder Erläuterungen ein, nachdem das zuvor *Gesagte* sich als schwer- oder nicht-verständlich erwiesen hat. Ein Beispiel auch hier: Im Seminar lesen wir den (noch immer lesenswerten) Übersichtstext von Tulodziecki (2011) zur Geschichte und Begriffsbildung der Medienpädagogik. Ein sehr *dichter* Text, eigentlich nicht unbedingt für Noviz*Innen gedacht – der dann auch noch Epochen in den Blick nimmt, die für viele Studierende fast schon genauso lange vergangen sind wie das Mittelalter. Dort gibt es eine schöne Stelle, die auf Diskurse verweist, die noch vor meiner akademischen Sozialisation liegen:

„Parallel dazu waren die Leitgedanken der Mündigkeit und Emanzipation von Kerstiens (1971) – auch vor dem Hintergrund einer sich entwickelnden kritisch-materialistischen Medienerziehung – mit der Kommunikationserziehung in Verbindung gebracht worden (vgl. S. 30), wenn seine Medienkunde im Wesentlichen auch einer funktional-systemorientierten Sichtweise verhaftet blieb." (Tulodziecki 2011: 15)

Die irritierten Blicke einiger Studierender erinnern mich daran, dass es sich hier keineswegs um allgemein geteiltes Wissen, an das problemlos angeknüpft werden kann, handelt, sondern eher um ein sehr großes, sehr schwarzes Wissensloch, das zumindest ein Stück weit aufgefüllt werden sollte. Mit einem *das heißt* beginne ich also den Versuch, Wissen, Kontexte und Zusammenhänge zu vermitteln. Vielleicht kommt es dann sogar zu weiteren Schachtelungen ganz im Sinne russischer Matroschka-Puppen, wenn ich weitere Male ein *das heißt* einfüge. (Möglicherweise erzeugt meine akademische Lehre dann eher Irritationen statt *Wissen* – was ja aber auch *bildend* sein kann.)

Dritter Zugriff: Wissenschaftskommunikation

Mit dem Beginn der Corona-Pandemie ist noch deutlicher geworden, wie wichtig für aktuelle Gesellschaften eine gut funktionierende Wissenschaftskommunikation ist. Dabei geht es – auch dies ist in den Debatten im Kontext der Pandemie klar geworden – um zwei Ebenen der Kommunikation: Die erste Ebene von Kommunikation ließe sich als Inhalt/inhaltliche bezeichnen. Auf dieser geht es darum, die aktuellen Befunde und Erkenntnisse einem breiten Publikum zu kommunizieren. Schon hier lauern vielfältige Fallstricke: Das Fachvokabular ist für eine breitere Zielgruppe in der Regel kaum verständlich und bedarf – ganz im Sinne von **d.h.** – einer Erläuterung, die auch für interessierte Laien verständlich ist. Ähnliches gilt für die Befunde, die *hard facts*. Auch hier bedarf es in kaum zu unterschätzendem Maße (nein, nicht alle Menschen sind in Statistik ausgebildet) vielfältiger Erklärungen und Kontextualisierungen. Ein *das heißt* ist damit essenziell, sind die Daten doch in der Regel kaum selbsterklärend. Gerade die Beispiele von Infektionsraten oder Inzidenzen haben dies mehr als deutlich gezeigt: Welcher Wert ist problematisch, wann und wo muss unbedingt ein Limit gesetzt werden – und was ist vielleicht doch nicht so schlimm? Das gilt natürlich auch im Kontext anderer Forschung, nicht zuletzt der erziehungswissenschaftlichen. Hier bedürfen die meisten Daten ebenfalls einer Erklärung, Kontextualisierung und nicht selten einer historischen Einordnung. Und manchmal bedarf es vielleicht auch einer Zuspitzung: Wenn verschiedene Untersuchungen zeigen, dass es in Deutschland etwa 20 Prozent der Schüler*Innen nicht gelingt, die Mindeststandards beim Lesen zu erwerben, darf (gar muss) ein **d.h.** darauf hinweisen, dass hier auch trotz (oder gerade wegen) der vielfältigen digitalen Medien die adäquate Teilhabe an einer demokratischen Gesellschaft (wie auch deren Alltag) akut gefährdet ist.

Die zweite Ebene der Kommunikation, die wahrscheinlich noch viel häufiger ein **d.h.** erfordert, ist das Verständnis von Wissenschaft als solches (siehe Altenrath, 2023). Die Irritationen, die gerade in der Anfangszeit der Pandemie aus den immer wieder revidierten Aussagen *der* Wissenschaft entstanden sind, zeigen, wie wichtig es ist, gerade außerhalb der akademischen Bubble zu vermitteln, wie Wissenschaft tickt und wissenschaftliche Aussagen zu Stande kommen. So ist sichtbar geworden, dass es ein ganz zentrales **d.h.** gibt: Nämlich den – mit dem Falsifizierungsprinzip nach Popper (1934) gerne auch theoriebasiert – zu wiederholenden Hinweis, dass *die Wissenschaft* keinesfalls in der Rolle ist, unumstößliche und dauerhaft gültige Aussagen zu treffen. Sondern schon von der Idee her in einem dauerhaften Prozess der Selbst-Irritation und der Selbst-Aufhebung des bisherigen *Standes der Forschung* verfangen ist. Wenn also – wie im Frühjahr/Sommer 2020 nicht selten der Fall – die Befunde *von gestern* durch neue Erkenntnisse (und daraus abzuleitende Folgerungen) ersetzt wurden, ist das *eben nicht* ein Beispiel für das Scheitern oder gar die Sinnlosigkeit von Wissenschaft, sondern dafür, dass sie genau das tut, was ihre Aufgabe ist. Eben dies muss aber – mit wahrscheinlich ganz vielen **d.h.** – all den Menschen vermittelt werden, die nicht zum Wissenschaftssystem gehören und die aus den für sie zugänglichen Bildungsinstitutionen, insbesondere aus Schule und anderen Feldern (etwa Medien), ein Bild von einer *absolute und dauerhafte Wahrheiten* schaffenden Institution Wissenschaft mitbringen. Nur wenn dies gelingt, kann auch eine *Verstehenskompetenz* vermittelt werden, die es den Subjekten erlaubt, adäquat an entsprechender Wissenschaftskommunikation teilzuhaben und dann – ganz im Sinne von Kant – auch eigenständig und selbstbewusst (und kompetent) für sich selber ein **d.h.** zu formulieren.

Vierter Zugriff: Neue Player im Bildungssystem

Wir verlassen das Feld der Wissenschaft, bleiben aber im Bildungsbetrieb: Im Zertifikate verteilenden Schulsystem schien über lange Zeit klar, wer mit einem **d.h.** die letztgültige (und notenrelevante) Beschreibung, Definition oder gar *Wahrheit* verkünden konnte. In der Regel waren und wird es die Lehrpersonen, die sich auf ihr im Studium erworbenes Wissen stützen können. Nicht unwesentlich sind auch Schulbücher, die gelegentlich eine höhere curriculare Wirkmächtigkeit haben als so manches Kultusministerium mit seinen Gremien. Vergangene Versuche, etwa mit Schulfernsehen und Schulfunk, neue Player ins Spiel zu bringen, dürfen getrost als in der Fläche gescheitert beschrieben werden. Bestenfalls war hier das eine oder andere Sachbuch oder gar *die Sendung mit der Maus* (vielleicht sogar einmal eine Folge von *McGyver*) relevant.

Inzwischen hat sich das Feld der Bildung grundlegend gewandelt. Zwar geben noch immer Lehrer*innen die Noten und bestimmen am Ende, was *richtig* und was *falsch* ist. Aber ihre singuläre Position eines Nutzungsrechtes von **d.h.** haben sie aus Sicht ihrer Schüler*innen an vielen Stellen eingebüßt. An ihre Stelle sind die Macher*Innen der vielfältigen, auf Youtube (und neuerdings auch TikTok) verfügbaren Erklärvideos und Tutorials getreten:

„(...) Ähm, (-) und manchmal gibt's einfach Lehrer, die das mit dem Erklären nich' so drauf haben, leider. (-) Ähm, (-) aber dann guckt man halt im Internet normalerweise ich hab' immer auf Google geguckt irgendwas, (-) aber äh YouTube-Videos gucken is' irgendwie entspannter als die ganze Zeit irgendwas durchzulesen." (Schülerin, Frühjahr 2021)

Im Rahmen eines vom BMBF geförderten Projekts[2] lässt sich sowohl durch eine umfangreiche Fragebogenstudie als auch in qualitativen Interviews zeigen, wie etabliert die Nutzung von Erklärvideos inzwischen ist und in welchem Umfang sie die Lernroutinen der Schüler*innen bestimmen. So geben bereits vor der Pandemie von den 1.395 befragten Schüler*innen (Klasse 8 bis 13) nur sehr wenige an, „nie" Erklärvideos zu nutzen. Besonders intensiv ist die Nutzung im Kontext des Faches Mathematik: Hier äußern 48 Prozent der Befragten, Erklärvideos „mehrfach im Monat oder häufiger" zu nutzen (19 Prozent „nie"). Auch in den anderen naturwissenschaftlichen Fächern ist die Nutzung recht hoch, für Deutsch und Englisch liegt die Quote allerdings deutlich niedriger. In den nach den Erfahrungen des *Unterrichts auf Distanz* (Lockdown) geführten Interviews wird deutlich, warum aus Sicht der Schüler*innen die schulische Vermittlung der Gegenstände hier einer Ergänzung bedarf: Wiederholt berichten die Schüler*innen aus ihrer fraglos subjektiven Perspektive, dass Lehrpersonen (es sind niemals *alle*, aber immer klar benannte Fälle) in ihrem Unterricht nicht auf die individuelle Lerngeschwindigkeit der Klasse eingehen, sondern ihren Stoff *durchpauken*. Oder die Schüler*innen geben an, dass die Lehrer*innen schlichtweg schlecht oder gar nicht erklären können und so die Lernenden geradezu dazu zwingen, sich andere Quellen zu suchen. Oder es stellt sich heraus, dass ihnen die Eltern auch nicht helfen können. Es stellt sich nochmals in einem zweiten Schritt die Frage, was denn diese Befunde bedeuten.

Das heißt zunächst einmal, dass sich neben der Schule und dem zugehörigen Nachhilfemarkt dank *Digitalisierung* (hier: der Möglichkeit, Videos auf einer Streamingplattform bereitzustellen und dabei auch den Rückkanal zu nutzen) ein informelles Bildungsangebot etabliert hat, das aber direkt auf das formale Bildungssystem fokussiert. Aus den ursprünglichen, oft auf Selbstermächtigung im Sinne einer Graswurzelbewegung zielenden Angeboten ist längst ein kommerzieller Markt mit komplexen Gewinnschöpfungsketten geworden. *Das heißt* weiterhin, dass Schüler*innen hier den Eindruck gewinnen können, diese Angebote seien im Sinne eines Lernerfolgs (objektiviert als das erfolgreiche Bestehen einer Klausur) *besser* oder *hilfreicher* als das Angebot der *eigentlich* professionellen Lehrpersonen. *Das heißt* dann aber auch, dass sich nicht nur für die Lernenden irgendwann die Frage stellt, warum sie sich eigentlich der *Zwangsinstitution Schule* (es herrscht Schulpflicht!) aussetzen sollen, wenn sie den Eindruck haben, dass sie erfolgreicher an einem anderen Ort Lernen können. *Das heißt* in einer weiteren Perspektive, dass das *System Schule* möglicherweise schon bald in Legitimationsschwierigkeiten kommt und (spätestens bei der Kostenfrage) grundlegend in Frage gestellt wird (das gilt natürlich genauso für die Hochschulen). *Das heißt*, dass es dringend einer Weiterentwicklung und Verbesserung der Schule – wie auch der Kompetenzen der Lehrenden – bedarf, wenn sich diese nicht in absehbarer Zeit selbst abschaffen will. Dazu gehört selbstverständlich auch die Antwort auf die Frage, was *Schule* jenseits der *reinen* Wissensvermittlung (vulgo einem verkürzten Lernverständnis) an (gesellschaftlichen) Aufgaben hat. *Das heißt* nicht zuletzt, dass sie sich den Herausforderungen, die sich aus den Möglichkeiten der digitalen und vernetzten Medien ergeben, stellen muss. Das aber meint deutlich mehr, als eine 1:1-Abbildung von tradierten Unterrichtsformaten in Form von digitalisierten Arbeitsblättern oder Videokonferenzen in die digitale Welt zu retten. Hier gilt es, die Potenziale der digitalen Medien endlich auszuloten – und nicht nur auf *Gefährdungen* (Cybermobbing, Plagiate) zu schielen. Aber das ist dann nicht mehr **d.h.**, sondern *wir machen* (inklusive dem Risiko, auch einmal zu scheitern).

Für die eingangs beschriebene Alltagskommunikation *heißt das*, dass sich für die Familien noch weitere Aufgaben ergeben: Wenn es das institutionelle Bildungssystem nicht schafft, die notwendigen Kompetenzen für das Leben in einer zunehmend digitalisierten Gesellschaft zu vermitteln, muss dies in der häuslichen Erziehung geleistet werden. Die Folgen sind fatal. Egal, ob man Bourdieu oder der aktuellen deutschen Bildungsforschung folgt, ist nahezu mit Sicherheit davon auszugehen, dass auf diesem Weg die gesellschaftliche Spaltung vorangetrieben wird. Heranwachsende, denen ihr engstes soziales Umfeld vermitteln kann, wie man ein relevantes Erklärvideo nicht nur findet, sondern auch didaktisch sinnvoll nutzt und *liest*, werden ihren Vorsprung in allen Bereichen ausbauen können. Wenn aber niemand erklären kann, wie *Wissenschaft* funktioniert, wie Propaganda agiert und wo möglicherweise *falsche Freund*innen* und Fake-News lauern, droht nicht nur individuell eine weniger erfolgreiche Bildungskarriere, sondern auch Gefahr für die Stabilität einer demokratischen Gesellschaft. *Das heißt*, es bedarf einer Wissenschaft, die diese Befunde laut und immer wieder an die relevanten Vertreter*innen der Bildungspolitik vermittelt.

Anmerkungen

1 Hier bitte dazu hören URL: youtube.com/watch?v=uPHi5xn_q5c [03.11.2021].
2 Das Projekt trägt den Titel *Digitale außerschulische lern- und bildungsbezogene Handlungspraxen von Jugendlichen* (FKZ 01JD1804A).

Referenzen

Altenrath, Maike (2023). o.O. In Sandra Hofhues/Konstanze Schütze (Hg.), *Doing Research*. Bielefeld: Transcript, 328–337.

Marotzki, Winfried (1990). *Entwurf einer strukturalen Bildungstheorie. Biographietheoretische Auslegung von Bildungsprozessen in hochkomplexen Gesellschaften*. Weinheim: Deutscher Studienverlag.

Popper, Karl (1934). *Logik der Forschung. Zu Erkenntnistheorie der modernen Naturwissenschaft*. Wien: Springer.

Tulodziecki, Gerhard (2011). Zur Entstehung und Entwicklung zentraler Begriffe bei der pädagogischen Auseinandersetzung mit Medien. *MedienPädagogik, 20*, 11–39.

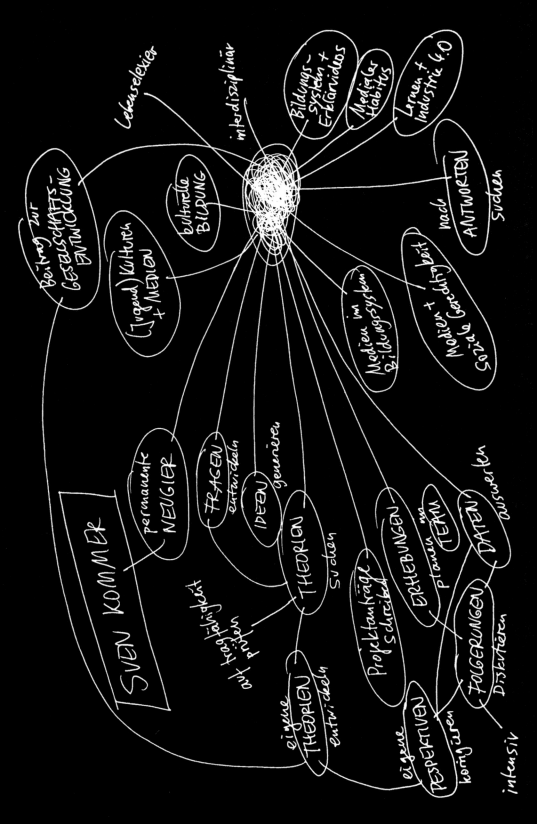

DR | Doing Research als Blicke ins Buch(-konzept) — Sandra Hofhues, Konstanze Schütze

In diesem Beitrag konturieren die Herausgebenden das Buchprojekt **DR (Doing Research)**. *Sie thematisieren ihre Beobachtungen in Bezug auf Wissenschaft und eine von Digitalität durchdrungene Gegenwart, leiten davon Thesen zum Buch ab und spüren diesen als Perspektiven auf Forschung und Lehre nach. Gleichsam zeichnen sie in Schlaglichtern nach, was sie mit dem Band verbinden und wie sie eigene Suchanfragen an die Gegenwart mit Beitragenden teil(t)en.*

Am Anfang steht, wie meist in der Forschung, eine Resonanz, ein geteiltes Interesse und die Lust an einer Idee. In unserer Einladung an die Autor*innen zur Beteiligung haben wir das Anliegen formuliert, mit dem vorliegenden Band zu einer Gegenwartsbeschreibung von Wissenschaft unter den Bedingungen der (Post-)Digitalität gelangen zu wollen. Hinter dem Anliegen dieses Buches steht aber sicherlich auch unsere Arbeitshypothese, dass sich Forschung nicht ohne ihre Praxis denken lässt bzw. gedacht werden sollte.

Sandra Hofhues: Das führt uns zum Einstieg unserer Ausführungen, den wir der Praxis widmen wollen. Wir setzen den Begriff der *Praxis* weder mit der Anwendungsorientierung von Forschungsergebnissen noch mit dem omnipräsenten Transfergedanken gleich, der heute vielen Projektanträgen unter dem Schlagwort der *Third Mission* eingeschrieben wird. Stattdessen koppeln wir Forschung unmittelbar mit ihrer (Handlungs-)Praxis und ihren Praktiken, machen also eine doppelte Relevanz darin aus: Erstens sind wir daran interessiert, vom Kleinen auf das Große zu schließen, sodass Praxishandeln an Bedeutung für jedwede Untersuchung gewinnt, sei es für Befragungen, Beobachtungen, Analysen, Beschreibungen, Vergleiche, Urteile oder auch Prognosen. Angesichts der vorliegenden Versammlung verschiedener Ansätze von Forschung würden Thomas Alkemeyer und Kollegen (2019 a; b) vielleicht von einer „Gegenwartsdiagnose" sprechen, weil erst ihre Gesamtheit ermöglicht, auf den Status quo von Forschungshandeln in der aktuellen Gesellschaft zu schließen. Zweitens nimmt *das* Forschen selbst Einfluss auf die Art und Weise, wie Ergebnisse gewonnen werden.

Konstanze Schütze: Auch deswegen möchten wir hier genauer auf die Praxis des Forschens und das damit verbundene Praxishandeln sehen und gleichsam Konturen ihres Verhältnisses zur Forschung als Prozess des Erkenntnisgewinns nachzeichnen. Nehmen wir zum Beispiel das Schlagwort *praxeologisch*. Das Konzept des Doings geht hiermit eine wirklich produktive Verbindung ein, wenn wir davon ausgehen, dass Forschung durch vielfältige und nie enden wollende Zugriffe auf (mitunter) ein und denselben Gegenstand geprägt ist. Dabei ist die je spezifische Untersuchungspraxis gar nicht so einfach zu konturieren und ihre Beiträge sind ergebnisseitig noch weniger präzise zu erschließen. In derartigen Fällen – also wenn etwas nur schwer erkennbar ist – hilft sich die Medizin mit einem Kontrastmittel. Als ein solches Kontrastmittel in der Forschung(spraxis) lesen wir in Abkürzungen, an denen sich Haltungen, Positionen und Logiken kristallisieren. Entsprechend dienten diese vermeintlich neutralen Kristallisationspunkte wissenschaftlicher Textproduktion unserem Projekt als konkrete Ausgangspunkte. Vergleichbar mit einem bildgebenden Verfahren verwickelten sie die Teilhaber*innen über Disziplinen hinweg ins Gespräch miteinander – über Forschung, aber auch über ihre Praktiken des Forschens. Das ist nicht nur ein Hilfsmittel im Sinne einer Brücke zum Denken, sondern lädt alle Teilhaber*innen dazu ein, ihre jeweiligen Ansätze und Verständnisse von Forschung an den Partikeln der akademischen Vereinbarungen auszuloten und diese – um mit Donna Haraway zu sprechen – zu situieren. Indirekt führt die Versammlung von Einzelperspektiven in Beiträgen so zu einer Form von vorsichtiger Verallgemeinerung, die gleichwohl Position bezieht.

Forschen als soziale Konstruktion

Sandra Hofhues: Für mich ist dieses Buch unter anderem auch mit der These verbunden, dass Forschung immer öfter aus der Sicht von Ergebnissen gedacht wird, anstatt sich auf ein Phänomen wirklich offen einzulassen. Das hat auch damit zu tun, dass wir als Forschende – ich denke hier an diesbezügliche Forschungsarbeiten von Richard Münch – seit mindestens zwei Jahrzehnten aufgrund sich ändernder Finanzierungsmodelle von Universitäten und Hochschulen vor der Anforderung stehen, unsere Forschung in eine bestimmte Form – die Projektform – zu überführen (für einen Einstieg und Überblick siehe Münch 2009). Allerdings verändert genau dieses projektförmige Forschen auch die Art und Weise, *wie* wir denken und forschen, weil Projekte eben einen definierten Anfang und ein ebenso vordefiniertes *Ende* haben. Mit der Anforderung, Wissenschaft zu *projektieren* geht somit implizit einher, Forschung auf das *unter bestimmten Parametern Machbare* zu begrenzen. Zum Beispiel, indem bei der Beantragung eines Projekts schon Ergebnisse vorweggenommen werden und machbare Outputs damit den Projektverlauf und das Forschungshandeln prägen. Dies mag in Bezug auf die konkrete Ergebnisproduktion vielleicht effektiv sein. Erkenntnisse, die in den

Zwischenräumen von Forschung entstehen, geraten hierdurch allerdings aus dem Blick beziehungsweise können qua Meilensteinplanung nicht verfolgt werden. Im besten Fall werden sie noch auf den nächsten Antrag verschoben. Vielleicht geraten sie aber auch gar nicht (mehr) in den Blick, weil sie in einem solchen Wettbewerb kaum mehr Beachtung finden *können*. Somit sind Wissenschaftspraktiken heute auch Ausdruck eines hochgradig ökonomisierten Wissenschaftssystems. Mit unserem Buch möchten wir den Regeln der Ökonomisierung des Wissenschaftssystems daher *das Forschen selbst* als Reflexionsraum entgegensetzen – und nicht das Forschungsprojekt. So sollen zum Beispiel die Zwischenergebnisse und die Offenlegung eigener Wissenschaftspraktiken innerhalb dieses Systems besonderen Raum finden.

Konstanze Schütze: Wir haben Kolleg*innen eingeladen, zwischen *Architekturen des Wissens* (Scheibel 2008), *performten Strukturen* (hooks 2003) und *Research Creation* (Loveless 2019) Reflexionen am und im eigenen Feld zu unternehmen. Mit ihnen versammeln sich in unserem Reflexionsraum nicht zuletzt sehr unterschiedliche Perspektiven, Ansätze, Forschungslogiken und Disziplinen. Ein Gedanke, der uns dabei mindestens ebenso wichtig ist wie die implizite Strukturkritik: Forschung ist immer auch eine Form des gemeinsamen und geteilten Doings – also des Abgleichs von Praxen und der Performanz von Praktiken. Dabei fragt das Konzept des Doings ja nicht unbedingt oder gar zwingend danach, wie Wissenschaft zu (ihren) Ergebnissen kommt, sondern nimmt den Ausgangspunkt im aufführenden und manifestierenden Umgang mit Konventionen und Vereinbarungen, ja Strukturen. So arbeitete beispielsweise Harold Garfinkel in den späten 1960er Jahren in seiner ethnomethodologisch angelegten Agnes-Studie die Re_Produktion von (Zwei-)Geschlechtlichkeit heraus, bei der es sich um einen wegweisenden Befund für das Ende der 1980er Jahre entwickelte Konzept des Doing Gender handelte, das nicht zuletzt in den Sozialwissenschaften breit rezipiert und adaptiert wurde/wird. Ich selbst schließe in der Untersuchung der Bildlichkeit der Gegenwart im Sinne eines Doing Images daran an. Dabei spreche ich mich für eine Reflexion der intersubjektiven Verfasstheit von Artefakten aus und untersuche die sozio-technischen Infrastrukturen, die diese (mit)konstituieren. Das Doing-Konzept adressiert für mich vor allem einen sozialen, aber eben auch technisch verwobenen Konstruktionsprozess, der nur im konkreten Tun hergestellt wird – und werden kann.

Sandra Hofhues: Forschung kann also erst *durch* Forschen und *im* Forschen entstehen.

Forschung im Lichte von Lehre

Konstanze Schütze: Sie fragen sich nun spätestens hier sicherlich, was uns – trotz der sehr unterschiedlichen Forschungssozialisation – zu Komplizinnen in der Sache machte. Die Lehre! Oder genauer gesagt: unsere subjektiven und geteilten Beobachtungen von Vorträgen im Kontext der transdisziplinären Ringvorlesung im Masterstudiengang *Intermedia*. Mit Aufnahme der Lehrveranstaltung stehen Studierende mit heterogenen Vorarbeiten und Voraussetzungen am Anfang ihres Masterstudiums *Intermedia* an der Universität zu Köln. Etwa die Hälfte von ihnen hat bereits in Köln den Bachelorabschluss in Intermedia erworben, die zweite Hälfte stößt mit fachaffinen Bachelorabschlüssen von weiteren Universitäten und Hochschulen zum Studiengang hinzu. Für uns als Gastgebende der Reihe und als Lehrende ergab sich daraus eine Rolle, die ich als *Verhandlungen vermitteln* beschreiben würde. Neben dem fachlichen Austausch mit den eingeladenen Kolleg*innen waren wir mit den Studierenden im konstanten Gespräch über Diskurslinien, Logiken, Traditionen, Verwerfungen und nicht zuletzt über forschungslogische Unvereinbarkeiten. Diese Unter- und Aushandlungen am Material führten dazu, unserer forschenden Praxis unter dem Doing-Konzept – als Situierungen und Perspektivierungen – näher nachzugehen.

Sandra Hofhues: Dieses permanente Aushandeln wirkt in der Tat bis heute nach. Auch daher möchte ich hier den Impuls dafür offenlegen, dass uns eben eine Lehrveranstaltung in die Lage versetzte, die darin üblichen Debatten unter Studierenden, Lehrenden und Gästen als permanente Suchanfragen an das eigene Forschungsverständnis, aber auch an Forschung generell, zu lesen. So gehört es auch zum *Ausbildungscharakter* der genannten Ringvorlesung und des Studiengangs, beispielsweise Gemeinsamkeiten und Unterschiede von theoretischer, empirischer und künstlerischer Forschung für sich stehen und sprechen zu lassen – ebenso wie Situationen der Forschung, Positionierungen einzelner Forschender und eines ohnehin transdisziplinären Diskurses zu befragen und zu kontrastieren. Diesen stetigen Austausch haben wir rasch als gemeinsames Anliegen unserer Vermittlungs- und damit Lehrpraxis sowie als Ausdruck der Situiertheit *unserer* forschenden Praxis verstanden.

Konstanze Schütze: Schließlich sind Forschungsfragen und die mit ihnen verbundenen Zielstellungen – oft gefasst als Erkenntnisinteresse – vielfach sogar ähnlich, Ansätze und Zugriffe aber fachlich und methodisch unterschiedlich definiert. Die Teilhaber*innen der Ringvorlesung verbindet zum Beispiel, dass sie ihre Blicke auf Forschung im Tun, also in der Anwendung, zugänglich machen und dass sie aktuelle Medienkultur vor dem Hintergrund ihrer jeweiligen Fachlichkeit erforschen – zahlreiche Aha-Effekte für uns als Begleitende und Forschende eingeschlossen. *Doing research* wurde somit nicht nur zur Chiffre dieser Veranstaltung, sondern auch zum Ausdruck der Prozesshaftigkeit von Forschung, die unser beider Forschungsverständnis ohnehin kennzeichnet.

Sandra Hofhues: Dass die Veranstaltung vor der COVID19-Pandemie ständig im *Theaterraum* des Fachbereichs *Kunst und Kunsttheorie* der Universität zu Köln stattfand (und aktuell auch wieder stattfindet), komplettiert meines Erachtens nicht nur das Bild situierter, forschender Praxis, sondern verweist auf einer Metaebene zudem auf die jeweiligen performativen Akte Vortragender, die Eingang in unsere systematischen Auswertungen fanden – über den bloßen Inhalt ihrer Vorträge hinaus. Es ist also keineswegs so, dass wir dieses Buch als transdisziplinäre Sammlung auf dem Reißbrett entworfen hätten.

Konstanze Schütze: …aber das Ergebnis ließe sich nun versehentlich doch als Einführungswerk in *das* Forschen lesen. Es zeigt zugleich, dass auch Lehre Ausgangspunkt für forschendes Tun sein kann.

Kontexte vermitteln – (Social) Tagging

Sandra Hofhues: Viele Forschungen als Forschende im Blick zu behalten, bedeutet auch, Handlungsstrategien zu entwickeln, diese zu betrachten und einordnen zu können. Dazu gehört, ein eigenes Repertoire an Begriffen aufzubauen, das einerseits an tradierte Ordnungen anknüpft, andererseits aber auch darüber hinausgeht – und in dieser Hinsicht mutig ist und einen gewissen Eigensinn repräsentiert. Angesprochen sind damit also auch Lesepraktiken und die für Studierende noch zu entwickelnde Gewohnheit, nach den Ordnungen beispielsweise von Begriffen zu fragen. Die Ringvorlesung war daher mit einem weiteren Hinweis verbunden: So wurden die Studierenden stets zur Verschlagwortung der Vorträge mit dazu passenden alltagsweltlichen und/oder wissenschaftlichen (Fach-)Begriffen *quasi in Dauerschleife* angeregt, um damit das Gesehene und Gehörte sukzessive in eine – nämlich zunächst einmal die eigene – Ordnung zu bringen. Diese Form des (Social)Taggings gehörte für die Studierenden irgendwann einfach *dazu*, auch aufgrund der für sie wichtig(er) werdenden Portfolioarbeit im Masterstudium *Intermedia* und nicht zuletzt in Bezug auf die Erarbeitung eines eigenen Forschungsapparats.

Konstanze Schütze: Dem eigenen forschenden Ordnungssystem zu begegnen, es zu nutzen und möglichst einen *roten Faden* hindurch zu entwickeln – darum ging es in der Ringvorlesung. Und der sprichwörtliche rote Faden kann (oder muss) durchaus auch im Plural verstanden werden und einbeziehen, dass Forschung viele Ziele, Wege und Ergebnisse kennt. Aber wie würden wir denn diesen Band verschlagworten, kontextualisieren und taggen, wenn diese Feststellung so gelte?

Sandra Hofhues: Spontan? Dann denke ich an #Disziplingrenzen und die Notwendigkeiten einer #Entgrenzung. Ich komme aber auch nicht an expliziten und impliziten #Fachlogiken und #Ordnungen vorbei, die aus meiner Sicht aufscheinen. Und dann denke ich unmittelbar – und sicherlich auch wegen des Zusammenhangs mit der Lehre – an #Offenheit #Unabgeschlossenheit, aber auch an #Kollaboration, und mit Blick auf die hypertextuellen Strukturen in der Digitalität an #Referenzialität. Ich führe dabei nicht nur die jeweiligen Buchinhalte gedanklich mit, sondern denke durchaus auch an die Gewordenheiten dieses Bandes.

Konstanze Schütze: Bei mir sind es eher: #Disziplinarität, #Transdisziplinarität, #Interdisziplinarität. Denn, allgemein gesprochen, suchen wir ja nach Zugängen und konstituierenden Versicherungen *im Sinne* der Sache(n). Beispielsweise kommen mir unsere eigenen Beobachtungen vor dem Buchkonzept in den Sinn, aber auch unsere – ich nenne es einmal – *Testerhebung* ausgehend von den Vorträgen der Ringvorlesung. Wir haben uns nicht nur gefragt, wer Teil dieser Vorlesung war und welche Beiträge Wirkungen zeigen, sondern insbesondere auch darüber reflektiert, wo Momente des Unverständnisses lagen und was dies damit zu tun hat, wie das jeweils forschende *Andere* gelesen und auch performativ eingeordnet wird.

Sandra Hofhues: Die #Erwartungskonformität und #Normativität von Kleidungen sind damit ebenso angesprochen wie der jeweilige #Vortragsstil, #Eloquenz und #Rhetorik, aber auch Argumentationsketten und #Deutungsmuster. Dass diese vielfach zu #Sortierungen von Phänomenen führen, #Widersprüche, #Paradoxien und #Ausgrenzungen verdeutlichen, ist üblicherweise eine Spur, der ich gerne nachgehe. Ja, es geht mir also mit dem Buch und mit vielen weiteren Forschungsarbeiten um #Übungen am *Anderen*, ums #Probieren und #Experimentieren, um die Klärung möglicher #Missverständnisse und ums ständige #Fragen – gewissermaßen als Ausdruck (m)einer forscherischen Neugier.

Konstanze Schütze: Und nicht zu vergessen ist doch diese Lust am #Spekulieren, an der #Gegenspekulation und der #Kritik, sowie diese Hingabe an die Anforderungen des #Verlernens.

Was bleibt: zu fokussierende Zwischenräume und die Lust zu forschen

Konstanze Schütze: Ich erkenne bei uns beiden das Interesse an Synthese. *Mir* geht es darum, Zwischenräume auszuleuchten. Anders gesagt, ich habe Lust, Wissenschaft an den Übersetzungs- und Verständnislinien zu betreiben und über das Forschen selbst in den Austausch am Material zu gehen. Also auf das, was – mit einem naturwissenschaftlichen Bild gesprochen – Synthese meint: Übergänge gestalten, Zusammenkünfte moderieren, und nicht zuletzt auch diese Prozesse mit allen Ungereimtheiten in ein „calling for other tales" (Stengers 2018) zu übersetzen.

Sandra Hofhues: Das bereitet *mir* genauso viel Freude. Auch deswegen versuche ich es mal ganz anschaulich an uns selbst als Beispiel, wenn wir nämlich in unserem beider Jargon über unser Buch nur knapp von **DR** sprechen und diese Abkürzung wie alle weiteren Abkürzungen zunächst zum Assoziieren anregt. Neben dem Buchtitel steht die Abkürzung **DR** für ein *taktgebendes Ergebnis* forschender Tätigkeit, per definitionem für die erste Forschungsleistung der Qualifizierung als Wissenschaftler*in: den Doktor*innentitel und/oder -grad. Die weiteren Bezüge der Abkürzung zu forschender Tätigkeit sind ebenso deutlich wie zufällig: So könnte die Abkürzung genauso der Herstellung eines Druckwerks entlehnt sein. Denn mit dem Kürzel **DR** wird ein Beitrag, ein Buch oder Ähnliches dann versehen, wenn diese sich *im Druck* befinden – also die Arbeit schon getan ist und sich aus Sicht der Schreibenden ein Zwischenraum, beziehungsweise Warteraum, auftut. Entlehnt aus der Buchkultur entspricht die prozessuale Markierung *in Dr.* also durchaus dem, was in aktueller Medienkultur als Zwischenraum diskutiert wird. Was bleibt, vielleicht auch mit Blick auf die Digitalität, für dich?

Konstanze Schütze: Die geteilte dritte Lesart von **DR**, nämlich zu zeigen, wie wir als Herausgebende ins Doing gekommen sind. So hat sich im Laufe unseres Tuns die Abkürzung **DR** als Markierung unseres Austauschs eingespielt, indem sie viele Artikel, Redaktionsschlaufen, Ordnerstrukturen und weiteres irgendwann mit einer Zuordnung zum Projekt versah und – prozesslogisch unhinterfragt – in unsere Arbeit übernommen wurde.

Sandra Hofhues: Wenn wir re-konstruieren, wie unser Buch zustande gekommen ist, hat das natürlich auch viel damit zu tun, wie wir über *unsere* Wissenschaftspraxen sprechen und die eigenen damit verbundenen spezifischen Praktiken beschreiben können. Und da gibt es, neben dem präzisen Blick auf die wissenschaftliche Textproduktion oder auf den Herstellungsprozess von Erkenntnis, noch einiges mehr zu benennen. Um Diskurse auf einer weiteren, visuell-kommentierenden Ebene mitlesen zu können, haben wir beispielsweise die Mappings aus einem Fragebogen heraus von den Autor*innen des Bandes entwickeln lassen und in unser Buch aufgenommen.

Konstanze Schütze: Letztlich ist diese Entscheidung hin zur grafischen Kommentierung auch der Ausdruck unseres aktiven Austausches mit dem Medium Buch und der Begegnung mit den Anforderungen an eine Open-Access-Publikation. Eigentlich bieten sich alle Beiträge an, um solche Positionen um/an/über/zu Medien zu beziehen. Auch deswegen finden sich hinter jedem Beitrag eine visuelle Kommentarseite (Mapping) und zwischen den Kommentaren in Textform auch ausgewiesene Bildkommentare (Bildserien). Irgendwann spielte die Frage der disziplinären Versicherung aber dann doch noch eine Rolle für unseren Austausch: Ein Buch aus dem Schnittfeld Inter/Media muss bei aller Lesbarkeit eben auch schön sein.

Sandra Hofhues: Führt das eigentlich dazu, dass das Buch als zu wenig wissenschaftlich im Sinne von standardisiert wahrgenommen wird? Müssen wir uns jetzt schon wieder Gedanken darüber machen, was aus unserem *Projekt* auch karrieretechnisch folgen kann? Ist der *payback effect* eines solchen Bandes eigentlich marginal?

Konstanze Schütze: Vermutlich, aber es handelt sich immerhin um ein gemeinsames Vorhaben und damit eine geteilte Anstrengung. Das finde ich wichtiger.

Sandra Hofhues: Der Herstellungsprozess von Erkenntnissen lässt sich ja durchaus auch unter dem Begriff der Wissenschaftspraktiken lesen. Dieser kann mit Alkemeyer und Kollegen (2019a; b) noch genauer beschrieben werden als „das Bestreben, genau und durchgreifend zu erkennen, zu unterscheiden und zu beurteilen" (ebd.: 13). Würde uns das jenseits einer Erwartungskonformität gelingen, wäre ich ganz zufrieden. Das Buch ist ja nun wirklich gespickt von Suchanfragen und Positionierungen innerhalb von Erziehungs-, Sozial-, Medien- und Kunstwissenschaften, sodass die Partikel der Textproduktion mit den ihn zugehörigen Beiträgen weitgehend für sich sprechen werden. Schön wäre es, wenn wir auf diese Weise zur Normalisierung beitragen, aber eher nicht in Richtung standardisierter und/oder projektförmiger Forschung, sondern gerade und geradezu im Gegenteil zu einem weiteren Verständnis von Wissensformen und Wissenschaftspraktiken.

Konstanze Schütze: Wir lassen die Ansätze und Praktiken daher in einer losen Aneinanderreihung zwischen Textbeitrag und Bildserie auf Sie als Lesende wirken, stellen in diesem Sinne also auch eine andere Form von Ordnung her und verzichten in der Logik eines Lexikons oder Glossars auf die üblichen und spezifischen Sortierungen und/oder Kommentierungen innerhalb eines Editorials.

Sandra Hofhues: Sozusagen außerplanmäßig können wir hier dem *Rauschen der Forschung* zuhören und werden zu Botinnen vermeintlicher Unvermittelbarkeit zwischen den Disziplinen (in loser Anlehnung an Krämer 2020).

Konstanze Schütze: … Einladungen zur eigenen Positionierung und Suchanfrage inklusive – ganz im Sinne des leitenden Doings. Und mit dieser Situierung des Gesamtwerks sollten wir es den Lesenden überlassen, wie sie das Partikulare als Diskursprägung erkennen (wollen) und ausgehend von Abkürzungen auf den Status quo digitaler Materialität der Wissenschaft schließen (mögen).

Referenzen

Alkemeyer, Thomas/Buschmann, Nikolaus/Etzemüller, Thomas (Hg.) (2019a). *Gegenwartsdiagnosen*. Bielefeld: Transcript.

Alkemeyer, Thomas/Buschmann, Nikolaus/Etzemüller, Thomas (2019b). Einleitung. In Dies. (Hg.), *Gegenwartsdiagnosen*. Bielefeld: Transcript, 9–19.

Baecker, Dirk/Kluge, Alexander (2003). *Vom Nutzen ungelöster Probleme*. Berlin: Merve.

Garfinkel, Harold (2011). *Studies in Ethnomethodology*. Cambridge: Polity.

Haraway, Donna (1995). *Die Neuerfindung der Natur. Primaten, Cyborgs und Frauen*. Frankfurt/Main et al.: Campus.

hooks, bell (2003). *Teaching Community. A Pedagogy of Hope*. New York et al.: Routledge.

Krämer, Sybille (2020). *Medium, Bote, Übertragung*. Berlin: Suhrkamp.

Loveless, Natalie (2019). *How to make Art at the End of the World. A Manifesto for Research-Creation*. Durham: Duke.

Münch, Richard (2009). Unternehmen Universität. *Aus Politik und Zeitgeschichte*, 45, 10–16.

Römer, Stefan (2014). *Inter-esse*. Berlin: Merve

Schütze, Konstanze (2020). *Bildlichkeit nach dem Internet. Aktualisierungen für eine Kunstvermittlung am Bild*. München: Kopaed.

Scheibel, Michael (2008). *Architektur des Wissens. Bildungsräume im Informationszeitalter*. München: Kopaed.

Stengers, Isabelle (2018). *Another Science Is Possible. A Manifesto for Slow Science*. Cambridge: Polity.

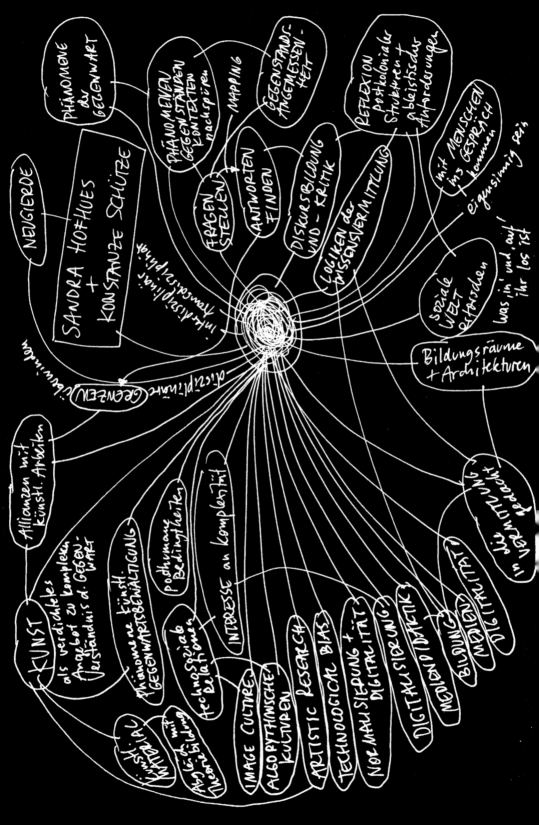

Einf. Die Einführung in Wissenschaft als Aushandlungsprozess

Anna Heudorfer

Ausgehend von der These, dass Studierende Bilder und Vorstellungen von Wissenschaft in ihr Studium mitbringen, untersucht der Beitrag die Frage, wie eine **Einführung (Einf.**) *in Wissenschaft aussehen kann, die diese bereits vorhandenen Bilder aufgreift und von hier ausgehend Potenziale erschließt.*

Der Beginn eines Studiums ist geprägt von Einführungen unterschiedlicher Art. Einführungsveranstaltungen geben einen Überblick über die Studienstruktur, sie bieten erste Einblicke in wissenschaftliches Arbeiten oder in die Gegenstände eines Studienfachs. In Orientierungswochen und ähnlichen Formaten wird in das kulturelle Leben rund um das Studium eingeführt. Die Suche nach dem Begriff *Einführung* liefert im Vorlesungsverzeichnis der Universität Hamburg 370 Einträge, 663 Treffer an der Universität zu Köln und 151 Lehrveranstaltungen an der Fernuniversität Hagen, allein für das Sommersemester 2021.[1] Doch was verbirgt sich hinter dem Begriff der Einführung (**Einf.**)? Worin werden die Studierenden eingeführt und wie? Und welche Vorstellung von Studium und Wissenschaft haben wiederum die Studierenden, wenn sie in die Hochschule eintreten? Studienanfänger*innen werden bei der Wahl ihres Studienfachs von unterschiedlichen Faktoren beeinflusst. Die Entscheidung für einen Studiengang ist ein komplexer Prozess, der verschiedene Schritte und Stadien umfasst (Lembke 2021). Erkenntnisse aus der Hochschulforschung zeigen, dass die Bildungsherkunft[2] einen hohen Einfluss auf die Studienwahl hat. Etwa wird die Wahl des Studienfachs dadurch beeinflusst, ob in der Familie – in der Eltern- und sogar auch in der Großelterngeneration – ein akademischer Hintergrund vorliegt. Studienanfänger*innen der ersten Generation sind seltener in Studiengängen anzutreffen, die auf Professionen (wie Medizin) oder freie Berufe (wie Architektur) hinführen und dafür häufiger in Studienfächern mit einem klaren Berufsbezug (zum Beispiel Maschinenbau, Informatik, Chemie; Banscherus 2019). Die familiäre Sozialisation wirkt also auf die Wahl von Studiengang und Hochschulart, so viel ist bekannt. Die Zahlen lassen jedoch offen, welche Vorstellungen Studienanfänger*innen haben, wenn sie sich für ein Fach und eine Hochschule entscheiden. Welche Bilder haben sie von einem Studiengang und den damit zusammenhängenden Berufsfeldern, vom Studieren an der Hochschule, vom Leben in deren Umfeld, aber auch: von Wissenschaft, Forschung und den Gegenständen sowie Praktiken des gewählten Fachs?

Mediale Bilder von Wissenschaft und Forschung

Anzunehmen ist, dass Bilder von Wissenschaft und Forschung erheblich von einem Leben und Sich-bewegen in medialen Räumen geprägt sind. Werden Wissenschaft und Forschung in Medien sichtbar, so sind sie immer *auf eine bestimmte Art und Weise* präsent. Darstellungen von Wissenschaft und Forschung werden durch soziale Praktiken der Medienproduktion und eine dadurch entstehende Perspektivität konstruiert. Die mediale Repräsentation von Wissenschaft und Forschung unterliegt demnach *Deutungsrahmen* (in der Kommunikationswissenschaft auch als *frames* bezeichnet), sowohl auf Seiten der Darstellenden als auch beim Publikum. Auf der individuellen Ebene organisieren vorhandene Rahmungen die Wahrnehmung neuer Informationen. Die Forschung mit Framing-Ansätzen zeigt, wie mediale Repräsentationen bestimmte Deutungsrahmen anbieten, die wiederum auf individuelle *frames* treffen und diese re-organisieren können.[3] Als Beispiele für aktuelle öffentlich verfügbare Darstellungsweisen von Wissenschaft und Forschung lassen sich Formate wie der youtube-Kanal *maiLab*[4] der promovierten Chemikerin Mai Thi Nguyen-Kim und der NDR-Podcast *Coronavirus-Update*[5] der Virolog*innen Christian Drosten und Sandra Ciesek nennen. Den beiden Beispielen ist gemeinsam, dass sich Wissenschaft heute in der Öffentlichkeit erstens verstärkt innerhalb der sozialen Medien und in Audio- sowie Videoformaten darstellt und dass diese Darstellung zweitens meist über medial präsente Expert*innen (als Einzelpersonen) geschieht. Ebenfalls interessant ist die zivilgesellschaftliche Bewegung Fridays for Future. In ihrem Einsatz *gegen* die Klimakrise berufen sich die Jugendlichen und jungen Erwachsenen auf wissenschaftliche Erkenntnisse und fordern ein, dass die Gesellschaft ihr Handeln an diesen ausrichten muss. Hier wird sichtbar, wie sich junge Menschen mit Wissenschaft auseinandersetzen und identifizieren. Die wissenschaftsbasierten politischen Forderungen von Fridays for Future ähneln den beiden anderen Beispielen in der engen Verknüpfung von Wissenschaft und politischer Arbeit.

Verschiedene Varianten der Wissenschaftskommunikation dürften eine Rolle dabei spielen, wo und wie Studienanfänger*innen vor ihrem Studium mit Wissenschaft in Berührung gekommen sind. Nicht unerwähnt bleiben sollen an dieser Stelle anti-wissenschaftliche Bewegungen, die in den Medien ebenfalls präsent sind, indem sie beispielsweise Falschinformationen verbreiten. In personalisierten Online-Öffentlichkeiten entwickeln diese eine schnelle Dynamik, was innerhalb der Gemengelage medial kursierender Bilder von Wissenschaft sicher eine gewisse Relevanz hat; welche, lässt sich an dieser Stelle schwer beurteilen. Für den Studienanfang bedeutsam ist die Schlussfolgerung, dass Kommunikationsprozesse an der Hochschule nicht im *luft-*

leeren Raum stattfinden, sondern an mediale Bilder anknüpfen. Studierende bringen ihre Vorstellungen von Wissenschaft und Forschung in die Hochschule mit. Neben medialen Repräsentationen sind diese sicher auch durch persönliche Vorbilder, durch wissenschaftsorientierten Unterricht in der Schule oder – so zeigt das Beispiel Fridays for Future – durch die eigene Eingebundenheit in öffentliche Diskurse und den Austausch innerhalb der Peergroup gerahmt.

Bilder von Wissenschaft und Forschung der Studierenden

„Draw a scientist!" Mit dieser Aufforderung beginnen einige Studien, in denen erhoben wird, von welcher *nature of scientist* Schüler*innen und weniger häufig auch Studierende ausgehen. Der sogenannte Draw-A-Scientist-Test (DAST) wurde in den 1980er Jahren entwickelt, um Vorstellungen von Wissenschaftler*innen unabhängig von verbaler Artikulation erheben zu können. Der Fokus in der ersten DAST-Studie lag auf der Frage, in welchem Alter sich ein stereotypes Bild von Wissenschaftler*innen verfestigt, das aufbauend auf früheren Studien folgendermaßen beschrieben wurde:

„lab coat, eyeglasses, facial hair (beards, moustaches, abnormally long sideburns), symbols of research (scientific instruments, laboratory equipment), symbols of knowledge (books, filing cabinets), technology, and relevant captions (formulas, taxonomic classification, etc.)". (Reinisch/Krell/Hergert/Gogolin/Krüger 2017)

Im Ergebnis zeichneten Kinder im Vorschulalter so gut wie keine der genannten Symbole, ab der fünften Klassenstufe zeichneten sie bereits mit hoher Wahrscheinlichkeit mindestens drei der Indikatortypen. Im Durchschnitt stieg ihre Anzahl mit höherem Alter der Zeichnenden (Chambers 1983). Reinisch/Krell/Hergert/Gogolin/Krüger (2017) weiten die Anwendung des DAST auf Referendar*innen aus in der Annahme, dass diese durch ihre Lehrtätigkeit wiederum Einfluss auf die Vorstellungen von Schüler*innen nähmen. Sie nutzen den DAST in Kombination mit einer anschließenden Befragung der Studienteilnehmer*innen, aus der deutlich wird, dass die dargestellten Symbole unterschiedlich gemeint sein können (etwa Laptops für Datenanalyse oder das Verfassen von Emails). Der DAST bringt zudem das Problem mit sich, dass nicht klar unterschieden werden kann, ob die Studienteilnehmer*innen ihre tatsächlichen Vorstellungen zeichnen oder sich bemühen, eindeutige Symbole zu wählen, um die Darstellung von Wissenschaftler*innen für andere offensichtlich zu machen (ebd.). Trotz dieser methodischen Einschränkungen zeigt der Test deutlich, dass nach wie vor stereotype Vorstellungen des (männlichen) Wissenschaftlers vorherrschend sind. Um von der Akteursebene auf Aktivitäten zu schließen, die Wissenschaftler*innen in der Vorstellung von Studierenden im Alltag durchführen, ließe sich der DAST mit Interview-Methoden ergänzen, wie sie Schouteden/Verburgh/Elen (2014) mit Hochschullehrenden angewandt haben: Sie fordern die Studienteilnehmer*innen zum Zeichnen einer Situation auf, in der Forschung betrieben wird, und nutzen die Bilder als Gesprächsimpuls, um in Gruppendiskussionen über Forschungsverständnisse zu sprechen. Dieses Forschungsdesign wäre auch mit Studierenden denkbar, um mehr darüber zu erfahren, was sie mit einer wissenschaftlichen Tätigkeit verbinden. Zu bildanalytischen Verfahren für die Erhebung der „Geschichten hinter den Bildern" äußert sich Kramer ausführlich in diesem Band (siehe s., Kramer 2023). Anhand der Abkürzung s. zeigt sie, wie Jugendliche sich selbst durch Fotopraktiken in den sozialen Medien sichtbar machen, aber auch, wie die forschende Person die Beforschten sichtbar macht. Ähnliche forschungsmethodische Herangehensweisen ließen sich auch zur Bearbeitung der Frage nach (medial geprägten) Bildern von Wissenschaft unter Studienanfänger*innen nutzen.

Bilder vom Gegenstand des gewählten Fachs

Neben den Vorstellungen von Wissenschaft und Forschung als Gesamtkonzept bringen die Studierenden auch Vorstellungen von den Gegenständen des gewählten Fachs, also von den Inhalten ihres Studiums, mit an die Hochschule. Niebert/Gropengiesser (2013) beschreiben in einer Interviewstudie mit 18-jährigen Schüler*innen, wie sich die Vorstellungen vom Klimawandel unter Schüler*innen von den Vorstellungen von Wissenschaftler*innen unterscheiden. Dafür nutzen die Autor*innen eine Strukturierung entlang von Metaphern. Der Klimawandel als nicht direkt erfahrbares Phänomen (im Gegensatz zu beispielsweise Kälte oder Wärme) muss zwangsläufig metaphorisch beschrieben werden, um der menschlichen Vorstellung zugänglich zu sein. Der Klimawandel lässt sich anhand verschiedener Metaphern verbalisieren, die jedoch auf unterschiedlichen Erklärungen basieren können. Ein Beispiel ist die Vorstellung der Erdatmosphäre als Gefäß: Der verstärkte Treibhauseffekt kommt laut Wissenschaftler*innen durch ein Missverhältnis der einfallenden Sonnenstrahlung zur austretenden Wärmestrahlung (Infrarot) zustande (CO_2 nimmt Infrarot-Strahlung auf, wodurch sich innerhalb des *Gefäßes* eine Erwärmung bei erhöhter CO_2-Konzentration einstellt). Schüler*innen nutzen die Gefäß-Metapher dagegen unter anderem, um zu erklären, dass die Erde von einer Ozonhülle umschlossen ist, die Löcher hat, wodurch das Sonnenlicht verstärkt auf die Erdoberfläche einwirken kann und diese erwärmt (ebd.: 286ff.). Die Studie macht deutlich, dass die Schüler*innen mit vereinfachten mentalen Modellen naturwissenschaftlicher Phänomene arbeiten, dass ihre metaphorischen Bilder jedoch durchaus anschlussfähig an die Darstellungsweisen von Wissenschaftler*innen sind. Eine Anknüpfung an diese Vorstellungen der Schüler*innen von wissenschaftlichen Gegenständen im Unterricht (beziehungsweise der Hochschullehre) hat das Potenzial, dass die Lernenden ihre Denkschemata reflektieren können, um ein erweitertes Verständnis der zugrundeliegenden Phänomene zu erlangen (ebd.: 300). Wissenschaftliche Bildung baut also eher auf solchen impliziten mentalen Repräsentationen auf als dass sie diese ersetzen würde (Keestra 2017: 131–132).

Forschendes Lernen als Einführung in Wissenschaft

Wie können (metaphorische) Vorstellungen von Studierenden zu wissenschaftlichen Inhalten, aber auch zur Wissenschaft als solche nun in der Hochschullehre expliziert und aufgegriffen werden? Im eingangs genannten Vorlesungsverzeichnis der Universität Hamburg sind 91 der 370 Einführungen als Vorlesungen deklariert; an der Universität zu Köln 146 der 663 Lehrveranstaltungen.[6] Somit findet gut ein Viertel der Einführungsveranstaltungen in diesem Format statt. Die weiteren Veranstaltungen teilen sich auf Seminare, Tutorien, Grundkurse, Übungen, Praktika und Informationsveranstaltungen auf. Eingeführt wird – wie bereits angedeutet – in unterschiedliche Aspekte von Wissenschaft, die sich auf mehreren Ebenen anordnen lassen (siehe Tab. 1).

Die Einführung in Wissenschaft, so legt die Tabelle nahe, findet meist inhaltsbezogen statt, indem ein bestimmter Bestandteil des Studienfachs in den Mittelpunkt gestellt wird. Sie ließe sich jedoch auch anders denken: Als Einführung in Wissenschaft, indem diese praktiziert wird. Im Kennenlernen von Forschungsprozessen würden fachübergreifende Prinzipien von Wissenschaftlichkeit deutlich. Forschendes Lernen basiert auf diesem Ansatz. Es zielt darauf ab, Studierende in Forschung einzuführen, indem sie selbst forschen. Ob sich forschendes Lernen allerdings als Lehrkonzept für den Anfang des Studiums eignet oder ob dafür zunächst Kenntnisse erworben werden müssen, für die andere – meist eher auf die Rezeption von Inhalten gerichtete Lehrformen – geeigneter sind, ist umstritten. Der größte Vorbehalt besteht sicher darin, dass das Forschen am Studienanfang die Studierenden überfordern kann. Dagegen wird argumentiert, dass forschendes Lernen in der sogenannten Studieneingangsphase Studierende von Anfang an anhand eigener Erfahrungen erleben lässt, was wissenschaftliches Arbeiten bedeutet. Das Forschen ohne tiefe Kenntnisse der Theorien und Methoden eines Fachs wird als Weg beschrieben, einen Raum zu eröffnen, in dem Forschung ausprobiert werden kann, Fehler erlaubt sind und Inhalte entsprechend den eigenen Interessen erarbeitet werden können.[7] Damit stellt das Konzept eine Ergänzung oder sogar Alternative zu anderen üblichen Unterstützungsformaten für die Studieneingangsphase dar, wie Brückenkursen, Tutorien oder Beratungsmaßnahmen. Schiefner-Rohs (2019) beschreibt beide Varianten metaphorisch: Wenn man sich das Studium als Seereise vorstellen würde, wirkten die letztgenannten Maßnahmen als Medizin, um eine mögliche Seekrankheit zu vermeiden; forschendes Lernen hingehen bedeute, von Anfang an Segeln zu lernen und ein Teil der Crew zu werden. Dieser soziale Aspekt des forschenden Lernens wird häufig mit der Theorie des situierten Lernens fundiert (etwa bei Brew 2012; Kaufmann 2019). Situiertes Lernen beschreibt das Hineinwachsen von Lernenden in eine sogenannte *community of practice*. Situiert zu lernen bedeutet, zunehmend an den Praktiken der Gemeinschaft zu partizipieren (Lave/Wenger 1991). Die Metapher der Schiffs-Crew ist hier durchaus passend: Die eingespielten Praktiken auf einem Schiff werden von den neuen Crew-Mitgliedern übernommen. Der Grad der Partizipation an der sozialen Welt des Schiffs steigt mit der Zeit. Forschendes Lernen bietet die Möglichkeit, *innerhalb der wissenschaftlichen Gemeinschaft* situiert zu lernen. Die lernende Person wird in diesem Konzept in ihrer Gesamtheit und in ihrem Handeln in der Welt wahrgenommen. Lernen, Denken und Wissen sind eingebunden in menschliche Aktivität innerhalb einer kulturell strukturierten Welt. Diese Strukturierung ändert sich zugleich durch neue Teilnehmer*innen und ihrer Tätigkeiten in der *community of practice*. Die soziale Praxis ist voller Widersprüche und Konflikte, die wiederum in Lernprozessen reproduziert und bearbeitet werden. Da das Lernen mit der sozialen Welt gekoppelt ist, führt es zu einer Veränderung sozialer Praktiken. Die Theorie des situierten Lernens ist also zugleich eine Theorie der sozialen Transformation (ebd.).

Um noch einmal in der Metapher des Schiffs zu bleiben: Im Prozess des situierten Lernens kann es zu Irritationen kommen, wenn die neuen Crew-Mitglieder ein anderes Bild vom Segeln haben als sie es in der Realität auf dem Schiff erleben oder auch, wenn ihnen einzelne Handgriffe nicht sinnvoll erscheinen. Interessant ist nun, diese Momente der inneren und äußeren Konflikte genauer zu betrachten: Einige Unwägbarkeiten auf der Reise durch ein Studium bestehen sicherlich darin, dass mitgebrachte Vorstellungen auf Realitäten treffen, die diesen nicht entsprechen und – vielleicht sogar noch herausfordernder – auf Haltungen von Wissenschaftler*innen und Kommiliton*innen, die den eigenen widersprechen. Einführungen in Wissenschaft haben Konfliktpotenzial. Ihr Potenzial liegt jedoch zugleich *in* diesen Konflikten. Tatsächlich schließen studentische Bilder von Wissenschaft oft an Diskurse an, die innerhalb der wissenschaftlichen Gemeinschaft ohnehin geführt werden. In der Denkweise der *communities of practice* verändert sich die geteilte soziale Praxis durch Spannungsfelder, die sich zwischen ihren Akteur*innen ergeben. In der formalisierten Umgebung der Hochschule, in der der Eintritt in die *community of practice* mit der Aufnahme eines Studiums klar markiert ist, ist es daher hilfreich, den Bildern von Wissenschaft Beachtung zu schenken, die die Studierenden in die Gemeinschaft tragen – denn es ist davon auszugehen, dass die Praxis durch diese genauso geprägt und verändert wird, wie es umgekehrt der Fall ist.

Eröffnung eines Aushandlungsraums

Durch unterschiedliche Bilder von Wissenschaft und Forschung entstehen zwangsläufig Reibungen und Widerständigkeiten in hochschulischen Lehrkontexten. Diese Momente bieten jedoch Anlässe, um miteinander über Wissenschaft und ihre Gegenstände ins Gespräch zu kommen. Das (Kennen-)Lernen von Forschung in der Praxis bedeutet dann, an bestehende Vorstellungen anzuknüpfen und auf diese aufzubauen. Allerdings geht damit auch die Notwendigkeit einher, die eigenen Vorstellungen zunächst einmal zu explizieren und im nächsten Schritt auch zu verteidigen und/oder anzupassen. Das gilt für Lehrende wie für Studierende. Die Hochschullehre wird zum Aushandlungsraum, wenn die verschiedenen Bilder von Wissenschaft zur Diskussion gestellt werden (können). Eine Herausforderung besteht darin, dass das Verhältnis zwischen Lehrenden und Studierenden hierarchisch strukturiert ist. Dieses Machtverhältnis bestimmt mit darüber, wessen Vorstellung von Wissenschaft als die *richtige* gewertet wird. Jedoch sind auch die Vorstellungen der Studierenden nicht einfach da, sondern wurden in bestimmten Kontexten konstruiert, ob in Diskussionen über Covid19 im Familienkreis oder in der Fangemeinde von Mai-Thi Nguyen-Kim. Nicht selten kommt es außerdem vor, dass die Studierenden im Studium schon früh mit unterschiedlichen Haltungen unter den Lehrenden konfrontiert werden, so dass sich wissenschaftliche Diskurse in der Lehre dadurch fortsetzen, dass die Studierenden diese aus anderen Lehrveranstaltungen mitbringen. Wer die Deutungsmacht über die *echte* Wissenschaft hat, ist daher komplex und wandelbar.

Die an Forschung beteiligten Personen einer *community of practice* werden nie genau dieselben Antworten auf Fragen geben wie: Wie verläuft ein Forschungsprozess? Was macht gute Forschung aus? Welche Erkenntnisse sind relevant? Wie und an wen sollen sie kommuniziert werden? Und doch gibt es innerhalb einer Community per definitionem einen gemeinsamen Kern, der ihre Mitglieder miteinander verbindet. Was genau gehört also zum Forschen Lernen?

1. Im forschenden Lernen wird häufig auf eine kritisch-reflexive Haltung abgezielt. Mit diesem Prinzip lässt sich argumentieren, dass das Forschen nicht nur für eine spätere berufliche Tätigkeit in der Wissenschaft relevant ist, sondern dass Forschungserfahrungen auch einen gewissen Blick auf andere potenzielle Berufsfelder ermöglichen: Die wissenschaftliche Distanz hilft, die Praktiken und Strukturen in einem Feld kritisch zu hinterfragen. Forschung kann dazu beitragen, Wissenschaftspraktiken zu explizieren, die vorher implizit waren.

2. Beim forschenden Lernen geht es außerdem nie allein um die Übernahme tradierter Praktiken, sondern im besten Fall um Innovation, Erkenntnisgewinn und ein kritisches Hinterfragen des Bestehenden. Es geht also nicht nur darum, *die Neuen* in das Bestehende einzuführen, sondern auch darum, gemeinsam mit den Neuen etwas Neues zu schaffen.

3. Nicht zuletzt ist Forschung immer als Diskurs zu verstehen. Neues kann nur entstehen, wenn existierende Ideen hinterfragt und verworfen werden. Das Peer-Review-Verfahren ist beispielsweise Ausdruck eines Qualitätssicherungssystems, das auf dem Austausch unter Wissenschaftler*innen beruht. Forschendes Lernen sollte auch diesen Aspekt von Forschung einbeziehen.

Mit dem dritten Argument schließt sich der Kreis zu der Idee, die studentischen Bilder von Wissenschaft sichtbar zu machen und in den Raum zu stellen. Die Aushandlung von wissenschaftlicher Praxis gehört zum forschenden Lernen und *ist* zugleich wissenschaftliche Praxis. Im Aushandeln verschiedener Vorstellungen von Wissenschaft wird Wissenschaft erlernt und betrieben. Aushandlung ist ein elementarer Bestandteil des wissenschaftlichen *doings*.

Eine Aufforderung als Fazit

Eine Einführung in Wissenschaft kann also darin bestehen, an studentische Bilder von Wissenschaft anzuschließen. Diese lassen sich nur thematisieren, wenn der Raum gegeben ist, um sie zu explizieren. Fragen wir also die Studierenden, wie sie über Wissenschaft denken! Ähnliches gilt für die Gegenstände, mit denen sich ein Fach beschäftigt. Studierende haben diverse Gründe, sich für einen Studiengang zu entscheiden, eine Vorstellung von dessen Inhalten haben sie sicher auch. Worin werden die Studierenden an einer Hochschule eingeführt? In eine *community of practice*, die von der Aushandlung ihrer Gegenstände und Prozesse lebt. Das Wesen der Wissenschaft ist geprägt vom Diskurs. Zur Einführung in Wissenschaft – und damit zum *doing research* – gehört daher auch, Studierenden zu ermöglichen, diese Praxis zu erleben. Zum Beispiel, indem sie ihre eigenen wissenschaftlichen Haltungen zur Diskussion stellen und mit anderen aushandeln können.

Ebene der Einführung	Beispiel
In ein Fach	- Einführung in die Soziologie - Einführung in die Literaturwissenschaft - Einführung in die Medienpädagogik
In eine Theorie (oder in einen Überblick über mehrere)	- Einführung in die theoretischen Grundlagen der Quantenoptik und Atomoptik - Einführung in Theorie und Praxis der Organisationsentwicklung
In wissenschaftliches Arbeiten	- Einführung in erziehungswissenschaftliche Forschungsmethoden - Einführung in das wissenschaftliche Arbeiten
In eine wissenschaftliche Methode	- Einführung in die Laser-Plasma-Beschleunigung - Einführung in die Pflanzenbestimmung - Einführung in die Analyse vormoderner Texte
In eine Denkschule/ein Paradigma (oder in einen Überblick über mehrere)	- Einführung in soziologische Denkweisen - Probleme der Wissenschaftstheorie. Eine philosophische Einführung
In das Gesamtwerk einer Person	- Immanuel Kant - Einführung in die Philosophie Spinozas - Einführung in die Protestantische Ethik Max Webers
In einen thematischen Schwerpunkt	- Einführung in die Ur- und Frühgeschichte Afrikas - Einführung und Grundlagen des Datenschutzrechts - Regieren und Partizipation – Eine thematische Einführung

Tab. 1

Anmerkungen

1 Die drei für die Analyse gewählten Universitäten gehören zu den größten Deutschlands. Die Vorlesungsverzeichnisse finden sich unter URL: kurzelinks.de/kutj (Fernuniversität Hagen), kurzelinks.de/oz88 (Universität zu Köln) und kurzelinks.de/zpuh (Universität Hamburg) [03.05.2021].
2 Mit der Bildungsherkunft bezeichnet Banscherus (2019: 379) die Bildungsabschlüsse der Eltern.
3 Mit Framing-Ansätzen wird vor allem Kommunikation in Massenmedien und sozialen Medien untersucht. Die Grundannahme dieser Forschungszugänge ist, dass sowohl die öffentliche Kommunikation als auch das individuelle Denken in frames organisiert sind. Frames sind als Heuristiken zu verstehen, in die neue Informationen eingeordnet werden. Sie können aber auch bewusst in der Kommunikation gesetzt werden. Analytisch lassen sie sich beispielsweise durch Inhaltsanalysen herausarbeiten (für einen Überblick siehe Matthes 2014; Oswald 2019).
4 *MaiLab* auf youtube, URL: kurzelinks.de/w2ad [03.05.2021].
5 NDR-Podcast *Coronavirus-Update* URL: kurzelinks.de/qgf6 [03.05.2021].
6 Das dritte analysierte Vorlesungsverzeichnis der Fernuniversität Hagen macht keine Angaben zu den Formaten der Lehrveranstaltungen (was am Lehrcharakter einer Fernuniversität liegen könnte).
7 Einen Überblick über forschendes Lernen in der Studieneingangsphase bietet der gleichnamige Sammelband von Reinmann/Lübcke/Heudorfer (2019).

Referenzen

Banscherus, Ulf (2019). Der Einfluss der Bildungsherkunft auf die Studienwahl und die Situation in der Studieneingangsphase. *Bildung und Erziehung, 72*(4), 379–398.

Brew, Angela (2012). Teaching and research. New relationships and their implications for inquiry-based teaching and learning in higher education. *Higher Education Research & Development, 31*(1), 101–114.

Chambers, David W. (1983). Stereotypic Images of the Scientist. The Draw-A-Scientist Test. *Science Education, 67*(7).

Destatis (2019). Bildung und Kultur: Studierende an Hochschulen – Fächersystematik. URL: kurzelinks.de/goeb [31.07.2021]

Kaufmann, Margrit E. (2019). Communities of Practice. Forschendes Lernen in Kulturwissenschaft und Ethnologie. In Margrit E. Kaufmann/Ayla Satilmis/Harald A. Mieg (Hg.), *Forschendes Lernen in den Geisteswissenschaften. Konzepte, Praktiken und Perspektiven hermeneutischer Fächer.* Wiesbaden: Springer VS, 169–190.

Keestra, Machiel (2017). Metacognition and Reflection by Interdisciplinary Experts. Insights from Cognitive Science and Philosophy. *Issues in Interdisciplinary Studies, 35*, 121–169.

Kramer, Michaela (2023). s.. In Sandra Hofhues/Konstanze Schütze (Hg.), *Doing Research.* Bielefeld: Transcript, 338–345.

Lave, Jean/Wenger, Etienne (1991). *Situated Learning. Legitimate Peripheral Participation.* Cambridge: Cambridge Univ. Press.

Lembke, Rebecca (2021). *Berufliche Orientierung in der Schule. Bedeutung und Anspruch für die Professionalisierung von Lehrpersonen in gymnasialen Schulformen.* Wiesbaden: Springer VS.

Matthes, Jörg (2014). *Framing.* Konzepte, 10. Baden-Baden: Nomos.

Nguyen-Kim, Mai Thi (2020). Rein in die Zwiebel! Warum die Neuen Medien mehr Tiefe verlangen. In Johannes Schnurr/Alexander Mäder (Hg.), *Wissenschaft und Gesellschaft. Ein vertrauensvoller Dialog: Positionen und Perspektiven der Wissenschaftskommunikation heute.* Wiesbaden: Springer VS, 289–295.

Niebert, Kai/Gropengiesser, Harald (2013). Understanding and communicating climate change in metaphors. *Environmental Education Research, 19*(3), 282–302.

Oswald, Michael (2019). *Strategisches Framing. Eine Einführung.* Wiesbaden: Springer.

Reinisch, Bianca/Krell, Moritz/Hergert, Susann/Gogolin, Sarah/Krüger, Dirk (2017). Methodical challenges concerning the Draw-A-Scientist Test. A critical view about the assessment and evaluation of learners' conceptions of scientists. *International Journal of Science Education, 39*(14), 1952–1975.

Reinmann, Gabi/Lübcke, Eileen/Heudorfer, Anna (Hg.) (2019). *Forschendes Lernen in der Studieneingangsphase. Empirische Befunde, Fallbeispiele und individuelle Perspektiven.* Wiesbaden: Springer.

Schiefner-Rohs, Mandy (2019). Scheitern als Ziel. Ambivalenzen forschungsorientierter Lehre im Studieneingang. In Gabi Reinmann/Eileen Lübcke/Anna Heudorfer (Hg.), *Forschendes Lernen in der Studieneingangsphase. Empirische Befunde, Fallbeispiele und individuelle Perspektiven.* Wiesbaden: Springer, 79–92.

Schouteden, Wendy/Verburgh, An/Elen, Jan (2014). Teachers' general and contextualised research conceptions. *Studies in Higher Education, 41*(1), 79–94.

Tabelle

Tab. 1: Einführungen in Wissenschaft – ein Systematisierungsvorschlag anhand von drei aktuellen Vorlesungsverzeichnissen (Universität Hamburg, Universität zu Köln und Fernuniversität Hagen).

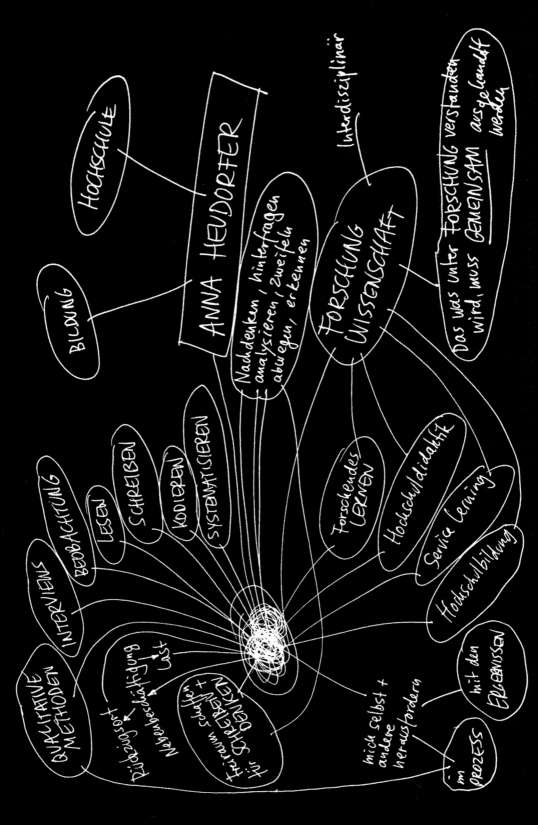

Erstausg.   ... und Versionen. Publizieren in   Annemarie Hahn
            digitalen Makromilieus

Was bedeutet die **Erstausg.** *(Erstausgabe) unter post-digitalen Bedingungen? Die ursprüngliche Publikationslogik der Erstausgabe sowie die damit einhergehende Zeitlichkeit können als Effekte des Buchdrucks verstanden werden. Unter den heutigen Bedingungen, in denen Texte nicht mehr ausgegeben, sondern in Versionen veröffentlicht werden, können die Umstände von Veröffentlichungen neu beschrieben und bewertet werden. Es zeigt sich, dass die Erstausgabe in digitalen Kulturen nach wie vor existiert, ihre Relevanz sich jedoch verschoben hat.*

Erstausgaben werden in Antiquariaten gekauft, geerbt, gefunden und/oder gesammelt. Sie erzählen eine (kollektive) Geschichte von Originalität und Authentizität. Erstausgaben sind romantisch aufgeladen. Die Publikationslogik der Erstausgabe sowie die damit einhergehende Zeitlichkeit können dabei als Effekt des Buchdrucks verstanden werden. Unter den heutigen Bedingungen, in denen Texte nicht mehr *ausgegeben*, sondern *publiziert* werden, können die Umstände von Veröffentlichungen neu beschrieben und bewertet werden. Was bedeutet also die Erstausgabe unter postdigitalen Bedingungen der Textproduktion? Dieser Frage werde ich auf den folgenden Seiten nachgehen, indem ich einen historiografischen Blick auf die Technologien der Buchproduktion und die damit zusammenhängenden kulturellen Gefüge durch die Brille einer an der Beziehung von Kunst, Medien und Gesellschaft interessierten Kunstpädagogik werfe. Allerdings will ich nicht verheimlichen, dass meine Perspektive durch meinen ersten Beruf, den der Mediengestalterin in einer Offsetdruckerei, mitgeprägt ist.

Bevor aber der Abkürzung **Erstausg.** und dem dazugehörigen Kompositum *Erstausgabe* nachgegangen wird, nehme ich mir heraus, ein paar Worte über eine Nachbarbezeichnung, nämlich die Erst*auflage*, zu verlieren. Denn auch wenn beide Bezeichnungen in enger Beziehung zueinander stehen, folgen sie unterschiedlichen Publikationslogiken mit ihren jeweiligen Spezifika und Zuschreibungen bis hin zu juristischen Implikationen. Während die erste Publikation eines gedruckten Werkes als selbstständiges Buch *Erstausgabe* genannt wird, bezeichnet *Erstauflage* die erste Veröffentlichung eines Buches. Eine Erstausgabe kann in mehreren Auflagen publiziert werden, sofern sie nicht verändert wird. Strenggenommen wird die Erwähnung einer ersten Auflage erst mit der zweiten Auflage sinnvoll, weil sie erst dann voneinander unterscheidbar sein müssen. Allerdings hat die Bezeichnung der Erstausgabe nicht nur eine kennzeichnende Funktion. Sie trägt sowohl juristische Implikationen als auch bestimmte Wertzuschreibungen mit sich. An die Erstausgabe sind beispielsweise Urheber- beziehungsweise Leistungsschutzrechte gekoppelt. Die Erstausgabe ist damit nicht zwangsläufig an eine Autor*in gebunden, sondern an die Erstveröffentlicher*in eines Buches, Bildes oder auch Musikstückes.

Der Begriff der Erstausgabe sowie dessen Abkürzung sind kaum kritisch bearbeitet. Dies ist erstmal nicht verwunderlich, zumal seine Verwendung eher deskriptive Funktion hat. Einen Text über ihn zu schreiben, der darüber hinausgeht, muss daher mit einer schwachen Quellenlage umgehen und an Forschungsfragen vor dem Hintergrund spezifischer Fachlogiken anknüpfen. Im Folgenden werde ich mich assoziativ der etwas verstaubten Abkürzung der Erstausgabe nähern, um sie aus medienkultureller Perspektive zu explorieren, und damit den Versuch wagen, ihr durch die Betrachtung aktueller medientechnologischer Bedingungen einen neuen Anstrich zu verleihen.

Erstausgabe und Buchdruck

Technologisch betrachtet ist die Ausgabe eines Textes an die Druckmaschine gekoppelt (siehe **Bd.**, Mayer 2023). Etwas wird gesetzt – früher im Letter-Setzkasten, später im digitalen Satzprogramm, jetzt im beliebigen Heimprogramm, sofern es die Umwandlung in PDFs erlaubt – und dann, je nach Technologie, auf Druckplatten, -kolben, -siebe und ähnliches *ausgegeben*, um letztendlich auf dem Datenträger, in der Regel Papier, zu landen. Erstausgaben implizieren im technischen Sinne nichts anderes als die erste Ausgabe über eines dieser Verfahren. Damit ist die Erstausgabe, zumindest terminologisch, an die Technologie des Buchdrucks gebunden, strenggenommen an den Buchdruck mit beweglichen Lettern.

In den 1450er Jahren durch Gutenberg in Europa[1] eingeführt hat der Buchdruck mit beweglichen Lettern mit der Zeit dazu geführt, „dass die Welt sich neu ordnet" (Baecker 2007: 17). Schriften werden gedruckt, das heißt in hohen *Auflagen* der Öffentlichkeit zugänglich gemacht, archiviert und verglichen. Der Buchdruck bringt damit eine Gesellschaft der Kritik mit sich (ebd.). Als nun „vorherrschendes Verbreitungsmedium" (ebd.: 34) bringt das Buch ein neues „kulturelles Makromilieu" (Meyer 2021) hervor, in dem die Erstausgabe entsteht und an Wert gewinnt. Man könnte sagen: Ohne Gutenberg keine Erstausgabe. Nun wäre es vermessen, die „kulturelle Revolution" (Eisenstein 1983) des Buchdruckes allein Gutenberg zuzuschreiben. Vielmehr fiel Gutenbergs Erfindung auf fruchtbaren Boden. Sie ist, wie Giesecke (2002: 57) beschreibt, „nur ein Element beziehungsweise Ereignis in einem komplexen Funktionsgefüge". Ein anderes ist die Etablierung des freien Marktes (ebd.). Gleichzeitig bedurfte das gedruckte Buch als neues Informationsmedium einer lesenden Bevölkerung, die sich durch entstehende Schulen nach und nach etablierte.

„Ohne dieses Medium keine allgemeine Schulpflicht, keine Aufklärung, keine industrielle Massenproduktion und auch keine Wissenschaft, die nach allgemeinen Wahrheiten sucht. Und umgekehrt: Ohne die Marktwirtschaft und die Industrie hat sich nirgendwo das Phänomen herausgebildet, das wir als Buchkultur beschreiben." (ebd.: 11)

Der Buchdruck – und damit auch das Phänomen der Erstausgabe – lässt sich nicht ausschließlich auf die technischen Komponenten reduzieren. Er ist mit all seinen Implikationen vielmehr ein „technisiertes und sozial standardisiertes komplexes Informationssystem" (ebd.: 139).
Aber auch wenn die Durchsetzung des Buches als vorherrschendes Verbreitungsmedium nicht mit der Erfindung der Technologie gleichzusetzen ist, haben sich mit dem Buchdruck damals neue – jetzt übliche – Konventionen ergeben, die den Umgang mit Text maßgeblich verändert haben, nämlich eine Referenzkultur. Texte wurden kritisiert und miteinander verglichen, was sich auch auf das Verständnis von Forschung auswirkte: Forschen bedeutete nun auch, neue Erkenntnisse anhand von Lücken anderer Forschung zu legitimieren, womit ein enges Verweissystem notwendig wurde. Der Buchdruck führte also zu einer Masse an Text und damit zu der Möglichkeit, diese zu vergleichen und zu katalogisieren. Dafür brauchte es Ordnungsmechanismen, beispielsweise die Nennung von Autor*innen, Verleger*innen und des Jahres der Veröffentlichung (Stalder 2016: 102f.). Auch die Nennung von ersten Ausgaben als Erstausgabe etablierte sich.
Allerdings existieren auch Erstausgaben, die nicht erst mit dem Buchdruck entstanden sind. Der Begriff der Erstausgabe wird, zum Beispiel im Wikipediaartikel zur Erstausgabe, auch auf die handschriftliche Erstausgabe (*editio*) angewendet (Wikipedia 2022). Diese Feststellung ist sicherlich philologisch interessant. Mir scheint allerdings die Wirkmacht des Buchdrucks auf aktuelle Wissensproduktion die maßgebliche Zäsur darzustellen, zumal ich die Manuskriptkultur mit ihrer gänzlich anderen Wissens- und Sozialstruktur als weniger relevant erachte, um aktuelle Mechanismen der Wissens- und Forschungskultur zu reflektieren. Hinzu kommt, dass sich Manuskriptkulturen heute kaum außerhalb des Buchdrucks betrachten lassen (Eisenstein 1983: 6). Zudem änderte sich durch den Buchdruck die Bewertung von Veränderungen am Original. Während in der Manuskriptkultur jede Bearbeitung eine potenzielle Beeinträchtigung des Originals bedeutete, setzte sich mit dem Aufkommen des Buchdrucks die Idee durch, dass Texte durch Bearbeitung verbessert werden können (Stalder 2016: 102).
Im kulturellen Makromilieu des Buchdrucks entstanden – mit der veränderten Wissens- und Forschungskultur – auch verschiedene Subjektpositionen, etwa die der Autor*in, Verleger*in und Urheber*in. Auch die ersten Urheberrechte wurden eingeführt, die zunächst als Druckerprivilegien nicht die finanzielle Situation der Autor*innen schützten, sondern jene der Druckereien. Erst mit der aufkommenden Vorstellung des bürgerlich-modernen Subjekts wurde das geistige Eigentum den Autor*innen als Urheber*innen zugeschrieben, in dem Sinne, dass Urheber*innen als Schöpfer*innen am Anfang der Produktionskette geistiger Produktion standen. Urheberrechte an Erstausgaben sind allerdings nicht zwangsläufig an die Figur der individuellen Autor*in gebunden. Hier greift vielmehr ein Publikationsmechanismus, nämlich der der *Ausgabe*. Nicht, wer es zuerst gedacht oder gemacht hat, sondern wer es zuerst *publiziert* hat, ist Inhaber*in der Rechte an *Erst-Ausgaben*.
Die Verwendung von Erstausgaben als Quellen stellt sie in einen zeitlichen Kontext – und damit in ein soziomaterielles Umfeld –, der für das Nachvollziehen der Quelle relevant sein kann. Mit dem *Veröffentlichen* im Internet und den möglichen Mehrfachverweisen erweitern sich die Bezugsquellen, die gleichzeitig und global stattfinden und andere soziomaterielle Kontexte sichtbar machen, was ebenfalls für das Verständnis des Zitats von Bedeutung sein kann.

Editing/Publishing

Die englische Sprache macht keinen Unterschied zwischen Erstausgabe und Erstauflage. Beide Begriffe werden auf verschiedenen Übersetzungsplattformen als *first edition* oder *first publication* übersetzt. Die *Edition* scheint also der *Publication* gleichgesetzt zu sein. Das ist insofern bemerkenswert, als dass – einer anderen Veröffentlichungslogik als dem Buchdruck folgend – deutliche Unterschiede in der Funktion von Edition und Publication bestehen. Denn wenn ich der Öffentlichkeit einen Blogbeitrag beispielsweise auf Wordpress zur Verfügung stellen will, habe ich in der englischsprachigen Version die Möglichkeit, einen Text zu editen (in der deutschsprachigen Fassung: zu bearbeiten) oder zu publishen (in der deutschsprachigen Fassung: zu veröffentlichen). Ich nehme dieses Beispiel zum Anlass, über die Publikation seit dem Internet und damit die heutige Funktion der Erstausgabe nachzudenken. Denn auch wenn das Internet völlig neue Formen der Wissensgenerierung und -verbreitung mit sich gebracht hat, existiert das Buch nach wie vor. Und nicht nur als historisches Relikt – auch neue Texte werden in Buchform ausgegeben, etwa das vorliegende in Form einer Erstauflage und Erstausgabe.

In seiner Auseinandersetzung mit post-digitalem Drucken beobachtet Alessandro Ludovico (2012: 8), dass mit jeder Etablierung eines neuen Mediums behauptet würde, es besäße mindestens die gleichen Eigenschaften wie die alten Medien und würde sie damit potenziell verdrängen. Als Begründung für das Fortbestehen der Bücher – auch unter veränderten kulturellen Makromilieus seit dem Internet – benennt Ludovico zum einen die Wertzuschreibung des gedruckten Buchs: „Traditional print publishing [...] is increasingly presenting its products as valuable objects and collector's items, by exploiting the physical and tactile qualities of paper." (ebd.: 154) Zum anderen beschreibt er, warum das gedruckte Buch seit dem Internet auf medientechnologischer Ebene nach wie vor Bestand hat. Während sich nämlich in Bereichen der Musik- oder Filmproduktion der Informationsträger geändert hat und nicht der Inhalt an sich, ist das Buch Träger und Display zugleich.

> „Print, however, is a very different case, since the medium – the printed page – is more than just a carrier for things to be shown on some display; it is also the display itself. Changing it consequently changes people's experience, with all the (physical) habits, rituals and cultural conventions involved." (ebd.: 153)

Allerdings differenziert Ludovico seine Beobachtung, indem er deutlich macht, dass das gedruckte Buch nicht mehr und nie wieder dasselbe sein kann wie vor dem Internet (ebd.: 8). Denn das gedruckte Buch existiert heute im kulturellen Makromilieu des Internets.

Der medienkulturelle Wandel, den der Buchdruck mit beweglichen Lettern durch all seine sozio-technischen Implikationen mit sich brachte – etwa die massenhafte Verbreitung von Druckerzeugnissen, die damit notwendig gewordene Alphabetisierung der Massen, die Einrichtung von Institutionen wie der Schule für alle, Verlagen, Bibliotheken und die Ausbildung von Lehrer*innen (Klein 2019) –, lässt sich als wesentliche Zäsur der Moderne beschreiben (Baecker 2007: 17). Möchte man der These folgen, dass „kaum etwas [...] so große Bedeutung für die Strukturen einer Gesellschaft und die Formen einer Kultur [hat] wie die jeweils geschäftsführenden Verbreitungsmedien" (Meyer 2021), so ist der Computer als geschäftsführende Medientechnologie in seinen Implikationen auf gesellschaftliche Prozesse nicht zu unterschätzen – ebenso wenig wie dessen Auswirkungen auf den Umgang mit Informationen. Unter post-digitalen Bedingungen wird das gedruckte Buch also nicht mehr das gleiche sein.

Seit dem Internet Texte zu schreiben, zu editieren und zu publizieren, folgt demnach anderen Logiken von Textproduktion, Verbreitung und Archivierung als im Buchdruckzeitalter. Während das Konzept der Erstausgabe einer zeitlich-historischen und damit vertikalen Linie folgt (erst Idee, dann Produktion, dann Publikation), scheinen im komplexeren Netzwerkgefüge des Internets eher horizontale Linien relevant zu sein. Auch wenn die Vergleichbarkeit von Texten und damit eine Referenzkultur im Sinne von Vergleichs- und Verweissystemen erst entstanden ist, beschreibt Felix Stalder (2016) Referentialität als spezifische Form von Digitalität – nämlich als Methode, mit der sich Einzelne stetig in kulturelle Prozesse einschreiben und somit zu Produzent*innen werden. „Kultur, verstanden als geteilte soziale Bedeutung, heißt, dass sich ein solches Vorhaben nicht auf den Einzelnen beschränken kann" (ebd.: 95). Dabei ist nicht nur die zunehmende Menge an Referenzsystemen von Bedeutung, sondern auch ihr Takt:

> „Was nicht dauernd verwendet und erneuert wird, verschwindet. Oft bedeutet das aber nur, dass es in einem unendlichen Archiv versinkt, zur nicht-realisierten Potenz wird, bis es jemand wieder aktiviert, Lebensenergie hineinsteckt, es so aus seinem Dornröschenschlaf erweckt und in einen neuen, aktuellen Sinnzusammenhang einbaut." (ebd.: 103)

Aber auch die verschiedenen Arten, wie referentiell Neues zustande kommt, scheinen Qualitätsmerkmale digitaler Kultur zu sein. Referentialität hat somit laut Stalder einen performativen Charakter.

> „Hier geht es nicht um Zeitlosigkeit, sondern darum, dass die etablierten Sinnzusammenhänge nach kurzer Zeit meist wieder obsolet geworden sind und sie deswegen kontinuierlich affirmiert, erweitert und verändert werden müssen, um das Feld, das sie definieren, relevant zu halten." (ebd.)

Versionen

„However, the real power of digital publishing lies not so much in its integration of multiple media, but in its superior networking capabilities" (Ludovico 2012: 153). Damit einhergehende Mechanismen umfassen im Wesentlichen Textproduktion, Intertextualität, Produktionsweisen und die damit verbundenen Subjektpositionen. Raunig und Stalder beschreiben diese Dynamik schon 2012 als horizontale Kommunikation, bei der „nicht mehr ein Urheber am Anfang steht, sondern in der Mitte" und werfen die Frage auf, wie so „Verdichtungen, Wendungen und neue Kombinationen entstehen" (Raunig/Stalder 2012).

Eine inzwischen etablierte Form, die diese Verdichtungen und Wendungen einbezieht, ohne auf die traditionelle Papierform zu verzichten, ist die Bereitstellung von Online-Texten als Print-on-Demand, als Imitation des gedruckten Buches, die dessen eingeübte Mechanismen in eine veränderte mediale Kulturlandschaft rettet. Dem zunehmend performativen Charakter aktueller Medienkulturen wird mit Texten als druckbaren A4-PDFs Rechnung getragen, durch die Aktualisierungen im Text möglich sind, ohne auf die Qualität des Papiers als Trägermedium zu verzichten. Diese an die aktuelle Medienkultur angepassten Formen des gedruckten Textes machen es – aufgrund ihrer potenziell ständigen Aktualisierung – nicht mehr erforderlich, sie als Editionen und Ausgaben zu betrachten. Vielmehr ist es naheliegend, diese Texte als Versionen zu verstehen. Texte als Versionen statt als Editionen oder Auflagen zu denken ist etwas, das ich Konstanze Schützes Diskussion über Bilder seit dem Internet entlehne. Schütze (2019 , o.S.) beschreibt in Bezug auf Bilder mitunter deren Flüchtigkeit und Verbreitung sowie technische Gleichzeitigkeit über weite geografische Entfernungen. „Inhalte haben kurze Halbwertszeiten, tauchen aber vielfach auf. Besonders attraktive Inhalte sind in nahezu unendlichen Varianten online wie offline vertreten" (ebd.). Wird diese Beobachtung auf aktuelle Textproduktion übertragen, scheint es sinnvoll, im Folgenden von Varianten oder Versionen zu sprechen. Dies schafft jedoch neue Probleme und Herausforderungen, denn bei der Fülle von Versionen stellt sich die Frage, welche glaubwürdig und archivierungswürdig ist.

Ludovico (2012: 109) beschreibt, dass der engen Verbindung zwischen Text und Druck eine Aura der Authentizität („aura of being real") anhaftet. Diese Qualität, die dem gedruckten Buch zugeschrieben wird, wirkt sich auch auf seine Glaubwürdigkeit aus, während bei online veröffentlichten Texten eine Skepsis zu beobachten ist, die zunehmend durch Fake News und alternative Realitäten genährt wird. Eine institutionelle Form, Glaubwürdigkeit respektive Echtheit durch Nachvollziehbarkeit zu generieren, ist das Archiv. Nun sind Archive keine Erfindung des Internets. Bibliotheken als eine frühe Fassung dieser haben lange Tradition. Ihre Relevanz scheint aber aktueller denn je. Sowohl das Bedürfnis nach Nachvollziehbarkeit von Quellen als auch die Anerkennung von Webcontent als Kulturgüter, also auch die Aufnahme von Texten, die in früheren Archiven aufgrund kolonialer Fehleinschätzungen gar nicht oder minderrepräsentiert waren, bringen neue Archive mit sich (siehe **o.A.**, Gramlich/Haas 2023). Um Entstehungsgeschichten von Texten nachzuvollziehen, aber auch um Publikationen nicht in Vergessenheit geraten zu lassen, bemühen sich Bibliotheken und Sammlungen um deren Archivierung.

Erstausgaben haben in diesen Archiven einen hohen Stellenwert, allerdings gewinnt zunehmend der Wert der Archivierung des Internets an Relevanz. Es werden also nicht mehr nur verschiedene Ausgaben eines gedruckten Textes archiviert, sondern auch verschiedene Versionen einer Website. Dabei stehen beide Formen der Archivierung heute nicht mehr im Widerspruch zueinander. Projekte wie *AAAAARG* (URL: AAAAARG.fail [06.02.2022]) digitalisieren erstmals als Print-Version veröffentlichte Texte und stellen diese – losgelöst von der Papierform – einer breiten Masse zur Verfügung. Aber auch genuin digitale Publikationen und Websites werden beispielsweise vom *Internet Archive* (URL: archive.org [06.02.2022]) in möglichst verschiedenen Versionen archiviert. Allerdings geht es bei den neuen Archiven nicht primär um Archivierung, sondern vielmehr um Access (Ludovico 2012: 132; siehe auch **Bd.**, Mayer 2023). Spätestens hier drängt sich die Frage auf, ob der Zugang zu Erstausgaben (jenseits von historischer Recherchearbeit) noch eine relevante Rolle spielt oder ob es vielmehr um einen Zugang zu Texten in möglichst aktueller Version geht, um eine möglichst hohe Transparenz zu generieren. Der Zugang zur möglichst aktuellen Version eines Textes, mit allen Aktualisierungen und Kommentierungen, also dessen Referenzierungen, würde durch seine Transparenz in den von Ludovicio erwähnten Aspekt der Glaubwürdigkeit einzahlen.

Die Erstausgabe ist also in digitalen Kulturen nach wie vor als gedruckte Version existent, ihre Relevanz hat sich aber verschoben. Die Qualität der Doppelfunktion von Träger und Display lässt sich heute sowohl bei gedruckten Büchern als auch bei screenbasierten Medien beobachten. Es wäre allerdings interessant zu sehen, ob, ähnlich wie im Kunstfeld, Erstausgaben als Sammlungsstücke in Form von NFTs (Non-Fungible Tokens) produziert werden. Damit würde, entgegen der Entwicklung hin zum größtmöglichen Zugang zu Texten, eine neue Form von Seltenheit im Digitalen entstehen. Eine solche Entwicklung würde aber nicht in Konkurrenz zu Open-Access-Plattformen stehen, sondern einzelnen Liebhaber*innen zugutekommen – jenseits der taktilen Qualitäten des gedruckten Buches.

Anmerkungen

1 In China gab es eine ähnliche Technologie schon vorher, die aber nicht so wirksam in die europäische Kulturgeschichte eingezahlt hat.

Referenzen

Baecker, Dirk (2007). *Studien zur nächsten Gesellschaft*. Frankfurt/Main: Suhrkamp.

Eisenstein, Elizabeth L. (1983). *The Printing Revolution in Early Modern Europe*. New York: Cambridge University Press.

Gehring, Robert (2013). Geschichte des Urheberrechts. Bundeszentrale für politische Bildung. URL: bpb.de/gesellschaft/medien-und-sport/urheberrecht/169977/geschichte-des-urheberrechts [10.12.2021]

Giesecke, Michael (2002). *Von den Mythen der Buchkultur zu den Visionen der Informationsgesellschaft. Trendforschungen zur kulturellen Medienökologie*. Frankfurt/Main: Suhrkamp.

Gramlich, Naomie/Haas, Annika (2023). o.A. In Sandra Hofhues/Konstanze Schütze (Hg.), *Doing Research*. Bielefeld: Transcript, 304–311.

Klein, Kristin (2019). Kunst und Medienbildung in der digital vernetzten Welt. Forschungsperspektiven im Anschluss an den Begriff der Postdigitalität. In Kristin Klein/Willy Noll (Hg.), Postdigital Landscapes. *Kunst Medien Bildung*. URL: zkmb.de/kunst-und-medienbildung-in-der-digital-vernetzten-welt-forschungsperspektiven-im-anschluss-an-den-begriff-der-postdigitalitaet [10.12.2021]

Ludovico, Alessandro (2012). Post-Digital Print. The Mutation of Publishing since 1894. *Onomatopee, 77*.

Mayer, Katja (2023). Bd. In Sandra Hofhues/Konstanze Schütze (Hg.), *Doing Research*. Bielefeld: Transcript, 130–137.

Meyer, Torsten (2017). What's Next, Arts Education? Fünf Thesen zur nächsten Ästhetischen Bildung. In Torsten Meyer/Julia Dick/Peter Moormann/Julia Ziegenbein (Hg.), Where the Magic Happens. *Kunst Medien Bildung*. URL: zkmb.de/whats-next-arts-education-fuenf-thesen-zur-naechsten-aesthetischen-bildung [06.02.2022]

Raunig, Gerald/Stalder, Felix (2012). Tot war der Autor nie. *Die Zeit*. URL: zeit.de/2012/21/Replik-Urheberrecht?utm_referrer=http%3A%2F%2Fwhtsnxt.net%2F [06.02.2022]

Schütze, Konstanze (2019). Bildlichkeit nach dem Internet – Kunstvermittlung am Bild als Gegenwartsbewältigung. *Kunst Medien Bildung*. URL: zkmb.de/bildlichkeit-nach-dem-internet-kunstvermittlung-am-bild-als-gegenwartsbewaeltigung [06.02.2022]

Stalder, Felix (2016). *Kultur der Digitalität*. 2. Aufl. Frankfurt/Main: Suhrkamp.

Wikipedia (2020). Editio princeps (Urheberrecht). URL: de.wikipedia.org/w/index.php?title=Editio_princeps_(Urheberrecht)&oldid=202577945 [06.02.2022]

Wikipedia (2022). Erstausgabe. URL: de.wikipedia.org/w/index.php?title=Erstausgabe&oldid=218781448 [06.02.2022]

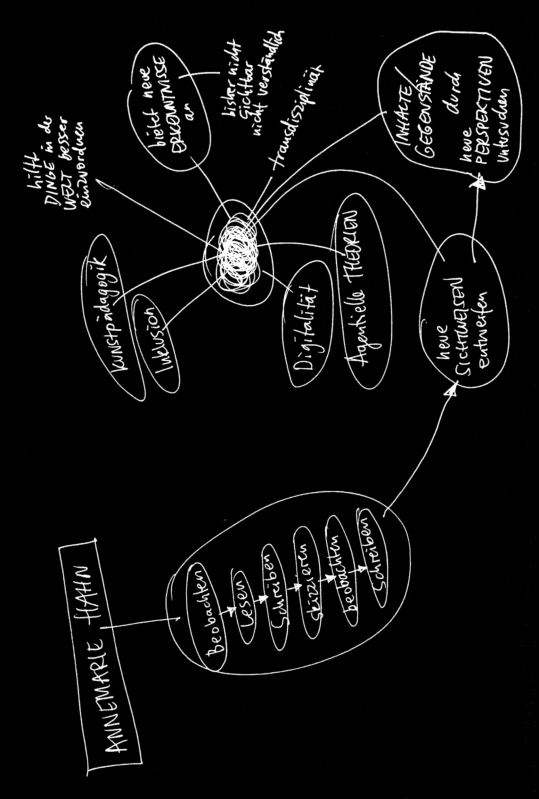

et al.   The Hidden Others in Research   Shakuntala Banaji

Publishing processes, especially in the social sciences, cannot be viewed separately from social and political influences, which raise questions of ethics and create power imbalances. These effects become visible when observing conventions of authorship and publication in critical research, like the deliberate omittance of voices and the choice of (not) being included in **et al. (et alii)**.

Increasingly driven by principles of neoliberal capitalism, precarity makes it imperative for academics to publish. However, publications in the *wrong* journals or on the *wrong* topics can make or break young scholars' careers (Vossen 2017). Even established scholars with privilege in their respective disciplines become vulnerable when questioning powerful regimes and instititutions on matters of principle and justice, as the refusal of appointment and tenure cases of Steven Salaita and Nicole Hannah-Jones in the US testify. Original critical research, and decisions about questioning the values and conclusions of senior scholars, are risky. The status quo rules. Safe compromise might involve theorisation without self-reflection; or complicity in racist and settler colonial discourses disguised as 'objectivity'; or a refusal to acknowledge that research can adversely affect vulnerable communities and precarious scholars.

While giving some lesser-known academics a way of raising their profile, social media also enable celebrity scholars to elevate their profiles further (Duffy/Pooley 2017; Turner/Larson 2015). Engaged intellectuals who take part in struggles over rights and justice face disincentives from remaining in the academy. Precarious and junior scholars and the communities they research seem to bear a disproportionate burden for challenging poor pay, biased citation, and peer review (Berg/Gaham/Nunn 2014; Peters 2011), while also fighting the erosion of rights and democracy, the occupation and colonisation of land, and the erasure of indigenous knowledges. The price of social and political critique falls more heavily on some shoulders than others, as does the work of representing diverse constituencies in the social sciences. While it is possible to see historical and geographical patterns of privilege revealed (Mott/Cockayne 2017), who is named, who is not named, who is cited as a major theorist, who is cited as **et al.** are not always straightforward matters (see **et al.**, Terhart 2023). Citational practices involve complex calculations of ideology, vulnerability and risk. In light of these concerns, via two vignettes drawn from the author's longstanding research, this paper asks what an attention to et alii – to naming practices and erasures in academic publication – reveals about power imbalances between ways of knowing the world and between researchers *as researchers*, as *precarious workers* and as citizens.

This can be expressed better in the paper's guiding Research Questions: In what ways do researchers and writers reflect on their contribution, theoretical and political evolution and grasp of the research process, and what does this presence or absence reveal about power dynamics in fieldwork, in the arena of social justice, within research teams and between researchers and their subjects? In what ways do research contexts, ideological conflict and the dangers and imbalances of power, affect the writers' ability to include voices, to name places and events and stories, to dwell on the perpetrators and on avenues for redress?

The unequal risks of critical research

I would like to take this opportunity to outline the ways in which different perspectives, needs, experiences and levels of ethical and moral commitment and political risk are subsumed under the notion of collaborative research on media and communications, by reflecting on two vignettes (Cross 2017; Humphreys 2005) of research and writing. More specifically I am going to focus those branches of *education studies* and *media and communications* devoted to analysing the role of media in governance and participation. First, while nominally situated in the field of media and communications, this work is intertextual, necessitating a deep dive into history, ethnographic observation, political theory, discourse theory and semiotics. Second, at the heart of collaborative research about the role of media technologies in fascist and/or democratic regimes, there necessarily sits a particular understanding of social science research as potentially normative. This normativity manifests in the prescription of a dominant orientation towards epistemology (and ontology) or in questioning and critiquing extant norms in those fields.

Of course, with particular reference to the second vignette, in ideal circumstances all parties in the research find themselves on the same normative wavelength, moving towards or co-constructing conclusions (Lingard/Schryer/Spafford/Campbell 2007) which all involved can endorse. In reality, many of us find ourselves caught up in messy collaborations dominated by neoliberalism, ideological contestation and scholarly egos (see **i.d.R.**, Musche/Grüntjens 2023). Some people's labour or experience is extracted by senior scholars. Some may go along with a line of argument that we do not entirely

209

subscribe to *because, hey, it's a publication!* And who has the time, especially as the fourth author, to argue the toss? Finally, but equally important, the experience of co-constructing research with multiple parties when what one is doing is politically risky or might uncover experiences of trauma, is not often explored. In particular, establishing in advance the shared goals and eventualities of the research, its pathways to authorship and dissemination, and the ultimate hope that it will reshape democratic policy, governance and practice, is much less fraught but also less pressing when there is no significant risk to life and reputation. In situations of significant risk, urgent questions arise about the research itself as a means and an end.

We find ourselves at a critical juncture historically. The global far right has been emboldened. Governments from the US, France and the UK to Brazil, India and China have sunk so deep into racist and islamophobic rhetoric that the incarceration and death of Muslims, Black and Brown citizens and other ethnic minorities can all be defended based on a cry of *Freedom of Speech*. Meanwhile, scholarship from the civil rights tradition of Critical Race Theory, and from Global South and Black Feminist Theory which built on decolonizing scholars such as Franz Fanon, is cast as dangerous and other.[1] So, both geographically and historically, there is an element of serendipity in finding oneself a silent partner in research that carries significant risk or that aims to speak truth to power, or one whose voice sings through the research but is absent from authorship, or an *et al.* (et alii) or in allocating another scholar or even a participant into that role. So, invisible does not always entail deliberate exclusion: There may also be an element of protection, watching reactions before claiming the research, or of necessary humility. However, behind this formulation and practice there is a rigid structure with unwritten rules and risks that are unevenly shared between individuals and institutions, between publishers and authors and between research participants and research scholars.

Vignette 1

On an interlinked series of projects exploring the articulation of traditional and social media tools with violence, discrimination and mediated discourses of propaganda, hate and disinformation in countries generally termed *democracies*, the lead researcher and their team members face multiple challenges. First, ensuring that the research is never of more interest or value than the lives and livelihoods of the research participants and subjects. This might involve agreeing not to discuss certain theoretically interesting but triggering things to prevent further grief and trauma, creating space for both research subjects and researchers to think and feel their way into the experiences being shared and discussed. Second is the plethora of data in this sphere, the millions of subtly or openly hateful messages, GIFs, memes, videos and speeches generated and circulated by the right and the far right. Such data needs to be gathered, anonymised, analysed into taxonomies and structures to show parallels between different regions and languages, and written about in ways that will not trigger further trauma and pain in audiences or readers. Finally, there is the question of naming – many of the research subjects suffer from indescribable discrimination, dehumanisation, violence and injustice. Revealing this though policy and academic writing which is verifiable and reliable in a way that can both be used to further a retributive justice agenda but also prevent further trauma and victimisation means walking a precarious line between revealing and making invisible key informants and sources for the research. As one participant put it:

> *I want to scream from the rooftops about what has happened to me, about the rape threats, the morphed sexual images of me that I get sent daily to my inbox, about the man who threatened my daughter on Instagram saying 'we'll get you, your mother is a feminist whore' but I have found that life is easier if I stay silent, don't rock the boat. Of course, I continue my activism, my work against misogyny and anti-Blackness, but I try to ignore all this additional pain, and hence I risk making it worse. That's why you can't name me.*

And as another participant in a different geographical region summarised:

> *My work in representing this family (of the victim of a racist murder) relies on you not discussing or revealing details which will draw attention to us, to our struggle, to our connection to you. Even though we desperately need the support, we cannot afford a spotlight on this work. It's too dangerous for us. Every day another one of us dies or is imprisoned on false charges.*

Thus, in writing up and dissemination, there are multiple silent, almost invisible, et alii. Equally importantly, revealing the names of the research team members involves various forms of risk: Trolling and hate speech against them and their institutions, potential doxing and physical intimidation, threats to research participants, legal threat from ideological and governance bodies, and incarceration or deportation. In an academic industry where the individualisation of researcher names and their academic *branding* is central, where transparency is viewed as an ethical necessity, the pressing need to *erase* the brand, the identity and names of scholars in order to protect lives and continue research poses tough and complex choices.

This vignette describes an ideologically and epistemologically cohesive, yet socially diverse research team of scholars of colour, several of us working class, many located in the global south, including activist scholars with histories of organising against gender, caste and race oppression or on issues of disability, sexuality and class. We worked with an equally diverse set of Afro-descendant, Indigenous, Asian, mixed and white or mixed Latinx communities across three continents. The impact of this collective politics on our research is manifold. We make decisions about using what anthropologist-poet Renato Rosaldo has called *deep hanging out* ethnography (Clifford 1996) – ethically committed qualitative research – and we make a collective commitment to our research subjects to strive for justice while also amplifying their voices, protecting them and constructing theory that will challenge the oppressors and change the minds of those who are silent bystanders. All of this also makes for an exhausting and agonising commitment. We find ourselves constantly falling short. We find ourselves shocked, unsettled and grieved by the disinformation and misinformation collected (the messages of hate are also targeted at people like us and our families). The notion of objectivity is constantly being interrogated as we make typologies and taxonomies of hate. Ultimately, *not naming* becomes an imperative to keep people safe. We cannot even name people in acknowledgments. In key instances we cannot even name ourselves in the outputs, which become policy and think pieces circulated to human rights organisations but without the usual academic fanfare. We refuse the kudos of publication in order to maintain the confidentiality and anonymity of our research subjects. Our **et al.**s dwindle correspondingly. While to be named is to bring fame or notoriety, and the possibility of other jobs, funding, and work, to be named is also to be in danger, to endanger and to bring danger into the field. Our work is on othering, and we other ourselves to continue to pursue it. In the second vignette, discussed below, a different dynamic of power, knowledge and naming plays out. It implicates a fundamental question about the positionality of experience and of situated knowledge in research teams shaped through different epistemological traditions.

Vignette 2

On a cross-national project about citizenship (Banaji/Mejias 2020), young people and activism (which involves attention to mediated and pedagogic materials, to representational and pedagogic strategies for participation in democracy), a group of highly experienced researchers from different countries and social science fields find themselves struggling to agree on an epistemologically and ethically aligned definition of key terms and parameters. These definitions are needed to work towards a model showing the links between, and directionality of, particular forms of youth political and civic praxis. Among other issues, differences cohere around ideological allegiance to the struggles of historically marginalised identities and communities or a privileged allegiance to an implicitly white, capitalist and normative liberal view of citizenship as a set of rights and duties ensuring the current existing state of affairs. Bluntly, some of the senior scholars on the team lean towards a highly unreflexive and normative capitalist view of what constitutes *good citizenship*. This plays out in how they conceive of *responsible citizenship* and *illegal/uncivic behaviour*. Others have more critical and/or inclusive definitions. These positionings are of utmost importance in regard to the types of young activist communities who will be studied and for interpreting the findings and pathways to civic action. Despite these differences, early in the project a publication policy is agreed which aims to name as many as possible on every publication, in particular, junior researchers who need publications. The *politics of the research/researchers* continues to be an issue as the research progresses, expressing itself methodologically, tactically and thematically. There are strained discussions about the limits of quantification. Compromises get made in order to write and publish coherent articles, every one of which has a chain of **et al.**s. Several of the researchers are overwhelmed by the fieldwork, and discover that several of the research subjects are also overwhelmed by activism. Coherent patterns emerge. Utimately pragmatism ensures that two divergent conceptual and epistemological trajectories with regard to civic and political socialisation are incorporated into the outputs. Some team members find themselves named for practical reasons on publications with whose line of argument, conclusions and epistemological assumptions they do not agree. Some decide not to be named because of an ethical stance towards these disagreements, and their labour and contributions disappear. All of these debates, tensions and feelings remain as ephemera.

Here, in vignette 2, a quite different dynamic is at play than in vignette 1. The team was almost exclusively white and European, with only three out of 37 team members being scholars of colour initially and only two by the end. While a number of researchers worked and still work in precarious jobs attached to and under the patronage more senior scholars, the class composition was generally middleclass. In parallel, reflecting the *extended networks* of the research team, the participants drawn into the research tended to be white and middle class, albeit with multiple commitments to different forms of equality and justice. There is a considerable weight given to quantitative studies and methods in the field, and some anxiety around qualitative and ethnographic work, especially that which draws on intertextual visual and historical methods. Practical political commitments to equity and justice are viewed by some as forms of theoretical *bias* (Hammersley 2000), although by the close of the project they were more implicitly recognised as important. When it comes to publishing, not all those named feel comfortable about the conclusions drawn based on the data they collected. The findings from the quantitative studies appear to be more precise, more generalisable and more technicist than those emerging from the qualitative work. And yet it is these strong conclusions that are seemingly most shaped by the troubling normative assumptions that the project set out to question. This theoretical and methodological messiness and hierarchy is invisible in individual publications (although it continues to be a haunting presence across the scholarly work emerging), while the multiple **et al.** authors of each piece lend an aura of egalitarianism.

Discussion

Vignettes 1 and 2 are very different: In the first, the success and plausibility of the research are entangled with matters of life and death. The imperative to *do no harm* takes on both, material and psychic contours, and the pedagogy of the lead researcher in training and shielding others involved in the research process must be capacious enough to encompass the secondary trauma that younger and less experienced colleagues and audiences might take on when encountering the research. In the second, several researchers' distress, tension and confusion are real but removed from the work and lives of individuals and organisations, the possibility of doing harm remains at least partially discursive: A flawed model of youth civic socialisation may ultimately lead to the exclusion or stigmatisation of particular types of young citizens, but is not immediately life-threatening. However, what both vignettes demonstrate – other than the messiness of social science research at its conjuncture with real life – is the importance of edges and invisible currents, ideas, persons. The contestations involved in epistemological standpoint, interpretation and argumentation have inevitably shaped the outcomes of research and the theoretical models arising from it in multiple ways.

The science of teams and team building is, of course, a crucial factor in both vignettes, since it is imperative that the teams trust each other's ethical and political priorities as well as respect each other's epistemological training. As Cheruvelil et al. (2014: 38) argue in their piece on the importance of diversity in research teams,

"developing the skills to build, maintain, and lead high-performing collaborative research teams must be recognized as one of the important skills to be learned in order to become a successful scientist [...] members of the scientific community must redefine research success to include collaborative outcomes".

However, there remains a more fundamental consideration in both cases which transcends but also influences team building, research dynamics, silencing and visibility in social science research involving human subjects: Research as praxis, as project, as outcome and as an adjunct to individual's careers is contingent on the politics of researchers. I will return to this point via a slight digression. In *Feminist Theory*, bell hooks (2000: 114) notes that

"[b]ourgeois class biases have led many feminist theorists to develop ideas that have little or no relation to the lived experiences of most women[...]. Yet [we] need to know that ideas and theories are important and absolutely essential for envisioning and making a successful... movement that...will mobilise groups of people to transform this society".

While this critique is aimed squarely at what hooks sees as the [white] bourgeois feminist movement and the anti-intellectualism of the mass of working-class women of colour who reject feminism because they feel alienated by visible white feminists, we would do well to apply it to the two vignettes above and to the challenges and issues faced by researchers wishing to engage in transformative social science praxis.

Conclusion

Depending on the writer, the topic and the field, research reports, books and papers can be fiercely eloquent and compelling or markedly dry and laboured, theoretically dense or theoretically accessible, evidenced meticulously or light on data. Some are simply poorly conceived and written, while others are repetitious and labour an argument that the renowned author has made multiple times. Some will have repercussions for policy and reverberate beyond the academy, catapulting their authors to fame or notoriety. Others will get cited a few times and sink quietly or make it into footnotes. What will be true for almost all contemporary social science papers – in fields such as sociology, media and communication and education science – is that multiple more or less muted voices of participants, researchers, collaborators, mentors and many more have contributed to the ideas embodied therein. Some will be cited directly, quoted, named as authors or **et al.**; a few remain significant via guiding principles – anonymous but powerful nonetheless; and some are consistently erased or choose to erase their own names for reasons of safety and/or integrity.

Writing of the ways in which research for her doctoral thesis with vulnerable communities of Black youth in South African townships demanded a *more intense ethical engagement* and commitment, Sharlene Swartz (2011: 47) outlines strategies such as

> "choosing appropriate research activities; deliberately building relationships with research participants; conveying researcher subjectivity; developing mutuality and flattening the power gradient; considering how language is used and representations are made; and planning 'research-as-intervention'".

Echoing the need for such strategies scholars must commit to honoring the motivations and genealogy of **et al.**, of othered, excluded or hidden and protected voices in the research process, for those interested in reading beyond the obvious in any academic collaboration. The multiple identities and positionalities of named and unnamed research participants haunt scholarship and advocacy material. This, of course, begs the more practical question: What steps are higher educational institutions, funding bodies, think tanks and research institutes taking to ensure that vulnerable social justice researchers are protected from material and psychic repercussions of their courageous work while those repeatedly in the theoretical public eye cede a fair amount of the limelight to the younger and less powerful others who are involved in producing research?

Notes

1 Please see, for instance, URL: kurzelinks.de/0mgd [28.09.2021] and URL: kurzelinks.de/jpy2 [28.09.2021].

References

Banaji, Shakuntala/Mejias, Sam (Ed.) (2020). *Youth Active Citizenship in Europe*. Basingstoke: Palgrave.

bell hooks (2000). *Feminist Theory. From margin to centre*. London: Pluto Press

Berg, Lawrence D./Gaham, Levi/Nunn, Neil (2014). Neoliberalism, Masculinities and Academic Knowledge Production. Towards a Theory of 'Academic Masculinities'. In Andrew Gorman-Murray/Peter Hopkins (Ed.), *Masculinities and Place*. Burlington et al.: Ashgate, 57–74.

Cheruvelil, Kendra S./Soranno, Patricia A./Weathers, Kathleen C./Hanson, Paul C./Goring, Simon J./Filstrup, Christopher T./Read, Emily K. (2014). Creating and Maintaining High Performing Collaborative Research Teams. *Frontiers in Ecological Science, 12*(1), 31–38.

Clifford, James (1996). Anthropology and/as Travel. *Ethnofoor, 9*(2), 5–15.

Cross, Stephanie B. (2017). Whiteness in the Academy. Using Vignettes to Move Beyond Safe Silences. *Teaching in Higher Education, 22*(7), 879–887.

Duffy, Brooke E./Pooley, Jefferson D. (2017). Facebook for Academics. The Convergence of Self-Branding and Social Media Logic on Academia.edu. *Social Media+Society*, 1–11.

Fanon, Franz (1952). *Black Skin, White Masks*. New York: Grove Press.

Hammersley, Martyn (2000). *Taking Sides in Social Research. Essays on Partisanship and Bias*. London: Routledge.

Humphreys, Michael (2005). Getting Personal. Reflexivity and Autoethnographic Vignettes. *Qualitative Inquiry, 11*(6), 840–860.

Mott, Carrie/Cockayne, Daniel (2017). Citation Matters. Mobilizing the Politics of Citation toward a Practice of 'Conscientious Engagement. *Gender, Place & Culture, 24*(1).

Musche, Sina/Grüntjens, Jennifer (2023). i.d.R. In Sandra Hofhues/Konstanze Schütze (Ed.), *Doing Research*. Bielefeld: Transcript, 280–287.

Peters, April L. (2011). Black Women Faculty in Educational Leadership. Unpacking their Silence in Research. In Gaëtane Jean-Marie/Brenda Lloyd-Jones (Ed.), *Women of Color in Higher Education. Turbulent Past, Promising Future*. Vol. 9. Bingley: Emerald Group Publishing Limited, 147–167.

Swartz, Sharlene (2011). 'Going Deep' and 'Giving Back'. Strategies for Exceeding Ethical Expectations when Researching amongst Vulnerable Youth. *Qualitative Research, 11*(1), 47–68.

Terhart, Henrike (2023). et al. In Sandra Hofhues/Konstanze Schütze (Ed.), *Doing Research*. Bielefeld: Transcript, 216–223.

Turner, Fred/Larson, Christine (2015). Network Celebrity. Entrepreneurship and the New Public Intellectuals. *Public Culture, 27*, 53–84.

Lingard, Lorelei/Schryer, Catherine/Spafford, Marlee M./Campbell, Sandra L. (2007) Negotiating the Politics of Identity in an Interdisciplinary Research Team. *Qualitative Research, 7*(4), 501–519.

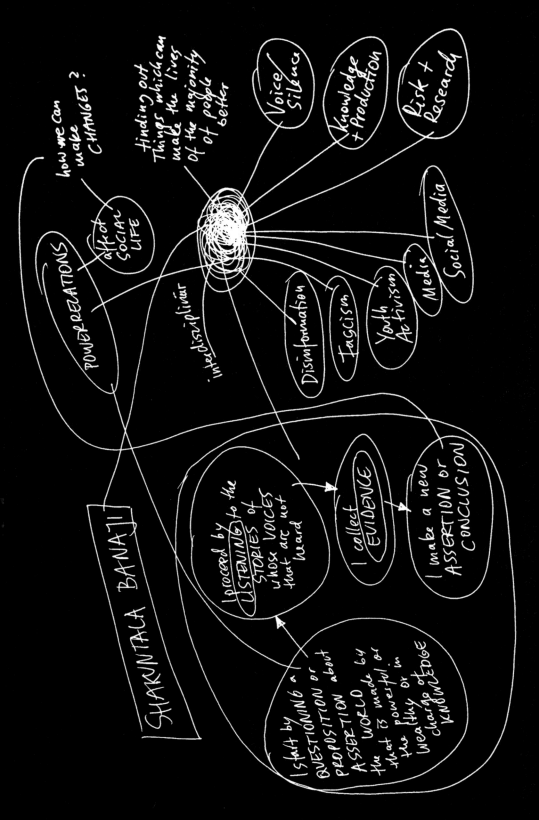

et al. Wissenschaftliche Zusammenarbeit zwischen Anspruch und Wirklichkeit

Henrike Terhart

Der in der wissenschaftlichen Praxis des Zitierens verwendete Zusatz et al. *(et alii) verweist darauf, dass ein Text von mehreren Personen geschrieben oder herausgegeben wurde. Damit verbundene Potenziale und Herausforderungen wissenschaftlicher (Veröffentlichungs-)Tätigkeit im Netzwerk sowie in partizipativ angelegter Forschung werden in dem Beitrag als eine Praxis qualitativer Sozialforschung beleuchtet und diskutiert.*

In wissenschaftlichen Veröffentlichungen wird je nach Zitationssystem bei einem Verweis auf Literatur von mehr als zwei oder drei Autor*innen beziehungsweise Herausgeber*innen meist nur der Nachname der erstgenannten Person ausgeschrieben. Die Namen aller weiteren Personen werden durch die lateinische Abkürzung et al. (et alii, Maskulinum) ersetzt, um längere Reihungen von Namen im Fließtext zu vermeiden. Im Literaturverzeichnis werden sodann alle Autor*innen beziehungsweise Herausgeber*innen einer Literaturangabe aufgeführt. Dieser Beitrag widmet sich in drei Zugängen der Frage, was sich in der Forschungspraxis hinter et al. verbergen kann: Zunächst wird die Bedeutung der Arbeit in wissenschaftlichen Netzwerken hervorgehoben und Potenziale sowie mögliche Schwierigkeiten der kollaborativen Veröffentlichungstätigkeit werden diskutiert. Im Weiteren wird die gemeinsame Forschungs- und Publikationstätigkeit als Praxis der qualitativen Sozialforschung thematisiert. Ein besonderer Fokus wird anschließend auf eine partizipativ angelegte Forschungspraxis gelegt, in der sich die Frage nach der Autor*innenschaft in der Zusammenarbeit zwischen hauptamtlich forschenden Wissenschaftler*innen und Personen, die partizipative Forschung als lebensweltlich eingebundene Forschende mitgestalten, noch einmal in spezifischer Weise stellt. Abschließend werden Aspekte einer gelungenen Veröffentlichungstätigkeit im Rahmen gemeinsamer Forschung formuliert.

Wissenschaft in Netzwerken

Wissenschaft ist keine (durchgängig) singuläre Tätigkeit, sondern vollzieht sich in Netzwerken. Die Vernetzung von Wissenschaftler*innen kann ihren Ausdruck in Publikationen finden, die gemeinsam herausgegeben oder verfasst werden. Das Kürzel et al. verweist auf eine solche gemeinsame Arbeit und kann im besten Fall für den gewinnbringenden Austausch unter Kolleg*innen stehen – also das Ergebnis einer erfolgreichen Zusammenarbeit von mitunter internationalen und/oder interdisziplinären Kooperationspartner*innen und Projektgruppen sein. Die Arbeit in der Gruppe findet sich in der quantitativ ausgerichteten empirischen Forschung ebenso wie in Forschung, die dem qualitativen Forschungsparadigma zugerechnet wird (siehe dazu *Qualitativ Forschen in der Gruppe* in diesem Beitrag). Da ein großer Teil der Forschung an deutschen Hochschulen und Forschungseinrichtungen durch eingeworbene Drittmittel finanziert wird, ist zudem zu berücksichtigen, dass einige Förderprogramme auf Forschungskooperationen ausgerichtet sind, wie etwa bei der Emmy Noether-Forschungsgruppenleitung der Deutschen Forschungsgemeinschaft (DFG) oder der Nachwuchsgruppenleitung an Max-Planck-Instituten.[1] Ferner wird die Forschung im Verbund durch Ausschreibungen gestärkt, was sich beispielsweise in fächerübergreifenden *Sonderforschungsbereichen* der *DFG* oder in einer (europäischen) Verbundforschung zeigt.[2]

Darüber hinaus bestehen vielfältige Beispiele für die erfolgreiche Zusammenarbeit von Wissenschaftler*innen eines Faches oder angrenzender Disziplinen im Rahmen langfristiger Arbeitskooperationen und Netzwerke. Die damit verbundene gemeinsame Publikationstätigkeit bietet Möglichkeiten der fachlichen Anregung, der (Weiter-)Entwicklung von Ideen im Dialog und der Erarbeitung von Forschungsergebnissen. Die Publikationstätigkeit von erfahrenen und neu in ihrem Feld tätigen Wissenschaftler*innen stellt zudem ein Element der „Einsozialisation" (Sektion Biographieforschung der Deutschen Gesellschaft für Soziologie 2009) von Wissenschaftler*innen in der ersten Qualifizierungsphase in das Wissenschaftssystem dar. Gemeinsam zu publizieren kann nach außen verdeutlichen, Wissenschaftler*innen in der Qualifizierungsphase zu fördern, (bereits) zu einer Gruppe anerkannter Wissenschaftler*innen zu gehören, sich als Teil einer wissenschaftlichen *Schule* zu verstehen und/oder international vernetzt zu arbeiten.

Wie in allen anderen beruflichen Feldern können jedoch auch in der Forschung Schwierigkeiten in der Zusammenarbeit auftreten. Bezogen auf gemeinsame Veröffentlichungen stellt sich irgendwann die Frage, in welcher Reihung die Nachnamen der Autor*innen aufzuführen sind, um die geleistete Arbeit angemessen abzubilden. Diese potenziell konfliktbehaftete Entscheidung wird dadurch erschwert, dass die Bedeutung der Reihung in wissenschaftlichen Publikationen auch innerhalb von Disziplinen nicht einheitlich und damit unmissverständlich geregelt ist. Sie variiert zwischen einer alphabetischen Aufzählung und einer entsprechend der für die Publikation geleisteten Arbeit in auf- beziehungsweise absteigenden Reihenfolge der Nachnamen. Da Publikationen als Ausweis der wissenschaftlichen Arbeit und Reputation fungieren, geht es bei der Frage der Autor*innenreihung nicht nur um einen unbedeutenden formalen Akt. Publikationen in anerkannten Fachzeitschriften stellen die

Währung wissenschaftlicher Produktivität als ein vielfach kritisiertes, aber ungebrochenes Prinzip wissenschaftlicher Veröffentlichungstätigkeit dar. Zwar ist in kumulativ angelegten Qualifikationsarbeiten neben der Einreichung von Beiträgen in Einzelautor*innenschaft auch die gemeinsame Publikation möglich, entsprechende Beiträge sollten sich jedoch im Idealfall durch eine Erstautor*innenschaft auszeichnen. Es gilt somit für gemeinsame Publikationen, sich einerseits in der Autor*innenreihung gut platziert zu zeigen und andererseits über die Zusammenarbeit eine breite kollegiale Vernetzung sichtbar zu machen. Für Wissenschaftler*innen in der Qualifizierungsphase ist es bedeutsam, mit etablierten Kolleg*innen zu publizieren. Zugleich sind gemeinsame Publikationen mit Wissenschaftler*innen, die sich in der gleichen Phase der beruflichen Laufbahn befinden, wichtig, um unter anderem in Doktorand*innen- oder Postdoc-Netzwerken Kooperationen für die Zukunft aufzubauen.

Qualitativ Forschen in der Gruppe

In der qualitativen Sozialforschung hat das gemeinsame Arbeiten und Publizieren nicht nur den forschungspraktischen Grund, dass der durch die Konzeption, Materialgewinnung und -aufbereitung sowie Auswertung und Darstellung entstehende große Arbeitsaufwand gemeinsam mit Kolleg*innen besser zu bewältigen ist. Wichtiger ist ein forschungslogisches Argument: Erst die gemeinsame Arbeit ermöglicht die Berücksichtigung unterschiedlicher Perspektiven im Analyseprozess. Die Zusammenführung der Sichtweisen von Forschenden wird auch als eine Form der Triangulation bezeichnet. Der Begriff der Triangulation geht ursprünglich auf eine Technik der Erdoberflächenvermessung zurück und wurde zunächst für die quantitative Forschung zur Betrachtung eines Forschungsgegenstandes von mindestens zwei Punkten aus verwendet (Campbell/Fiske 1959). Für die qualitative Forschung unterscheidet Norman K. Denzin in seinem *Konzept triangulierender Vorgehensweisen* (1970) zwischen einer Triangulation von Daten, Forschenden, theoretischen Grundlagen und Zugängen für die methodische Auswertung, wobei insbesondere die Anwendung unterschiedlicher Forschungsmethoden breit diskutiert wurde. Denzins zunächst bestehenden Ansatz der gegenseitigen Überprüfbarkeit der Ergebnisse durch den Einsatz unterschiedlicher Methoden wurde aus sozialkonstruktivistischer Perspektive kritisiert, da diese den Gegenstand aus ihrer jeweiligen Sicht erst erzeugen und somit durch eine Methodentriangulation vielmehr die Erweiterung des Blickes auf das zu untersuchende Phänomen möglich sei (Fielding/Fielding 1986; Flick 1992).

Im Vergleich zu dem regen Interesse an einer Methodentriangulation stellt die methodologische Auseinandersetzung mit der Triangulation von Forschenden eher ein Randthema dar. Dies mag zum einen daran liegen, dass die Arbeit in der Gruppe in der qualitativen Sozialforschung eine gängige Praxis in Forschungswerkstätten und Interpretationsgruppen darstellt (Reichertz 2013: 43-54). Zum anderen wird die Auseinandersetzung mit dem eigenen Tun als Forschende*r in der Fachliteratur zwar als bedeutsam herausgestellt; wie sich die Zusammenarbeit mit anderen praktisch vollzieht, wird jedoch meist nicht thematisiert (Mruck/Breuer 2003; Maier 2018). Die Arbeiten von Reichertz bilden eine der Ausnahmen für die methodologische Auseinandersetzung mit der Bedeutung der Gruppe im Rahmen qualitativ angelegter Forschungsprojekte:

„Gruppeninterpretationen gehören in der deutschen qualitativen Sozialforschung seit Jahrzehnten zum Alltag der Forschung – ohne dass allerdings etwas Wesentliches über den Alltag der Gruppeninterpretationen bekannt ist. Meist erfährt man über den gemeinen Alltag der Auslegung nur Anekdotisches – und das häufig erst beim geselligen Beisammensein nach Methodentagungen. Gruppeninterpretationen als kommunikative Ereignisse passieren meist einfach, werden praktisch vollzogen – oft gewachsenen Routinen folgend, oft aber auch improvisierend" (Reichertz 2013: 7).

Vor dem Hintergrund, dass die Involviertheit der Forschenden in qualitativer Forschung gemeinhin anerkannt und in der Methodenliteratur zur Reflexion aufgerufen wird (Breuer 2003; Mruck/Breuer 2003; Flick/Kardorff/Steinke 2007), verwundert es, dass die Forschungsgruppe bisher nicht mehr Beachtung gefunden hat. Dabei wird die Forschung nicht nur in der Gruppe gemeinsam durchgeführt, sondern zudem wird das Forschen dort erlernt – da „Praktiken des Forschens und Interpretierens immer auch auf sozial erworbenen Praktiken beruhen und diese notwendigerweise beinhalten" (Reichertz 2019: o.S.; Dausien 2019). Eine Forschungsgruppe eröffnet die Möglichkeit, die gemeinhin leitende Aufgabe der intensiven Auseinandersetzung mit dem Material kommunikativ zu gestalten. Die systematische Entwicklung und das Abwägen unterschiedlicher interpretativer Lesarten beziehungsweise Sehweisen werden in der Gruppe auf Grundlage der Perspektiven der Teilnehmenden vorgenommen (Russel/Kelly 2002). Damit wird die Frage nach der sozialen Positioniertheit von Forschenden aufgeworfen – bilden doch in der Forschung neben dem Fachwissen und der Forschungserfahrung biographisches Wissen, Alltagserfahrungen und Kommunikationsstile sowie Affekte Grundlagen für die Arbeit am Material (Strauss 1998: 36; Deppe/Keßler/Sandring 2019; von Bose 2019).

Da die eigene Standortgebundenheit gerade in der qualitativen Forschung besondere Aufmerksamkeit erfährt, kann die Gruppe in ihrer Zusammensetzung dazu beitragen, durch verschiedene soziale Erfahrungen sowie fachliche Expertise den Rahmen der gemeinsamen Interpretationsarbeit zu erweitern. Die in der qualitativen Sozialforschung geführte Debatte über die Bedeutung der Perspektiven unterschiedlich sozial markierter Beteiligter sowie die kritische Auseinandersetzung mit der Reifizierung von Marginalisierungsstrukturen durch die Wissenschaft schließen daran an (Reuter/Terhart 2014; Davis 2018: 641). Damit eröffnet die gemeinsame Arbeit Anschlussstellen für die in vielen Forschungsverfahren angestrebte Entwicklung verschiedener Deutungsangebote im Interpretationsprozess. In welcher Konstellation von Forschenden eine solche gemeinsame Forschungsarbeit als gewinnbringend erlebt wird, sollte erprobt werden und ist nicht vorab entlang sozialer Differenzmarker wie Geschlecht, sozio-ökonomischer Lage, Migration oder Alter in mechanischer Weise zu entwerfen. Gleichwohl sollte die Involviertheit der forschenden Person(en) in die selbstreflexive Auseinandersetzung über den gemeinsamen Analyseprozess einbezogen werden (siehe **Verf.**, Reuter/Berli 2023). Hierzu gehört auch der Versuch, die in der Gruppe zumeist bestehenden wissenschaftsinternen Hierarchien und ihre Effekte in der gemeinsamen Forschungsarbeit zu berücksichtigen. Nach Hall (1999: 30f.) sind es dabei weniger die bewusst reflektierbaren Zugehörigkeitsdimensionen als vielmehr die unbewussten ideologischen Strukturen des Sprechens, Denkens und Wahrnehmens, die das Wissen und Handeln auch von Forschenden leiten und durch unterschiedliche Perspektiven deutlich werden können.

Ein Blick in die Praxis partizipativ angelegter Forschung

Die Frage nach den Beteiligten an Forschung und ihrer Veröffentlichung in der Gruppe bezieht sich in der Regel auf Personen, die beruflich wissenschaftlich tätig sind. Im Folgenden wird diese Frage auf eine Forschungspraxis bezogen, die dem Anspruch folgt, „Forschung gemeinsam und im Austausch mit Personen bzw. Personengruppen zu gestalten und durchzuführen, welche nicht als Wissenschaftler*innen im traditionellen Sinne bezeichnet werden würden" (Kremsner/Proyer 2019: o.S.). Eine solch partizipativ angelegte Forschung kann als „Forschungsstil" (Bergold/Thomas 2012) bezeichnet werden, mit dem die Beteiligung der bisher Beforschten an den sie betreffenden Forschungsprozessen und -ergebnissen umgesetzt wird. Von Unger (2014: 3ff., 13) fasst unter dem Oberbegriff der partizipativen Forschung die Aktionsforschung, Praxisforschung, partizipative Evaluation und Community-basierte partizipative Forschung zusammen.

Die Darstellung der Ergebnisse als ein Schritt im Forschungsprozess führt auch in partizipativer Forschung zu der Frage der Autor*innenschaft. Die Möglichkeit der Autor*innenschaft muss unter Einbezug allen Beteiligten geklärt werden und sollte im Idealfall für alle gewährleistet sein (Walmsley/Johnson 2003). Voraussetzungen für eine umfassende Partizipation lebensweltlich eingebundener Forschender in Forschung und Veröffentlichung stellen hinreichend finanzielle und zeitliche Ressourcen dar, damit diese eine entsprechende Arbeitsleistung erbringen können. Die Auseinandersetzung mit einer Gruppenautor*innenschaft – wie sie durch **et. al.** benannt wird – zeigt sich in partizipativ angelegter Forschung daher in spezifischer Weise. Findet partizipative Forschung im Rahmen von Qualifizierungsarbeiten statt, deren Autor*innenschaft als Indiz für eine nachzuweisende individuelle wissenschaftliche Leistung stehen soll, ist das Anliegen einer gemeinsamen Publikationstätigkeit noch einmal schwieriger umzusetzen (Kremsner 2017: 196ff.; Kremsner/Proyer 2019). Einen im Vergleich dazu größeren Spielraum bieten anwendungsbezogene Projekte, wie sie unter anderem im Bereich der Third Mission von Hochschulen angesiedelt sind (Henke 2019). Anhand der europäischen *ERASMUS+*-Hochschulpartnerschaft universitärer Weiterqualifizierungsprogramme für zugewanderte und zum Teil geflüchtete Lehrkräfte[3] wird im Folgenden ein Einblick in die Veröffentlichungstätigkeit in einem partizipativ angelegten internationalen Kooperationsprojekt gegeben. Das Anliegen, die Partnerschaft *R/EQUAL – (Re)qualification of (Recently) Immigrated and Refugee Teachers in Europe* so partizipativ wie möglich zu gestalten, erwies sich im Verlauf der zweieinhalbjährigen Zusammenarbeit im Prozess als unterschiedlich gut umsetzbar und wurde mit einer Mixed-Methods-Evaluation der Erfahrungen mit dem partizipativen Ansatz begleitet (Frantik et al. 2021). Im Rahmen der anwendungsbezogenen Forschung wurden von den beteiligten Lehrkräften, die an den kooperierenden Weiterqualifizierungsprogrammen teilnahmen, wichtige Beiträge in Bezug auf das Forschungsziel der jeweiligen Teilprojekte, die Materialgewinnung sowie den Auswertungsprozess geleistet. Als ein hilfreiches Instrument erwiesen sich eine fortlaufende partizipative Forschungsgruppe an der Universität Wien sowie internationale partizipative Workshops, die eine zeitlich definierte intensive Zusammenarbeit ermöglichten.

Für die Autor*innenschaft der begleitenden Publikationen in *R/EQUAL* wurden alle an den jeweiligen Arbeitsergebnissen beteiligten Personen angefragt. Waren die teilnehmenden hauptamtlichen Wissenschaftler*innen und Koordinator*innen der Partnerprogramme durchgängig an einer gemeinsamen Autor*innenschaft der Ergebnisse interessiert, wollten die beteiligten Lehrkräfte nur zum Teil an der Publikation mitwirken beziehungsweise namentlich als Autor*innen genannt werden. Als Gründe wurden genannt, dass damit die Anonymität als beteiligte Person an der Forschung aufgehoben würde und mögliche Kritik an den Programmen negativ auf die Beteiligten zurückfallen könne, ebenso wie die Sorge, in Open-Access-Publikationen mit Namen online auffindbar zu sein, was einige der beteiligten Lehrkräfte angesichts ihrer Flucht nicht wollten (dazu Aden/Schmitt/Uçan/Wagner/Wienforth 2019: 309). Einschränkungen bei der Publikationstätigkeit der Lehrkräfte ergaben sich zudem durch die gemeinsame Projektsprache Englisch und den Arbeitsaufwand für die Forschungs- und Publikationstätigkeit, welcher neben der Teilnahme an einer umfassenden beruflichen Weiterqualifizierung sowie anfallender familiärer *care*-Arbeit nicht immer möglich war. Angesichts dessen waren die an den Weiterqualifizierungsprogrammen teilnehmenden Lehrkräfte unterschiedlich stark in die Forschung involviert: Einige Personen bildeten sich selbstständig weiter, konnten ihre Forschungserfahrungen an bereits bestehendes wissenschaftliches Wissen rückbinden und wollten dies auch zeigen. Für andere bestand ein primäres Interesse an einem Austausch mit Teilnehmenden anderer Weiterqualifizierungsprogramme, um Anregungen für die Verbesserung ihrer Chancen für den beruflichen Wiedereinstieg als Lehrkraft zu erhalten (Frantik et al. 2021: 17ff., 46f.).

Trotz der positiven Rückmeldungen der beteiligten Lehrkräfte zu dem Einbezug und der zumindest phasenweisen Mitbestimmung im Projektverlauf (ebd.: 49) stellte die Möglichkeit der gemeinsamen Publikation somit nur eine begrenzt attraktive Option zur Teilhabe dar (dazu Aden/Schmitt/Uçan/Wagner/Wienforth 2019). Deutlich wurde, dass der hohe Wert des Publizierens in der Wissenschaft nicht für alle Beteiligten in gleichem Maße galt. Eine erfolgreiche Veröffentlichungstätigkeit hat in der Wissenschaft einen entscheidenden Einfluss auf das berufliche Fortkommen. Bezogen auf ein gemeinsames Publizieren in partizipativ angelegten Projekten besteht somit die Gefahr, dass die lebensweltlich eingebundenen Forschenden für den beruflichen Erfolg der hauptamtlichen Wissenschaftler*innen instrumentalisiert werden (Aden/Schmitt/Uçan/Wagner/Wienforth 2019), und diese das Problem in einem „diffusen Forschungskollektiv zu verschleiern" suchen (Hempel/Otten 2021). Wie für die gemeinsame Forschungsarbeit generell, sollte daher auch für partizipative Forschung gelten, dass alle am Arbeitsprozess Beteiligten in Publikationen zu benennen sind – insofern sie dies möchten und eine mögliche Aufhebung der Anonymisierung aus forschungsethischer Perspektive durch die beteiligten Wissenschaftler*innen zu verantworten ist (Kremsner 2017: 169f.). Unabhängig davon ist in der Umsetzung partizipativer Forschungssettings nicht zu erwarten, dass alle an dem Forschungsprozess Beteiligten in gleicher Weise an der schriftlichen Dokumentation der Forschungsergebnisse mitwirken und genannt werden möchten. Gleichwohl sollte die geleistete Arbeit in der Veröffentlichung deutlich werden.

et al. – Gemeinsames Arbeiten

Im Vergleich zu gemeinsamen Publikationen in partizipativ angelegter Forschung erscheint die Veröffentlichungstätigkeit von ausschließlich hauptamtlich in der Wissenschaft tätigen Personen ungleich einfacher. Trotz der offensichtlichen Unterschiede in der Zusammensetzung von Forschungsgruppen bestehen geteilte Grundannahmen bei der Gestaltung einer Zusammenarbeit. So ist gemeinsam sicherzustellen, dass alle Beteiligten ihre Perspektiven – die durch fachliches sowie persönliches Wissen gekennzeichnet sind – in die Forschungsarbeit einbringen können. Unterschiedliche Sichtweisen sind in den qualitativen Forschungsprozess einzubeziehen und sollten bei der gemeinsamen Herstellung des Gegenstandes in seiner Perspektivierung Berücksichtigung finden. Das heißt, geleistete Arbeit in der Forschung ist in der Veröffentlichung der Forschungsergebnisse durch die Autor*innenschaft und/oder durch die Darstellung der Beteiligung kenntlich zu machen. Die Frage der Autor*innenreihung ist bei gemeinsamen Publikationen offen und frühzeitig anzusprechen. Angesichts der Bedeutung einer Erstautor*innenschaft für das wissenschaftliche Fortkommen kann es sich anbieten, in der Arbeitsgruppe vorab einen Publikationsplan zu erstellen, in dem die Beteiligten zu unterschiedlichen Zeitpunkten mit verschiedener thematischer Schwerpunktsetzung die Erstautor*innenschaft übernehmen. Ein solches Vorgehen kann durch erfahrene Mitglieder der Forschungsgruppe begleitet werden.

Anmerkungen

1 Siehe URL: kurzelinks.de/a9pi (DFG); URL: kurzelinks.de/7x1i (Max-Planck-Gesellschaft) [17.04.21].
2 Siehe URL: kurzelinks.de/5g64 (DFG); URL: erasmusplus.de/ (ERASMUS+); URL: kurzelinks.de/f3mo (Europäische Kommission) [17.04.21].
3 Das Projekt *R/EQUAL* wurde von der Europäischen Union als *ERASMUS+*-Hochschulpartnerschaft von 2018 bis 2021 gefördert und durch die Autorin an der Universität zu Köln koordiniert.

Referenzen

Aden, Samia/Schmitt, Caroline/Uçan, Yasemin/Wagner, Constantin/Wienforth, Jan (2019). Partizipative Fluchtmigrationsforschung. Eine Suchbewegung. *Z'Flucht, 3*(2), 302–319.

Bergold, Jarg/Thomas, Stefan (2012). Partizipative Forschungsmethoden. Ein methodischer Ansatz in Bewegung. *FQS, 13*(1), Art. 30.

von Bose, Käthe (2019). Affekte im Feld. Zur Ethnographie und race, class, gender. In Verena Klomann/Norbert Frieters-Reermann/Marianne Genenger-Stricker/Nadine Sylla (Hg.), *Forschung im Kontext von Bildung und Migration. Kritische Reflexionen zu Methodik, Denklogiken und Machtverhältnissen in Forschungsprozessen.* Wiesbaden: Springer, 153–166.

Breuer, Franz (2003). Subjekthaftigkeit der sozial-/wissenschaftlichen Erkenntnisfähigkeit und ihre Reflexion. Epistemologische Fenster, methodische Umsetzung. *FQS, 4*(2), Art. 25.

Campbell, Donald T./Fiske, Donald W. (1959). Convergent and Discriminant Validation by the Multitrait Multimethod Matrix. *Psychological Bulletin, 56*(2), 81–105.

Dausien, Bettina (2019). „Doing reflexivity": Interpretations- und Forschungswerkstätten. Überlegungen und Fragen (nicht nur) aus der Perspektive von Anfänger*innen in der Biographieforschung. In Gerhard Jost/Marita Haas (Hg.), *Handbuch zur soziologischen Biographieforschung. Grundlagen für die methodische Praxis.* Leverkusen: Budrich, 257–276.

Davis, Kathy (2018). Auto/Biography. Bringing in the 'I'. In Helma Lutz/Martina Schiebel/Martina Tuider (Hg.), *Handbuch Biographieforschung.* Wiesbaden: Springer, 633–646.

Denzin, Norman (1970). *The Research Act.* Chicago: Aldine Publishing.

Deppe, Ulrike/Keßler, Catharina I./Sandring, Sabine (2018). Eine Frage des Standorts? In Maja S. Maier/Catharina I. Keßler/Ulrike Deppe/Anca Leuthold-Wergin/Sabine Sandring (Hg.), *Qualitative Bildungsforschung. Studien zur Schul- und Bildungsforschung.* Wiesbaden: Springer, 51–68.

Fielding, Nigel G./Fielding, Jane L. (1986). *Linking Data.* Beverly Hills: Sage Publications.

Flick, Uwe/Kardorff, Ernst von/Steinke, Ines (Hg.) (2007). *Qualitative Forschung. Ein Handbuch.* 5. Aufl. Reinbek bei Hamburg: Rowohlt.

Flick, Uwe (1992). Entzauberung der Intuition. Systematische Perspektiven-Triangulation als Strategie der Geltungsbegründung qualitativer Daten und Interpretationen. In Jürgen H. P. Hoffmeyer-Zlotnik (Hrsg.), *Analyse verbaler Daten. Über den Umgang mit qualitativen Daten.* Leverkusen: WDV, 11–55.

Frantik, Petr/Terhart, Henrike/Kansteiner, Katja/Krieg, Semra/Bakkar, Abdullah/Dam, Esther/Heideker, Hannah/Obermayr, Tina/Proyer, Michelle/Käck, Annika/Mickwitz, Larissa/Bengtsson, Anki/Linné, Tove/Malm, Susanna/Bodström Helén (2021). *IO5 – Evaluation Report of the Participatory Approach in R/EQUAL and the Partner Programmes.* URL: kurzelinks.de/xfak [14.04.21]

Hall, Stuart (1999). Die zwei Paradigmen der Cultural Studies. In Karl H. Hörning/Rainer Winter (Hg.), *Widerspenstige Kulturen. Cultural Studies als Herausforderung.* Frankfurt/Main: Suhrkamp, 13–42.

Hempel, Sebastian/Otten, Matthias (2021). Partizipation als Element rekonstruktiver Forschung. Methodische Spannungen und forschungsethische Notwendigkeiten. In Juliane Engel/André Epp/Julia Lipkina/Sebastian Schinkel/Henrike Terhart/Anke Wischmann (Hg.), *Bildung im gesellschaftlichen Wandel. Qualitative Forschungszugänge und Methodenkritik.* Leverkusen: Budrich, 211–228.

Henke, Justus (2019). *Third Mission als Organisationsanforderung. Neuausrichtung der Machtstrukturen in der Hochschule durch Professionalisierungstendenzen im Wissenschaftsmanagement.* Berlin: BWV.

Kremsner, Gertraud (2017). *Vom Einschluss der Ausgeschlossenen zum Ausschluss der Eingeschlossenen. Biographische Erfahrungen von so genannten Menschen mit Lernschwierigkeiten.* Bad Heilbrunn: Klinkhardt.

Kremsner, Gertraud/Proyer, Michelle (2019). Doing Inclusive Research. Möglichkeiten und Begrenzungen gemeinsamer Forschungspraxis. *ÖZS, 44*, 61–81.

Maier, Maja S. (2018). Qualitative Methoden in der Forschungspraxis. Dateninterpretation in Gruppen als Blackbox. In Maja S. Maier/Catharina I. Keßler/Ulrike Deppe/Anca Leuthold-Wergin/Sabine Sandring (Hg.), *Qualitative Bildungsforschung. Methodische und methodologische Herausforderungen in der Forschungspraxis.* Wiesbaden: Springer, 29–49.

Mruck, Katja/Breuer, Franz (2003). Subjektivität und Selbstreflexivität im qualitativen Forschungsprozess. Die FQS-Schwerpunktausgaben. *FQS, 4*(2), Art. 17.

Sektion Biographieforschung der Deutschen Gesellschaft für Soziologie (2009). Bedingungen und Prozesse der Einsozialisation in die Biographieforschung. URL: kurzelinks.de/ibs1[28.05.21]

Reichertz, Jo (2019). Methodenpolizei oder Gütesicherung? Zwei Deutungsmuster im Kampf um die Vorherrschaft in der qualitativen Sozialforschung. *FQS, 20*(1), Art. 3.

Reichertz, Jo (2013). *Gemeinsam interpretieren. Die Gruppeninterpretation als kommunikativer Prozess.* Wiesbaden: Springer.

Reuter, Julia/Berli, Oliver (2023). Verf. In Sandra Hofhues/Konstanze Schütze (Hg.), *Doing Research.* Bielefeld: Transcript, 384–391.

Reuter, Julia/Terhart, Henrike (2014). Wissenschaftliches Sprechen und Sehen aus Sicht einer postkolonialen Soziologie. In Gudrun Hentges/Kristina Nottbohm/Mechthild M. Jansen/Jamila Adamou (Hg.), *Sprache – Macht – Rassismus.* Berlin: Metropol, 35–51.

Russell, Glenda M./Kelly, Nancy H. (2002). Research as Interacting Dialogic Processes. Implications for Reflexivity. *FQS, 3*(3), Art. 18.

Strauss, Anselm (1998). *Grundlagen qualitativer Sozialforschung.* 2. Aufl. Stuttgart: UTB.

von Unger, Hella (2014). *Partizipative Forschung. Einführung in die Forschungspraxis.* Wiesbaden: Springer.

Walmsley, Jan/Johnson, Kelley (2003). *Inclusive Research with People with Learning Disabilities. Past, Present and Futures.* London et al.: Jessica Kingsley Publishers.

HENRIKE TERHART

- **WISSEN** — bereitstellen
- **FRAGEN** — systematisch nachgehen
- **PHÄNOMEN**
- **AUSTAUSCH** — mit Anderen
  - **FORSCHUNGSGRUPPE**
    - kollaborativer Schreibprozess
      - SHARED FILES
      - TEXTVERSIONEN
      - Autor*innenreihung — Erstautor*in
        - Widerspiegelung der geleisteten Arbeit
        - Textfinalisation Korrespondenz
  - **PARTIZIPATIVE FORSCHUNG** — gemeinsames Interpretieren
- (inter)disziplinär
- spannend
- mühselig
- wichtiger Teil d. ARBEIT
- **Grounded Theory**
- **ANALYSE**
  - unterschiedliches **MATERIALIEN**
    - Interviews
    - teilnehmende Beobachtung
    - Dokumente
    - Webseiten
  - empirisches MATERIAL
  - theoretische AUSSAGEN — entwickeln
  - VERGLEICH VON INFORMATIONEN
- **BILDUNG + MIGRATION**
- **VERÖFFENTLICHUNG DER ERGEBNISSE**

ff. Reglementierte Fragilität und   Martina Leeker
     performende Unschärferäume

Das Kürzel **ff.** *(auf den folgenden Seiten) schwingt zwischen Regulierung, Anpassung und Unschärfe. Technologisch gewendet steht es für ein System performativer Gebrauchsgeschichten als fortlaufendes Spiel zwischen menschlichen und technischen Agierenden. Da in diesem die Chance liegt, dass Entunterwerfungen aufkommen können, wird es als Option für eine posthumane Bildung und Kritik in digitalen Kulturen entdeckt.*

In diesem Text soll die Zitations-Abkürzung **ff.**, der Verweis auf eine nicht genau bestimmte Anzahl aufeinanderfolgender Seiten, als Ermöglichung eines Unschärferaumes entworfen und produktiv gemacht werden. Als solche stemmt sich das Kürzel mit dem Mut zur Haltlosigkeit der Existenz gegen rekursiv reglementierende Ordnungen von Wissen, Erkenntnis und medialer Vermittlung. Diese Ordnungen gehen allerdings zugleich vom Kürzel selbst aus, wenn es, wie hier vorgeschlagen, in den Kontext des ambivalenten Modells der *Intertextualität* (Kristeva 1972; Pfister 1995) gestellt wird. Sie garantiert als Methode zur Generierung von Wissen mithilfe von **ff.**, im Sinne einer *fortfolgenden* (ein erfundenes Wort!), das heißt *fortlaufenden*, Vernetzung von Texten durch Zitate, dass es eine gewisse Stabilität und Referenzierbarkeit erhält. Das Potenzial für Unschärfe von **ff.** wird im Folgenden als Chance entfaltet, im Wechselspiel von Reglementierung und Unbestimmtheit die besondere Haltlosigkeit technologischer Existenz zu antizipieren und gerade darin Momente der *Entunterwerfung* (Foucault 1992; Lemke 2010) in ubiquitären, pervasiven und saumlosen digitalen Kulturen zu begegnen (Beyes/Metelmann/Pias 2017). Dabei wird deutlich, was für Entunterwerfung und technologische Verhältnisse gleichermaßen gilt: Sie können nicht herrschaftslos werden (Foucault 1992). Letztere könnten aber da weniger unterwerfend angelegt werden, wo menschliche Agierende anerkennen, dass ihre vereinnahmenden Bezugnahmen auf das Technische dem Wunsch zum Fernhalten von deren aus Unverfügbarkeit entstehender Haltlosigkeit entspringt.

Unschärfe der Zitation und Regulierung durch Intertextualität

Das Kürzel **ff.** hat hier eine doppelte Bedeutung, mit der es zugleich als interdependenter Wirkungskomplex von Regulierung und Unbestimmtheit lesbar wird. Es geht erstens um eine besondere Art des Zitierens und Bezugnehmens. **ff.** steht in Ableitung vom lateinischen Wort *folium* (Seite) und dessen Abkürzung mit **f.** für *auf der nächsten Seite*, dessen Plural **ff.** für *auf den nächsten Seiten*. Entsprechend handelt es sich um einen ungenauen Verweis, denn es ist nicht klar, wie viele folgende Seiten gemeint sind. Zweitens wird **ff.**, ausgehend vom etymologisch unkorrekten, aber wissensgeschichtlich begründeten Rückgriff auf den Begriff *fortfolgende*, auf eine übertragende Bedeutung als *fortlaufende Zitierung* gebracht. Diese Bedeutung ergibt sich mit Bezug auf das Konzept der Intertextualität, das Julia Kristeva in den 1970er Jahren vorstellte. Texte kommen dabei zwar nicht mehr aus einem verbindlichen und fixen Grund von Wissen, den sie repräsentieren. Sie ermöglichen aber gleichwohl ein relational strukturiertes und immerhin relativ verbindliches Wissen, das durch das „Mosaik von Zitaten" (Kristeva 1972: 348) in einem Text und durch dessen Verbindung zu anderen Texten erzeugt wird. So entsteht ein weitreichend verquicktes Gebilde von Wissen, etwa in Gestalt von Wissensbeständen und Wissensformen, dem es aufgrund der Selbstbezüglichkeit gelingt, so lange Bestimmtheit und Verlässlichkeit zu garantieren, wie die Teile des intrinsischen Textsystems im Verweben und Abgleichen füreinander einstehen. Auf dieser Grundlage wird die Vorstellung von einem identifizierbaren und benennbaren Stand der Forschung erzeugt, in den sich Intertextualität einschreibt und den sie dabei zugleich hervorbringt. **ff.** ist als fortlaufendes, intertextuelles Zitieren, Verweisen, Bezugnehmen und Verknüpfen eine Kulturtechnik zur Erzeugung und Sicherung von Wissen nach dem Verschwinden der Idee, es könne von einer vorgängigen Wirklichkeit und deren medialer Repräsentation ausgegangen werden.

Das Kürzel ist nun ob der sich andeutenden Verquickung von Ungenauigkeit sowie Unbestimmtheit und Regulierung von besonderem Interesse. Denn es erzeugt wissenschaftliche Nachprüfbarkeit und unterläuft sie zugleich. **ff.** durchkreuzt das sich selbst versichernde System von Zitationsserien und -vernetzungen, indem ein klar adressierter Verweisungszusammenhang ob der Ungenauigkeit der Angaben unauffindbar wird. Ein mit Zitaten versehener Text, der in der intertextuellen Konvention zum Garanten verbindlicher Wissenschaftlichkeit avancierte, mutiert so zu einem Unschärferaum. Dieser irritiert die intertextuellen Bemühungen und bestätigt sie zugleich, zumindest, solange die Unschärfe mit Hilfe ihrer Domestizierung in Regelwerken der Zitation ausgeblendet werden kann. Letztlich bedingt die intertextuelle Erzeugung und Absicherung von Wissen auf diese Weise eine unhintergehbare Haltlosigkeit medialer Existenz, die umso durchschlagender wird und wirkt, je mehr sie verdeckt wird. Das Rumoren letzterer, das in der nie in Gänze gelingenden Vermittlung differenter Bestandteile besteht, ist nämlich nicht abzustellen.

Im Folgenden werden zwei Aspekte dieser Haltlosigkeit vorgestellt. Dabei wird ein heuristischer Mehrwert von **ff.** ausgelotet, der zwischen der Bedeutung des Kürzels als Zitierpraxis und seiner metaphorischen Aufladung als fortlaufendes Zitieren (Intertextualität) veranschlagt wird. Im ersten Themenblock wird das kritische und subversive Potenzial eines unhaltbaren Wissens entfaltet, das im Zusammenspiel von regulierender Intertextualität und unbestimmter Zitierweise insbesondere im (medien)historiografischen Arbeiten sowie im ungewollten Mitlaufen von Narrativen und Diskursen in intertextuell vernetzten Texten entsteht. Im zweiten Themenblock wird das Zusammenspiel von regulierender Intertextualität und Unbestimmtheit in **ff.** aus den technologischen Bedingungen digitaler Kulturen rekonstruiert, in denen nunmehr automatische Operationen für Wissen und Vermittlung sorgen. Es steht in Frage, welche Handlungsspielräume menschlichen Agierenden in der digitalen Intertextualität als der vernetzten, algorithmisch gesteuerten Interoperativität zur Verfügung stehen und welche Rolle **ff.** dabei spielen könnte.

ff. metaphorisch. Prekäres und brenzliges Wissen

Erstens: Historiographie. Zitat-Serien, Archiv-Remixes und Wunderkammern. Der skizzierte Wirkungskomplex von **ff.** kommt prominent im Bereich der historischen Forschung zur Geltung, die einen wichtigen Teil geisteswissenschaftlichen Arbeitens ausmacht, dieses aber zugleich als unüberwindlichen Unschärferaum des Wissens entwirft.[1] Denn diese Forschung macht Aktuelles in den jeweiligen Verortungen als Gewordenes in seinen kulturellen Wirkungen erst lesbar und analysierbar. Zugleich zeigt sich die historiografische Forschung aber auch als Paradigma für die Haltlosigkeit der intertextuellen Sicherung von Wissen, da sie im Zitieren von Quellen immer schon prekär ist. Denn sobald der Kontakt mit ihnen in den Archiven zustande kommt, wird deutlich, dass sie zerbrechlich und flüchtig, nicht unmittelbar zugänglich oder verfügbar sein können und nicht für sich sprechen, mithin einer immer schon die Originale verzerrenden Auslegung bedürfen. Vor diesem Hintergrund ruft historisches Forschen eigene Methoden der Sicherung der Wissensbestände sowie der Regulierung auf den Plan.

Von besonderem Interesse sind dabei Rückgriffe auf Intertextualität im Sinne von *Zitatserien* als Zitieren von Zitaten von Zitaten aus Texten, die bereits zu Material aus Archiven entstanden sind. In diesem Zitieren und Remixen historischer Dokumente, die beispielsweise aufgrund fehlender Mittel für Forschungsreisen genutzt werden müssen, entsteht zwar ein verbindlicher Materialkorpus, der seine Nachvollziehbarkeit, Überzeugungskraft und Richtigkeit durch das serielle Verketten erhalten soll. Es bleibt aber eine Unschärfe, da keine Überprüfung am Material selbst, sondern eine Konsolidierung von einmal errungenen Wissensbeständen und aus diesen folgenden Theoriebildungen stattfindet. Mit dieser Praxis erweist sich das historiografische Arbeiten als eine *Kultur des* **ff.**, die sich im fortlaufenden Verweisen als schwerlich zu unterlaufender Unschärferaum konstituiert.

Diese Konstitution wird allerdings auch dann nicht überwunden, wenn das bereits zitierte historische Material konsultiert wird. Denn es ist nicht die ersehnte Quelle für endlich verlässliches Wissen, sondern weist sie vielmehr selbst als unüberwindlichen Unschärferaum aus. In der Begegnung kann sich nämlich das Wiedererkennen bereits publizierten Materials, mit dem dieses ikonografischen Status erhielt, sowie das Erinnern an Orte seines Erscheinens vor das *Sehen*, etwa von Bildern, im Archiv stellen. So geschah es zumindest, als ich in den Sommern 2016 bis 2018 die Archive von *Experiments in Art and Technology* (E.A.T.) im *Getty Research Institute* in Los Angelos besuchen konnte.[2] Die Projekte von E.A.T. spielen in meiner Forschung zu Theater und Digitalität seit Beginn der 2000er Jahre eine große Rolle, die zu oft unter anderem in der Praxis von Zitatserien durchgeführt wurde. Eine weitere Verunschärfung zeigte sich, als während des Archivbesuchs eine Unzahl von Materialboxen mit bisher kaum oder gar nicht publiziertem Material auftauchten. Der Stand der Forschung, der für mich bis dahin leitend gewesen war, schien fragil, da selektiv zu sein. Mir wurde zudem schmerzlich bewusst, dass auch die eigene Forschung dazu nur ein Ausschnitt sein würde, da während der Forschungsaufenthalte nicht alle Boxen gesichtet werden konnten. Forschung mit und aus historischem Material gründet mithin nicht auf Fakten, sondern auf Spuren und Möglichkeiten, aus denen ein Narrativ und ein Bild erzeugt werden. Im Archiv mögen zwar Originale zu finden sein. Sie sind aber selbst mit konkreten physischen Berührungen nicht unmittelbar zugänglich. Sie erscheinen vielmehr durch die Brille der Zitatserien, mit denen das Archiv betreten wird. Zugleich sind die Originale nur Teil einer Auswahl, nie das Ganze.

Es entsteht eine paradoxale Situation. Denn auf der einen Seite sind Archive Garanten für die Generierung nachvollziehbaren und belastbaren Wissens. Auf der anderen Seite bringt gerade der Blick ins archivierte Material Unbestimmtheit hervor. Wissen ist damit nicht nur eine Konstruktion, sondern es ist immer schon und auf unabsehbare Zeit unbestimmt, unverbindlich und flüchtig. Während die Denkfigur vom Wissen als Konstruktion immer noch die Idee nahelegt, dass dieses dekonstruiert und verändert werden könne, kommt mit der systematischen Unbestimmtheit von Wissen dieses selbst abhanden. Es entsteht eine unhintergehbare Haltlosigkeit in einem Unschärferaum, der noch nicht einmal die Erfindung und Verkörperung von Narrativen versprechen kann, da weder Kohärenz noch Sichtbarkeit eintreten kann. Diese Erkenntnis könnte nun für eine Befreiung von den Regulierungen der historiografischen Intertextualität, die einen hegemonialen Zugang nach sich zieht, stark gemacht werden, um an deren Stelle das Ungefähre und Unverfügbare des ff. treten zu lassen. Dies würde eine epistemologische und politische Haltung bedingen, die nicht mehr, mit Michel Foucault, auf die Gewordenheit des Gegebenen (Lemke 2010) rekurriert, sondern auf dessen Absenz. Denn während sich in der Denkfigur des Archivs immerhin noch Gewordenes als Sinnzusammenhang herauspräparieren lässt, sind Dokumente als ff. letztlich stets aufs Neue nichtssagend. Es gilt, dies als Chance zu verstehen und Unschärferäume zu schaffen, in denen Material und Thesen zu diesem allgemein verfügbar sind und als ff. präsentiert werden, nämlich als ein wunderkammerartiger Möglichkeitsraum, in dem sich Unverfügbarem sporadisch und immer nur mit Unverbindlichkeit angenähert wird.

Zweitens: Schattenseiten des Wissens. Während im historischen Arbeiten das intertextuelle Zitieren noch sichtbar und nachvollziehbar ist, gibt es eine weitere Erscheinung von **ff.**, die weniger transparent ist, jedoch höchst relevant und virulent. Es geht nun um die durch Intertextualität und das ungenaue Bezugnehmen mitgeführten Schattenseiten, mit denen beispielsweise unausgesetzt fortlaufende, aber ausgeblendete Denkfiguren und Narrative (un)wissentlich tradiert werden. Im Zusammenspiel von intertextueller, durch die Ein- und Ausgrenzung von Wissen auch regulierender Vernetzung und der ungenauen Bezugnahme durch **ff.** können diese unbemerkt vagabundieren und zugleich erscheinen, um sich im Sichtbar-Werden für die Erzeugung anderer Narrative anzubieten.

Ein Beispiel für diese durch das Fortfolgende tradierten Narrative ist die von Wendy Chun (2018) herausgearbeitete Grundlegung von *biased programming* in *Homophilie*. Gemeint ist damit die zeitgenössische Gestaltung von Netzwerken nach dem soziologischen Grundsatz aus den 1950er Jahren, demgemäß Gleiches sich mit Gleichem verbinden wolle. Auf diese Weise werden die Programmierungen von Netzwerken allerdings stark segregierend, da Unbekanntes oder vermeintlich Anderes etwa aus den News eines Accounts auf Facebook herausgefiltert wird und damit als Wissenshorizont verschwindet. In der technischen intertextuellen Vernetzung wird mithin eine Ausgrenzung vorgenommen, die zugleich einen Unschärferaum generiert, in dem sich das Ausgeschlossene präsent hält. Der segregierende Effekt oder das Unbewusste des Unschärferaumes tritt unter anderem dann ein, wenn als *schwarz* gelesene Personen von Gesichtserkennungssoftware nicht erkannt werden und keinen Zutritt erhalten oder gravierende Verwechslungen von Personen entstehen, die juristische Konsequenzen haben können (auch **et. al.**, Banaji 2023). Diese metaphorische Nutzung von **ff.**, die sich zwischen regulierender Intertextualität und Unbestimmtheit entfaltet, befördert die Verquickung von Diskursanalyse, mit der dem tendenziell rassistischen Einschreibungen in Programmen nachgegangen wird, und Spekulation, die für das Ersinnen von anderen Narrativen und Gestaltungsweisen steht. Der Unschärferaum des **ff.** erlaubt diese Verquickung, da er für eine sondierende Nutzung von Plattformen steht, in denen menschliche Agierende den festgelegten Arbeitsschritten von Algorithmen ein assoziatives Vorgehen gegenüberstellen können. So würden andere Narrative und Modelle denkbar, in denen das Nichtgesagte, das Schweigende, das Abwesende oder das Ausgegrenzte Platz haben.

ff. und Digitalität

Erstens: Auf dem Weg zum automatischen ff. In digitalen Kulturen erhält Intertextualität – vorausgesetzt, es wird ein weiter Textbegriff[3] zugrunde gelegt – in Gestalt von technologischen Vernetzungen und algorithmischen Steuerungen eine automatische Konstitution und erfährt dabei grundlegende Modifikationen. Denn nun treten mathematisch, beispielsweise statistisch, grundierte sowie automatische Korrelierungen als Methoden der Vernetzung an die Stelle der menschgemachten Bezugnahme durch Zitate. Es geht mithin um Interoperativität. So wird etwa in den Digital Humanities Intertextualität selbst operationalisiert, indem mit Verfahrensweisen zur Analyse großer Datenmengen (Big Data) nicht nur im direkten, sondern auch im übertragenen Sinne (etwa Begriffe, Denkfiguren, Bilder) nach Zitaten und Bezugnahmen in einem Text oder zwischen Texten gesucht wird. Intertextuelle Verfahren kommen im übertragenen Sinne auch in Operationen künstlicher Intelligenz zur Anwendung, wenn Algorithmen nach Kategorien und Korrelationen suchen und mit diesen operieren, indem sie Verknüpfungen vornehmen und dabei im weitesten Sinne durch diese Zuordnungen Richtungen und Bedeutungen geben. Schließlich kann der nicht endende Fluss von Datenerhebungen und deren Verrechnungen als intertextuelles Operieren gesehen werden, da etwa bei der Arbeit von Suchmaschinen Schichten menschlicher Suchbewegungen gestapelt, gelöscht und aktualisiert werden (Esposito 2014), mithin ein fortlaufendes automatisches Zitieren und

Verknüpfen stattfindet. Intertextualität im Sinne der Suche nach *fortfolgenden und fortlaufenden operativen Verknüpfungen wird als Ordnungsprogramm zum Lebenselixier der künstlichen digitalen Datenwelten.* Mit diesen Entwicklungen kommt Intertextualität gleichsam zu sich selbst. Julia Kristevas Konzept der Intertextualität aus den 1970er Jahren kann nämlich als Effekt von und Reaktion auf die technologischen Bedingungen digitaler Kulturen und damit als Teil einer Technologisierung von Wissen, Erkenntnis und Subjektbildung gesehen werden. Die Äquivalenz von menschlicher und technischer Intertextualisierung zeigt sich etwa in einer Dezentralisierung des Subjekts sowie einer Agentifizierung des Texts, die nach Pfister (1985) mit Kristevas Denkfigur des Zitierens von Texten in Texten einsetzt. Er schreibt: „Der Autor eines Textes wird damit zum bloßen Projektionsraum des intertextuellen Spiels, während die Produktivität auf den Text selbst übergeht" (8). Die technologische Äquivalenz zeigt sich darin, dass diese Effekte auch der *Hypertext* aufweist. Er wurde von Ted Nelson Mitte der 1960er Jahre als mechanisierte Intertextualität erdacht (Wirth 2004) und stellte in Onlinetexten mit Links zu vergleichbaren Inhalten in anderen Texten oder im Ausgangstext eine operative (intertextuelle) Vernetzung her. Dabei erhält die textuelle Variante nach Kristeva in den technologischen Bedingungen zeitgenössischer digitaler Kulturen eine neue Funktion. Sie wird zum auf menschliche Aktionen bezogenen Bollwerk gegen die Operationen der technischen Agenten. Oder anders: Es scheint, dass Kristeva im Kontext von Digitalität mit Intertextualität einen Regulierungsapparat erfunden haben könnte, weil Digitalität Wirklichkeit und Aussagen über sie unsicher machte.

Drei Aspekte sind zentral, um den Status von interoperativer Wissensbildung sowie interoperativer Subjektbildung im Vergleich zu intertextuellen Formaten zu verstehen und die neu entstehenden Potenziale von ff. zu ermitteln.

1. Entscheidend ist, dass in zeitgenössischen digitalen Kulturen algorithmische Operationen in technischen Umwelten für menschliche Agierende nicht mehr gänzlich nachvollziehbar sind. Denn sie beruhen unter anderem auf Zitaten von Zitaten, deren Herkünfte und Verteilung nicht mehr angegeben werden können. So können etwa Operationen von Big Data weder nachverfolgt werden noch lässt sich in diese eingreifen. Es kommt zu einer *interoperativen Opazität*. Es geht gleichsam um ein technologisches Unbewusstes von Wissen.
2. Mit der technologischen Intertextualität kommt zudem eine *technische Agency* ins Spiel, der aufgrund der Opazität und Unverfügbarkeit so etwas wie Eigensinn nachgesagt wird. Diese Handlungsmacht kann als ein automatisiertes ff. angesehen werden, mit dem ein technologisch bedingter, aus den kognitiven Begrenzungen menschlicher Agierender entspringender Unschärferaum entsteht, sodass forthin mit technischen Agenten zu rechnen ist.
3. Mit der Automatisierung fällt zugleich die mit Intertextualisierung aufgebrachte *Hermeneutisierung* der Wissensproduktion (Kristeva 1972; Pfister 1986) aus. Erst Menschen belegten die Zitatketten mit Sinn. Es geht in der interoperativen Anwendung allerdings nicht mehr um Verstehen und Bedeutung, sondern um Korrelationen, Adressierbarkeit und Anschlüsse. Zugleich werden menschliche Agierende gleichwohl für Sinngebungen gebraucht, die letztlich die Datenoperationen voranbringen, da sie mit ihren Eingaben etwa Vorschlagslisten optimieren und damit weitere Datenabgaben sicherstellen (Esposito 2014). Der technische Unschärferaum setzt sich mithin aus *techno-humanen Ko-Operationen* zusammen – ein Begriff, der markiert, dass Kooperativität aus anthropozentrischen Erklärungen herausfällt, um an technische Operativität anschlussfähig zu sein. In den Ko-Operationen spielen die opake Unschärfe von Algorithmen, die Überforderung menschlicher Agierender durch diese und die daraus folgende antizipierende Mitwirkung kongenial zusammen. In diesem Kontext erscheint die textuelle Intertextualität als ein Bollwerk der Reglementierung des Automatischen, mit dem Wissensbestände erzeugt und gesichert werden sowie gegen die automatische Explosion von Bezügen vorgegangen wird. So wird die technologische Unschärfe tendenziell in Schach gehalten.

Dieses Feld kann, wie nun abschließend herausgearbeitet werden soll, auch als eine Chance gesehen werden. Denn in der Gemengelage der immer mitlaufenden Unschärfe und Kontingenz liegen Momente der Entunterwerfung von durchaus technokratischen Zügen und hegemonialen Verteilungen innerhalb der Politiken von und mit Algorithmen.

Zweitens: Unschärfe in performativen Gebrauchsgeschichten. Diese Momente der Entunterwerfung werden anhand einer, wie es hier genannt werden soll, *performativen Gebrauchsgeschichte* digitaler Kulturen als einer fortlaufender Zitationspraxis veranschaulicht, die sich aus Bezugnahmen und Vernetzungen konstituiert. Sie kann beispielhaft an sozio-ökonomischen Anwendungen im Internet dargelegt werden, die sich über soziale Medien *organisieren. Es geht dabei um eine Sicht auf* ff. als Wettlauf zwischen Anpassung und Unschärfe, der hier als Form von *Bildung* und *Kritik* in digitalen Kulturen vorgeschlagen wird. Die performative Gebrauchsgeschichte entfaltete sich während meiner Recherchen für die wissenschaftliche Dokumentation eines studentischen Projektes. Dieses nutzte sogenannte automatische Quizspiele im Internet, mit denen man beispielsweise vermeintlich herausfinden kann, welches Tier man ist. Diese Quizspiele werden auf Instagram oder Facebook häufig von Producern oder Influencern genutzt, um ihre Accounts attraktiver zu gestalten und Kund_innen durch Interaktionen mit diesen Applikationen zu binden. Von den Quizspielen führte die Recherche in der Logik der Suchmaschine zu AR-Gesichtsfiltern (Augmented Reality Filter), mit denen man das eigene Gesicht online etwa mit besonderen Augenformen verschönern sowie mit Glitzersternchen, Brillen oder Katzenohren versehen lassen kann. Diese Filter werden von Entwickler_innen beispielsweise auf Instagram angeboten und dienen auch dazu, mehr Menschen auf einen Account zu locken. Die Filter sind wiederum mit Tutorials verbunden, bei denen man lernen kann, sie zu nutzen oder eigene zu entwickeln. In der Suchmaschine erscheinen unter Gesichtsfiltern zudem Zeitungsartikel, in denen von verbotenen Filtern berichtet wird – etwa einem Filter, der Schönheitsoperationen simulierte (Fix-Me-Filter) – oder beliebte Filter vorgestellt und diskutiert werden. Bei der weiteren Recherche tauchten Seiten aus dem Bereich Marketing auf, die den immer wieder aktuellen Algorithmus etwa von Instagram zu kennen glaubten und Nutzer_innen Tipps gaben, wie sie die Features geschickt einsetzen, um Follower zu gewinnen (Tosev 2021). Wenn Nutzer_innen versuchen, sich den Algorithmus über diese Tipps für eigene Zwecke strategisch anzueignen und die Generierung und Bindung von Followern etwa mithilfe von Bots zu automatisieren, wird dies von Algorithmen entdeckt und die Mitarbeiter_innen von Instagram verändern den eingesetzten Algorithmus. Dies bringt Marketingexpert_innen, Berater_innen, Influencer und Privatpersonen wiederum dazu, ihr Posting-Verhalten anzupassen. Es geht mithin um ein groß angelegtes, fortlaufendes und fortfolgendes Markieren, Zitieren, Vernetzen und Verdichten, mit dem der Text einer möglichst totalen Konnektivierung entsteht.

Die performative Gebrauchsgeschichte geriert sich als regelrecht spielerischer Wettkampf zwischen Algorithmen, deren Entwickler_innen sowie vielen experimentierenden menschlichen Agierenden. So entsteht ein soziales System wechselseitiger Beobachtung, Bespitzelung sowie Überbietung im Sinne der Konkurrenz um Deutungshoheit, Aufdeckungen und Follower, mit dem sich die menschlichen und technischen Agierenden selbst in Schach halten. Gebildet wird ein *Regime der Antizipation*, in dem sich die Agierenden konstituieren, indem sie je vorwegnehmen, wie Algorithmus und Menschen reagieren könnten. Es geht mithin um vorauseilenden Gehorsam, der auf dem Umgehen mit Ungewissheit, Kontingenz und Kontrollverlust gründet und dieses trainiert. Die menschlichen Agierenden sind dabei nicht etwa ein passiver, sondern höchst spekulativ-aktiver Bestandteil.

Aus diesem wechselseitigen Performen kann man nicht aussteigen, sondern nur in ihm mittun. Es kommt zu einem *Regime der fortlaufenden (ff.) Anpassung*, das ob der Antizipation im Ungewissen operiert. Damit begründet das Regime zugleich den Unschärferaum des **ff.** als Möglichkeit für immer neue, wohlgemerkt *anpassende,* Entunterwerfungen in dieser performativen Gebrauchsgeschichte. Es geht um kurze Momente kleiner Vorsprünge der menschlichen Agierenden vor den technischen, die dem Aufblitzen von Handlungsmacht und Reflexion gleichen. Sie entstehen beispielsweise, wenn menschliche Agierende widersprüchliche Handlungen vornehmen, die nicht sogleich algorithmisch identifiziert werden können. Sie tauchen auch dann auf, wenn Konfigurationen des schon erwähnten *biased programming* (als Beispiel für die politischen Rahmungen des Technologischen oder ökonomische Interessen, wie etwa im Handeln mit Daten) rekonstruiert und verändert werden. Es darf allerdings nicht vergessen werden, dass diese Momente zum einen ob der sich ständig erneuernden operativen Verrechnungen bereits Teil der Anpassungen und Antizipationen sowie der Vernetzungen sind (Sprenger 2019: 470–503). Zum anderen finden sie unter dem Diktat verteilter Handlungsmacht statt, bei dem die menschlichen Agierenden nicht mehr wissen können, in welche Richtungen etwa die von ihnen eingegebenen Umprogrammierungen gehen. **ff.** steht folglich für die Struktur der Gebrauchsgeschichten als fortlaufendes *Spiel*, das man sportlich nehmen muss, da ihm zugleich die Zwischenräume inhärent sind, in denen sich im Zustand der Irritation kurzfristig ungeplante Transformationen einschleichen können. Dieses Spiel mit dem technologisch gewendeten **ff.** entspricht einer konsequent posthumanen Bildung und Kritik in digitalen Kulturen (Leeker 2023). Es geht um eine diskurskritisch ausgelegte Kritik an Daten durch diese im Sinne einer *Daten-Kritik* (Sprenger 2014) und somit um eine technisch ermöglichte *Daten-Bildung*, mit denen Technologie unverfügbar würde. Dies hieße, den Glauben an und das Vertrauen in techno-humane Ko-Operationen zu unterlaufen, die vor allem der Furcht vor der letztlich unvermeidbaren Haltlosigkeit techno-humaner Vermittlungen geschuldet sind.

Abbildungen

Abb. 1-6: Martina Leeker (2016), *unpublished.*

Anmerkungen

1 In diesem Text werden nicht bestehende Untersuchungen zu Methoden und Herausforderungen historiografischen Forschens zugrunde gelegt, sondern eigene Erfahrungen.
2 Die Besuche fanden während meiner Tätigkeit als Gastprofessorin am *Digital Cultures Research Lab* (DCRL)/Centre for Digital Cultures (CDC) der Leuphana Universität Lüneburg und mit dessen Unterstützung statt. Zu den Archiven von *Experiments in Art and Technology* siehe etwa Bardiot (2006).
3 Nach Kristeva sind strukturierte Wissensformationen Text (Pfister 1995).

Referenzen

Banaji, Shakuntala (2023). et al. In Sandra Hofhues/Konstanze Schütze (Hg.), *Doing Research*. Bielefeld: Transcript, 208–215.

Bardiot, Clarisse (2006). 9 Evenings: Theatre and Engineering. Introduction. URL: fondation-langlois.org/html/e/page.php?NumPage=572 [11.7.2021]

Beyes, Timon/Metelmann, Jörg/Pias, Claus (Hg.) (2017). *Nach der Revolution. Ein Brevier digitaler Kulturen*. Berlin: Tempus Corporate.

Chun, Wendy H. K. (2018). Queerying Homophily. In Clemens Apprich/Florian Cramer/Wendy H. K. Chun/Hito Steyerl (Hg.), *Pattern Discrimination*. Lüneburg: Meson Press, 59–97.

Esposito, Elena (2014). Algorithmische Kontingenz. Der Umgang mit Unsicherheit im Web. In Alberto Cevolini (Hg.), *Die Ordnung des Kontingenten*, Wiesbaden: Springer, 233–249.

Foucault, Michel (1992). *Was ist Kritik?* Berlin: Merve.

Kristeva, Julia (1972). Bachtin, das Wort, der Dialog und der Roman. In Jens Ihwe (Hg.), *Literaturwissenschaft und Linguistik. Ergebnisse und Perspektiven,* Bd. 3. München: Athenäum, 345–375.

Leeker, Martina (2023). Be part, play the game! Vorschlag für ein Modell zu Bildung in digitalen Kulturen. *Kulturelle Bildung online*, URL: kubi-online.de/artikel/be-part-play-the-game-vorschlag-modell-bildung-digitalen-kulturen [07.06.20200]

Lemke, Thomas (2010). Was ist Kritik? Foucaults Konzeption einer „positiven" Kritik. *Arch+ ARCH+ 200,* 108–114.

Pfister, Manfred (1995). Konzepte der Intertextualität. In Ulrich Broich/Manfred Pfister (Hg.), *Intertextualität. Formen, Funktionen, anglistische Fallstudien,* Tübingen: Niemeyer, 1–30.

Sprenger, Florian (2014). Die Kontingenz des Gegebenen – Zur Zeit der Datenkritik. *Mediale Kontrolle unter Beobachtung, 3*(1), 1–20.

Sprenger, Florian (2019). *Epistemologien des Umgebens. Zur Geschichte, Ökologie und Biopolitik künstlicher environments*. Bielefeld: Transcript.

Tosev, Trajan (2021). Instagram Algorithmus 2021. Reichweite steigern mit diesen Tipps. URL: trajantosev.com/instagram-algorithmus-2021/ [11.7.2021]

Wirth, Uwe (2004). Hypertextualität als Gegenstand einer „intermedialen Literaturwissenschaft". In Walter Erhart (Hg.), *Grenzen der Germanistik,* Stuttgart et al.: Metzler, 410–430.

Getty Research Institute (o.D.). Experiments in Art and Technology records, 1966-1993. *Collection Inventories and Finding Aids*. URL: archives2.getty.edu:8082/xtf/view?docId=ead/940003/940003.xml [18.7.2021]

Abb. 1

THE GETTY

RESEARCH INSTITUTE
FOR THE HISTORY
OF ART AND
THE HUMANITIES

980039-102
Tudor
1940-1965
Anthroposophical
Society

SPECIAL COLLECTIONS
AND VISUAL RESOURCES

up to 10 pounds

Abb. 2

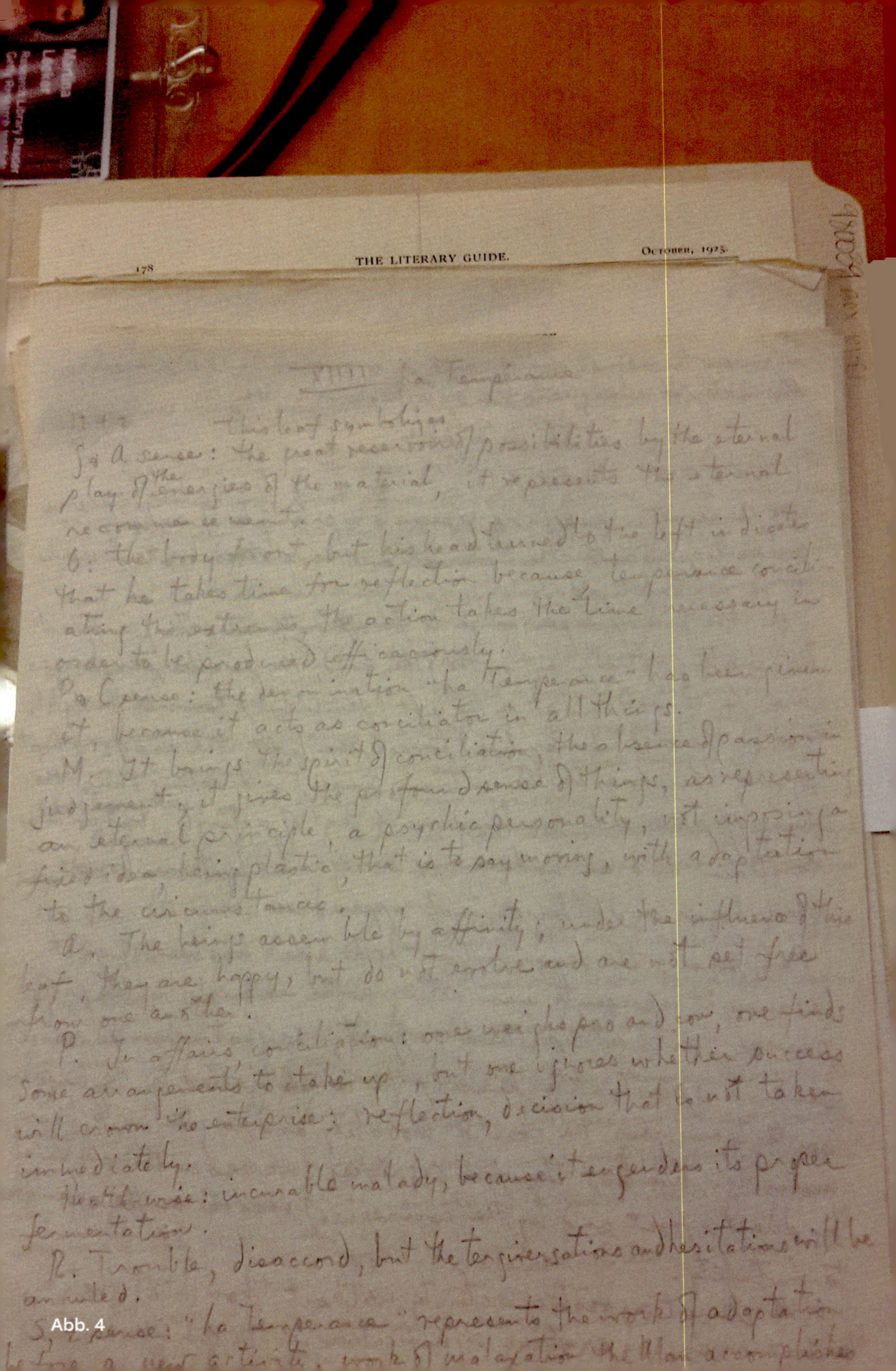

178 THE LITERARY GUIDE. October, 1925.

XIIII La Tempérance

This leaf symbolizes

S & A sense: the great reservoir of possibilities by the eternal
play of the energies of the material, it represents the eternal
recommencements.
B: the body front, but his head turned to the left indicates
that he takes time for reflection because temperance concili-
ating the extremes, the action takes the time necessary in
order to be produced efficaciously.
P & C sense: the denomination "La Tempérance" has been given
it, because it acts as conciliator in all things.
M. It brings the spirit of conciliation, the absence of passion in
judgement, it gives the profound sense of things, as representing
an eternal principle, a psychic personality, not imposing a
fixed idea, being plastic, that is to say moving, with adaptation
to the circumstances.
A. The beings assemble by affinity; under the influence of this
leaf, they are happy, but do not evolve and are not set free
from one another.
P. In affairs, conciliation: one weighs pro and con, one finds
some arrangements to take up, but one ignores whether success
will crown the enterprise; reflection, decision that is not taken
immediately.
Health-wise: incurable malady, because it engenders its proper
fermentation.
R. Trouble, disaccord, but the tergiversations and hesitations will be
annulled.
S, sense: "La Tempérance" represents the work of adaptation
before a new activity, work of maturation the Man accomplishes

Abb. 4

Mr. David Tudor
Willow Grove Road
Stony Point, N Y

THE ANTHROPOSOPHIC PRESS
211 MADISON AVENUE
NEW YORK 16, N. Y.

Return Postage Guaranteed

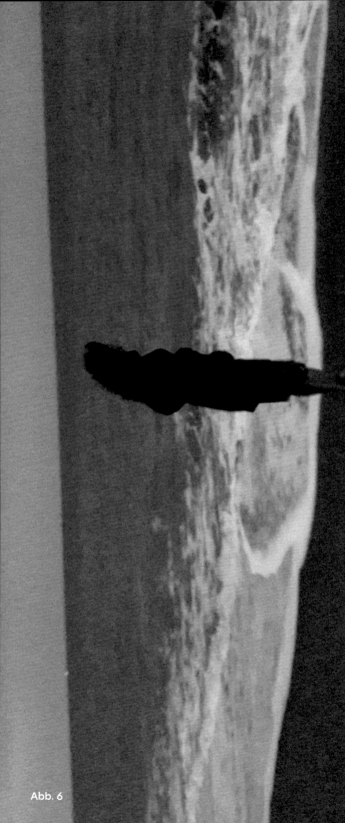

Abb. 6

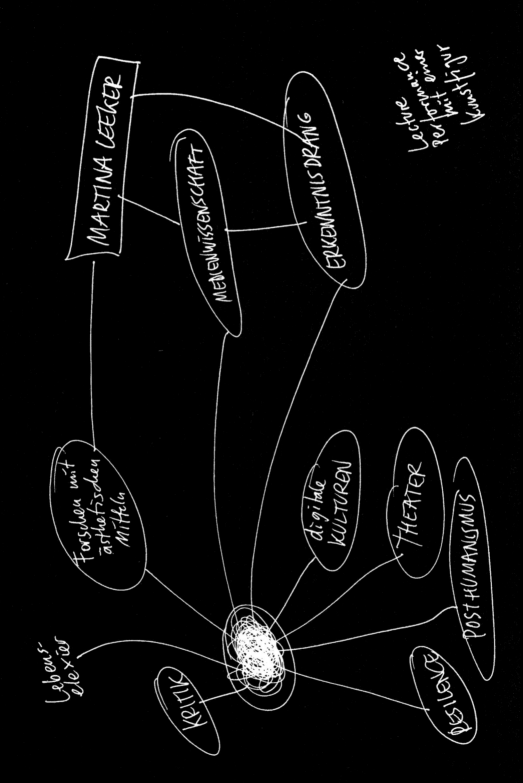

#fyeo For whose eyes only? Zur Sichtbarkeit von Forschungsprozessen   Gila Kolb

In diesem Beitrag wird die Abkürzung #fyeo (for your eyes only) *auf Forschungskontexte übertragen und widmet sich dabei den Fragen: Für wessen Augen sind gewonnene Daten bestimmt? Wer gewinnt Einblick, wer schaut dabei zurück und wem wird ein Einblick zugestanden? Am Beispiel zweier qualitativer, kunstpädagogischer Erhebungen wird die Frage nach dem privilegierten Blick der Forschenden im Beitrag kritisch diskutiert. Bei der Lektüre empfiehlt sich der gleichnamigen Song von 1981 als auditive Begleitung.*

In diesem Beitrag beschreibe ich als forschende Kunstpädagogin Momente des Unbehagens der eigenen forschenden Praxis. Diese begegneten mir beim Erheben von Daten für meine Forschungen etwa beim Betrachten Anderer durch die Perspektive der Kamera oder durch eine teilnehmende Beobachtung. Den Titel des Beitrags *For your eyes only* (fyeo) möchte ich als Frage formulieren und das Subjekt darin verschieben: *For whose eyes only?*
Meine These ist, dass das Konzept einer forschenden Objektivität als Konstruktion für Privilegien Forschender dient – und genau das möchte ich kritisch anhand von zwei Beispielen diskutieren. Konkret beziehe ich mich dazu auf zwei Projekte aus meiner eigenen Forschungspraxis: eine triangulierte Erhebung mit Jugendlichen zum *Zeichnen Können* im Kunstunterricht (Kolb 2021) sowie eine teilnehmende Beobachtung von *ephemeren Praktiken der Kunstvermittlung*[1] auf der zeitgenössischen Großausstellung documenta 14. Besonderes Augenmerk lege ich dabei auf das Blicken auf Andere im Prozess der Datenerhebung und -auswertung.

Beim Forschen[2] werden Daten gewonnen. Den Umgang damit regeln Vereinbarungen zwischen Forscher*innen und Beforschten, welche bestenfalls vorab getroffen werden. Dennoch entstehen bei wissenschaftlichen Erhebungen immer auch Datensätze, die nicht als Informationen für *Alle*[3] gedacht sind. Es stellt sich die Frage, für wessen Augen solche Datensätze bestimmt sind: Für die Beteiligten? Die Forschenden? Deren Communities? Die Öffentlichkeit?
Ein primäres Anliegen beim Erheben und Auswerten von Material in qualitativen Settings ist es, Handlungen zu dokumentieren und ihnen Sinn zuzuordnen. Beim Auswertungsprozess kann zudem eine Relation, bis hin zu Solidarität, zu den dokumentierten Handlungen und Personen entstehen. Wird eine ausgewählte Situation ausgewertet, ist es wiederum möglich, dass Individuen nur auf die darin dokumentierten Handlungen reduziert werden. Wie könnte nun beides miteinander einhergehen – sich als Forschende solidarisch zu verhalten und dennoch eine präzise Analyse der erhobenen Daten vorzunehmen?

Diesen Fragen möchte ich im Folgenden aus einer fachlich motivierten Perspektive nachgehen und anhand meiner persönlichen Erfahrungen aus zwei selbst, beziehungsweise im Team, durchgeführten kunstpädagogischen Forschungen. Dabei interessiert der Blick der Forschenden, deren Privilegien bezüglich der gewonnenen Daten sowie die damit einhergehende Verantwortung für eben diese.

Andere Porträts beim Zeichnen Können

„You can see so much in me, so much in me that's new" (Leesen/Conti/Easton 1981)

Ich beginne mit einem Exkurs in die Videoarbeit der Künstlerin Rineke Dijkstra. Sie filmte eine zeichnende Schülerin im Museum, bearbeitete anschließend das Video und stellte es 2009 mit dem Titel *Ruth drawing Picasso*[4] aus. Darin zu sehen ist ein auf dem Boden sitzendes Mädchen in Schuluniform vor weißem Hintergrund. Das Mädchen zeichnet, während es auf ein im Video nicht sichtbares Kunstwerk blickt. Während des etwa sechs Minuten langen Videos schaut die Schülerin zeichnend abwechselnd auf das Kunstwerk, in die Kamera, auf ihre Zeichnung und in den Raum. Sie wirkt konzentriert. Ihr Blick ruht dabei häufiger auf ihrem Blatt und dem zu zeichnenden Werk als im Raum und auf der Kamera. Der Philosoph Jean-Luc Nancy entwirft mit Blick auf Dijkstras Videoarbeit den Begriff des *anderen Porträts*, welches er als eines beschreibt, das betrachtet wird, sich aber zugleich der Betrachtung entzieht. Nancy (2015) führt aus, dass ein Porträt nicht nur auf die Identität[5] der gezeigten Person verweise, sondern immer auch auf die der *Anderen*, die das Portrait betrachten. Dies zeige sich, so Nancy, auch im Drang der Betrachter*innen, das dargestellte Handeln als eigene Erfahrung zu erfassen:

„Dieses Porträt einer Schülerin, die mit der Darstellung einer Darstellung beschäftigt ist, lässt uns unwillkürlich den zusammengekniffenen Gesichtsausdruck sorgfältiger Konzentration reproduzieren, während wir gleichzeitig die hingebungsvolle Gespanntheit dieses Moments des Lernens verspüren mit seiner Mischung von Unruhe, Ungeschick, Naivität und Ernsthaftigkeit." (Nancy 2015: 73)

Nancy beschreibt die eigene Bezugnahme zur gezeigten Person, indem durch den körperlichen Nachvollzug der betrachteten Handlungen eine Beziehung aufgenommen wird. Eine solche Form des Betrachtens kann zur Empathie oder zur Solidarisierung mit der beobachteten Person führen, *weil wir uns dabei*

239

vorstellen, wie es sich anfühlen könnte, so etwas zu tun. Dabei entsteht, in den Worten Nancys, ein „gemeinsames Subjekt", „was hin- und hergerissen ist zwischen Subjekt und Objekt, Präsenz und Absenz" (Nancy 2015: 74). Das *andere Porträt* ist mehr als nur eine Relation zwischen zwei Individuen, vielmehr transzendiert es durch die Situation inhärenten Differenz, durch „[...] seine unendliche Abhebung von jeder Identifikation im zweifachen Sinne des Wortes: Identität mit sich selbst und Identität eines Selbst mit dem anderen Selbst" (ebd.: 75).

Wenn wir den Film *Ruth drawing Picasso* eingehender betrachten, sehen wir darin dokumentierte Handlungen einer Person, aus denen wir uns einen Reim zu machen versuchen, die Handlungen mit Sinn ergänzen. Genau deshalb sensibilisiert uns der Film auch für unsere eigenen Wahrnehmungen, die unsere Blicke lenken wie Nancy, der „Ungeschick" und „Naivität" zu sehen meint. Als Forschende beispielsweise, die sich mit dem *Zeichnen Können* beschäftigt, konzentriert sich mein Blick in *Ruth drawing Picasso* schnell auf die Handhaltung beim Zeichnen, Blickwechsel zwischen Raum und Blatt, das Verhältnis von Zeichnen und Schauen, das Zeichnen, das Sitzen, das Aufblicken, Maß nehmen, Übertragen. Andere fokussieren möglicherweise etwa die Schwierigkeit des Übertrags der Malerei in eine Zeichnung, die Frage nach dem Sinn eines solchen Unterfangens, das mögliche Alter der Zeichnenden, die getragene Schuluniform. So erzählt jede Betrachtungsweise etwas über die Betrachtenden und ihren Fokus, ohne dass dabei ein Subjekt „dingfest" (ebd.: 74) würde.

Dem Phänomen des Nachvollzugs und der Empathie begegnete ich im Besonderen innerhalb meiner Erhebung zum *Zeichnen Können* (Kolb 2022), die ich im Folgenden kurz vorstelle. Dabei agierte ich als Forschende, die ihre Erhebung selbst durchführte. Ich entwarf eine Doppelstunde, gehalten von Lehrpersonen, an der 64 Schüler*innen der 6., 9. und 10. Klasse teilnahmen, insgesamt dreimal eine Kartoffel[6] zeichneten und sich darüber austauschten. Die Schüler*innen zeichneten, jeweils einmal mit der Hand, mit der sie schrieben, einmal mit der Hand, mit der sie nicht schrieben sowie einmal mit beiden Händen gleichzeitig. 12 Schüler*innen wurden dabei videografiert. Den Schüler*innen im Erhebungssetting war bewusst, dass sie gefilmt wurden. Sie gingen unterschiedlich damit um: Manche richteten beispielsweise ihren Blick oder ihr Handeln direkt auf die Kamera und damit an die (im Unterricht anwesende) Forschende. In Gesprächen zwischen Schüler*innen wurde beispielsweise auch kommentiert, dass da eine Kamera filmt. Von manchen wurde dies auch gänzlich ignoriert. Manchmal brachten Schüler*innen, die eigentlich nicht im Fokus der Kamera waren, sich bewusst ins Bild.[7] Nach dem Unterricht erfolgten Interviews, in denen unter anderem die Situation des Filmens teils von den Schüler*innen selbst thematisiert, teils auf Nachfrage durch die Forschende nachträglich kommentiert wurde.

Anderen Porträts von Anderen zeigen?

„Maybe I'm an open book because I know you're mine" (Leesen/Conti/Easton 1981)

Die von mir erhobenen und ausgewerteten Daten der oben beschriebenen Erhebung zum *Zeichnen Können* möchte ich, in Anlehnung an Nancy, als *andere Porträts* verstehen. Beobachtungen, die beim Betrachten von videografiertem Material gemacht werden, sind immer auch Beobachtungen der Inszenierungsstrategien der Erhebung, an die sich bestimmte Erwartungen knüpfen – wie etwa hier, etwas über das Zeichnen Können zu erfahren. Durch die Erhebung und Auswertung werden Aspekte von Unterricht anders sicht- und hörbar, zum Beispiel die von der Lehrperson nicht wahrnehmbare Kommunikation im Klassenraum durch Blicke, Gesten oder auch halblaut gesprochene Worte. Um die Handlungen der Schüler*innen verstehen, ihnen einen Sinn zuweisen zu können, half mir manchmal die performative Imitation ihrer Bewegungen, ganz wie es Nancy (2015: 73) etwa mit dem „zusammengekniffenen Gesichtsausdruck" beschreibt, der mimetisch übernommen wird – genau wie die damit verbundenen Empfindungen. Und doch: Nichts ist gänzlich nachvollziehbar. Immer wieder tauchen in den Videos Gesten, Handlungen und Bemerkungen auf, die sich weder im Kontext der Aufgabenstellung noch des Interagierens mit den Akteur*innen vor Ort deuten lassen.

Beim Auswerten der Videos zum *Zeichnen Können* stellte sich mir zudem die Frage nach einer angemessenen Darstellung. Speziell bezieht sich dies auf eine Darstellung, mit deren Hilfe sich einerseits wissenschaftliche Folgerungen legitimieren und andererseits die persönlichen Interessen der gefilmten Schüler*innen berücksichtigen lassen (auch wenn eine Erlaubnis der Eltern vorliegt). Ein Grundsatz mehrerer Gütekriterien qualitativer Forschung ist die intersubjektive Nachvollziehbarkeit (Steinke 2008: 324), womit auch der Einblick in die Daten gemeint ist. Hierbei empfand ich als Forschende jedoch Unbehagen, denn das Handeln und die Äußerungen der Heranwachsenden können, insbesondere aus dem Kontext gerissen als problematisch empfunden werden. So wurde beim Zeichnen in der erhobenen Kunstunterrichtsstunde nicht nur gezeichnet, sondern etwa sich auch darüber beschwert, über die Aufgabe geschimpft, gewitzelt, sich ausgetauscht, gelästert, experimentiert.

Andere Porträts übersetzen

> „You really know me, that's all I need to know"
> (Leesen/Conti/Easton 1981)

In Zusammenarbeit mit der Professorin für Animation Martina Bramkamp entstand schließlich eine Übertragung der Videos in animierte Zeichnungen mit der Technik der Rotoskopie.[8] Dabei wurden aus dem erhobenen Videomaterial Standbilder und Sequenzen ausgewählt, die jeweils für die Forschungsfrage relevante Handlungen zeigten. Martina Bramkamp erstellte daraufhin kurze Filme, indem sie zuerst per Hand auf einzelnen Screenshots zeichnete und diese anschließend im weiteren Handlungsverlauf animierte, also in Bewegung versetzte. Dabei reduzierte sie Bildinformationen, die für die Handlung nicht relevant waren. Dies gibt den Betrachtenden die Möglichkeit, sich auf die jeweilige Handlung der gefilmten Personen zu fokussieren.[9] Obgleich es nun so scheint, als würden durch diese Übersetzungen – zunächst in einen Screenshot und dann in eine Handzeichnung – Informationen verloren gehen, ist vielmehr eine Verdichtung durch die Reduktionen intendiert. Es handelt sich um weitere Abbilder der Situation, welche durch die Zeichnungen der Animatorin variiert werden. Die zunächst zum Stillstand gebrachten, dann zeichnerisch erfassten und wieder animierten Videos verstehe ich als erkenntnisfördernde, zeichnerische Interventionen an den Forschungsdaten, welche Handlungen abbilden, ohne dabei die Identität der beobachteten Schüler*innen preiszugeben. Dies erscheint mir vor allem bei Schüler*innen, die nicht selbst, sondern durch ihre Elternteile bildrechtlich vertreten werden, sehr sinnvoll. Ein weiteres Argument für dieses Vorgehen lag in der Aufgabenstellung der Erhebung selbst. Darin wurde nämlich bereits eine Vorannahme zum *Zeichnen Können* getroffen, die mit einer gewissen Unmöglichkeit hantiert: Die Aufgabe, eine Kartoffel mit beiden Händen realistisch zu zeichnen, ist kaum erfüllbar. So ist das Scheitern im Forschungssetting bereits angelegt, da – in aller Regel – nicht mit beiden Händen gleich *gut* gezeichnet werden kann. Dieses Scheitern wurde in der Erhebung auch sichtbar, weshalb eine Wiedererkennbarkeit der Teilnehmenden zu vermeiden war. Indem die gewonnenen Videodaten wie oben beschrieben bearbeitet wurden, zeigen die animierten Zeichnungen nun aussagekräftige Situationen und Handlungen, ohne die Identitäten einzelner Personen offenzulegen. Kritisch lässt sich nun anmerken, dass diese Übersetzungen dem originalen Datenmaterial gegenüber nicht mehr *objektiv*[10] seien. Hinzu kommt, dass die Rotoskopie eine Technik ist, die noch dazu in Zusammenarbeit mit einer Person mit eigenen künstlerischen Interessen durchgeführt wurde.[11] Die Kopfbewegungen der Schüler*innen etwa wurden von mir als Forschende kaum wahrgenommen, da sich mein Blick auf die Tätigkeit des Zeichnens konzentrierte. Martina Bramkamp hingegen beobachtete und kommentierte die Position des Kopfes genau, da sie darin die Mimik sowie weitere Umrisslinien platzierte. So entstanden im Dialog weitere Perspektiven auf das von beiden jeweils für eine geraume Zeit studierte Bildmaterial, welche zu neuen Fragen und Auswertungsaspekten führen.

Ephemere Praktiken der Kunstvermittlung

> „But you won't need to read between the lines"
> (Leesen/Conti/Easton 1981)

Anhand eines zweiten Forschungsprojektes möchte ich die Frage nach der Sichtbarkeit von Forschung und ihren Daten diskutieren. Im Forschungsprojekt *The Art Educator's Walk. Handeln und Haltung von KunstvermittlerInnen zeitgenössischer Kunst am Beispiel der Grossausstellung documenta 14 in Kassel* standen das Handeln, aber auch die Haltung von Kunstvermittler*innen im Mittelpunkt. Diese konnte ich im Jahr 2017 gemeinsam mit einem Team von Forscherinnen dokumentieren. Die documenta ist eine temporäre Ausstellung, welche alle fünf Jahre in der mittelgroßen Stadt Kassel stattfindet und zeitgenössische Kunst thematisiert. Die Kunstvermittler*innen der documenta 14 wurden als *Chorist*innen* bezeichnet. Im Fokus standen die Strategien und agency von Kunstvermittler*innen innerhalb eines zweistündigen Kunstvermittlungsprogramms, so genannten *Spaziergängen*. Zur Datengewinnung wurden die teilnehmende Beobachtung[12] der Spaziergänge und leitfragenorientierte Interviews mit den Chorist*innen gewählt. Auf diese Weise konnten zwei Perspektiven eröffnet werden: Die begleitenden (und später verschriftlichten) Wahrnehmungen der Forschenden während der Spaziergänge einerseits und die Position der Chorist*innen andererseits. Da ich im Vorfeld in der Ausbildung der Chorist*innen tätig war, haben zwei Forschende[13] die Spaziergänge jeweils teilnehmend beobachtet. Dabei haben sie sich Notizen gemacht, die sie im Anschluss an die Beobachtung verschriftlichten. Diese Protokolle dienten wiederum als Gesprächsanlass in den anschließenden zweistündigen leitfragenorientierten Interviews. Darin wurden die Situation, beobachtet zu werden sowie jene, die Erfahrung eines Spaziergangs aus der Perspektive einer Forscherin und Kollegin geschildert zu bekommen, thematisiert, ebenso wie die Möglichkeit, darauf zu reagieren und die Protokolle mit eigenen Wahrnehmungen zu ergänzen. Im Zeitraum von Juni bis September 2017 wurden insgesamt 20 Spaziergänge begleitet und transkribiert, sowie zehn Interviews mit Chorist*innen geführt. 622 Seiten Protokolle und Interviews in deutscher und englischer Sprache sind dabei entstanden (Kolb 2019).

Es ist fast unmöglich, Situationen von Kunstvermittlung forschend zu beobachten, ohne sie dabei zu stören. Das gilt vermutlich nicht nur für Kunstvermittlung. Innerhalb dieser Erhebung ging es deshalb darum, sich für einen Grad der Beeinträchtigung zu entscheiden – je nachdem, wie sicht- oder wahrnehmbar eine Forschung, zum Beispiel in Form einer teilnehmenden Beobachtung, durchgeführt wird. Da in dieser Erhebung das Handeln der Chorist*innen im Fokus stand und, um die reguläre Situation nicht zu sehr zu verändern, haben sich die beobachtenden Forscherinnen den am Spaziergang teilnehmenden Besucher*innen nicht als Forschende vorgestellt. Dies birgt und barg Diskussionspotential. Ein Anspruch auf Teilhabe und Einsicht in die Forschung sowie ihre Materialien traf auf die beteiligten Kunstvermittler*innen insofern zu, als dass sie die erstellten Dokumente einsehen und Veränderungen darin formulieren konnten. Auf Ebene der Erhebung wurde auch in diesem Forschungsprojekt diskutiert, wie mit den gewonnenen Daten umgegangen werden könnte, da sie Einblicke in eine sonst nur für Besucher*innen und Aufsichten im Museum zugängliche Situation gaben. (Dieser Aspekt ist also sowohl beim Kunstunterricht als auch in der Kunstvermittlung im Museum relevant.)

Im Feld und mit dem Feld

> „The passions that collide in me, the wild abandoned side of me" (Leeson/Conti/Easton 1981)

Das Reduzieren einer äußerst komplexen Situation auf handschriftliche Notizen und schriftlichen Protokolle stellt eine große Herausforderung dar. Im Forschungsprojekt wurde darauf reagiert, indem zuvor Kriterien abgesprochen und formuliert wurden, nach denen sich die notierten Beobachtungen sortieren ließen. In den Auswertungsgesprächen des Teams wurde deutlich, dass sich diesbezüglich auch Grenzen ergeben können, zum Beispiel, was die Beschreibung von Körperhaltungen oder Gesten der Kunstvermittler*innen angeht. Diese Grenzen fielen auch deswegen auf, weil die beobachtenden Forscher*innen selbst schon einmal als Kunstvermittler*innen tätig waren. Auch bei der Vorbereitung und Planung der Erhebung war dieser Umstand von Vorteil. Zugleich ergab sich daraus die Frage, inwiefern sich innerhalb der Interviews, die geführt wurden, bereits thematische Allianzen zwischen Forschenden und Kunstvermittler*innen gebildet hatten. Bei den teilnehmenden Beobachtungen und folgenden Gesprächen wurden beispielsweise neben der Selbstreflexion und den Strategien der Kunstvermittler*innen insbesondere die Konditionen, in denen die Arbeit stattfand, thematisiert, die auch die Forschenden selbst beschäftigen (etwa: Welche Handlungsmöglichkeiten sind im Vorhinein gegeben, wenn Besucher*innen durch den Kauf eines Tickets für einen Spaziergang in der Erwartung einer Dienstleistung stehen? Welche Vorbereitung benötigt ein Spaziergang? Welche Stundenlöhne gelten effektiv mit Vor- und Nachbereitungszeit?[14]). In dieser mehrfach involvierten Situation lässt sich ein *objektiver* Blick im Sinne einer nicht involvierten Position nur in der Theorie konstruieren. Mit Irit Rogoff möchte ich deshalb eher von einem *middling*, einem Handeln in und aus der *Mitte* des Geschehens heraus sprechen (Tiainen/Katve-Kaisa/Hongisto 2015; Rogoff 2016). Bei den Protokollen und Interviews handelt es sich deshalb um Dokumente, die innerhalb einer Praxis erhoben wurden und zugleich aus deren Mitte heraus entstanden sind.

Wer soll denn sehen?

> „You'll see what no one else can see, and now I'm breaking free" (Leeson/Conti/Easton 1981)

Wie lässt sich nun mit der Frage umgehen, welche Informationen für die (forschende) Öffentlichkeit bestimmt sind, welche für die auswertenden Forschenden und welche für die begleiteten Studienteilnehmenden? Der Ethnologe Arjun Appadurai weist in seinem 2006 erschienen Paper *The right to research* darauf hin, dass – aus einer globalen Perspektive gesehen – Forschung bisher von einer kleinen, elitären Gruppe ausgeführt wird, der auch das *Recht zu Forschen* zugesprochen wird. Appadurai versteht alle Menschen als Forscher*innen: „[…] since all human beings make decisions that require them to make systematic forays beyond their current knowledge horizons" (Appadurai 2006: 167). Wenn es ihnen möglich gemacht würde, zu forschen, wäre auch ihre informierte Teilhabe an der demokratischen Gesellschaft möglicher (ebd. 177).

Daran anknüpfend stellen sich für mich Fragen nach der Teilhabe von beteiligten, so genannten *beforschten* Gruppen an der Forschung (siehe et al., Banaji 2023). Diese wurden innerhalb der hier vorgestellten Projekte nur teilweise mitgedacht, indem etwa der kollegiale Blick der Forschenden mit reflektiert und den begleiteten Kunstvermittler*innen ein Mitspracherecht an den Daten zugesprochen wurde. Doch es gilt, solche Fragen nach dem Privileg des Blicks auf die Daten für jedes Forschungsprojekt und jede Situation neu auszuhandeln und – wie auch in diesem Fall – daraus zu lernen (siehe **et. al.**, Banaji 2023; **z.B.**, Herzmann 2023). Denn die Frage, für wessen Augen welche Informationen bestimmt sind, und wer darüber entscheidet, ist oft eng mit den sich jeweils institutionell und selbst erteilten Privilegien der Forschenden verbunden, die es kritisch (und damit meine ich auch meine eigene forschende Praxis) zu befragen gilt. Die Frage lautet dann, ob es denn immer dieselben sind, die über Sichtbarkeit und Teilhabe entscheiden sollten?

Zuletzt möchte ich noch darauf hinweisen, dass auch dieser Text vor seiner Veröffentlichung nur an bestimmte Augen weitergegeben wurde. Er ist das Produkt der Gedankengänge von mehreren Personen[15], die mit kollegialem Blick darin kommentiert und lektoriert haben, ehe er nun vor den Augen der Leser*innen erscheint und in ihren Augen zu etwas *anderem* wird. Und so möchte ich mit einer weiteren Songzeile von Bill Conti und Sheena Eastons, geschrieben von Mick Leeson, (1981) enden: *Only for you, only for you.*

Anmerkungen

1 Es lässt sich dabei nur teilweise von musealer Kunstvermittlung sprechen, was mit der Konzeption des Forschungsprojektes zu tun hat.
2 Ich beziehe mich in den Beispielen auf qualitative Forschung.
3 Im Sinne verschiedener Öffentlichkeiten wie etwa Fachpublikum, Studierende, aber auch die Beforschten selbst.
4 Bei dem Bild handelt es sich um die Malerei *Weinende Frau* von Pablo Picasso (1937).
5 Aus meiner Perspektive zweifach: Im Sinne der Wiedererkennbarkeit, aber auch im Sinne des zurückgeworfen Werdens auf das eigene, erlebte Selbst beim Betrachten einer anderen Person.
6 Kunstunterricht eignet sich deshalb besonders für die Analyse von implizitem Wissen, weil viel Kommunikation und Handeln gestisch passieren und die Erfahrungen dabei oft nicht versprachlicht werden.
7 Zur Abbildung Schülerin 6.8, Minute 26:08. Zeichnung: Martina Bramkamp, 2020 aus Kolb 2021. Siehe URL: aligblok.de/fyeo/ [21.02.2022].
8 Rotoskopien sind Handzeichnungen, die immer wieder händisch kopiert werden, so dass in möglichst kurzer Zeit viele Zeichnungen hergestellt werden können, in denen sich jeweils minimale Verschiebungen befinden. Schnell abgespielt ergibt sich daraus eine bewegte Figur im Film: Die Animation.
9 Siehe URL: aligblok.de/fyeo [03.11.2021] für ein Beispiel.
10 Zur Frage nach der Objektivität von Forschenden ließe sich mindestens ein weiterer Beitrag verfassen. An dieser Stelle sei auf Daston/Galison (2007) verwiesen, welche in großer Eindrücklichkeit aus der Perspektive der Wissenschaftshistorik zeigen, dass Objektivität immer jeweils zeitgenössischen Vorstellungen unterliegt.
11 Die künstlerischen Arbeiten von Martina Bramkamp sind unter URL: martinabramkamp.com [12.05.2022] zu sehen.
12 Die teilnehmende Beobachtung beschreiben Przyborski/Wohlrab-Sahr (2014: 46) als „Gratwanderung zwischen Nähe und Distanz", der sowohl reflektierend als auch methodisch begegnet werden kann. Im Falle dieser teilnehmenden Beobachtung wurde durch die im Vorhinein entwickelten Beobachtungskriterien bereits eine Reflexionsebene neben der Beobachtungsebene und den Kontextinformationen eingeführt.
13 Carina Herring und Mara Ryser. An dieser Stelle möchte ich Priska Gisler und Maren Polte von der HKB Bern für die wissenschaftliche Begleitung und Beratung des Forschungsprojektes herzlich danken.
14 Zu Ressourcen und Arbeitsbedingungen der Kunstvermittler*innen auf der documenta 14 siehe Doc14_workers (2018); Arbeitsgruppe Publikation (2017).
15 Mein Dank geht an Helena Schmidt, Jelena Toopeekoff, Marie Schwarz und an die Herausgeberinnen.

Referenzen

Appadurai, Arjun (2006). The right to research. *Globalisation, Societies and Education, 4*(2), 167–177.
Arbeitsgruppe Publikation (Hg.). *Dating the Chorus 2. Eine selbstverlegte, unabhängige Publikation zur Kunstvermittlung auf der documenta 14*. Kassel: Selbstverlag 2017.
Banaji, Shakuntala (2023). et al. In Sandra Hofhues/Konstanze Schütze (Hg.), *Doing Research*. Bielefeld: Transcript, 208–215.
Daston, Lorraine/Galison, Peter (2007). *Objektivität*. Berlin: Suhrkamp.
Doc14_workers (2018). Vermittlung vermitteln #1. Nennen wir es Arbeit. documenta studien. URL: kurzelinks.de/dhlt [21.02.2022]
Documenta 14 (2017). Spaziergänge. URL: documenta14.de/de/walks [21.02.2022]
Herzmann, Petra (2023). z.B. In Sandra Hofhues/Konstanze Schütze (Hg.), *Doing Research*. Bielefeld: Transcript, 424–431.
Kolb, Gila (2022). *Zeichnen Können. Studien zu einem Paradigma der Kunstpädagogik*. München: Kopaed.
Kolb, Gila (2019). Ephemere Praktiken. Das Forschungsprojekt „The Art Educator's Walk" (2017-18). *eJournal Art Education Research 16*.
Leeson, Mick/Conti, Bill/Easton, Sheena Easton (1981). *For your eyes only*. URL: kurzelinks.de/k8n8 [21.02.2022]
Nancy, Luc (2015). *Das andere Porträt*. Zürich et al: Diaphanes.
Przyborski, Aglaja/Wohlrab-Sahr, Monika (2014). *Qualitative Sozialforschung. Ein Arbeitsbuch*. 4. Auflage. München: Oldenbourg.
Rogoff, Irit (2016). Starting in the Middle. NGOs and Emergent Forms For Cultural Institutions. In Johanna Burton/Shannon Jackson/Dominic Willsdon (Hg.), *Public Servants. Art and the Crisis of the Common Good, Critical Anthologies in Art and Culture*. Cambridge: MIT Press, 465–478.
Steinke, Iris (2008). Gütekriterien qualitativer Sozialforschung. In Uwe Flick/Ernst von Kardorff/Ines Steinke (Hg.), *Qualitative Forschung. Ein Handbuch*. Reinbek: Rowohlt, 319–331.
Tiainen, Milla/Katve-Kaisa, Kontturi/Hongisto, Ilona (2015). Framing, Following, Middling. Towards Methodologies of Relational Materialities. *Cultural Studies, 21*(2), 14–46.

GILA KOLB

- eine PERSPEKTIVE
- disziplinär
- Post-digital Art Education
- Memes
- Unlearning
- Corpolitcracy
- Kunstvermittlung
- Zukünfte
- Manifest
- Kunstpädagogik
- Kunstdidaktik
- Kunstunterricht
- QUALITATIVE FORSCHUNG
- gesellschaftlich wirksam werden
- mehr erfahren über die WELT
- Von PRAXIS und KUNST aus

#FYEO Future Tense:	Nakeema Stefflbauer,
        AI from the Margins	Nushin Yazdani

Abb. 1

Future Tense: AI from the Margins

Abb. 2

Future Tense: AI from the Margins

Design Justice, A.I., and Escape from the Matrix of Domination

Part 1: #TravelingWhileTrans

Millimeter Wave Scanning, the Sociotechnical Reproduction of the Gender Binary, and the Importance of Embodied Knowledge to the design of Artificial Intelligence

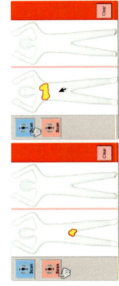

Image: 'Anomalies' highlighted in millimeter wave scanner interface, by Dr. Cary Gabriel Costello [Costello, Cary Gabriel]. 2016. "Traveling While Trans: The False Promise of Better Treatment," in Trans Advocate. http://transadvocate.com/the-tsa-a-binary-body-system-in-practice_n_15540.htm]

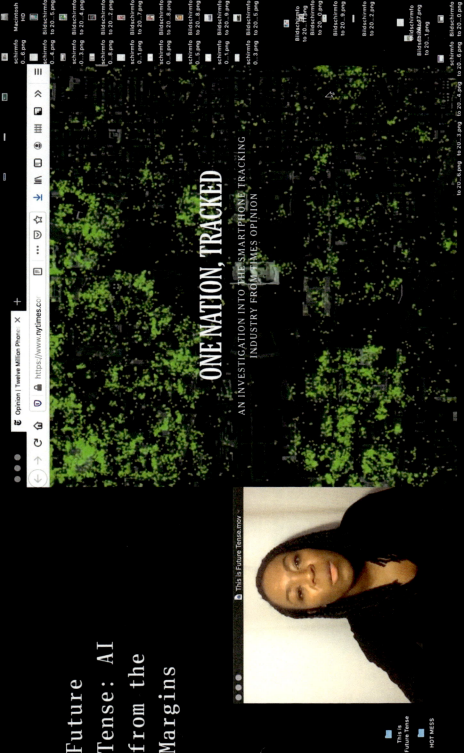

THESE TOOLS ARE NOT BROKEN.
the views and values of the designers (and of our society) are inscribed within them.

this is not about technical slip ups.
this is about power and power relations

Das Internet schuf einen utopischen Raum und weckte Hoffnungen für allerlei Entwürfe einer gerechteren Welt. Es bot eine neue Art der Interaktion mit Menschen – und eine andere Art, die Welt zu erleben. Heute versprechen Computeralgorithmen ein schnelleres, effizienteres Instrumentarium, mit dem das menschliche Leben gesteuert werden kann. Der Band *Doing Research* widmet sich den Hoffnungen und Euphorien dieser Entwürfe ebenso ausführlich wie den kritischen Revisionen an den aktuellen Handlungsspielräumen der sozio-technischen Gefüge algorithmischer Kulturen. Was sind Algorithmen der Künstlichen Intelligenz, wie sieht der aktuelle Stand von KI in der Gegenwart aus und inwieweit lässt KI denjenigen, die ihren weitreichenden (und wachsenden) Entscheidungsbefugnissen unterworfen sind, Gestaltungsmöglichkeiten? In ihrer Forschung gehen Stefflbauer und Yazdani der Frage nach, warum wir möglicherweise eine computergesteuerte Zukunft konstruieren, in der die algorithmische Handlungsfähigkeit großer Teile der Gesellschaft ausgehebelt wurde. Sie untersuchen Gegenstrategien und befragen Aktivist*innen, die (mit und ohne Technologie) versuchen, eine gerechtere Welt für morgen zu gestalten. Stefflbauer und Yazdani wenden ihre Forschung am Material, aus einer situierten Perspektive, auf das reale Leben an. Das ist KI, wie sie von den Rändern her gesehen wird – Future Tense.

#FYEO (#For your eyes only) steht als Akronym für Informationen, die bestimmten Entitäten vorbehalten bleiben sollen, oder nur ihnen anvertraut sind. Diese Informationen können zum einen sensible Daten vulnerabler Gruppen beinhalten, zum anderen aber auch ein widerständiges Wissen markieren, das sich der Verhältnisse strategisch annimmt. In der Logik des Bandes steht die Abkürzung also für einen sensiblen Raum der Verhandlung an diskriminierenden Realitäten und deren Auswirkungen auf die gelebten Wirklichkeiten. Die Bildserie versammelt Standbilder aus der Videoarbeit *Future Tense: AI from the Margins*, welche als Teil des dgtl fmnsm Festivals *HOT MESS* im Rahmen von *Spy on Me #2 Artistic Manoeuvres for the Digital Present* (20. bis 27. März 2020) im Theater HAU Hebbel am Ufer in Berlin uraufgeführt wurde.

Nakeema Stefflbauer, Dr., ist Digitalisierungsexpertin mit einem Hintergrund in Forschung, Technologietransformation und sozialem Unternehmer*innentum. Sie hat einen Executive MBA der *disruptiv Quantic School of Management* sowie Abschlüsse von der Brown University und der Harvard University. Als Gründerin und Geschäftsführerin der deutschen Non-Profit-Organisation FrauenLoop engagiert sich Dr. Stefflbauer gegen die Marginalisierung von Migrant*innen, geflüchteten Menschen und berufstätigen Eltern in der Technologieszene.

Nushin Yazdani, ist Designerin für Interaktion und Transformation, Künstlerin und KI-Forscherin. In ihrer Arbeit untersucht sie die Verflechtung von digitalen Technologien und sozialer Gerechtigkeit, künstlicher Intelligenz und Diskriminierung – aus einer intersektionalen, feministischen Perspektive. Sie ist Dozentin, Mitglied bei *dgtl fmnsm* sowie im Design Justice Network und kuratiert und organisiert Community-Events an der Schnittstelle von Technologie, Kunst und Design.

Web: https://nushinyazdani.com/

Abb. 1-6: Nakeema Stefflbauer & Nushin Yazdani. *Future Tense: AI from the Margins* (2020). Auswahl von Standbildern aus dem gleichnamigen Beitrag, geschaffen für das Festival *HOT MESS* von dgtl fmnsm & HAU Hebbel am Ufer.

ggf. Zu den Möglichkeitsbedingungen von Ästhetischer Film-Bildung

Manuel Zahn

Programmatisch geleitet durch die adverbiale Bestimmung **gegebenenfalls** *(***ggf.***), die auf die spezifische Potentialität einer Situation und ihrer empirischen Bedingungen hinweist, verhandelt der Beitrag die Bildungspotentiale von Filmen in ästhetischer Perspektive.*

Gegebenenfalls (**ggf.**) gehört zur Wortart der Adverbien, die in der deutschen Sprache verwendet werden, um eine Situation, ein Geschehen oder eine Handlung genauer zu bestimmen. Als Modaladverb dient es der spezifischeren Einschätzung einer Situation oder Handlung. Ein Beispiel: „Sie verkauft gegebenenfalls ihr Auto".

Gegebenenfalls wird also einem Verb zur Seite gestellt, wenn von einer Konstellation von Bedingungen ausgegangen wird, in der/durch die ein *bestimmter Fall* (im Sinne von bestimmten Zuständen, Effekten, Affekten, Anschlusshandlungen und anderes mehr) eintreten könnte: Sie verkauft gegebenenfalls ihr Auto, wenn (ein Bündel) bestimmte(r) Bedingungen/Umstände erfüllt sind; etwa wenn der Preis stimmt, wenn die Käufer*in sympathisch ist, und wenn sich die Besitzerin von ihrem geliebten Auto trennen kann. Synonyme von gegebenenfalls sind entsprechend *möglicherweise, vielleicht, eventuell, unter Umständen* oder *womöglich*. Mit anderen Worten: Gegebenenfalls ist eine adverbiale Bestimmung, die auf eine spezifische Potentialität einer Situation und ihre empirischen Bedingungen hinweist. Im Kontext meiner filmbildungstheoretischen Forschung kommt diesem Adverb und mithin der Potentialität eine programmatische Bedeutung zu, die ich im Folgenden erläutern möchte.

Bildung als Möglichkeitsbegriff

In meinen Forschungen zur *Ästhetischen Film-Bildung* (Zahn 2012) geht es mir in einem spezifischen Sinn um Bildung mit Film – und eben nicht um Erziehungs- oder Lernprozesse mit Film. Ich beziehe mich mit dieser Abgrenzung auf grundlegende begriffliche Unterscheidungen der systematischen Erziehungswissenschaft. Diese versteht *Erziehung, Sozialisation, Lernen* und *Bildung* als kategoriale Grundbegriffe, die je auf eine ganz bestimmte Art und Weise pädagogische Wirklichkeit beschreiben und gleichsam unser Denken und Handeln ausrichten (siehe allg., Hoffmann 2023). Ich werde daher kurz auf die Begriffe *Lernen* und *Bildung*, und dabei vor allem auf deren Unterschiedlichkeit eingehen.

Der Lernbegriff wird häufig im Zusammenhang mit unterschiedlichen Formen des Lehrens gedacht und im Rahmen formeller Lehr-Lern-Prozesse, wie sie beispielsweise in der Schule stattfinden, verhandelt. Das geschieht in bildungspolitischen Programmen, in Curricula und lerntheoretisch-didaktischen Konzepten, die es mittlerweile auch in beachtlichem Umfang für den Einsatz von Film in der Schule gibt. Film soll dabei auf den Begriff gebracht werden – meist auf filmtheoretische Begriffe, die zuvor in Fachbüchern zur Filmanalyse formuliert waren und dann im Film wiedergefunden und identifiziert werden. Unter Bezugnahme auf einige jüngere Positionen des allgemeinpädagogischen, bildungstheoretischen Diskurses lassen sich nun für schulische – also formale – Lernsettings sowie für sogenannte informelle Lern- und Bildungsprozesse – die immer und überall unterstellt werden müssen – auch bei der Erfahrung von Filmen signifikante Unterschiede markieren. Am deutlichsten haben diese Unterschiede Helmut Peukert (1984) und etwas später Winfried Marotzki (1990) formuliert. Beide verstehen unter *Lernen* und *Bildung* ganz allgemein zwei qualitativ unterschiedliche Formen des Welt- und Selbstverhaltens eines Menschen. *Lernen* bezeichnet den Prozess, in dem Menschen innerhalb fester Schemata und Strukturen ihr Wissen vermehren, und mit dem Begriff *Bildung* fassen sie solche Prozesse, die die Schemata und Strukturen selbst verändern. Peukert und Marotzki folgend bezeichne ich mit *Bildung* solche Prozesse, welche die Schemata, Strukturen oder Sichtweisen von individuellen Welt- und Selbstverhältnissen verändern. Ich gehe also davon aus, dass Bildung nicht einfach die Ansammlung von Wissen, Kenntnissen oder Kompetenzen ist, sondern etwas mit der strukturellen Veränderung unseres Welt- und Selbstverhältnisses zu tun hat. Solche Veränderungen werden ausgelöst durch Fremdheitserfahrungen, etwa Erfahrungen des Scheiterns, der Irritation und der Krise, in denen ein etabliertes Welt- und Selbstverhältnis an seine Grenzen kommt und zur Transgression/Transformation der Relationen zur Welt und zu sich selbst drängt. Solche bildungsrelevanten Transformationsprozesse sind mit (zum Teil starken) Affekten verbunden und riskant. Sie sind dementsprechend recht rar, bedürfen doch der willentlichen Anstrengung des Subjekts, angesichts eines überkomplexen Fremden – einer irritierenden, fraglichen oder gar rätselhaften Situation – neue, andere Ordnungs- und Sinnstrukturen zu bilden.[1] Oft nehmen nicht planbare Umstände und zufällige Ereignisse entscheidenden Einfluss auf den Anlass, den Verlauf und somit das Gelingen oder auch Scheitern von Bildungsprozessen, was bisher aber in bildungstheoretischer Perspektive noch kaum erforscht und theoretisch formuliert ist.

Bildungstheoretisches Denken ist in diesem Sinne immer auch ein utopisches Denken,

> „als es sich um die Angabe empirischer Möglichkeitsbedingungen von Prozessen bemüht, deren empirische Einlösbarkeit nicht nur nicht garantiert werden kann, sondern deren ‚Resultate' auch immer anders interpretiert werden können" (Schäfer 2009: 187).

Es geht daher bei dem, was ich unter *Bildung* verstehe, um die Erforschung und Beschreibung von „Möglichkeiten – und gerade nicht um mehr", womit nach Schäfer (ebd.) etwa ein operationales Ziel, das nach institutionellen, handlungsstrategischen oder externen Vorgaben umzusetzen sei, gemeint ist. Die möglichen Bildungsprozesse stehen dabei mit selbstermächtigenden, emanzipativen Praxen in Bezug.

Ich schließe mit meinem Versuch, Bildungsprozesse mit Hilfe des Films zu erforschen, zudem an eine weitere, zwar ältere, aber ungleich bekanntere bildungsphilosophische Position an. Die Rede ist von Theodor W. Adorno und seiner Feststellung, dass Bildung nichts anderes sei „als Kultur nach der Seite ihrer subjektiven Zueignung" (Adorno 1959: 94). Was bedeutet das?

Adorno differenziert Kultur in *Theorie der Halbbildung* (1959), aus dem die oben zitierte Bestimmung des Bildungsbegriffs stammt, in drei Sphären:

1. Da ist zunächst die *Geisteskultur*, deren wichtigste Kulturgüter sich als Hochkultur kanonisieren lassen.
2. Daneben identifiziert Adorno eine kulturelle Praxis, die um eine bessere Einrichtung der menschlichen Dinge ringt. Die *Cultural Studies* entdecken und untersuchen eine solche Praxis nicht nur in der politischen Sphäre, sondern auch und vor allem im Alltagsleben, wo sich Lebensweisen ausdrücken.
3. Von Hochkulturgütern und Alltagskulturgegenständen und ihren zugehörigen Lebensweisen grenzt Adorno kulturindustrielle Erzeugnisse oder *Kulturwaren* ab.

Der Film verbindet diese drei Kultursphären: In Europa, vor allem in Frankreich, gilt er als siebte Kunst und gehört damit zur Sphäre der Hochkultur; für Jugendliche und junge Erwachsene, aber nicht nur für diese, bietet er immer noch Identifikations- und Reflexionsmöglichkeiten; und er gehört schließlich als Unterhaltungsmedium ökonomischer Wertschöpfung zur globalen Massenkultur.

Im Laufe ihrer Biographie bilden sich Menschen, in ihrem jeweiligen gesellschaftlich-kulturellen Milieu, in einem gewissen Maße *eigene* individuelle Verhältnisse zu Welt und zu sich selbst. Die Sprache – im Anschluss an Wilhelm von Humboldts Bildungsdenken – ist dabei für viele Bildungstheoretiker*innen ein prominentes Medium von Bildungsprozessen. Filme als kulturelle Erzeugnisse spielen dabei aber ebenso eine wesentliche Rolle. Dabei muss man in Rechnung stellen, dass die in Bezug auf kulturelle Artefakte gebildeten Strukturen der individuellen Sichtweisen prekär und veränderbar sind – eben weil sie in Bezug auf ein kulturelles Außen entstanden sind und damit jederzeit, beispielsweise in Auseinandersetzungen mit einem weiteren Film, wieder umgebildet werden können. Wie genau das geschieht, was jemanden an einem Film affiziert, interessiert, was möglicherweise durch das Erfahren des Films fraglich wird und so zur weiteren Beschäftigung reizt, so dass sich diese zu einem Bildungsprozess auswächst, lässt sich in bildungstheoretisch informierter Perspektive nicht vorhersagen und soll es auch nicht.[2]

Film und Film-Erfahrung in ästhetischer Perspektive

Die bildende Auseinandersetzung mit Film kann nun auf verschiedene Weise theoretisch gerahmt werden. Daran ist auch gebunden, was jeweils unter *Film* verstanden wird und wie ideale Betrachter*innen modelliert werden. In meinen bisherigen Forschungen habe ich mich für eine ästhetische Perspektivierung entschieden – die sich weiter differenzieren lässt in Präsenzästhetiken, Reflexionsästhetiken, materialästhetische Überlegungen und nicht zuletzt affekttheoretische Ästhetiken.[3] Die ästhetische Perspektive auf Film und seine Erfahrung ist insofern bedeutsam, da sie quer zu den medienpädagogischen, den bildungstheoretischen sowie den medien- und filmtheoretischen Diskursen liegt, sie miteinander verbindet und doch gleichsam bis heute in diesen Diskursen eine marginale Position einnimmt (Mersch 2021). Das Besondere und auch das Gemeinsame vieler Ästhetiken besteht darin, dass sie sich gegen eine theoretische Verkürzung von medialen Darstellungen als Zeichen- und Kommunikationsgeschehen wenden. Film ist demnach – selbst in seiner dominanten Form als narrativer Film – nie nur Text oder semiotisches Darstellungs- und Kommunikationsmedium, sondern immer auch (und meines Erachtens grundlegend) ein Medium des *Wahrnehmbar-machens*. Es ist damit immer auch Medium für ungerichtete, polyvalente Perzepte, Affekte und Affektionen, Somatik und Synästhesie seitens seiner Betrachter*innen. Eine ästhetische und affekttheoretische Bestimmung der Film-Erfahrung versucht dementsprechend, das Wechselverhältnis zwischen dem multimedialen

Filmmaterial und seinen Betrachter*innen in der filmischen Aufführung zu beschreiben. Die Philosophin Christiane Voss beispielsweise fasst dieses Verhältnis als *Verkörperung* des Films in der Dauer seiner Aufführung. Dieses Verhältnis, so führt sie weiter aus, sei als ein untrennbar ineinander Verschlungenes zu denken: Die Betrachter*innen entäußern sich in die audiovisuellen Bewegungsbilder, folgen ihnen, lassen sich von ihnen bespielen. Dabei verlebendigen die Betrachter*innen die filmischen Bilder, Töne, Bewegungen und Farben auf je leicht verschiedene Weise – eben vor dem Hintergrund ihrer bisherigen biographischen Erfahrungen. Das, was dabei in der Film-Erfahrung entsteht, bezeichnet sie als einen „ästhetischen Leihkörper" (Voss 2013b). Dieser geht weder in der scheinbar auktorialen Inszenierung des filmischen Geschehens noch in der biographisch-gesellschaftlichen Identität der individuellen Betrachter*innen auf, sondern bildet als oszillierende Instanz der Film-Erfahrung für die Dauer der Aufführung eine autonome „anthropomediale Relation" (Voss 2010). Eine solche Relation zwischen Kinofilm und Zuschauer*innenkörper ist eine Alterität, die dementsprechend den identifizierenden Bemühungen einer individuellen Betrachter*in (schon während und nach dem Film) widersteht. Und trotzdem oder gerade weil die filmischen Erfahrungen sich in großen Teilen einer (nachträglichen) Identifizierung, Beschreibung und Reflexion entziehen, sind sie in bildungstheoretischem Sinne eminent wirksam. Wie zuvor mit Adornos Verständnis von Bildung skizziert, gehe ich davon aus, dass wir unsere je individuellen Welt- und Selbstverhältnisse auch durch und mit den Filmen bilden, die wir im Laufe unserer Biographie sehen und erfahren.

Mit anderen Worten: In filmischen Dispositiven[4] wie Kino, Fernsehen sowie Streamingplattformen formen Filme sowohl die Aufmerksamkeit, das Bewusstsein als auch die Erinnerung der Zuschauer*innen mit. Sie zeitigen Bildungen und Subjektivierungen – eben auch solche, die womöglich aus gesellschaftlicher oder pädagogischer Perspektive nicht gewünscht sind. Es handelt sich also um Bildungen, Einbildungen durch und mit Filmen, die mitunter unkontrolliert und unbeherrschbar ablaufen; Einbildungen, an denen die zuschauenden Subjekte zwar beteiligt waren, aber nicht steuernd und auch nur in Teilen bewusst.

Film-Bildung als Spurenlese

Unter Bezugnahme auf den Begriff der Spur lässt sich die Materialität und Multimedialität des Kinofilms und seiner Erfahrung mit Christiane Voss noch einmal so beschreiben:

„Film ästhetisch zu erfahren (...) bedeutet, sich der dezentrierenden Materialfülle zu überlassen und sich von dieser Fülle richtungslos bespielen zu lassen. In Prozessen der immersiven Übersetzung von kinästhetischen und kognitiv-affektiven Regungen in die multimedialen Veränderungen des Leinwandgeschehens und den Rückübersetzungen von jenen in diese wird dem Kino insgesamt eine lebendige Körperlichkeit verliehen, die sowohl apparative als auch organische Spuren in sich zusammenführt" (Voss 2011: 60).

Filme und die je individuellen Film-Erfahrungen hinterlassen Spuren an den Betrachter*innen, die sich auf die Strukturen ihrer individuellen Welt- und Selbstverhältnisse auswirken. Wichtig ist mir, zu betonen, dass diese affektiven ästhetischen Erfahrungen eben *nur* als Spuren begreifbar sind. Sie sind nicht einfach und jederzeit in Form eines körperlichen Erfahrungsbestands verfügbar oder als ein Erfahrungswissen abrufbar, sondern sie müssen dort aufgesucht werden, wo etwas in der Erfahrung eines aktuellen und ganz spezifischen Films besonders lustvoll, spannend, mühsam, irritierend oder auch fraglich, also in besonderem Maße affizierend, war. Dort werden sie nachträglich, in einer reflexiven Bewegung, aufgenommen und durch das Lesen als Spuren erst hergestellt. Der Spurbegriff und die *Begriffsperson* der Spurenleser*in – wie sie unter anderem Sybille Krämer (1998; 2007; 2008) in den kultur- und medienwissenschaftlichen Diskurs eingebracht hat – scheinen mir zur genaueren Beschreibung der subjektiven Haltung äußerst geeignet. Auch kommen sie mir hilfreich vor mit Blick auf die Übersetzungsarbeit, die in Bezug auf die ästhetische Erfahrung von Filmen zu leisten ist, um die Möglichkeit von Bildungsprozessen an/mit/durch Filme zu erhöhen. Denn die Spur ist selbst von *Paradoxa* durchzogen, sie ist sowohl Wahrnehmungslenkung als auch Wahrnehmung des Unwahrnehmbaren, sie verbindet eine Unmotiviertheit und Unaufmerksamkeit des Spurenlegens mit der Motiviertheit und Aufmerksamkeit des Spurenlesens, und sie umfasst sowohl materielle, ästhetische als auch semiotische Elemente. Spuren zeigen sich immer auf dem Hintergrund anderer Spuren (Erinnerungsspuren), die sich im Spurenlesen gegebenenfalls aktualisieren. Die mit dem Spurenlesen verbundenen Affektionen sind somit zum einen in engster Beziehung zu subjektiven Erwartungen und Wünschen zu verstehen, zum anderen werden deren Enttäuschungen als Überschreibungen bestehender subjektiver Erinnerungsspuren thematisierbar (Zahn 2012: 91ff.).

Das subjektive Lesen von filmischen Spuren beginnt also mit einem Affizierungsvorgang, in dem sich die

Betrachter*in vom entgegenkommenden Film befremden lässt. Diese Fremdheitserfahrung ist daran erkennbar, dass, wie zuvor angedeutet, Erwartungen der Filmbetrachter*in durchkreuzt, ein gewohntes urteilendes Schließen nicht möglich scheint; dass ein scheinbar automatisierter Einsatz des subjektiven Vermögens außer Kraft gesetzt ist, die Affizierung zunächst keinen Ausdruck findet und die Betrachter*in daher umso intensiver nach angemessen Antwortmöglichkeiten sucht. Filmische Perzepte, Affekte und entsprechende individuelle Affizierungen sind dabei, so Deleuze, etwas anderes als Gefühle (Deleuze 2000: 191f). Erstere sind unabhängig von denen, die sie erzeugen oder empfinden; sie sind eben mehr und anderes als die Wahrnehmungen, Empfindungen und Gefühle der Schauspieler*innen, der Regie, der Kameraleute – eigentlich aller am Film Beteiligten – und auch aller je denkbarer *Publica* des Films, obwohl sie gleichsam auf all die genannten Menschen angewiesen sind, um sich zu aktualisieren. Affizierungen verweisen auf Zustände der Unterbrechung, der Öffnung, des Unbestimmten, in denen man eben nicht oder noch nicht weiß, was man über das Wahrgenommene denken, fühlen, wie man es beurteilen soll. Eine große Schwierigkeit besteht darin, das Offene der Erfahrungen mit den Filmen auszuhalten und sie nicht schon nach kurzer Zeit wieder durch identifizierende Schlüsse, durch Urteile anzuzeigen, zu beruhigen.

Die angesprochene Haltung des Spurenlesens habe ich versucht in den Begriffen der *Verwunderung*, des *Staunens* (Zahn 2013) und des *Zauderns* (Zahn 2012: 102ff) als die Gemengelage einer ganz bestimmten Aufmerksamkeit und Wahrnehmung zu beschreiben: Der vom Film gebildeten Aufmerksamkeit des Subjekts kommt in der ästhetischen Erfahrung eine spezifische Form der subjektiven Wahrnehmung und Deutung hinzu. Eine Wahrnehmung und Deutung, die wiederum in einem Prozess der Übersetzung und durch den Gebrauch verschiedener Konzentrations-, Aufschreibe- und Denkpraktiken und -techniken gewonnen wird. Als ein solches energetisch aufwendiges, aktiv-passives Geschehen – zwischen einer verwirrten subjektiven Wahrnehmung und einer verzögerten Reaktion – ermöglicht das Zaudern oder die Verwunderung der Spurenleser*in im Zeitraum der ästhetischen Erfahrung ein Zweifeln und aktives Befragen. Befragt werden etwa zuvor fraglos vollzogene Prozesse und Handlungen, sich anbietende Schlüsse, Interpretationen, Urteile, auch individuell selbstverständlich Gewordenes. Die Spurenleser*in schiebt eine abschließende Entscheidung oder ein Urteil auf, um in wiederholenden Denkbewegungen und Neuansätzen diverse Deutungsmöglichkeiten zu versammeln, die sich bestenfalls der Fremdheit des filmisch Präsentierten oder der eigenen Wahrnehmung annähern.

Film-Bildung – gegebenenfalls…

Gegeben dem zuvor skizzierten Fall, dass die genannten komplexen empirischen Bedingungen in der Auseinandersetzung mit Filmen und individuellen Film-Erfahrungen erfüllt sind und zusammenwirken, werden Bildungsprozesse an und mit Filmen möglich. Die Spurenlese wird in dieser Perspektive zur ästhetischen Bildung – beziehungsweise das Spurenlesen als ästhetische Erfahrung von Filmen kann als Bildung verstanden werden, insofern sie es ermöglicht, die Auseinandersetzung des Subjekts mit Filmen auf der Folie der Unmöglichkeit ihrer identifizierenden Aneignung zu denken. Dies geschieht, indem die spurenlesende Person bei ihren analytischen und ästhetischen Interpretationsbemühungen die Widerständigkeit und Alterität der intensiven, affektiven filmischen Erfahrung anerkennt. Bildung wird dabei zu einer unendlichen Suchbewegung nach Artikulationen für die mediale Verfasstheit subjektiver Welt- und Selbstverhältnisse. Eine Suchbewegung, die wiederum nur performativ in unterschiedlichen medialen Gefügen vollzogen und *durchgemacht* werden kann.

Film-Bildung kann dementsprechend als die ästhetische Reflexion der schon zuvor mit und am Film gebildeten Erfahrungen, Einbildungen und Subjektivierungen beschrieben werden. Eine ästhetische Film-Bildung wäre somit der kontinuierliche Prozess der Umstrukturierung medialer Welt- und Selbstverhältnisse *am* und *durch* das filmische (Vor-)Bild, der sich reflexiv am Subjekt vollzieht, ohne demselben dabei jemals in Gänze transparent werden zu können.

Anmerkungen

1 Vergleiche zu der Konzeption eines transformatorischen Bildungsbegriffs auch Koller/Marotzki/Sanders (2007) sowie Koller (2012).
2 Wie sich die bildenden Prozesse des Subjekts in Bezug auf die mediatisierte Kultur vollziehen, ist auch *a posteriori* nicht abschließend zu klären, eben weil sie als flüchtige Prozesse mit den bisherigen Theorien schwer zu identifizieren und zu beschreiben sind. Die Bildungstheorie muss daher weiter daran arbeiten, neben den sprachbasierten auch bewegungsbildbasierte Theorien von Bildung zu entwickeln. Denn es ist beiden Theorieperspektiven nur gemeinsam möglich, die Bedeutung von Sichtbarem beziehungsweise Wahrnehmbarem und Sagbarem für die subjektiven Welt- und Selbstverhältnisse in der aktuellen Medienkultur beschreiben zu können.
3 Ich belasse es an dieser Stelle bei der Aufzählung und verweise für eine differenzierte Darstellung unterschiedlicher ästhetischer Konzeptionen in Bezug zur filmischen Medialität auf Voss (2013a).
4 Zum Konzept des Dispositivs in (medien-)bildungstheoretischer Perspektive vergleiche Caborn Wengler/Hoffarth/Kumięga (2013) sowie Othmer/Weich (2015).

Referenzen

Adorno, Theodor W. (1959). Theorie der Halbbildung. In Ders. (Hg.), *Gesammelte Schriften. Bd. 8: Soziologische Schriften I.* Frankfurt/Main: Suhrkamp, 93–121

Caborn Wengler, Joannah/Hoffarth, Britta/Kumięga, Łukasz (Hg.) (2013). *Verortungen des Dispositiv-Begriffs. Analytische Einsätze zu Raum, Bildung, Politik.* Wiesbaden: Springer.

Deleuze, Gilles/Guattari, Félix (2000). *Was ist Philosophie?*. Frankfurt/Main: Suhrkamp.

Hoffmann, Markus (2023). allg. In Sandra Hofhues/Konstanze Schütze (Hg.), *Doing Research.* Bielefeld: Transcript, 98–105.

Koller, Hans-Christoph/Marotzki, Winfried/Sanders, Olaf (Hg.) (2007). *Bildungsprozesse und Fremdheitserfahrung. Beiträge zu einer Theorie transformatorischer Bildungsprozesse.* Bielefeld: Transcript.

Koller, Hans-Christoph (2012). *Bildung anders denken. Einführung in die Theorie transformatorischer Bildungsprozesse.* Stuttgart: Kohlhammer.

Krämer, Sybille (1998). Das Medium als Spur und als Apparat. In Dies. (Hg.), *Medien, Computer, Realität. Wirklichkeitsvorstellungen und Neue Medien.* Frankfurt/Main: Suhrkamp, 73–94.

Krämer, Sybille/Kogge, Werner/Grube, Gernot (Hg.) (2007). *Spur. Spurenlesen als Orientierungstechnik und Wissenskunst.* Frankfurt/Main: Suhrkamp.

Krämer, Sybille (2008). *Medium, Bote, Übertragung. Kleine Metaphysik der Medialität.* Frankfurt/Main: Suhrkamp.

Mersch, Dieter (2021). *Medientheorien zur Einführung.* 4. Aufl. Hamburg: Junius.

Marotzki, Winfried (1990). *Entwurf einer strukturalen Bildungstheorie. Biographietheoretische Auslegung von Bildungsprozessen in hochkomplexen Gesellschaften.* Weinheim: Deutscher Studienverlag.

Othmer, Julius/Weich, Andreas (Hg.) (2015). *Medien – Bildung – Dispositive. Beiträge zu einer interdisziplinären Medienbildungsforschung.* Wiesbaden: Springer.

Peukert, Helmut (1984). Über die Zukunft der Bildung. *Frankfurter Hefte, FH-extra 6,* 129–137.

Schäfer, Alfred (2009). Bildende Fremdheit. In Lothar Wigger (Hg.), *Wie ist Bildung möglich?* Klinkhardt: Bad Heilbrunn, 185–200.

Voss, Christiane (2010). Auf dem Weg zu einer Medienphilosophie anthropomedialer Relationen. *ZMK, 2,* 170–184.

Voss, Christiane (2011). Kinematografische Subjektkritik und ästhetische Transformation. In Aljoscha Weskott/Nicolas Siepen/Susanne Leeb/Clemens Krümmel/Helmut Draxler (Hg.), *Felix Guattari. Die Couch des Armen. Die Kinotexte in der Diskussion.* Berlin: b_books, 53–62.

Voss, Christiane (2013a). Der affektive Motor des Ästhetischen. In Stefan Deines/Jasper Liptow/Martin Seel (Hg.), *Kunst und Erfahrung. Beiträge zu einer philosophischen Kontroverse.* Berlin: Suhrkamp, 195–217.

Voss, Christiane (2013b). *Der Leihkörper. Erkenntnis und Ästhetik der Illusion.* München: Fink.

Zahn, Manuel (2012). *Ästhetische Film-Bildung. Studien zur Medialität und Materialität filmischer Bildungsprozesse.* Bielefeld: Transcript.

Zahn, Manuel (2013). Das staunende Sehen im Blick des Films. Von Perzepten, Zeichen und (dem) Wundern. In Karl-Josef Pazzini/Andrea Sabisch/Daniel Tyradellis (Hg.), *Das Unverfügbare. Wunder, Wissen, Bildung.* Zürich et al.: Diaphanes, 199–210.

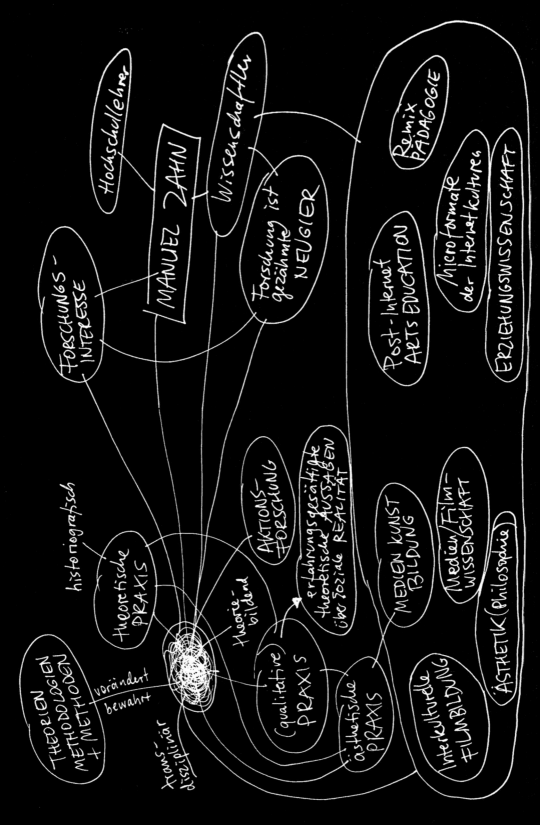

hrsg. Zwischen Vernetzung, Diskurs- Mandy Schiefner-Rohs
      anregung und Kooperation

Dieser Beitrag analysiert die Praktik des wissenschaftlichen Herausgebens unter drei Gesichtspunkten: als Praktik der Vernetzung, Diskursanregung und Kooperation. Artikel so zusammenzustellen, dass durch ihre Komposition ein schlüssiges Gesamtwerk entsteht und keine bloße Ansammlung von Texten, ist die Hauptaufgabe der Herausgeberschaft. Dabei steht **hrsg. (herausgegeben)** *letztlich nicht nur für einen vielschichtigen Vernetzungsprozess zur Weiterentwicklung des Diskurses, sondern auch für den zuweilen herausfordernden Arbeitsprozess der Kooperation und arbeitsteiligen Organisation, der zunehmend in Ökonomisierungszwänge gerät.*

Herausgeben ist ein transitives Verb, das im Bereich des Publizierens einen Prozess bezeichnet, bei dem die Herausgebenden ein Werk veröffentlichen, ohne notwendigerweise selbst Autor*in zu sein. Eine Drucksache kann so durch eine*n Verantwortliche*n oder ein Kollektiv in der Funktion der Herausgeberschaft veröffentlicht werden. Mit Blick auf die wissenschaftliche Literatur ist allerdings zu beobachten, dass es kaum wissenschaftliche Auseinandersetzungen mit dem Herausgeben als Praktik gibt, allenfalls zu den Produkten, die dabei entstehen, oder den Aufgaben der Herausgeber*innen. Dabei ist die Praktik des Herausgebens ein spezifischer und durchaus anspruchsvoller Prozess wissenschaftlicher Tätigkeit. Stets geht es um das Arrangieren eines neuen Werkes und um das Knüpfen neuer Netze, sowohl von Netzen der Beziehung zwischen Autor*innen und Herausgeber*innen als auch von neuen, kreativen Netzen der Bedeutung.

Wissenschaft herausgeben

Wissenschaft zeichnet sich durch gemeinsames Tun aus. Schon der Begriff *scientific community* verweist auf Praktiken der Gemeinschaftlichkeit und damit auch auf Praktiken der Vernetzung. Wissen wird heute nicht nur in Forscher*innenteams sowie Netzwerken gewonnen, sondern auch darüber diskursiv verhandelt. Teil einer sozialen Praktik der *scientific community* ist damit der Austausch über Wissen und dessen Erzeugung, der in unterschiedlichen Formen stattfinden kann: auf Tagungen, Kongressen und akademischen Veranstaltungen oder eben über die Veröffentlichung von Texten, die zur Diskussion gestellt werden. Publizieren und Veröffentlichen werden damit einerseits zu einem Teil von Forschung und Erkenntnisgewinn, andererseits werden sie zugleich zu einem Ausweis eigener Forschungstätigkeit (siehe **Bd.**, Mayer 2023). Denn in postmodernen oder auch ökonomisierten Wissenschaftssystemen, so scheint es, tritt das Publizieren als Form von wissenschaftlicher Kommunikation in den letzten Jahren zunehmend in den Hintergrund. Wenn Leistungsmessungen in der Wissenschaft an die Anzahl der Veröffentlichungen geknüpft werden, liegt es nahe, dass das Publizieren eher als Ausweis eigener Forschungstätigkeit zur Steigerung des Renommees gesehen wird. Unter dem Stichwort *publish or perish* (ebd.) wird eine derartige Veränderung seit einigen Jahren in verschiedenen Facetten auch in der Wissenschaft verstärkt und nicht zuletzt kritisch diskutiert. Daher sind beispielsweise öffentliche Repliken auf Artikel, die wissenschaftlichen Austausch sichtbar machen und vor allem innerwissenschaftlichen Diskurs anregen wollen, mittlerweile rar geworden. Auch das Herausgeben ist von dieser Entwicklung betroffen, denn es stellt sich unter diesen Bedingungen die Frage nach Aufwand und Ertrag, den die Herausgebenden zu Beginn des Prozesses abwägen müssen. So kann eine Herausgeberschaft in der oben angedeuteten ökonomisch orientierten Perspektive nicht unbedingt als wertvoll oder zielführend für wissenschaftliche Karrieren betrachtet werden. Kritiker*innen monieren beispielsweise, dass der Herausgabeprozess zu aufwändig sei, die einzelnen Beiträge disparat seien und es in Sammelbänden oftmals keine zentrale Botschaft gäbe (Smith 2007). Und nicht zuletzt folgt das kritische Argument im Geiste der Zeit: Von der Idee bis zur Publikation dauere der Prozess – unter anderem durch die Koordination zahlreicher Autor*innen – schlicht zu lang. Die Zusammenarbeit mehrerer Autor*innen in Zuspitzung auf ein gemeinsames Motto ist deutlich herausfordernder als das Verfassen eines Artikels, ob gemeinsam oder allein. Unter dem (vermeintlichen) Paradigma schneller Veröffentlichungen in einem immer schneller agierenden Wissenschaftssystem lohnt sich in dem ein oder anderen Fall die Arbeit an Herausgeberschaften nicht (mehr).

Das bedeutet jedoch nicht, dass die Praktik des Herausgebens unbedeutend wird. So lässt sich zum Beispiel für die Erziehungswissenschaft festhalten, dass Forschende in ihren Arbeiten vor allem im „non-Journal-Bereich" (Bambey 2016: 73) publizieren und Sammelbandbeiträge rund 35 Prozent dieser Veröffentlichungen ausmachen (ebd.). Interessanterweise beschränkt sich das Herausgeben mittlerweile auch nicht mehr nur auf Sammelbände. Herausgegeben werden von Sammelbänden über Handbücher bis hin zu Zeitschriften eine Reihe ganz unterschiedlicher Produkte, sodass oben genannte Kritik von Smith (2007) am Sammelband keine Absage an das Herausgeben per se bedeutet. Es ist geradezu auffällig, dass im Zuge der Beschleunigung von Wissensproduktion auch wissenschaftliche Zeitschriften in Form von Sonderausgaben, sog. Special Issues, herausgegeben werden. Zentrale Prinzipien des Herausgebens werden dabei kopiert: So verfolgen auch Zeitschriftenformate das Ziel, eine Gemeinschaft von Schreibenden und Lesenden aufzubauen, um neueste Forschung zu diskutieren und Ideen oder Forschungsrichtungen in diesem Verbund zu entwickeln. Redaktionell werden die so entstehenden Sonderhefte meist von Gastherausgeber*innen geleitet, die als Expert*innen[1] auf dem jeweiligen Gebiet gelten. Bei dieser Entwicklung spielen sicherlich unterschiedliche Aspekte eine Rolle: Zum einen jenes zeitliche Motiv, da in Zeitschriften Ergebnisse schneller diskutierbar gemacht werden, aber durchaus auch ein ökonomisches Motiv, insofern Zeitschriften in kurzer Zeit vergleichsweise viel Output generieren. Zu nennen ist nicht zuletzt der Aspekt der Reichweite, die durch digitale (*open access*) Zugänge aufgrund ihrer Verbreitungsmodelle meist eher gegeben ist als bei Sammelbänden, deren jeweiliger Zugriff über das Internet von Herausgeber*innen-Entscheidungen abhängt. Unabhängig vom konkreten Produkt ist daher das Herausgeben eine Praktik wissenschaftlichen Arbeitens, die keinesfalls als antiquiert gelten kann und zudem auf unterschiedlichen Ebenen die Vernetzung von Wissenschaftler*innen fördern kann. Mir geht es im Folgenden um drei Perspektiven: Erstens soll das Herausgeben als Praktik der Diskursanregung, bei der vor allem die Themensetzung eine Rolle spielt, in den Mittelpunkt rücken. Zweitens werde ich darauf eingehen, wie Herausgeberschaften als spezifische Form von Kooperation in der Wissenschaft gestaltet werden können, und damit eher eine Prozessperspektive einnehmen. Drittens ist das Herausgeben eine spezifische Form der Herstellung von Öffentlichkeiten und Vernetzung unterschiedlicher Perspektiven, die abschließend adressiert wird, bevor ich den Beitrag mit einem Fazit zum Herausgeben als komplexe Vernetzungspraxis von der Idee bis zum Produkt beende.

Vernetzungspraktik

Mit dem Herausgeben wird auf unterschiedlichen Ebenen eine Vernetzung forciert, die zum Ziel hat, Personen und Ideen miteinander ins wissenschaftliche Gespräch zu bringen und Diskurse anzuregen. Vernetzung vollzieht sich somit auf verschiedenen Ebenen und in unterschiedlichen Prozessen als Teil des Herausgebens. Adressiert werden im Folgenden auf einer ersten Ebene diejenigen, die Beiträge einfordern und damit die Vernetzung möglicher Perspektiven und Gegenstände forcieren, die Herausgeber*innen (1). Auf einer zweiten Ebene liegt die Vernetzung von und mit Autor*innen, etwa in Form der Partizipation an einem Thema beziehungsweise eines Themenfeldes oder des gemeinsamen Schreibens (2). Auf einer dritten Ebene werden Vernetzungen adressiert, die durch Gutachter*innen und Leser*innen geschehen (3). Als Beispiel sei hier das Open Review angeführt, welches diese Vernetzung zum Ziel hat. Im Folgenden sollen diese drei Vernetzungsebenen des Herausgebens adressiert und als facettenreiche Praktik wissenschaftlichen Veröffentlichens dargestellt werden. Vernetzungen können im gesamten Prozess des Herausgebens angeregt und intensiviert werden: von der Idee der Herausgeberschaft über die gemeinsame Partizipation an einem Thema bis hin zur Qualitätssicherung dieser. Je nach Perspektive werden unterschiedliche Personengruppen angesprochen: Während Herausgeber*innen alle Prozesse durchlaufen, gestalten sich einige Prozesse für Autor*innen oder Reviewer*innen unterschiedlich. Damit treten speziell diejenigen sozialen Strukturen hervor, die *hinter* der Praktik des Herausgebens stehen und diese vor allem in den Geistes- und Sozialwissenschaften[2] als notwendigen Teil der Wissenschaftskommunikation adressieren. So publizieren Professor*innen in der Erziehungswissenschaft deutlich mehr Sammelbandbeiträge als wissenschaftliche Mitarbeiter*innen, sodass anhand einer Einladung zur Beteiligung an Sammelbänden auch die Zugehörigkeit zum inneren Zirkel wie auch die Vernetzung der jeweiligen Wissenschaftler*in sichtbar wird (Bambey 2016: 75).

Diskursanregung

Herausgeber*innen nehmen eine besondere Stellung im Prozess des Veröffentlichens ein, da sie das zu veröffentlichende Werk prägen, repräsentieren und darüber hinaus dessen Qualität gegenüber dem Verlag und der Leser*innenschaft garantieren sollen. Zu den Aufgaben gehört neben der Entwicklung einer tragfähigen Idee die Zusammenstellung und Auswahl von Beiträgen. So bestehen Sammelbände, Zeitschriften und Editionen aus unterschiedlichen Themen, Konzepten oder Methoden, die – möglichst innovativ – miteinander in Verbindung gebracht werden (Ludwig 2010; **Erstausg.**, Hahn 2023). Ein wichtiges Element des Herausgebens besteht für die Herausgebenden darin, diese Auswahl zu begründen. An einem Beispiel möchte ich die darin liegende Vernetzung als Diskursanregung verdeutlichen. In ihrem 2016 erschienenen Sammelband fragen die Herausgebenden Thomas Geier und Marion Pollmanns titelgebend: „Was ist Unterricht?". Die von den Herausgebenden Autor*innen beschäftigten sich ausgehend von ihrer jeweiligen Position mit identischem empirischem Material, das von ihnen in unterschiedlicher methodischer Schule bearbeitet wurde. Die so entstandenen Artikel wurden anschließend unter den Autor*innen ausgetauscht und auf einer Tagung diskutiert, bis der Sammelband schließlich als Zusammenschau entstand. Darin wurden nicht nur die unterschiedlichen Artikel und Standpunkte der Autor*innen sichtbar, sondern auch, „auf welchem Wege man zu welchen Ergebnissen gelangt ist" (ebd.: 11). Aufgrund der Idee der Herausgeber*innen kam es so zu einer „disziplinimmanent notwendige(n) und gemeinsame(n) Diskussion" (ebd.: 9) und in der Herausgeber*innenschaft entstand ein facettenreiches Bild von Unterricht, welches vor allem über den Prozess des Herausgebens sichtbar gemacht wurde. Damit schaffte es der Band, unter dieser Frage nicht nur Beiträge zu sammeln und zu veröffentlichen. Vielmehr lieferte er auf der übergeordneten Perspektive sowohl eine Antwort sowohl darauf, wie Unterricht durch die Linse unterschiedlicher Theorien und Methoden gesehen werden kann, als auch auf einen Blick auf den dahinterliegenden Diskurs. Die Buchbeiträge grenzten sich voneinander ab und markierten je eigene Linien. Indem beispielsweise die Herausgeber*innen in einem Schlussbeitrag „Differenzen und Gemeinsamkeiten der Herangehensweisen herausarbeiten, also das Verhältnis bestimmen, in dem die Ansätze zueinander stehen" (ebd.: 225), erreichten sie neben einer Art Kartographie des Feldes vor allem eine Erweiterung der Perspektive auf Unterricht. Die Beiträge wurden so – unter anderem durch eine Zuspitzung der jeweiligen Argumentation – neu konturiert. In der Zusammenschau gelang es ihnen, Gemeinsamkeiten und Differenzlinien der versammelten Ansätze zu zeigen, die die einzelnen Beiträge auf unterschiedliche Kategorien wie Nähe beziehungsweise Ferne zur schulpädagogischen Perspektive, das Verhältnis von Theorie und Empirie oder Normativität hin befragen. Darüber hinaus zeigt das Beispiel: Eine Herausgeberschaft bezieht sich nicht nur auf die Produktion eines Druckwerks, sondern in einer digital geprägten Gegenwart auch auf den gesamten Vernetzungsprozess innerhalb der wissenschaftlichen Gemeinschaft. So lässt sich etwa die Organisation jener Arbeitstagung, die Kommentierung der Tagungsbeiträge durch eigene Beiträge im Band und die so erreichten Vernetzungen von Kolleg*innen als eine spezifische Form von Diskursanregung und damit des Herausgebens lesen, wenngleich auch hier die angeführten Problematiken zunehmender Nützlichkeitserwartungen, Ökonomisierungstendenzen und Aspekte von Professionalisierung aufscheinen.

Kooperation

Artikel so zusammenzustellen, dass durch ihre Komposition ein Produkt entsteht und es nicht zu einer bloßen Ansammlung unterschiedlicher Artikel kommt, ist sicherlich die Hauptaufgabe im Prozess des Herausgebens. Damit steht *herausgegeben* nicht nur für einen vielschichtigen Vernetzungsprozess zur Weiterentwicklung eines Diskurses. *Herausgegeben* steht auch stellvertretend für den Arbeitsprozess der Kooperation und arbeitsteiligen Organisation mit all ihren Herausforderungen (Moldaschl 2018). Herausfordernd ist dabei sowohl das Organisieren des zu entstehenden Produkts als auch der notwendigen Arbeitsformen. Zudem verlangen anspruchsvolle Vernetzungen auch das Zusammenführen unterschiedlicher Personengruppen und Communities. So rät Alice Keller (2017: 352) an: „Achten Sie auf eine gute Mischung prominenter Beiträger und vielversprechender Newcomer bzw. Nachwuchskräfte" – sicherlich eine Herausforderung, da die Gruppen unterschiedliche sind: Prominente Autor*innen sind meistens schwieriger zu gewinnen, während Nachwuchswissenschaftler*innen mit Publikationsprozessen weniger vertraut sind und sich von diesen etwas versprechen.

Damit ist das Herausgeben auch eine Praktik des Erzeugens von Gemeinsamkeit, die ohne Kooperation nicht möglich wird. Ob man nun allein oder mit Kolleg*innen eine Herausgeberschaft plant, in jedem Fall ist die darin enthaltene Komponente von Kooperation in unterschiedlichsten Bereichen essentiell. Kooperieren müssen die Herausgeber*innen mit den Autor*innen und Forscher*innen, aber auch mit den Verlagen. Und auch die Autor*innen müssen untereinander oder mit Blick auf den zu entstehenden Band zusammenarbeiten. In den Fokus rücken innerhalb des Herausgebens auch kooperative Praktiken des Verhandelns, der Schwerpunktsetzung und der Kommunikation. Dies schlägt sich in den idealen Eigenschaften von Herausgebenden nieder, die auch auf die damit verbundenen Praktiken verweisen: Netzwerk- und gute Kommunikationsfähigkeit, strukturiertes Vorgehen und Organisationsgeschick, aber auch fachliche und sprachliche Kompetenzen, Konfliktfähigkeit und Beharrlichkeit (Keller 2017: 345). Insbesondere beharrlich zu sein, erweist sich beim Herausgeben als relevant, denn die Kommunikation von Fristen, die Verortung vor dem Hintergrund eines gemeinsamen Themas sowie die Textproduktion stellen hohe Anforderungen an die Herausgebenden.

Konnektivität

Nicht zuletzt bezieht sich das Herausgeben als Praktik darauf, wissenschaftliche Qualität sicherzustellen und damit verschiedene Akteure im Diskurs (Herausgeber*innen, Autor*innen, Reviewer*innen) miteinander zu vernetzen, also eine (Teil-)Öffentlichkeit für die Artikel herzustellen. Kooperative Schreib- und Reviewprozesse werden damit ebenso Teil des Herausgebens. Dieser Prozess der Qualitätssicherung und des Öffentlich-Machens – wenn auch vorerst im Kreis von Kolleg*innen – soll Diskurse eröffnen, zugleich konservieren und den Mitgliedern einer überwiegend wissenschaftlichen Community zugänglich machen.

Die Frage, die sich nun im Prozess des Herausgebens stellt, ist, wie die Qualität gesichert werden kann. Eine erste Qualitätsprüfung erfolgt idealiter durch den Verlag, der das Manuskript der Herausgeberschaft beurteilt – wenn auch meist unter dem ökonomischen Aspekt des Verkaufswerts. Die wichtigere Qualitätsprüfung ist das Review der einzelnen Beiträge durch Kolleg*innen und/oder die abschließende Prüfung durch die Herausgebenden. Zur Praktik des Herausgebens kann es also auch gehören, ein Review zu organisieren und durchzuführen. Hier stehen ganz unterschiedliche Varianten zur Wahl: Herausgeber*innen müssen sich zwischen einem Review *in personam*, bei dem die Herausgeber*innen kritisches Feedback zu den Texten geben, und einem Peer Review, bei dem die Kolleg*innen die Begutachtung übernehmen, entscheiden. Letzteres gilt als Königsweg der Qualitätssicherung in der Wissenschaft. Meist kommt ein Blind Review zum Einsatz, das heißt die Begutachtenden kennen die Autor*innen nicht und vice versa, die Beurteilung findet anonym statt. Möchte man Diskurse nicht nur durch die Themen des Bandes anregen, sondern auch Wissenschaftler*innen systematisch in Kontakt bringen, kann man diese Diskurse auch im Review weiterführen, indem beispielsweise ein Open Review zum Teil des Herausgebens wird. Entstanden ist diese Form im Zuge der Open-Bewegung. Hintergrund war und ist die Kritik an bisherigen Review-Verfahren: Als Geheimpraktik, so die Kritik, sei die Offenheit wissenschaftlicher Kommunikation dadurch bedroht, dass Fehler wiederholt würden (Fröhlich 2003). Zusammenfassend sei Peer-Review „langsam, teuer, zeitintensiv und subjektiv" (Rödel 2020: 19). Entgegen gängiger (Double) Blind Reviews werden bei Open-Review-Verfahren unterschiedliche Aspekte des Begutachtungsprozesses öffentlich gemacht und die Herausgebenden können dies entscheiden. So gibt es unterschiedliche Formate: Autor*innen und/oder Reviewer*innen sind einander bekannt (*open identities*) und Begutachtungskommentare können öffentlich gemacht werden (*open reports*). Gleichwohl kann eine Begutachtung zusammen mit öffentlicher Beteiligung stattfinden (*open participation*). Damit kann das Review dazu beitragen, dass der Diskurscharakter den Bilanzierungscharakter überwiegt und so die wissenschaftsimmanente Funktion von Reviews in den Fokus gerückt wird (*review for research*, Reinmann/Sippel/Spannagel 2010: 224). Allerdings sind diese Verfahren nicht unumstritten, denn es offenbaren sich auch hier vielfältige Schwierigkeiten beim Peer Review als Form „neuer Steuerungsmechanismen in die Wissen(schaft)sproduktion" (DGfE 2010: 186). Werden die Gutachtenden und die Begutachtenden sichtbar, bringen Macht und Kontrolle Praktiken der Forschungsbeobachtung und Forschung ebenso aus dem Gleichgewicht wie das Verhältnis zwischen beiden. Zudem ist das Verfahren aufwändig. Gleichwohl führt ein Reviewprozess als Teil der Praktik des Herausgebens dazu, dass Einordnungen von Texten möglich werden und so nicht zuletzt offenkundig wird, wie oder was innerhalb der wissenschaftlichen Community geforscht und diskutiert wird.

Fazit: Komplexe Vernetzungspraxis von der Idee bis zum Produkt

Herausgegeben lässt sich als komplexe Form des Projektmanagements beschreiben (Keller 2017). Für den wissenschaftlichen Diskurs, den das Herausgeben als Praktik anregen soll und für den die Abkürzung **hrsg.** steht, würde dies als alleinige Perspektive aber zu eng ausgelegt sein. Denn, das sollte dieser Artikel verdeutlichen, Herausgeben ist vor allem eine Praktik der Konnektivität, die von der Idee bis zum fertigen Produkt reicht und unterschiedliche Facetten hat. Diskurs findet aber nicht erst durch das Produkt der Herausgeberschaft statt, sondern bildet sich früher durch damit verbundene Praktiken der Vernetzung aus, zu denen Diskursanregungen in Form von (kollaborativ erstellten) Texten, Herausgaben und deren Publikation zählen. Ziel der Tätigkeit des Herausgebens ist letztlich, durch geschickte Vernetzung nicht nur einen Sammelband oder eine Sonderausgabe zu produzieren, sondern gleichzeitig ein neues Werk zu schaffen, das aufgrund der Unterschiedlichkeit und Perspektivierung der Artikel ein *Mehr* ergibt – mehr als die bloße Sammlung von Artikeln, wie der Begriff des Sammelbands zunächst nahelegt. Zudem weist der Sammelband dann diese Vernetzung aus. Was unter dem Aspekt der Diskursanregung jedoch implizit bleibt, ist der Auswahlprozess, dem jedes Werk unterliegt (auch **Verl.**, Heimstädt/Fischer 2023). Aufgabe der Herausgeber*innen ist es schließlich, Autor*innen und Gutachter*innen zu finden, die die Ideen der Herausgebenden mittragen und sich auf die gemeinsame Veröffentlichung einlassen. So wäre es sicherlich einen eigenen Artikel wert, offen zu reflektieren, aus welchen Gründen sich Menschen für oder gegen die Teilnahme an Publikationsprojekten entscheiden.

Zusammenfassend könnte man den Prozess des Herausgebens mit dem des Kuratierens von Kunst vergleichen. Im Museum, im Internet (Meyer 2020) und auch in einer Herausgeberschaft gilt es, über die geschickte Vernetzung von Themen beziehungsweise das Arrangieren von Themen und Forscher*innen entweder eine Gesamtschau zu komponieren, neue Konstellationen zusammentreffen zu lassen oder diese in besondere, ungewöhnliche Narrationen einzubinden wie dies auch im vorliegenden Band der Fall ist. Im vorliegenden Band kommen nicht nur unterschiedliche Disziplinen zusammen, sondern durch seine Komposition werden auch unterschiedliche Fachtraditionen, Denk- und Handlungsrahmen sichtbar und miteinander in den Dialog gebracht. So hieß es in der Einladungsmail an mögliche Autor*innen: Dieser Band

> „versammelt transdisziplinäre Beiträge zu den Kontaktzonen des Forschens und interessiert sich für die Relationen von Forschung. Unser Anliegen ist es, Fachtraditionen, Denkschulen und implizites habituelles Wissen systematisch zu kartografieren und Begriffe von Forschung im transdisziplinären Diskurs an/mit/über Medien zu konturieren. [...] Gemeinsam möchten wir so zu einer Kontur des *doings* im Feld der Erziehungs-, Sozial- und Medienwissenschaften, Medienkulturen und Kunst gelangen." (Auszug aus dem Mailverkehr)

Damit wird nicht nur die Idee einer Herausgeberschaft, sondern auch der Prozess für Vernetzungen vielfältiger Art fruchtbar gemacht, denn dieser dient der Diskursanregung sowohl innerhalb einer Disziplin als auch zwischen den Disziplinen, sofern man Entwicklungen zu inter- und transdisziplinärer Forschung ernst nimmt (Hofhues/Schiefner-Rohs/Brahm/Aßmann/Ruhe 2020). Notwendig ist hierfür – neben Innovationsgespür beziehungsweise Neugierde – ein entsprechendes Netzwerk der Herausgeber*innen sowie Erfahrung mit kooperativen Arbeitsprozessen in Erstellung und Begutachtung. Für das Herausgeben als Praktik wissenschaftlichen Handelns ist Erfahrung unabdingbar. Wird eine gute Mischung zwischen Herausgeber*innen, Themenperspektiven und Autor*innen gefunden, können sich durch die Praktik des Herausgebens vielfältige Diskursanregungen eröffnen.

Anmerkungen

1 Expert*in „wird man dadurch, dass man über ein Sonderwissen verfügt, das andere nicht teilen, bzw. – konstruktivistisch formuliert – dadurch, dass einem solch ein Sonderwissen von anderen zugeschrieben wird und man es selbst für sich in Anspruch nimmt" (Przyborski/Wohlrab-Sahr 2014: 118). Gastherausgeber*innen können daher eingeladen werden, weil sie als Expert*innen auf einem Gebiet angesehen werden und ihnen damit Deutungsmacht zugeschrieben wird. Es ist aber auch möglich, sich bei den Herausgeber*innen mit einem Thema zu melden und so eine gewisse Form von Agenda Setting für bestimmte Themen zu betreiben.

2 In der Praktik des Herausgebens sind auch disziplinäre Unterschiede erkennbar, da in manchen Disziplinen Herausgeberschaften angesehener sind als in anderen. In der Erziehungswissenschaft entstanden 2008 etwa die Hälfte aller Veröffentlichungen (46,5 Prozent) in Form von Sammelwerken (Rost 2010). In anderen Disziplinen hingegen, vor allem den Natur- und Technikwissenschaften, sind Sammelwerke seltener.

Referenzen

Bambey, Doris (2016). *Fachliche Publikationskulturen und Open Access. Fächerübergreifende Entwicklungstendenzen und Spezifika der Erziehungswissenschaft und Bildungsforschung.* Darmstadt: Technische Universität Darmstadt, Diss.

DGfE (2010). Überlegungen zur Problematik von Peer-Review-Verfahren bei Publikationen. *Erziehungswissenschaft 21*(41), 186–193.

Fröhlich, Gerhard (2003). Anonyme Kritik: Peer Review auf dem Prüfstand der Wissenschaftsforschung. *Medizin Bibliothek Information, 3*(2), 33–39.

Geier, Thomas/Pollmann, Marion (Hg.) (2016). *Was ist Unterricht? Zur Konstitution einer pädagogischen Form.* Wiesbaden: Springer.

Hahn, Annemarie (2023). Erstausg. In Sandra Hofhues/Konstanze Schütze (Hg.), *Doing Research.* Bielefeld: Transcript, 200–207.

Heimstädt, Maximilian/Fischer, Georg (2023). Verl. In Sandra Hofhues/Konstanze Schütze (Hg.), *Doing Research.* Bielefeld: Transcript, 392–399.

Hofhues, Sandra/Schiefner-Rohs, Mandy/Brahm, Taiga/Aßmann, Sandra/Ruhe, Arne-Hendrick (2020). Studentische Medienwelten gemeinsam analysieren: Plädoyer für transdisziplinäre Zusammenarbeit. In Sandra Hofhues/Mandy Schiefner-Rohs/Sandra Aßmann/Taiga Brahm (Hg.), *Studierende – Medien – Universität. Einblicke in studentische Medienwelten.* Münster: Waxmann, 207–217.

Keller, Astrid (2017). Die Rolle des Herausgebers von wissenschaftlichen Sammelwerken. Eine komplexe Projektmanagementaufgabe. In Konrad Umlauf/Klaus Ulrich Werner/Andrea Kaufmann (Hg.), *Strategien für die Bibliothek als Ort.* Berlin: De Gruyter, 343–355.

Ludwig, Heidrun (2010). Ein Thema – viele Blickwinkel. Herausgeben von Sammelbänden. In Kathrin Ruhl/Nina Mahrt/Johanna Töbel (Hg.), *Publizieren während der Promotion.* Wiesbaden: VS, 188–196.

Mayer, Katja (2023). Bd. In Sandra Hofhues/Konstanze Schütze (Hg.), *Doing Research.* Bielefeld: Transcript, 130–137.

Meyer, Torsten (2020). Nach dem Internet. In Jane Eschment/Hannah Neumann/Aurora Rodonò/Torsten Meyer (Hg.), *Arts Education in Transition. Ästhetische Bildung im Kontext kultureller Globalisierung und Digitalisation.* München: Kopaed, 297–305.

Moldaschl, Manfred (2018). Organisierung und Organisation von Arbeit. In Fritz Böhle/Günther G. Voß/Günther Wachtler (Hg.), *Handbuch Arbeitssoziologie.* Bd. 1, Wiesbaden: Springer, 359–400.

Przyborski, Aglaja/Wohlrab-Sahr, Monika (2014). *Qualitative Sozialforschung. Ein Arbeitsbuch.* 4., erweiterte Auflage. München: Oldenbourg.

Reinmann, Gabi/Sippel, Silvia/Spannagel, Christian (2010). Peer Review für Forschen und Lernen. Funktionen, Formen, Entwicklungschancen und die Rolle der digitalen Medien. In Schewa Mandel/Manuel Rutishauser/Eva Seiler Schied (Hg.), *Digitale Medien für Lehre und Forschung.* Münster: Waxmann, 218–229.

Rödel, Bodo (2020). *Peer Review. Entstehung – Verfahren – Kritik.* Bonn: Bibb.

Rost, Friedrich (2010). Wer schreibt, der bleibt. Artikel in den Erziehungswissenschaften. In Kethrin Ruhl/Nina Mahrt/Johanna Töbel (Hg.), *Publizieren während der Promotion.* Wiesbaden: Springer, 105–115.

Smith, Michael E. (2007). Why are so many edited volumes worthless? URL: publishingarchaeology.blogspot.com/2007/08/why-are-so-many-edited-volumes.html [24.09.2021]

MANDY SCHIEFNER-ROHS

- NEUGIER
- FREIHEIT
- DIGITALISIERUNG
- DATAFIZIERUNG als PHÄNOMEN
- SCHULE
- befriedigen
- Folgen d. Corona Pandemie für Schule + Hochschule
- Lehrer*Innenbildung
- LEHRE
- Qualität
- täglich Brot
- interdisziplinär
- auf der Suche nach SINN

Hg. Kollaboration sichtbar machen   Gesa Krebber

Die Abkürzung **Hg.** *(Herausgeber*innen) steht für den Akteur*innenkomplex einer Schrift ausgewählter publizierter Texte. Der Partikel umfasst damit auch gemeinschaftliche, relationale Praktiken, die zum gesamten Wissenschafts- und Publikationsprozess dazugehören, jedoch oft im Verborgenen bleiben. Der Beitrag geht der Frage nach, wie und warum das Konzept der Herausgeber*innenschrift transfomiert werden kann, um gemeinschaftliche Praktiken nachdrücklicher sichtbar zu machen. Künstlerisch-kollaborative Praktiken werden als Muster genommen, um neue Formen in der Wissenschaftskommunikation anzudenken.*

Hg. oder auch **Hrsg.** kann sowohl auf eine einzelne herausgebende Person als auch auf ein Team, eine Gruppe von Wissenschaftler*innen und deren gemeinsames Sammelwerk von Einzeltexten – hier manchmal als *Hgg.* (Plural) – verweisen. Diese eingespielte Praxis des Ausweisens und ausgewiesen Werdens referiert auf ein offensichtliches Konglomerat aus mehreren beteiligten Akteur*innen, dem zugehörigen Gedankenaustausch und den Handlungspraktiken wissenschaftlicher Zusammenarbeit. Es liegt die Vermutung nahe, dass der Komplex kommunitärer Prozesse im finalen Druckwerk markiert wird, denn es handelt sich hierbei, soviel ist offensichtlich, um ein Schriftwerk, dem gemeinsames Denken, Reden und Schreiben vorausging – und bei dem in vielfältigen performativen Akten wechselseitiger Produktion und Rezeption kollaborativ erarbeitete Erkenntnisprozesse zusammengeführt werden. Wie aber werden diese Kollaborationen in geisteswissenschaftlichen Herausgeber*innenschriften dokumentiert? Welche gemeinschaftlichen Praktiken macht die Herausgeber*innenschaft sichtbar? Sind möglicherweise – eben nicht nur bei der Textauslese durch die Herausgeber*innen – komplexe kollaborative Prozesse und Praktiken am Werk? Praktiken, die das Arbeiten von Akteur*innen im geisteswissenschaftlichen Netzwerk wesentlich kennzeichnen, jedoch kaum oder nur marginal in final präsentierten Druckwerken und wissenschaftlichen Publikationen der letzten Jahrzehnte offenkundig werden? Und braucht es nicht im Kontext einer digitalen Kultur, in der das sichtbare Vernetzen und Offenlegen von Wissensbeständen zur gängigen Erkenntnispraxis zählen, geänderte und erweiterte Formate, um diese Praktiken auch in der Herausgeber*innenschrift nachdrücklicher zu markieren?

Kollaboration

Die vorangestellten Fragen erwachsen aus einer Fokussierung auf gemeinschaftliche Prozesse im Kontext zeitgenössischer Erkenntnis- und Wissensgewinnung, deren Wert in den Praktiken des Teilens und der Gestaltung eines Miteinanders als wesentliche menschliche Überlebensbedingungen liegt. Wie ich in meiner Forschung herausstellen konnte (Krebber 2020: 271ff.), lohnt es sich – insbesondere im Kontext von Kunst, Bildung und Kunstpädagogik – neue Perspektiven zu Kollaboration einzunehmen und kollektivierende Praktiken produktiv zu machen. Die Kollaboration, um die es hier geht, meint verbindende, gemeinschaftliche Prozesse in der digitalen Kultur, die eine gesamte Situation und deren Zusammenspiel und nicht bloß einzelne Akteur*innen – hilfreich ist der Vergleich mit einem Korallenriff – in den Blick nehmen. In der Überbetonung individueller Wissens- und Erkenntnispraktiken liegt die Gefahr von Machtmissbrauch und einer Unzugänglichkeit des Wissens. Kollaborative Praktiken lassen sich als federführende Konzeption vieler Formate von Kunst- und Wissenspraktiken im postdigitalen Kontext beschreiben und bieten ein wertvolles Transformations- sowie Erweiterungspotential auch für (kunstpädagogische) Bildungssettings. Zugleich ist herauszustellen, dass gerade kollaborative Praktiken umfassend marginalisiert werden (von Bismarck 1996: 12ff.).

Die Intention also, kollaborative Praktiken im Kontext der Herausgeber*innenschrift zu analysieren und der Frage nach deren sichtbarer Markierung – angedeutet durch den Partikel **Hg.** – nachzugehen, lässt unterschiedliche Untersuchungsebenen wichtig erscheinen. Erstens gilt es, die Konventionen der Herausgabe in den Blick zu nehmen und auf bestehende, gegebenenfalls versteckte kollaborative Formate sowie deren Marginalisierung zu untersuchen. Zweitens soll der Einbettung von Herausgabekultur in digitalen Praktiken nachgegangen werden. In einem dritten Schritt werden sowohl die Sichtbarmachung kollaborativer Praktiken als auch neue Formen der Herausgeber*innenschaft skizziert. Zu diesem Zweck werden Subjektivierungspraktiken identifiziert, welche an Herausgeber*innenschriften gebunden sind, ebenso wie darin versteckte soziale Praktiken des Zusammenkommens unterschiedlicher Meinungen, Haltungen und Beitragsformen und der reziproken Interaktionen der Akteur*innen des Gemenges. Abschließend führt ein Ausblick zu möglichen geänderten Editionspraktiken, die von einem künstlerisch verorteten Selbstverständnis für relationale Schaffensprozesse inspiriert sind.

Konventionen der Herausgabe

Das zeitgenössische Wissenschaftsformat und -kommunikat der geisteswissenschaftlichen Herausgeber*innenschrift dokumentiert in gedruckter, schriftlicher Form die vielstimmigen Ergebnisse von Forschungsarbeiten zu einem bestimmten Rahmenthema, dem sich die meist durch einen Call, eine Tagung oder Vortragskontext geladenen Forscher*innen widmen. Die Texte sind kurz und überschaubar. Wie auch die Lehrdefinition zeigt (Ruhr Universität o.D.), ist die Ausdrucksform der Herausgeber*innenschrift durch die individuelle Zusammenstellung von Texten gekennzeichnet. Diese Leistung stellt, wie später deutlich wird, die Herausgeber*innenschaft rechtlich über die beitragenden Autor*innen (Meckel 2018), auch wenn die Urheberschaft am einzelnen Text den individuellen Autor*innen oder Gruppen vorbehalten bleibt. Es herrscht meist ein Methodenpluralismus. Die verschiedenen Autor*innen, die im Sammelwerk vereint werden, dürfen sich dem Hauptthema in der Regel mit individuellen Fragestellungen, Zugängen und der ihnen eigenen geisteswissenschaftlichen Haltung widmen. In der philologischen Praxis umfasst Herausgeber*innenschaft die Arbeit des Zusammenbringens dieser vielfältigen Kommunikate, jedoch knüpfen sich daran gewisse implizite Zuschreibungen und Errungenschaften, wie zum Beispiel gesteigertes Renommé für die Herausgeber*innen im Fachdiskurs, sei es durch die Möglichkeit des Lancierens gewisser Themen oder durch die Rolle der vorteilhaften Host-Position. Formal gibt es für die Gliederung der Herausgeber*innenschrift in den Geisteswissenschaften, verglichen mit den Naturwissenschaften oder der Medizin, wo durchweg ein streng technisierter Aufbau gefordert ist, sehr geringe Vorgaben – dennoch aber übliche Formate. Meist beginnt das Werk mit einem einleitenden Text der Herausgeber*innen, der alle Positionen des Sammelwerks in einer kurzen Überschau bespricht und in den gewählten thematischen oder strukturellen Rahmen einordnet. Gewöhnlich werden für die einzelnen Texte die Literaturverzeichnisse autonom aufgeführt. Manche Schriften sind ergänzt um ein Gesamtliteraturverzeichnis, Glossar, Anhänge zum Thema sowie wissenschaftliche Kurzbiografien der einzelnen Autor*innen und Herausgeber*innen. Teilweise formulieren die Herausgeber*innen ein Fazit oder Nachwort. Neben diesem üblichen Habitus in der Ausführung der Form steht eine Legitimität. Rechtlich ist eine besondere Stellung für die Herausgeber*innen festgeschrieben:

„Sammlungen von Werken, Daten oder anderen unabhängigen Elementen, die aufgrund der Auswahl oder Anordnung der Elemente eine persönliche geistige Schöpfung sind (Sammelwerke), werden, unbeschadet eines an den einzelnen Elementen gegebenenfalls bestehenden Urheberrechts oder verwandten Schutzrechts, wie selbständige Werke geschützt." (§4 UrhG)

Die juristische Rahmung und Gesetzgebung stärkt also den Eindruck, dass die Herausgabe per se eine besonders hervorzuhebende Leistung sei (siehe CC, Rack 2023). Eine Beobachtung der gängigen Praktiken scheint dies zu bestätigen: Das gemeinschaftlich-forschende Handeln der Akteur*innen, die im Kontext des Druckwerks auf unterschiedliche Weise dicht zusammengebracht werden, wird im etablierten Habitus der geisteswissenschaftlichen Herausgabe kaum notiert und expliziert. Wenig manifestiert sich also von den Vorgängen, die das wissenschaftliche Arbeiten im Miteinander kennzeichnen. Auf diese Weise ergibt sich eine Trennung, ein Auseinanderdriften, von einerseits sichtbarer, in Druckwerken dokumentierter wissenschaftlicher Arbeit und der versteckten Arbeit, die das miteinander (Mit-)Teilen und das gemeinsame laute und leise Denken im Forschungsprozess, die Austausch- und Begegnungssituationen sowie die Arbeit im Netzwerk umfasst. In Aktivierung von Goffman (1956: 66ff.) lässt sich die Konzeption von Vorder- und Hinterbühne[1] auch auf Praktiken der Wissenschaftskommunikation im Arbeitsprozess rund um das Phänomen von Sammelbänden anwenden.[2] Für diese Wissenschaftspraktiken ist zu konstatieren, dass es insbesondere darum geht, die konventionelle Publikationspraxis als Vorderbühne zu erhalten. Das impliziert auch, die sozialen Praktiken, die hinter Herausgeber*innenschriften stehen, zu verbergen, da mit deren Anerkennung angegriffen würde, was Wissenschaft und Erkenntnis im gängigen Narrativ ausmacht – nämlich eine vehemente Distanzierung von alltäglicher Lebenspraxis (Beaufaÿs 2015: 40ff.). Aus Wissenschafter*innensicht hingegen ist offenkundig, dass – trotz der zunehmenden Emergenz von digital bedingten sozialen Praktiken und einer aktuell beständigen Vermischung von Bühnen und Rollen – die als *soziale Handlungen* abgecancelten, konstitutiven Vorgänge tatsächlich meist auf die Hinterbühne verbannt werden. Immerhin trägt die etablierte Form der Herausgeber*innenschrift mit der Nennung der Hg. zumindest einen Verweis darauf, dass das Werk aus komplexen Zusammenarbeitsprozessen stammt. Unleugbar prägen gemeinschaftliche Umgangsformen durch Verweise, Zitate und Fußnoten sowie Erwiderungen auf bereits verfasste Hypothesen und Argumentationen den Textbetrieb der Geisteswissenschaften. Der rechtliche Wortlaut schreibt den herausgebenden Akteur*innen des Werks jedoch eine dominante Sonderrolle zu, die primär auf deren individuelle geistige Schöpfung abhebt, weniger auf die zugrundeliegenden gemeinschaftlichen Praktiken. Im öffentlichen Wissenschaftsgeschehen werden auf diese Weise geniale Leistungen Einzelner favorisiert. Die selbstverständlichen kollaborativen Arbeitsprozesse als ein hybrides Miteinander einer gängigen Praxis der Wissenschaft, die auch konstituierend für eine Herausgeber*innenschrift sind, werden im Druckwerk dagegen kaum oder gar nicht sichtbar gemacht. Eine solche Fokussierung auf Subjektivierungspraktiken des Geniekonzepts wird an anderer Stelle im Wissenschaftsbetrieb noch deutlicher: in den Auswahlverfahren für akademische Laufbahnen, den Rankings zu Bewerbungsverfahren und Projektanträgen. Hier werden Erfolg und Anerkennung über die Einzelleistung und den *Impact-Faktor* (Czepel 2010) der Einzelnen bestimmt. Solche Praktiken verfestigen die gängige Vorrangstellung der singulären Erkenntnispraxis gegenüber gemeinschaftlichen Praktiken in den hier adressierten vielfältigen wissenschaftlichen Disziplinen und führt zur Überhöhung einzelner Personen, in deren Schatten wesentliche Teilhaber*innen am Erkenntnisprozess unsichtbar werden. Das Narrativ renommierten wissenschaftlichen Arbeitens in größtmöglicher Distanz zu sozialen Bestrebungen wird gestärkt.

Digitale Herausgeber*innenschaft

Betrachtet man Publikationspraktiken im Kontext aktueller digitaler Medienkultur, wird deutlich, wie sehr sich kollaborative Muster als grundlegende Handlungsform hierin bereits etabliert zu haben scheinen und Teilen, Verweisen sowie gemeinsames Arbeiten sichtbarer werden. Auch Herausgeber*innenschriften sind im digital bedingten Kontext meist grundlegend in kollaborative Praktiken eingebunden, welche die Kommunikation und Vermittlung wissenschaftlicher Erkenntnisse medial erweitern und transformieren. Zweifelsfrei wird in den Herausgeber*innenschriften im Internet durch Hyperlinkstrukturen in Netzwerken sichtbar, dass sich die Ergebnisse von Wissenschaftler*innen selbstverständlich in einem Miteinander und als geteilte Erkenntnis verorten lassen. Die Herausgeber*innen bilden *nur eine* wichtige Einheit neben weiteren Akteur*innen in den insgesamt vielfältigen kollaborativen Praktiken im Internet, welche durch Verlinkung, Kommentierung und wechselseitige Referenzen als Miteinander in Netzwerken markiert werden. Wissenschaftliche Texte werden hier in größeren Kontexten wie Publikationsplattformen von Forschungseinrichtungen oder Blog-Formaten erfasst. Der Zugang zu Beiträgen aus Herausgeber*innenschriften ist darin anders als im Druckwerk geregelt: Texte einzelner Wissenschaftler*innen lassen sich einerseits einzeln erwerben und herunterladen, so dass die im Printmedium etablierte Rahmung durch die Herausgeber*innenschaft hinfällig erscheint. Andererseits erfolgt der Zugang zu Texten kaum mehr über den solitären Einzeltext, sondern über seine vielfältigen Einbettungen in Netzwerken, womit sich das Textwerk mehr als komplexes Hybrid denn als einheitliches Endergebnis beschreiben lässt. Zudem ist der Text im Kontext einer Herausgeber*innenschrift sowohl formalen digitalen Forschungsmarkierungen als auch informellen sozialen Vernetzungspraktiken des Internets ausgesetzt. Aktuell haben sich solche kollaborativen Medienpraktiken im Wissenschaftstransfer teilweise etabliert. Sie stehen dennoch in einem starken Kontrast zum bestehenden Printmedienbetrieb oder vielmehr einer Haltung, die aus dieser Wissenschaftspraxis stammt und die in digitale Publikationsstrukturen zu übertragen versucht wird. In dieser Haltung vermitteln die Ergebnisse wissenschaftlicher Arbeit meist wenige Codes kollaborativer digitaler Praktiken. So wird deutlich, dass eine transformierte Perspektive auf Herausgabe an der Zeit ist, um bestehende Kollaboration, die sich bereits an den gängigen digitalen Praktiken zeigt, auch im Herausgeber*innendruckwerk mitzudenken und auszuweisen.

Reclaiming Collaboration!

Gerade für die geisteswissenschaftlichen Forschungscommunities ist davon auszugehen, dass gemeinschaftliche Arbeit, das *Doing Research Together*, im Zentrum forschenden Handelns steht – auch wenn aktuell noch immer die Silberrückenmentalität die alltäglichen Machtkämpfe der Wissenschaftsbereiche um mehr Geltung, Clickrates und Zitations-Impact prägen. Forschungsarbeit bedingt sich aus vielen sozialen Situationen, Sprechakten, Taten und Handlungen, auch wenn die gängige Praxis etwas anderes proklamiert (Beaufaÿs 2015: 50). Gemeinschaftliche Praktiken werden selten dem Mainstream-Erfolg von Forschungsarbeit zugerechnet, sondern häufig als unwissenschaftlich abgetan (Haraway 2007/1988: 281f.). Mit Haraway gesprochen hieße ein Reclaiming von Kolllaboration, Arbeit daran zu leisten, die sozialen Phänomene verstärkt zu betrachten und die Wissenschaftspraktiken der Herausgeber*innenschaft auf inhärente, unentdeckte, aber vorhandene und potenziell zu verstärkende kollaborative Praktiken zu untersuchen sowie die soziale Konstruiertheit von kollaborativen Textpraktiken zu explizieren. Dafür gilt es erstens, den Bereich der etablierten Herausgabe-Praktiken, bei denen spezifisch kollaborative Formate nur implizit vorliegen und bisher wenig beschrieben oder bewusst hervorgetan oder genutzt wurden, zu untersuchen und so genannte *hidden achievements* (Stankiewicz/Zimmermann 1984: 113ff.; Dorner 1999: 197) offenzulegen. Zweitens geht es um die Entwicklung eines zukünftigen Szenarios, das neue Formate und Wege der Wissenschaftskommunikation beschreibt, um *Doing Research* als das Konglomerat noch zu elaborierender gemeinschaftlicher Prozesse auch im Kontext der Herausgeber*innenschrift in Erscheinung treten zu lassen. Dieser Text dient als Denkexperiment, um eben diese versteckte kollaborative Performance und neuartigen Dokumentationsformen von Wissensproduktion zu erfassen und Möglichkeiten der Erweiterung für den Wissenstransfer aufzuspüren.

Erweiterte Textformate, sichtbare Gemeinschaft

Was wären also denkbare Formate des Zeigens gemeinschaftlicher wissenschaftlicher Kommunikation in Herausgeber*innenschriften? In den Naturwissenschaften wird seit einigen Jahren mit großem Erfolg in Ergänzung zu offiziellen Texten und Forschungsergebnissen das *Behind The Paper* lanciert, das in erzählendem Stil den Forschungsprozess rückblickend kommentiert. Die umfassende Situation, die Höhen und Tiefen des Gesamtprozesses eines Forschungsprojekts, werden in den Fokus gerückt. In einem *Behind The Paper* kann von Austauschprozessen auf Tagungen und anderen Fachzusammenkünften, von Beschlüssen der Herausgeber*innengruppe, von Interessenkonflikten oder Handlungswidersprüchen im Kontext unterschiedlicher Projektförderungen berichtet werden. Dieses Paper kann als ergänzender Textpart publiziert werden, wodurch eine Herausgeber*innenschrift Handlungen der Hinterbühne sichtbar macht – und sich zugleich als Konglomerat unterschiedlicher Subjektivierungsformen in der Erkenntnispraxis präsentiert. Gerade in den Geisteswissenschaften bietet ein solches Textformat die Chance auf Erweiterung, um Gespräche zu Zweifeln oder Fragen zwischen Herausgeber*innen und Autor*innen sowie Lektoratsprozesse hervorzuheben und zu explizieren. Vernetzungen und Absprachen zur thematischen Ausrichtung, Threads oder Vereinbarungen zum gemeinsamen Überprüfen des Werks – also die interaktiven Kommunikationsakte der fragenden und suchenden Forscher*innen – könnten transparenter und damit auch wiederholbar gemacht werden. Damit würde die Dokumentation nicht zuletzt speziell der Aufgabe von Wissenschaft gerecht werden. Diese Arbeitsweisen würden darüber hinaus neue Akteur*innen einladen, die noch nicht in der Forschungscommunity präsent sind. Ihnen würden die Codes der Wissenschaftskommunikation nachvollziehbar zur Verfügung gestellt. Das Narrativ, Forschungsarbeit und Textproduktion im Kontext von Herausgabeprozessen als soziale Situationen zu verstehen, würde deutlich gestärkt.

Kollaborative Mindsets in der Kunst

Formate der Kunst bieten konkrete Anregungen für eine Transformation von Arbeitsformen in Richtung Gemeinschaft, Teilhabe und Zusammenarbeit in Erkenntnisprozessen, auch im Wissenschaftsfeld. Adressiert werden hierbei insbesondere veränderte Subjektivierungspraktiken, die Betonung von sozialen Praktiken als Teil der Kunstproduktion und die damit verbundene Erweiterung des Werkbegriffs um den Netzwerkgedanken (Mader 2012: 8). Mit meiner Forschung zu kollaborativen Praktiken in der Kunst zeige ich auf, dass diese sich als der federführende Aktionsmodus zeitgenössischer künstlerischer Praxis und in kunstvermittelnden Bildungssettings beschreiben lassen (Krebber 2020: 75ff.). Zeitgenössische künstlerische Praktiken halten einen ergiebigen Vorrat kollaborativer Praktiken bereit (Lind 2007; Spampinato 2015; Terkessidis 2015), die im Sinne einer *Arts Informed Research* auch für die Veränderung und Entwicklung von wissenschaftlichen Text- und Kommunikationsformaten wie der Herausgeber*innenschrift herangezogen werden können. Die künstlerischen Formen weisen ein neues Selbstverständnis in der künstlerisch-produktiven Arbeitshaltung in unterschiedlichsten Situationen auf – sei es die Arbeit im Atelier oder in situ, die Ausstellungspraxis oder die Vermittlung und Öffentlichkeitsarbeit im Umgang mit Rezipient*innen. Ein gewandeltes Konzept des Künstler*innensubjekts spielt dabei eine wesentliche Rolle. Künstlerische Produktion wird unter dem Gesichtspunkt relationaler Aspekte – im Werk selbst wie auch in dessen spezifischen Kontexten, etwa der Autor*innenschaft – begriffen. Es erfolgt eine deutliche Abkehr von der Fixierung auf Geniekonzeptionen (von Bismarck 1996: 12ff.). In den letzten Jahren erhalten gemeinschaftliche Strategien in der Kunst besonderen Zulauf, weil sozial-digitale Vernetzungspraktiken und daraus erwachsene Konglomerate aus menschlichen und nicht-menschlichen Akteur*innen gleichermaßen auch die Selbstverständlichkeit eines gemeinschaftlichen ästhetischen Schaffens nach sich zieht. Dabei werden auch die Notwendigkeit und das Unwiederbringliche als Werte dieses Miteinanders markiert. Kollaboratives ästhetisches Arbeiten definiert Mader dabei „nicht nur in einem engen Verständnis als soziales, gezielt gemeinsam agierendes Vielfaches"; sondern vielmehr als komplexe Gefüge, „an denen im Sinne Latours eine Vielzahl von Personen und Nicht-Personen beteiligt sind" (Mader 2012: 8f.). Herausfordernd ist an den kollaborativen Praktiken, dass sie hybrid, ambivalent, fluide und wandelbar auftreten. Dies ist charakteristisch für ihre Einbettung in dynamische, handlungsbezogene Situationen. Konkret lassen sich aus den so beschriebenen künstlerischen Praktiken drei wesentliche Aspekte eines Grundverständnisses von Gemeinschaftlichkeit ableiten und auf die Vorgänge rund um Herausgeber*innenschaft übertragen: Zum einen sticht die dezidierte

Sichtbarmachung des Kollektivs, des Gemischs, des Gemeinsamen-Machens heraus. Ein Schaffenskonzept wird propagiert, das nicht vom einzelnen Genius als Grundmodell ausgeht, sondern von der Gemeinschaftlichkeit. Die *Gorilla Girls* setzen beispielhaft deutlich auf die Kraft der Vielen, um implizite Stimmen des Kunstschaffens auf die Bühne zu bringen. Zweitens wird deutlich, dass das Miteinander des Kunst-Machens als soziale Situation markiert und nicht als unkünstlerisch abgetan wird. Die sozialen Aktionen werden offensichtlich als wertvoller Teil des künstlerischen Prozesses markiert und gehören mit zu einer erweiterten Auffassung des Kunstwerks. Das umfasst beispielsweise auch die Mündlichkeit, die in künstlerischen Audio- und Videoformaten aktuell eine relevante Rolle spielt – etwa bei *ruangrupa* (Spampinato 2015: 188ff.), die als Künstler*innen- und Kurator*innenteam vielfältige Talks und Livestreams in vielfältigen Kanälen anbieten. Für eine Transformation der Herausgeber*innenschaft geht es diesen Aspekten folgend darum, Plattformen zu schaffen, auf denen es möglich wird, sich in unterschiedlichen Rollen und Hierarchien zu begegnen und sich gegenseitig zuzuhören.

Drittens wird die Praxis als Teil eines Netzwerks verstanden, bei dem diverse Akteur*innen wichtig sind. Der Werksbegriff als finales Produkt wird erweitert und das Netzwerk somit zu einer wesentlichen ästhetisch wahrnehmbaren Form. Das New Yorker Künstler*innenkollektiv *DIS* etwa proklamiert für kollektives künstlerisches Arbeiten das komplexe Zusammentreffen unterschiedlicher Expertisen und Rollen. In ihrer künstlerischen Arbeit zeigen *DIS*, dass einzelne Ergebnisse nicht individuellen Gruppenmitgliedern zugeordnet werden müssen, um einen Wert zu tragen. Es wird hingegen als wertvoll herausgestellt, *dass unklar bleibt*, wer was geschrieben, wer welches Bild wie konstruiert oder hergestellt hat. Auf diese Weise entzieht sich die Künstler*innengruppe der Zuschreibung zu einer individuellen Person und deren Autor*innenschaft – und damit letztendlich gängigen Subjektivierungspraktiken. Analog hierzu könnte ein Sammelband nicht als individuelle Schöpfung der Herausgeber*innen, sondern unter dem Namen der Gemeinschaft, einem Pseudonym oder Label, herausgegeben werden. Auch das Performance- und Theaterkollektiv *geheimagentur*[3] sieht einen Zugewinn darin, selbst nicht zu wissen, „wer und wie viele ihm angehören" (Ziemer 2013: 147). Das fluide Team funktioniert wie ein Label. Ein Beitritt zu ihren künstlerischen und kulturellen Aktionen nach dem Prinzip von Open Source ist hier und jetzt sofort möglich. Die Ideen werden frei zur Verfügung und zum Weitermachen bereitgestellt.

Mit dem *Collaborative Book Sprint* wechseln wir auf ein künstlerisch-experimentelles Beispiel auf textlicher Ebene, das insbesondere die Sichtbarmachung von kollektiven Schaffensprozessen insgesamt ergründet und reflektiert. Das Team des Sprints erprobte auf der Transmediale Berlin im Jahr 2010 die Offenlegung des Prozesses, bei dem sie über einen kürzeren Zeitraum gemeinschaftlich ein Buch schrieben und publizierten (Hyde 2010). Solche Versuche werden immer wieder ausprobiert, sind jedoch häufig noch in Nischen verortet. Sie zeigen auf, wie gemeinschaftliche Denkarbeit zu einem Textprodukt führen kann, das deutlich abbildet, wie und mit wie viele(n) gemeinsam gedacht wurde. Das Forscher*innennetzwerk Hallmann/Hofmann/Knauer/Lembcke-Thiel/Preuß/Roßkopf/Schmidt-Wetzel (2021) lotet im Kontext der kulturellen Bildung das Schreiben eines gemeinsamen Textes aus, indem dessen Form dialogische Aspekte, gegensätzliche oder plurale Ansichten sowie unterschiedliche Ebenen von Ergebnissen aus dem Team erfasst. Das Team erweitert mit dem Text also die Textbühne und greift auf Formate des Hackings in Mini-Interventionen zurück. Das Textformat erinnert dabei beinahe an einen Chat-Verlauf. Formate wie der *Collaborative Book Sprint* oder das Textprojekt von Hallmann et al. stoßen kritische Selbstreflexionen für den geisteswissenschaftlichen Betrieb und seine kommunikativen Formate an. Es stellen sich Fragen nach der Bedeutsamkeit der üblichen Endprodukte. Die Überlegung legt nahe, sich mehr und mehr von gedruckten Textformen zu verabschieden und sich performativen, auditiven oder videografischen dialogischen Formaten zuzuwenden. Aber auch in gedruckten Publikationsformaten können spezifische Gestaltungsformen kollaborative Wege des Erkenntnisgewinns und Forschungsprozesses im Text herausstellen. Wesentlich sind etwa das Gestaltungselement von Marginalienspalten sowie QR-Codes, die auf performative, auditive oder videografische Wissenschaftsformate verweisen, die das Dialogische betonen. Denkbar sind erweiterte Textformate, die Narrationen zum gemeinschaftlichen Forschungsprozess mittels eines *Behind the Paper* oder in Visualisierung von Forschungsnetzwerken weitergeben. Gavin Parkinson (2011)[4] experimentiert hierzu und erweitert die gängigen Textanforderungen im Kontext der Kunstgeschichte mit seinem Text *(Blind summit) art writing, narrative, middle voice*. Er lässt sich von der Frage leiten, wie unterschiedliche Erkenntnisprozesse bei der Bildbetrachtung radikal in kunstwissenschaftlichen Texten dokumentiert werden können und betreibt dabei eine aktive Auseinandersetzung mit der Herausforderung eines Bruchs mit der Linearität. In der Marginalienspalte dokumentiert er unterschiedliche Zustände seiner mit üblichen Mitteln der Wissenschaft schwer zu dokumentierenden ästhetischen Erfahrungen und Kunstbetrachtungen. Er lässt diese Erkenntnisse ausdrücklich sowohl im Prozess als auch im final gedruckten Textwerk zu. Diese zugegebene risikoreiche Haltung ermöglicht der Leserschaft ein wesentlich umfangreicheres Bild von Forschungsprozessen und bietet vielfältigere Anschlüsse.

Doing Research together!

Um Forschung als Gemeinschaftsaufgabe auch in Herausgeber*innenschaft sichtbar zu machen, bedarf es den hier umrissenen Überlegungen zufolge einer umfassenden Transformation von Subjektivierungspraktiken und Arbeitsprozessen der Wissenskommunikation im Kontext von Veröffentlichungsformaten. Ziel ist es, eine qualitative Wissenschaftskultur im Kontext des Digitalen zu etablieren, deren Akteur*innen sich bewusst um Darstellungsformen ihres Netzwerk-Verständnisses kümmern, Zusammenarbeit nachvollziehbar gewährleisten und kollaborative Erkenntnisprozesse fördern. Die folgende Liste soll erste Impulse geben, wie solche gemeinschaftlich forschenden Praktiken im Kontext geisteswissenschaftlicher Herausgeber*innenschriften zukünftig sichtbar gemacht werden könnten:

- Publikationsprozesse als Kollektiv protegieren
- Selbstverständnis als Gruppe einüben
- mit Gruppennamen oder Pseudonymen experimentieren und kommunizieren
- die Haltung der kollektiven Herausgeber*innenschaft stärken
- Publikationsbündel aufbauen: *Behind The Papers*, Textkonglomerate, Druckformate und digitale Vernetzungspraktiken verknüpfen
- Visualisierung des für die Herausgeber*innenschrift konstituierenden Arbeitsnetzwerks im Druckwerk (etwa anhand von Netzwerkkarten der beteiligten Akteur*innen)
- Interventionen im Text: Marginalienspalten mit Verweisen, Links, QR-Codes zu Talks, Audio- und Video-Formaten
- Dialogische beziehungsweise gesprächsbezogene Formate als Wissenschaftsergebnis protegieren

Die Liste bedarf vielfältiger Ergänzungen. In jedem Fall kommen anspruchsvolle Aufgaben auf zukünftige Herausgeber*innen zu: Im Anschluss an Haraway obliegt ihnen eine besondere Verantwortung, die Forschungsarbeit als kollaborative Situation zu markieren und das Narrativ des Miteinanders von wissenschaftlichem Handeln und sozialen Prozessen zu lancieren.

Anmerkungen

1 Zur Frage nach der Aktualität Goffmans siehe Dellwing (2014).
2 Den Hinweis zu Goffman verdanke ich der Herausgeberin dieser Publikation Prof. Sandra Hofhues im Entstehungsprozess dieses Beitrags.
3 Zum Selbstverständnis des Kollektivs geheimagentur siehe: URL https://www.geheimagentur.net/about/ [14.01.2022].
4 Von dieser inspirierenden Sichtbarmachung von Denkprozessen im Textexperiment Gavin Parkinsons berichtete Tilo Reifenstein im Vortrag *Von der Verflechtung der künstlerischen Forschung mit dem Schreiben als Praxis* am 05.11.2020 auf der Tagung howtoAER. *How to Arts Education Research*. URL: howtoaer.com/programm/ [14.10.2021].

Referenzen

Beaufaÿs, Sandra (2015). Die Freiheit arbeiten zu dürfen. Akademische Laufbahn und legitime Lebenspraxis. *Beiträge zur Hochschulforschung, 37*(3), 40–59.

Czepel, Robert (2010). Kann wissenschaftliche Qualität gemessen werden? *Science ORF.at*. URL: sciencev1.orf.at/science/news/58648 [18.08.2021]

Dellwing, Michael (2014). *Zur Aktualität von Erving Goffman*. Wiesbaden: Springer.

Dorner, Birgit (1999). *Pluralismen-Differenzen. Positionen kunstpädagogischer Frauenforschung in Deutschland und in den USA seit dem Ende der 60er Jahre*. Münster: LIT-Verlag.

Goffman, Erving (1956). The Presentation of Self in Everyday Life. University of Edinburgh Social Sciences Research Centre 1956, 161 S. In Samuel Salzborn (Hg.), *Klassiker der Sozialwissenschaften*. Wiesbaden: Springer, 197–200.

Hallmann, Kerstin/Hofmann, Fabian/Knauer, Jessica/ Lembcke-Thiel, Astrid/Preuss, Kristine/Rosskopf, Claudia/Schmidt-Wetzel, Miriam (2021). Interaktion und Partizipation als Handlungsprinzip. Ein gemeinsamer Selbstversuch. *Kulturelle Bildung Online*. URL: kurzelinks.de/br9w [05.07.2021]

Häntzschel, Günter (2013). Sammelwerk. In Natalie Binczek/Till Dembeck/Jörgen Schäfer (Hg.), *Handbuch Medien der Literatur*. Berlin et al.: De Gruyter, 260–265.

Haraway, Donna (2007/1988). Situiertes Wissen. Die Wissenschaftsfrage im Feminismus und das Privileg einer partialen Perspektive. In Sabine Hark (Hg.), *Dis/Kontinuitäten. Feministische Theorie*. Wiesbaden: Springer, 281–298.

Hyde, Adam/Linksvayer, Mike/Mandiberg, Michael/Peirano, Marta/Zer-Aviv, Mushon/Toner, Alan (2010). *Collaborative Futures*. Berlin et al.: FLOSS Manuals.

Krebber, Gesa (2020). *Kollaboration in der Kunstpädagogik. Studien zu neuen Formen gemeinschaftlicher Praktiken unter den Bedingungen digitaler Medienkulturen*. München: Kopaed.

Lind, Maria (2007). The Collaborative Turn. In Johanna Billing/Maria Lind/Lars Nilsson (Hg.), *Taking the Matter into Common Hands. On Contemporary Art and Collaborative Practices*. London: Black Dog Publishing, 15–31.

Mader, Rachel (2012). *Kollektive Autorschaft in der Kunst. Alternatives Handeln und Denkmodell*. Bern: Peter Lang.

Meckel, Astrid (2018). Herausgeber. *Gablers Wirtschaftslexikon*. URL: kurzelinks.de/7iwq [18.08.2021]

Parkinson, Gavin (2011). (Blind summit) art writing, narrative, middle voice. In Catherine Grant/Patricia Rubin (Hg.), Special Issue: Creative Writing and Art History. *Art History Journal, 34* (2), 268–287.

Rack, Fabian (2023). CC. In Sandra Hofhues/Konstanze Schütze (Hg.), *Doing Research*. Bielefeld: Transcript, 154–161.

Ruhr Universität (o.D.). Reader für das Orientierungstutorium am Germanistischen Institut „Wissenschaftliches Schreiben". URL: kurzelinks.de/ndk3 [17.05.2021]

Spampinato, Francesco (2015). *Come together. The Rise of Cooperative Art and Design*. New York: Princeton Architectural Press.

Stankiewicz, Mary Ann/Zimmermann, Enid (1984). Women's Achievements in Art Education. In Georgia Collins/Renee Sandell (Hg.), *Women, Art, and Education*. Reston: National Art Education Association.

Terkessidis, Mark (2015). *Kollaboration*. Berlin: Suhrkamp.

von Bismarck, Beatrice (1996). Longing for Heroes. Die Konstruktion Bruce Naumans in Kunstgeschichte und Kunstkritik. In Beatrice von Bismarck/Diethelm Stoller/Ulf Wuggenig (Hg.), *Games, Fights, Collaborations. Das Spiel von Grenze und Überschreitung. Kunst und Cultural Studies in den 90er Jahren*. Ostfildern-Ruit: Cantz, 12–17.

Ziemer, Gesa (2013). *Komplizenschaft. Neue Perspektiven auf Kollektivität*. Bielefeld: Transcript.

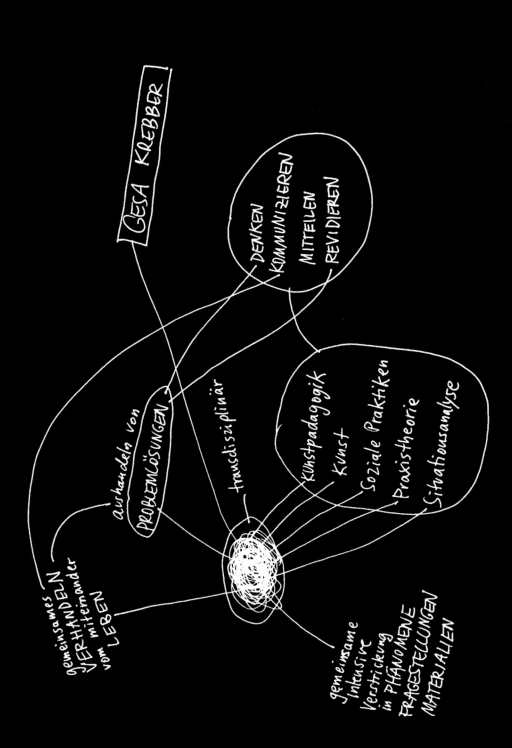

i.d.R. (K)eine Regel für die Regel?   Sina Musche,
                                       Jennifer Grüntjens

Ausgehend von der Abkürzung **i.d.R. (in der Regel)**, *geht der Beitrag dem Regelhaften in Gesellschaft und Wissenschaft auf die Spur. Dabei wirft er einen situierten und kritischen Blick auf die (versteckten) Regeln, die an Gewohnheiten und Standards gebunden sind, sowie den damit verbundenen unreflektierten Einsatz der genannten Abkürzung – und hinterfragt, wie normative Setzungen dadurch wiederholt und gefestigt werden.*

Entsprechend den Eintragungen in Online-Wörterbüchern und Abkürzungsverzeichnissen bedeutet die Abkürzung **i.d.R.** (in der Regel) so viel wie *meistens, für gewöhnlich, normalerweise* und *fast immer* (Wiktionary 2020; Abkuerzungen.de o.D.; Wortbedeutung.info o.D.). Über diesen kurzen linguistischen Zugang hinausgehend, wollen wir uns assoziativ der Bedeutung der Abkürzung **i.d.R.** annähern: Wir gehen davon aus, dass diese in Texten wahrscheinlich zum Einsatz kommt, um auf bestimmte Konventionen, Normen, Gewohnheiten oder Vorschriften, auf eine Art Gesetzmäßigkeit, hinzuweisen. Eine Gesetzmäßigkeit, an die sich allgemein oder normalerweise gehalten, die beachtet und auch von weiteren Personen geteilt wird. Mit dieser Annäherung nehmen wir im folgenden Beitrag besonders in den Blick, ob **i.d.R.** zwangsläufig mit einer Form von Regeln in Verbindung steht; was diese Regeln sind, wer diese Regeln festlegt und ob es, wie die Abkürzung impliziert, immer auch etwas abseits von *(in) der Regel* geben muss – was dies ist und bedeutet.

Schlaglichter auf verschiedene Perspektiven

Die Suche nach der Bedeutung und den Hintergründen der Abkürzung **i.d.R.** über einschlägige Suchmaschinen sowie in wissenschaftlicher Literatur hat uns disziplinübergreifend zu einer vorläufigen Erkenntnis geführt: Obwohl es um eine Bezeichnung für etwas *Regelmäßiges, Gewöhnliches* und *Normales* geht, scheint es doch paradoxerweise für die Abkürzung selbst *keine* Regel zu geben. Dadurch, dass es offenbar kaum Auseinandersetzungen mit dieser in der wissenschaftlichen Praxis so selbstverständlich eingesetzten Abkürzung gibt, rückt für uns die Frage in den Mittelpunkt, ob eine so setzende Begrifflichkeit wie *in der Regel* überhaupt als Konsens betrachtet werden kann. Ist denn klar, was *die Regel* ist, sodass man diese ohne weitere Erklärung in der wissenschaftlichen Praxis einsetzten kann?

Vor diesem Hintergrund ist es uns wichtig, zu betonen, dass wir diese voraussetzende Geste eben nicht vollführen wollen; es geht uns mit diesem Beitrag keinesfalls darum, die bisher fehlende Begriffserklärung nachzuliefern und als allgemeingültig zu verstehen. Stattdessen rücken wir den Prozess des Annäherns, des Hinterfragens und damit auch des Dekonstruierens der Abkürzung in den Fokus und befragen dabei stets unsere eigene Positionierung. Ganz im Sinne Donna Haraways (1995) soll die Situierung des Forschungsprozesses betont werden: So stellt Haraway in ihrer Auseinandersetzung mit dem Begriff der Objektivität fest, dass es kein universelles Wissen geben kann und Wissensproduktion stattdessen als politisch, verkörpert, partikular und lokal zu verstehen ist – hierfür steht ihr Begriff der *Situierung* (1995). Daraus folgt, dass es – wenn wir Haraways Gedankengang ernst nehmen – eigentlich keine Regel für **i.d.R.** geben kann. Denn jede Form der Produktion von Wissen ist an das jeweilige Subjekt gebunden, das wiederum in eigene soziale Prägungen eingebunden ist.[1] In der Praxis aber, sowohl in der wissenschaftlichen als auch in der des gesellschaftlichen Lebens, spielen Regeln eine wichtige Rolle. Dass mit den verwandten Begriffen *normalerweise* und *für gewöhnlich* starke Normativität und Kategorien erzeugt werden, die wiederum Ausschlüsse des *nicht-Gewöhnlichen* bedingen, zeigt sich in vielfältigen gesellschaftlichen Debatten – und dass eben diese normativen Setzungen immer auch in Machtgefüge eingebunden sind, ist hinreichend bekannt (Butler 2002; Foucault 1978).

An dieser Stelle wird also bereits deutlich, dass die Auseinandersetzung mit der Abkürzung **i.d.R.** auf gesamtgesellschaftliche Debatten hinweist und – so zumindest die These – Teil eben dieser ist. Schlaglichter auf angrenzende Perspektiven, auf die wir im Prozess des Recherchierens gestoßen sind, legen wir nun in Ansätzen offen. In welche Bedeutungsgefüge demnach **i.d.R.** eingebunden ist und welche Implikationen aus ihrer Verwendung folgen können, dekonstruieren wir aus unserer eigenen, situierten Perspektive.

Thomas Hobbes' Gesellschaftstheorie

Konventionen, Gesetzmäßigkeiten und *Normen* sind enge Verwandte des Regel-Begriffs. Da unser menschliches Zusammenleben von Regeln strukturiert wird, ist es naheliegend, sich im Rahmen obiger Zielsetzung zuerst mit der Entwicklung des geregelten, sogenannten *zivilisierten* gesellschaftlichen Lebens auseinanderzusetzen. Dieser Gedanke führt(e) zur Beschäftigung mit philosophischen Gesellschaftslehren. Der Fokus unserer ersten Annäherung soll dabei auf der Gesellschaftstheorie von Thomas Hobbes (1984) liegen, die auf der Annahme basiert, dass der Mensch planvoll und absichtsgeleitet handeln kann. Hobbes' Theorie zeichnet nach, dass dieses individualistisch zu verstehende Handeln durch das Streben des Menschens nach „Macht, Reichtum, Wissen und Ehre" (ebd.: 66f.) auf der einen und seiner Sehnsucht nach „Frieden und Selbsterhaltung" (ebd.: 164) auf der anderen Seite geleitet wird. Aufschlussreich für die hier verfolgte Fragestellung ist, dass Hobbes den Zustand ohne jegliche gesellschaftliche Ordnung als *Naturzustand* bezeichnet – ein Zustand, in dem jeder Mensch anderen schaden müsse, um seinem eigenen Begehren nachzugehen. Dieser „reine Zustand der Natur" sei dementsprechend sehr gewaltvoll: „[...] das menschliche Leben ist einsam, armselig, ekelhaft, tierisch und kurz" (ebd.: 96). Hobbes argumentiert daraufhin (ebd.: 102), dass die Vermeidung des eigenen Todes trotz aller anderen Begehren immer das dringlichste Anliegen des Menschen sei; es sei deshalb im Interesse aller, auf das Recht der Gewaltanwendung zu verzichten und es stattdessen einer zentralen Instanz zu übertragen, sodass Frieden entstehe. Diese Zentralinstanz, die auch unter dem *Souverän* bekannt ist, kennzeichnet die Theorie. Hobbes zufolge beruhe die Gesellschaftsbildung damit auf zwei Verträgen: Im ersten, dem Gesellschaftsvertrag, müssten die Menschen zustimmen, eine „Gesellschaft zum Zwecke gegenseitiger Hilfeleistung zu bilden" (Hobbes 1994: 84); im zweiten müssten sie sich darauf einigen, einen politischen Körper in Form eines Staates zu gründen. Die zentrale These dahinter ist klar: Gesellschaftliche Konflikte können durch die Etablierung vertragsbasierter Herrschaftsverhältnisse gelöst werden (Bonß/Dimbath/Maurer/Pelizäus/Schmid 2021). Aus Sicht dieser Gesellschaftstheorie, die bis heute rezipiert und verhandelt wird, kann es eine friedliche, funktionierende soziale Ordnung nur dann geben, wenn gewisse Regeln und Abkommen bestehen, an die sich alle Beteiligten halten (beziehungsweise die bei Nichteinhaltung vom Souverän sanktioniert werden). Weil die Menschen im *Naturzustand* keine Regeln akzeptierten, gäbe es ihre ständige Übergriffe und einen „Kampf aller gegen alle" (Hobbes 1994: 69). Hobbes' Theorie stellt jedoch nur das Grundgerüst einer Lehre über gesellschaftliche Ordnung dar. Denn Hobbes setzt sich wenig mit dem speziellen Handeln menschlicher Individuen auseinander, sondern vor allem mit den darin verankerten Normen und Gesetzmäßigkeiten. Auch daher soll – mindestens in Ergänzung, wenn nicht im Gegensatz zu Hobbes – im Folgenden *Die Goldene Regel*[2] aus moralphilosophischer Sicht aufgezeigt werden.

Die Goldene Regel

Unter der *Goldenen Regel* wird seit Ende des 18. Jahrhunderts ein Moralprinzip verstanden, das in Form des Sprichworts „Was du nicht willst, daß [sic!] man dir tu', das füg' auch keinem andern zu!" (Hoche 1978: 357) im deutschen Sprachgebrauch zu finden ist. Es fordert, jede Person entsprechend so zu behandeln, wie man sich die Behandlung der eigenen Person an ihrer Stelle wünschen würde (ebd.; Reiner 1948).

Nach Hoche (1978) sind mit der Goldenen Regel – die primär angewendet werden kann und soll – um über ein Gedankenexperiment herauszufinden, wie in bestimmten Situationen (moralisch und ethisch) zu handeln oder zu entscheiden ist – bestimmte Vorstellungen von allgemeinen Rechten und Pflichten verbunden. Darüber hinaus hat die Goldene Regel auch mit Vorstellungen von *Angemessenheit* und *Gerechtfertigkeit* zu tun. Eine Person überlegt bei der Anwendung der Goldenen Regel meist nicht nur, wie sie sich ihre eigene Behandlung in der gleichen Situation wünscht, sondern auch, welches Verhalten gesellschaftlichen Normen und Regeln entsprechen würde. Im Versuch einer Anbindung an unsere Abkürzung hilft die Goldene Regel einerseits dabei, herauszufinden, wie in einer (hypothetischen) Situation *in der Regel* moralisch zu entscheiden oder zu agieren ist; andererseits gibt sie auch vor, welches Verhalten *in der Regel* angebracht beziehungsweise vertretbar ist. Handlungen oder Entscheidungen, die nach der Goldenen Regel ausgerichtet werden, könnten demnach als eine Entsprechung für ethisch und moralisch angemessenes, regelhaftes, normales und gewöhnliches Verhalten betrachtet werden.

Regeln (in) der Wissenschaft

Ein weiteres Schlaglicht, das besonders in Bezug auf den Rahmen des vorliegenden Bandes *Doing Research* für unsere Abkürzung relevant erscheint, ist die Betrachtung von Regeln in der Forschung beziehungsweise Wissenschaft. Zu den Regeln, die in der Wissenschaft[3] *für gewöhnlich* befolgt werden, gehören etwa Zitierregeln, die unabdingbar für das wissenschaftliche Arbeiten sind, welches wiederum selbst regelhaften Grundsätzen folgt. Darüber hinaus könnten auch empirische Erhebungs- und Auswertungsmethoden, deren Schritt je nach Forschungsvorhaben bei einem systematischen Vorgehen im Forschungsprozess zu befolgen sind, als mindestens regelgeleitet oder gar regelhaft bezeichnet werden. Ferner lässt sich einen Schritt zurücktreten und über *Regeln* oder das *Regelhafte* in der Entwicklung der Wissenschaft(sgeschichte) selbst nachdenken.

Erstens kann dabei für wissenschaftliches Arbeiten – als Kern guter wissenschaftlicher Praxis – festgehalten werden, dass bestimmte Regeln, Anforderungen oder Techniken anzuwenden beziehungsweise zu befolgen sind, um das Ziel von Wissenschaft und Forschung zu erreichen. Dieses Ziel ist, verkürzt, systematisch neue Erkenntnisse zu erlangen, die intersubjektiv nachvollziehbar sind (Bänsch/Alewell 2020). Regeln, die zum Erreichen dieses Zieles befolgt werden müssen, sind etwa das Formulieren und Beantworten einer Forschungsfrage – das Aufstellen von Hypothesen, vor allem in der quantitativen Forschung – oder auch (besonders für Qualifikations- und Abschlussarbeiten) die Gliederung in Einleitung, Hauptteil und Schluss (ebd.; Karmasin/Ribing 2019; Przyborski/Wohlrab-Sahr 2014). Diese und weitere essenzielle Bestandteile wissenschaftlichen Arbeitens können als Grundlagen angesehen werden, die es *in der Regel* zu beachten gilt – Regeln, damit eine wissenschaftliche Arbeit allgemein geltenden wissenschaftlichen Ansprüchen genügt und auch zum Erkenntnisziel von Wissenschaft und Forschung beitragen kann.

Zweitens scheinen empirische Methoden, etwa der quantitativen und qualitativen Sozialforschung, so etwas wie Regeln (in) der Wissenschaft und Forschung innezuhaben. Ein Anspruch an die qualitative Sozialforschung – die hier fokussiert betrachtet werden soll – ist, dass diese (ebenso wie auch quantitative Verfahren), systematisch einer klar offengelegten Vorgehensweise folgt (Mayring 2016). Diese Vorgehensweise hängt von der Wahl der Methode ab, in der spezifische Schritte zur Analyse oder Erhebung des (Daten-)Materials angelegt sind. Diese Schritte gilt es zu dokumentieren und offenzulegen (ebd.). Mayring (2016: 145) spricht dabei vom *Gütekriterium* der Regelgeleitetheit qualitativer Forschung: Diese muss sich an festgelegte und transparent gemachte systematische Verfahrensregeln halten, um die Qualität der Analyse gewährleisten zu können. Gleichzeitig muss qualitative Forschung trotz dieser grundlegenden Regelgeleitetheit doch so offen gehandhabt werden, dass sie dem untersuchten Gegenstand gerecht werden kann. Methoden sollten folglich immer gegenstandsangemessen sein beziehungsweise verwendet werden. Sie können entsprechend modifiziert und angepasst werden – wichtig ist nur, dass dies transparent und begründet sowie intersubjektiv nachvollziehbar dargestellt wird (ebd.; Kotthaus/Neusser 2020). Die Offenlegung der methodischen Vorgehensweise ist nach Steinke (1999) ebenfalls ein Gütekriterium qualitativer Forschung. Mayring (2016: 146) nennt den Grundsatz: „Keine Regel ohne Ausnahme! Ohne Regel jedoch wird qualitative Forschung wertlos bleiben". Nach Scholl (2016) zeichnet sich die qualitative Sozialforschung gerade durch ihre Offenheit und Flexibilität der Regelanwendung aus, um mögliche Erkenntnisse nicht einzuschränken und auf Besonderheiten im Forschungsprozess reagieren zu können: Forschung, die auf ein tiefgreifendes *Verstehen* der sozialen Welt (und ihrem Alltag) in deren Komplexität zielt, könne, so Scholl, keinen uneingeschränkt verbindlichen Regeln folgen. Es lässt sich also festhalten, dass methodische Schritte in der empirischen (qualitativen) Sozialforschung *in der Regel* zu befolgen sind. Wichtiger als diese Regelhaftigkeit jedoch ist, dass das Vorgehen intersubjektiv nachvollziehbar, also offen und transparent, dargelegt wird und es immer auch dem Gegenstand der Forschung in seiner Komplexität angemessen ist. Sind Methoden dementsprechend mit Regeln in der Forschung gleichzusetzen oder gibt es keine Regeln? Beziehungsweise ist es in der Forschung üblich, die Regel(n) durch den jeweiligen Forschungsgegenstand bestimmen zu lassen?

Werden drittens Wissenschaft und Forschung aus einer wissenschaftsgeschichtlichen (und -theoretischen) Sichtweise betrachtet, ist es ebenfalls schwierig, hier *die Regel* festzustellen (siehe auch o.O., Altenrath 2023). Die Auffassungen von Wissenschaft(stheorie) und Wissenschaftlichkeit, welche Wissenschaftsarten es gibt und wie wissenschaftliche Erkenntnisse gewonnen werden, haben sich historisch immer wieder verändert. Mit Kuhns (1970) diachronischer Perspektive auf Wissenschaft lassen sich diese Veränderungen beziehungsweise Umwälzungen in der Entwicklung von neuen Verständnissen in der Wissenschaft beschreiben und benennen (Kornmesser/Büttemeyer, 2020). Nach Kuhn wird Wissenschaft über einen gewissen Zeitraum vor einem bestimmten, allgemein geteilten und anerkannten wissenschaftlichen Erkenntnishintergrund betrieben – etwa Annahmen, Normen und Methoden, welche er als Paradigma zusammenfasst (ebd.; Kuhn 1970). Ein vorherrschendes Paradigma ändere sich während einer *scientific revolution,* so Kuhn, der häufig prä-paradigmatischen Phasen mit weitreichenden Debatten über die Legitimität von Methoden und wissenschaftlichen Standards vorangehen. Die Phasen der wissenschaftlichen Entwicklung vollziehen sich nach Kuhn zyklisch: Zunächst befinde sich eine wissenschaftliche Disziplin in einer *vorparadigmatischen Phase*, in der sich noch kein Paradigma als vorherrschend etabliert hat. Setzt sich ein Paradigma durch, folge die Phase der *normalen Wissenschaft*. Stellt sich heraus, dass aufgrund von neuen Erkenntnissen oder Anomalien diese nicht mehr haltbar ist, komme es zu einer Krise, in der neue Paradigmen um die Etablierung konkurrieren (*Phase der außerordentlichen Wissenschaft*). Sobald sich ein Paradigma durchsetzen könne, löse es das alte ab und es komme zur wissenschaftlichen Revolution (*scientific revolution*) – ehe der Kreislauf von neuem beginnt. Kuhn beschränkt sich in seinen Ausführungen hauptsächlich auf die Naturwissenschaften. In anderen Disziplinen ist es durchaus üblich, dass wissenschaftliche Positionen in einer multiparadigmatischen Struktur nebeneinander existieren (Kornmesser/Büttemeyer 2020).

Dieser kurze Blick auf die Wissenschaftsgeschichte zeigt, dass auch in der Wissenschaft selbst keine festen, nicht veränderbaren Regeln gelten. Stattdessen scheinen sich – unter Hinzuziehung von Kuhns deskriptiver Perspektive – die Wissenschaft und das Verständnis davon, was wissenschaftlich ist, immer weiterzuentwickeln sowie vorherrschende Paradigmen mit ihren Annahmen und Methoden gegenseitig abzulösen oder auch koexistieren zu können.[4]

Verflechtung der Perspektiven

In den drei oben skizzierten Schlaglichtern zeigt sich eine kleine Auswahl von möglichen Bezügen zu i.d.R. Auch weitere Verknüpfungen sind denkbar, etwa die zentrale Bedeutung von Regeln in Programmiersprachen oder die gänzlich andere Assoziation zur weiblichen Menstruation (häufig bezeichnet als *die Regel haben*) mit daran angrenzenden Debatten wie den Gender Studies[5] – die hier aus Platzgründen nicht weiter ausgeführt werden können.

Es scheint bei all diesen so verschiedenen Perspektiven aber doch Gemeinsamkeiten zu geben, die auch für i.d.R. relevant sind: Klar geworden sein dürfte, dass es nicht *die Regel* geben kann; sondern dass es sich bei *Regeln* stets um ein Gefüge aus verschiedenen Abkommen, Konventionen und Normen handelt, aus dem menschliche und/oder gesellschaftliche Annahmen von *Normalität* – oder Aussagen wie *das ist so üblich* – hervorgehen. Allerdings scheint dieses Gefüge nur dann zu *funktionieren*, wenn es von (fast) allen beteiligten Akteur*innen gekannt, akzeptiert und befolgt wird.[6] Durch diese, den Vorgaben entsprechenden Handlungen der Teilnehmenden werden die *Regeln* ständig reproduziert und performativ neu hervorgebracht. In der Folge werden sie zu einem festen Teil des Zusammenlebens. Das gilt ebenso für gesellschaftliche Normen und Werte: Nur solche Werte, die von vielen Menschen reproduziert und gewisser Weise *performt* werden, halten sich in der Gesellschaft. Und auf einer anderen Ebene trifft dies auch auf die Regeln in der Wissenschaft zu: Nur wenn bestimmte geteilte Standards, Methoden oder Arbeitsschritte befolgt werden, wird Wissen als wissenschaftlich aufgefasst und Erkenntnis wiederum zur überprüfbaren *Wahrheit*. Auch wenn die Sachlage für *die Wissenschaft* – gerade, wenn man sie in Richtung nachprüfbarer und nachvollziehbarer Berechnungen, Beobachtungen und Interpretationen wendet – als weitaus komplexer angesehen werden muss, etabliert sich selbst *die Wissenschaft* durch eine reproduzierende Praxis.[7] Folgt man diesen Gedankengängen weiter, erschließt sich ebenso, dass solch ein Gefüge von Regeln nicht nur auf Konsens und Freiwilligkeit beruht. Stattdessen geht es um *normative, gesellschaftlich implizierte Handlungsanweisungen*. Durch die permanente Verflechtung der verschiedenen wirksamen Regeln entstehen Anordnungen und Anforderungen – und diese produzieren durch ihren normativen Charakter wiederum Machthierarchien. Jede etablierte Regel scheint – so würden wir zum jetzigen Stand festhalten – in Machtverhältnisse eingebunden, mit denen auch Ausschlüsse einhergehen: etwa, indem Personen oder auch Prozesse und Vorgehensweisen eben nicht zur Regel, zum Normalen gehören.

Gewohnheiten hinterfragen?

Indem nun, vor allem in der wissenschaftlichen Praxis, i.d.R. recht unüberlegt und kontextlos eingesetzt wird, entsteht ein Paradoxon. Wenn es eben für *in der Regel keine* Regel gibt und sich an die Abkürzung zugleich starke Setzungen und normative Einbettungen anschließen, warum ist es dann üblich, diese in der so regelgeleiteten Wissenschaftspraxis unhinterfragt einzusetzen?

Diese Frage bleibt für uns ungeklärt. Im Rahmen *unseres* Forschungsprozesses, in den auch unsere eigenen Vorannahmen und Verstrickungen mit Normen und Werten sowie mit unserer wissenschaftlichen Praxis eingebunden sind, haben wir uns dennoch an die Abkürzung annähern können. Es fällt vor allem die Facettenhaftigkeit und Perspektivenvielfalt auf, mit der an die Bezeichnung herangetreten werden kann. Während das Regelverständnis in der Philosophie häufig ein grundlegend gesellschaftliches ist und die Regeln in der Wissenschaft ihre ganz eigene (Wissens-)Geschichte haben, geht es bei dem praktischen Einsatz von i.d.R doch auch darum, eine verallgemeinernde Aussage zu treffen und sich nicht auf eine präzise Formulierung festlegen zu müssen. In diesem Sinne wird durch die Abkürzung der große dahinterliegende Diskurs, was *in aller Regel* als *gewöhnlich* gilt, vereinfacht. Das mag in einigen Fällen gerechtfertigt sein – einen unüberlegten, unreflektierten Umgang betrachten wir aber als problematisch, denn eine solche Praxis negiert, dass jede Regel, und damit auch i.d.R., in Machtstrukturen eingebunden ist (Foucault 1978; Buttler 2002), wodurch der Einsatz selbst einer so kurzen Abkürzung bereits zu Ausschlüssen und Kategorienbildungen führen kann. Über die Verwendung der Abkürzung in disziplinübergreifenden, wissenschaftlichen Texten werden diese Mechanismen reproduziert und gestärkt – ebenso, wie sich auch Regeln und Normen in der Gesellschaft durch Wiederholung festsetzen.

Welche Konsequenzen ziehen wir? Verwenden wir **i.d.R.** nicht mehr? In den letzten Jahrzehnten haben sich Inter- und Transdisziplinarität (oder auch künstlerische Forschung[8]) als gängige wissenschaftliche Forschungsprinzipien durchgesetzt und gefestigt. Dies zeigt nicht zuletzt, dass Wissenschaft und Forschung nur dann nachhaltig sind und ihr volles Potenzial entfalten können, wenn sie in ihren Theorien, Themen und Methoden nicht (durch feste Regeln) eingeschränkt werden – sondern sich bewegen können und müssen, um gesellschaftlichen Ansprüchen und Veränderungen genügen zu können (Mittelstraß 2018; 2012). Was würde passieren, wenn wir uns, statt mit **i.d.R.** einen Freiraum in der Auslegung unserer Aussagen zu schaffen, immer festlegen und positionieren? Können wir Regeln auch *über Bord werfen* und ignorieren? Uns regen diese weiterführenden Fragen zum Nachdenken und Forschen darüber an, welche unhinterfragten Regeln es (im System) Wissenschaft gibt, welche wir darin erzeugen und in der Tradition ihrer stetigen Entwicklung sichtbar machen – und schließlich aufbrechen wollen und sollten.

Anmerkungen

1 Haraway (1995: 85f.) bezieht sich hierbei sowohl auf die Perspektiven von Forschenden, denen sie eine Standortgebundenheit zuordnet, als auch auf das sogenannte *verkörperte Wissen*, das sich auf die Annahme bezieht, dass körperliche Eigenschaften die Lebenserfahrung beeinflussen und die Welt somit immer aus unterschiedlichen Positionen heraus wahrgenommen wird.
2 Die *Goldene Regel* ist außerdem einer der ersten Suchtreffer, der uns bei der Recherche nach i.d.R. begegnet ist.
3 Von *den Regeln* in der Wissenschaft zu sprechen ist unter Umständen nicht ganz passend. So unterscheiden sich die einzelnen Fachwissenschaften in ihren Methoden, Theorien und Gegenständen teils stark voneinander – wenn ihnen auch gemein ist, anerkannte Methoden zur Erkenntnisgewinnung zu nutzen. Unsere Perspektive prägt in diesem Beitrag unsere sozial- und erziehungswissenschaftliche Verortung.
4 Aus solchem Anlass sei hier der offensichtliche Bezug zur Covid-19-Pandemie zu nennen: Die komplexen Regeln und Vorgaben während der Pandemie funktionieren erwiesenermaßen nicht einzeln, sondern nur als Gefüge – und logischerweise auch nur dann, wenn sie der überwiegende Teil der Bevölkerung mitträgt.
5 So ist es eben nicht unbedingt eine Regel, *die Regel* zu bekommen – schließlich menstruieren längst nicht alle Frauen, und jene, die es tun, erleben dies häufig als *nicht-regelmäßig*. Gleichzeitig setzt eine *weibliche Regel* feste Kategorien von männlich*weiblich voraus und ignoriert etwa genderfluide, trans* oder intersexuelle Personen.
6 Aus aktuellem Anlass sei hier der offensichtliche Bezug zur Covid-19-Pandemie zu nennen: Die komplexen Regeln und Vorgaben während der Pandemie funktionieren erwiesenermaßen nicht einzeln, sondern nur als Gefüge – und logischerweise auch nur dann, wenn sie der überwiegende Teil der Bevölkerung mitträgt.
7 So sind auch existierende Ratgeber und Vorgaben nur daraus entstanden, dass sich Regeln über lange Zeit durch die performativen Handlungen wissenschaftlich Tätiger ausgebildet haben.
8 Gerade künstlerische Forschung kann zur Generierung von Erkenntnissen beitragen, die mit Methoden *klassischer* Forschung nicht artikuliert oder erfasst werden können (Badura 2013).

Referenzen

Abkuerzungen.de (o.D.). i.d.R. URL: abkuerzungen.de/result.php?searchterm=IDR [30.04.2021]
Altenrath, Maike (2023). o.O. In Sandra Hofhues/Konstanze Schütze (Hg.), *Doing Research*. Bielefeld: Transcript, 328–337.
Badura, Jens (2013). Explorative Strategien. Anmerkungen zur Künstlerischen Forschung. *What's next*. URL: whtsnxt.net/005 [08.09.2021]
Bänsch, Axel/Alewell, Dorothea (2020). *Wissenschaftliches Arbeiten*. München: De Gruyter Oldenbourg.
Bojanowski, Jochen (2014). Rationales Wollen. Über das Verhältnis von Kategorischem Imperativ und Goldener Regel. In Mario Egger (Hrsg.), *Philosophie nach Kant. Neue Wege zum Verständnis von Kants Transzendental- und Moralphilosophie*. Berlin: De Gruyter, 212–221.
Bonß, Wolfgang/Dimbath, Oliver/Maurer, Andrea/Pelizäus, Helga/Schmid, Michael (2021). *Gesellschaftstheorie. Eine Einführung*. Stuttgart: utb.
Butler, Judith (2002). *Psyche der Macht. Das Subjekt der Unterwerfung*. Frankfurt/Main: Suhrkamp.
Eisner, Elliot W. (1981). On the Difference between Scientific and Artistic Approaches to Qualitative Research. *Review of Research in Visual Arts Education*, 13, 1–9.
Foucault, Michel (1978). *Dispositive der Macht. Über Sexualität, Wissen und Wahrheit*. Berlin: Merve.
Haraway, Donna (1995). Situiertes Wissen. Die Wissenschaftsfrage im Feminismus und das Privileg einer partialen Perspektive. In Dies. (Hg.). *Die Neuerfindung der Natur. Primaten, Cyborgs und Frauen*. Frankfurt/Main: Campus, 73–97.
Hobbes, Thomas (1651/1984). *Leviathan oder Stoff, Form und Gewalt eines kirchlichen und bürgerlichen Staates*. Frankfurt/Main: Suhrkamp.
Hobbes, Thomas (1642/1658/1994). *Elemente der Philosophie. Zweite und dritte Abteilung: Vom Menschen und Vom Bürger*. Hamburg: Felix Meiner.
Hoche, Hans-Ulrich (1978). Die Goldene Regel. Neue Aspekte eines alten Moralprinzips. *Zeitschrift für philosophische Forschung*, 32(5), 355–375.
Karmasin, Matthias/Ribing, Rainer (2019). *Die Gestaltung wissenschaftlicher Arbeiten. Ein Leitfaden für Facharbeit/VWA, Seminararbeiten, Bachelor-, Master-, Magister- und Diplomarbeiten sowie Dissertationen*. 10. Aufl. Stuttgart: UTB.
Kelle, Udo (2008). Qualitative vs. Quantitative Forschung. Die Debatte. In Ders. (Hg.), *Die Integration qualitativer und quantitativer Methoden in der empirischen Sozialforschung*. Wiesbaden: VS, 25–55.
Kornmesser, Stephan/Büttemeyer, Wilhelm (2020). *Wissenschaftstheorie. Eine Einführung*. Berlin: Metzler.
Kotthaus, Jochem/Neusser, Ken-Michael (2020). Welche Methoden empirischer Sozialforschung gibt es. In Jochem Kotthaus (Hg.), *FAQ Methoden der empirischen Sozialforschung für die Soziale Arbeit und andere Sozialberufe*. Opladen: Budrich, 47–53.
Kuhn, Thomas Samuel (1970). *The Structure of Scientific Revolutions*. 2. Aufl. Chicago: University of Chicago Press.
Mayring, Philipp (2016). *Einführung in die qualitative Sozialforschung. Eine Anleitung zum qualitativen Denken*. 6. Aufl. Weinheim: Beltz.
Mittelstraß, Jürgen (2012). Transdiziplinarität. Oder: von der schwachen zur starken Interdisziplinarität. *Gegenworte – Hefte für den Disput über Wissen*, 28, 11–13.
Mittelstraß, Jürgen (2018). Forschung und Gesellschaft. Von theoretischer und praktischer Transdisziplinarität. *GAIA – Ecological Perspectives for Science and Society*, 27(2), 201–204.
Przyborski, Aglaja/Wohlrab-Sahr, Monika (2014). *Qualitative Sozialforschung. Ein Arbeitsbuch*. 4. Aufl. München: Oldenbourg Verlag.
Reiner, Hans (1948). Die ‚Goldene Regel'. *Zeitschrift für philosophische Forschung*, 3(1), 74–105.
Scholl, Armin (2016). Die Logik qualitativer Methoden in der Kommunikationswissenschaft. In Stefanie Averbeck-Lietz/Michael Meyen (Hg.), *Handbuch nicht standardisierten Methoden in der Kommunikationswissenschaft*. Wiesbaden: Springer, 17–32.
Steinke, Ines (1999). *Kriterien qualitativer Forschung. Ansätze zur Bewertung qualitativ-empirischer Forschung*. Weinheim: Juventa.
Wiktionary (2020). In der Regel. URL: de.wiktionary.org/wiki/in_der_Regel [30.04.2021]
Wortbedeutung.info (o.D.). i.d.R. URL: wortbedeutung.info/i._d._R./ [30.04.2021]

Mindmap: SINA MUSCHE + JENNIFER GRÜNTJENS

- große gesellschaftl. BEDEUTUNG + RELEVANZ
- gemeinsames Annähern
- ORIENTIERUNG / Handeln + Denken
- ARBEIT
- STUDIUM
- LERNEN
- HOCHSCHULE
- informelles LERNEN
- AUSTAUSCH
- ASSOZIATIONEN zu Begriffsverständnissen
- PROZESS
- interdisziplinär
- verknüpfte HANDLUNGSPRAXEN
- ständiges VERÄNDERN
- Unsicherheiten
- dialogisch

Disziplinen:
- Hochschuldidaktik
- Erwachsenenbildung
- Mediendidaktik
- Medienpädagogik
- Medienwissenschaft
- Philosophie
- Wissenschaftstheorie
- Sozialwissenschaften

N. N. What is it, I do(n't) not know? MELT
I (we) do not know (but will feel) (Ren Loren Britton,
the name. Isabel Paehr)

Abb. 1

Abb. 2

Abb. 3

Abb. 4

Abb. 5

Abb. 6

Beton (engl. *concrete*) verfestigt sich in der Sprache („Please make this more concrete!", dt. „Bitte konkretisieren Sie das!") und verhärtet den Boden, den Füße, Stöcke und Räder täglich berühren. Diese drei geflickten, gekeimten und zersetzten Collagen aus Betonmaterialexperimenten versuchen, die vermeintliche Festigkeit des Betons zu erschüttern. **N.N.** ist das, was noch nicht benannt wurde. In diesen Bildern ist **N.N.** nicht konkretisiert und bleibt offen. Wir finden Wege, andere Welten möglich zu machen, die sich dem Ausschluss von Zugängen und Möglichkeiten widersetzen. MELT's Ansatz liegt im Crip-Technoscience-Manifest von Aimi Hamraie und Kelly Fritsch, in dem Zugang sowohl als Angriff als auch als Kontakt definiert wird (2019). Anstelle der *Integration* behinderter Personen und Körper in den normativen Raum, unterstützen Hamraie und Fritsch die Art und Weise, wie behinderte Macher*innen hacken oder anderweitig trans*feministische Gegenwarten schaffen. Indem wir mit Beton hacken und spielen, finden wir Momente der Formlosigkeit durch Flicken, Zersetzen und Sprießen. Wir entdecken Zugangspotenziale zu etwas, das als hart gilt und doch ontologisch, metaphorisch und physisch nicht stabil ist. Indem MELT Beton *offen* begreifen, indem sie mehr Wasser oder andere Materialien hinzufügen und die *Aushärtung* unterbrechen sowie aufwühlen/umrühren, schaffen sie mit Ausfällung, Zersetzung und dem Flicken Praktiken, die sich der Verhärtung, der Verfestigung, dem Schließen und der Abschottung widersetzen.

N.N. (nomen nomiandum) lässt Raum für Verhandlungen und widersetzt sich der Festlegung. Grundgedanke dabei ist die Gewissheit, dass wir keine klaren Antworten finden, aber gemeinsames Forschen uns Zugänge zu erschließen vermag. In der Logik des Bandes steht die Abkürzung also für eine Offenheit am Material und begriffliche Unschärfe gegenüber der Komplexität umbauter Wirklichkeiten, die zweifelsohne sensiblere Annäherungsweisen und Momente des Verlernens fordern. Die Bildserie *What is it, I do(n't) not know? I (we) do not know (but will feel) the name* versammelt Dokumente der Forschung am Werkstoff Beton im Zusammenhang mit dem künstlerischen Langzeitprojekt MELTIONARY.

MELT (Ren Loren Britton & Isabel Paehr) hinterfragt, wie Kolonialität, Klimawandel und technologische Entwicklungen miteinander verwoben sind und verdichtet Erkenntnisse aus Chemie, Crip Technoscience und Trans*feminismus, um transformative, materiell-diskursive Prozesse zu untersuchen und in Gang zu setzen. MELT arbeitet derzeit am Meltionary, einem wachsenden, experimentellen Verzeichnis, das verschiedene Materialien, Metaphern und Formen des Schmelzens untersucht.

Web: meltionary.com

Abb. 1-2: MELT (Ren Loren Britton & Isabel Paehr). Collage *decomposing*. In der Mitte der Seiten befindet sich ein Betonklumpen, in dem verschiedene Früchte stecken. Er ist umgeben von ausgeschnittenen Bildern verrottender Früchte.

Abb. 3-4: MELT (Ren Loren Britton & Isabel Paehr). Collage *sprouting*. Auf der linken Seite befinden sich zwei Gedichte neben und auf felsenförmigem Beton, Erde und einem Wassereimer, der zwei weitere Betonformen enthält. Auf der rechten Seite wächst ein einzelner Grashalm aus einer Betonform, die sich in einem mit Erde gefüllten und mit Aluminiumfolie bedeckten Kasten befindet.

Abb. 5-6: MELT (Ren Loren Britton & Isabel Paehr). Collage *patching*. Verschiedene Beton- und Steinflächen in der Stadt wurden mit farbigem Beton geflickt und zu einer Patchwork-Assemblage zusammengefügt.

o.T. Schreibtischforschung					Stephan Porombka

Abb. 1

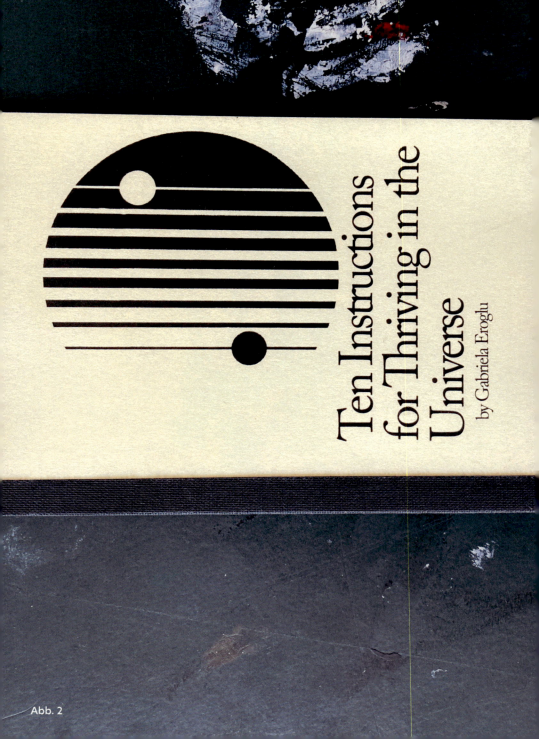

Abb. 2

Abb. 3

Abb. 4

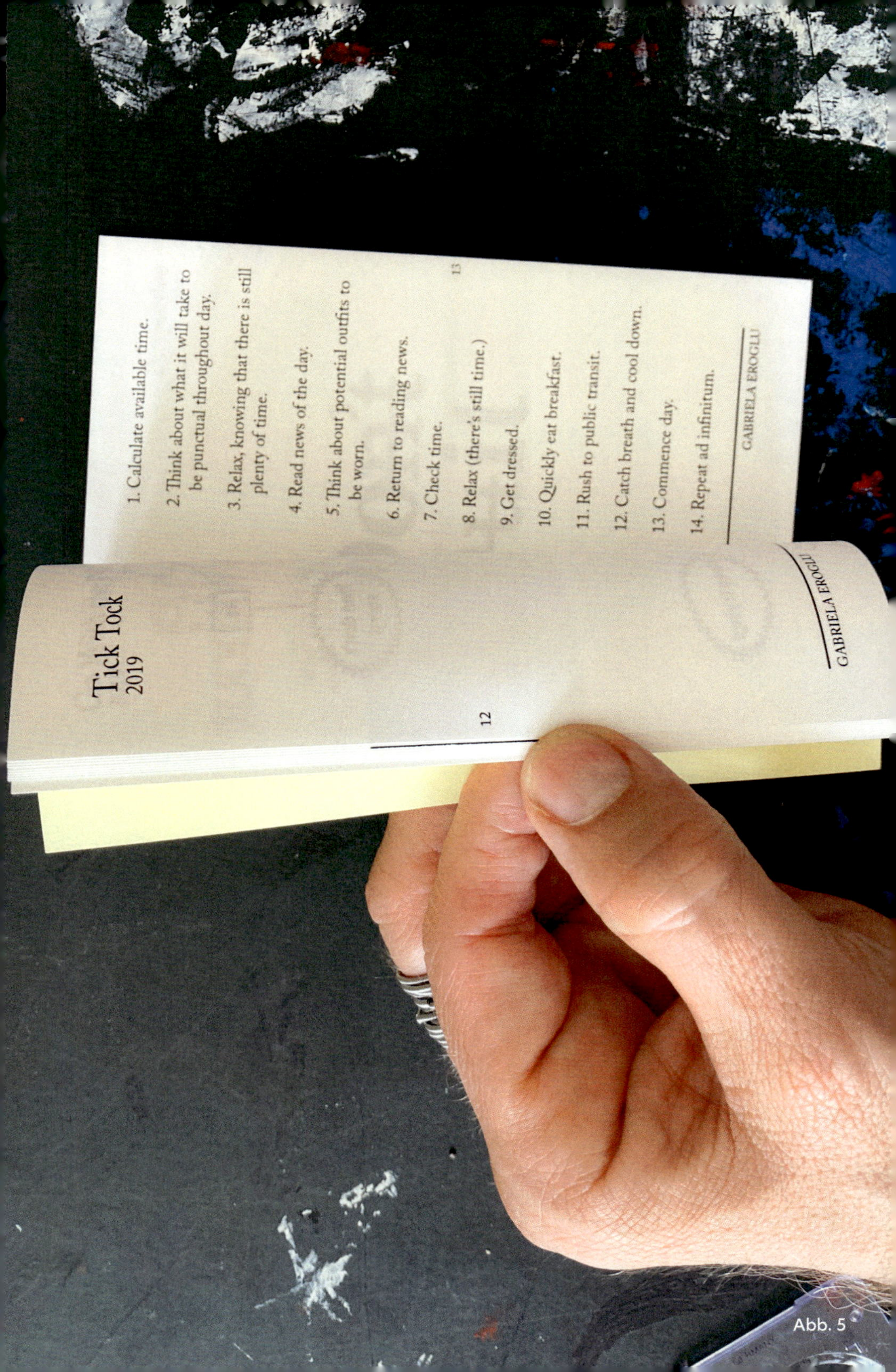

Tick Tock
2019

1. Calculate available time.
2. Think about what it will take to be punctual throughout day.
3. Relax, knowing that there is still plenty of time.
4. Read news of the day.
5. Think about potential outfits to be worn.
6. Return to reading news.
7. Check time.
8. Relax (there's still time.)
9. Get dressed.
10. Quickly eat breakfast.
11. Rush to public transit.
12. Catch breath and cool down.
13. Commence day.
14. Repeat ad infinitum.

GABRIELA EROGLU

Abb. 5

sekunden
schnelle

alexandra
b...

Abb. 6

o.T. (ohne Titel) steht als übliche Figur zeitgenössischer Kunst für die Abwesenheit einer Deutungshoheit und markiert die Absenz eines sinnstiftenden Titels. Stephan Porombka rekurriert mit seinem Beitrag auf die bildliche Begleitung eines zurückliegenden Vortrags zur Schreibtischforschung (8.11.2016) im Rahmen der transdisziplinären Ringvorlesung des Kölner Intermedia-Studiengangs. So gibt er einerseits Einblicke in Professors Praxis, wie seine gleichnamige Kolumne in der Wochenzeitung DIE ZEIT lautete; andererseits macht er sichtbar, wie geisteswissenschaftliches Forschen verläuft, sodass Anschlüsse zu Praktiken des Lesens, Arrangierens und Collagierens deutlich werden. Porombka knüpft somit auch programmatisch bei seiner Forschungspraxis an, sieht er sich doch der Aufgabe verpflichtet, „Konzepte literarischer, essayistischer und journalistischer Produktivität und Kreativität zu transformieren und den Bedingungen der neuen Schrift- und Schreibkulturen anzupassen". In diesem Band verstehen wir seine Bildserie zur Schreibtischforschung als ergebnisoffene, synchrone Vermessung des Forschungsprozesses und nicht zuletzt als Erzählung komplexer Wechselverhältnisse zwischen forschenden und beforschten Entitäten.

Stephan Porombka, Prof. Dr., ist seit 2013 Professor für Texttheorie und Textgestaltung an der Berliner Universität der Künste. Zuvor hat er unter anderem an der Universität Hildesheim das universitätsweite Qualitätsmanagement aufgebaut und die Studiengänge *Kreatives Schreiben und Kulturjournalismus* sowie *Literarisches Schreiben* mitentwickelt und geleitet.

Web: https://www.udk-berlin.de/person/stephan-porombka/

Abb. 1-6: Stephan Porombka. *Beispiele aus der Schreibtischforschung* (2016); Bildauswahl: Sandra Hofhues.

o.A. Mit und ohne Namen: Warum jedes Schreiben situiert ist — Naomie Gramlich, Annika Haas

Wann kommt diese Situiertheit, von der Donna Haraway so eindringlich spricht? Wann wird die Einsicht kommen, dass Objektivität keinen neutralen Standpunkt, sondern Partialität und damit Parteilichkeit (partiality) bedeutet? Wann die Einsicht, dass keine einzelne Position die Vielzahl an anderen übertrumpfen kann? Wie kann Situiertheit im Sinne von Parteilichkeit, Verkörperung und Ortsgebundenheit in Form einer zuverlässigeren „besseren Darstellung der Welt" (Haraway 1995: 78) aussehen? Ausgehend von der Abkürzung **o.A.** (ohne Autor*in) *setzen die Autor*innen in diesem Beitrag frühere Gedanken zum situierten Schreiben fort.*

„Zu schreiben und Texte zu publizieren sind die zentralen Praktiken der Wissensproduktion und -dissemination in den Geisteswissenschaften. Der Text ist ihre härteste Währung." Mit diesen Sätzen beginnt unser Artikel über das Schreiben als situierte Wissenspraxis, der 2019 in der *Zeitschrift für Medienwissenschaft* erschien (Gramlich/Haas 2019). Dieser Glossareintrag verwendet Material aus diesem Artikel und schließt an dessen offenes Ende an, denn auf die Frage, wie sich situiertes Schreiben realisieren lässt, gibt es mehr als eine Antwort. Ausgehend von der Abkürzung **o.A.** setzen wir die Gedanken dazu fort.

Bei Texten, Videos oder Infografiken *ohne Autor*in* handelt es sich oft um anonyme Onlinequellen, die vermeintlich allgemeines Wissen wiedergeben. Anhand von Hintergrunddiskussionen in community-basierten Wissensforen wie der Wikipedia ist nachzuvollziehen, dass es keine universell geteilten Standpunkte und damit auch kein von der eigenen Sprecher*innenposition losgelöstes Wissen gibt (Tönnesmann 2021; Giessler 2021). Vorannahmen, Klischees und die jeweilige Perspektive der Autor*innen sind Teil jeder Wissensproduktion. Unter mit **o.A.** gekennzeichnete Materialien fällt außerdem die sogenannte graue Literatur, also Flyer, Manifeste und Broschüren, die weit verbreitete Erwartungshaltungen an akademische Wissensproduktion aufgrund kollektiv gekennzeichneter Autor*innenschaft, Mündlichkeit oder fehlender disziplinärer Zugehörigkeit nicht erfüllen. Publikationsprojekte, die das Prinzip der Autor*innenschaft unterwandern, sind selten und gelten als experimentell.[1] Trotz der kontinuierlichen Dekonstruktion des Autors als hermeneutische Instanz (Schaffrick/Willand 2014; Jeannelle/Romain 2019) und der feministischen Kritik an universellen Figuren wie „dem Menschen" (Braidotti 2014: 30) legitimiert sich ein Text für gewöhnlich noch immer durch einen singulären Namen, der eine personengebundene Sprecher*innenposition suggeriert.

Das **o.A.** beugt sich diesem Anspruch, ohne ihn ganz ausfüllen zu können: Durch den Akt einer unscheinbaren Formalisierung schließt das Akronym eine Lücke in den bibliografischen Angaben, womit das so referenzierte Material durch die Hintertür nun doch Eingang in die Zitierfähigkeit erlangt. **o.A.** wird zum Ersatznamen für all jene, deren Namen nicht (mehr) bekannt sind oder als nicht nennenswert erachtet werden. Es glättet die Geschichten hinter der Leerstelle. **o.A.** haftet dadurch etwas Unbestimmtes und Widerspenstiges an. **o.A.** könnte, so unser Vorschlag, auch ein Akronym für all jene Standpunkte sein, in denen feministische und partikular-gegenhegemoniale Schreibweisen durchscheinen, die problematisieren, wer, für wen und aus welchen (nicht-intentionalen) Gründen schreibt. **o.A.** fordert uns heraus, zu fragen, ob Texte mit Autor*in situierter sind und was genau dies meint. Anstatt hier die Geschichte darüber zu schreiben, wie die Abkürzung **o.A.** in das Regelwerk der Wissenschaft gekommen ist, suchen wir Formen des situierten Schreibens und lassen uns von den Stimmen mit und ohne **A.** die neue alte Frage stellen: Wie sich (ein) schreiben?

Situiert schreiben

Anhand von Publikationen **o.A.** lässt sich beobachten, wie die in Studium und Forschung beiläufig erlernten, ungeschriebenen Regeln des wissenschaftlichen Schreibens und Publizierens leicht vergessen lassen, dass Autor*innenschaft mehr umfasst als nur den eigenen Namen über einen Text zu schreiben. Denn mit unseren Namen stehen wir nicht nur für Forschungsstandpunkte ein, sie markieren vielmehr die situierte Perspektive, die diese Standpunkte entscheidend mitbestimmen. Die eigene Situiertheit mitzuschreiben, stellt eine Herausforderung dar und ist erstaunlich wenig etabliert in Anbetracht dessen, dass Donna J. Haraways Aufsatz zu *situated knowledges*[2] bereits 1988 erschienen ist. Auch aus medientheoretischer, kritisch-epistemologischer und feministischer Sicht liegt es auf der Hand, dass kein Schreiben neutral ist (Haraway 1995). Jedes wissenschaftliche Projekt hat sichtbare wie unsichtbare Grenzen. Haraway zeigt, dass es genau jene unbedachten und unbenannten Stellen sind, die auf die eigene Situierung hinweisen.

o.A. weist auf diesen Zusammenhang wie ein Vexierbild hin, indem die Lücke sichtbar macht, was fehlt. Als Leerstelle markiert die Abkürzung, was mitunter auch in Texten mit Autor*in nicht vorhanden ist: die Aufmerksamkeit für das Gemachtsein von Publikationen, also für die Partikularität, die Situiertheit, die unumgänglich zahlreichen Ausschlüsse und die

Vorannahmen, die als Allgemeingültigkeit vorausgesetzt werden; das Bewusstsein für die Zugehörigkeit zu Machtpositionen und die Privilegierung durch deren Strukturen, die den Zugang zu Wissen sowie die (rezipierte) Beteiligung an dessen Produktion ermöglichen. Und nicht zuletzt eine Sensibilität für das Begehren und die Wünsche, die mit den Desideraten (die eben auch *désirs* sind) eines Forschungsprojekts verbunden sind. Oft sind es erst Hindernisse wie o.Ä., die den Blick auf die eigene Forschungspraxis lenken und erkennen lassen, dass diese mehr als den Schreibprozess umfasst: Denn wissenschaftliche Texte zu schreiben ist verbunden mit unterschiedlichen Techniken des Selbst und der Organisation von Wissen, Arbeitsabläufen und Werkzeugen. Es geschieht in Zusammenarbeit mit anderen, unter wechselnden ökonomischen Bedingungen und in sich ändernden sozialen Gefügen. Indem o.Ä. den Blick auf die Situiertheit und Situation der Autor*innenfigur lenkt, macht es auf Forschungsprozesse – vor und entgegen *einem* autonom denkenden und schreibenden Subjekt –, auf Ketten von Umschriften, Übersetzungen und das Unterlaufen von normalisierten Wissenspraktiken aufmerksam.

Wie der eigene Forschungskontext als ein relationaler affirmiert werden kann und sich mit der Arbeit an wissenschaftlichen Texten verbinden lässt, wird in den zahlreichen kritisch-epistemologischen Ansätzen über die Techniken und Bedingungen der Wissensproduktion jedoch selten oder nicht ausreichend thematisiert. bell hooks' Kritik am *weißen* Blick in Laura Mulveys feministischer Filmtheorie zeigt dies (Figge 2020). Trinh T. Minh-has *speaking nearby* stellt ein Gegenbeispiel zur unbenannten Situierung von *whiteness* dar. Das Konzept ist Reflexion und Methode zugleich, entstand aus einer Kritik am ethnografischen Othering und arbeitet damit, wie die medialen Forschungsmodi Sprechen, Schreiben und Filmen an der Entstehung der Beziehungen zum*zur Anderen mitbeteiligt sind (ebd.; Trinh 1982/2018). Trinh und Mulvey verkörpern als Theoretikerinnen wie Filmemacherinnen, dass künstlerisch-mediale Praktiken ebenso bedeutendes Potenzial haben, in situierte Wissenspraktiken zu münden (Busch/Peters/Dörfling/Szántó 2018; Haas/Haas/Magauer/Pohl 2021). Kunst und ästhetische Praktiken spielen auch für Ann Cvetkovich (2003; 2012), die ihre persönliche Verbindung zu Akteur*innen und Kunstwerken aus dem Kontext der Act-Up-Bewegung in ihre queere Ethnografie einschreibt, eine zentrale Rolle. Ihre Kulturtheorie der Depression mit Tagebuchaufzeichnungen zum Schwimmen, Medikamente-Nehmen und Bewältigen des Alltags bringt uns zur Rolle des Biografischen für das situierte Schreiben.

Die Verbindung von Biografischem und Theorie ist für Saidiya Hartman (2007) in ähnlicher Weise zentral. Mit ihrer Methode der kritischen Fabulation verweist Hartman nicht nur auf die großen Leerstellen der *weißen* Geschichtsschreibung in den USA und damit auf deren bis heute kaum thematisierte Partikularität. Sie begegnet dem Unaussprechbaren und Nichtbekannten, das sich bei dem Versuch zeigt, historische Ereignisse der Entführung afrikanischer Menschen zu rekonstruieren, auch mit erzählerischen Experimenten, die anhand der Frage des Standpunkts und der Perspektive immer wieder neu und anders ansetzen (Hartman 2008).

Diese Namen stehen für ein situiertes Schreiben, das wir nicht als Kriterium, sondern als Ausdruck und Werkzeug heterogener Formen feministisch-kritischer Wissenschaftspraxis betrachten. Der Besuch eines feministischen Archivs öffnete uns bezüglich der Vielfalt dieser Formen die Augen: Im FFBIZ, dem Berliner Dokumentations- und Informationszentrum zur Frauenbewegung ab den 1970er Jahren, fanden wir in Kisten Briefe, Zeitungsartikel, Notizzettel, Berichte, Manifeste, Flyer und alte Zeitschriften – zahlreiche Texte o.Ä., die zugleich Materialien sind, die, um es in Haraways Worten zu sagen, der realen Welt die Treue halten (Haraway 1995: 78). Sie erinnern uns daran, wie Schreiben und Publizieren – oder eben Nicht-Schreiben, Nicht-Publizieren und Nicht-Archivieren – mit historisch gewachsenen Machtstrukturen verbunden sind, wie es neben Saidiya Hartman auch Alice Walker (1987), Audre Lorde (2007) und Virginia Woolf (1929/2000) in ihren je unterschiedlichen Weisen untersucht haben.[3] Auch Hélène Cixous (1975/2013) gehört in diese Reihe. Aus unserer Zusammenarbeit hat sich ein Dialog zwischen ihr und Haraway ergeben, der exemplarisch zeigen soll, wie Situiertheit sich mit weiteren Autor*innen artikulieren kann, während wir uns der Partikularität unserer Perspektive sowie der Tatsache bewusst sind, dass wir an dieser Stelle den drängenden Fragen nach der Hegemonie von Wissensproduktionen nur begrenzt nachkommen können. Stattdessen lesen und hören wir im Folgenden insbesondere Haraway, Cixous und ein Stimmen aus dem Archiv des FFBIZs und widmen uns mit dem situierten Schreiben einer spezifischen wie vielfältigen feministisch-kritischen Wissenspraxis.

Partikularismen und Vielstimmigkeit

Es liegt mehr als 30 Jahre zurück, dass Haraway das Konzept der *situated knowledges* vorgeschlagen hat. Zu dieser Zeit wurde lebhaft über feministische Epistemologie und feministische Objektivitätskritik diskutiert. Für die Protagonist*innen dieser Debatte stehen die nicht einfach zu beantwortenden Fragen im Zentrum, ob und wie Frauen – besonders indigene und Schwarze Frauen – als marginalisierte Subjekte im Unterschied zu (*weißen*) Männern eine erkenntnisreichere Perspektive einnehmen können. In diese Debatte um die „Outsiders Within" (Harding 1991) schaltete sich Haraway ein und schlug unter Zuhilfenahme von Afrofeministinnen, Chicana- und indigenen Feministinnen vor, nicht die partiale Perspektive, beispielsweise der Schwarzen Frau, als wahres Wissen zu verabsolutieren, sondern umgekehrt das scheinbar unmarkierte Forschersubjekt als historisch lokalisiert und kulturell-verkörpert zu partialisieren. Bekanntermaßen lautet die Schlussfolgerung, dass nur partiale Perspektiven, verstanden als eine Vielzahl an verortbaren Stimmen, dem Versprechen nach objektiven *knowledges* nachkommen können. Nur diese polyvokale Objektivität schafft die Möglichkeit für Netzwerke, „die in der Politik Solidarität und in der Epistemologie Diskussionszusammenhänge genannt werden" (Haraway 1995: 82).

Die bei Haraway aufgeworfenen Fragen sind weiterhin drängend: Wann wird diese Situiertheit kommen, von der sie so eindringlich spricht? Wann wird die Einsicht kommen, dass Objektivität keinen neutralen Standpunkt, sondern Partialität und damit Parteilichkeit (*partiality*) bedeutet? Wann die Einsicht, dass keine einzelne Position die Vielzahl anderer übertrumpfen kann? Wie kann Situiertheit im Sinne von Parteilichkeit, Verkörperung und Ortsgebundenheit in Form einer zuverlässigeren „besseren Darstellung der Welt" (ebd.: 78) aussehen? Haraways für Wissenschaftskritik, Medienwissenschaft und ästhetische Forschung einschlägiger Text fordert eine feministische Reformulierung von Objektivität als Vielzahl von Partikularitäten – und holt in seinem Schreiben diese Forderung selbst ein. Seine Lektüre wirft die Frage auf, wie viele *situated knowledges* eigentlich im geisteswissenschaftlichen Schreiben stecken.

Eine ähnlich formulierte Frage beschäftigt auch Hélène Cixous 1975 in ihrem Essay *Das Lachen der Medusa*. Es geht darin um ein Schreiben, das über den „vom phallozentrischen System bestimmten Diskurs" (Cixous 1975: 47) hinausführt. Die diskurspolitische Erweiterung des Kanons steht dabei aber nicht an erster Stelle. Vielmehr geht es um den Versuch, diesen beim Schreiben zunächst außer Acht zu lassen und das Schreiben daran rückzubinden, wo es beginnt: im und mit dem Körper. Auf diese Weise sollen Begehren, Lust, Wut, Zu- und Abneigung ebenso zum Teil des Schreibens werden wie biografische, ökonomische und gesellschaftlich-strukturelle Aspekte (ebd.: 47f.). Eine „mehrdeutige Vielstimme (*équivoix*)" (ebd.: 46) beginnt sich somit zu artikulieren. Sie hat jedoch keinen originären Ursprung im Körper, geht nicht nur von mir aus, sondern entsteht kraft eines solidarischen Geflechts von Stimmen, inmitten dessen auch *ich* geschrieben werden kann. Denn schließlich zeigt sich durch das Schreiben der/mit Vielstimme: „A subject is at least thousand people" und ein „non-closed mix of self/s and others" (Cixous 1994: xvii). Das Denken und Schreiben dieses pluralen, weder ursprünglichen noch essentialistischen Ichs zieht auch epistemische Konsequenzen nach sich:

„I is the open set of the trances of an I by definition changing, mobile, because living-speaking-thinking-dreaming. This truth should moreover make us prudent and modest in our judgements and our definitions." (ebd.)

Diese zurückhaltende Haltung gegenüber urteilenden Setzungen und Definitionen spiegelt und spektralisiert sich in Cixous' Essays in einem Gewebe aus gleichberechtigt auftretenden literarischen, psychoanalytischen sowie philosophischen Referenzen und Schilderungen an den Schwellen zwischen Traum, Projektion und Wirklichkeit. Heterogene Wissensformen und Stimmen der Literatur sowie von Freund*innen, Tieren und Familienmitgliedern treten hier in ein hierarchieloses Miteinander, was mitunter zu einer herausfordernden Bedeutungsvielfalt dieser Texte führt. Cixous' Referenzgewebe ist ein partikulares, persönliches und nicht im wissenschaftlichen Sinne nachvollziehbares. Dies kann als Politik, die das dekonstruktive Nichtoriginäre des Akronyms **o.A.** affirmiert, oder aber als Hermetik aufgefasst werden. Wenn Referenzen bloß angedeutet oder gar nur zwischen den Zeilen und intertextuell lesbar werden, resultiert dies jedoch auch in der Unmöglichkeit, die damit verbundenen (oft poetisch formulierten) Standpunkte direkt aus dem Text zu übernehmen (siehe **ff.**, Leeker 2023). Stattdessen regen diese Texte zu einer situierten *Lektüre*praxis an. Dabei wird der Fokus stärker darauf gelenkt, was mich an einem Text angeht, auf welche Frage er mich stößt oder worauf er mir antwortet. Diese Lektürepraxis bedeutet (Weiter-)Lesen, das für Cixous wiederum den Beginn des Schreibens darstellt (Cixous 1993: 19–21).

Dass Vielstimmigkeit und formale Quellenangaben sich nicht ausschließen müssen, zeigt Haraway. In ihrer feministischen Wissenschaftspraxis bedeutet das Anführen von Referenzen, sich in einem Netz besonders fragiler Partikularitäten zu stabilisieren, um damit das Netz der Partikularitäten zu festigen und die Persistenz feministischer Theoriebildung aufzuzeigen. Denn: „Es muß nicht alles von vorne angefangen werden" (Haraway 1995: 86). Weder steht das Personalpronomen *ich* für sich allein, noch ist das *wir* eine undifferenzierte Verallgemeinerung.

307

"I don't think this is merely me speaking. I think that *we* have these dilemmas, and that this ,we' is an invitation. [...] It is a rhetorical form that is a gesture of... ,we' as a kind of future tense of pronoun." (Schneider 2005: 116f.)

(Um-)Wege zur Situierung

Haraway fordert nicht nur situiertes Wissen, sondern setzt es in ihren Texten um. Es wimmelt von verlorenen und schwer zugänglichen Quellen, wenig zitierten Autor*innen, von Wissenschaftler*innen ohne Lehrstühle oder feste Disziplinzugehörigkeit, deren Dissertationen weder gedruckt noch digitalisiert wurden (beispielsweise Katie King oder Zoë Sofoulis). Und nicht nur menschliche, sondern auch mehr-als-menschliche Gefährt*innen – bei Haraway ist es ihre australische Hirtenhündin und langjährige Wegbegleiterin Cayenne, bei Cixous sind es Katzenfreundinnen wie Haya und Isha – dienen den Texten in gewisser Weise als Co-Denker*innen. Die undeutlich gewordenen „Trampelpfade" (Ahmed 2017: 30) feministischer Theoriebildung recherchierbar zu machen, ist zunächst an praktische Parameter geknüpft: Zahlreiche Manuskripte, Flugschriften, Manifeste und Magazine sind graue Literatur, was bedeutet, dass sie keine ISBN haben und damit im weiteren Sinne Materialien o.A. sind.[4] Diese (Zer-)Streuung der Referenzen deutet auf eine Theorie- und Wissensbildung hin, die nicht in Institutionen geschehen ist, sondern deren Spuren sich an unterschiedlichen Orten und in verschiedenen Gruppen vollzogen haben. Diese nichtkanonisierten Genealogien zeigen, dass sich wissenschaftliche Anspruch auf Neuheit im feministischen Diskurs anders stellt. Das Alte ist nicht als solches zu überkommen, sondern schaltet sich in die Forderung ein, Teil der Zukunft zu sein. Auch das von Lenore Hoffman aufgestellte Prinzip „Recover and Regionality" (1982) regt zu exemplarischen Recherchen wie unserer im FFBIZ an. Der Blick zurück und ins Archiv zeigt, wie problematisch es ist, feministische Kämpfe in sich gegenseitig ablösenden Wellen zu denken (Hemmings 2011). Schnittstellen und Anschlüsse müssen stattdessen über mehrere Generationen hinweg immer wieder entdeckt und gefunden werden. Die von uns durchgesehenen Archivkisten ab den späten 1970er Jahren dokumentieren einen partikularen Feminismus: Er ist vor allem *weiß*, er spricht einfaches Schulenglisch, er ist lesbisch und nicht queer, er spricht nicht von cis und trans* Frauen, ihn beschäftigt die Frage nach den sozialen Herkünften seiner Mitstreiterinnen, er nutzt zur Fortbewegung keine Mensch-Technik-Verschaltungen, sondern Hexenbesen aus Buchenholz – und er hält nicht an einem einzelnen Autor*innensubjekt fest, sondern artikuliert sich vielstimmig und kollektiv. Trotz der aus heutiger Sicht unübersehbaren, unzureichend thematisierten Punkte ist er rebellisch, aufmüpfig, witzig und ungemein bestärkend.

In den Konvoluten des FFBIZs finden wir Materialien ohne Autorin, die die materialistischen Bedingungen des Schreibens ins Bild setzen. Wie Sara Ahmed mit Referenz auf Ann Bannfield (2000: 66) beobachtet, ist die Philosophie voller Schreibtische, von denen aus die „wirkliche Welt" betrachtet wird. Am Beispiel der Schreibszene des Phänomenologen Edmund Husserl zeigt sie, wie dabei oft nicht bedacht wird, was und wer es ermöglicht, am Schreibtisch zu sitzen, und welche körperliche wie epistemologische Ausrichtung (*orientation*) der Philosophie daraus resultiert: Sie sitzt am Tisch und denkt *über* die Welt nach (Ahmed 2006: 3). Im Kontrast dazu begreifen die seit Ende der 1970er gegründeten Frauenverlage das situiert-feministische Moment als Arbeit, die, beispielsweise als Care-Arbeit, zwangsläufig jenseits des *room of one's own* stattfindet. Auch unter den Stichwörtern *Frauenverlag* und *Frauenbuchladen* wird an feministisches Schreiben als weltlich-materielle Praxis erinnert. Mit zwei Zitaten möchten wir veranschaulichen, welche Interventionen feministische Verlage und Buchläden, beispielsweise der Berliner Amazonen-Verlag, unternommen haben, um etwa die Trennung von Denken/Korrigieren, Schreiben/Publizieren und somit letztendlich von Produzieren/Reproduzieren zu unterwandern. In einem Statement zur internationalen Konferenz feministischer Verlage im Jahr 1978 lesen wir:

„Feministische Verlage entstanden und entstehen aus der Frauenbewegung, sind Bestandteil und ein Ausdruck dieser Bewegung [...]. Da wir Bestandteil der Frauenbewegung sind, publizieren wir nicht aus verlegerischem Interesse am Selbstzweck, was sich sowohl auf unsere Einstellung zu Büchern als auch auf unsere Arbeitsweise auswirkt [...]. Weil wir Autorinnen und Übersetzerinnen nicht unsere Ansichten aufzwingen wollen, erleben wir unsere Zusammenarbeit als Austausch von Ideen und Erfahrungen und in diesem Sinn als ein Verlassen der alten Struktur: Hier die Idee, dort die Materialisierung. Konkret: Änderungen im Manuskript erfolgen stets nur nach Absprache mit der Autorin [...]. Unser Interesse gilt dem Inhalt, der Aussage, der Erfahrung, die durch ein Buch in den gesamten Prozess der Kommunikation einfließen kann." (o.A. 1978)

Aus dem Jahr 1977, einem Jahr vor dem Abdruck dieser Passage, finden wir einen kurzen Artikel, der von der Buchpräsentation der lang ersehnten Übersetzung von Jill Johnstons *Lesbian Nation. The Feminist Solution* im Amazonen-Verlag berichtet. Es heißt dort:

„Es sieht aus, als kämen wir ganz schön voran: 2 Frauenverlage, 1 Frauenvertrieb. Leider liegt das Drucken noch nicht ganz in unseren Händen, der Viva-Frauendruck Berlin führt bisher nur die Repros aus, der Druck bleibt noch Männern überlassen." (**o.A.** 1977)

Die Vorstellung von „einer guten, großen Druckmaschine", von „einer Frauendruckerei", wie es weiter heißt, ist in dieses politische Projekt vom feministischen Schreiben der späten 1970er Jahre eingelassen. Hier heißt feministisches Schreiben auch feministisches *Publizieren*: Feministische Ansichten begleiten als kritisch-methodische Denkweisen genauso wie als kapitalismuskritische Arbeitsweisen jeden einzelnen Schritt der Produktion feministischer Inhalte.

Warum beziehen wir uns für die Frage nach situiertem Schreiben auf die Politik feministischen Publizierens? Ganz einfach: Es fordert uns heraus, Schreiben in Relation zu den ökonomischen Bedingungen, Kapazitäten und Ressourcen zu betrachten, die wiederum von Erfahrungen von Klassismus, Migration, Rassismus und Ost-West-Unterschieden durchzogen sind – Ungleichheiten, die sich mit dem Beginn der COVID-19-Pandemie im Jahr 2020 noch einmal verschärft haben. Materialistisch gewendet fordert situiertes Schreiben auch dazu auf, hinter die Machtkulissen der akademischen Arbeitswelt zu schauen (Bee/Eickelmann/Köppert 2020: 187f.). Gerade weil die zunehmende Prekarisierung an Hochschulen den Klassen-Dualismus zwischen Arbeiter*innen und Akademiker*innen zunehmend auflöst (Gohlke 2021), rücken bestimmte Fragen in den Vordergrund: Welcher von Herrschaftsstrukturen durchzogenen materiellen, körperlichen und mentalen Ressourcen bedarf es, um sich gegen die Prekarisierung zu wappnen? Welche Subjekte können dem Rhythmus der Universität standhalten (Magdlener 2018: 186)? Welcher Standpunkt kann der suspendierten Zukunft im akademischen Alltag trotzen? Welche Existenzweisen funktionieren darin, welche widersetzen sich? Wie wird unter diesen Umständen geschrieben? Und wie können sie mitgeschrieben werden?

(Kein) Ende

Wenn es um die Frage der Markierung der eigenen Partikularität geht, sind Texte **m.A.** oft eigentlich Texte **o.A.**. Obwohl jeder Text situiert geschrieben wird, spiegelt sich dieser Umstand nicht zwingend in seiner Schreibweise wider. Autor*innen wissenschaftlicher Texte verkennen oft ihre Situiertheit. Situiert zu schreiben meint jedoch bei Weitem mehr als sich im Diskurs zu verorten, sich einer Theorieschule zuzuordnen oder auf die Identität der Sprecher*innenposition zu verweisen, die in unserem Fall *weiß*, queer, ableisiert, weiblich*, Klassismus- und Nachwendezeit-erfahren ist. Statt einem Verständnis zu folgen, demzufolge Situiertheit in einem Nebensatz oder einer Fußnote zum Text hinzugefügt werden kann,[5] zielen wir hier darauf ab, grundlegendere Fragen an das Schreiben als Wissensproduktion und deren Anspruch auf Neuheit, Originalität, singuläre Autor*innenschaft und Objektivität zu stellen und beim Schreiben zu verhandeln. Sich zu situieren heißt den akademischen Anspruch auf Universalität zu dekonstruieren. Sich zu situieren ist, um es mit Dipesh Chakrabarty (2010) zu sagen, immer der Notwendigkeit ausgesetzt, einen in Europa geltenden Wissensanspruch zu provinzialisieren, um die eigene Wissensproduktion als eine von vielen zu begreifen und Wissenschaft *mit* anderen Perspektiven zu betrachten. *Doing research* zeigt sich – in einer situierten Perspektive – demnach nicht nur als epistemologisches Projekt, das ein soziales und machtdurchtränktes Gemachtsein adressiert, sondern auch als noch zu entdeckende Möglichkeit eines Projekts, sich das Forschen, Schreiben und Denken (kollektiv) anzueignen. Hat das **o.A.** die Prozesse des *undoing* und *redoing* durchlaufen, beginnt es, uns in eine andere Richtung zu stoßen. Wenn **o.A.** nicht mehr für *ohne Autorität, ohne Anerkennung, ohne Anlass weiterzusuchen* steht, dann wird es zu *obwohl auch* – zum Einspruch, zur Ergänzung um Vielstimmigkeit, zum Mut zur Unabgeschlossenheit, in der das Wort *ich* markiert, nur eine*r von vielen zu sein. Und auch zu *ohhh* und *ahhh* – zur Bereitschaft, sich vom Wissensobjekt entgegen eigener Vorannahmen überraschen und herausfordern zu lassen.

Anmerkungen

1 Siehe beispielsweise die künstlerisch-theoretische Onlinepublikation *whatspressing* eines Chicagoer Kollektivs oder die Aktion *Einhunderttausend Wörter suchen einen Autor* des Diaphanes-Verlags.
2 Der entscheidende Plural von *situated knowledges* wird beinahe unmerklich vom deutschen Singularetantum *(situiertes) Wissen* geschluckt. Bis wir einen passenden Begriff für die Pluralität von Wissen gefunden haben, verwenden wir hier den englischen Begriff.
3 Für die Beziehungen zwischen dem Spekulativen und dem Situierten siehe Angerer/Gramlich (2020).
4 Dies, verbunden mit ihrer Digitalisierung, wäre ein erster Schritt, um sie auffindbar zu halten und in den globalen OPAC einzupflegen. Bereits vorhandene spezifische Datenbanken sind beispielsweise: *Digitales Deutsches Frauenarchiv*, META-Katalog *der deutschsprachigen Frauen / Lesbenarchive, -bibliotheken und -dokumentationsstellen, GenderArtNet, Gender-Repositorium.*
5 Kritisch diskutiert dies Tom Holert (2021), der in seinem Artikel darauf antwortet, wie wir uns auf seinen Situierungsversuch in einem Vortrag 2018 beziehen (Gramlich/Haas 2019: 43).

Referenzen

Ahmed, Sara (2006). *Queer Phenomenology. Orientations, Objects, Others.* Durham. London: Duke University Press.
Ahmed, Sara (2018). *Feministisch Leben! Manifest für Spaßverderberinnen.* Münster: Unrast.
Angerer, Marie Luise/Gramlich, Naomie (Hg.) (2020). *Feministisches Spekulieren. Genealogien, Narrationen, Zeitlichkeiten.* Berlin: Kadmos.
Bannfield, Ann (2000). *The Phantom Table. Woolf, Fry, Russell and the Epistemology of Modernism.* Cambridge: Cambridge University Press.
Bee, Julia/Eickelmann, Jennifer/Köppert, Katrin (2020). Diffraktion, Individuation, Spekulation. *Zeitschrift für Medienwissenschaft, 12*(22), 179–188.
Braidotti, Rosi (2014). *Posthumanismus. Leben jenseits des Menschen.* Frankfurt/Main: Campus.
Busch, Kathrin/Peters, Kathrin/Dörfling, Christina/Szántó, Idikó (2018). *Wessen Wissen? Materialität und Situiertheit in den Künsten.* Paderborn: Fink.
Chakrabarty, Dipesh (2010). *Europa als Provinz. Perspektiven postkolonialer Geschichtsschreibung.* Frankfurt/Main: Campus.
Cixous, Hélène (1975/2013). Das Lachen der Medusa. In Esther Hutfless/Gertrude Postl/Elisabeth Schäfer (Hg.), *Hélène Cixous. Das Lachen der Medusa*, Wien: Passagen, 39–61.
Cixous, Hélène (1993). *Three Steps on the Ladder of Writing.* New York: Columbia University Press.
Cixous, Hélène (1994). Preface. In Susan Sellers (Hg.), *The Hélène Cixous Reader*, London: Routledge, xv-xxiii.
Cvetkovich, Ann (2003). *An Archive of Feelings.* Durham: Duke University Press.
Cvetkovich, Ann (2012). *Depression. An Archive of Feelings.* Durham: Duke University Press.
Figge, Maja (2020). „Oppositioneller Blick" und „Speaking Nearby": Schwarze und postkoloniale Interventionen im Feld von Gender und Medien. In Tanja Thomas/Ulla Wischermann (Hg.), *Feministische Theorie und Kritische Medienkulturanalyse*, Bielefeld: Transcript, 91–106.
Giessler, Denis (2021). Ungleich verteiltes Wissen. *Taz.* URL: taz.de/ Wikipedia-wird-20-Jahre-alt/!5739248/ [12.07.2021]

Gramlich, Naomie/Haas, Annika (2019). Situiertes Schreiben mit Haraway, Cixous und Grauen Quellen. *Zeitschrift für Medienwissenschaft, 11*(20), 38–52.
Gohlke, Nicole (2021). Klassenpolitik in Zeiten von Akademisierung und neuer Unsicherheit. Plädoyer für eine zeitgemäße Betrachtung von Akademiker*innen. *Luxemburg Online.* URL: zeitschrift-luxemburg.de/akademisierung-und-neue-unsicherheit/ [12.07.2021]
Haas, Annika/Haas, Maximilian/Magauer, Hanna/Pohl Dennis (Hg.). *How to Relate: Wissen, Künste, Praktiken.* Bielefeld: Transcript.
Haraway, Donna J. (1988/1995). Situiertes Wissen. Die Wissenschaftsfrage im Feminismus und das Privileg einer partialen Perspektive. In Dies. (Hg.), *Die Neuerfindung der Natur. Primaten, Cyborgs und Frauen*, Frankfurt/Main et al.: Campus, 73–97.
Harding, Sandra (1991). *Whose Science? Whose Knowledge? Thinking from Women's Lives.* Ithaca: Cornell University Press.
Hartman, Saidiya (2007). *Lose Your Mother.* New York: Farrar Straus & Giroux.
Hartman, Saidiya (2008). Venus in Two Acts. *Small Axe, 12*(2), 1–14.
Hemmings, Clare (2011). *Why Stories Matter. The Political Grammar of Feminist Theory.* Durham: Duke University Press.
Hoffman, Lenore/Rosenfelt, Deborah (Hg.) (1982). *Teaching Women's Literature from a Regional Perspective.* New York: Modern Language Association of America.
Holert, Tom (2021). Verkomplizierung der Möglichkeiten: Gegenwartskunst, Epistemologie, Wissenspolitik. In Annika Haas/Maximilian Haas/Hanna Magauer/Dennis Pohl (Hg.), *How to Relate: Wissen, Künste, Praktiken*, Bielefeld: Transcript, 44–58.
Jeannelle, Jean-Louis/Bionda, Romain (2019). L'auteur est mort. Vive l'auteur! *Fabula LhT, 22.* URL: fabula.org/lht/22/introduction.html [12.07.2021]
Leeker, Martina (2023). ff. In Sandra Hofhues/Konstanze Schütze (Hg.), *Doing Research.* Bielefeld: Transcript, 224–237.
Lorde, Audre (2007). *Sister Outsider. Essays and Speeches.* Berkeley: Crossing Press.
Magdlener, Elisabeth (2018). Crip Time. *Zeitschrift für Medienwissenschaft, 10*(18), 186.
o.A. (1977). *Zärtliche Amazonen.* Über den Abend des Amazonen-Verlags im Lesbenzentrum anlässlich der Buchmesse. FFBIZ-Archiv.
o.A. (1978). Frauen lesen Frauen – Frauen schreiben Frauen – Frauen publizieren Frauen – Frauen lieben Frauen. Statement-Papier der Internationalen Konferenz feministischer Verlage, 14.-16. Oktober 1978 in München. FFBIZ-Archiv.
Schaffrick, Matthias/Willand, Marcus (Hg.) (2014). *Theorien und Praktiken der Autorschaft.* Berlin et al.: De Gruyter.
Schneider, Joseph (2005). Conversations with Donna Haraway. In ders. (ed.) *Donnna Haraway. Live Theory*, New York: Bloomsbury, 114–157.
Tönnesmann, Jens (2021). Eine für alle, alle für eine. *Die Zeit.* URL: zeit.de/2021/12/wikipedia-deutschland-diversitaet-frauen-junge-menschen [12.07.2021]
Trinh T., Minh-ha (1982/2018). *Reassemblage* [Video]. Specters of Freedom. Cinema and Decolonization. Berlin: Arsenal, Institut für Film- und Videokunst e.V.
Walker, Alice (1987). *Auf der Suche nach den Gärten unserer Mütter.* München: Frauenbuchverlag.
Woolf, Virginia (2000). *A Room of One's Own.* Oxford: Oxford University Press.

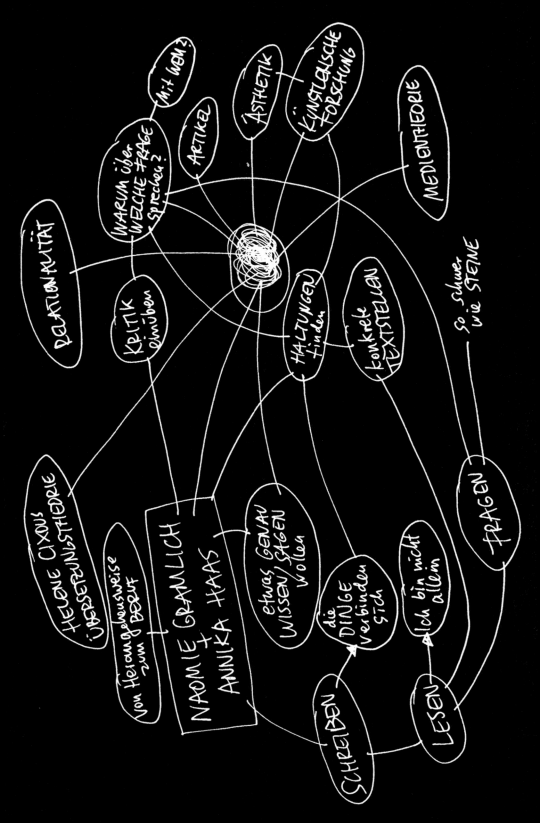

o.D. Wie ein fehlendes Datum Standards, Temporalität und Legitimität gestalten kann

Felicitas Macgilchrist

Ausgehend von einem halbfiktiven Beispiel beschreibt der Beitrag drei miteinander verflochtene Praktiken des wissenschaftlichen Schreibens, die mit **o.D. (ohne Datum)** *einhergehen. Die Abkürzung steht dabei als ein konkreter Fall, der beleuchtet, wie sich Standardisierung als iterativer, gemeinschaftlicher Prozess gestaltet, wie Workarounds entwickelt werden, um die aktuellen Standards zu umgehen und wie diese über die Zeit in neue Standards – als situierte, soziotechnische, politische Praktiken – integriert werden.*

Ich forsche in einem Projekt zu digitalen Daten und Schule. Wir schreiben über Daten und Ungewissheit bzw. über die Visualisierung von Prognosedaten im Bildungsbereich als seien sie gewiss (certain). Ich finde ein Datenvisualisierungstool von Alex Krusz online. Eine fantastische Fundgrube. Ein Tool, das auf besonders ästhetische Weise die Ungewissheit von Prognosen darstellt. Wie soll ich das jetzt zitieren? Es hat kein Datum. Das aktuelle APA Manual sagt, ich solle das Datum „so spezifisch wie möglich" angeben; ich dürfe auch das „last update" nehmen. Nur bei Seiten, die sich häufig ändern und nicht archiviert sind, soll ich ein „retrieved from"-Datum einfügen. Auf der Webseite steht kein Datum, keine letzte Aktualisierung. Aber ein Link zu einem Blogeintrag von Krusz. Dem folge ich. Auch kein Datum auf der Seite. Aber doch, in der URL steht ein Datum. Der Blog wird also *Krusz (2013)*. Ich bin überrascht: Dann ist das Datenvisualisierungstool, das er im Blog erwähnt, vermutlich auch 2013. Es ist nicht archiviert, aber ändert sich auch nicht. Schon fast zehn Jahre her. Geht das noch? Im digitalen Bereich wirkt ein Verweis auf 2013 archaisch. Ich suche nach neueren Tools und Visualisierungen. Nach längerer Suche finde ich weitere bei D'Ignazio und Klein (2020) und Benjamin (2019) und stelle zugleich fest: Krusz ist noch ein gutes Beispiel. Ich suche online nach weiteren Informationen über ihn: Senior Software Engineer, specializing in data science, mit mehreren einschlägigen Projekten. Ich zitiere sein Tool und schreibe **o.D.** (ohne Datum) in das Jahresfeld meiner Literaturdatenbank. Während ich mit LaTex schreibe, merke ich: das **o.D.** wird nicht aus der Datenbank in das Literaturverzeichnis übertragen. Es erscheint nur (). Ich suche in den LaTex-Community-Foren, finde eine Lösung, lerne dabei auch über Minimalbeispiele, setze die Lösung um: Krusz, Alex (o.D.). Uncertainty. URL: krusz.net/uncertainty [12.04.2021]

Die Abkürzung **o.D.**, ohne Datum, geht mit verschiedenen Aspekten des Forschens einher. In dem (halbfiktiven) Eingangsbeispiel kommen drei solcher Aspekte vor, die ich zur Strukturierung dieses Beitrags heranziehen möchte: Erstens *Standardisierung*, die zunehmend selbstverständliche Einführung von Standards und Regelpraktiken als etwas, das ursprünglich einmal neu und ungewohnt war. Zweitens *Temporalisierung*, Praktiken, die die Zeitlichkeit der Forschung aufzeigen. Drittens *Legitimierung*, Praktiken, um die Glaubwürdigkeit der Quellen zu sichern, wobei Glaubwürdigkeit auch meinen kann, Diversität herzustellen. Obwohl diese drei Aspekte miteinander verschränkt sind, geht der folgende Beitrag nacheinander auf sie ein. Jeder der drei Abschnitte leitet mit einigen konkreten Beispielen ein und reflektiert anschließend die abstrakteren – auch politischen – Implikationen für die Zukunft des (inklusiveren) wissenschaftlichen Zitierens, auf die **o.D.** hinweist.

Standardisierung

Partikel wie **o.D.** und die weiteren Abkürzungen in diesem Band sind in Standards festgehaltene Momentaufnahmen (siehe Musche/Grüntjens 2023). Wissenschaftler*innen ordnen sich bei ihrer Textproduktion der Standardisierung von Zitationsweisen unter, die wir unter anderem als Chicago, MLA, Harvard oder APA kennen. Standards zu entwickeln und zu stabilisieren bedeutet viel Arbeit; es benötigt häufig lange Diskussionen mit vielen Kompromissen auf allen Seiten. Durch die Geschichte des **o.D.**s wird Standardisierung als ein stets im Wandel befindlicher Prozess sichtbar. In diesem Prozess kristallisiert sich etwas langsam als Problem heraus, das mit einer Standardlösung bearbeitet werden soll, um den Austausch reibungsloser zu gestalten. Im Eingangsbeispiel wird auf das Manual der American Psychological Association (APA) verwiesen. Bis zur zweiten Ausgabe der APA von 1974 kommt *n.d.* (**o.D.**) nicht vor (APA 1974). Es wurde demnach bis in die 1970er Jahre nicht als Standardproblem betrachtet, wenn ein Datum fehlte. In der vierten Ausgabe (APA 4th) im Jahre 1994 erscheint *n.d.* in einer einfachen Liste von *akzeptierten Abkürzungen*: In der englischen Ausgabe erscheint *n.d.* nach *Ed. (Eds.)* und *Trans.* und vor *p. (pp.)* und *Vol* (APA 1994). In ihrem fünften Manual (APA 5th) (2001) fängt die APA an, dezidiert über *missing information* zu informieren:

„3.100 Classical Works. When a work has no date of publication (see section 4.09), cite in text the author's name, followed by a comma and n.d. for ‚no date'" (APA 2001: 213).

Der erste Eintrag im APA 5th bezieht sich also nicht auf Internetpublikationen, sondern auf klassische Texte. In Abschnitt 4.09 wird dann *n.d.* als eine von fünf regulären Optionen unter *date of publication* gelistet: „If no date is available, write n.d. in parentheses" (ebd.: 226). Interessanterweise wird für *n.d.* kein Beispiel gegeben:

> „Fowers, B. J., & Olson, D. H. **(1993)**. ENRICH Marital Satisfaction Scale: A brief research and clinical tool. *Journal of Family Psychology 7*, 176- 185. [journals, books, audiovisual media]
>
> (1993, June). [meetings; monthly magazines, newsletters, and newspapers]
>
> (1994, September 28). [dailies and weeklies]
>
> (in press). [any work accepted for publication but not yet printed]
>
> (n.d.). [work with no date available]" (ebd.)

Im Abschnitt über *electronic media* wird es spezifischer. Er beginnt mit:

> „*Sources on the Internet.* The Internet is a worldwide network of interconnected computers. Although there are a number of methods for navigating and sharing information across the Internet, by far the most popular and familiar is the graphical interface of the World Wide Web". (ebd.: 268)

Danach folgen weitere Informationen, einschließlich von Hinweisen zum Einfügen eines Abrufdatums und zum Umgang mit einem fehlenden Veröffentlichungsdatum. Seit dem APA 6th Manual (2010) ist es nicht mehr notwendig, das Abrufdatum für Webseiten anzugeben, mit Ausnahme von solchen Seiten, deren Inhalte sich verändern sollen und nicht archiviert werden. Das Eingangsbeispiel erzählt von meinem Versuch, nach Erscheinen des APA 7th Manual (2020) mit einem Klick einen **o.D.**-Literaturverweis in mein LaTex-Dokument einzufügen. Es erscheint nur *()* – kein Datum, aber auch kein (**o.D.**). Das Autor*innenteam des APA-Manuals hat zwar die Lösung hierzu in das aktuelle Manual eingearbeitet, aber dessen Veröffentlichung geht (wiederum) mit weiteren Anpassungen anderer Standards einher. Wenn APA (oder Chicago, MLA, Harvard oder weitere Systeme) eine neue Ausgabe herausgibt, müssen, wie das Beispiel zeigt, die Softwarehersteller reagieren. Literaturverwaltungsprogramme wie Citavi, Zotero, Citationsy oder EndNotes passen laufend ihre standardisierten Ausgaben an, damit die Nutzer*innen weiterhin mit einem Klick ein Literaturverzeichnis im aktuellen Format (etwa nach APA 7th) erstellen können. Zotero oder LaTex haben noch keine neue Standardlösung für **o.D.** nach APA 7th. Ich suche also online nach einer Lösung und finde Workarounds in Community-Foren (Antarez 2019; Disenchanted Lurker 2019). Wenn Standardisierungen fehlen, werden Communities wichtig, in denen Nutzer*innen sich gegenseitig unterstützen.

Das APA 7th ist eine recht neue Ausgabe. In einem iterativen Prozess wird voraussichtlich bald ein Update von LaTex oder Zotero eine Lösung für mein spezifisches **o.D.**-Problem in die automatisierten Prozesse überführen. Das **o.D.** wird standardisierter, selbstverständlicher und unsichtbarer für zukünftige Nutzer*innen. Mit der zunehmenden Standardisierung wird also die Community für dieses Problem wieder unwichtiger. Die Nutzung wird reibungsloser – darauf zielt die Standardisierung ab – und entpersonalisierter. Gerade das obige Beispiel belegt aber auch den iterativen Prozess der Standardisierung, in dem eine Reibungslosigkeit im technischen Ablauf angestrebt wird, aber selten stabil und langfristig gehalten werden kann (Macgilchrist 2023). In der Reibung erscheinen communitybasierte Online-Foren als eine Möglichkeit der gemeinsamen Problembearbeitung beim *doing research*.

Temporalisierung

Aber warum braucht es eine Standardlösung für das Datum einer Publikation? Inhaltlich symbolisiert **o.D.** in erster Linie eine verlorene Temporalität. APA 7th listet unter *missing information* Optionen für den Umgang mit einem fehlenden Datum. Wenn es kein Datum gibt, gilt es als *missing*, das heißt es sollte eigentlich vorhanden sein. Die Erwartung ist, dass wissenschaftliche Quellen mit zeitlichen Daten versehen sind. Das (fehlende) Datum ist nicht *d.f.* (datenfrei) oder *d.u.* (datumsumfassend), sondern **o.D.**, *ohne*. **o.D.** symbolisiert zugleich auch eine Aktualität, so fehlt vor allem bei Internetquellen das Datum, insbesondere bei Webseiten, die häufig aktualisiert werden. Beispiele im APA 7th (2020) sind die Profilseiten bei sozialen Medien:

> „Witherspoon, R. [@officialreesetiktok]. (n.d.). vsco mom [TikTok profile]. TikTok. Retrieved January 12, 2020, from https://vm.tiktok.com/xS3B86.
>
> Swift, T. [@taylorswift]. (n.d.). Posts [Instagram profile]. Instagram. Retrieved January 9, 2020, from https://www.instagram.com/taylorswift". (APA 2022)

Ziel solcher Profilseiten ist, dass sie ab und zu aktualisiert werden. Sie werden nicht archiviert. Um ihnen eine Zeitlichkeit zu geben – sie zeitlich zu fixieren – brauchen diese Seiten ein Datum, an dem sie von den Autor*innen aufgerufen wurden. Oft sind die Aufrufdaten im Literaturverzeichnis sehr aktuell, weil Autor*innen sie vor der Abgabe ihres Textes prüfen, um sicherzustellen, dass auch ältere Links noch funktionieren. Was ergibt sich aus dieser Temporalisierung für *doing research*? In ihrer kritischen Medien- und Gesellschaftsanalyse arbeitet Wendy Chun *Habit + Crisis = Update* als einen zentralen Aspekt vernetzter Medien heraus. Nicht nur Krise und Disruption, sondern auch Gewohnheiten vollziehen die Temporalitäten des Netzwerks (Chun 2016: 171). Forschende, so die Implikation, sind heute angehalten, ständig zu aktualisieren, um unsere Gewohnheiten zu irritieren. Dies lädt Forschende ein, ständig auf Neues zu reagieren, denn die stetigen Aktualisierungen (Updates) halten Gewohnheiten davon ab, träge zu werden (ebd.: 85). Das heißt wiederum, dass Aktualisierungen die Produktion von Wissen davon abhalten, sich zu wiederholen. Die Forschungspraxis beinhaltet immer häufiger die Suche nach aktuellen Forschungspublikationen, auf die die eigene Studie verweisen kann, um zu beweisen, dass sie nicht nur gewöhnlich ist. Gerade in Forschung zu Digitalität besteht ein Drang, möglichst aktuelle Quellen zu zitieren. Wenn ich heute einen Text lese, der sich auf Studien zu einem Digitalitätsthema aus dem Jahr 2013 bezieht (egal, ob es um den Einsatz von Lernsoftware oder die Subjektivierungsweisen in Strategiepapieren geht), frage ich mich, ob der zitierte Text von mehr als historischem Interesse sein kann. Denn die Situation – davon gehen viele Beobachter*innen aus – hat sich seit 2013 stark verändert. Erwähnt ein Text einen iPod, hinterfragen Leser*innen eventuell dessen Relevanz für die aktuelle Lage. Allerdings kritisieren zwei Forschungsstränge diese Haltung: Zum einen historische Forschung zu *neuen* Medien; zum anderen Medienforschung zum Aktualitätsdrang. Historische Forschung hat unter anderem die Kontinuitäten herausgearbeitet zwischen *alten* und *neuen* Medien, etwa zwischen dem Einsatz neuer Medien in den 1960er Jahren und neuer Medien in den 2010ern (Cuban 1986; Annegarn-Gläß/Fuchs/Bruch 2016; Gitelman 2006). Somit ist ein Text von vor zehn Jahren vielleicht doch nicht so veraltet, auch wenn er über digitale Medien berichtet. Ersetze das *iPod* mit *iPhone* und überprüfe, ob die Beobachtungen, Thesen oder Themen noch tragen.

Der Versuch, Quellen ohne Datum mit einem Datum zu temporalisieren, ist darüber hinaus auch eine sehr praktische Tätigkeit beim *doing research*. Das Eingangsbeispiel beschreibt erstens die Zeit, die ich verbracht habe, ein Datum für die Visualisierung zu suchen; zweitens die Zeit, in der ich online nach Informationen über den Autor und nach neueren Quellen oder aktuelleren Projekten gesucht habe; und drittens die Zeit, die ich mit der Suche nach einer Lösung für das LaTex-Übertragungsproblem verbracht habe. Während dieser Suche bin ich unerwarteten Quellen begegnet und habe Neues gelernt. Ich bin nicht *im Internet falsch abgebogen*, aber doch bin ich im Internet abgebogen, nochmals abgebogen und wieder umgebogen. So auch während des Schreibens dieses Textes, als mich das APA 7th Manual auf TikTok verwies und ich dort eine Weile verweilte.

Legitimierung

Mit der Temporalisierung geht auch eine allgemeinere Befragung der Praktiken des Zitierens einher: Warum zitieren wir in unseren Forschungstexten andere Texte? Eine Antwort darauf ist Legitimierung. Verweise auf schon vorhandene Forschung legitimieren die Studie, die ich gerade erarbeite. Leser*innen brauchen so viele und so präzise Informationen wie möglich, einschließlich des Datums, damit sie die zitierten Quellen finden können. Wenn sie die Quellen nicht finden und selbst überprüfen können, „the credibility of your paper or argument will suffer" (APA 2001: 269), so der Gedanke dahinter. Die Ergebnisse oder Thesen eines Beitrags werden hinterfragbarer, wenn die Quellen nicht auffindbar sind. Meine These im Eingangsbeispiel über die Produktion epistemischer Gewissheit durch Datenvisualisierungen wird legitimiert, wenn die Leser*innen die zitierten Quellen auch finden und selbst überprüfen können. Um meiner These Glaubwürdigkeit zu verschaffen, webe ich beim Schreiben ein ergänzendes Netz an schon vorhandenem, durch Publikation legitimiertem Wissen. Indem ich Krusz zitiere, stütze ich meine These weitaus mehr, als wenn ich selbst eine Datenvisualisierung entwerfen würde. Krusz bringt die Autorität der Data Science mit sich. Ohne Datum wird diese Legitimität untergraben, da die Quelle nicht vollständig ist. Dennoch reicht **o.D.** als Teil eines fast vollständigen Eintrags, der mich durch seine Autorität sprechen lässt. Dies erscheint auf den ersten Blick sinnvoll und bekannt. Wissen wird geschaffen, indem wir sicherstellen, dass wir in unseren Texten das Rad nicht neu erfinden, sondern bestehende Ergebnisse ergänzen, vertiefen, verifizieren oder falsifizieren. Schritt für Schritt baut eine Forschungsarbeit auf die Forschungsarbeiten (die Ergebnisse und Thesen) anderer auf, sodass das gesammelte Wissen wächst. Diese Legitimierungspraktiken bei der Herstellung von Forschungspublikationen sind aus zwei Perspektiven kritisch betrachtet worden:

Die erste Kritik ist, dass Zitieren zu einer Abhängigkeitspraxis wird. So beschreibt zum Beispiel Steve Fuller (2005) aus seiner Sicht den Unterschied zwischen Intellektuellen und Wissenschaftler*innen. Sie sähen zwar sehr ähnlich aus („[b]oth talk a lot, gesture wildly and wear bad clothes"), aber der zentrale Unterschied sei: „[I]ntellectuals care about ideas and know how to deal with them effectively" während Wissenschaftler*innen nur versuchten, ihre Karriere zu befeuern (Fuller 2005: o.S.[1]). Einige Wissenschaftler*innen seien, so schreibt Fuller, auch Intellektuelle. Allerdings verfolgt er mit seinem Beitrag vorwiegend die Absicht, darzustellen, wie unter anderem die Zitierpraktiken die meisten Wissenschaftler*innen von Intellektuellen unterscheidet. Intellektuelle, so Fuller, zitierten wenig, denn sie übernähmen persönliche Verantwortung für ihre Ideen, auch wenn sie in der Öffentlichkeit herausgefordert würden. Wissenschaftler*innen dagegen würden durch die Erwartung, in ihren eigenen Beiträgen viele Publikationen anderer Wissenschaftler*innen zu zitieren, daran gehindert, zu ihren eigenen Ideen zu stehen:

„This fosters a dependency culture whereby academics are rewarded for feats of ventriloquism, that is, an ability to speak through the authority of others. The result is institutionalised cowardice" (ebd.).

Meine Suche nach dem Datum von Krusz' Text ist die Suche nach einer vollständigen Quelle, die mich bauchrednerisch durch seine Autorität sprechen lässt. Das, so Fuller, sei ein Zeichen für meine Verwobenheit in institutionalisierter Feigheit und Abhängigkeitsverhältnissen. Hiermit greift Fuller den Kern der gegenwärtigen wissenschaftlichen Maschinerie um Evaluierungen, Tenure Track, h-Index, Impact Factor, Peer Review oder Antragsbegutachtung an. Diese Maschinerie ist für Karrieren in der Wissenschaft essenziell geworden. Je mehr eine Arbeit zitiert wird, so die Logik, desto wichtiger die Arbeit. Je wichtiger die Arbeit, desto wichtiger – und als Professor*in berufbarer – die Person. Die zweite Kritik am Zitieren als Legitimierungspraxis fokussiert auf Bias. Aktuelle Forschung hat, zum Beispiel, einen klaren Genderbias identifiziert. Publikationen von Personen mit eher männlich interpretierten Namen werden in vielen Disziplinen häufiger zitiert als Publikationen von Personen mit Namen, die eher weiblich interpretiert werden (Caplar/Tacchella/Birrer 2017; Dion/Sumner/Mitchell 2018). Die Gründe für diesen Bias sind vielfältig. Die vielzitierten Klassiker eines Feldes sind oft von (männlichen) Wissenschaftlern geschrieben worden; unter anderem dadurch kommt es zu einem Bias gegenüber Wissenschaftlerinnen, der beabsichtigt und unbeabsichtigt sein kann (Zurn/Bassett/Rust 2020). Ob beabsichtigt oder nicht, eine unausgewogene Zitierpraxis – die nicht nur Frauen, sondern verschiedentlich marginalisierte Wissenschaftler*innen betrifft – hat enorme Auswirkungen auf Karrierewege bis hin zu Einstellungsverfahren, Berufungen zur Professor*in und darüber hinaus.

Aus den aktuellen kritischen Reflexionen über Legitimierungs- und Zitierpraktiken resultieren einige Implikationen für *doing research*. Das Zitieren kann beispielsweise als Gespräch und Gemeinschaft (*conversation and community*) verstanden werden. In diesem Sinne zitiere ich Personen, bei denen ich mich für ihre Arbeit bedanken möchte und mit denen ich gerne ein weiteres Gespräch führen würde (Switaj 2013). Das Zitieren von wissenschaftlichen Texten wird somit zu einem Angebot, mit mir in ein gemeinschaftliches Gespräch über Ideen einzusteigen. Glaubwürdig sind dann Publikationen, die durch ihr Literaturverzeichnis zeigen, dass sie divers gelesen haben. Alex Krusz wollte ich im Eingangsbeispiel danken, weil seine Visualisierung für meine Analyse über Gewissheit und Datafizierung sehr hilfreich war. Er zeigt aus einer Data-Science-Perspektive, dass die Visualisierung von Ungewissheit nicht nur die nette Idee einer Kultur-/Erziehungswissenschaftlerin ist, sondern auch praktisch machbar. Ich suche nach weiteren Beispielen, nicht nur wegen o.D., sondern auch wegen des Biasproblems. Bei Data Feminism entdeckte ich im Eingangsbeispiel eine hochspannende Open-Access-Sammlung von alternativen Visualisierungen, unter anderem provokantere Beispiele als bei Krusz, die ich ebenfalls zitierte (D'Ignazio & Klein, 2020). In Ruha Benjamins *Race After Technology* (2019) entdeckte ich Projekte, die noch weitere Visualisierungsmöglichkeiten aufzeigen (Clifton/Lavigne/Tseng 2017). Zusammenfassend lässt sich sagen, dass die andauernde Suche, nachdem ich schon eine halblegitime Quelle (zwar ohne Datum, aber thematisch einschlägig) gefunden hatte, meinen wissenschaftlichen Beitrag erweitert und gestärkt hat. o.D. verweist also auf eine Reihe zusammenhängender, forschungspraktischer Legitimierungspraktiken in der Wissenschaft, die mit dem Zitieren einhergehen. o.D. – das Fehlen eines Datums – verweist nicht nur auf das Datum als Teil eines vollständigen Verweises, der gerade durch seine Vollständigkeit Vertrauen und Legitimität herstellen soll. o.D. kann mich auch daran erinnern, meine explizite und implizite Voreingenommenheit gegenüber (intersektional) marginalisierten Autor*innen zu hinterfragen (Crenshaw 1991). o.D. kann mich an die Communities denken lassen, mit denen ich (durch die Verweise) ins Gespräch kommen möchte. o.D. kann mir nahelegen, in dieser Hinsicht praktisch tätig zu werden, indem ich die Diversität meines Literaturverzeichnisses sicherstelle und somit meine Wissensbasis erweitere.

Fazit

Ausgehend von einem halbfiktiven Beispiel über die Suche und das Einfügen von Quellen hat dieser Beitrag drei miteinander verflochtene Praktiken des wissenschaftlichen Schreibens beschrieben, die mit o.D. (ohne Datum) einhergehen. Die Bearbeitung von o.D. im APA Manual über die letzten 50 Jahre verweist erstens auf *Praktiken der Standardisierung*: Sie zeigt, wie wir beim Schreiben mit den sich wandelnden Standards verwoben sind, ob durch unsere Orientierung an APA, Chicago, Harvard und weitere Systeme oder durch die technische Infrastruktur, etwa Literaturverwaltungssoftware, die wir beim Schreiben einsetzen. o.D. agiert hier als ein konkreter Fall, der beleuchtet, wie sich Standardisierung als iterativer, gemeinschaftlicher Prozess gestaltet, wie Workarounds entwickelt werden, um die aktuellen Standards zu umgehen und wie diese über die Zeit in neue Standards integriert werden. Auch Standards sind situierte, soziotechnische Praktiken. o.D. deutet zweitens auf *Praktiken der Temporalisierung* in wissenschaftlichen Arbeiten hin: Durch das Fehlen eines erwarteten Elements in einer vollständigen Quellenangabe hebt o.D. die Zentralität der Zeitlichkeit beim Schreiben hervor. Es zeigt die Erwartungen an Aktualität und kontinuierliche Updates auf, die das Forschen insbesondere zum Internet begleiten. Drittens macht o.D. auf die durch das Zitieren vollzogenen *Praktiken der Legitimierung* aufmerksam: Das fehlende Datum deutet auf eine Unvollständigkeit hin, die die Legitimität oder Glaubwürdigkeit des Textes in Frage stellt. Der Anspruch sollte sein die Literaturverweise so vollständig wie möglich anzugeben, damit Leser*innen selbst die Quellen finden und überprüfen können. Was aber heißt *legitim*, *glaubwürdig* oder *so vollständig wie möglich*, wenn wir an Zitierpraktiken im Allgemeinen denken und nicht nur an die Zitation und dazugehörigen Literaturnachweise eines einzigen Textes? o.D. beleuchtet weitere (illegitime) Unvollständigkeiten, zum Beispiel Gender- und andere Biases. Das APA 7th Manual verweist auf die Notwendigkeit der Bias-sensiblen Sprache und standardisiert zum Beispiel das für einige noch kontroverse *singular they* im Englischen.[2] Noch sind Citation Diversity Statements (Zurn/Bassett/Rust 2020) kein Standard im APA, aber auch hier sind Änderungen nach den aktuellen Erkenntnissen zur Auswirkung der Zitierpraxis auf Evaluationsrankings und Einstellungsverfahren zu erwarten (siehe _, Garz/Riettiens 2023).

Allgemein betrachtet erinnert o.D. daran, dass wir nicht alles wissen können. Es erinnert an den Textproduktionsprozess: Dieses spezifische Wissensangebot ohne Datum ist von jemandem in einem bestimmten Kontext zu einer bestimmten Zeit gemacht worden. Es erinnert auch daran, dass Zitieren – wie alle Aspekte der wissenschaftlichen Arbeit – politisch ist. Denn Zitieren, mit oder ohne Datum, ist eine Praktik des In- und Exkludierens und damit niemals als neutral anzusehen.

Anmerkungen

1 *o.S.* (ohne Seite): Ein ähnlicher Beitrag in diesem Band könnte zu der Abkürzung *o.S.* geschrieben werden. Fuller (2005) ist eine Onlinequelle und ohne Seite zu zitieren. Das bringt eine Lücke im wissenschaftlichen Text hervor, wo gewöhnlicherweise oder standardisierterweise eine Seitenzahl erwartet wird.

2 Im Englischen ist *they* plural, aber wird seit mehreren Jahren auch im Singular verwendet, um nicht mehr *he* als generisches Singular zu nutzen (APA 2019; oder auch allgemeiner: APA o.D.).

Referenzen

Annegarn-Gläß, Michael/Fuchs, Eckhardt/Bruch, Anne (2016). Educational Films. A Historical Review of Media Innovation in Schools. *Journal of Educational Media, Memory, and Society, 8*(1), 1–13.

Antarez (2019). LATEX Forum. URL: kurzelinks.de/5ynm [09.07.2021]

APA (1974). *Publication Manual of the American Psychological Association, Second Edition*. Washington, DC: American Psychological Association.

APA (1994). *Publication Manual of the American Psychological Association, Fourth Edition*. Washington, DC: American Psychological Association.

APA (2019). Gender. URL: kurzelinks.de/eyfk [09.07.2021]

APA (2001). *Publication Manual of the American Psychological Association, Fifth Edition*. Washington, DC: American Psychological Association.

APA (2010). *Publication Manual of the American Psychological Association, Sixth Edition*. Washington, DC: American Psychological Association.

APA (2020). *Publication Manual of the American Psychological Association, Seventh Edition*. Washington, DC: American Psychological Association.

APA (2022). TikTok References. URL: kurzelinks.de/jqui [07.06.2022]

APA (o.D.). Bias-free Language. URL: kurzelinks.de/fc2l [09.07.2021]

Benjamin, Ruha (2019). *Race After Technology*. Cambridge: Polity.

Caplar, Neven/Tacchella, Sandro/Birrer, Simon (2017). Quantitative Evaluation of Gender Bias in Astronomical Publications from Citation Counts. *Nature Astronomy, 1*(6), 1–5.

Clifton, Brian/Lavigne, Sam/Tseng, Francis (2017). White Collar Crime Risk Zones. URL: whitecollar.thenewinquiry.com [09.07.2021]

Crenshaw, Kimberly (1991). Mapping the Margins: Intersectionality, Identity Politics, and Violence against Women of Color. *Stanford Law Review, 43*(6), 1241–1299.

Cuban, Larry (1986). *Teachers and Machines. The Classroom Use of Technology Since 1920*. New York: Teachers College Press.

D'Ignazio, Catherine/Klein, Lauren F. (2020). *Data Feminism*. Cambridge, MA: MIT Press.

Dion, Michelle L./Sumner, Jane L./Mitchell, Sara M. (2018). Gendered Citation Patterns across Political Science and Social Science Methodology Fields. *Political Analysis, 26*(3), 312–327.

Disenchanted Lurker (2019). biblatex: online -> "o. J." when date = {}. URL: kurzelinks.de/2aq0 [09.07.2021]

Fuller, Steve (2005). You Call Yourself an Intellectual? *The Times Higher Education Supplement*. URL: kurzelinks.de/hboz [08.02.2021]

Garz, Jona T./Riettiens, Lilli (2023). _ . In Sandra Hofhues/Konstanze Schütze (Hg.), *Doing Research*. Bielefeld: Transcript, 12–17.

Gitelman, Lisa (2006). *Always Already New. Media, History, and the Data of Culture*. Cambridge, MA: MIT Press.

Krusz, Alex (o.D.). Uncertainty. URL: krusz.net/uncertainty [12.04.2021]

Krusz, Alex (2013). Visualizing Data Uncertainty. An Experiment with D3.js. URL: kurzelinks.de/5odf [09.07.2021]

Macgilchrist, Felicitas (2023/im Druck). Diskurse der Digitalität und Pädagogik. In Sandra Assmann/Norbert Ricken (Hg.), *Bildung und Digitalität. Analysen – Diskurse – Perspektiven*. Wiesbaden: Springer.

Musche, Sina/Grüntjens, Jennifer (2023). i.d.R. In Sandra Hofhues/Konstanze Schütze (Hg.), *Doing Research*. Bielefeld: Transcript, 280–287.

Switaj, Elizabeth (2013). Web Writing and Citation. The Authority of Communities. URL: kurzelinks.de/qkpp [01.05.2021]

Zurn, Perry/Bassett, Danielle S./Rust, Nicole C. (2020). The Citation Diversity Statement. A Practice of Transparency, A Way of Life. *Trends in Cognitive Sciences, 24*(9), 669–672.

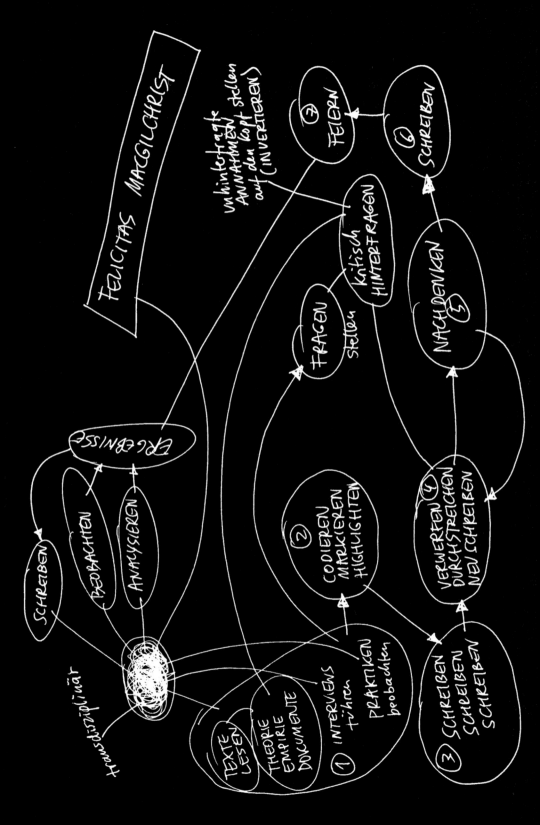

o.J. Recherchepraktiken, Datenquellen und Modellierungen   Sarah-Mai Dang

Ausgehend von der Abkürzung **o.J.** (**ohne Jahr**) *analysiert der Beitrag aus film- und medienwissenschaftlicher Perspektive die Zusammenhänge sowie Bedeutung von Recherchepraktiken, Quelldaten und Klassifikationen (Zuschreibungen) im Forschungsprozess. Daran anschließend werden gegenwärtige Fragen aus dem Feld der Digital Humanities diskutiert, die für eine historisch orientierte Medienforschung sowie transdisziplinäre, situierte Wissenschaftspraxis produktiv werden könnten.*[1]

Gebe ich **o.J.** ohne Leer- und Anführungszeichen in die Suchmaske von Google ein, verweisen die ersten Treffer auf den ehemaligen US-amerikanischen Football-Star und Schauspieler, der 1995 wegen Mordes an seiner Ex-Frau vor Gericht stand: Orenthal James Simpson – O. J. Simpson. Trotz der erdrückenden Beweislast gelang es der Verteidigung, die Geschworenen davon zu überzeugen, ihn freizusprechen. Der Prozess wurde live im Fernsehen übertragen und sorgte nicht nur wegen der Bekanntheit des Angeklagten, sondern auch aufgrund von Rassismusvorwürfen international für Aufmerksamkeit. 2016 erschien die vielfach ausgezeichnete Fernsehserie *The People v. O. J. Simpson: American Crime Story*, die den mehrmonatigen Prozess durch neue Perspektiven auf das Geschehen zu rekonstruieren sucht.

Füge ich ein Leerzeichen in die Suchmaske ein, wie es der Duden vorsieht, **o. J.**, so zeigt mir Google zumindest an dritter Stelle einen Wiktionary-Eintrag zu jener Thematik an, der ich mich eigentlich widmen wollte: der bibliographischen Angabe *ohne Jahr*. Selbst wenn ich die Suchanfrage in Anführungszeichen setze, erhalte ich eine Ergebnisliste, die dem, was mir zu Beginn vorschwebte, nur ansatzweise nahekommt. Nur drei von zehn Einträgen beziehen sich auf die Bedeutung der bibliographischen Abkürzung. Die übrigen verweisen vor allem auf O. J. Simpson. Hinzu kommt ein Marktbericht des US-amerikanischen Landwirtschaftsministeriums aus dem Jahr 1926 sowie das offizielle Register der US-amerikanischen Air Force, Stand 1. Januar 1952. Kurios.

Ausgehend von dieser Suchanfrage und der Abkürzung **o.J.** möchte ich in dem vorliegenden Beitrag drei Facetten digitaler Filmgeschichtsschreibung aufzeigen, die mir als Film- und Medienwissenschaftlerin für die Auseinandersetzung mit gegenwärtigen Forschungspraktiken relevant zu sein scheinen – und denen wir angesichts der Digitalisierung verstärkt Aufmerksamkeit widmen sollten: 1) Recherchepraktiken, 2) Datenquellen, 3) Datenmodellierungen. Zunächst werde ich skizzieren, welchen Bedingungen die alltägliche Recherchepraxis im Internet und in anderen digitalen Datenbanken unterliegt, um anschließend das Verhältnis von Daten und Quellen sowie den Komplex von Zuschreibungen im Rahmen von Datenmodellierungen zu beleuchten. Der Beitrag zielt darauf ab, ausschnitthaft gegenwärtige Fragen im Feld der Digital Humanities zur Bedeutung von Daten für die historisch orientierte Medienforschung produktiv zu machen und somit den transdisziplinären Austausch über die Situiertheit von wissenschaftlichem Wissen zu vertiefen.

Recherchepraktiken: Suchanfragen und Programme

Das Eingangsbeispiel verdeutlicht, dass ein einziges Leerzeichen große Auswirkungen auf unsere alltägliche Recherche haben kann. Wie genau und auf welche Weise die unterschiedlichen Suchanfragen das jeweilige Ergebnis beeinflussen, lässt sich allerdings nur bedingt erfassen. Denn die den Ergebnissen zugrundeliegenden Algorithmen, die programmierte Abfolge definierter Schritte, sind bei proprietären Anwendungen normalerweise nicht öffentlich zugänglich. Dass alle drei Anfragevarianten (*o.J.*, *o. J.*, *„o. J."*) überwiegend Einträge zu O. J. Simpson hervorbringen, ist höchst wahrscheinlich auf die Popularität des Superstars zurückzuführen. Inwiefern es außerdem eine Rolle spielt, dass die Serie seit einigen Jahren auf meiner Watchlist steht, lässt sich nur vermuten. Die Logik, nach welcher kommerzielle Anbieter:innen personenbezogene Daten speichern und entsprechende Nutzungsprofile generieren, die in die Funktionsweise der Applikationen einfließen, ist nach wie vor undurchsichtig. Gleichwohl ist zu bedenken, dass auch ein veröffentlichter, also Open-Source-Code nicht selbsterklärend ist, sondern informatische Kenntnisse und eine nachvollziehbare Dokumentation voraussetzt. Der wachsende Einfluss globaler Digitalkonzerne auf die Informations- und Wissensproduktion gehört meines Erachtens zu den zentralen Aspekten, die es in der Reflexion von Forschungspraktiken und digitalen Infrastrukturen zu berücksichtigen gilt.[2] Jedoch ist auch die Rolle gemeinnütziger Plattformen wie Wikipedia im Kontext wissenschaftlicher Recherchepraktiken und darüber hinaus kritisch zu untersuchen. Denn bei der *freien Enzyklopädie* können wir ebenfalls nur ansatzweise nachvollziehen, welche und wessen Interessen die unzähligen Einträge beeinflussen und nach welcher diskursiven Logik Themen überhaupt Eingang in die nutzer:innengenerierte Online-Plattform finden (Dang 2020: 130f.).

Wie Ted Underwood in seiner Analyse digitaler Forschungspraktiken argumentiert, verschleiert der unscheinbar wirkende Begriff *Suchanfrage* (*search*) die komplexen technologischen und epistemologischen Prämissen, die mit seinen unterschiedlichen

Manifestationen verbunden sind (Underwood 2014: 64). Automatisierte Suchprogramme – sei es zwecks Informationsabfrage via Google oder Volltextanalyse im Zuge des sogenannten *Distant Reading* – sind, anders als die geläufige Bezeichnung *Tools* suggeriert, nämlich nicht als bloße Werkzeuge zu betrachten, die uns allein dazu dienen, das Forschen zu erleichtern. Vielmehr sind sie als ein wichtiger Bestandteil unserer Methodiken und damit unseres gesamten Forschungsdesigns zu verstehen. Denn digitale Tools beeinflussen grundsätzlich, wie wir unsere Gegenstände konturieren und begreifen und welche Fragen wir an sie und mit ihnen stellen (auch **Abs.**, Schäffer 2023). Aus diesem Grund sollten wir die eingesetzten Anwendungen stets auch als Gegenstand unserer Untersuchung berücksichtigen (Dang 2018). Beispielsweise können wir eine Suchanfrage so oft anpassen, bis wir ein Ergebnis erhalten, das wir in etwa erwartet haben oder das zumindest in eine Richtung weist, die wir als produktiv erachten (Underwood 2014: 65ff.). Underwood führt seine Überlegungen mit Blick auf die Volltextsuche als Form des Data Mining aus, doch ist seine Argumentation – wenngleich unter anderen Vorzeichen angesichts der Übermacht von Google – ebenso auf das Eingangsbeispiel dieses Beitrags übertragbar. Einerseits bergen Internetsuchmaschinen die Gefahr, dass wir aufgrund der personalisierten Algorithmen in unserer Filterblase verweilen und in der Regel vorhersehbare Ergebnisse erhalten, oder dass wir gezielt mittels Google manipuliert werden. Andererseits können Suchmaschinen ebenso unverhoffte Treffer produzieren oder assoziative Denkprozesse in Gang setzen, die sich außerhalb des zuvor abgesteckten Rahmens vollziehen, wie im Beispiel der Suchanfrage o.J.. In jedem Fall sollten wir uns bewusst machen, dass wir es trotz des fortwährenden Big-Data-Diskurses weder mit kompletten noch unendlichen Datensätzen zu tun haben. Obwohl wir mit Datenbanken generell eine gewisse Vollständigkeit assoziieren mögen und uns definitives Wissen von Daten versprechen, halten sie weder lückenlose Sammlungen noch neutrale Informationen vor. Film- und Medienhistoriker:innen arbeiten – im Gegenteil – meist mit vereinzelten, fragmentarischen und „höchst interpretationsbedürftigen Datensätzen", wie Patrick Vonderau (2017: 10) erklärt.

Ebenso wie Archive spiegeln Datenbanken intellektuelle Konventionen und institutionelle Rahmenbedingungen wider, denen verschiedene Vorstellungen und Funktionen eingeschrieben sind. Im Bereich der film- und medienhistorischen Forschung wird beispielsweise hervorgehoben, dass digitale Datenbanken uns den Zugang zu Artefakten erleichtern, Überblicke über große Kollektionen verschaffen, historische Trends aufzeigen und/oder neue Perspektiven eröffnen können. Gleichzeitig dürfen wir nicht vergessen, dass es sich bei Datenbanken um eine (mehr oder weniger bewusste) Selektion von Informationen handelt, die in ein bestimmtes Ordnungssystem eingeschrieben sind. So definieren Metadaten immer eine partikulare Sicht auf ausgewählte Entitäten, womit andere Attribute oder Objekte zwangsläufig außer Acht geraten (Dang 2018).

Datenquellen: Datenbanken und Quellenkritik

Wie seit geraumer Zeit in Anbetracht einer zunehmenden Digitalisierung der Geisteswissenschaften vielerorts herausgestellt wird, sind nicht nur Datenbanken aus medienwissenschaftlicher Sicht näher zu untersuchen (Burkhardt 2015), sondern auch Daten selbst (Gitelman 2013; Schäfer/van Es 2017). Daten sind nicht naturgegeben, wie der lateinische Begriff suggeriert. Sie sind Ergebnis oder vielmehr Interpretation einer historisch-kulturellen Konstellation und daher immer im Kontext zu betrachten. Daten werden unter bestimmten Bedingungen zu einem konkreten Zweck generiert und analysiert. Insofern repräsentieren sie stets einen spezifischen Zugang zur Welt (Wilkinson 2005: 41), der sich nur unter Berücksichtigung des jeweiligen Entstehungs- und Rezeptionskontexts erschließt. Um die daraus hervorgehende Situiertheit von Daten im Auge zu behalten, schlägt Johanna Drucker (2016: 249) vor, von *capta* (im Sinne von *erarbeitet* und *erhoben*) anstatt von Daten (im Sinne von *gegeben*) zu sprechen. Möchten wir die Implikationen einer Suchanfrage besser verstehen, müssen wir vor diesem Hintergrund neben den Algorithmen von Programmen auch das Ausgangsmaterial, welches einer Datenbank zugrunde liegt, untersuchen. Zuallererst wäre herauszuarbeiten, welches Material überhaupt zu einer Quelle gemacht wird, aus der dann wiederum Daten extrahiert werden. Dabei gälte es zu beachten, welche Informationen unter welchen Prämissen und zu welchem Zweck einer Quelle über Annotationen (also Definitionen, Anmerkungen und Hinweise) oder als Metadaten (etwa Entstehungsdatum, Objektbezeichnung, Produzent:in) hinzugefügt wurden. Und nicht zuletzt stellt sich aus epistemologischer Sicht die Frage, mit welchem Forschungsgegenstand wir es eigentlich zu tun haben, wenn wir Quellen in Form von Daten nutzen, beispielsweise im Rahmen einer computergestützten Präsentation oder Analyse digitaler Artefakte, oder wenn Daten für uns Quellen darstellen, wie bei der Recherche in Datenbanken. Im Fall von filmhistoriographischen Onlineplattformen wie dem *Women Film Pioneers Project* (*WFPP*)[3], das Informationen und weiterführende Ressourcen zu Frauen im Frühen Kino (1890 bis 1920er Jahre) versammelt, wäre systematisch zu untersuchen, auf welcher Basis, also nach welchen Kriterien, die mehr als 300 Profile umfassende Datenbank erstellt wurde: Wie wurde aus historischen und historiographischen Quellen Daten gewonnen, die wiederum als Quellen für weitere Forschungsprojekte dienen? An welchem Punkt wurde entschieden, wer eigentlich als *Woman Film Pioneer* zählt – und wer nicht? Es wäre herauszuarbeiten, was *Woman*, *Film*, *Pioneer* mit Blick auf die Datenbank bedeuten und welche Annahmen diesen Begriffen vorausgehen. In anderen Worten: Welche Datenmodellierung liegt der umfänglichen Übersicht des *WFPP* zugrunde und wie ist diese diskursiv zu verorten? Wie wird durch die Plattform Wissen re/präsentiert und Bedeutung generiert?

Datenmodellierungen: Standardisierungen und Klassifikationen

Die Frage nach der Datenmodellierung rückt gegenwärtig immer stärker ins Zentrum film- und medienhistorischer Forschung im Feld der Digital Humanities. Unter Datenmodellierung ist, allgemein gesprochen, ein formales Verfahren zu verstehen, das darauf abzielt, Daten für Menschen und/ oder Computer verständlich, also les- und nutzbar aufzubereiten.[4] So gesehen stellt ein Datenmodell nach Julia Flanders und Fotis Jannidis (2019a: 28) eine Repräsentation von etwas durch jemanden mit einem definierten Ziel zu einem konkreten Zeitpunkt dar. Hinsichtlich der Ausrichtung eines jeweiligen Modells wird gemeinhin zwischen *curation-driven* und *research-driven* unterschieden. Während eine *curation-driven* Modellierung vor allem die potenzielle Nachnutzung in unterschiedlichen Zusammenhängen fokussiert und infolgedessen Interoperabilität durch Standards zu gewährleisten sucht, zielt eine *research-driven* Modellierung in erster Linie auf ein konkretes Forschungsinteresse ab, das aus einem spezifischen disziplinären Kontext herrührt (Flanders/Jannidis 2019b: 86). Allerdings lassen sich diese Definitionen nicht immer scharf voneinander trennen. Denn auch für theoretisch-konzeptionell ausgerichtete Modellierungen spielt die Anschlussfähigkeit eine Rolle – und Datenkurator:innen verfolgen wiederum Ziele, denen diskursiv verankerte Annahmen vorausgehen. Beide Ansätze sind mit der Herausforderung konfrontiert, zwischen den Vor- und Nachteilen standardisierter und situierter Verfahren abzuwägen. So sind etwa Fragen nach der Auswahl oder Vereinheitlichung von Daten zulasten der Heterogenität und Mehrdeutigkeit des Materials zu berücksichtigen (Dang/Hirsbrunner 2019).

Wie Katrin Moeller in diesem Zusammenhang jedoch bemerkt, wird Standardisierungsinitiativen zu Unrecht eher wenig Innovationspotenzial zugesprochen. Denn eigentlich handelt es sich dabei um eine höchst anspruchsvolle und produktive Angelegenheit (Moeller 2019: 19). Am Beispiel von modernen und historischen Berufsklassifikationen erläutert sie, weshalb eine möglichst gute Umsetzung der FAIR-Data-Prinzipien (*findable, accessible, interoperable, reusable*) eine zwar sehr aufwendige, aber durchaus erstrebenswerte, wenn nicht notwendige wissenschaftliche Aufgabe im Zuge der Digitalisierung der Geisteswissenschaften beziehungsweise der Geschichtswissenschaft darstellt. Entsprechend sei diese zu kreditieren (ebd.: 17f.). Die Aneignung und Erarbeitung methodischen und theoretischen Wissens um Forschungsdatenmanagement ist ein wesentlicher Schritt, um fachübergreifende, forschungsrelevante Standards zu etablieren und somit eine Qualitätssicherung im Sinne guter wissenschaftlicher Praxis (Stichwort: Transparenz) zu gewährleisten (ebd.). Formalisierte Verfahren führen nach Moeller interessanterweise nicht unbedingt zu Einschränkungen der Forschung, wie von manchen Wissenschaftler:innen befürchtet. Idealerweise erlaubten sie, Informationsverlust vorzubeugen und eine differenzierte Verortung von Datenquellen vorzunehmen. Voraussetzung dafür sei, dass bei Datenmodellierungen sowohl die a) originären Varianten, b) nachträglichen Normierungen und c) persistenten, übergeordneten Standards als auch die d) flexiblen, forschungsorientierten Klassifikationen vorgehalten werden (ebd.: 34ff.).

Für die Berufsbezeichnung *Böttcher* führt Moeller exemplarisch die originären Varianten (a) *Fassbinder, Fassbinderin, Fassbendergesell* und *Fassbendermeistere* an. Auf der Ebene der Normschreibung (b) heiße es entsprechend *Binder, Binderin, Bindergeselle, Bindermeister*; und nach der Standardisierung beziehungsweise Klassifikation der Berufe des Statistischen Bundesamts *Böttcher* (c) und *Böttchermeister* (d). Während die Varianten in Verbindung mit den Normschreibungen eine historische Einordnung nachvollziehbar machten, könnten die Klassifikationen je nach Zweck und Interesse dynamisch angepasst werden. Berufsbezeichnungen seien hier insofern höchst relevant, als dass sie nicht nur Auskunft über eine Tätigkeit geben, sondern auch über den sozialen Status einer Person und ihren Lebenslauf sowie die hierarchischen Strukturen einer Gesellschaft (ebd.: 23). Berufsbezeichnungen ebenso wie Tätigkeitsprofile divergieren je nach kulturellem und sozialem Kontext und von Sprache zu Sprache. Entsprechende Standardisierungen setzen daher komplexe Übersetzungsleistungen von Raum und Zeit im engen Austausch der Fachcommunity mit Gedächtnisinstitutionen voraus. Wie historische Transformationen zwecks projektübergreifenden Austauschs erfasst werden können, bis zu welchem Grad etwa automatisiert vorgegangen werden kann oder an welchen Stellen eine manuelle Erkennung notwendig ist, gehört zu den aktuellen Fragen von Standardisierungsbestrebungen.

Mit Blick auf das *Women Film Pioneers Project* wäre angesichts des vorhandenen Datenmaterials beispielsweise sowohl aus filmhistorischer als auch aus archivarischer Sicht zu überlegen, wie mit den unterschiedlichen Berufsbezeichnungen im Bereich der Filmmontage im Zusammenhang eines projektbezogenen und gleichermaßen infrastrukturell-nachhaltigen Forschungsdatenmanagements umzugehen ist. In der Datenbank des *WFPP* sind unter anderem die Varianten *cutter*, *editor* oder *scenario editor* zu finden, wobei die beiden letzteren damals nicht unbedingt die Tätigkeit des Schnitts involvierten, sondern vor allem dramaturgische Aspekte (Hatch 2013). Bezüglich der Datenbank des *WFPP* gälte es herauszuarbeiten, wann unterschiedliche Bezeichnungen auf dieselbe oder eine ähnliche Tätigkeit abzielten oder inwiefern verschiedene Tätigkeiten unter ein und derselben Bezeichnung versammelt wurden – und welche Implikationen damit jeweils einhergingen und -gehen (etwa soziale Erwartungen, Wertschätzung, berufliche Anerkennung, Bezahlung, Identität, Sichtbarkeit) (Hill 2016).

Neben kuratorisch-pragmatischen und forschungskonzeptionellen Fragen spielen nicht zuletzt ethische Aspekte eine Rolle in der Datenmodellierung. So ist zum einen herauszuarbeiten, wie wir Anschlussmöglichkeiten für andere Arbeitszusammenhänge gewährleisten oder Daten für konkrete Forschungsfragen aufbereiten können. Zum anderen ist aufzuzeigen, wie in diesem Prozess die Integrität von in Datenbanken erfassten Entitäten, zum Beispiel Personen und Objekte, aufrechterhalten werden kann. Klassifikationen stellen auch diesbezüglich eine entscheidende Aufgabe dar. Wie Flanders (2021) am Beispiel von Genderzuschreibungen und vor dem Hintergrund des von ihr initiierten *Women Writers Project*[5] argumentiert, können keine allgemeingültigen Klassifikationsregelungen geltend gemacht werden. Stattdessen ist, wie auch Flanders erklärt, von Fall zu Fall abzuwägen, auf welche Weise eine ethisch vertretbare und für das Anliegen sinnige Einordnung bestmöglich vorzunehmen ist. Für manche Zwecke mag eine binäre Gender-Klassifikation zielführend sein, etwa wenn wir die Repräsentation von Frauen in der britischen Filmindustrie diskutieren (Wreyford/Cobb 2017) oder die unzähligen Pionierinnen in der Stummfilmzeit in den Fokus rücken wollen. In anderen Projekten könnte die Kombination multipler Genderkategorien produktiv sein (Flanders 2021). Grundsätzlich sollten wir uns fragen, welche Prämissen mit einer Klassifizierung wie *Frau* verbunden sind (auch Garz/Rittiens 2023; Macgilchrist 2023). Hinsichtlich des *Women Film Pioneers Project* wäre beispielsweise zu erforschen, inwiefern es sich um eine mit Hilfe verschiedener Quellenmaterialas vorgenommene Fremd- oder Selbstzuschreibungen handelt. Gehen wir von Wahrscheinlichkeiten oder eher Vermutungen aus? Betrachten wir einen Fakt oder ein Argument?

Bestenfalls werden in der Nutzung und Bearbeitung von Daten nicht nur die Provenienz und Funktion von Quellen festgehalten, sondern ebenso der Prozess des Klassifizierens und Kontextualisierens, sodass die Modulation für kritische Auseinandersetzungen und das Entwickeln von Folgeprojekten nachvollzogen werden kann (Flanders/Jannidis 2019b: 6). Denn wie wir Daten erheben, nutzen und aufbereiten, welche Klassifikationen wir anwenden, um Daten lesbar beziehungsweise interpretierbar zu machen, entscheidet darüber, welche Informationen wir von den Daten ableiten und letztendlich, welches Wissen wir daraus generieren können. Nicht immer ist nur das Ausgangsmaterial von Interesse, das mittels Metadaten angereichert und organisiert wird. Manchmal ist der kulturelle Diskurs, der sich um Artefakte entfacht, weitaus spannender, wie Gioele Barabucchi und Fabio Vitali darlegen (Digital History Berlin 2021). Aus diesem Grund sollten auch zeitliche, räumliche, personelle, intellektuelle und künstlerische Aspekte im Zuge von Datenmodellierungen reflektiert werden, um eine möglichst differenzierte (Re-)Kontextualisierung dieses Prozesses zu ermöglichen (ebd.). Welche theoretischen, aber auch praktisch umsetzbaren Modelle einen oder multiple Datenlebenszyklen umfänglich abzubilden vermögen, sodass ebenso widersprüchliche beziehungsweise mehrstimmige Interpretationen darin wiederzufinden sind, gehört daher in vielerlei Hinsicht zu den zentralen Fragen sowohl informatischer als auch geisteswissenschaftlicher Forschung an computerbasierter Verarbeitung und Darstellung von Informationen und Wissen.[6]

Partikulare Einsichten und plurale Perspektiven

In der Wissenschaft bezieht sich **o.J.** auf eine Quelle, deren historischer Kontext nicht identifizierbar ist. Vage oder mehrdeutige Daten, also unsicheres Wissen oder eben blinde Flecken abzubilden, ist ein Hauptanliegen feministischer Filmhistoriographie (Gledhill/Knight 2015; Dall'Asta/Gaines 2015).

Dabei besteht die Herausforderung darin, Lücken aufzuzeigen, ohne zu behaupten, dass, wenn wir uns nur genügend anstrengten, sich irgendwann ein vollständiges, finales Bild ergeben würde. Stattdessen gilt es, plurale Perspektiven darzulegen und Wissen in seiner Situiertheit zu reflektieren, ohne relativistisch zu sein (Haraway 1988). Dies trifft ebenso auf die Reflexion unserer Methoden, Ansätze und Praktiken zu: Wollen wir partikulare Einsichten nachvollziehen beziehungsweise nachvollziehbar machen, gälte es im Grunde, die epistemologischen und methodologischen Bedingungen jeder einzelnen Anwendung in ihrem spezifischen Gebrauchskontext zu analysieren. Die im Feld der Digital Humanities zunehmende Forderung nach einer differenzierten Kritik digitaler Tools – bei der ebenso ökonomische und politische Bedingungen einbezogen werden – müsste bereits bei der Reflexion des Literaturverwaltungsprogramms oder anderer Forschungsdatenmanagementapplikationen oder eben der verwendeten Suchmaschine ansetzen.

Während Datenmodellierungen seit einiger Zeit im Zentrum datenbasierter Forschung stehen, wird alltäglichen Arbeitspraktiken in der Wissenschaft indes erstaunlich wenig Aufmerksamkeit geschenkt. Rechercheprozesse werden kaum systematisch und schon gar nicht öffentlich dokumentiert (Dang 2020: 132f.). Selten fließen die benutzten Werkzeuge oder Programme in eine Publikation ein.[7] Literatur, die bloß überflogen oder angelesen, aber doch nicht zitiert wird, bleibt in der Regel unerwähnt. Dabei wäre es im Sinne einer guten wissenschaftlichen Praxis durchaus aufschlussreich, wenn Leser:innen ebenfalls wüssten, welche Quellen von den Autor:innen *nicht* verwendet wurden oder zu welcher Frage sich *keine* weiteren Informationen finden ließen. Die interpretativen Bedingungen und Beschränkungen von Forschung könnten so verständlicher werden (ebd.).

Mit der wachsenden Verbreitung digitaler Tools scheint sich das Bewusstsein für die eigenen Forschungspraktiken allerdings allmählich zu ändern. Dies zeigt auch ein Blick in aktuelle Konferenzprogramme (*vDHd 2021*). Grundsätzliche Fragen nach Gegenstand, Methodik und Erkenntnisinteresse und, wie sich diese in der Forschung gegenseitig bedingen, rücken in den Diskursen um die Potentiale und Grenzen der Digital Humanities wieder verstärkt in den Blick. Stellte Vonderau (2017) vor wenigen Jahren noch fest, dass trotz zahlreicher Einzelprojekte und internationaler Tagungen zu computergestützter Forschung „digitale Werkzeuge selbst bislang nicht zum Kanon neuer Forschungsfelder" zählen, ist heute zu beobachten, dass immer häufiger die Forderung nach *Digital Literacy* oder *Data Literacy* zu vernehmen ist. *Digitale Quellenkritik*, *Toolkritik* oder gar *Tool Science* (Wolff 2015) sind in diesem Zusammenhang Schlagworte, die auf die Reflexion neuer – sowie bisheriger – Arbeitspraktiken, Prämissen und Kontexte in den Geisteswissenschaften abzielen.

Etablierte medien- und filmwissenschaftliche Praktiken sowie Methoden bleiben im Zuge gegenwärtiger Transformationen weiterhin relevant, verändern sich jedoch und werden ergänzt. Wenn wir digitale Tools nicht bloß als Hilfsmittel begreifen, sondern als wesentlichen Bestandteil unserer wissenschaftlichen Arbeit, sollten wir diese sowohl zum Gegenstand unserer Reflexionen machen als auch zum Ziel. Auf diese Weise können wir – anstatt uns auf Google und Co zu verlassen – neue Anwendungen kreieren oder bestehende anpassen und weiterentwickeln, um diese gezielt und bewusst gemäß des spezifischen Forschungsinteresses einzusetzen, etwa um alternative Such- und Zugriffsmöglichkeiten auf Datenbanken zu ermöglichen. Hierzu ist es meines Erachtens nicht unbedingt erforderlich, nebst einem geisteswissenschaftlichen Studium programmieren zu lernen. Doch als Film- und Medienwissenschaftler:innen sollten wir uns mit den Herausforderungen digitaler Forschungspraktiken umfassend auseinandersetzen, etwa mit Datenmodellierungen, digitalen Infrastrukturen oder gar Statistik, um transdisziplinär und institutionenübergreifend kommunizieren und zusammenarbeiten zu können. Hinsichtlich der zunehmenden Produktion und Nutzung von Daten bedarf es schließlich einer kollaborativen Arbeitsweise, durch welche die verschiedensten Expertisen in einen produktiven Wissensaustausch gebracht werden, sodass bei der nächsten Suchanfrage nachvollziehbarer wird, nach welcher Logik Ergebnisse gelistet und Daten als Informationen aufbereitet werden. Wobei mich der unerwartete Verweis von Google auf O. J. Simpson nun tatsächlich dazu veranlasst hat, die preisgekrönte Serie endlich anzusehen.

Anmerkungen

1 Dieser Text ist im Rahmen des Forschungsprojekts *Ästhetiken des Zugangs. Datenvisualisierungen in der digitalen Filmgeschichtsschreibung am Beispiel der Forschung zu Frauen im Frühen Kino* (DAVIF) entstanden, das vom BMBF zur theoretischen, methodischen und technischen Weiterentwicklung der digitalen Geisteswissenschaften gefördert wird.
2 Wie ich bereits an anderer Stelle in der Auseinandersetzung mit Forschungsdatenmanagement in der Film- und Medienwissenschaft umrissen habe (Dang 2020: 130f.).
3 URL: wfpp.columbia.edu/ [13.09.2021].
4 Eine umfassende Diskussion wesentlicher Aspekte sowie verschiedener Praktiken der Datenmodellierung bieten Flanders/Jannidis (2019b) in ihrem Sammelband *The Shape of Data in the Digital Humanities*.
5 URL: wwp.northeastern.edu/ [13.09.2021].
6 Dies bezeugen Veranstaltungen wie die internationale Konferenz *Data for History. Modelling Time, Space, Agents* (2021), URL: d4h2020.sciencesconf.org/ [13.09.2021], auf der auch Barabucchi und Vitali ihr Paper zur Kontextualisierung von Datenmodellierungen präsentierten (Digital History Berlin 2021). Es gibt bereits eine Vielzahl an Datenmodellen, die sich dieser Herausforderung der Wissens- und Informationsintegration annehmen. Eine detaillierte Auseinandersetzung würde jedoch einen weiteren Beitrag erfordern.
7 Ein interessantes Ausnahmebeispiel stellt Peter Andorfers *DARIAH-DE* Working Paper dar, das sich unter anderem mit eben dieser Frage nach der Transparenz (Nachvollziehbarkeit) wissenschaftlicher Praktiken auseinandersetzt (Andorfer 2015).

Referenzen

Andorfer, Peter (2015). Forschungsdaten in den (digitalen) Geisteswissenschaften. Versuch einer Konkretisierung. *DARIAH-DE Working Papers, 14*.

Burkhardt, Marcus (2015). *Digitale Datenbanken. Eine Medientheorie im Zeitalter von Big Data*. 1. Aufl. Berlin et al.: Transcript.

Dall'Asta, Monica/Gaines, Jane M. (2015). Prologue. Constellations. Past Meets Present in Feminist Film History. In Christine Gledhill/Julia Knight (Hg.), *Doing Women's Film History. Reframing Cinemas, Past and Future*. Urbana et al.: University of Illinois Press, 13–25.

Dang, Sarah-Mai (2018). Digital Tools & Big Data. Zu gegenwärtigen Herausforderungen für die Film- und Medienwissenschaft am Beispiel der feministischen Filmgeschichtsschreibung. *MEDIENwissenschaft: Rezensionen | Reviews, 2–3*: 142–156. https://doi.org/10.17192/ep2018.2-3.7836

Dang, Sarah-Mai (2020). Forschungsdatenmanagement in der Filmwissenschaft. Daten, Praktiken und Erkenntnisprozesse. *montage/av, 29*(1), 119–40.

Dang, Sarah-Mai/Hirsbrunner Simon D. (2019). Opening Research Data. Amplification and Reduction within Media Research Practices. *Open-Media-Studies-Blog*. URL: kurzelinks.de/kb6o [13.09.2021]

Digital History Berlin (2021). *Gioele Barabucci, Fabio Vitali: Context is all*. URL: youtube.com/watch?v=-rgnI54jc8g [13.09.2021]

Drucker, Johanna (2016). „Graphical Approaches to the Digital Humanities". In Susan Schreibman/ Raymond G. Siemens/John Unsworth (Hg.), *A New Companion to Digital Humanities*. Chichester et al.: Wiley/Blackwell, 238–250.

Flanders, Julia (2021). Gender in the Machine. Representing Gender in Digital Publication Frameworks (Internationale Tagung), Friedrich-Schiller-Universität Jena. URL: gw.uni-jena.de/digitalgenderhistory [13.09.2021]

Flanders, Julia/Jannidis, Fotis (2019a). Data Modeling in a Digital Humanities Context. An Introduction. In Dies. (Hg.), *The Shape of Data in the Digital Humanities. Modeling Texts and Text-based Resources*. London et al.: Routledge, 3–25.

Flanders, Julia/Jannidis, Fotis (Hg.) (2019b). *The Shape of Data in the Digital Humanities. Modeling Texts and Text-based Resources*. London et al.: Routledge.

Garz, Jona T./Riettiens, Lilli (2023). _. In Sandra Hofhues/Konstanze Schütze (Hg.), *Doing Research*. Bielefeld: Transcript, 12–17.

Gitelman, Lisa (Hg.) (2013). *Raw Data Is an Oxymoron*. Cambridge et al.: The MIT Press.

Gledhill, Christine/Knight, Julia (2015). Introduction. In Dies. (Hg.), *Doing Women's Film History. Reframing Cinemas, Past and Futur*. Urbana et al.: University of Illinois Press, 1–12.

Haraway, Donna (1988). Situated Knowledges. The Science Question in Feminism and the Privilege of Partial Perspective. *Feminist studies, 14*(3), 575–599.

Hatch, Kristen (2013). Cutting Women. Margaret Booth and Hollywood's Pioneering Female Film Editors. In Jane M. Gaines/Radha Vatsal/Monica Dall'Asta (Hg.), *Women Film Pioneers Project*. New York: Columbia University Libraries.

Hill, Erin (2016). *Never Done. A History of Women's Work in Media Production*. New Brunswick et al.: Rutgers University Press.

Moeller, Katrin (2019). Standards für die Geschichtswissenschaft! Zu differenzierten Funktionen von Normdaten, Standards und Klassifikationen für die Geisteswissenschaften am Beispiel von Berufsklassifikationen. In Jana Kittelmann/Anne Purschwitz (Hg.), *Aufklärungsforschung digital Konzepte, Methoden, Perspektiven*. Halle: Mitteldeutscher Verlag, 17–43.

Macgilchrist, Felicitas (2023). o.D. In Sandra Hofhues/Konstanze Schütze (Hg.), *Doing Research*. Bielefeld: Transcript, 312–319.

Schäfer, Mirko T./van Es, Karin (Hg.) (2017). *The Datafied Society. Studying Culture through Data*. Amsterdam: Amsterdam University Press.

Schäffer, Burkhard (2023). Abs. In Sandra Hofhues/Konstanze Schütze (Hg.), *Doing Research*. Bielefeld: Transcript, 72–81.

Underwood, Ted (2014). Theorizing Research Practices We Forgot to Theorize Twenty Years Ago. *Representation, 127*(1), 64–72.

vDHd 2021 Experimente (2021). Hypotheses. URL: vdhd2021.hypotheses.org [13.09.2021]

Vonderau, Patrick (2017). Quantitative Werkzeuge. In Malte Hagener/Volker Pantenburg (Hg.), *Handbuch Filmanalyse*. Wiesbaden: Springer, 1–15.

Wilkinson, Leland (2005). *The Grammar of Graphics*. 2. Aufl. New York: Springer.

Wolff, Christian (2015). The Case for Teaching "Tool Science". Taking Software Engineering and Software Engineering Education beyond the Confinements of Traditional Software Development Contexts. In IEEE EDUCON (Hg.), *Proceedings of 2015 IEEE Global Engineering Education Conference*. Tallinn: IEEE, 932–938.

Wreyford, Natalie/Cobb, Shelley (2017). Data and Responsibility-Toward a Feminist Methodology for Producing Historical Data on Women in the Contemporary UK Film Industry. *Feminist Media Histories, 3*(3), 107–132.

SARAH-MAY DANG

- NEUE DINGE entdecken und die WELT ein Stückchen besser VERSTEHEN
- **NEUGIER**
  - INTERESSE an einem PHÄNOMEN
  - IDENTIFIKATION d. DESIDERATS
  - SUCHE nach möglichen ANSÄTZEN

- **KOLLABORATIONEN**
- **AUSTAUSCH**
  - gestaltend
  - FORSCHUNGSDATEN
  - INTERSEKTIONALITÄT
    - feministische Filmgeschichtsschreibung
  - DATENVISUALISIERUNG
  - DIGITALE METHODEN
  - transdisziplinäre EXPLORATION
  - iterativ
  - ergebnisoffen
  - transdisziplinär
- **OPEN ACCESS**
- **OPEN SCIENCE**

0.0. Aber standortgebunden: Wissenschaftstheoretische Verortungen

Maike Altenrath

(Wissenschafts-)Perspektiven sind historisch geworden und standortgebunden. So stützen sich Erkenntnisprozesse des globalen westlichen Kulturraums etwa auf westliche Zuschreibungen von Erkenntnis und beziehen sich auf räumlich begrenzte Paradigmen. Um deren Entwicklung nachzuvollziehen, stellt dieser Text verschiedene philosophische und wissenschaftstheoretische Grundströmungen dar. Vor diesem Hintergrund wird auch die Erziehungs- und Bildungswissenschaft samt ihrer gegenwärtigen Tendenz zur Trans- und Interdisziplinarität verortet. Abschließend thematisiert der Artikel die Ausklammerung von Perspektiven und betont: Wissenschaftspublikationen mögen zwar **o.O. (ohne Ort)** *sein, sie sind jedoch immer standortgebunden.*

Wege zu wissenschaftlicher Erkenntnis sind verschieden. Wie Donna Haraway (1989) in Auseinandersetzung mit dem Begriff der Objektivität festhält, ist Wissensproduktion immer politisch, verkörpert, partikular, lokal und situiert. Forschendes Handeln ist geformt von spezifischen Positionierungen, partiellen Perspektiven, gesellschaftlichen Machtverhältnissen und Suchbewegungen. Hier gezeichnete Perspektiven auf Forschung sowie ihre sozialen und habituellen Herstellungsprozesse kommen nicht umhin, den Standpunkt oder *Ort* dieses Herstellungsprozesses einzubeziehen. Denn: Wissenschaftliche Arbeiten im Allgemeinen sowie empirische, theoretisch-konzeptionelle oder auch hermeneutische Erkenntnis- und Forschungsprozesse im Speziellen verorten sich – ob bedacht oder unbedacht – vor einem wissenschaftlichen Hintergrund. Sie produzieren und systematisieren Wissen innerhalb eines größeren Wissenszusammenhangs. Erkennen wir *fremde* und *eigene* wissenschaftliche Positionen samt ihren Hintergründen, können wir deren Verstrickung einordnen und ihre Bedeutung reflektieren. Dieser Beitrag widmet sich der Frage, vor welchem Hintergrund sich heutige erziehungs- und bildungswissenschaftliche Forschung verortet. Der Artikel möchte dazu beitragen, die historische und gesellschaftliche Standortgebundenheit forschenden Handelns zu reflektieren. Eine Skizze wissenschaftstheoretischer Strömungen soll dies ermöglichen. Diesen Artikel formuliere ich als weiblich identifizierende wissenschaftliche Mitarbeiterin einer deutschen Universität. Mein erziehungswissenschaftliches Studium prägt meine Sichtweise auf Gesellschaft und Wissenschaft sowie mein wissenschaftliches Arbeiten im Lehrgebiet Mediendidaktik an der FernUniversität in Hagen. In meiner Forschungstätigkeit beziehe ich mich auf Theorien sozialer Praktiken und gehe davon aus, dass Sozialität auf impliziten Wissensbeständen basiert und sich in routinierten Handlungsvollzügen zeigt. Auch der vorliegende Text ist Ausdruck dieser sozialwissenschaftlichen Perspektive, insofern er die historische Gebundenheit sowie das Wechselverhältnis von Gesellschaft und Wissenschaft hervorhebt.

Der Gebrauch der Abkürzung **o.O.** in Wissenschaft und Buchwesen markiert die Wissenschaftspraxis, den Publikationsort einer Quelle im Literaturverweis anzugeben. Ist die geografische Angabe unklar, tritt das Kürzel von *ohne Ort* oder *ohne Ortsangabe* anstelle des Verlags- oder Erscheinungsortes im Quellennachweis (Online-Wörterbuch Wortbedeutung.info 2021). Dieser Beitrag begreift die Abkürzung der Ortsangabe – vielmehr Unwissenheit über diese Ortsangabe – als Sinnbild gegenwärtigen (erziehungs- und bildungswissenschaftlichen) Forschens: Wissenschaftliche Arbeiten entstehen im Rahmen von Diskursen, welche sich über Ländergrenzen hinaus erstrecken können, jedoch an ihren historisch geformten, geografischen Entstehungsort zurückgebunden sind. Beispielsweise unterscheidet sich der deutschsprachige medienpädagogische Diskurs um datafizierte Bildungskontexte vom zugehörigen Diskurs im englischsprachigen Raum, nicht zuletzt aufgrund eines anders gelagerten Bildungssystems und historischer Entwicklungen. Deutschsprachige Autor*innen können sich auf diese Diskurse beziehen, nehmen sie aber auch vor dem Hintergrund eigener Relevanzsetzungen, normativer Bewertungsmaßstäbe für Wissensproduktion und/oder örtlicher politischer Rahmenbedingungen wahr. Wissenschaftspraxis und Blickwinkel auf wissenschaftliches Wissen sind immer auch lokal und situiert, abhängig von politischen Entwicklungen und Zielsetzungen sowie Ausdruck kollektiver Formen des Verstehens und Bedeutens in einem kulturhistorischen Rahmen.[1]

(Wissenschafts-)Perspektiven sind geworden und standortgebunden, insofern dass Erkenntnisprozesse des globalen westlichen Kulturraumes sich auf westliche Zuschreibungen von Erkenntnis stützen, hierzulande legitimierte methodische Vorgehensweisen nutzen und/oder sich auf räumlich begrenzte sozialwissenschaftliche Paradigmen beziehen. Um deren Entwicklung nachzuvollziehen, werden im folgenden Abschnitt zur Verortung der Wissenschaft verschiedene philosophische Strömungen in ihrer Auseinandersetzung mit Wissenschaftstheorie dargestellt. Anschließend stehen die Erziehungs- und Bildungswissenschaft mit ihren verschiedenen Paradigmen sowie ihre gegenwärtige Trans- und Interdisziplinarität im Vordergrund. Abschließend wird die Ausklammerung von Perspektiven thematisiert und somit der Bogen zur Standortbezogenheit wissenschaftlicher Forschung gespannt.

Verortung der Wissenschaft

Wissen als etwas historisch Gewordenes und Standortgebundenes zu begreifen und zu rekonstruieren, ermöglicht es, verschiedene Blickwinkel auf Forschung, Verflechtungen wissenschaftlicher Positionierungen sowie unsere eigene Forschungspraxis zu reflektieren. In der Vergangenheit gewonnene Erkenntnisse, getroffene Entscheidungen, Dispute und Weiterentwicklungen unter Bedingungen von sich verändernden sozialen Zusammenhängen – beispielsweise religiöser und technologischer Zusammenhänge –, machen Wissenschaft zu dem, was sie ist. In seinem Ansatz einer diachronischen Wissensphilosophie zur Erklärung wissenschaftlicher Paradigmen geht Thomas Kuhn (1970) davon aus, dass sich Wissenschaft nicht logisch-kognitiv verhält, sondern historisch-soziologisch entwickelt. Nach Kuhn ist ein Paradigma der auf einem breiten Konsens fußende wissenschaftliche Hintergrund für Forschung und Lehre in einer wissenschaftlichen Gemeinschaft. Es beinhaltet Annahmen, die bei wissenschaftlichen Arbeiten vorausgesetzt werden sowie Musterbeispiele von Theorieentwicklung und Forschungstätigkeiten, an denen sich Forschende orientieren (Kornmesser/Büttemeyer 2020: 86). Da Wissenschaft nicht von selbst passiert, sondern immer von Menschen praktiziert wird, ist wissenschaftliches Arbeiten von vielfältigen psychischen und sozialen Faktoren sowie gesellschaftlichen Bedingungen, Herrschaftslogiken und Machtverhältnissen abhängig (Glaser/Keiner 2015: 7f. für die Erziehungs- und Bildungswissenschaft). Die Bezeichnung *Wissenschaft* ist daher wörtlich zu nehmen, da Wege zu wissenschaftlicher Erkenntnis verschieden sind und im Rahmen wissenschaftlicher Forschungsprozesse zunächst einmal Wissen *geschaffen* wird (siehe Reuter/Berli 2023). Wissenschaftliches Wissen zu sozialen Prozessen, Gegenständen oder Phänomenen liegt vor, „wenn die Aussagen als Elemente von Theorien wahr und gerechtfertigt sind" (Brühl 2017: 31). Brühl (2017) merkt an, dass diese Wahrheit sowie ihre Rechtfertigungen fehlbar sein können. Aus konstruktivistischer Sicht gibt es keine universale Wahrheit, sie wird erst durch das Zutun von Forschenden hervorgebracht. Aus dieser Perspektive könnte man Wissenschaft als sozial konstruierte Wirklichkeit verstehen (Pörksen 2001). Das heißt, dass Menschen auf Basis ihrer (Forschungs-)Erfahrungen subjektive Sinnstrukturen herausbilden und ihr Wissen gemeinsam problemlösend innerhalb von Disziplinen, Communities, Schulen hervorbringen. Endruweit (2015: 17) formuliert das Problem wissenschaftlicher Objektivität und Wahrheit wie folgt:

„Das wissenschaftstheoretische Problem besteht darin, welche sachliche Begründung einer entgegenstehenden, ebenfalls sachlichen Begründung die Existenzberechtigung nehmen kann. Denn leider ist es bei der Schwierigkeit wissenschaftlicher Probleme nicht so, dass von zwei Begründungen die eine stets ‚unsachlich' ist; vielmehr geht es meistens darum, dass über die jeweilige Begründungskraft von Begründungen zu entscheiden ist, denen man ausnahmslos die Herkunft aus der Sache nicht absprechen kann."

Entscheidungen über die Begründungskraft, also den Argumentationsgang und die theoretischen Bezüge, von wissenschaftlichem Wissen zu treffen, stellt eine der Hauptaufgaben wissenschaftstheoretischer Überlegungen dar (Opp 2014: 203). Wissenschaftstheorie lässt sich als „Meta-wissenschaft" (Kornmesser/Büttemeyer 2020: 5) charakterisieren, da ihre Fragestellungen zur Konstitution von Wissenschaft teils über einzelne Disziplinen hinausragen. Es werden beispielsweise Voraussetzungen von Methoden und Theorien erörtert. In der allgemeinen Wissenschaftstheorie werden meist Fragen und Untersuchungen behandelt, die alle Wissenschaftsdisziplinen betreffen, während sich die spezielle Wissenschaftstheorie mit Fragen innerhalb von Einzelwissenschaften beschäftigt (Schurz 2014: 11). Die Geschichte der Wissenschaftstheorie beginnt bereits in der griechischen Antike. Im Laufe der Wissenschaftsgeschichte entwickelten sich philosophische Strömungen, die auch als Erkenntnisprogramme empirischer Wissenschaft bezeichnet werden. Philosophische Strömungen in Auseinandersetzung mit Wissenschaftstheorie lassen sich unter den Begriffen der *Induktion* (1) und *Deduktion* (2) subsumieren, wobei auch eine Verbindung induktiver und deduktiver Verfahren möglich ist und diese Erkenntnisprogramme der Wissenschaftstheorie nur eine Auswahl darstellen. *Induktion* (1) ist ein Denkvorgang, bei dem sich aus Forschungserkenntnissen meist mehrerer Einzelfälle ein allgemeiner Schluss ergibt, bei dem also „von den Merkmalen eines Gegenstandes auf die Merkmale einer höheren Gattung von Gegenständen geschlossen wird" (Endruweit 2015: 91). Beispielsweise zeigt eine Untersuchung, dass Studierende der Fachrichtung Informatik besonders motiviert sind, wenn sie eine Lern-App zur Verfügung haben. Es wird infolgedessen geschlossen, dass Lernende aller Altersgruppen und Bildungskontexte durch die Nutzung einer Lern-App motiviert werden. Die philosophische Hauptströmung des *Empirismus*, der sich gestützt auf die Erfolge der neuzeitlichen Naturwissenschaften mit Pionieren wie Galileo Galilei (1564–1642) oder Charles Darwin (1809–1882) etablierte, geht von dieser induktiven Theoriebildung aus. Grob skizziert verfolgte der frühe, klassische Empirismus das Ziel, alles wissenschaftliche Wissen aus Beobachtbarem herzuleiten (Schurz 2014: 13). Unter dem Namen des *Positivismus* zeichnete sich im 19. Jahrhundert eine Weiterentwicklung dieser Position ab, dem zufolge das wissenschaftliche

Ziel darin bestand, das Gegebene zu bestätigen, also *positive* Befunde zu liefern. Der französische Gelehrte Auguste Comte (1798–1857) plädierte dafür, dass Wissenschaft nicht von normativen Perspektiven der Wissenschaftler*innen durchsetzt sein dürfe, sondern vielmehr Gesetzmäßigkeiten erfasst werden sollten. Nach dieser Auffassung ist Gesetzmäßigkeit das, was sich immer wieder messbar bestätigt, wobei, so die Kritik, die Bedingungen des *Gegebenseins* nicht ausreichend erkenntnistheoretisch untersucht werden (Kornmesser/Büttemeyer 2020: 32). Ab 1924 entwickelte sich aus der Strömung des Empirismus und in kritischer Auseinandersetzung mit dem Positivismus das Erkenntnisprogramm des Logischen Empirismus. Dessen Vertreter, der sogenannte Wiener Kreis, versammelten sich um den Wiener Philosophieprofessor Moritz Schlick (1882-1936) (Schurz 2014: 14). Auch nach der Auffassung des Wiener Kreises musste alle Erkenntnis auf Beobachtung basieren und somit prinzipiell durch Sinneserfahrung begründbar, sprich experimentell zu erfassen oder zu messen sein (Kornmesser/Büttemeyer 2020: 40).

Das Ziel der *Deduktion* (2) ist die Gewinnung einer Hypothese als „theoriebezogene Vorhersage eines Untersuchungsergebnisses, die auf ihre Wahrheit überprüft werden muss" (Endruweit 2015: 53). Beim deduktiven Schluss wird demnach aus einem bekannten Prinzip, also einer Theorieaussage, auf einen Einzelfall geschlossen und eine Hypothese formuliert, die im Anschluss empirisch geprüft werden muss. Beispielsweise ergibt eine Untersuchung, dass Menschen am besten lernen, wenn verschiedene Sinnesorgane im Lernprozess angeregt werden. Es wird die Hypothese formuliert, dass auch Studierende des Bachelorstudiengangs Bildungswissenschaft mit Anregung verschiedener Sinne einen größeren Lernerfolg erzielen. Anschließend muss es eine zweite Untersuchung zu Lernprozessen Studierender geben, um diese Hypothese zu prüfen. Die philosophische Hauptströmung des Rationalismus, die sich hier einordnen lässt, zielte darauf ab, aufgestellte Hypothesen immer wieder zu hinterfragen und zu falsifizieren. Karl Popper (1902-1994), ein Vertreter des Wiener Kreises, entwickelte das rationalistische Wissenschaftskonzept weiter und gilt heute als Begründer des sogenannten Kritischen Rationalismus. Popper war der Ansicht, dass wissenschaftliche Theorien über Beobachtung und Erfahrung hinausgehen können, solange sie überprüfbar sind. Er verfolgte strenge Falsifikationsversuche, bei denen ein einziges Gegenbeispiel über die Grenze zwischen Wissenschaft und Spekulation entschied. In seiner Kritik am Logischen Empirismus des Wiener Kreises verteidigte er das Falsifikationsprinzip als deduktive Überprüfung einer Theorie und stellte sie der induktiven Methode des Logischen Empirismus gegenüber.

Popper zeigte argumentativ, dass das Induktionsprinzip nicht gelten könne: Beispielsweise sei es nicht möglich, aus der wiederholten Erfahrung, Gegenstände nach unten fallen zu sehen, darauf zu schließen, dass alle Gegenstände immer nach unten fallen (Kornmesser/Büttemeyer 2020: 53f.).

Ab 1961 flammte als sogenannter Positivismusstreit eine Debatte um die Wertfreiheit der empirischen Sozialwissenschaft auf. Den Anlass bildeten Vorträge von Karl Popper, als einem Vertreter des Kritischen Rationalismus, und Theodor W. Adorno, als einem Vertreter der Kritischen Theorie, über die *Logik der Sozialwissenschaften* auf der Tübinger Arbeitstagung der Deutschen Gesellschaft für Soziologie. Die Debatten erreichten Wissenschaftler*innen verschiedener Disziplinen und führten zu einer hohen Sensibilisierung für wissenschaftstheoretische Fragen. Vertreter*innen der Kritischen Theorie warfen der Sozialwissenschaft vor, den Status quo gesellschaftlicher (Miss-)Verhältnisse durch ihre rein deskriptive, positivistische Wissenschaftsauffassung zu reproduzieren.[2] Sie forderten eine kritische Auseinandersetzung, in der es um die Veränderung gesellschaftlicher Verhältnisse gehen müsse (ebd.: 61–65; Schurz 2014: 40).

Noch immer legen Erkenntnisprogramme unterschiedliche Maßstäbe an wissenschaftliche Verantwortung und den Umgang mit der Wertneutralitätsfrage (Schurz 2014: 43). In den 1990er Jahren brachen alte Debatten um die empirische Forschung der Erziehungswissenschaft und damit verbundener Ansprüche erneut auf und neben philosophische Grundlegungen traten vermehrt empirische Orientierungen (Horn 2014: 24). Die Auseinandersetzung um Empirie und Wertorientierung hält weiter an – wenn auch nicht in der Offenheit, mit der sie in den 1960er Jahren ausgetragen wurde (ebd.: 27). Unabhängig davon, wie Theorien entstehen, gehört es zu den Grundfesten von Wissenschaft, dass Ergebnisse uneindeutig sind, Erkenntnisse permanent hinterfragt werden und zu neuer Forschung anregen. Demnach gibt es weder *die* Wissenschaft noch *die* Forschung: Jede Praxis ergibt aus der ihr eingeschriebenen Sichtweise Sinn. Umso wichtiger ist es, die Standortgebundenheit von Forschung erkennen und lesen zu können (Krüger 2019: 19). Radikale Positionen, aber auch Perspektiven mit unklaren Abgrenzungslinien sind möglich. Um wissenstheoretische Verortungen der Erziehungs- und Bildungswissenschaft soll es im Folgenden gehen.

Erziehungs- und Bildungswissenschaft

Alle Sozialwissenschaften sind von Trans- und Interdisziplinarität geprägt. Sich verändernde gesellschaftliche Anforderungen bedingen wissenschaftliche Entwicklungen. Entwicklung und Öffnung der Teildisziplinen führen einen Austausch von Theorien, wissenschaftstheoretischen Positionen und Methoden herbei (Glaser/Keiner 2015: 7). Denn:

„Die soziale Realität ist geprägt durch Akteure, die in sozio-kulturellen Systemen auf Basis von Normen und Werten handeln. Sozialwissenschaftliche Methoden sollen es daher ermöglichen, die Intentionen und die Rationalität der Akteure zu verstehen und zu erklären." (Brühl 2017: 6)

Die Erziehungs- und Bildungswissenschaft wird vielerorts als Sozialwissenschaft verstanden, wobei hier ein genauerer Blick zuträglich ist, welches Verständnis von Erziehungs- und Bildungswissenschaft vorliegt. So organisiert sich die Erziehungswissenschaft derzeit in Subdisziplinen der Allgemeinen Pädagogik, zu der die systematische, vergleichende und historische Erziehungswissenschaft gehören, und in Subdisziplinen spezieller Pädagogiken wie Erwachsenenbildung oder Schulpädagogik. Auch gibt es Fachrichtungen, die (noch) nicht den Charakter einer Subdisziplin erreicht haben, jedoch einen spezifischen Gegenstandsbereich in den Blick nehmen (Krüger 2019: 39). Die Deutsche Gesellschaft für Erziehungswissenschaft (DGfE) gibt über aktuelle Strukturen genauere Auskunft und gegenwärtige Sektionen, Kommissionen und Arbeitsgemeinschaften zeigen auf, wie sich die Disziplin von innen heraus erneuert. Stellt sich die Erziehungswissenschaft bereits als Querschnittsdisziplin dar, die sich aus Perspektive unterschiedlicher geisteswissenschaftlicher, psychologischer und soziologischer Forschungstraditionen mit Fragen von Erziehung, Bildung und Sozialisation beschäftigt, wird es mit der Bildungswissenschaft nicht weniger komplex. *Bildungswissenschaft* kann als Sammelbezeichnung für alle Auseinandersetzungen mit Bildung gelten. Demnach umfasst der Begriff verschiedene Teildisziplinen der Erziehungswissenschaft, aber auch andere wissenschaftliche Teildisziplinen der Psychologie oder Politikwissenschaft, die sich mit Fragen von Bildung auseinandersetzen. Außerdem wird der Begriff explizit in der Lehrer*innenbildung verwendet und ist Ausdruck eines engen, methodisch und theoretisch definierten Verständnisses von Forschung – insbesondere einer empirisch-quantitativen Herangehensweise (Terhart 2012: 28–31). Auch hier zeigt sich: Je nach Standort und entsprechender Perspektive ergibt sich ein heterogenes oder in sich geschlossenes, homogenes Bild der Erziehungs- und Bildungswissenschaft. Glaser und Keiner (2015: 9) bemerken, dass Begriffe und Differenzen nicht zufällig genutzt werden, sondern

„mit der spezifischen (partial-)disziplinären Kennzeichnung auch theoretische und metatheoretische, methodische und methodologische Ansprüche und Selbstverständnisse, wissenschaftliche Praxen und soziale Netzwerke"

markiert werden. Insbesondere seit den 1980er Jahren ist die erziehungswissenschaftliche Theorie- und Methodenlandschaft durch eine Pluralität von Ansätzen gekennzeichnet. Krüger (2019: 22, 118f.) deutet die historische Entwicklung der Theorie- und Methodendiskurse in der Erziehungswissenschaft als „Aufschichtungsprozess", in dem alte Konzepte nicht einfach abgelöst, sondern weiterentwickelt wurden – wie auch das Wiederaufleben der Positivismus-Debatte zeigt. Möchte man aktuelle Diskurse, theoretische Positionen von Autor*innen, Konzepte, Theorien und Methoden einordnen und kritisch beurteilen können, sind wissenschaftstheoretische Grundkenntnisse unverzichtbar.

Bevor sich die Erziehungs- und Bildungswissenschaft durch ein hohes Maß an Inter- und Transdisziplinarität auszeichnete, gab es jeweils ein vorherrschendes Paradigma. Als sich zu Beginn des 20. Jahrhunderts die Erziehungswissenschaft an Universitäten etablierte, waren die Geisteswissenschaftliche Pädagogik (1), die Empirische Erziehungswissenschaft (2) und anschließend die Kritische Erziehungswissenschaft (3) dominierende Paradigmen, weshalb sie als Hauptströmungen der erziehungswissenschaftlichen Wissenschaftsgeschichte einzuordnen sind (ebd.: 43).

Die Geisteswissenschaftliche Pädagogik (1) wurde in der ersten Generation durch Herman Nohl, Theodor Litt und Eduart Spranger, in der zweiten Generation durch Wilhelm Flitner, Erich Weniger und Elisabeth Blochmann vertreten. Anknüpfend an das hermeneutische Erkenntnisprogramm und die damit verbundene Annahme, dass alle Erkenntnis interessensgebunden ist, war das Ziel, wissenschaftliche Verstehensvorgänge methodisch abzusichern. Grundlegend war der Anspruch, die Erziehungswissenschaft zu *verstehen*, sowie das Primat der Praxis gegenüber der Theorie (ebd.: 53).

Die Empirische Erziehungswissenschaft (2) folgte dem Theorieprogramm des Kritischen Rationalismus. Ihr Anspruch war, Phänomene der Erziehungswissenschaft zu *erklären*. In den 1920er Jahren zählten Ernst Meumann, Wilhelm August Lay, Aloys Fischer und Peter Peterson zu den wichtigsten Repräsentanten. In den 1960er und 1970er Jahren vertraten die Strömung insbesondere Heinrich Roth, Wolfgang Brezinka, Helmut Fend und Jürgen Baumert. Die Empirische Erziehungswissenschaft bemühte sich um eine Öffnung der Pädagogik für empirische Methoden und interdisziplinäre Orientierungen. Daten und Ergebnisse anderer Wissenschaften wie der Psychologie, Soziologie oder Biologie wurden zur Beantwortung von Fragestellungen herangezogen (ebd.: 64f.).

In den späten 1960er und 1970er Jahren bildete sich, in deutlicher Abgrenzung zur geisteswissenschaftlichen Pädagogik, die Kritische Erziehungswissenschaft (3) heraus. Mit dem Anspruch, Erziehungswirklichkeit gesellschaftskritisch zu analysieren und zu *verändern*, wurden verschiedene Ansätze und Anwendungen des Kritikbegriffs diskutiert. Beeinflusst und angeregt durch Impulse der Studierendenbewegung sowie Vertreter*innen der Kritischen Theorie (insbesondere Horkheimer, Adorno und Habermas) bestimmte die Kritische Erziehungswissenschaft die Diskussion in Westdeutschland. Es entstanden verschiedene sozialphilosophische Arbeiten, die unter dem Titel der Frankfurter Schule zusammengefasst wurden. Empirische und hermeneutische Forschungsmethoden sollten im methodologischen Programm der Kritischen Theorie einbezogen werden. Den Vertreter*innen der Kritischen Theorie reichte es allerdings nicht aus, Wissenschaft nur zu verstehen oder zu beschreiben. Vielmehr beanspruchten sie, das gewonnene Wissen im Rahmen von Wissenschafts- und Ideologiekritik zu verbinden und Missstände aufzudecken. Nehmen wir die diachronische Sichtweise Kuhns ein und betrachten Wissenschaft als historisch-soziologische Entwicklung, so können wir erkennen, wie stark die politisierende – wenn nicht gar politische – wissenschaftliche Haltung durch den zweiten Weltkrieg geprägt war.[3] Inhärent ist dieser Perspektive außerdem die Überzeugung, dass eine werturteilsfreie Analyse von Gesellschaft nicht möglich ist, sodass Werturteile nicht aus wissenschaftlichen Prozessen losgelöst werden können. Wissenschaftspraxis ist also standortbezogen (Koller 2021: 227–230; Krüger 2019: 77f.).

Die heutige Pluralität der erziehungs- und bildungswissenschaftlichen Theorielandschaft schließt auch Theoriekonzeptionen von Nachbardisziplinen ein. So stützt beispielsweise die Strukturalistische Pädagogik auf linguistische und psychologische Entwicklungslinien, etwa die Arbeiten von Noam Chomsky und Jean Piaget. Die Ansätze erweitern sich anknüpfend an die Machttheorie Foucaults zur Poststrukturalistischen Erziehungswissenschaft. Auch die durch Niklas Luhmann angeregte Systemtheoretische Erziehungswissenschaft und die mit dieser Position verwandte Kognitive Erziehungswissenschaft stellen zentrale aktuelle Theoretisierungsversuche dar. Gemeinsam ist den Ansätzen die Annahme, dass

„die Erziehungswirklichkeit eine Konstruktion des Bewusstseinssystems ist und sie vor diesem Hintergrund vor allem die Analyse der Frage interessiert, wie die Erziehungswirklichkeit hergestellt wird." (Krüger 2019: 101f.)

Wie und mit welchem Anspruch die Erziehungswissenschaft zu ihrer Wissensproduktion gelangt, ist weiterhin verschieden – ob verstehend, erklärend oder verändernd. Dabei ist hervorzuheben, dass eine theoretische und historische Auseinandersetzung über pädagogische Gegenstände, Theoriefragen und Zugänge genauso wichtig ist wie empirische Wissensproduktion. Zudem sollten keine Debatten um quantitative oder qualitative Forschung, sondern vielmehr Fragen nach Einsatzpunkten und Verfahrensweisen im Fokus stehen (Bellmann/Ricken 2021). Es geht in der Wissenschaft selten um ein Entweder-oder und viel öfter um ein Sowohl-als-auch. Und vor allem geht es um die Passung von Methode mit Erkenntnisinteresse oder Gegenstand sowie die Reflexion des eigenen Standortes.

Standortbezogenheit gegenwärtiger wissenschaftlicher Forschung

Wenn es nicht *die* eine Wahrheit gibt, kann es auch nicht *die* eine wissenschaftliche Theorie und Position(-ierung) geben. Wissenschaftliche Communities oder unsichtbare Schulen repräsentieren Grundüberzeugungen, die Bedeutung für alle wissenschaftlichen Auseinandersetzungen, Entscheidungen und Annahmen haben. Theoriediskussionen speisen sich aus unterschiedlichen Wissenschaftskonzepten und Entwicklungslinien, Disziplinen und Paradigmen. Innerhalb dieses großen Wissensgefüges bestehen revolutionäre Entwicklungen (Kuhn 1970) und dennoch oder gerade deswegen ist (erziehungs- und bildungswissenschaftliches) Wissen sowie die Auffassung wissenschaftlicher Erkenntnis historisch-soziologisch rückgebunden (Krüger 2019). Wissenschaftliche Forschung ist politisch, weil sie von politischen Programmatiken und Förderrichtlinien beeinflusst wird.[4] Es bestehen historisch gewordene Machtgefüge und Wissenschaft klammert immer Positionen aus und hebt andere hervor. Wissenschaft hält zudem ein eurozentrisiertes Weltbild aufrecht und übergeht, dass kolonisierende Gesellschaften (und Wissenschaften) maßgeblich von Annahmen des globalen Westens geprägt sind (Franzki/Kwesi Aikins 2010). Ein Blick in die Bibliografie des vorliegenden Artikels verdeutlicht, dass sich der Versuch einer wissenschaftstheoretischen Verortung von Erziehungs- und Bildungswissenschaft vornehmlich auf Perspektiven des deutschsprachigen Raumes bezieht. Klarerweise liegt dies nicht daran, dass andere Kulturräume keine Wissenschaftsgeschichte und keine Wissenschaftstheorie haben. Vielmehr könnte man sagen, dass sich Wissenschaftsströmungen innerhalb eines engen lokalen Dunstkreises entwickeln und unsere postkolonialen westlichen Diskurse wenig über den Tellerrand hinausblicken. Auch heute organisieren sich Wissenschaftscommunities trotz aller digitalen Kommunikationsmöglichkeiten oftmals nicht über einen Sprachraum hinaus. Der Begrenztheit von Diskursen können wir auch gewahr werden, wenn wir das bestehende Geschlechterungleichgewicht und die männliche Dominanz in der Wissenschaft betrachten. Dass hier – bis auf eine Ausnahme – ausschließlich männliche Wissenschaftler als Vertreter von Perspektiven genannt werden und diese somit den damaligen sowie heutigen Diskurs dominieren, ist kein Zufall und sollte nicht unter den Tisch fallen. Der Frauenanteil in höheren Qualifikations- und Hierarchiestufen war und ist immer noch gering. Zwar zeigen Daten des Statistischen Bundesamtes, dass sich die Anzahl der Habilitationen von Wissenschaftlerinnen seit 1980 bis 2019 von 4,5 auf 31,9 Prozent versechsfacht hat. Auch die Zahl der weiblich besetzen Professuren ist um ein Vierfaches gestiegen (Kompetenzzentrum für Frauen in Wissenschaft und Forschung 2020). Dennoch besteht weiterhin ein Geschlechterungleichgewicht, deren Ursache nicht nur in den Biografien oder der Sozialisation der Wissenschaftlerinnen zu suchen ist. Vielmehr sind es die Strukturen und Funktionsweisen des Wissenschaftsbetriebs selbst, die – noch immer und mehr oder weniger subtil – den akademischen Werdegang von Wissenschaftlerinnen mindestens einschränken (Krais 2000). Wissenschaft, so lässt sich resümieren, wird größtenteils von Männern gemacht und Personen, die sich als weiblich oder divers identifizieren, stellen noch immer die Minderheit dar. Perspektiven anderer Kulturräume sowie die historisch-soziale Gewordenheit und lokale Situiertheit eigener Perspektiven wahrzunehmen und zu reflektieren, sind zentrale Aufgaben für Wissenschaftler*innen. Wissenschaftspublikationen können zwar *ohne Ort* (o.O.) sein, sie sind jedoch immer standortbezogen.

Anmerkungen

1 Dieses Verständnis greift auf praxeologische Forschungshaltung zurück, die Praktiken und ihre Deutung zu rekonstruieren versucht (Reckwitz 2003).
2 Dieser Streit wird als Positivismusstreit bezeichnet, wobei das Etikett des Positivismus den Vertreter*innen des Kritischen Rationalismus angeheftet wurde, die sich selbst jedoch als Kritiker*innen dessen verstanden (Kornmesser/Büttemeyer 2020: 61).
3 Sichtbar wird dies beispielsweise in Adornos Radiobeiträgen von 1959 bis 1969 zur Erziehung zur Mündigkeit und Erziehung nach Auschwitz (Adorno 2019).
4 Zu diskurs- und machtpolitisch hervorgerufenen Deutungshoheiten zu und über Digitalisierung und Bildung in politischen Programmatiken siehe Altenrath/Helbig/Hofhues (2020).

Referenzen

Adorno, Theodor W. (2019). *Erziehung zur Mündigkeit. Vorträge und Gespräche mit Hellmut Becker 1959-1969*. Frankfurt: Suhrkamp.
Altenrath, Maike/Helbig, Christian/Hofhues, Sandra (2020). Deutungshoheiten. Digitalisierung und Bildung in Programmatiken und Förderrichtlinien Deutschlands und der EU. *MedienPädagogik, 17*, 565–594.
Bellmann, Johannes/Ricken, Norbert (2021). Theoretische Forschung in der Erziehungswissenschaft – Beiträge zur Konturierung eines Forschungsfeldes. *Zeitschrift für Pädagogik, 6*, 783–744.
Brühl, Rolf (2017). *Wie Wissenschaft Wissen schafft. Wissenschaftstheorie und -ethik für die Sozial- und Wirtschaftswissenschaften*. 2. Aufl. Konstanz: UVK.
Endruweit, Günter (2015). *Empirische Sozialforschung. Wissenschaftstheoretische Grundlagen*. Konstanz et al.: UVK.
Franzki, Hannah/Kwesi Aikins, Joshua (2010). Postkoloniale Studien und kritische Sozialwissenschaft. *PROKLA, 40*(158), 9–28.
Glaser, Edith/Keiner, Edwin (Hg.) (2015). *Unscharfe Grenzen – eine Disziplin im Dialog: Pädagogik, Erziehungswissenschaft, Bildungswissenschaft, empirische Bildungsforschung*. Bad Heilbrunn: Klinkhardt.
Haraway, Donna (1989). Situated Knowledges. The Science Question in Feminism and the Privilege of Partial Perspective. *Feminist Studies, 14*(3), 575–599.
Horn, Klaus-Peter (2014). Pädagogik/Erziehungswissenschaft der Gegenwart. Zur Entwicklung der deutschen Erziehungswissenschaft im Spiegel ihrer disziplinären Selbstreflexion (1910 – 2010). In Reinhard Fatke/Jürgen Oelkers (Hg.), *Das Selbstverständnis der Erziehungswissenschaft. Geschichte und Gegenwart*. Weinheim: Beltz, 14–32.
Koller, Hans-Christoph (2021). *Grundbegriffe, Theorien und Methoden der Erziehungswissenschaft. Eine Einführung*. 9. Aufl. Stuttgart: Kohlhammer.
Kompetenzzentrum für Frauen in Wissenschaft und Forschung (Hg.) (2020). Frauenanteile an Habilitationen, Berufungen, Professuren und C4/W3-Professuren, 1980–2019. URL: gesis.org/cews/unser-angebot/informationsangebote/statistiken/thematische-suche/detailanzeige/article/frauenanteile-an-habilitationen-berufungen-professuren-und-c4-w3-professuren [10.09.2021]
Kornmesser, Stephan/Büttemeyer, Wilhelm (2020). *Wissenschaftstheorie. Eine Einführung*. Stuttgart: Metzler.
Krais, Beate (2000). *Wissenschaftskultur und Geschlechterordnung. Über die verborgenen Mechanismen männlicher Dominanz in der akademischen Welt*. Frankfurt/Main et al.: Campus.
Krüger, Heinz-Hermann (2019). *Erziehungs- und Bildungswissenschaft als Wissenschaftsdisziplin*. Leverkusen et al.: Budrich.
Kuhn, Thomas S. (1970). *The Structure of Scientific Revolutions*. Chicago: University of Chicago Press.
Online-Wörterbuch Wortbedeutung.info (Hg.) (2021). o. O. URL: wortbedeutung.info/o._O. [10.09.2021]
Opp, Karl-Dieter (2014). *Methodologie der Sozialwissenschaften*. Wiesbaden: Springer.
Pörksen, Bernhard (2001). *Abschied vom Absoluten. Gespräche zum Konstruktivismus*. Heidelberg: Carl Auer.
Reckwitz, Andreas (2003). Grundelemente einer Theorie sozialer Praktiken. Eine sozialtheoretische Perspektive. *Zeitschrift für Soziologie, 32*(4), 282–301.
Reuter, Julia/Berli, Oliver (2023). Verf. In Sandra Hofhues/Konstanze Schütze (Hg.), *Doing Research*. Bielefeld: Transcript, 384–391.
Schurz, Gerhard (2014). *Einführung in die Wissenschaftstheorie*. 4. Aufl. Darmstadt: WBG.
Terhart, Ewald (2012). „Bildungswissenschaften". Verlegenheitslösung, Sammeldisziplin, Kampfbegriff? *Zeitschrift für Pädagogik, 58*(1), 22–39.

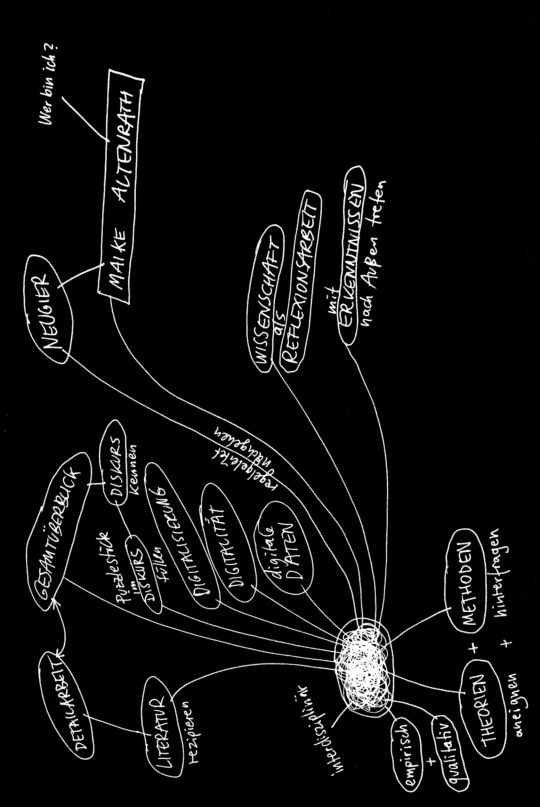

5. Forschungspraxis des Verweisens, Aufforderns und Sichtbarmachens   Michaela Kramer

Der Artikel widmet sich Verwendungsweisen der Abkürzung **s.** *(siehe), um auf diese Weise einen Beitrag zur Konturierung aktueller Forschungspraxis zu leisten. Hierbei werden verschiedene Facetten expliziten und impliziten Wissens von Forschenden deutlich, die unter anderem Praktiken des Verweisens und Aufforderns sowie parasoziale Subjektinteraktionen und -konstellationen betreffen.*

Die Abkürzung **s.** kommt in Forschungskontexten zum Einsatz, wenn auf einen Aspekt inner- oder außerhalb eines Beitrags verwiesen wird. Dabei zeigt sich in der Semantik des Begriffs, dass die Abkürzung nicht dazu geeignet ist, etwas zu exemplifizieren (wie etwa im Falle von *beispielsweise*), zu erklären (*das heißt*) oder zu belegen (*vergleiche*). Als Imperativ ist ihr vielmehr eine Aufforderung inhärent. Es bleibt hierbei offen, inwiefern dieser Aufforderung gefolgt wird, sodass **s.** auf Seiten der Forschenden auf imaginativer Bedeutungsebene verharrt. Bereits hieran zeigen sich spezifische Subjektkonstellationen (Textproduzierende und Textrezipierende), die einer genaueren Betrachtung wert sind, weil sie Implikationen für Forschung im Sinne von *doing research* zu haben scheinen. Komplexere und thematisch weiter zugespitzte Subjektbeziehungen bringt die Abkürzung in Bezug auf Bildanalysen zum Vorschein. Wie mit Imdahls (1996) Differenzierung von wiedererkennendem und sehendem Sehen deutlich wird, lassen sich bildanalytisch durchaus verschiedene Vorstellungen mit der Aufforderung *siehe* verbinden. Zudem werden die in medienbezogenen Forschungen analysierten (Körper-)Bilder häufig für verschiedene Adressat*innen sichtbar gemacht: Forschende adressieren mit dem analysierten Bild die wissenschaftliche Community; Abgebildete hingegen zeigen sich einem gänzlich anderen (imaginierten) Publikum. Die sich dadurch ergebenden Verschränkungen und Widersprüche lassen sich ausgehend von der in Publikationen zum Verweis auf ein Bild verwendeten Abkürzung **s.** herausarbeiten.

Zu Beginn dieses Beitrags werden auf expliziter Ebene die konkreten Verwendungskontexte der Abkürzung **s.** im transdisziplinären Feld der Forschungen mit/zu/über Medien gesammelt und dargelegt. Im zweiten Schritt erfolgt eine Befragung der Abkürzung hinsichtlich ihrer impliziten Bedeutungen für die Forschungspraxis. Auf dieser tieferliegenden Sinnebene steht die Frage im Zentrum, *wie* durch das Schreiben von **s.** Forschungswirklichkeit im Sinne eines *doings* hergestellt wird und inwiefern sich Aspekte eines Wissenschaftler*innen-Habitus darin dokumentieren. Im dritten Teil wird der Bezug zu einem konkreten Gegenstand und methodischen Ansatz hergestellt: Die Analyse von Bildpraktiken Jugendlicher auf Social-Media-Plattformen, wie ich sie in meiner Dissertation *Visuelle Biografiearbeit* (Kramer 2020) umgesetzt habe. Entlang dieser Studie wird diskutiert, welche Implikationen die Forscher*innen-Aufforderung *siehe* für die Konstellation der verschiedenen beteiligten Subjekte hat.

Explizite Sinnebene: Verwendungskontexte

Hinweise darauf, in welcher Häufigkeit, in welchen Wortkombinationen und an welchen Stellen **s.** in forschungs-, theorie-, praxisorientierten Schriften zum Einsatz kommt, gibt zunächst die systematische Suche in einschlägigen Publikationen. Hierzu wurden jeweils die zum Zeitpunkt des Erstellens dieses Beitrags neuesten Ausgaben von sechs Zeitschriften beziehungsweise Jahrbüchern aus den Bereichen Medienpädagogik, Medienwissenschaften und Kunsttheorie gesichtet.[1] Als Auswahlkriterien fungierten somit die Aktualität der Diskurse und die Einschlägigkeit für verschiedene Disziplinen mit explizitem Medienbezug.[2] Es ergab sich ein Korpus von 120 Einzelbeiträgen, worin *siehe* signifikant häufiger verwendet wurde als **s.** (56-mal versus 185-mal).[3] Disziplinspezifische Unterschiede fielen in der Sichtung des Datenkorpus nicht auf. Auffällig war hingegen, dass hinsichtlich der Einsatzhäufigkeit die beiden Extreme überwogen: Im Gros kam **s.**/*siehe* entweder gar nicht oder aber sehr häufig vor. Dabei befanden sich beide Varianten nur äußerst selten im Fließtext. Mit wenigen Ausnahmen stand **s.** in einer Klammer, die am Ende des Satzes gesetzt war, oder wurde im Rahmen von End- oder Fußnoten angewandt.

Über diese deskriptiv-quantifizierenden Erkenntnisse hinaus ließen sich verschiedene Wortkombinationen ausmachen, die in vier inhaltlich strukturierte Cluster eingeteilt werden können. Die Bildung und Benennung dieser Cluster geht dabei über eine reine Reformulierung des Gelesenen hinaus, indem den Textproduzierenden bereits gewisse Handlungsmotive unterstellt werden. Während ich die Intentionen der Wissenschaftler*innen nicht zu rekonstruieren vermag – zumal ohne jegliche verbale Kontextualisierung ihrerseits –, geht es an dieser Stelle um eine Annäherung an

„institutionalisierte und in diesem Sinne normierte zweckrationale Ablaufmuster oder Erwartungsfahrpläne, d.h. ‚Um-zu-Motive' des Handelns (im Sinne von Alfred Schütz 1974: 163 u. 1971a: 77), nach deren Logik auch unsere Alltagstheorien, die Common Sense-Theorien, aufgebaut sind" (Bohnsack 2018b: 183).

In diesem Sinne lassen sich mit der Verwendung von s. oder *siehe* folgende Um-zu-Motive, das heißt Erwartungen an das Forscher*innenhandeln, verbinden:

a) Um auf einen Aspekt im selben Text zu verweisen, wird s. oder *siehe* in Verbindung mit Lokaladverbien (*s. oben, unten*), Sinneinheiten des Textes (*s. Kapitel, Abschnitt, Anhang, Fußnote*) oder Visualisierungselementen (*s. Bild, Abbildung, Tabelle*) genutzt. Selten wird auf einen Teil einer Abbildung oder Tabelle verwiesen.
b) In den Wortkombinationen *s. dazu, s. hierzu, s. vor allem, s. auch, s. unter anderem, s. beispielsweise, s. exemplarisch, s. etwa* oder *s. aber* sowie einer anschließenden Literaturangabe wird s. genutzt, um auf eine externe Quelle zu verweisen, die das Geschriebene zuvor behandelt hat oder ähnlich behandelt.
c) Um nicht nur allgemein auf eine externe Quelle, sondern konkreter auf die mit deren Lektüre verbundenen Möglichkeiten zu verweisen – beispielsweise die Vertiefung eines genannten Aspekts – kommt s. oder *siehe* in verschiedenen Formulierungen zum Einsatz: *für ein Beispiel s., für erste Anregungen s., zur Reflexion s., für einen Überblick s., für eine ausführliche Darstellung s.*
d) Vereinzelt wird s. oder *siehe* gebraucht, um auf Phänomene, Diskurse oder Theoriemodelle zu verweisen, welche für die Argumentation passend oder interessant erscheinen. Da es jedoch der Rahmen des Einzelbeitrags nicht erlaubt, diese ausführlich darzustellen, wird lediglich ein knapper Verweis gesetzt (*s. Modell XY*).

Über die vier Cluster hinweg wurde in der Analyse der Verwendungskontexte deutlich, dass die hier im Zentrum stehende Abkürzung eine des (Quer-)Verweises ist und sich diese direkt an die Lesenden richtet. Ausgehend von diesen expliziten Verwendungskontexten und den daraus abgeleiteten Um-Zu-Motiven stellt sich nun die Frage nach ihren impliziten Bedeutungsgehalten.

Implizite Sinnebene: Herstellung von Forschungswirklichkeit

Wie wird Forschungspraxis performativ hervorgebracht? In der Verwendung von s. dokumentieren sich zunächst übergreifende Strukturmerkmale von wissenschaftlichen Publikationen. Verweise auf Abschnitte und Kapitel verdeutlichen die gängigen Strukturierungseinheiten von Texten, die idealiter jeweils eine Sinneinheit ergeben. Hinzu kommen illustrativ eingesetzte Abbildungen (auch **Abb.**, Wolfgarten 2023) oder Tabellen (auch **Tab.**, Klein 2023). In der Kombination mit Lokaladverbien wird darüber hinaus eine bildhaft-räumliche Vorstellung des wissenschaftlichen Textes suggeriert. So ist die Rede von einem Oben und einem Unten (auch ohne, dass sich das Gelesene auf derselben Seite befinden muss) etabliert, was aufgrund der Sequenzialität sprachlich-diskursiver Ausdrucksweisen zunächst irritiert. Im Falle gedruckter Publikationen setzt das Lesen eher eine Bewegung des Blätterns voraus, weshalb die Rede von *siehe vorne* und *siehe hinten* adäquater erschiene. *Oben* und *unten* verweisen hingegen auf die digitale Herstellungs- und Rezeptionspraxis der Werke sowie die damit verbundene Bewegung des Scrollens. Von der Möglichkeit des Setzens von Hyperlinks wird in den meisten Online-Publikationen hingegen (noch) kein Gebrauch gemacht.
Ein weiterer Aspekt, der durch die genauere Betrachtung von s. ersichtlich wird, ist die Einigung der Forschungsgemeinschaft auf einen gewissen Zeichenumfang von wissenschaftlichen Publikationen. Die Zeichenbegrenzung greift nicht nur bei Print-, sondern auch bei Open-Access-Publikationen, sodass sich darin (über Verlagsvorgaben hinaus) fachliche Konventionen der Forschungspraxis dokumentieren. An der Verwendung von s. wird dieser Punkt deutlich, weil der Zeichenrahmen durch knappe siehe-hierzu-Verweise auf vertiefende Quellen und Diskurse imaginativ erweitert wird. Auf diese Weise kann die Komplexität eines behandelten Forschungsthemas verdeutlicht werden, ohne sich der Konvention einer leser*innenfreundlichen Textlänge zu widersetzen.
Zuletzt ist auf impliziter Ebene der Aufforderungscharakter des Imperativs *siehe* bedeutsam. So werden die Lesenden dazu angehalten, ihren Blick auf eine bestimmte Stelle zu richten oder sich weitere empfohlene Literatur zu beschaffen und zu lesen. Durch diese Rhetorik der Ansprache treten die publizierenden und rezipierenden Wissenschaftler*innen miteinander in eine Interaktionssituation, die im übertragenen Sinne als parasozial (Wegener 2008) verstanden werden kann. So bildet der Umgang der rezipierenden beziehungsweise adressierten Leser*innen mit der konkreten Aufforderung *siehe* auf rein imaginärer Ebene einen „singuläre(n) Akt" (ebd.: 294), der keiner Reziprozität bedarf.
Dass s. in den meisten Publikationen entweder häufig oder nicht verwendet wird, weist darauf hin, dass die beschriebenen Aspekte eines Wissenschaftler*innen-Habitus zwar als kollektiv zu verstehen sind, aber die textproduzierenden Praktiken nicht gleichermaßen für alle Forschenden zutreffen. Dies verdeutlicht die wenig verwunderliche Tatsache, dass neben der Forschungsgemeinschaft weitere

– hier nicht zu spezifizierende – konjunktive Erfahrungsräume (Mannheim 1980) Erklärungskraft für die Schreibpraxis von wissenschaftlich Publizierenden entfalten. Während somit Fragen zur konkreten Einordnung der Abkürzung s. offen bleiben (müssen), erfolgt im folgenden Abschnitt eine detailliertere Kontextualisierung und Reflexion von s. anhand einer eigenen, exemplarisch angeführten Studie.

Subjektkonstellationen am Beispiel einer bildanalytischen Studie

Siehe, sehen, Sichtbarkeit: Welche Implikationen bringt die Abkürzung s. für die Forschungspraxis mit sich, wenn wir uns bildbezogenen Studien zuwenden, wenn also die Verwendung von *siehe Abbildung* darauf verweist, dass ein Bild gezeigt und gesehen werden soll? Seit dem Einläuten eines *iconic turn* (Boehm 1994) oder *pictorial turn* (Mitchell 1994) in den 1990er Jahren nimmt die Beschäftigung mit Bildern interdisziplinär zu. Die proklamierten Wenden waren dabei nicht allein als Zeitdiagnostiken im Sinne eines Bedeutungszuwachses von Bildern für die Gesellschaft gemeint (Burda 2010), sondern unterstrichen vor allem die Notwendigkeit, der Vielfalt und Allgegenwart von Bildern in ihrer Bedeutung für das menschliche Denken und Handeln wissenschaftlich Rechnung zu tragen. Im Zuge der anschließenden interdisziplinären Projekte der Bildwissenschaften (Belting 2001; Sachs-Hombach 2006) und Visual Cultural Studies (Edwards 2009; Van House 2011) stand dementsprechend die methodologische Weiterentwicklung bildtheoretischer und bildanalytischer Zugänge im Zentrum. Davon blieb auch der medienpädagogische Diskurs nicht unberührt, sodass vermehrt gefordert wurde, Bilder – vor allem Fotografien – in ihrer Relevanz für die kulturellen Alltagspraktiken von Kindern und Jugendlichen zu erforschen (Niesyto 2001; Moser 2005).

Meine sich in diese Argumentationslinie einreihende Dissertationsstudie widmete sich der medienbiografischen Rekonstruktion von Smartphone-Fotopraktiken in der Adoleszenz (Kramer 2020). Medien und Biografien werden hierbei als sich wechselseitig bedingende Konstrukte verstanden (Vollbrecht 2015), sodass einerseits nach dem Anteil fotografischer Praxis an der Entwicklung biografischer, narrativer Identität (Ricœur 1987/2005) gefragt wird; andererseits entfaltet die Studie ein Verständnis der gegenwärtigen Fotopraktiken in ihrer biografischen Genese. Im Rahmen der Erhebung von Interviews mit 12- bis 17-jährigen Jugendlichen wurden deren Social-Media-Profile gemeinsam betrachtet. Initiiert durch Interviewfragen nach den Geschichten hinter den Bildern wurden Narrationen zur alltäglichen Bildpraxis der Heranwachsenden evoziert. Die Erhebung der zu analysierenden Bilder fand eingebettet in diese Interviewsituation statt. So bat ich die Jugendlichen darum, fünf Fotografien aus ihren eigenen Profilen auszuwählen und als persönlich wichtig zu autorisieren. Mit dem Ziel, nicht allein die Bilder, sondern ebenfalls die Bildkontexte in Form von Erweiterungen und Kommentierungen auf der jeweiligen Plattform zu analysieren, bot sich ein handhabbarer Zugang zu diesen digitalen Spuren über Screenshots. Bei solchen nicht-reaktiven Datenmaterialien fungiert nicht die interviewende Person als Adressat*in der Selbstdarstellung, sondern die authentischen Kommunikationspartner*innen im Feld (Kammerl 2005: 146). Bilder, auf die ich in meiner Studie mit s. verweise, sind damit nicht erst für die Forschung entstanden, sondern zeigen die Jugendlichen in ihrer Sichtbarkeit in Social Media. In der Interpretation der Text- und Bilddaten kam die Dokumentarische Methode (Bohnsack 2017) mit Erweiterungen hinsichtlich der Social-Media-Analyse (Schreiber/Kramer 2016) zum Einsatz. Im Folgenden werden an die skizzierte Studie – in der ich *siehe* sehr häufig (190-mal) und im Sinne aller vier genannten Um-zu-Motive gebraucht habe – Reflexionsfragen gestellt, die den Bezug zur Abkürzung s. und die damit verknüpfte *doing research* herstellen sollen.

Erstens lässt sich danach fragen, *auf welche Weise sich die abgebildeten Bildproduzent*innen sichtbar machen*.[4] Sichtbarmachung und Selbstthematisierung können auf Social-Media-Plattformen als Norm angesehen werden. Insbesondere Jugendliche nehmen eine spezifische Art der Sichtbarmachung – schön, optimiert, alltagsnah, intim – als Erwartungserwartung an sich wahr, welche im Anschluss an Goffmans Konzept sozialer Identität als „Identitätsnormen" (Goffman 1967: 161) gefasst werden können. Diese konstituieren für Heranwachsende eine „Schein-Normalität" (ebd.: 122), zu der sie sich unterschiedlich verhalten. Mit einer distinktiven Haltung wird sich von einigen Jugendlichen engagiert von der antizipierten Fremdidentifizierung als typische Jugendliche abgegrenzt. Sie orientieren sich in ihrer Fotopraxis an Authentizität und Individualität, Diskretion, Selbstbestimmtheit und Kreativität. Sich dieser Orientierung entgegenzusetzen, ist eine Form der Sichtbarmachung, die als normkonform bezeichnet werden kann. So richtet ein Teil der Jugendlichen ihre Praxis an den Konventionen aus und strebt nach der Aneignung von Körperposen, wie sie in sozialen Medien normierend kursieren. Eine weitere Art und Weise, sich durch fotografische Repräsentationen sichtbar zu machen, ist jene der Risikominimierung. Diese Jugendlichen können sich der Norm der Sichtbarmachung nicht entziehen, doch versuchen sie – stets in der Befürchtung, der Kritik anderer Jugendlicher ausgesetzt zu sein – in ihren Selbstpräsentationen möglichst wenig preiszugeben (Kramer 2020: 279ff.).

Aus einer anderen Perspektive heraus stellt sich zweitens die selbstreflexive Frage, auf welche Weise ich die Beforschten sichtbar mache. Als Forscherin zeige ich aus forschungsethischen Gründen ausschließlich anonymisierte Körperbilder. Eine ethische Reflexion ist in den letzten Jahren immer stärker in den Fokus der wissenschaftlichen Diskurse gerückt (Flick 2017; Roth/Unger 2018). Dies erscheint insbesondere aufgrund der Selbstregulierung der wissenschaftlichen Community höchst relevant (Roth/Weishaupt 2012: 407). Qualitative Sozialforschung und rekonstruktive Bildanalysen erfordern durch ihre starke Bindung an den individuellen Einzelfall und die vergleichsweise schwierige Anonymisierung in besonderem Maße einen sensiblen Umgang mit personenbezogenen Daten. Ein *informed consent* sowie die Sparsamkeit in Bezug auf Fallbeispiele in Publikationen und Präsentationen (DGfE 2006: 34) sind nur einzelne Bausteine eines ethischen Begründungs- und Handlungsrahmens. Die Art und Weise der Sichtbarmachung hängt darüber hinaus stark vom gewählten Analyseverfahren ab. Denn Bilder, auf die in Publikationen mit *siehe* verwiesen wird, sollen in der Regel beschriebene (Bild-)Interpretationen transparent und intersubjektiv überprüfbar machen. Die Dokumentarische Methode der Bildinterpretation, wie sie in meiner Studie zum Einsatz kam, wurde von Ralf Bohnsack auf Grundlage der Wissenssoziologie Mannheims (1928/1970) und des kunstgeschichtlichen Ansatzes der Ikonografie/Ikonologie Erwin Panofskys (1975) entwickelt. Zentrales Anliegen des methodischen Ansatzes ist es, „der Eigenlogik des Bildlichen, des Ikonischen Rechnung zu tragen" (Bohnsack/Geimer 2019: 776). Hierzu wird die Analyse der Formalstruktur, wie sie Max Imdahl in seiner Ikonik herausarbeitete, als hilfreich angesehen. Während vorikonografische und ikonografische Interpretationen dazu dienen, ein wiedererkennendes Sehen im Sinne der Identifikation von Gegenständen, Personen und sozialen Szenerien transparent zu machen, wird mit der Betrachtung der Ganzheitlichkeit und der formalen Gesamtkomposition des Bildes der Zugang zum sehenden Sehen angestrebt (Imdahl 1996: 432ff.). Wenn s. auf ein Bild als Interpretationsbeispiel verweist, so bleibt auf expliziter Ebene zunächst offen, auf welche Weise die Rezipient*innen sehen sollen. Implizit wird jedoch zum sehenden Sehen angeregt. Dies zeigt sich auch daran, dass – wie es in der Dokumentarischen Methode der Bildinterpretation angelegt ist – von mir als Forscherin (Feld-)Linien in die Bilder der Jugendlichen eingezeichnet werden, die verschiedene Interpretationen stützen. Die Rezipient*innen werden somit nicht allein darauf verwiesen, eine Jugendfotografie anzusehen, sondern vor allem darauf, meine interpretative Bearbeitung ebendieser zu erfassen.

Drittens stellt sich mir in Anbetracht der Studie die Frage, *welche Subjektkonstellationen sich durch die Verwendung von* s. *ausmachen lassen*. Forschungspraxis ist soziale Praxis, in der verschiedene Subjekte miteinander in Beziehung treten und in je spezifischer Weise zur Herstellung von Forschungswirklichkeit beitragen. Am Beispiel der skizzierten Studie ließen sich bereits Praktiken der beforschten Jugendlichen sowie meine Praktiken als Forscherin aufzeigen. Die Jugendlichen adressierten mit ihren Bildern ihre persönlichen Öffentlichkeiten (Schmidt 2009). Im Rahmen der Interviewerhebung autorisierten sie für mich eine bestimmte Bilderauswahl, sodass ich im Nachhinein durchaus auch als Adressatin der Fotografien zu verstehen bin.[5] In Publikationen veröffentliche ich Bildbeispiele mit dem antizipierten Publikum der wissenschaftlichen und praxisnahen Öffentlichkeit meines Fachs. Was die wissenschaftliche Community liest und worauf sie mit s. verwiesen wird, ist dabei eine interpretativ gerahmte und typisierte sowie durch eingezeichnete Linien fokussierte Form eines Bildes im Social-Media-Kontext. Der forschungsethische Handlungsrahmen dieser Prozesse charakterisiert sich als ein Spannungsfeld zwischen dem Recht der *Beforschten* auf Anonymität, dem Interesse der *Forschenden* an aussagekräftigen Interpretationsbeispielen sowie der Erwartung der *Rezipient*innen* einer visuell-anschaulichen Form der Ergebnisdarstellung.

Schlussfolgerungen: Konturierung der Forschungspraxis durch s.

Der Artikel widmete sich Verwendungsweisen der Abkürzung s., um auf diese Weise einen Beitrag zur Konturierung aktueller Forschungspraxis zu leisten. Hierbei wurden verschiedene Facetten expliziten und impliziten Wissens von Forschenden deutlich, die unter anderem Praktiken des Verweisens, des Aufforderns sowie parasoziale Subjektinteraktionen und -konstellationen betreffen. Am Beispiel einer eigenen Studie, die sich dem Medium der Fotografie als Forschungsgegenstand und Datenmaterial widmete, zeigten sich zudem Aspekte, die sich primär auf die Sichtbarmachung für verschiedene Kontexte sowie das wiedererkennende oder sehende Sehen beziehen. Für diesen letzten Argumentationsschritt des

Beitrags wurde eine rückblickende und fokussierte Auseinandersetzung mit der eigenen empirischen Forschungspraxis erforderlich, wodurch die besondere Relevanz einer wissenschaftlichen Selbstreflexion unterstrichen wird. Die Gesamtargumentation dieses Textes an einem einzelnen Buchstaben und einem Punkt entlang zu zeichnen, war dabei zugleich irritierend und erhellend – auch dies macht Wissenschaft im Sinne eines *doing research* aus.

Anmerkungen

1 Es handelt sich um folgende Publikationen: Jahrbuch Medienpädagogik, 17; MedienPädagogik – Zeitschrift für Theorie und Praxis der Medienbildung, 41; Ludwigsburger Beiträge zur Medienpädagogik, 20; Medienimpulse, 58(4); Zeitschrift Kunst Medien Bildung, Sammlung vom 1.9.2020; Zeitschrift für Medienwissenschaft, 2020(2).

2 Vor dem Hintergrund einer notwendigen Begrenzung des Umfangs und Reduktion von Komplexität müssen weitere durchaus relevante Publikationsorgane an dieser Stelle unberücksichtigt bleiben.

3 Wenngleich sich dieser Beitrag explizit mit der Abkürzung s. befasst, wird die häufig zu findende, ausgeschriebene Form *siehe* ohne weitere Differenzierung mitbehandelt.

4 Mit der Differenzierung von abbildenden und abgebildeten Bildproduzent*innen macht Bohnsack (2018a) darauf aufmerksam, dass sowohl Fotografierende als auch Fotografierte am entstehenden Bild beteiligt sind.

5 Eine methodologische Reflexion dieses Aspekts der Erhebung ist nachzulesen in Kramer (2020: 146f.).

Referenzen

Belting, Hans (2001). *Bild-Anthropologie. Entwürfe für eine Bildwissenschaft*. München: Fink.

Boehm, Gottfried (Hg.) (1994). *Was ist ein Bild?* München: Fink.

Bohnsack, Ralf (2017). *Praxeologische Wissenssoziologie*. Opladen et al.: UTB.

Bohnsack, Ralf (2018a). Bildinterpretation. In Ders./Alexander Geimer/Michael Meuser (Hg.), *Hauptbegriffe Qualitativer Sozialforschung*. 4. Aufl. Opladen et al.: UTB, 18–23.

Bohnsack, Ralf (2018b). Orientierungsmuster. In Ders./Alexander Geimer/Michael Meuser (Hg.), *Hauptbegriffe Qualitativer Sozialforschung*. 4. Aufl. Opladen et al.: UTB, 183–184.

Bohnsack, Ralf/Geimer, Alexander (2019). Dokumentarische Medienanalyse und das Verhältnis von Produkt und Rezeption. In Thomas Knaus (Hg.), *Forschungswerkstatt Medienpädagogik: Projekt – Theorie – Methode*. Bd. 3. München: Kopaed, 775–816.

Burda, Hubert (Hg.) (2010). *In medias res. Zehn Kapitel zum Iconic Turn*. München: Petrarca.

DGfE (2006). Anonymisierung von Daten in der qualitativen Forschung: Probleme und Empfehlungen. *Erziehungswissenschaft, 17*(32), 33–34.

Edwards, Elizabeth (2009). Thinking Photography beyond the Visual? In Jonathan J. Long/Andrea Noble/Edward Welch (Hg.), *Photography. Theoretical Snapshots*, London: Routledge, 31–48.

Flick, Uwe (2017). *Qualitative Sozialforschung. Eine Einführung*. 8. Aufl. Reinbek: Rowohlt.

Goffman, Erving (1967). *Stigma. Über Techniken der Bewältigung beschädigter Identität*. Frankfurt/Main: Suhrkamp.

Imdahl, Max (1996). *Reflexion, Theorie, Methode. Bd. 3*. Frankfurt/Main: Suhrkamp.

Kammerl, Rudolf (2005). *Internetbasierte Kommunikation und Identitätskonstruktion. Selbstdarstellungen und Regelorientierungen 14- bis 16-jähriger Jugendlicher*. Hamburg: Dr. Kovac.

Klein, Kristin (2023). Tab. In Sandra Hofhues/Konstanze Schütze (Hg.), *Doing Research*. Bielefeld: Transcript, 352–359.

Kramer, Michaela (2020). *Visuelle Biografiearbeit. Smartphone-Fotografie in der Adoleszenz aus medienpädagogischer Perspektive*. Baden-Baden: Nomos.

Mannheim, Karl (1928/1970). Das Problem der Generationen. In Ders. (Hg.), *Wissenssoziologie: Auswahl aus dem Werk*. 2. Aufl. Neuwied et al.: Luchterhand, 509–565.

Mannheim, Karl (1980). *Strukturen des Denkens*. Frankfurt/Main: Suhrkamp.

Mitchell, William J. T. (1994). *Picture Theory. Essays on Verbal and Visual Representation*. Chicago: University of Chicago Press.

Moser, Heinz (2005). Visuelle Forschung – Plädoyer für das Medium „Fotografie". *MedienPädagogik* (9), 1–27.

Niesyto, Horst (Hg.) (2001). *Selbstausdruck mit Medien. Eigenproduktionen mit Medien als Gegenstand der Kindheits- und Jugendforschung*. München: Kopaed.

Panofsky, Erwin (1975). *Sinn und Deutung in der bildenden Kunst. Meaning in the Visual Arts*. Köln: DuMont.

Ricœur, Paul (1987/2005). Narrative Identität. In Peter Welsen (Hg.), *Paul Ricœur. Vom Text zur Person. Hermeneutische Aufsätze (1970-1999)*. Hamburg: Meiner, 209–226.

Roth, Wolff-Michael/Von Unger, Hella (2018). Current Perspectives on Research Ethics in Qualitative Research. *FQS, 19*(3), Artikel 33.

Roth, Wolff-Michael/Weishaupt, Horst (2012). Forschungsethik. In Klaus-Peter Horn/Heidemarie Kemnitz/Winfried Marotzki/Uwe Sandfuchs/Karl-Heinz Arnold (Hg.), *Klinkhardt Lexikon, Bd. 1*. Bad Heilbrunn: Klinkhardt, 407–408.

Sachs-Hombach, Klaus (2006). *Bild und Medium. Kunstgeschichtliche und philosophische Grundlagen der interdisziplinären Bildwissenschaft*. Köln: Halem.

Schmidt, Jan-Hinrik (2009). *Das neue Netz. Merkmale, Praktiken und Folgen des Web 2.0*. Konstanz: UVK.

Schreiber, Maria/Kramer, Michaela (2016). „Verdammt schön." Methodologische und methodische Herausforderungen der Rekonstruktion von Bildpraktiken auf Instagram. *Zeitschrift für Qualitative Forschung, 17*(1, 2), 81–106.

Van House, Nancy (2011). Personal Photography, Digital Technologies and the Uses of the Visual. *Visual Studies, 26*(2), 125–134.

Vollbrecht, Ralf (2015). Der medienbiographische Ansatz in der Altersmedienforschung. *Medien und Altern, 6*, 6–18.

Wegener, Claudia (2008). Parasoziale Interaktion. In Uwe Sander/Friederike von Gross/Kai-Uwe Hugger (Hg.), *Handbuch Medienpädagogik*, Wiesbaden: VS Verlag für Sozialwissenschaften, 294–296.

Wolfgarten, Tim (2023). Abb. In Sandra Hofhues/Konstanze Schütze (Hg.), *Doing Research*. Bielefeld: Transcript, 62–71.

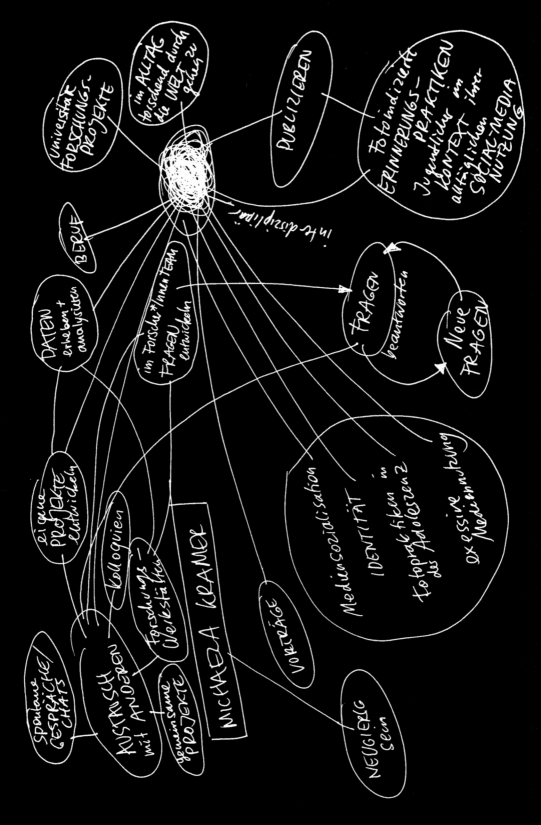

[Sic!] Mit Lauren Berlant durch den
Türspalt der Zeiten

Katrin Köppert

Die Abkürzung [sic!] (sīc erat scriptum) *ist Kontaktzone zwischen Literaturwissenschaft und Medienwissenschaft sowie Ausweis präziser Arbeit mit dem Textgenre, der Sprache, den Worten. Den früheren Fehler ausstellend ist sie gleichermaßen Kontaktzone zwischen Gegenwart und Vergangenheit. Diese birgt, wie der Text in Erinnerung an die Kulturtheoretikerin Lauren Berlant zeigt, kritisch-spekulative Potenziale, insofern Alternativen, die in der Vergangenheit vakant geblieben sind, nun in die Arme der zwei eckigen Klammern geschlossen werden können.*

So stand es geschrieben. Dies ist die deutsche Übersetzung des lateinischen Hinweises *sīc erat scriptum*, der in der abgekürzten und oft eingeklammerten Version [sic!] in zumeist akademischen Texten darauf verweist, dass die unmittelbar vorangegangene Textstelle fehlerhaft, unglaubwürdig oder ungewöhnlich ist, aber im Sinne des richtigen Zitierens unverändert übernommen wurde.

Fehlerhaft, unglaubwürdig, ungewöhnlich. Drei Worte, die in mir resonieren, einen Klang erzeugen, im Summen vielmehr. Vor allem, weil ich zum Zeitpunkt des Schreibens dieses kleinen Eintrags von der Nachricht angefasst bin, dass Lauren Berlant gestorben ist. Das Wissen um their Abwesenheit wirkt wie ein Fehler, der mir unglaubwürdig erscheint, aber eine Wiederbegegnung initiiert, die sich auf vielleicht ungewöhnliche Weise in einen Text einfaltet, der kein Nachruf ist und doch nach them ruft – um they bei mir zu haben, wenn ich mich ausgehend von der Abkürzung [sic!] mit der Frage beschäftige, wie ich schreibend queerfeministische Praktiken des Forschens perspektiviere oder Wissen tue.

Ausgehend von der Abkürzung. Abkürzungen sind die „transdisziplinäre Vereinbarung, an denen sich disziplinäre Perspektiven zu Kontaktzonen formen" (aus dem Mailverkehr mit den Herausgeberinnen). [sic!] scheint mir Zone des Kontakts zwischen Literaturwissenschaft und Medienwissenschaft zu sein. Die Abkürzung kommt insbesondere in literaturwissenschaftlichen Texten vor und ist Ausweis präziser Arbeit mit dem Textgenre, der Sprache und den Worten. Als ein solcher Ausweis fungiert sie wie eine Fotografie, die, indem sie mit dem Finger auf den Fehler zeigt, vergegenwärtigt, was da (nicht) war. Im Medium der Fotografie beziehungsweise im für die Fotografie typischen Verweissystem der Indexikalität (Barthes 1989) ist [sic!] die Kontaktzone zwischen Vergangenheit und Gegenwart. Mit ihr erinnern wir[1] uns der Zeit, als noch eine andere Rechtschreibung galt, aber auch der Existenz der Person, die – vielleicht unaufmerksam, abgelenkt, vielleicht berauscht, affiziert, getrieben vom Denken, Erleben und Wahrnehmen – fehlbar, bisweilen eigentümlich[2] wurde.

Kontaktzone zwischen Vergangenheit und Gegenwart. „The contact sheet is a record of no memory", schreiben Lauren Berlant und Kathleen Stewart (2019: 18). Fotografie in Form des Kontaktbogens ist ein Archiv, das *keine* Erinnerung ist. Ein Archiv, das keine Erinnerung ist, ist ein Kontakt zwischen Vergangenheit und Gegenwart, der die Vorstellung desartikuliert, zu wissen, etwas sei so oder so gewesen. Was damals (nicht) war, erleben wir heute nur als Spekulation. Kontakt, so Berlant und Stewart, induziere spekulative Gegenwart. So möchte ich die Abkürzung denken. So möchte ich Berlant denken. Als Spekulant*in. Auch wenn das zynisch zu sein scheint, ist das Spekulieren Teil einer neoliberalen Ökonomie, die dazu auffordert, sich optimistisch an Objekte zu binden, die zu erreichen die meisten strukturell gehindert werden, wie es Berlant in *Cruel Optimism* (2011) brillant herausgearbeitet hat. Aber immerhin ist Zynismus das falsche Bewusstsein, das um sein Falsch-Sein weiß (Sloterdijk 1983: 36) und wie Paranoia auf das Aufdecken seines Fehlers im Stile der selbsterfüllenden Prophezeiung vertraut. Nur ist ja gerade auch bei Berlant das Falsch-Sein immer auch reparative Kontingenz und Fabulation, weswegen es nur halb so zynisch ist, Berlant als Spekulant*in hervorzutun. By the way: Sie merken es? Ich trete hier auch in Kontakt zu einer Denkerin, ohne die es unmöglich ist, mit Berlant Kontakt aufzunehmen: Eve Kosofsky-Sedgwick (Sedgwick 2014: 381).

Stand es so geschrieben?

Der Abkürzung [sic!] geht der Zweifel voraus, der Verdacht, hier könne etwas nicht richtig sein, hier müsse etwas aufgedeckt werden. Stand es so geschrieben? Müsste es nicht anders lauten? Aha, hier prüfen wir mal nach, hier bin ich doch in meinem Element der kritischen Theoriebildung, des Entwirrens, des Entflechtens, des Entlarvens. [sic!] lässt sich als Symptom einer Hermeneutik des Verdachts verstehen, wie sie Sedgwick in Rückgriff auf Paul Ricœur in ihrem Aufsatz *Paranoides Lesen und reparatives Lesen, oder paranoid, wie Sie sind, glauben Sie wahrscheinlich, dieser Essay handle von Ihnen* (2014) beschrieben und als Kennzeichen der dominanten paranoiden Haltung kritischer Theoriebildung in den Queer Studies seit den 1980er Jahren problematisiert hat. Als eine solche Haltung ist die Praxis des queerfeministischen Forschens davon getrieben, mit dem Verdacht gegen die List des Heteropatriarchats zu arbeiten. Nur greift der Verdacht oft dem Ergebnis voraus. Wir wussten, dass das, was wir herausgefunden haben werden, schon immer galt. Wir kannten den Fehler schon, bevor wir ihn verifizierten. Der Anspruch auf Präzision beim Zitieren und die „Wachsamkeit der Paranoia bildet auf paradoxe Weise ein komplexes Verhältnis zu Zeitlichkeit aus, das sich sowohl zurück als auch nach vorn gräbt" (Sedgwick 2014: 366). Die Möglichkeit einer Zukunft der Korrektur, die mit [sic!] apostrophiert ist, hat den Fehler schon einkalkuliert. Was also ist die Funktion der Abkürzung? Was tut [sic!]? Scheinbar repariert es den Satz nicht. Der Fehler bleibt. Das Ausstellen des Fehlers fungiert im Sinne des paranoiden Lesens nach Sedgwick daher eher als Schutzschild: Wir sollen im Wissen um die Fehlerhaftigkeit vor der bösen Überraschung geschützt werden, dass es die Möglichkeit böser Überraschungen gibt. Die Abkürzung bannt den Fehler, ohne ihn zu korrigieren.

Das Ausstellen des Fehlers. Der Fehler on display. Das Zeigen des Fehlers stellt beim paranoiden Lesen einen Kontakt zum Fehlbaren in der Vergangenheit her, um uns vor den Überraschungen und Möglichkeiten des Scheiterns in der Zukunft zu schützen (auch .txt, Götz 2023) . [sic!] als Amulett-Bild mit apotropäischem Charakter, schützend vor dem kommenden Unheil (Hoffmann-Curtius 2000) und dem Unheil der Vergangenheit. Doch lernen wir nicht mit Silvan Tomkins, auf den sich Sedgwick bezieht, dass gerade die „Strategien, die Schutz bieten sollen, indem die Erfahrung des negativen Affekts erfolgreich vermieden wird, fortwährend scheitern" (Tomkins 1963: 323f.) und den negativen Affekt umso unkontrollierter zirkulieren lassen? Hier setzt auch die Erzählung Berlants ein: Die Strategie des Optimismus, uns vor den negativen Affekten angesichts der Krisen, die uns der Neoliberalismus beschert, zu schützen, ist zum Scheitern verurteilt und insofern grausam (Berlant 2011). Was folgt? Laut Sedgwick und Berlant folgt die Notwendigkeit, „andere Wesenszüge" (Segdwick 2014: 389) der kritischen Theoriebildung zu erhaschen. Diesen Wesenszügen ist inhärent, sich bis zu einem gewissen, sprich: nicht existenzbedrohenden, Grad vor den Zumutungen nicht schützen zu wollen. Im Zulassen dessen, was uns vielleicht auch negativ überrascht, liegt die reparative Kraft paranoider Kritik. Mit der Frage des reparativen Lesens, das nie antagonistisch gemeint, sondern dem Paranoiden in Form der Konjunktion *und* zur Seite gestellt ist (Berlant/Edelman 2014: 43f.), scheint eine Praxis des Forschens auf, die nicht mit Heilung im Sinne des Ganzwerdens zu verwechseln ist. Vielmehr öffnet das reparative Zulassen von negativen Überraschungen und beunruhigenden Eigenheiten in der Vergangenheit für eine Gegenwart, die wir sehr wohl spüren, die aber noch nicht entwickelt ist (Berlant 2016: 399). Hier entdecke ich Berlant als Spekulant*in unserer Gegenwart neu.

Es stand so geschrieben

Als wäre es einmal so gewesen. Es war einmal. Ist ja sagenhaft! Mit dem in die Vergangenheit projizierten Konjunktiv verlassen wir die Zone des Wissens um den Fehler, der mit der apotropäischen Kraft des [sic!] gebannt werden soll, und fragen weiter, wie sich mit [sic!] eine queerfeministische Praxis des Forschens erarbeiten lässt, deren reparative Kraft darin besteht, sich dem Fehler zu öffnen, was so viel bedeutet, wie der eigenen Verletzlichkeit und dem vor Überraschungen Ungeschützt-Sein affirmativ zu begegnen. Umschrieben ist damit Berlants Zugang zu einer Form der Kritik, die Spekulation mit Negativität verbindet. *Spekulation mit Negativität.* Sich auf eine Vergangenheit hin zu öffnen, der es an Fehlerfreiheit mangelte, begreife ich mit Berlant als das spekulative Moment, das auf eine Welt verweist, die noch nicht entwickelt ist (Berlant 2016: 399). Es geht um eine Vergangenheit *as if*. Wenngleich nicht unmittelbar, sondern indirekt über Fred Moten und José Esteban Muñoz eingeleitet, argumentiert Berlant im Feld verschiedener und dennoch sich nahestehender Konzepte der Afrofuturismen beziehungsweise Queer of Colour Futurities (ebd.: 398). Diese nehmen ihren Ausgang bei der Idee, dass es möglich ist, in der Geschichte der Sklaverei und des Kolonialismus Gegenzukünfte wiederzuentdecken (Eshun 2003: 301), also Zukünfte, die einst entgegen der entwürdigenden Gewalt imaginiert wurden,

„futures that were once imagined but never came to be, alternatives that might have been and whose unrealized emancipatory potential may now be recognized and reawakened" (Wilder 2014: 16).

Das in der Vergangenheit nicht-realisierte emanzipatorische Potenzial beziehungsweise die damals mögliche, aber nicht zur Umsetzung gekommene Zukunft ist nicht auf Trauma und Schock zu reduzieren (Berlant 2011: 10), sondern kann auch die als Gegenzukunft zu definierende Bedingung Schwarzen und Braunen queeren Lebens in der Gegenwart sein. Das heißt, dass alternative Konzepte, die in der Vergangenheit vakant geblieben waren, in der Gegenwart in Empfang zu nehmen und in die Arme der zwei eckigen Klammern zu schließen sind.

In die Arme der zwei eckigen Klammern. Der Modus des *embracing* im typografischen Bild des *bracketing* ist entscheidend, um zu verstehen, was es heißen mag, die verpassten Möglichkeiten der Vergangenheit in der Gegenwart zu empfangen. Das sensuelle Moment der Berührung, die sich inmitten eines Satzes mit den Klammern auftut, transportiert meiner Auffassung nach das, was Berlant meint, wenn sie schreibt, dass es eine Form der Kritik bräuchte, „[that] intensif[ies] one's attachment to the world felt but yet unestablished" (Berlant 2016: 399). Die Klammern, die die Abkürzung einschließen, die für den Verweis auf einen Fehler in der Vergangenheit steht, müssen nicht als Abgrenzung verstanden werden, sondern können im Sinne einer queerfeministischen Praxis des Forschens, wie sie hier vorgeschlagen wird, als intensivierende Umarmung dessen interpretiert werden, was hätte sein können. Die Berührung ermöglicht nicht nur den „fiktiven Blick durch den Türspalt der Zeiten" (Köppert 2020: 227), sondern verstärkt auf affektive Weise nicht-realisierte Zukünfte der Vergangenheit in der Gegenwart (siehe titelgebendes Zitat). Damit wird auch Kara Keeling zur Gefährtin Berlants. Keeling meint, dass es einen ästhetischen Modus bräuchte, um das, was als die Zukunft queeren Schwarzseins schon immer da war, in die Gegenwart zu fühlen. Bei ihr meint dies oft, zu hören und sei es nur Krach (Keeling 2019: ix, 80). Bei Berlant ist es eine Art affektive Aufmerksamkeit (*attentiveness*), die im Zusammenhang des Genres des Gewöhnlichen und vermeintlich Nebensächlichen makropolitischer Zusammenhänge steht und die Verbundenheit zu dem intensiviert, was schon immer da, aber nie als Lebensrealität verankert war (Berlant/Edelman 2014: 19).

Geschrieben stand es so

Es ist ja nicht nur der Fehler, auf den die Abkürzung verweist. Sie zeigt auch an, dass etwas innerhalb eines Narrativs schiefgegangen ist, innerhalb einer Geschichte, einer Argumentation, einer syntaktischen Sinnstiftung. Und dann noch mit Ausrufezeichen. Wir werden gewarnt: Zwischen Ursache und Wirkung sollen wir uns mit der Hermeneutik des Verdachts bewegen. Wir sollen forschen und ergründen, was da einst los war. *Always historicize.* Doch fragte schon Sedgwick (rhetorisch, freilich): „Was könnte weniger mit Historisierung zu tun haben als das gebieterische zeitlose Adverb ‚immer'?" (Sedgwick 2014: 357f.). Und so ist auch das Ausrufezeichen eine linguistische Aktivität, die uns im Modus des Dramas auf den Fehler treffen lässt. Dies klingt nicht nach Berlant, deren Bemühen es war, zu de-dramatisieren, um das Gewöhnliche in seinem Potenzial einer alternativen Gegenwart wirken zu lassen. Doch wird der paranoide Gestus des Imperativs ebenfalls aufgefangen. Mit den Klammern kommt eine weitere linguistische Aktivität hinzu, die das Drama der Paranoia nicht einhegt, wohl aber in die Arme nimmt, um im nicht-verbalen Stelldichein eine andere Geschichte fühlbar werden zu lassen. So schreibt Berlant, dass es their Motivation sei, zu insistieren „on a project of dedramatizing the very intense aim of remaining in attachment [by] not to deny the drama but to address it tenderly, nudging it to a new place" (Berlant/Edelman 2014: 14). Das Drama des Ausrufezeichens wird nicht geleugnet, sondern mit der linguistischen Geste der Umarmung zärtlich adressiert. Mit der Geste kann das Drama veralltäglicht werden, was, so Berlant, Grundvoraussetzung dafür sei, das Drama nicht für die Reproduktion des normativen „Guten Lebens" (ebd.) zu nutzen, zu dem kein Fehler und keine Unsicherheit gehört.

Mit der Geste. Als Genre versteht Berlant (2011: 198) die Geste im Anschluss an Giorgio Agamben als medialen Akt, der, weder mittel- noch zweckgebunden, Zeichen für Sozialität ist. Das Drama des Fehlers und mithin der Negativität, die uns mit **[sic!]** angezeigt werden soll, können wir mittels der gestischen Umarmung der Klammern als soziales Moment erleben (Berlant/Edelman 2014: xiv). Die Geste der Sozialität in Negativität ist „performance of a shift" (Berlant 2011: 198) oder „shift in attachment styles" (Berlant/Edelman 2014: 61). Gegenwart kann mittels dieser Veränderung als dicht, als mit Potenzial angereichert wahrgenommen werden. Die intensivierende Kraft der Beiläufigkeit des nicht-verbalen, affektiven Elements der linguistischen Geste der Klammern lässt uns zu den Möglichkeiten aufschließen, die sich im Sumpf der Vergangenheit regen.

[sic!]

Wie forschen in einer Zeit, in der auch ich zunehmend damit beschäftigt bin, antigenderistische Anfeindungen, pseudointellektuelle Cancel-Culture-Debatten und gegen queerfeministische, postkoloniale Theorien gewendete Diskussionen über die angeblich gefährdete Wissenschaftsfreiheit abzuwehren? Wie forschen, wenn Zeit und Emotionen gebunden werden, um diesem Modus des Dramas ver-antwortend (*response-able*) zu begegnen? Mit Donna Haraway gesprochen geht es genau darum: Ver-Antwortung ist nicht als das Außerhalb von Forschung zu begreifen. Es geht um die Kultivierung von Ver-Antwortung für die eigene Forschung. Dies impliziert eine Praxis, in der jene Hände ergriffen werden, die nach uns ausgestreckt sind, und sich in jene Arme schließen zu lassen, die sich uns gegenüber neben dem Drama manchmal unmerklich geöffnet haben (Haraway 2016: 34). Berlant war für mich immer eine solche Denker*in, die – insbesondere auch durch die Dichte ihres Schreibens – die Arme offen hielt. Was für manche als unzugänglich gegolten haben mag, ermöglichte es mir immer anzuknüpfen. Nicht weil ich souveräner bin, nein, sondern weil ich mich in der Nicht-Souveränität des Verstehens dieser Dichte darauf einlassen konnte, mit der Scham zu schreiben, immer nur die Potenziale zu erhaschen, nie aber mit der Gewissheit, etwas aufgedeckt oder erhellt zu haben.

Anmerkungen

1 Mit dem Wechsel von der Ich-Perspektive auf ein *wir* verbindet sich nicht die Anmaßung, für ein womöglich implizit homogen gedachtes Kollektiv sprechen zu wollen, sondern die Hoffnung, die Ein- und Ausgänge beziehungsweise Durchlässigkeiten zwischen Partikularität und Universalität zu markieren. Insofern ist dieser Text immer mehr als nur an meine Situierung rückgebunden, während dem *wir* trotzdem die Grenze meiner Perspektive eingeschrieben bleibt.
2 Der Duden (o.D.) schreibt, der Hinweis verweise darauf, „dass eine Auffälligkeit in einem wörtlichen Zitat eine *Eigenheit* der Quelle selbst ist" (Hervorhebung K.K.).

Referenzen

Barthes, Roland (1989). *Die helle Kammer. Bemerkung zur Photographie*. Frankfurt/Main: Suhrkamp.

Berlant, Lauren (2011). *Cruel Optimism*. Durham: Duke University Press.

Berlant, Lauren (2016). The Commons: Infrastructures for Troubling Times. *Environment and Planning D: Society and Space, 34*(3), 393–419.

Berlant, Lauren/Edelman, Lee (2014). *Sex, or the Unbearable*. Durham: Duke University Press.

Berlant, Lauren/Stewart, Kathleen (2019). *The Hundreds*. Durham: Duke University Press.

Duden (o.D.). sic. *Duden online*. URL: duden.de/rechtschreibung/sic [22.07.2021]

Eshun, Kodwo (2003). Further Considerations on Afrofuturism. *The New Centennial Review, 3*(2), 287–302.

Götz, Magdalena (2023). .txt. In Sandra Hofhues/Konstanze Schütze (Hg.), *Doing Research*. Bielefeld: Transcript, 34–43.

Haraway, Donna (2016). *Staying with the Trouble. Making Kin in the Chthulucene*. Durham: Duke University Press.

Hofhues, Sandra/Schütze, Konstanze (2023). DR. In Sandra Hofhues/Konstanze Schütze (Hg.), *Doing Research*. Bielefeld: Transcript, 184–191.

Hoffmann-Curtius, Kathrin (2000). Trophäen und Amulette. Die Fotografien von Wehrmachts- und SS-Verbrechen in den Brieftaschen der Soldaten. *Fotogeschichte, 20*(78), 63–76.

Keeling, Kara (2019). *Queer Times, Black Futures*. New York: New York University Press.

Köppert, Katrin (2020). Afro-feministisches Fabulieren in der *Gegenwart* – und mit der Höhle. In Marie-Luise Angerer/Naomie Gramlich (Hg.), *Feministisches Spekulieren. Genealogien, Narrationen, Zeitlichkeiten*. Berlin: Kadmos, 220–236.

Sedgwick, Eve Kosofsky (2014). Paranoides Lesen und reparatives Lesen, oder paranoid, wie Sie sind, glauben Sie wahrscheinlich, dieser Essay handle von Ihnen. In Angelika Baier/Christa Binswanger/Jana Häberlein/Yv Eveline Nay/Andrea Zimmermann (Hg.), *Affekt und Geschlecht. Eine einführende Anthologie*. Wien: Zaglossus, 355–399.

Sloterdijk, Peter (1983). *Critique of Cynical Reason*. Minneapolis: University of Minnesota Press.

Tomkins, Silvan (1963). *Affect Imagery Consciousness II*. New York: Springer.

Wilder, Gary (2014). *Freedom Time. Negritude, Decolonization, and the Future of the World*. Durham: Duke University Press.

KATRIN KÖPPERT

- Ins Leben eingefaltet
- Politisch-Sein
- Transdisziplinär
- Post- und Dekoloniale (Medien)THEORIEN d. Anthropozän
- Post-koloniale Strukturen d. Digitalität
- GENDER, RACE + FOTOGRAFIE
- QUEER MEDIA THEORIE
- AFFECT STUDIES + Politische Gefühle
- Audiovisuelle MEDIEN + populäre KULTUREN
- (Post-)Digitale FEMINISMEN Kunst
- über die verpassten MÖGLICHKEITEN der VERGANGENHEIT in der GEGENWART nachdenken
- Verunsicherung
- messy
- spekulativ wesenhaft
- verpoment offen
- nie zu Ende
- UNCUHE
- Being TOGETHER APART
- alternative ZUKÜNFTE vorstellbar lassen werden

Tab. Tabellen und Träume als Technologien des Wissens   Kristin Klein

Mit dem vernetzten Computer ergeben sich neue Möglichkeiten der tabellarischen Organisation, Zugänglichkeit und Zirkulation von Wissen jenseits tradierter Institutionen, Kanäle und Taxonomien. Vor diesem Hintergrund ist die Bedeutung von Fragen an die **Tab.** *(Tabelle) in der Wissenschaft nicht genug zu betonen: Inwieweit lässt sich der eigene Forschungsgegenstand angemessen in eine tabellarische Ordnung überführen? Wie formt die Tabelle wiederum das Denken über und mit dem Forschungsgegenstand? Welche Elemente bleiben unzählbar? Was und wer zählt nicht?*

„I saw in a dream a table where all elements fell into place as required. Awakening, I immediately wrote it down on a piece of paper, only in one place did a correction later seem necessary." (Mendeleev, zit. nach Wikipedia 2021)

Die Behauptung des Chemikers Dmitri Iwanowitsch Mendeleev, ihm sei die Anordnung der Elemente des modernen Periodensystems im Traum eingefallen, ist in den Wissenschaften des Globalen Nordens allenfalls als Anekdote bekannt. Die Rolle des Unbewussten, des Traums, des Mythos taucht in kaum einer Methodendiskussion auf. Was „einfällt" (Pazzini 2015: 237f.), muss zumindest im Nachgang schlüssig begründet werden. Das Periodensystem stellt eine bereinigte Form des Denkens dar, die den Forschungsgegenstand *in Ordnung* bringt, formatiert, kategorisiert und so eine vermeintlich *über*sichtliche Relationierung von Daten ermöglicht. Zugleich fallen Wissenspraktiken in ihren realpolitischen Verwicklungen aus dem Raster.

Mendeleevs Traum – ein Medium der Tabellenkalkulation – dient im vorliegenden Text als metaphorischer Ausgangspunkt für ein lockeres Nachdenken über (medien-)wissenschaftliche Prozesse der Generierung, Speicherung und Übertragung tabellarisch sortierter Daten. Einer kurzen allgemeinen Einführung folgen drei Abschnitte: In/Formationen, Post/humane Interpretationen, Transformationen. In diesen wird deutlich, wie sich technische, epistemische, diskursive und habituelle Praktiken zu Zellen und Spalten verbinden. Anhand der Abkürzung **Tab.** wird darüber hinaus der epistemische Eigensinn von Tabellen nachvollzogen. Dabei geht es in diesem Text um so unterschiedliche Variablen wie die Elemente des menschlichen Daseins, um Sternenstaub, Frauen* als Lückenfüller*innen, relationale Datenbanken und mimetische Qualitäten der Tabelle. All diese Schlaglichter richten sich auf eine Frage: Wie ein (medien-)wissenschaftliches Denken im Standardformat der Tabelle unter Berücksichtigung sehr diverser Phänomene einem *doing research* dadurch näherkommen kann, dass es mit dem Nichtdarstellbaren und dem Unkalkulierbaren rechnet.

Bundesliga, Konkordanztabellen und Busfahrpläne

In der alltäglichen Verwendung scheinen mit der Tabelle die Rangfolge von Fußballmannschaften und die Auskunft über den Spielstand des eigenen Clubs am häufigsten angesprochen zu sein. So liefert erst die dritte Seite der Google-Suche, von manchen bereits als „Darkweb" bezeichnet, eine Definition der Tabelle, wie sie nachfolgend im Vordergrund stehen wird. Sie „ist eine geordnete Zusammenstellung von Texten und Daten in Zeilen und Spalten" (Wiktionary 2020). Sie dient der vereinfachten Speicherung, Übermittlung und Prozessierung von Elementen verschiedener Mengen, in der Regel Worte und Zahlenwerte, und organisiert diese innerhalb eines semantischen Rasters. Etymologisch leitet sich der Begriff der Tabelle aus dem Lateinischen von *tabella*, Täfelchen, beziehungsweise von *tabula*, Tafel (auch Brett, Planke, Schreibtafel, Niederschrift, Liste, Verzeichnis, Zeitplan, Bild, bemalte Tafel) ab. Zahlreiche Begriffe sind aus diesem Wortstamm hervorgegangen, zum Beispiel Tableau, Tabulator, Tab, Tabloid oder Tablet.

Tabellen gehören zu den frühesten Formen der Datenvisualisierung und -speicherung. Seit dem vorchristlichen fünften Jahrhundert wurden sie beispielsweise zur Erfassung trigonometrischer Funktionen in Indien und vermutlich im antiken Griechenland genutzt (Van Brummelen 2009). Für seine Eudemische Ethik nutzte Aristoteles eine Tabellenform, um das rechte Maß verschiedener Tugenden übersichtlich darzustellen. Daneben fanden Tabellen früh Anwendung in der Astronomie und in Konkordanztabellen[1]. Die heute gebräuchliche Excel-Tabelle hatte dreidimensionale Vorläufer: In mittelalterlichen Zählhäusern des Vereinigten Königreichs wurden Tische zur genauen Auszählung von Geldern mit schachbrettartig karierten Tüchern bedeckt und Münzen darauf angeordnet. Der Begriff *Exchequer* bezeichnete dabei den Buchhaltungsprozess der Zentralregierung beziehungsweise die Abteilung, die sich für die Erhebung und Verwaltung von Steuereinnahmen verantwortlich zeichnete. Gegenwärtig finden sich Tabellen in mehrsprachigen Glossaren, Typisierungen in der Biologie und Linguistik, als Kalender, Stunden- und Fahrpläne, in demografischen Erhebungen, Bevölkerungsstatistiken, Erfassungen historischer Ereignisse, geografischen Vermessungen und als Umrechnungstabellen. Hinweise zur Lebensführung werden in der Esoterik mitunter entsprechend des eigenen Tierkreiszeichens tabellarisch sortiert und in der Medizin werden bisweilen Symptome, mögliche Ursachen und Behandlungsvorschläge in Zellen und Spalten eingeordnet. Die musikalische Notenschrift kann als Form der Tabelle angesehen werden (Projekt Allgemeinwissen und Gesellschaft 2019: Absatz 20). Auch digitale Fotos und Filme bestehen aus Pixel-Tabellen, wie der Unterhaltungsmathematiker und Tabellen-Enthusiast Matt Parker (2016) in einem populären Stand-Up-Comedy-Beitrag veranschaulicht. Die Tabelle wird demnach für unterschiedlichste epistemische Praktiken und Wissensbereiche eingesetzt und bildet die Grundlage zahlreicher digitaler Anwendungen. Im (medien-)wissenschaftlichen Kontext erfüllt sie, wie sich im Folgenden zeigen wird, unterschiedliche Funktionen.

In/Formationen

Tabellen dienen dem vereinfachten Arrangement von Daten, Zahlen oder anderen Werten und deren wechselseitiger In-Beziehung-Setzung. Dabei können qualitativ verschiedene Entitäten oder Aussagen (wie Beschreibungen, Wahrnehmungen) oder quantifizierbare Größen (wie Zeit, Länge, Menge) je nach Kontext in beliebiger oder fester Reihenfolge in Spalten und Zeilen sortiert, kategorisiert und hierarchisiert werden. Diese Schritte folgen bestimmten sachgebundenen Regeln zu Aufbau, Beschriftung und Aufteilung, um Lesbarkeit, Verständlichkeit, Übersichtlichkeit und Vergleichbarkeit zu erleichtern. Paralleltabellen, Kreuztabellen, Binärtabellen, Kreistabellen, Tabellen mit beweglichen Elementen – alle Tabellen berufen sich auf Anordnungen und Formatentscheidungen, die alles andere als neutral sind und sich essentialistischen Zuschreibungen entziehen:

> „Ihre Rigidität verweist auf Prinzipien des Ein- und Ausschlusses; die mit Formaten verbundenen Praktiken und Ästhetiken stellen Kondensationen kultureller Aushandlungsprozesse – kultureller Performativitäten – dar." (Fahle/Jancovic/Linseisen/Schneider 2020: 12)

Dies gilt gleichermaßen für die in der Tabelle aufbereiteten Daten. Daten liegen nicht einfach in der Welt, sie sind nicht *gegeben*, sondern werden erhoben und müssen in diesem Zuge als solche erst definiert und isoliert werden (zu Daten auch o.J., Dang 2023). Sie werden durch die Brille von Forschungshypothesen, Vorkenntnissen, Erfahrungen und Stimmungen ausgelesen und interpretiert. Auf diese Weise werden In/Formationen hergestellt.[2] In/formiert zu sein, bedeutet dann wiederum, nach bestimmten Grundsätzen zu handeln und anhand dieser Wissen abzuleiten oder zu prüfen. Für die Tabelle muss festgelegt werden, was und wer in diesem Rahmen zählt sowie was und wer gezählt, also aufgeführt, werden soll. Hier können nur Daten erfasst werden, die als solche abgegrenzt, erhoben und in wissenschaftlichen Kontexten in der Regel schriftsprachlich festgehalten werden können. Dafür bedarf es einer In/format/setzung, einer Formatierung von Daten. Was in der Tabelle schließlich „zur Darstellung gebracht wird", ist eine bereinigte Version" und „hat dann einen langen Weg der Auslöschung aller Spuren der Forschung hinter sich, also der ganzen Schmutzigkeit der Forschung" (Klenk 2020). Stimmen, Geräusche, Gerüche, Körperlichkeit – all dies sind Phänomene, die Daten in ihrem ursprünglichen Habitat ko-konstituieren, die sich allerdings durch die Komplexitätsreduktion der Tabelle nicht mitabbilden lassen. An vielen Stellen sind demzufolge Entscheidungen zu treffen, die eine bestimmte Definitionsmacht voraussetzen. Tabellarische Inklusions- und Exklusionsmechanismen sind jedoch, insbesondere in Zeiten daten(bank)gesteuerter Politik, höchst sensible Angelegenheiten, da sich gesellschaftliche Strukturen und damit diskriminierende Muster und Normen in digitaler Technologie reproduzieren und verstärken (Apprich/Chun/Cramer/Steyerl: 2018).

Auch die Rahmenbedingungen, die eine Erhebung von Daten und Erstellung von Tabellen überhaupt erst ermöglichen, finden in wissenschaftlichen Abhandlungen wenig Platz. Weder gibt es dafür innerhalb der Forschung genügend Zeit und Raum, noch wird dies durch Anreize gefördert. Tabellen wie etwa das Periodensystem sind jedoch kollaborative und erweiterbare Projekte: Wenngleich sich eine einzige Version des Periodensystems durchgesetzt hat, existieren über 700 Varianten (Blokhina 2021: 74) nebeneinander, unter anderem in Form von Blumen, Kreisen, Würfeln und Spiralen. Und obwohl das Periodensystem alle Elemente des irdischen Lebens nach ihrem Ursprung zu klassifizieren vermag – Produkte explodierender Sterne, Atome kosmischen Ursprungs –, weist es doch immer wieder Lücken auf, innerhalb der Tabelle genauso wie in Bezug auf die strukturelle Arbeitsteilung im wissenschaftlichen Kontext (Blokhina 2021). Marie Curie, Berta Karlik, Lise Meitner, Ida Naddock und Marguerite Perey sind nur einige Informantinnen, deren Entdeckungen die Lücken von Mendelevs Tabelle füllten und deren Arbeiten im Bereich der Wissensvermittlung vor allem junge Forscher*innen inspirierten. Dies lässt sich in weniger tradierten Narrationen über das Periodensystem erweitern. Anekdotisches Wissen springt hier, pointiert und überspitzt, in die Bresche. Es dient als Kontrastmittel, um verschiedene Arten und Weisen des eigenen In/formiertwerdens in unterschiedlichen Bezugssystemen und Netzwerken zu befragen. So treten Diskrepanzen unterschiedlicher Valorisierungssysteme zutage: Während beispielsweise der Chemiker Frederick Soddy eine lyrische Interpretation des Satzes von Descartes mit dem Titel *The Kiss Precise*[3] im Nature-Magazin veröffentlichte und sich Soddys Hang zu antisemitischen Verschwörungstheorien offenbar problemlos eine Welt mit seinen theoretischen Arbeiten zu Radioaktivität teilt, gilt unterdessen die Dinner Party, auf der ihm die Ärztin Margaret Todd das griffige Wort *Isotope* für seine Arbeit an Atomarten mit gleicher Ordnungszahl und unterschiedlicher Masse eingab (Lykknes/Van Tiggelen 2019), für die er später den Nobelpreis erhielt, nicht als Ort wissenschaftlicher Praxis. Wissenschaft ist um klare Hierarchien und Kategorisierungen bemüht. Anekdoten hingegen machen auf die Unschärfen wissenschaftlich etablierter Wissensproduktion aufmerksam. Sie verfolgen nicht den Anspruch auf Objektivität und sind scharf in ihrer Kritik. Auf diese Weise konturieren und provozieren erzählerische Formen diejenigen wissenschaftlicher Arbeit. Sie liefern ihr aber auch zu: Margaret Todd, selbst eine der ersten Frauen, denen es erlaubt war, Medizin zu studieren, schrieb später den populären Roman *Mona Maclean, Medical Student* und hob darin die Bedeutung von Ärztinnen hervor. Es sind solche ermutigenden Geschichten, die, allerdings kaum adäquat messbar, dazu beitragen, marginalisierte Personengruppen überhaupt in die Position zu versetzen, die Rahmen von Tabellen zu definieren.

Post/humane Interpretationen

Die Arbeit mit und in Tabellen lässt sich als menschliche Relation mit nicht-menschlichen Dingen in Wechselwirkung, das heißt als posthumane Verbindung, begreifen. Forscher*innen nutzen das Tabellenformat zur Anordnung von Daten; umgekehrt, um beim vorherigen Bild zu bleiben, in/formiert die Tabelle jedoch ihr Denken. Der Wirkungsgrad tabellarischen Prozessierens verdeutlicht sich insbesondere jenseits etablierter Methodenhandbücher. So schildert die Wirtschaftsanalystin Steph Smith (2019) ihre Beziehung zu Excel-Tabellen mit einer affektvollen Liebeserklärung. Mehr noch, ein Teil ihres Lebens verbringt sie nach eigener Aussage *in* Tabellen. Und diese hinterlassen Spuren, sie materialisieren sich körperlich:

> „Just like many other ‚relationships', I was introduced to Excel a few years prior, but the fire was lit in 2015. I jokingly say it was the ‚year of the spreadsheet' because I spent the greater part of that year living in one. I worked as a business analyst crunching numbers for the Fortune 500. I vividly remember being told on my first day to notice how the other, more seasoned consultants didn't use their computer mices as they navigated their spreadsheets. Their circuitry had turned the combinations of CTRL+[insert keystroke] into muscle memory. Soon, that too would be me." (Smith 2019: Absatz 5f.)

Der Umgang mit Tabellen zieht nicht nur in der Mechanik bestimmter Tastenkombinationen in menschliche Gehirnwindungen ein. In ihrer Ordnung und Regelhaftigkeit sind in Tabellen zugleich selbst Handlungspotenzial sowie ein gewisser Grad an Wirkmächtigkeit angelegt. Ihnen kommt die Funktion von Kommunikationsmedien mit medialem Eigensinn zu, die

> „nicht nur als passive Mittler im Sinne eines instrumentellen Zweckkalküls in der Kommunikation auftauchen, sondern selbst sinnerzeugend auf die Kommunikation wirken. […] Stets geht es um die operative Erzeugung von Sinn, also die Stabilisierung von Erwartungen in der Zeit." (Wagner/Barth 2016: 345)

Formate wie Tabellen überliefern und strukturieren Daten und zugleich Richtlinien, die den Blick leiten – im Globalen Norden in der Regel von links nach rechts, von oben nach unten. „So gesehen agieren Formate als Schwellen der Erfahr- und Wahrnehmbarkeit und als Regelsets der Aufbereitung von Wissen und der Herstellung soziokultureller Wirklichkeiten" (Fahle/Jancovic/Linseisen/Schneider 2020: 13). Auf diese Weise organisieren und vermitteln sie, mitunter auch ohne unmittelbare menschliche Einwirkung, epistemische Prozesse wissenschaftlichen Arbeitens. Sie machen etwas mit ihren Macher*innen.

Um Tabellen auszulesen, sind spezifische Kulturtechniken des Interpretierens vorausgesetzt, die erlernt werden müssen. Am historischen Beispiel der 1707 veröffentlichten Gebrauchsanleitung für eine Umrechnungstabelle in *Die Neu-Eröffnete Kauffmans-Börse: worin eine vollkommene Connoisance aller zu der Handlung dienenden Sachen und Merckwürdigkeiten auch Curieusen und Reisenden Anleitung gegeben wird* veranschaulicht sich diese Beobachtung:

> „Vermittelst dieser Tabelle kan man leichtlich den Unterschied des Gewichts einer Stadt oder Landes gegeneinander finden. Zum Exempel, man verlanget zu wissen/ wie viel 100. lb Hamburger zu Amsterdam oder zu London thun/ so

siehet man nur zu lincker Hand/ wo 100. lb Hamburger voranstehen/ und fähret mit gleicher Linie fort/ biß man oben Amsterdam und ferner Londen bemerckt/ und finde bey dem ersten 98. by andern 107. als das eigentliche Facit." (Marperger 1973, zit. nach Projekt Allgemeinwissen und Gesellschaft 2016: Absatz 4)

Bevor das Pfund einheitlich genormt war, bot sich in verschiedenen Städten Europas zum Vergleich von 100 Pfund eine Tabelle an. Da sich die Informationen nicht von selbst erschließen und im 18. Jahrhundert nicht bei allen Leser*innen vorausgesetzt werden konnten, brauchte es zunächst eine Anleitung. Tabellen speichern und in/formieren nicht nur Daten. Sie geben darüber hinaus die Techniken ihres Auslesens vor, ohne dass diese immer wieder neu expliziert werden müssen. In dieser Hinsicht bilden Tabellen Wissens-, Erkenntnis- und Erfahrungskonnexe dieser Kulturtechniken. Sie können als Kommunikations- und Wissenstechnologien verstanden werden, in denen sich unter anderem epistemische, diskursive und habituelle Prozesse bündeln, Prozesse des Indizierens, Ordnens, Berechnens, Positionierens, Zeigens, Darstellens, Gestaltens.

Tabellen sind stets in bestimmte Verwendungspraktiken verwickelt. Meist werden sie in der Wissenschaft in Text übersetzt, schriftsprachlich erläutert und interpretiert. Dass dabei große Deutungsspielräume entstehen, zeigt sich im politischen Feld. 1834 entlädt Georg Büchner in seinem *Hessischen Landboten* in der Überspitzung einer Flugschrift das kritische Potenzial tabellarischer Statistiken. Ausgehend von einer Auflistung an Steuereinnahmen und -ausgaben der Obrigkeit prangert er deren ungerechte Verteilung und das bestehende soziale Elend an. Auf Basis der Daten unternimmt er den Versuch, Bauern und Handwerker zur Revolution zu bewegen. Büchners biblische Sprache des *Hessischen Landboten* hebt hervor, inwieweit Daten nicht nur wissenschaftlich ausgelesen und eingesetzt werden. Die Tabelle allein ist kein Garant für Objektivität, sondern kann im Gegenteil Hilfsmittel gewaltvoller Hegemonien sein. Daran erinnern auch physiognomische Tabellen oder Völkertafeln, in denen Anatomie und Charakter pseudowissenschaftlich korreliert, Vorurteile fein säuberlich aufgereiht und Daten im Sinne der eigenen Ideologie eingespannt werden. Tabellen verwalten In/Formationen nicht neutral, sie sind variabel einsetzbare Machtinstrumente.

Digitale Distributionsmöglichkeiten befördern noch – kontextenthobene – Interpretationen und Anwendungen. Im Zuge digitaler Konnektivität, Mobilität und Modifizierbarkeit ist die Tabelle zum einen zunehmend vernetzt, wird kollaborativ bearbeitet, geteilt und wechselt Umgebungen schneller als je zuvor. Zum anderen bilden Tabellen die Grundlage relationaler Datenbanken in der elektronischen Datenverarbeitung. Sie liegen ausfüllbaren Online-Formularen und Suchanfragen zugrunde, gleichermaßen dem Steuerverwaltungsprogramm *Elster Online* wie dem Shopping bei *Zalando*. Schematische Kategorien unterstützen und schränken ein, welche Daten Nutzenden angezeigt werden. Längst haben Automatisierungsprozesse vormals in hierarchische Taxonomien, Kategorien und Unterkategorien sortierte Verzeichnisstrukturen abgelöst, beispielsweise in Bibliotheken. Relationale Datenbanken ermöglichen dort Suchanfragen in lose angelegten Tabellen. Jede Datenabfrage (*Query*) strukturiert die in der Datenbank hinterlegten Informationen in Abhängigkeit des Erkenntnisinteresses. Auch hier handelt es sich um eine posthumane, das heißt nicht-nur-menschliche, Auswahl und Darstellung von Informationen durch algorithmisch unterstützte Tabellen. Auf diese Weise strukturieren Tabellen, auf einer binär codierten Sprache basierend, im Hintergrund Arbeitsroutinen, begleiten beim Shopping, helfen bei der Buchausleihe. Sie geben auf Abruf bestimmte von ihnen verwaltete Daten zu sehen, während andere verborgen bleiben. Mit dem vernetzten Computer ergeben sich neue Möglichkeiten der tabellarischen Wissensorganisation, der Zugänglichkeit und Zirkulation von Wissen jenseits tradierter Institutionen, Kanäle und Taxonomien. Insofern ist die Bedeutung von Designprozessen und Ordnungsfragen an die Tabelle in der Wissenschaft nicht genug zu betonen: Inwieweit lässt sich der eigene Forschungsgegenstand angemessen in eine tabellarische Ordnung überführen? Wie formt die Tabelle wiederum das Denken über und mit dem Forschungsgegenstand? Welche Elemente bleiben unzählbar? Was beziehungsweise wer zählt nicht?

Transformationen

An der Schnittstelle von Kunst, Vermittlung und Forschung finden sich Ansätze der methodischen Reflexion und Neuerfindung, um „Theorie und Praxis, Denken und Erfahren in neue Verhältnisse zu setzen" (Bee/Egert 2020: 10) und einer „Standortvergessenheit des Wissens" (ebd.: 22) im Hinblick auf historische, soziale und andere Kontexte entgegenzuwirken. Wissenschaftliche Techniken, Anleitungen und Methoden, wie sie sich auch im und um das Format der Tabelle konzentrieren, sind bei Bee und Egert (2020: 23) als *Open Source Projekte* konzipiert. Das bedeutet, dass wissenschaftliche Techniken und Methoden nicht als festes Set in beliebige Anwendungsfälle transplantiert werden können, sondern gegenstands- und kontextabhängig immer wieder verändert und erweitert werden müssen. Zur genaueren Untersuchung eines „medienwissenschaftliche[n] Denken[s] in Standardformaten" (Linseisen 2020: 55), und hier des Denkformats Tabelle, bieten sich Strategien des *Um/Formatierens* an. Unterwiesen vom Eigensinn beziehungsweise den im Format eingeschriebenen Vorgaben ließe sich *mit* der Tabelle erproben, wie diese die Interpretation von Daten und In/formationen beeinflusst:

> „Lass dich von deinem Denkformat anleiten und es das Denken übernehmen, indem du feststellst, wann es ohne deinen Einfluss gegenüber bestimmten Inhalten dominant und gegenüber anderen zurückhaltend ist. Probiere über unterschiedliche Um/Formatierungen aus, welches Wissen du (nicht) über deinen Untersuchungsgegenstand erlangen kannst. Finde heraus, welche materiellen Möglichkeiten dein Denkformat bietet, um analytische Befunde zu dokumentieren, um von philosophischen Gedanken mitgerissen zu werden, um Fehler zu machen." (Linseisen 2020: 52)

Durch das Um/Formatieren wird der Frage nachgegangen, inwiefern ein Format wie die Tabelle das eigene Denken zunächst formatiert, welche Memorationskompetenz es aufweist, das heißt welche Daten und In/formationen langfristig in Tabellen konserviert werden können, und inwieweit deren Zugänglichkeit auch in Zukunft gegeben ist (ebd.: 58). Ein solch experimenteller Umgang leuchtet Aspekte von Analysetools und -methoden aus, die im wissenschaftlichen Arbeiten oft nur wenig Raum erhalten. Dadurch wird der Blick auf posthumane, mit der Tabelle verschachtelte Denkprozesse gerichtet. *Doing research* wird hier zum methodischen Problem.

Jenseits der Wissenschaft sind Prozesse des Um/Formatierens längst Teil aktueller Medienkulturen. Beinahe ikonisch geworden ist der aus heutiger Sicht ungewollt komische Moment, als Kelly Rowland im Musikvideo *Dilemma* (Nelly 2002) in einer Excel-ähnlichen Tabelle auf ihrem *Nokia Communicator* eine Nachricht an ihr Date verschickt, nach ausbleibender Antwort jedoch frustriert das Handy fallen lässt. Während Kelly Rowlands Abendplan Anfang des Jahrtausends noch an der von der Tabelle verweigerten Textweiterleitung scheitert, beweist Katie McLaughlin (2019), dass sich heute mit etwas Geschick und Programmierkenntnis durchaus Funktionen zur SMS-Versendung in Tabellen integrieren lassen. Das Periodensystem wiederum ist längst zum Meme geworden. Aus dem Feld der Wissenschaft herausgelockert, werden die Ordnungen der Isotope bewusst ignoriert, um eigene Semantiken in Referenz auf bekannte Formen zu generieren. So werden aus den Abkürzungen der Elemente Begriffe und Phrasen konstruiert, aus Iod, Magnesium, Sauerstoff, Stickstoff, Natrium, Chrom und Yttrium wird kurzerhand *IMgONNa CrY*. Oder es werden neue Elemente erdacht wie das *Element of Suprise*, kurz *AH!*. Auf T-Shirts, Sticker und Postkarten gedruckt, bereisen Teile des Periodensystems die Welt wiederum in neuen Konstellationen und semantischen Relationen.

The Element of Surprise

„Erzählen statt nur Zählen, Ermessen statt nur Messen. Denn das Angemessene lässt sich gerade nicht vermessen" (Selke 2015: 105). Zur Bedeutung von Tabellen in der (medien-)wissenschaftlichen Praxis tragen Anekdoten und Geschichten, Liebeserklärungen und Mythen bei. Es sind Dinnerkonversationen und Anwendungskontexte der in Zeilen und Spalten aufbereiteten Daten, die das Format der Tabelle als solches ko-konstituieren und in denen sich die Tabelle als Denkformat transportiert. Tabellen stehen im scheinbaren Widerspruch zu den von ihnen festgehaltenen Phänomenen. Sie sind Teil von in Zirkulation befindlichen Prozessen räumlicher und zeitlicher Übermittlungen von Daten (auch .**exe**, Verständig 2023). Beide im Eingangszitat verwobenen Größen, die Tabelle und der Traum, dienen der Aushandlung von Wissen, die allerdings von unterschiedlichen Annahmen darüber ausgehen, wie sich Wissen schafft. Sie schließen jedoch einander nicht aus. Der Glaube an die Möglichkeit empirisch valider und validierbarer Erkenntnis treibt Wissenschaft voran; Träume befördern wiederum Denkleistungen, auch wenn längst nicht erwiesen ist, warum es der Bearbeitung (wissenschaftlicher) Probleme förderlich sein kann, *eine Nacht darüber zu schlafen*. Der Traum als Medium der Tabellenkalkulation bildet eine von vielen Ermöglichungsbedingungen von Wissenschaft. Tabelle wie Traum sind Technologien im Sinne der beschriebenen Bündelung epistemischer, diskursiver, habitueller und praxeologischer Prozesse, wenngleich sehr verschiedene. Die Tabelle ist dabei gleichzeitig bewährtes Analyseinstrument wie handlungsleitende Agentin. Anhand der Abkürzung **Tab.** lassen sich demzufolge nicht nur standardisierte Überlegungen zu Form und Inhalt von Datenverarbeitungen entfalten. Ebenso fordert die Tabelle selbst Denkweisen der Einordnung, Kategorisierung und des Vergleichs heraus. Überraschungen, Intuitionen, Kontingenz, Pluralität und Mehrdeutigkeit – als Datenenvironments – lassen sich allerdings kaum berechnen. Sie ziehen viel eher durch heterogene Akteur*innen, experimentelle Umgangsweisen und die Befragung der je aktuellen Kulturen wissenschaftlichen Forschens in die Tabelle ein.

Anmerkungen

1 Dies sind Kanontafeln, die zur Klärung des synoptischen Problems eingesetzt wurden, einer vergleichenden Gegenüberstellung der ersten drei überlieferten Evangelien des Neuen Testaments.
2 Die Schrägstriche in diesem Text sind inspiriert durch die Verwendung bei Elisa Linseisen (2020), um begriffliche Relationen auszutarieren und in Bewegung zu halten.
3 Dieses Gedicht wird hier explizit nicht zitiert.

Referenzen

Apprich, Clemens/Chun, Wendy Hui Kyong/Cramer, Floria/Steyerl, Hito (Hg.). (2018). *Pattern Discrimination* (In Search of Media 1). Minneapolis: Meson Press.

Bee, Julia/Egert, Gerko (2020). Experimente lernen, Techniken tauschen. Zur Einleitung. In Dies. (Hg.), *Experimente lernen, Techniken tauschen. Ein spekulatives Handbuch*. Weimar: Nocturne. 7–27.

Blokhina, Elena (2021). 150 Jahre des Periodensystems der Elemente. *Sitzungsberichte der Leibniz-Sozietät der Wissenschaften zu Berlin, 145*, 61–78.

Dang, Sarah-Mai (2023). o.J. In Sandra Hofhues/Konstanze Schütze (Hg.), *Doing Research*. Bielefeld: Transcript, 320–327.

Fahle, Olive/Jancovic, Marek/Linseisen, Elisa/Schneider, Alexandra (2020). Medium | Format. Einleitung in den Schwerpunkt. *Zeitschrift für Medienwissenschaft, 22*(1), 10–18.

Klenk, Moritz (2020). Podcasts in der Soziologie: Diskussion. In *Das Neue Berlin*. URL: dasneue.berlin/2020/09/28/podcasts-in-der-soziologie-diskussion [01.03.2021]

Linseisen, Elisa (2020). Medien / Denken / Um / Formatieren. In Julia Bee/Gerko Egert (Hg.), *Experimente lernen, Techniken tauschen. Ein spekulatives Handbuch*. Weimar: Nocturne. 51–69.

Lykknes, Annette/Van Tiggelen, Brigitte (Hg.) (2019). *Women in Their Element. Selected Women's Contributions to the Periodic System*. Singapur: World Scientific.

McLaughlin, Katie (2019). Solving Kelly's Dilemma – How to Send SMS from a Spreadsheet. URL: nexmo.com/legacy-blog/2019/01/23/how-to-send-sms-from-a-spreadsheet-dr [11.03.2021]

Nelly (2002). Nelly - Dilemma (Official Music Video) ft. Kelly. Video. URL: youtube.com/watch?v=8WYHDfJDPDc [15.03.2021]

Parker, Matt (2016). Stand-up Comedy Routine about Spreadsheets. Video. URL: youtube.com/watch?v=UBX2QQHlQ_I [27.02.2021]

Pazzini, Karl-Josef (2015). *Bildung vor Bildern. Kunst – Pädagogik – Psychoanalyse*. Bielefeld: Transcript.

Projekt Allgemeinwissen und Gesellschaft (2016). Visualisierung mittels Tabellen. URL: enzyklopaedie.ch/dokumente/Tabellen.html [14.03.2021]

Projekt Allgemeinwissen und Gesellschaft (2019). Tabellen in Geschichte und Disziplinen. URL: enzyklopaedie.ch/dokumente/Tabellen%20histor.html [14.03.2021]

Selke, Stefan (2015). Lifelogging und die neue Taxonomie des Sozialen. In Harald Gapski (Hg.), *Big Data und Medienbildung. Zwischen Kontrollverlust, Selbstverteidigung und Souveränität in der digitalen Welt*. Düsseldorf et al.: Kopaed, 95–110.

Smith, Steph (2019). An Ode to Excel: 34 Years of Magic. URL: blog.stephsmith.io/history-of-excel/ [15.03.2021]

Van Brummelen, Glen (2009). *The Mathematics of the Heavens and the Earth. The Early History of Trigonometry*. Princeton: University Press.

Verständig, Dan (2023). .exe. In Sandra Hofhues/Konstanze Schütze (Hg.), *Doing Research*. Bielefeld: Transcript, 18–25.

Wagner, Elke/Bath, Niklas (2016). Die Medialität der Liste. Digitale Infrastrukturen der Kommunikation. In Herbert Kalthoff/Torsten Cress/Tobias Röhl (Hg.), *Materialität. Herausforderungen für die Sozial- und Kulturwissenschaften*. Paderborn: Fink, 343–358.

Wikipedia (2021). Dmitri Mendeleev. URL: en.wikipedia.org/wiki/Dmitri_Mendeleev [15.03.2021]

Wiktionary (2020). Tabelle. URL: de.wiktionary.org/wiki/Tabelle [15.03.2021]

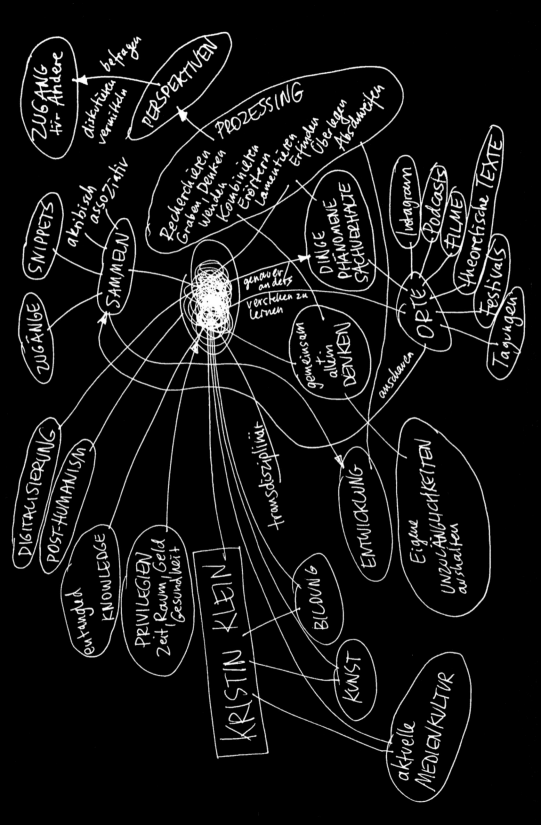

tl'dr Ethnomethodologische Überlegungen   Sabrina Schaper
      zur Erforschung wissenschaftlicher
      Textproduktion

Wissenschaftliche Texte dokumentieren nicht nur Forschung, sondern spiegeln auch die Rahmenbedingungen des Wissenschaftssystems und akademischen Alltagshandelns wider. Mit der Methode der Textanalyse bietet die Ethnomethodologie ein Instrument, das bestimmte Facetten wissenschaftlicher Alltagspraxis empirisch zugänglich macht. Wer Texte schreibt, steht vor der Aufgabe, Aufmerksamkeit zu erzeugen und die Relevanz des eigenen Tuns deutlich zu machen. Selektionshandlungen der Lesenden sind eine Herausforderung, die schon während des Verfassens berücksichtigt werden muss – durch Formeln wie tl;dr (too long; didn't read) *wird dies sichtbarer denn je.*

tl;dr ist als Abkürzung in der Netzkommunikation längst etabliert. Zu dieser Abkürzung gibt es bislang keine wissenschaftlichen Betrachtungen. Ihre Bestimmung kann hier als erster Versuch gelten. tl;dr verweist auf eine Handlungspraxis innerhalb der schriftlichen Kommunikation, die eine Bewertung von Textinhalten darstellen kann, gleichzeitig aber auch über den Inhalt hinausgeht. So wird die Abkürzung von Leser*innen einerseits verwendet, um Autor*innen darauf aufmerksam zu machen, dass ein Schriftstück als zu lang empfunden und aufgrund dessen nicht oder nur teilweise gelesen wurde. Hierbei bleibt offen, ob der Text nur im Hinblick auf seine Länge bewertet wurde. tl;dr kann ebenso ein Resümee sein, das sich aus einem ersten Anlesen ergeben hat und beispielsweise ausdrückt, dass die Autor*in aus Leser*innensicht nicht schnell genug zu einer Kernaussage kommt. So oder so verweist der Kommentar tl;dr auf die Schnelllebigkeit der Alltagswelt, die von einem Überangebot an Information und einem bewussten, selektiven Umgang mit diesem geprägt ist. Andererseits wird die Abkürzung von Autor*innen selbst aufgegriffen, beispielsweise als Überschrift für Inhaltszusammenfassungen oder Schlussfolgerungen. Die Tatsache, dass auch Autor*innen tl;dr verwenden, gibt Hinweise darauf, dass sie bereits beim Verfassen eines Schriftstücks mit selektiven und bewertenden Handlungspraktiken bei Leser*innen rechnen. Dabei handelt es sich jedoch keineswegs um ein neues Phänomen: Dieses Beziehungsmerkmal zwischen Leser*innen und Autor*innen sowie die Handlungspraktiken, die unter tl;dr zusammenfallen, gelten als Kernelemente der Kulturpraktiken des Lesens und Schreibens: Schon seit jeher entscheiden sich Leser*innen gegen das (Weiter-)Lesen von Texten. Autor*innen müssen mit derartigen Entscheidungen rechnen – nicht zuletzt deshalb, weil sie eigene Erfahrungen mit dem Lesen von Texten haben und um ihre eigenen Selektionsmechanismen wissen. Bislang sind diese Praktiken jedoch eher unsichtbar geblieben.

tl;dr macht es möglich, die Praxis der Selektion von Text(inhalt)en für andere zu markieren und darauf aufmerksam zu machen.

Wissenschaftliche Texte – too long; didn't read?

Die Abkürzung tl;dr ist unter anderem symptomatisch für die zeiteffiziente Suche nach der Kernaussage und wird nicht selten auch im Zusammenhang mit der Darstellung wissenschaftlicher Argumentationen, Fakten und Erkenntnisse gebraucht. Mit einer Verknappung und Beschränkung auf Kernaussagen und/oder Ergebnisse hat es die Wissenschaft aber nicht nur im gesamtgesellschaftlichen Dialog zu tun. Auch innerhalb des Wissenschaftssystems lässt sich eine Tendenz zu Publikationen geringeren Umfangs feststellen. Gläser (2006: 236) zeichnet die Historie wissenschaftlicher Kommunikationspraktiken nach und zeigt, dass sich bereits durch die Entstehung wissenschaftlicher (Fach-)Zeitschriften „[n]eue Praktiken der wechselseitigen Bezugnahme" unter Forschenden etabliert haben. So werden kürzere Zeitschriftenbeiträge im Vergleich zu Büchern schneller publiziert und fördern damit den regen Diskurs sowie eine stetige Zunahme wissenschaftlicher Veröffentlichungen (Umstätter 2015: 39). Dieses Wachstum wird unter Bedingungen der Digitalität zusätzlich beschleunigt. Wie Fuchs-Kittowski und Stary (2015: 81) feststellen, verändert sich mit dem Publizieren im Internet auch das gesamte Wissenschaftssystem, vor allem hinsichtlich der Bedeutung von Selektionspraktiken:

„Bestand früher das Problem insbesondere darin, die neuesten wissenschaftlichen Arbeiten aufzufinden, ist es heute eher das Problem, die Masse an Informationen richtig zu verwalten. Die neuesten Forschungsergebnisse werden, wenn sie allgemein zugänglich gemacht werden, den Wissenschaftlern über das Netz immer schneller zur Verfügung gestellt. Entscheidend dabei ist jedoch die Frage, wer auf welchem Wege Zugriff auf die Forschungsergebnisse erhält, wie das Problem einer verlässlichen Langzeitarchivierung gelöst wird."

An diese Beobachtung schließt sich die Frage an, welche Veröffentlichungen unter gegenwärtigen Bedingungen überhaupt gelesen werden (did(n't) read). Auch Degkwitz (2015: 37) beobachtet, dass sich durch die Nutzung digitaler Medien nicht nur ein „Wandel des Publizierens" selbst feststellen lässt, sondern es auch um eine generelle „Transformation des Wissens" geht. Diese erkennt er beispielsweise darin, dass es eine Tendenz zu weniger Text und mehr visuellem Material gibt und der Fokus im World Wide Web (auch www, Breuer 2023) auf evidenzbasierten Veröffentlichungen liegt. Zudem weist Degkwitz auf neue Formen der Kollaboration unter Forschenden sowie der Kontextualisierung von Wissen durch Verlinkungen und multimediale Erweiterungsmöglichkeiten, zum Beispiel Videos, hin (Degkwitz 2015: 34f.). Bereits im Jahr 2010 thematisierte Steinhoff (2010: 15) vor dem Hintergrund dieser Entwicklung, dass wissenschaftliche Texte immer häufiger einem „Postulat der Ökonomie" unterworfen werden, womit Fragen der „Darstellungs*effizenz*" verbunden sind. Dies meint unter anderem, dass inhaltliche Redundanzen vermieden werden sollen und ein enger Fokus auf Forschungsgegenstände gewählt wird. Wissenschaftler*innen stehen so, wenn sie sich an diesem Postulat orientieren, vor der Frage, wie lang ein Text sein sollte, der das für Leser*innen Wesentliche aussagt (*too long?*). Diese Beobachtungen geben erste Hinweise darauf, dass eine Analyse wissenschaftlicher Publikationspraktiken eine Gegenwartsdiagnose des Wissenschaftssystems selbst beinhaltet. Es geht um ein komplexes Zusammenspiel von wissenschaftlichem Schreiben einerseits und Praktiken des Selektierens und Rezipierens andererseits. Verfasser*innen müssen bereits beim Schreiben ihrer Texte mit bestimmten Formen der Selektion und Rezeption auf Seiten der Adressat*innen rechnen und durch spezifische Formen der Adressierung Aufmerksamkeit erzeugen. Ausgehend von den Überlegungen zur Abkürzung tl;dr und den beschriebenen Handlungspraktiken, die implizit darunter verhandelt werden, fokussiert dieser Artikel wissenschaftliche Texte als Forschungsgegenstand. Durch die Analyse dieses Gegenstands als kommunikatives Darstellungsproblem lässt sich empirisch zeigen, dass „Wissenspublikationen […] nicht bloß Dokumente oder Repräsentationen wissenschaftlichen Wissens" sind, sondern dass es sich um „Objekte einer Forschungspraxis" handelt, „in und mit der dieses Wissen aktiv hergestellt wird" (Engert/Krey 2013: 368). Ich skizziere im Folgenden Überlegungen dazu, wie eine Erforschung dieses Gegenstands gelingen und einen Beitrag zur Wissenschaftsforschung leisten kann. Denn eine interpretative Betrachtung des Schriftdiskurses bietet die Chance, sich der „komplexe[n] Dynamik einer Wissenschaftskultur" (Arnold 2013: 65) empirisch zu nähern und damit spezifische Einblicke in *doing research*, das heißt in die wissenschaftliche Alltagspraxis, zu erhalten.

Von Fenstern und Spiegeln

Innerhalb der Wissenschaft wurde die Bedeutung der Adressat*innen im akademischen Schreiben bislang nur wenig in den Blick genommen, obwohl die „Kultur der Wissenschaft" in der Wissenschaftstheorie und Wissenschaftsgeschichte als eine „Kultur der Schrift" (Arnold/Fischer 2009: 24) beschrieben wird. Schrift wird dabei nicht nur als Grundvoraussetzung für die Systematisierung des Denkens gesehen, sondern ist anschlussfähig für den öffentlichen Diskurs (ebd.: 25). Nichtsdestotrotz werden wissenschaftliche Texte vorrangig als Werkzeuge zur Dokumentation und Weitergabe von Forschungserkenntnissen gesehen, weniger als Konstitutionsmechanismen des akademischen Diskurses und wissenschaftlichen Systems.

Eine Auseinandersetzung mit wissenschaftlichen Texten als Untersuchungsgegenstand findet bislang vorrangig in der linguistischen Forschung statt. Hier werden beispielsweise Besonderheiten von Fachsprache in den Blick genommen und einer sprachlichen und rhetorischen Feinanalyse unterzogen (Steinhoff 2010; Steiner 2009; Brünner/Graefen 1994). Sozialwissenschaftlich gesehen bleibt die Antwort auf die Frage offen, „wie Forscher Wissenspublikationen situiert herstellen und gebrauchen, um Wissensobjekte sich selbst und anderen kommunikativ zugänglich zu machen" (Engert/Krey 2013: 367). Engert und Krey (2013: 366) sprechen in Bezug auf die Sozialwissenschaften sogar von einer „analytische[n] Leerstelle", die sie daran festmachen, dass in der Wissenschaftsforschung

> „die Produktion von Wissen in der lokalen Forschungspraxis und die Publikation von Wissen im wissenschaftlichen Diskurs als getrennt voneinander bestehende Phänomene betrachtet werden" (ebd.).[1]

Dass Texte in der Analyse von Alltagspraktiken außen vor bleiben, ist jedoch kein spezifisches Problem der Wissenschaftsforschung. Sie sind insbesondere in den Sozialwissenschaften ein noch wenig untersuchter Forschungsgegenstand. Empirisch mangelt es vor allem an der Betrachtung von Texten als *Spiegel* der sozialen Alltagswelt (Wolff 1995). Vertreter*innen der Ethnomethodologie wiesen bereits in den 1990er Jahren auf die großen Potenziale einer sozialwissenschaftlich ausgerichteten Textanalyse hin:

> „Der Text wird analysiert, weil er in seiner eigentümlichen Form als Text an den gesellschaftlichen Verhältnissen teilhat. Das Interesse richtet sich darauf, die Organisation dieser Verhältnisse zu durchdringen, sie aufzudecken, sie von innen her, durch den Text hindurch, zu öffnen. Wenn der Text gewissermaßen ins Labor kommt, ist er gezeichnet von den Verhältnissen, die ihn organisieren und die er organisiert. Er liegt der Ana-

lytikerin dann nicht als ein besonderes Exemplar oder als ein Exempel vor, sondern sie benutzt ihn als Mittel, das ihr Zugang verschafft. Er vermittelt ihr eine direkte Verbindung zu den Verhältnissen, die er organisiert." (Smith 1998: 13)

In den Sozialwissenschaften stoßen Texte also „primär als ‚Texte über…', d. h. als Daten zweiter Ordnung auf Interesse" (Wolff 2011: 249). Angelehnt an Gusfield (1976) bezeichnet Stephan Wolff (2011: 249) dies als den „Fensterscheibeneffekt": Der Text wird als *Fenster* zu den darin formulierten Inhalten gesehen, weniger als Spiegel. Als empirische Antwort auf dieses Forschungsdesiderat entwickelte Wolff (1995) die ethnomethodologische Textanalyse, die den Fokus auf die „interne Methodizität" (ebd.: 16) von Texten lenkt und auch für die Analyse wissenschaftlicher Texte großes Erkenntnispotenzial bietet.

Ethnomethodologische Textanalyse

Als Forschungsrichtung fokussiert sich die Ethnomethodologie seit den 1950er und 1960er Jahren auf die Erforschung der sozialen Alltagswelt. Soziale Strukturen werden innerhalb dieses Ansatzes als Ergebnisse von Alltagspraktiken und Interaktionsprozessen gesehen. Handlungen schaffen und verändern Gesellschaftsstrukturen und werden gleichzeitig von diesen Strukturen beeinflusst und bestimmt (Wolff 1995: 22). Ethnomethodologische Analysen beschäftigen sich demnach vorrangig mit Fragen des *Wie* (Hill/Crittenden 1968: 12): Ziel ist es, diejenigen Praktiken, Normen, Regeln und Strukturen zu beleuchten, auf die Akteur*innen im Alltag zurückgreifen – insbesondere in der Interaktion mit anderen (Zimmermann/Wieder 1970: 289; Churchill 1971: 182). Ausgehend von diesen methodologischen Überlegungen hat sich in der Ethnomethodologie die Methodik der Konversationsanalyse etabliert, die vorrangig zur Erforschung von Alltagssituationen mit einer hohen interaktiven Dichte, zum Beispiel Telefon- und Tischgespräche, gebraucht wird (Wolff 1995: 26f.). Jedoch gibt es bereits seit den 1980er Jahren Ansätze, Grundzüge dieser Methodik auch für die Analyse von Texten heranzuziehen. Mulkay (1986: 303ff.) zeigte beispielsweise in seiner Forschung zu Briefwechseln, dass sich in den Schriftstücken Eigenschaften finden lassen, die auf Parallelen zur Face-to-Face-Kommunikation hindeuten. Basierend auf solchen Vorarbeiten entwickelte Stephan Wolff in den 1990er Jahren die ethnomethodologische Textanalyse und nutzte sie selbst zur Erforschung psychiatrischer Gutachten. In der Wissenschaftsforschung findet diese methodische Weiterentwicklung der Konversationsanalyse nach meinem Kenntnisstand bislang jedoch keine Anwendung. Grundsätzlich ist Wolffs Textanalyse durch ein offenes Vorgehen gekennzeichnet. Mit einer ethnomethodologischen Forschungshaltung und dem dahinter liegenden methodologischen Verständnis wird eine neue Perspektive auf den Forschungsgegenstand eingenommen (Knauth/Wolff 1991: 36). Ausgangspunkt ist die Annahme, dass Texte im Vergleich zu Gesprächen eine starke „*innere Sequentialität und Geordnetheit*" (Wolff 1995: 28) besitzen, die es näher zu betrachten gilt. Damit eignet sich die Textanalyse als Auswertungsinstrument für Wissenschaftspublikationen, denn es ist davon auszugehen, dass es sich bei dieser Textsorte „in hohem Masse [um] *organisierte Texte*" (Steiner 2009: 19) handelt. Dies gilt nicht zuletzt, weil sich Wissenschaftstexte in Aufbau und Struktur häufig stark ähneln (siehe Reuter/Berli 2023) und mit dem Gebrauch fachspezifischer Sprache zudem hohe Anforderungen von Professionalisierung, Objektivität und Sachlichkeit verbunden sind. Die Textanalyse bezieht sich vor diesem Hintergrund auf ein *Beobachtungsmuster*, zu dem insbesondere zwei Aspekte gehören: (1) die Orientierung an den Adressat*innen sowie (2) Darstellungsprobleme und implizite Beschreibungskonflikte. Im Folgenden werde ich beide Aspekte hinsichtlich des methodischen Vorgehens näher beleuchten und erste Ideen dazu skizzieren, wie diese für die Erforschung wissenschaftlicher Texte genutzt werden können.

Adressat*innen von Wissenschaft

Die Auswertung mithilfe ethnomethodologischer Textanalyse beruht auf der Annahme, dass Verfasser*innen beim Schreiben von Briefen, Gutachten, Publikationen oder Akten die Lesenden einbeziehen müssen, um Verständlichkeit zu gewährleisten. Sie rechnen mit bestimmten Erwartungen und Reaktionen auf Seiten der Rezipient*innen und lassen diese Vorannahmen bewusst oder unbewusst in ihr Schreiben einfließen. Beim methodischen Vorgehen der Textanalyse wird vor diesem Hintergrund gezielt nach Bildern von Adressat*innen sowie adressierenden Formulierungen gesucht (Wolff 1995: 48ff.). Für die Erforschung von wissenschaftlichem Schreiben ist diese Orientierung an Adressat*innen insofern bedeutsam, als dass Adressierungen innerhalb von Publikationen in der Regel implizit bleiben. Anders als in Briefen finden hier tendenziell keine direkten Ansprachen statt, auch wenn durch bestimmte Formulierungen und vorausgesetztes Wissen dazu beigetragen wird, dass sich nur eine bestimmte Leser*innenschaft angesprochen fühlt und andere Rezipient*innen ausgeschlossen werden. So können Texte beispielsweise zur Konstitution von wissenschaftlichen Fachgemeinschaften beitragen. In diesem Zusammenhang weist die Wissenschaftsforschung auf eine generelle „Transformation wissenschaftlicher Subjektpositionen" (Hamann et al. 2018: 4) hin. Diese Transformation resultiert unter anderem aus „implizite[n] Erwartungsstrukturen" innerhalb des Wissenschaftssystems, die Forschende mit der Anforderung konfrontieren, zur „Etablierung, Stabilisierung und Standardisierung diskursiver Positionen im Wissenschaftssystem" (ebd.) beizutragen.

Für die Textanalyse stellt sich die Frage, wie diskursive Auseinandersetzungen in Publikationen zur Sprache kommen: Wie, von wem und von was grenzen sich Verfasser*innen ab? Damit kann berücksichtigt werden, dass das Schreiben wissenschaftlicher Texte auch einen diskursiven Charakter hat. In dieser Alltagspraxis orientiert sich „die lokale Erzeugung von Wissen [am] Diskurs der jeweiligen epistemischen Gemeinschaft" (Engert/Krey 2013: 366; auch Steinhoff 2010: 20). So wird angenommen, dass in die Handlungen einzelner Wissenschaftler*innen „eine Form *diskursiver Interaktion*" eingeschrieben ist, „die durch Argumente getragen ist und auf sie abzielt" (Knorr-Cetina 1984: 39). Resultierend daraus beruhen Publikationen nicht nur auf einer Verortung innerhalb bestimmter Diskurse, sondern sie sind auch als Fortsetzung und Konstitutionsmechanismen dieser Diskurse zu begreifen.

Es lässt sich festhalten, dass die primären Adressat*innen wissenschaftlicher Publikationen andere Forschende sind und Publikationen zur Stabilisierung des Wissenschaftssystems im Allgemeinen und der Fachgemeinschaften im Besonderen beitragen können. Jedoch ist die Frage nach den Adressat*innen von Wissenschaft damit nicht vollständig beantwortet, denn Forschende stehen zur Sicherung der gesamtgesellschaftlichen Relevanz des Wissenschaftssystems auch vor der Anforderung, Nichtwissenschaftler*innen als sekundäre Adressat*innen ihrer Forschung zu berücksichtigen. Das bedeutet, dass diejenigen an irgendeiner Stelle wieder eingeschlossen werden müssen, die aufgrund von Fachsprache und vorausgesetztem Wissen zunächst ausgeschlossen wurden:

„Wissenschaftskulturen erzeugen nicht nur durch ihre Abgrenzung von ihren Umwelten eine soziale und kulturelle Fremdheit, sie haben ihre soziale und kulturelle Distanz zur Gesellschaft – in einer mit ihren *epistemic values* vereinbaren Weise – wieder zu überbrücken. Denn jeder Wissenschaft muss es in der einen oder anderen Weise auch gelingen, Interesse außerhalb der eigenen Disziplin, aber auch außerhalb des Wissenschaftssystems für die eigene Forschung zu wecken." (Arnold 2013: 70)

Es wird deutlich, dass der Fokus auf die Adressat*innenorientierung, den die Textanalyse mit sich bringt, mehr ermöglicht als eine bloße Auseinandersetzung mit den Herausforderungen wissenschaftlichen Schreibens. Sie liefert durch Kontrastierungen und Auswertungen unterschiedlicher Publikationen auf fallübergreifender Ebene neue Erkenntnisse zur Wissenschaftskultur und den damit zusammenhängenden Alltagspraktiken von Wissenschaft. Denn Wissenschaftskultur meint nach Arnold (2013: 65) nicht „nur das Innerdisziplinäre einer Wissenschaft", sondern verweist auch auf ihre „Beziehungen zu ihren Umwelten".

Die ethnomethodologische Textanalyse benennt in Bezug auf die Auswertung drei Grundprobleme von Autor*innenschaft, auf die der Text befragt werden kann (Wolff 1995: 14):

1. Problem des Rezipient*innenbezugs: Wie stellen Schreibende sicher, dass Lesende den Eindruck gewinnen, dass eine Publikation sich an sie richtet? Wie und in welcher Form findet Adressierung statt? Welche Einschluss- und Ausschlusskriterien gibt es?
2. Problem der Tatsächlichkeit: Wie wird Lesenden vermittelt, „daß die geschilderten Beobachtungen und Daten eine authentische und zuverlässige Wiedergabe der Wirklichkeit darstellen" (ebd.)?
3. Problem der Reflexivität: Durch welche Form(ulierungen) wird sichergestellt, dass Lesende einen Text als objektiv und sachlich empfinden?

Darstellungsprobleme

Der zweite Aspekt des Beobachtungsmusters, der in der Textanalyse zum Tragen kommt, sind Darstellungsprobleme oder auch „implizite Beschreibungskonflikte" (Wolff 1995: 30, 2000a: 9). Gesucht werden kommunikative Probleme, das heißt Textstellen, für die „grundsätzlich unendlich viele, formal korrekte Versionen des Sachverhalts denkbar sind", weshalb Verfasser*innen „über die konkrete Form der Beschreibung" (Wolff 2000a: 9) entscheiden müssen. Beleuchtet werden zum Beispiel Mehrdeutigkeiten, inhaltliche Dilemmata oder sensible Sachverhalte, die im Text verhandelt werden. Speziell für die Wissenschaft lässt sich feststellen, dass ein hauptsächliches Darstellungsproblem im Gegenstandsbezug liegt (Steinhoff 2010: 10). Erst durch die Forschung und die damit verbundenen Entscheidungen konstruieren Wissenschaftler*innen das von ihnen gewählte Forschungsphänomen, indem sie zum Beispiel eine spezifische Perspektive einnehmen und einen individuellen Feldzugang wählen (Wolff 2000b). Die Verschriftlichung liegt in der Regel am Ende des Forschungsprozesses. Nichtsdestoweniger stellt sich die Frage, „in welchem Verhältnis die Wissenspublikation zu anderen Stadien des Wissensprozesses steht" (Engert/Krey 2013: 368). Teil des methodischen Vorgehens kann es dann sein, nach Textstellen zu suchen, in denen Entscheidungen im Forschungsprozess wie etwa der Feldzugang transparent gemacht und legitimiert werden. Forschungshandlungen und wegbereitende Entscheidungen können für Außenstehende erst im Text selbst nachvollzogen und eingesehen werden. Leitend für die Analyse sollte die Frage sein, auf welche Art ein bestimmtes Forschungsphänomen und ein darauf bezogener Forschungsprozess beschrieben und wie Relevanz erzeugt wird. Dies lässt sich anhand der besonderen Verschränkung von „Forschungs- und Erklärungshandlungen in einem Textkommunikat" (Steiner 2009: 10) erkennen.

Ein weiteres Darstellungsproblem kann in der Bezugnahme auf wissenschaftliche Kontroversen gesehen werden. Gläser (2006) zeichnete in historischen Beobachtungen nach, dass sich je nach Epoche oder Zeithorizont ein unterschiedlicher Umgang mit Kontroversen ausmachen lässt. So nimmt beispielsweise in der Wissensgesellschaft, bedingt durch die zunehmende Bedeutung empirischer Forschung, die kritische Auseinandersetzung mit Faktenwissen einen immer größeren Stellenwert ein (ebd.: 236). Durch die zunehmende Ausdifferenzierung wissenschaftlicher Fachgemeinschaften und Forschungsgebiete ist anzunehmen, dass sich im gegenwärtigen Wissenschaftssystem inzwischen eine Vielzahl an Umgangsweisen mit Kontroversen ausmachen lässt. Wie Gläser in seiner Betrachtung wissenschaftlicher Produktionsgemeinschaften zeigt, liegt in ihrer Analyse ein besonderer Wert für die Wissenschaftsforschung: Die Art und Weise, wie Kontroversen thematisiert und konstruiert werden, lässt Rückschlüsse auf die allgemeine Konstitution des Wissenschaftssystems zu.

Neben vielen weiteren Darstellungsproblemen, die für das textanalytische Vorgehen relevant sein können, spielt die Konstitution von Profession und Expert*innentum eine zentrale Rolle. Bislang wurde dieser Aspekt vorrangig in der Linguistik betrachtet, indem „typische ‚Inszenierungsformen' von Expertenschaft [und] typisch wissenschaftliche Ausdrücke" (Steinhoff 2010: 35) gesucht wurden. Dabei stand die Annahme im Vordergrund, dass „*Experten für Experten*" schreiben, „was zwangsläufig zur Folge hat, dass die dort verwendete Sprache auch eine exkludierende Wirkung hat" (ebd.). Unter der erwähnten Prämisse, dass diese Exklusion an anderer Stelle wieder überwunden werden muss, stellt sich dann die Frage, wie sich Expert*innen für Nichtwissenschaftler*innen inszenieren.

Fazit

Ziel dieses Beitrags war es, wissenschaftliche Texte und Publikationen als Forschungsgegenstand in den Blick zu nehmen. Es wurde aufgezeigt, dass sie nicht nur als Dokumentation wissenschaftlichen Wissens begriffen werden können, sondern durch ihren diskursiven Charakter auch Rahmenbedingungen des Wissenschaftssystems und akademischen Alltagshandelns (*doing research*) widerspiegeln. Denn je „nach der Ausprägung dieser Bedingungen, d. h. nach der Ausprägung der Textproduktionssituation, gestaltet sich das Textproduzieren anders" (Winter 1992: 6). Die Ethnomethodologie bietet mit der Methode der Textanalyse ein Instrument, mithilfe dessen diese Facetten wissenschaftlicher Alltagspraxis empirisch zugänglich gemacht werden können. Wer Texte schreibt, steht vor der Aufgabe, Aufmerksamkeit zu erzeugen und die Relevanz des eigenen Handelns deutlich zu machen. Selektionshandlungen von Rezipient*innen sind eine Herausforderung, die schon während des Verfassens berücksichtigt wird oder werden muss. Durch Abkürzungen wie **tl;dr** werden diese Praktiken sichtbarer denn je, insbesondere dann, wenn ein soziales System wie die Wissenschaft vor der Herausforderung steht, sich durch Professionalisierung und Expert*innentum nach außen hin abzugrenzen, innerlich zu stabilisieren und gleichzeitig die Brücke zum öffentlichen Diskurs aufrechtzuerhalten, um sich als gesellschaftliches Subsystem legitimieren zu können. Diese Überlegungen sind besonders in einer Zeit relevant, in der die Skepsis an der Wissenschaft zunehmend größer wird und eine Kluft zwischen wissenschaftlichen und politisch-wirtschaftlichen Alltagspraktiken entsteht.

Anmerkungen

1 Folglich sind zwei Forschungslinien erkennbar, wobei sich die sozialwissenschaftliche Forschung stark auf die Betrachtung wissenschaftlicher Diskurse sowie organisationaler Zusammenhänge und Strukturen fokussiert. Dazu gehören beispielsweise Forschungsarbeiten zu akademischen Peer-Review-Verfahren (Hirschauer 2005). Auch wenn es hier um den Umgang mit wissenschaftlichen Publikationen und damit zusammenhängenden Rezeptions- und Bewertungspraktiken geht, beschränken sich die Betrachtungen zum Peer-Review auf Fragen der Validität, Reliabilität und Qualität von Entscheidungsverfahren innerhalb von Fachgemeinschaften (Gläser 2006: 96).

Referenzen

Arnold, Markus (2013). Die Adressaten der Wissenschaft. Zur kulturellen Konstruktion und Dekonstruktion disziplinärer Grenzen. *Jahrbuch Deutsch als Fremdsprache, 39*, 64–78.

Arnold, Markus/Fischer, Roland (Hg.) (2009). *Disziplinierungen. Kulturen der Wissenschaft im Vergleich.* Wien: Turia + Kant.

Breuer, Johannes (2023). www. In Sandra Hofhues/Konstanze Schütze (Hg.), *Doing Research.* Bielefeld: Transcript, 416–423.

Brünner, Gisela/Graefen, Gabriele (Hg.) (1994). *Texte und Diskurse. Methoden und Forschungsergebnisse der Funktionalen Pragmatik.* Wiesbaden: Springer.

Churchill, Lindsey (1971). Ethnomethodology and Measurement. *Social Forces, 50*, 183–191.

Degkwitz, Andreas (2015). Transformation des Wissens und Wandel des Publizierens. In Klaus Fuchs-Kittowski/Heinrich Parthey/Walther Umstätter (Hg.), *Struktur und Funktion wissenschaftlicher Publikationen im World Wide Web.* Berlin: wvb, 25–38.

Engert, Kornelia/Krey, Björn (2013). Das lesende Schreiben und das schreibende Lesen. Zur epistemischen Arbeit an und mit wissenschaftlichen Texten. *Zeitschrift für Soziologie, 42*(5), 366–384.

Fuchs-Kittowski, Klaus/Stary, Christian (2015). Wissensmanagement und Publikation im World Wide Web 2.0. In Klaus Fuchs-Kittowski/Heinrich Parthey/Walther Umstätter (Hg.), *Struktur und Funktion wissenschaftlicher Publikationen im World Wide Web.* Berlin: wvb, 63–99.

Gläser, Jochen (2006). *Wissenschaftliche Produktionsgemeinschaften. Die soziale Ordnung der Forschung.* Frankfurt/Main et al.: Campus.

Gusfield, Joseph (1976). The Literary Rhetoric of Science. Comedy and Pathos in Drinking Driver Research. *American Sociology Review, 41*(4), 16–34.

Hamann, Julian/Kaldewey, David/Bieletzki, Nadja/Bloch, Roland/Flink, Tim/Franzen, Martina/Graf, Angela/Hölscher, Michael/Huelsmann, Ines/Kosmützky, Anna/Krüger, Anne K./Mayer, Alexander/Meier, Frank/Müller, Ruth/Priester, Stefan/Reinhart, Martin/Rödder, Simone/Schneickert, Christian/Serrano Velarde, Kathia (2019). Aktuelle Herausforderungen der Wissenschafts- und Hochschulforschung. Eine kollektive Standortbestimmung. *Soziologie, 47*(2), 187–203.

Hill, Richard J./Crittenden Stones, Kathleen (Hg.) (1968). *Proceedings of the Purdue Symposium on Ethnomethodology.* Lafayette: Institute for the Study of Social Change, Department of Sociology, Purdue University.

Hirschauer, Stefan (2005). Publizierte Fachurteile. Lektüre und Bewertungspraxis im Peer-Review. *Soziale Systeme, 11*, 52–82.

Knauth, Bettina/Wolff, Stephan (1991). Zur Fruchtbarkeit der Konversationsanalyse für die Untersuchung schriftlicher Texte – dargestellt am Fall der Präferenzorganisation in psychiatrischen „Obergutachten". *Zeitschrift für Soziologie, 20*(1), 36–49.

Knorr-Cetina, Karin (1984). *Die Fabrikation von Erkenntnis. Zur Anthropologie der Naturwissenschaft.* Frankfurt/Main: Suhrkamp.

Mulkay, Michael (1986). Conversations and Texts. *Human Studies, 9*, 303–321.

Reuter, Julia/Berli, Oliver (2023). Verf. In Sandra Hofhues/Konstanze Schütze (Hg.), *Doing Research.* Bielefeld: Transcript, 384–391.

Smith, Dorothy (1998). *Der aktive Text. Eine Soziologie für Frauen.* Hamburg: Argument.

Steiner, Felix (2009). *Dargestellte Autorschaft. Autorkonzept und Autorsubjekt in wissenschaftlichen Texten.* Tübingen: Niemeyer.

Steinhoff, Torsten (2010). *Wissenschaftliche Textkompetenz. Sprachgebrauch und Schreibentwicklung in wissenschaftlichen Texten von Studenten und Experten.* Tübingen: Niemeyer.

Umstätter, Walther (2015). Über beobachtbare Veränderungen des wissenschaftlichen Publikationswesens durch das World Wide Web. In Klaus Fuchs-Kittowski/Heinrich Parthey/Walther Umstätter (Hg.), *Struktur und Funktion wissenschaftlicher Publikationen im World Wide Web.* Berlin: wvb, 39–62.

Winter, Alexander (1992). *Metakognition beim Textproduzieren.* Tübingen: Narr.

Wolff, Stephan (1995). *Text und Schuld. Die Rhetorik psychiatrischer Gerichtsgutachten.* Berlin et al.: De Gruyter.

Wolff, Stephan (2000a). Dokumenten- und Aktenanalyse. In Uwe Flick/Ernst von Kardorff/Ines Steinke (Hg.), *Qualitative Forschung. Ein Handbuch.* Reinbek: Rowohlt, 502–513.

Wolff, Stephan (2000b). Wege ins Feld und ihre Varianten. In Uwe Flick/Ernst von Kardorff/Ines Steinke (Hg.), *Qualitative Forschung. Ein Handbuch.* Reinbek: Rowohlt, 335–349.

Wolff, Stephan (2011). Textanalyse. In Ruth Ayaß/Jörg Bergmann (Hg.), *Qualitative Methoden der Medienforschung.* Mannheim: Verlag für Gesprächsforschung, 245–273.

Zimmermann, Don H./Wieder, D. Lawrence (1970). Ethnomethodology and the Problem of Order. In Jack D. Douglas (Hg.), *Everyday Life.* New York: Routledge, 287–295.

SABRINA SCHAPER

"Jeder Arbeitstag mit einer guten IDEE ist ein erfolgreicher ARBEITSTAG"

- transdisziplinär + interdisziplinär
- an der Seite mit ANDEREN DENKEN
- lesend NACHDENKEN schreibend NACHDENKEN

ALLTAGSWELT — hinterfragen
ERKENNTNISWEGE aufzeigen

Themen:
- Digitalität
- Wissenschaftsforschung
- qualitative Sozialforschung
- Bildungsorganisationsentwicklung
- Hochschulbildungsforschung

üblicher **WELTZUGANG**

ständiges **NACHDENKEN + HINTERFRAGEN**

Freude + Erfüllung

GEDANKEN-ERKENNTNIS-KONSTRUKT — späteres kennenlernen im TEXT

WISSEN neu zusammenbauen
WISSEN SAMMELN — Spaß
in neue **KONTEXTE** setzen

neue **BEZIEHUNGEN** zwischen ERKENNTNISSEN herstellen

→ „roten Faden" in FORSCHUNGS-THEMA bringen

RECHERCHE — muss aktiv gestoppt werden

SCHREIBEN + Festhalten von ERKENNTNISSEN kommt am Schluss

akademische **ALLTAGSPRAXIS**

4.9. Das Wissen der „Anderen". Oder: Den *weißen* Diskursraum denormalisieren 　　　Aurora Rodonò

Bibliografische Konventionen und die Hierarchie des Alphabets produzieren Marginalisierung, die Auslagerung in eine Peripherie des namenlosen Anderen – **u.a. (und andere).** *Es sind genau diese Peripherie und der Prozess der Marginalisierung, die mich interessieren. Wessen Namen werden wann, wie und warum unsichtbar gemacht? Wie können wir das Wissen aus der Peripherie sichtbar machen und ins Zentrum rücken? Ein von Stuart Hall, bell hooks und Grada Kilomba inspirierter Kommentar über Strategien gegen das Othering.*

> „They had the power to make us see and experience ourselves as ‚Other'." (Stuart Hall)

> „To achieve a new role as equal, one has to place her/himself outside the colonial dynamic; that is, one has to say farewell to that place of Otherness." (Grada Kilomba)

> „No eduaction is politically neutral." (bell hooks)[1]

Als Abkürzung, die insbesondere bei bibliografischen und juristischen Angaben verwendet wird, um auf weitere, nicht-genannte beteiligte Personen zu verweisen, liegt es in der Natur der Abkürzung u.a., dass sie genau jene, auf die sie zu verweisen sucht, unsichtbar macht. Die Namen der Personen werden ausgelassen und in ein allgemeines *Anderes* überführt. Häufig genug führt diese Praxis bei der Herausgabe von Büchern durch mehr als drei Herausgeber*innen zum Streit. Die Hierarchie des Alphabets und die Konvention der Nichtnennung ab vier Autor*innen produzieren Marginalisierung, die Auslagerung in eine Peripherie des namenlosen Anderen. Es sind genau diese Peripherie und der Prozess der Marginalisierung, die mich interessieren. Wessen Namen werden wann, wie und warum unsichtbar gemacht? Wie können wir das Wissen aus der Peripherie sichtbar machen und ins Zentrum rücken?

Archive. Macht. Wissen.

Geschichte(n) zu schreiben, ist kein unschuldiger Akt. Welches Wissen als solches erinnerungswürdig ist und anerkannt wird, ist eine Frage der Macht. Denn: Nicht alle Geschichten fließen gleichermaßen in die Erinnerungsspeicher unserer Gesellschaften ein. Vielmehr werden entlang struktureller Bedingungen Narrative erzeugt, die Ungleichheitsverhältnisse in Bezug auf die Sichtbarmachung von Wissen und Erinnerung produzieren. So warnt beispielsweise die nigerianische Schriftstellerin und Feministin Chimamanda Ngozi Adichie in ihrem TED-Talk *The Danger of a Single Story* (2009) davor, singuläre und geschlossene Narrative über Menschen oder Orte zu konstruieren, wie dies am Beispiel der vielen viktimisierenden *Afrika-Bilder* zu konstatieren sei (Krieg, Krise, Krankheit, Korruption). Damit würden Menschen und Orte festgeschrieben und Blicke auf das vermeintlich *Andere* hergestellt, an deren Herstellung diese sogenannten Anderen nicht beteiligt sind, weil ihnen beispielsweise Zugänge zu den Produktionsstätten von Wissen und Erinnerung (Archive, Akademien, Museen, Medien) fehlen.

Den Apparaten der institutionalisierten Wissensproduktion, den Archiven des Wissens, wohnen identitätsstiftende Eigenschaften inne, die vielfach dafür eingesetzt werden, homogene, nationalstaatlich orientierte Gemeinschaften zu fabrizieren. Denn was aus historischen Archivbeständen zu archetypischen, oft als überzeitlich gültig erlebten Narrativen kondensiert wird, was im (westlichen) Wissenschaftskontext als Erkenntnis postuliert wird, ist nicht zwingend objektiv oder neutral, sondern vielmehr interessengeleitet und auf Bestätigung angelegt. Mit dem Westen nun, verstanden als historisches und nicht geografisches Konstrukt, ist laut Stuart Hall ein Gesellschaftstyp gemeint, „der als entwickelt, industrialisiert, städtisch, kapitalistisch, säkularisiert und modern beschrieben wird" (Hall 1994/2012: 138). Dabei ist dieser Westen keine naturgemäße Tatsache, sondern das Ergebnis eines Herrschaftsregimes, das die westliche Matrix diskursiv und realpolitisch erst produziert. Folglich sind der Westen und der Rest[2] das Ergebnis einer Ideologie und rassistischen Logik, auf deren Basis die europäischen Expansionen seit dem 15. Jahrhundert, die Versklavung und der moderne Kolonialismus zwischen 1880 und 1960 legitimiert wurden.

Auch Museen, Universitäten, Kunst- und Kultureinrichtungen sind vielfach eingelassen in die koloniale Logik, der zufolge die Welt in stimmlose und stimmhafte Subjekte/Objekte eingeteilt wird. Das Fortwirken der Unterdrückungsmechanismen des Kolonialismus, auch auf der Ebene der Wissensproduktion, haben Autor*innen wie Gayatri Chakravorty Spivak, Walter Mignolo, Aníbal Quijano und Achille Mbembe als *Kolonialität* beziehungsweise *epistemische Gewalt* oder *epistemic closure* beschrieben (Spivak 1988/2008; Mignolo 2012; Quijano 2016; Mbembe 2001).

Um dieses Verhältnis ins Lot zu bringen, bedarf es einer Revision der institutionalisierten Wissensapparate hinsichtlich der Inhalte, Programme, Methoden und Strukturen. Hier braucht es einen macht- und diskriminierungskritischen Ansatz, um die baulichen, infrastrukturellen, personellen und ästhetisch-politischen Architekturen dieser in einer westlichen, aufklärerischen Tradition stehenden Häuser und ihre

Epistemologien des Nordens³ aufzubrechen. Wir müssen den *weißen* Diskursraum denormalisieren.

Othering-Prozesse. Oder: Zuhören als politische Praxis

Denke ich an die Abkürzung u.a., fallen mir sofort die vielen Literaturen zum Konzept des *Othering* (Fremd-Machung oder VerAnderung) ein.⁴ *Und andere*, die Anderen, die Konstruktion der Anderen, die Praxis des *Othering*: eine Praxis, welche insbesondere die postkolonialen Theoretiker*innen Edward Said und Gayatri Chakravorty Spivak kritisch unter die Lupe genommen haben und die die Herstellung eines Anderen durch den imperialen Diskurs meint. Dieser Diskurs ist seinerseits ein Zusammenspiel von Aussagen, Bildern, Werten und wissenschaftlichen Parametern, die den Anderen nicht nur als different von uns markieren im Sinne einer existentiellen Alterität. Vielmehr geht mit der Herstellung des Anderen beziehungsweise mit dem Prozess des *Othering* eine im kolonialrassistischen Kontext stehende Klassifizierung, Abwertung und Rassifizierung einher.

Mit Bezug auf den postkolonialen Theoretiker und Psychiater Frantz Fanon, der die psychologischen Implikationen, das Neurotische und Momente des Begehrens im Prozess des *Othering* analysiert hat, lässt sich *Othering* darüber hinaus als eine Strategie beschreiben, bei der ein privilegiertes, strukturell *weißes*, westliches Ich – ausgehend von der Differenz zwischen einem Ich und einem Du – das eigene Begehren und jene negativen Anteile, die die Ich-Konstitution bedrohen, auf das vermeintlich Andere projiziert, das erst durch genau diese Projektion als Anderes hergestellt wird. Dabei wird das Andere als fremd und minderwertig imaginiert, als abweichend zu einer (männlichen) Norm, die über machtvolle Mehrheiten und Konsens hergestellt wird. Das Verhältnis zwischen Sichtbarkeit und Unsichtbarkeit, zwischen einer Norm und einem von diesem normativen Zentrum aus gesehenen Rand ist nicht naturgegeben, es ist geworden. *Und andere*, das Andere, die Konstruktion der Anderen sind der Effekt eines psychologischen Unbehagens innerhalb eines Machtverhältnisses, das diejenigen, deren Macht strukturell und institutionell favorisiert wird, in die Lage versetzt, Andere in die Peripherie zu verbannen, zu silencen, also leiser zu stellen.

So muss es beim Revidieren hegemonialer Verhältnisse insbesondere darum gehen, die unsichtbar Gemachten und deren Widerstand in den Blick zu nehmen und jenen zuzuhören, die, wie Spivak (1998/2008) uns am Beispiel der Situation der Frauen in Indien gelehrt hat, schon immer gesprochen haben, nur nicht gehört wurden. Das Entscheidende bei der Sichtbarwerdung marginalisierter Gruppen/Personen ist nämlich nicht das Sprechen der bisher Stillgestellten, sondern das Zuhören der Dominanzgesellschaft. Folglich geht es um das Zuhören als politische Praxis und Handlung. Darüber hinaus ist es für das „Gleichgewicht der Geschichte", wie es der nigerianische Schriftsteller Chinua Achebe (2009) formuliert, erforderlich, dass sich die Unterdrückten und die Unterdrückenden⁵ ihrer gesellschaftspolitischen Position/ierungen und damit einhergehenden Ungleichheitsverhältnissen bewusst werden. Denn zwar wird der Widerstand gegen soziale Ungleichheit, wie dies etwa Frantz Fanon, Antonio Gramsci oder Paulo Freire durchleuchtet haben, immer von den Unterdrückten und Deprivilegierten ausgehen, also jenen, die Schmerz, Leid und Armut erfahren. Aber da der Kolonialismus auch die Unterdrückenden dehumanisiert hat und diese von der Unterdrückung profitieren, sind auch sie dafür verantwortlich, das Projekt der Rehumanisierung voranzutreiben (Memmi 1974/2003). Es ist ihre Verantwortung, die eigene privilegierte Position zu reflektieren, entsprechend Privilegien und Ressourcen abzugeben und den Prozess der Umverteilung von Wohlstand zu befördern, damit die Trennung der Gesellschaft nach Privilegien aufgebrochen wird.

Meine ganz persönliche Holy Trinity: Hall, hooks, Kilomba

Ich bin ein Theoriemensch (und weniger ein Belletristik-Mensch). In meinem Leben gibt es viele Theoretiker*innen, bei denen ich Trost finde und die zu mir sprechen. In den letzten Jahren greife ich allerdings immer wieder auf dieselben drei Autor*innen/Aktivist*innen/Künstler*innen zurück, die ich insbesondere im Rahmen meiner pädagogischen Arbeit an der Universität und anderswo in den Kanon hineinschmuggele: Das sind Stuart Hall, bell hooks und Grada Kilomba. Ich habe meine eigene Holy Trinity⁶ gefunden. Denn wenn es darum geht, das „Spektakel der Ethnizität", wie es Stuart Hall (2004: 108ff.) genannt hat, und rassistische Diskurse gegen den Strich zu bürsten, dann sind die Werke, Essays und Performances der drei genannten Autor*innen besonders anschaulich. Ihre präzise formulierten Analysen kolonialrassistischer Verhältnisse und deren Kontinuitäten bis in die Gegenwart, ihre biografisch motivierte Forschung, die Theorie und Praxis, die akademisches Wissen und Alltagswissen miteinander verwebt, sowie ihre intersektionale Theorieperspektivierung sind für mich einige der Gründe für die vertiefende Re-Lektüre dieser wichtigen Denker*innen. Im Folgenden seien hier einige ihrer Überlegungen hinsichtlich einer Dekolonisierung dominanter Wissensformationen skizziert. Dabei komme ich zurück zum Prozess des *Othering*.

Stuart Hall: Jenseits des Spektakels (des Anderen)

In seinem bahnbrechenden Essay *Das Spektakel des „Anderen"* (2004) beschäftigt sich der wohl wichtigste Vertreter der britischen Cultural Studies Stuart Hall mit der Herstellung von Stereotypen in den Medien und übt anhand der Analyse von Darstellungen Schwarzer Menschen Kritik an der Rassifizierung und Sexualisierung des als anders konstruierten Anderen. Dabei gehe es bei der Stereotypisierung darum, Differenz zu fixieren, die Person des als anders Markierten auf wenige Eigenschaften zu reduzieren, diese Eigenschaften zu essentialisieren und als Natur dieser Person zu inszenieren. Im Sinne der in den Cultural Studies und Postcolonial Studies entfalteten Repräsentationskritik unterstreicht Hall die Verwobenheit von Repräsentation, Differenz und Macht und diskutiert die Frage, wie Strategien gegen ein dominantes Bildrepertoire aussehen können und welche Un/Möglichkeiten der Umkehrung der Stereotype denkbar sind. Hier identifiziert er verschiedene Gegenstrategien, darunter die Umkehrung der Bewertung alltagskultureller Stereotype, die Produktion positiver Bilder (zum Umgang mit politischen Bildwelten siehe **z.Zt.**, Kreckel 2023) und das Anfechten eines rassifizierenden Repräsentationsregimes von innen heraus, etwa durch formal-ästhetische Verschiebungen. Der Essay beginnt mit Fragen, die darauf verweisen, dass der Kampf um die Bedeutung (von Bildern) entlang einer kulturalistischen Differenzerfahrung geführt wird:

> „Wie repräsentieren wir Menschen und Orte, die sich wesentlich von uns unterscheiden? Warum ist ‚Differenz' ein so zwingendes Thema, ein so umkämpfter Bereich der Repräsentation? Was ist die geheime Faszination von ‚Andersheit' und warum bezieht sich alltagskulturelle Repräsentation so häufig darauf? Welche typischen Formen und Praktiken werden heute angewandt, um ‚Differenz' in der Alltagskultur zu repräsentieren und wo kommen diese populären Figuren und Stereotypen her?" (Hall 2004: 108)

Die Markierung von Differenz und Herstellung eines ontologisch Anderen scheinen also die wesentlichen Faktoren für die Konstitution des Selbst zu sein, das sich, machtkritisch gedacht, niemals innerhalb eines neutralen Raumes konstituiert, sondern immer entlang der Kategorien Race, Class, Gender. Die Produktion von Bildern, Wissen und Forschung ist eingelassen in ein Repräsentationsregime, das entlang einer *weißen*, europäischen Tradition stets aufs Neue – etwa innerhalb der institutionalisierten, hegemonialen Wissensapparate (Schulen, Universitäten, Archive, Medien) – performativ und diskursiv re/produziert wird.

Grada Kilomba: Schreiben als Subjektwerdung

Eine ebenso wichtige Analyse des Zusammenhangs zwischen kolonialrassistischer Ordnung und zeitgenössischem Alltagsrassismus liefert das Buch *Plantation Memories. Episodes of Everyday Racism* (2008) der Theoretikerin, Künstlerin und Psychologin Grada Kilomba. In diesem Buch geht Kilomba der Zeitlosigkeit von Alltagsrassismus nach und betrachtet Prozesse des *Othering*, durch die das *weiße* Subjekt das Schwarze Subjekt zum Objekt macht. Hier identifiziert sie fünf Formen der essentialistischen Zuschreibung: Infantilisierung, Primitivisierung, Dezivilisierung, Animalisierung und Erotisierung (Kilomba 2013: 43). Im Auslagern jener Aspekte, die die *weiße* Gesellschaft abwehrt, produziert sie das personifizierte Andere als Objekt.

> „Every time I am placed as ‚Other' – whether it is the unwelcomed ‚Other', the intrusive ‚Other', the dangerous ‚Other', the violent ‚Other', the thrilling ‚Other', whether it is the dirty ‚Other', the exciting ‚Other', the wild ‚Other', the natural ‚Other', the desirable ‚Other' or the exotic ‚Other' – I am inevitably experiencing racism, for I am being forced to become the embodiment of what the white subject does not want to be acquainted with. I become the ‚Other' of whiteness, not the self – and therefore I am being denied the right to exist as equal." (ebd.: 42)

Am Beispiel der Versklavten Anastácia, die einigen Quellen zufolge einer angolanischen Königsfamilie entstammte und nach Bahia in Brasilien verschleppt wurde, erzählt Kilomba die brutale Geschichte des Stillstellens durch das erzwungene Tragen einer Gesichtsmaske, die den versklavten Menschen angelegt wurde, um sie beim Arbeiten auf den Plantagen am Verzehr von Kakaobohnen und Rohrzucker zu hindern, aber vor allen Dingen, um sie stumm zu machen und daran zu hindern, miteinander zu kommunizieren. Diese *mask of speechlessness*, die es den Menschen auf den Plantagen unmöglich machte, sprachlich aufzubegehren, würde so zum Symbol der Verobjektivierung:

> „In this sense the mask represents colonialism as a whole. It symbolizes the sadistic politics of

conquest and its cruel regimes of silencing the so-called ‚Others': Who can speak? What happens when we speak? And what can we speak about?" (ebd.: 14)

Mit Bezug auf Frantz Fanon, Stuart Hall, bell hooks und andere postkoloniale, nicht-*weiße* Denker*innen untersucht Grada Kilomba mittels einer involvierten Methode die Kontinuitäten rassistischer Gewalt und beschreibt anhand von Alltagserfahrungen Praktiken gegen das *Othering* sowie Momente des Empowerments für das rassifizierte Subjekt. Dabei geht sie der Frage nach, wie ein Heraustreten aus der VerAnderung (*Otherness*), die eigene Dekolonisierung und innere Unabhängigkeit vom Aggressor, möglich sind. Zentral für die Durchbrechung der *colonial constellation* sei die Hinwendung zum Selbst, ausgehend von der Frage: „What did Racism do with you?" (ebd.: 150). Diese Frage erlaube es, die Aufmerksamkeit vom Unterdrücker, vom *weißen Anderen* wegzunehmen, um sich der Verarbeitung des kollektiven Traumas der Versklavung und des Kolonialismus zu widmen. Die Beschäftigung mit dem eigenen Schmerz, das Teilen traumatischer Erfahrungen mit anderen schwarzen Menschen sowie die positive Identifikation mit dem eigenen Schwarz-Sein würden zu mehr innerer Stabilität und Selbsterkenntnis führen. Dafür sei das Schreiben ein heilsamer Akt, eine Form des Widerstands gegen *Silencing* und *Othering*, also eine Strategie der Subjektwerdung: „One is the self, one is the subject, one is the describer, the author of and the authority on one's own reality. As I started this book: One becomes the subject" (ebd.: 154).

bell hooks: Den Klassenraum re/politisieren

Das Überschreiben der Geschichte, das Intervenieren in die Geschichtsschreibung, das *talking back*, die Revision des repräsentativen und diskursiven Raumes sowie eine Ethik der Liebe sind Praktiken und Strategien, die die kürzlich verstorbene Literaturwissenschaftlerin, Feministin und Aktivistin bell hooks in ihren zahlreichen Texten reflektiert. Ihre engagierte Pädagogik[7] setzt eine Re/Politisierung des Klassenraumes (gedacht als Metapher für jegliche Bildungssituation) voraus, der in der Regel kein explizit geschützter Raum ist. In diesen Klassenraum spaziert gewissermaßen die ganze Welt hinein und damit die Spuren einer kolonialrassistischen Formation auch in Bildung und Wissenschaft. Hier hat jede Person eine andere Geschichte, ein „situiertes Wissen" (Haraway 1988), ist anders positioniert, genießt unterschiedliche Privilegien und ist unterschiedlich von Diskriminierung betroffen. So spiegelt der Klassenraum konkrete gesellschaftspolitische Realität wider, wie sie sich auch außerhalb des Klassenraumes entlang einer dominanzgesellschaftlichen, zumeist westlichen, eurozentristischen, *weißen* und männlichen Ordnung strukturiert.

Dabei hat die Organisierung und Reproduktion dieser Ordnung, die sich im berühmten Kanon sowie in den institutionalisierten Lehrkulturen manifestiert, traditionellerweise den Zweck, Ungleichheitsverhältnisse im Raum aufrechtzuerhalten. So sind es meist die Mitglieder der Dominanzgesellschaft und bürgerlich sozialisierten Lernenden, deren Codes aufgerufen werden. Lehr- und Lernkulturen müssen folglich selbst als Ergebnis hegemonialer Verhältnisse betrachtet und befragt werden. Gehört eine Person etwa zur Arbeiter*innenklasse und/oder sogenannten marginalisierten Gruppe (das sind migrantisierte, rassifizierte, ältere, non-binäre Menschen oder Menschen, die be-hindert werden), deren Sprechen, Wissensformationen, Fragen, Einwände strukturell und institutionell leiser gestellt werden, so erfordert es für die Mitglieder dieser Gruppen, im Unterschied zu privilegierten Menschen, eine sehr viel größere Arbeitsleistung, um selbstbewusst zu lernen und der eigenen Lernkultur und dem eigenen Wissen zu vertrauen. Es kommt hinzu, dass der Klassenraum nicht frei von Rassismen, Sexismen und heteronormativen, patriarchalen Einschreibungen ist.

Kritische Pädagog*innen[8] haben auf die hegemonial strukturierten Un/Verhältnisse im Kontext von Bildung hingewiesen und die Wechselseitigkeit von Beziehungen für eine emanzipatorische Pädagogik unterstrichen. Diese tritt aus einer infantilisierenden Erziehungslogik heraus und rückt den tätig-schöpferischen Akt des Bildungsvorgangs sowie die Agency der Lernenden ins Zentrum. Die Basis eines jeden Bildungsprozesses wäre demnach die Beziehung zwischen den beteiligten Personen. In der Konsequenz gibt es nicht die *eine* pädagogische Methodik, die im Sinne eines Handwerkskoffers in sämtlichen Situationen angewendet werden kann. Vielmehr aktualisiert sich die konkrete Begegnung stets neu und verlangt von den Akteur*innen ein erhöhtes Maß an Achtsamkeit und Respekt. Dabei liegt es in der Verantwortung der Lehrperson, das für die spezifische Bildungssituation angemessene Setting im Sinne eines achtsamen, diskriminierungskritischen Raumes herzustellen, innerhalb dessen sich eine, wenn auch nur temporäre, Community bilden kann, die intellektuell und emotional wächst – im Sinne eines gemeinsam geteilten Wachstums, einer kontinuierlichen Teilhabe und Transformation im Wechselspiel zwischen Individuum und Gemeinschaft. Welches Handlungswissen können Lehrende verkörpern und teilen, um ein Lernen in Beziehungen zu ermöglichen? Wie können sie individuelle und gemeinschaftliche Anliegen von Lernenden zusammenführen und deren emotionales Wohlbefinden stärken, zumal die Positionen und Erfahrungen der Einzelnen sehr unterschiedlich sind? Welche Rolle kann dabei das von bell hooks vorgeschlagene Konzept einer Democratic Education spielen, auf dessen Basis sich der Klassenraum auf die reale Welt jenseits der Schule ausdehnt? Oder wie bell hooks in ihrem Buch *Teaching Community: A Pedagogy of Hope* schreibt:

> „Teachers who have a vision of democratic education assume that learning is never confined solely to an institutionalized classroom. […] [S]chooling as always a part of our real world experience, and our real life." (hooks 2003: 41)

Insgesamt ist die Lehre für bell hooks eine ganzheitliche Praxis, die im Wesentlichen mit der Haltung der Lehrperson zu tun hat, die offen, subjektiv und engagiert ist, die auf nicht-romantische Weise in Beziehung geht und die Lernenden im Sinne von *care* und *respect* liebt:

> „When as teachers we teach with love, combining care, commitment, knowledge, responsibility, respect, and trust, we are often able to enter the classroom and go straight to the heart of the matter." (ebd.: 134)

Hier kommt hooks zu ihrer Ethik der Liebe zurück, die sie in ihrem Buch *All About Love: New Visions* (2001) ausdifferenziert hat, und postuliert diese als Fundament revolutionärer Bewegungen beziehungsweise anti-rassistischer Kämpfe. Somit ist pädagogische Arbeit nach bell hooks auch eine Praxis des Widerstandes gegen Unterdrückung und kanonisiertes Herrschaftswissen. Beim Lehren und Lernen gehe es demgemäß um die Heilung jener Menschen, deren Artikulationen auf der Bühne des Welttheaters vielfach unterdrückt werden. Progressive und emanzipatorische Erziehung kümmert sich hooks zufolge systematisch um Enthierarchisierung und Verbundenheit, sie fördert das Gefühl der Zugehörigkeit: „Progressive education, education as a practice of freedom, enables us to confront feelings of loss and restore our sense of connection" (hooks 2003: XV).

Against Transformism!

Es ist gar nicht lange her, dass ich in der *Taz* einen wunderbaren Artikel der Kulturanthropologin und Migrationsforscherin Regina Römhild über *Imperiale Nostalgie* (2021) las. Ich mochte diese Begriffskombination sofort, verschiedene Situationen kamen mir in den Sinn. Als professionelle Trouble Makerin, Diversity Managerin, Critical Friend und Lecturer/Educator im universitären Kontext und Kulturbereich bin ich es gewöhnt, dominanzgesellschaftlich positionierten Menschen zu begegnen, deren Sorge es ist, dass ihr Wissen nicht mehr die einzig valide Normalität ist. Das Reklamieren von Ressourcen und Räumen innerhalb eines hegemonialen Diskursraumes durch marginalisierte Gruppen erleben diese Nostalgiker*innen, die der einstigen westlichen, *weißen* Macht und „kolonialen Moderne" (Römhild 2021) nachtrauern, als ungerechtfertigten Angriff auf ihre – wie sie glauben, ihnen zustehende – Deutungshoheit. Oft verkehren sie die Verhältnisse, klagen das Wissen der Anderen als Identitätspolitik an und inszenieren sich als die eigentlichen Opfer innerhalb einer Gesellschaft, die längst pluriversal[9] ist. Römhilds genau beobachtender Artikel zaubert mir ein Lächeln ins Gesicht. Gleichzeitig ärgert mich der Dekolonisierungshype, der von *weißen* Institutionen ausgeht, die sich das Wissen der VerAnderten einverleiben, den marginalisierten Körper gerne auf die Bühne bringen, jedoch ohne dass sich die kolonialen Logiken und Strukturen grundsätzlich ändern würden. Wie kann eine echte Dekolonisierung aussehen, die nicht Teil einer hegemonialen Strategie im Sinne eines Transformismus nach Antonio Gramsci ist, einer Kritikvereinnahmung zum Zwecke der Machterhaltung (Gramsci 1994: 1.727f.; Sternfeld 2012: 121)? Wie lassen sich die Geschichten minorisierter Gruppen auch in institutionalisierten Kunst- und Kulturräumen erzählen, ohne sie den hegemonialen Repräsentationslogiken unterzuordnen? Welche Möglichkeiten gibt es überhaupt, die Vereinnahmungstendenzen machtvoller Institutionen zu durchkreuzen? Wie können hier stattdessen antirassistische und kollaborative Praktiken entstehen, die an die sozialen Bewegungen und Kämpfe marginalisierter Gruppen angebunden sind?

Anmerkungen

1 Als ich anfing, diesen Text zu schreiben, warst Du, liebe bell hooks, noch am Leben. Nun hast Du die irdische Sphäre verlassen. Dein großherziges Schreiben und Wirken, Deine Ethik der Liebe und Widerrede werden mich und uns, die wir Dich lieben, weiter begleiten. Rest in love & power!
2 Vgl. hierzu den ebenda genannten Essay von Stuart Hall aus dem Jahre 1994 *Der Westen und der Rest: Diskurs und Macht*.
3 Hier beziehe ich mich begrifflich auf den portugiesischen Soziologen Boaventura de Sousa Santos, der das Konzept einer *Epistemologie des Südens* entwickelt hat (Santos 2007/2008, 2014).
4 Für den deutschsprachigen Kontext sei auf die migrationspädagogischen Arbeiten von Paul Mecheril verwiesen, der die Migrationspädagogik als Kritik an *Othering*-Prozessen diskutiert (Mecheril 2015/2013).
5 Zum Verhältnis zwischen Unterdrückten und Unterdrückenden siehe Freire (1970/2000).
6 Robert J. C. Young hat in *Colonial Desire* (1995/2005: 154) die Theoretiker*innen Said, Bhabha und Spivak als „Holy Trinity of colonial-discourse analysis" bezeichnet.
7 bell hooks hat drei Werke zur engagierten/emanzipatorischen Pädagogik veröffentlicht: *Teaching to Transgress: Education as the Practice of Freedom* (1994), *Teaching Community: A Pedagogy of Hope* (2003) und *Teaching Critical Thinking: Practical Wisdom* (2010). Siehe hierzu die erste und bisher einzige deutschsprachige Sekundärliteratur von Belinda Kazeem-Kamiński (2016).
8 Vgl. hierzu Nora Sternfelds Analyse zu Rancière, Gramsci und Foucault (Sternfeld 2009).
9 Zum Unterschied von *Pluriversalität* und *Pluralismus* siehe Mignolo (o.J.) und Escobar (2015).

Referenzen

Adichie, Chimamada (2009). The Danger of a Single Story. *TEDGlobal*. URL: ted.com/talks/chimamanda_ngozi_adichie_the_danger_of_a_single_story?language=de [3.1.2022]

Escobar, Arturo (2015). Commons in the Pluriverse. In David Bollier/Silke Helfrich (Hg.), *Patterns of Commoning*. The Common Strategies Group. URL: patternsofcommoning.org/commons-in-the-pluriverse/ [4.1.2022]

Fanon, Frantz (2013/2016). *Schwarze Haut, weiße Masken*. Wien: Turia + Kant.

Freire, Paulo (1970/2000). *Pedagogy of the Oppressed*. New York et al.: Continuum.

Gramsci, Antonio (1994). *Gefängnishefte*. Kritische Gesamtausg., Bd. 10/II, Hamburg: Argument.

Hall, Stuart (2004). Das Spektakel des „Anderen". In Ders. (Hg.), *Ideologie Identität Repräsentation*. Ausgewählte Schriften, Bd. 4, Hamburg: Argument, 108–166.

Hall, Stuart (1994/2012). Der Westen und der Rest. Diskurs und Macht. In Ders. (Hg.), *Rassismus und kulturelle Identität*. Ausgewählte Schriften, Bd. 2, Hamburg: Argument, 137–179.

Haraway, Donna (1988). Situated Knowledges. The Science Question in Feminism and the Privilege of Partial Perspective. *Feminist Studies, 14*, 575–599.

hooks, bell (1989/2015). *Talking Back. Thinking Feminist, Thinking Black*. New York: Routledge.

hooks, bell (1994). *Teaching to Transgress. Education as the Practice of Freedom*. New York: Routledge.

hooks, bell (2001). *All About Love. New Visions*. New York: Harper Collins.

hooks, bell (2003). *Teaching Community. A Pedagogy of Hope*. New York: Routledge.

hooks, bell (2010). *Teaching Critical Thinking. Practical Wisdom*. New York: Routledge.

Kazeem-Kamiński, Belinda (2016). *Engaged Pedagogy*. Wien: Zaglossus.

Kilomba, Grada (2013). *Plantation Memories. Episodes of Everyday Racism*. 3. Aufl. Münster: Unrast.

Kreckel, Nicole (2023). z.Zt.. In Sandra Hofhues/Konstanze Schütze (Hg.), *Doing Research*. Bielefeld: Transcript, 432–439.

Mbembe, Achille (2001). *On the Postcolony*. Berkeley et al.: University of California Press.

Mecheril, Paul (2015/2013). Kulturell-ästhetische Bildung. Migrationspädagogische Anmerkungen. *Kulturelle Bildung Online*. URL: kubi-online.de/artikel/kulturell-aesthetische-bildung-migrationspaedagogische-anmerkungen [3.1.2022]

Memmi, Albert (1974/2003). *The Colonizer and the Colonized*. 4. Aufl. London: Earthscan.

Mignolo, Walter (2012). *Epistemischer Ungehorsam. Rhetorik der Moderne, Logik der Kolonialität und Grammatik der Dekolonialität*. Wien: Turia + Kant.

Mignolo, Walter (o.D.). On Pluriversality. URL: waltermignolo.com/on-pluriversality [4.1.2022]

Quijano, Aníbal (2016). *Kolonialität der Macht, Eurozentrismus und Lateinamerika*. Wien et al.: Turia + Kant.

Römhild, Regina (2021): Vielfalt in Deutschland: Imperiale Nostalgie. Vom schwierigen Umgang weißer Männer mit den postkolonialen Realitäten im heutigen Deutschland. *Taz, 9.10.2021*. URL: taz.de/Vielfalt-in-Deutschland/!5804020/ [7.12.2021]

Said, Edward W. (2012). *Orientalismus*. 3. Aufl. Frankfurt/Main: Fischer.

Santos, Boaventura de Sousa (2007/2008). *Another Knowledge Is Possible. Beyond Northern Epistemologies*. London et al.: Verso.

Santos, Boaventura de Sousa (2014). *Epistemologies of the South. Justice Against Epistemicide*. New York: Routledge.

Spivak, Gayatri Chakravorty (1988/2008). *Can the Subaltern Speak? Postkolonialität und subalterne Artikulation*. Wien: Turia + Kant.

Sternfeld, Nora (2009). *Das pädagogische Unverhältnis. Lehren und Lernen bei Rancière, Gramsci und Foucault*. Wien: Turia + Kant.

Sternfeld, Nora (2012). Plädoyer. Um die Spielregeln spielen! Partizipation im post-repräsentativen Museum. In Susanne Gesser/Martin Handschin/Angela Jannelli/Sibylle Lichtensteiger (Hg.), *Das partizipative Museum*. Bielefeld: Transcript, 119–126.

Young, Robert J. C. (1995/2005). *Colonial Desire. Hybridity in Theory, Culture, and Race*. London et al.: Routledge et al.

AURORA RODONÒ

- LESEN
- ARCHIVARBEIT
  - Einbeziehung ALLTAGSWISSEN
- akademisches WISSEN ↔ WISSEN der Straße
- PRAXIS ↔ THEORIE
  - überblenden
  - Praxis + Aktivismus sind eine Form der THEORIEBILDUNG
- rassismuskritische FILMBILDUNG
- involviertes + engagiertes FORSCHUNG
- ANALYSE von PROZESSEN
- HISTORISIEREN
  - Von der VERGANGENHEIT lernen
- FRAGEN stellen + ZUHÖREN
- transdisziplinär
- Interkulturelle KUNST
- RASSISMUS-KRITIK
- MIGRATION
- OTHERING
- ACTIVISMUS
- POSTKOLONIALISMUS
- MACHTKRITIK
- ANTIRASSISMUS
- emanzipatorische PÄDAGOGIK
- kritische MUSEOLOGIE

u sw.   Aus der Reihe Tanzen als akademische   Valentin Dander
Performance

usw. (und so weiter) *kann als Chiffre einer unvollständigen Aufzählung gelesen werden, die auf die übrigen, nicht genannten Dinge eines (wissenschaftlichen) Textes verweist. Der Begriff des doings steht aus kulturanalytischer Sicht für eine alltägliche, routinierte Form sozialer Praxis. Im Folgenden werden verschiedene Ebenen eines doings usw. in Relation zu Aspekten von Wissen/Macht, referenziellen digitalkulturellen Praktiken und Spielräumen für postsouveräne Handlungsmacht betrachtet.*

> „,eine gewisse chinesische Enzyklopädie', in der es heißt, daß ,die Tiere sich wie folgt gruppieren: a) Tiere, die dem Kaiser gehören, […] l) und so weiter, […]'"
> (Foucault 2015: 17)

> „aber niemals passt es richtig, niemals wird es ein Ganzes"
> (Hall 2010: 169)

Der Online-Duden führt *und so weiter* und *et cetera* in seiner deutschsprachigen Bedeutungsbestimmung synonym. Die Bedeutung von *et cetera* wird aus dem Lateinischen hergeleitet und mit „und die übrigen (Dinge)" (Duden Redaktion 2021) übersetzt. In diesem Beitrag wird es demnach darum gehen, wie sich in wissenschaftlichen Textpraktiken eines *doing usw.|etc.* ein Spiel um Verweise sowie um die Un|-Sichtbarkeit und Ordnung der (nicht genannten, übrigen) Dinge entfaltet – doch dazu später mehr.

Der kulturanalytische Blick auf *doings* fokussiert der Tendenz nach alltägliche, routinisierte Formen sozialer Praxis. In der Theoretisierung wie Untersuchung präpariert er die dahinter liegende Arbeit, die kulturellen Verweise und ihren Voraussetzungsreichtum heraus, die auf aufwändige Weise die Herstellung einer Alltäglichkeit und *Normalität* erst vollziehen. Ähnlich wie Medien werden diese Formen in Momenten des Scheiterns oder der Störung sichtbar; wenn eine Praxis beispielsweise als nicht angemessen, als nicht akzeptabel oder als nicht anschlussfähig wahrgenommen wird (Hörning/Reuter 2004: 10ff.). Zugleich erweist sich soziale Praxis bei aller Routine als dynamisch, wandelbar, kontingent – als notwendigerweise in Wiederholung und Verschiebung verwobenes Tun, denn „[e]s bleiben immer auch Spielräume, dasselbe anders zu machen" (ebd.: 11).

Doings implizieren ein Tun, eine Tätigkeit, im grammatikalischen Sinne ein Verb. Welche Verben oder Verbphrasen wären einem **usw.** als zugehörig zu betrachten? Es kommen hierfür natürlich viele in Frage und die einfachste Lösung besteht darin, die Re|Produktion der (Intelligibilität der *übrigen*) Dinge in einem vorangestellten *doing* zu verdeutlichen, um die Mehrdeutigkeit darin zu umschließen: in einem *doing usw.|etc. Doing usw.|etc.* mag im Einzelnen genauso *auf etwas hin-* oder *über etwas hinausweisen* meinen, wie es für *abkürzen* stehen kann, für *sich der Unabschließbarkeit eines Textes hingeben* oder *einen Vorstellungsraum eröffnen|schließen* **usw.** Das zuletzt genannte **usw.** kann an dieser Stelle als Chiffre für eine notwendigerweise unvollständige Aufzählung gelesen werden. Zugleich deutet sich darin bereits die Unabschließbarkeit des vorliegenden Textes an: Eine erschöpfende Bearbeitung des Gegenstandes wird darin nicht zu finden sein. Verschiedene Ebenen des *doing usw.|etc.* werden im Folgenden in Relation zu Aspekten von Wissen/Macht, referenziellen digitalkulturellen Praktiken und Spielräumen für postsouveräne Handlungsmacht aufgefaltet und nachvollzogen.

Doing Deixis und Textökonomie

Bilden Einleitung und Forschungsstand sowie Ausblick und Forschungsdesiderata in wissenschaftlichen Textgenres gewöhnlich die Klammer, die vergangene und zukünftige Anschlüsse transparent macht (oder normativ: machen soll), lässt sich das **usw.** im Kleinen in ähnlicher, hinweisender Funktion als multifunktionaler Kopplungspunkt denken. Eben das bezeichnet *Deixis* in der Sprachwissenschaft, nämlich den „Vorgang des Hinweisens" (Homberger 2003: 97). Es lässt sich vor diesem Hintergrund eine Stelle in Texten benennen, an der ein **usw.** selten stehen wird: am Anfang eines Satzes oder Textes. Auch aus diesem Grund liest sich ein **usw.** kaum jemals in Großschreibung. **Usw.** verweist also auf Vorhergehendes und knüpft daran an – worauf sonst bezöge sich das *und*? Worauf bezöge sich dann das *so*? Wie also wäre ein *weiter* zu denken, das einen bisherigen Verlauf, eine Linie, einen Gedanken, eine Aufzählung auf bestimmte oder unbestimmte Weise fortsetzen, eben *weiter*führen soll?

Das **usw.**, *etc.* oder ein schlichtes ... können demnach auf bereits ausführlich (oder *vollständig*) Gesagtes, wie etwa eine zuvor vorgenommene Aufzählung, verweisen. Sie fungieren hierbei als textimmanente Wiederholungszeichen. Autor:innen können somit Redundanzen vermeiden, den Textrahmen ökonomisch nutzen und mit Neuem an Bekanntes anschließen. Um möglichst eindeutig zu markieren, woran angeknüpft wird, welche Reihen wiederholt oder welche Wissensordnungen erneut aufgerufen werden, reicht das nackte Funktionszeichen **usw.** jedoch nicht aus; zumindest der Beginn der Reihe wird als Marker, als Teil benötigt, der metonymisch (*pars-pro-toto*) den Verweis auf das *Ganze* (die Reihe) einleitet.

377

In formalisierten Situationen und durchnummerierten Reihen leiten Regeln zur präzisen Verlängerung der Reihe an: Ein Beispiel wäre, wie unten zu sehen, die Notation einer logischen, berechenbaren Reihe. Die konkrete Aufzählung der Reihe weist zwar in Form der drei Punkte – ganz wie mit einem usw. – über das Gesagte hinaus. Die Reihe ist jedoch anhand der mathematischen Notation determiniert und lässt somit, nach dem Modell der Rechenoperationen einer Universalmaschine (Warnke 1997), wenig Interpretationsspielraum (Wikipedia 2021):

$$S = \sum_{n=0}^{\infty} \frac{1}{2^n} = 1 + \frac{1}{2} + \frac{1}{4} + \frac{1}{8} + \frac{1}{16} + \cdots$$

Ein weiteres Beispiel wäre das *f.* in Seitenangaben wissenschaftlicher Texte, als ein eindeutiges *+1*. Als **ff.** (siehe Leeker 2023) wird diese Angabe wieder uneindeutig, da das Ende der Reihe nicht bestimmt wird, obwohl eine unendliche Reihe kaum denkbar erscheint. Ein drittes und letztes Beispiel weist in seiner Komplexität bereits über die Formalisierbarkeit von Ordinal-, Intervall- oder Verhältnisskalen hinaus (Hussy/Schreier/Echterhoff 2010: 65): Eine Erstautor:in oder -herausgeber:in wird als Erste:r genannt, die anderen folgen oder werden durch ein **et al.** ersetzt (siehe Terhart 2023; Banaji 2023). Die Position einzelner Elemente in der Reihe ist als bedeutungstragend konventionalisiert und verweist an dieser Stelle üblicherweise auf eine besonders relevante Rolle der Erstgenannten im Forschungs- oder Textproduktionsprozess. In Fällen einer willkürlichen oder rein alphabetischen Reihung, etwa bei äquivalenten Rollen in der Textproduktion, scheitert dieses Ordnungsprinzip jedoch und lädt zu Fehldeutungen ein. Es muss doch das Differenzieren zwischen Nennung und Abkürzung zumindest einem der Elemente der Reihe (also eine:r Autor:in) eine vorrangige Sichtbarkeit eingeräumt werden.

Mitunter wird zum Ausgleich von Ungleichheiten in der Sprache in – wenn auch seltener wissenschaftlichen – Texten ein Rotationsprinzip angewandt, etwa im Umgang mit vergeschlechtlichten Ausdrücken durch den Wechsel von generischem Femininum und Maskulinum. In wissenschaftlichen Textformen würde die Rotation erstgenannter Autor:innen einen erheblichen Bruch mit routinisierten Zitationsformen bedeuten, da beispielsweise ein Kurzbeleg vereindeutigend auf einen bibliografischen Eintrag im Literaturverzeichnis, auf diesen Text selbst und die Nennung der Autor:innen wie dort angegeben verweisen soll. Daher würde das Rotationsprinzip zumindest für einige Verwirrung in Lektüren sorgen. Umso mehr stellt sich die Frage der Selektion und Sichtbarkeit, wenn Reihen oder Aufzählungen in nicht-formalisierten, unregulierten Kontexten eingesetzt werden.

Doing Status und Un|Sichtbarkeit

Insbesondere wenn keine Wiederholung vorliegt oder die Extrapolation einer Reihe oder Aufzählung nicht möglich ist – wie im Fall einer Reihe nach dem Schema einer Nominalskala (Hussy/Schreier/Echterhoff 2010: 65) –, tritt ein weiterer Aspekt des *doing usw.|etc.* auf den Plan, der mit den folgenden Fragen adressiert werden könnte: Wie wird ausgewählt? Welche Elemente werden (an welcher Stelle) genannt? Welche Elemente verschwinden hinter einem usw. und welche werden in den Bereich des Sichtbaren gehoben? Welche Wissensordnungen werden durch die Trennlinie zwischen den genannten und den *übrigen* Dingen produziert? Mit welchen Machteffekten gehen diese für wen einher? In solchen Fällen reicht der Verweis über den vorliegenden Text hinaus: etwa auf vermeintliche Gemeinplätze, auf einen Raum der Imagination der Leser:innen oder auf Unbestimmtes/-bares – bis hin zu einem mehr oder minder stillschweigenden Kaschieren von Nicht-Wissen. Wird das usw. zu einem *usw. usf.* oder auch das *etc.* zu einem *etc. pp.* erweitert, markieren sie eine gewisse Ungeduld oder gar Langeweile, wie sie im Wortsinn des *pp. (perge perge!,* lat. für *fahre fort, fahre fort!)* zum Ausdruck kommt. Dadurch dass diese Wendungen eher in mündlichen Kontexten Anwendung finden, entfaltet der zunächst an sich selbst gerichtete Imperativ des Fortfahrens umso größere Wirkung. Es müsse nicht erst ausgeführt werden, was allen anwesenden Diskursbeteiligten offenkundig zu sein habe.

Wird etwa im deutschsprachigen medienpädagogischen Feld auf eines der zentralen Konzepte und seine prominenteste Modellierung verwiesen — *Medienkompetenz* (Baacke 1996) – so mag es ausreichen, die vier Dimensionen von Medienkompetenz in diesem Überbegriff eingeschlossen zu denken. Auch wäre denkbar, *Medienkritik usw.* zu schreiben, da davon ausgegangen werden könne, dass die Kenntnis der anderen drei Dimensionen – Medienkunde, Mediennutzung, Mediengestaltung – beim Fachpublikum vorausgesetzt werden dürfen. Eine solche Vorgehensweise stärkt tendenziell die Kompliz:innenschaft zwischen den Autor:innen und einer fachkundigen Leser:innenschaft. *Man versteht sich....* Es wird hierdurch ein *Wir* hergestellt oder gestärkt, das notwendig eine Trennlinie gegenüber jenen erzeugt, die dieser Gemeinschaft des Wissens (noch) nicht zugehörig sind, gegenüber den *Anderen*. Eine solche Trennlinie wird insbesondere zwischen den Sub-/Disziplinen re-/produziert und markiert gleichzeitig Differenzen zu und Normalitäts-Setzungen gegenüber anderen Traditionslinien (der medienpädagogischen Theoriebildung) oder auch sogenannten *Statusgruppen* (ab wann dürfte ein solches kanonisiertes Wissen etwa bei Studierenden vorausgesetzt werden?). Die Hermetik der Barrikaden eines *Man versteht sich...* verstärkt sich darüber hinaus mit Blick auf die Zugänglichkeit für ein nicht-akademisches Publikum.

Es stehen sich demnach verschiedene Funktionen der Referentialität eines *doing usw.|etc.* entgegen: Innovativität und Tiefgang durch den beiläufigen Verweis auf *Bekanntes* einerseits; Inklusivität und Barrierefreiheit im umfassenden Sinne andererseits. Im Ausbalancieren beider Funktionen entfaltet sich potenziell ein machtvolles Statusspiel um Zu-Wissendes sowie die unkommentierte Setzung von Wissensordnungen und -hierarchien. Gleichzeitig erzeugt die Auswahl, wer/was genannt und wer/was nicht genannt wird, Sichtbarkeiten und Unsichtbarkeiten. Geht es etwa um die Nennung von gesellschaftlichen Unterdrückungsformen, wird eine machtdurchdrungene „Ordnung der [übrigen] Dinge" (Foucault 2015) im *doing* hervorgebracht (näher dazu im nächsten Abschnitt). Die Aufzählung nach Nennung eines abstrakten Überbegriffs – *gesellschaftliche Unterdrückungsformen* – nicht auszuführen, erweist sich dann als genauso problematisch wie die explizite Nennung des einen ohne den anderen -ismus, der einen ohne die andere -phobie. Selbst der Versuch einer vollständigen Aufzählung liefe dem Denken identitätskritischer Theorien zuwider (Jagose 2001: 18; Hall 2010: 168ff.) – und müsste sich zudem dem Problem der Reihenfolge stellen. „[N]iemals passt es richtig, niemals wird es ein Ganzes" (Hall 2010: 169). Was Stuart Hall hiermit diskurstheoretisch grundiert zum Prozess der Identifikation beschreibt, lässt sich auf Arbeit an Wissensordnungen (Begriffe/Konzepte, Aufzählungen/Reihen, Modelle usw.) übertragen. Sie „erfordert das was ausgelassen wird, sein konstitutiv Äußeres", ohne damit je der Überdeterminierung und dem ‚‚Spiel' der différance" *Herr* werden zu können. Sie „gehorcht der Logik des mehr-als-eins" (ebd.). Transparenz und Begründung der vorgenommenen Setzungen durch explizierende, verständigungsorientierte Meta-Kommunikation bleibt ein vorläufiger, tentativer Lösungsweg. Ein unkommentiertes usw. oder *etc.* hingegen trüge aufgrund seiner Ambivalenzen zur Verschleierung eines solchen Wissen/Macht-Komplexes bei.

Doing Un|Ordnung, Unabschließbarkeit usw.

Das diesem Text vorangestellte Zitat aus Foucaults *Die Ordnung der Dinge* (2015: 17) – es handelt sich um einen Auszug aus *Die analytische Sprache des John Wilkins* von Jose Luis Borges (1937), der in dessen Text einem Franz Kuhn zugeschrieben wird und sich auf „eine gewisse chinesische Enzyklopädie" bezieht – wird nicht nur bei Foucault selbst, sondern auch an vielen späteren Stellen als Beispiel dafür angeführt, wie unterschiedlich Weltaufordnung gestaltet werden kann. Allerdings endet die Aufzählung im Zitat nicht auf usw. (dies taucht unüblicherweise an *l*-ter Stelle von *n* Elementen auf), sondern wird sprachlich als abgeschlossen präsentiert. Vollständig liest sich die Passage wie folgt:

„a) Tiere, die dem Kaiser gehören, b) einbalsamierte Tiere, c) gezähmte, d) Milchschweine, e) Sirenen, f) Fabeltiere, g) herrenlose Hunde, h) in diese Gruppierung gehörige, i) die sich wie Tolle gebärden, k) die mit einem ganz feinen Pinsel aus Kamelhaar gezeichnet sind, l) und so weiter, m) die den Wasserkrug zerbrochen haben, n) die von weitem wie Fliegen aussehen." (ebd.)

Foucault reflektiert über diese Aufzählung als Form der Weltaufordnung im Vorwort zu *Die Ordnung der Dinge* und verortet darin den „Zauber eines anderen Denkens", an welchem zugleich „die Grenze unseres Denkens" sichtbar werde, nämlich in der „Unmöglichkeit, *das* zu denken" (ebd.). Die Aufzählung steht Borges' Argumentation Patin für die anteilige Willkür, die auch den systematischsten Versuchen der Aufordnung der Dinge durch Sprache und ihrem Vollständigkeitsanspruch innewohnt (Borges 1937). Bezieht sich die Aufzählung bei Borges insbesondere auf analytische Sprachkonzepte und etwa das Chaos im Kategoriensystem des Bibliografischen Instituts in Brüssel, lässt sie im Allgemeinen skeptisch werden, was eine vermeintliche Abschließbarkeit von Aufzählungen betrifft: „it is clear that there is no classification of the Universe not being arbitrary and full of conjectures" (ebd.). Die Ebene der *Ordnung der Dinge*, die Foucault in seiner frühen Studie in den 1960er Jahren interessiert, wird von ihm zwischen „dem bereits kodierten Blick und der reflektierten Erkenntnis" als „Mittelgebiet" lokalisiert. Er skizziert dieses „als den Worten vorangehend, vor den Perzeptionen und den Gesten liegend […]. [D]ie nackte Erfahrung der Ordnung und ihrer Seinsweise" (Foucault 2015: 23f). Wenngleich Foucault bereits damals an dem Borges-Zitat die subversive und de(kon)struktive Potenzialität heterotopischer Wissensräume markiert, wurde dieser frühen Arbeit ihr strukturalistisches Vorgehen vorgeworfen, insofern ein derart mächtiges symbolisch-diskursives *a priori* den Subjekten jegliche Handlungsfähigkeit abspreche (Habermas 1985: 346). Foucault selbst wie auch zahlreiche andere Autor:innen haben sich nachfolgend an der Möglichkeit subjektiver (und kollektiver), postsouveräner Handlungsfähigkeit abgearbeitet. Besonders deutlich tritt dieser Aspekt bei Broder/Mecheril (2010: 16f.) in Auseinandersetzung mit rassistischen Ordnungen hervor:

> „Auch, wenn soziale Ordnungen in dem hier skizzierten Sinne bedeutsame Rahmungen und Bedingungen von Handlungen und Selbstverständnissen darstellen, so sind Menschen keine ‚Deppen der Ordnungen'. Sie sind grundsätzlich in der Lage, sich zu den Ordnungen zu verhalten, die Wirkung dieser Ordnungen zu suspendieren. Ordnungen unterliegen Wandlungen, nicht zuletzt aufgrund der Kämpfe, die um sie (und in ihnen) geführt werden, sie verschieben sich und sind verschiebbar." (ebd.)

Diese Aussage lässt sich sowohl auf die Rolle wissenschaftlicher Autor:innen wie auch auf alle Lesenden wissenschaftlicher Texte beziehen. Das bedeutet auch, die eigene Verstrickung mit diesen Ordnungen zu reflektieren und wissenschaftliche *doings* als „Arbeit an unserem Selbst" zu begreifen, wie Julia Prager (2013: 13) in ihrer Arbeit über kulturwissenschaftliche Handlungsfähigkeit herausstellt – insofern diese *doings* als gesellschaftlich relevante Formen des politischen und demokratischen Beitrags verstanden werden können. Eng verbunden sei diese *Arbeit* mit einer *Abkehr von Souveränität* (Was ist das, *eine Autor:in?*) und einem Umgang mit *Nicht-Wissen*, gerade auch in einer allgemeinöffentlichen Wissenschaftskommunikation (ebd.: 223), die sich als *(Nicht-)Wissenschaftskommunikation* gegen ihre eigene begriffliche Zuschreibung sträube. Im besten Fall verstehe sich ein *doing usw./etc.* als ein ausgestreckter Arm zur Leser:innenschaft, als Einladung zur Kompliz:innenschaft im gemeinsamen Ausloten und Entdecken eines bislang Ungewussten, Unbestimmten, noch zu Erfindenden. Der Modus einer so gearteten, ein Urteil aussetzenden Kritik wäre demnach insofern poststrukturalistisch, „als sie [die Kritik; V.D.] über sich selbst hinausgeht und dem Wissen, das sich als Erkenntnis gibt, sein Nicht-Wissen entgegenstellt" (ebd.: 16).

Doing Referenzialität, openness und Digitalität

Wie bereits erwähnt erweist sich Wissenschaft mitunter als elitär, ihre Sprache(n) als voraussetzungsvoll: Wer ist mit allen referenzierten Texten in Texten vertraut? Gar mit allen Verweisen zweiter Ordnung, also den Referenzen in referenzierten Texten, Verweisen dritter Ordnung usw. (Achtung: logische, infinite Reihe!) – und wer würde sie auf dieselbe Weise deuten? Notwendig haben wir es hierbei mit ausfransenden Rändern, offenen Enden, ungewissen Anschlüssen, also mit *doing usw./etc.* zu tun. Wer sich bereits prokrastinierend oder zu anderer Gelegenheit lesend von Wikipedia-Artikel zu Wikipedia-Artikel geklickt hat, wird eine gewisse Strukturähnlichkeit zu dem erkennen, was etwa in der Literaturrecherche als *Schneeballmethode* bezeichnet wird: ein an Quellen und an den Quellen in Quellen Entlanglesen.[1] Hyperlinks als Querverweise, wie in der Online-Enzyklopädie Wikipedia, rücken Referenzen dabei deutlich näher an den unmittelbaren Akt des Lesens und können ein *usw.* inhaltlich anreichern, enge Textrahmen hintertreiben oder abweichende *Weiter*führungen anlegen. Solche Hyperlinks sind nur eines von zahlreichen Beispielen für referenzielle, (post)digitale Kulturen der Gegenwart. Felix Stalder (2016: 96ff.) fasst Referenzialität, neben Gemeinschaftlichkeit und Algorithmizität, als einen von drei Aspekten einer Kultur der Digitalität. Als Techniken hierfür nennt er beispielhaft: „Remix, Remake, […] Sampling, Mem, […] Zitat, […] Mashup, transformative Nutzung und so weiter" (ebd.: 97). All diese Techniken eint, dass sie der Idee eines Geniekults kultureller Produktion und der damit verbundenen Figur des schöpferischen Künstlers (seltener der Künstlerin) entgegenstehen. Stattdessen rücken sie die Relationalität und Prozessualität kultureller Praktiken in den Vordergrund. Stalder betont bei diesen Verfahren zwei Eigenschaften – Quellenangaben und freie Nutzungsformen – und führt daran gebundene Bedingungen an: (ökonomische und organisatorische) Zugänglichkeit, (kulturelle) Akzeptiertheit und (technisch-materielle) Veränderbarkeit (ebd.: 100). Praktiken des Zitierens und Referenzierens sind fundamental für eine wissenschaftliche Textproduktion. Von den genannten referenziellen, kulturellen Techniken der Digitalität unterscheiden sich deren dominante, institutionalisierte Formen durch die Schriftzentriertheit und daher Linearität, ihr Verhaftet-Sein an aufklärerische Autor:innenkonzeptionen und, eng damit verbunden, der Urheber:innenschaft[2] sowie Fixierung von finalen Textversionen – wenn etwa bei Zeitschriftenartikeln das finale Publikationsdatum mitunter exakt nach Schema *TT-MM-JJJJ* genannt wird, um in Abgrenzung von Pre-Prints oder anderen Versionen die eine *vollendete*, zitierfähige Fassung eindeutig zu autorisieren. Schließlich ist in der wissenschaftlichen Publikationspraxis teilweise eine *Un*kultur des Scheiterns auszumachen, die positive Ergebnisse (etwa im Sinne von bestätigten Korrelationen) in den Vordergrund stellt und gescheiterte Versuche gar nicht erst in den Bereich des Sichtbaren eintreten lässt (Taubert/Weingart 2017: 24). Würden dementgegen Aspekte einer Kultur der digitalen Referenzialität stärker in wissenschaftliche Praxis einbezogen, könnten Praktiken der Aneignung, ein *permanent beta*, das Tentative und *Versuchs*weise gestärkt werden. Noch in der Logik herkömmlicher Textgenres gedacht, lassen sich hierdurch Parallelen zwischen Essay und Hypertext benennen:

> „Der Essay […] hat viele Ähnlichkeiten mit den Prinzipien des Hypertexts: Arbeit mit Fragmenten, Revolte gegen geschlossene Systeme, Konstruktion von Begrifflichkeiten als ‚Work in progress' […], anstößige Übergänge […], Querverbindung der Elemente statt linearer diskursiver Ordnung […]." (Idensen 1997: 161)

In digitalen Wissenschaftspraktiken entsprechen dem Essay die multimodalen Textformate auf Blogs, Twitter, YouTube und anderen Plattformen. Hiermit verbundenen Potenzialen eines *Opening Science* (Bartling/Friesike, 2014a) steht ein institutionalisierter Rahmen akademischer Wissensproduktion und -distribution meist entgegen: prä-definierte Textgenres, Publikationsmetriken und -märkte, restriktive Lizenzierung, Identifizierbarkeit von Autor:innenschaft *etc. pp*. Hegemonial werden gerade jene Anteile digitaler Kulturen in den Wissenschaftsbetrieb einbezogen, die die genannten Aspekte verstärken: Plattformkapitalismus in Form großer Plattformen von Verlagshäusern, automatisierte Bibliometrie, technische und juristische Schutzmaßnahmen gegen Copyright-Vergehen usw. (Rummler 2020; Rack 2023).

Auf diese Weise erhält ein übertragenes usw. geradezu bedrohlichen Charakter, wenn Verwertungslogiken einer kapitalistischen Gesellschaft auf restriktive Weise Freiheitsgrade einer techno-kulturellen Ermöglichungsstruktur wie dem Internet umhegen – ganz im Sinne eines *more of the same*. Auf digitaltechnischer und kultureller Ebene lässt sich im Anschluss an den Aspekt der Algorithmizität bei Stalder (2016: 164ff.) auf die automatisierte Ordnung der (digitalen, unstrukturierten) Dinge überleiten, die einerseits verspricht, große Datenmengen überhaupt für Menschen aufzubereiten und, mitunter personalisiert, erfassbar zu machen (ebd: 182;189). Andererseits werden Nutzer:innen tendenziell behavioristisch verkürzt modelliert, wie etwa in Learning-Analytics-Anwendungen oder durch automatisierte Auswertung diskriminiert (Selwyn 2019: 13f.; Allert 2020: 27f.). Erneut erhält das usw. einen hoch problematischen Beigeschmack, wenn etwa gesellschaftliche Ungleichheiten algorithmische Systeme prägen, sodass diese Systeme Ungleichheiten prognostisch und produktiv in die Zukunft verlängern. Doch auch hier gilt, mit Broden/Mecheril (2010: 16), dass diese Institutionen, Systeme und Ordnungen, diese Strukturen eines *usw.|etc.* nicht allmächtig, sondern fehleranfällig, porös und veränderbar sind: „Menschen [sind] keine ‚Deppen der Ordnungen'".

un|doing usw.|etc.

Der vorliegende Text darf als (Selbst-)Ermutigung gelesen werden, den fundamentalen Verweischarakter von Kultur in der Wissenschaft ernst zu nehmen, sprachlich-mediale Formen wissenschaftlichen Schreib-Denkens machtkritisch zu reflektieren oder mit Foucault heterotopisch zu hintertreiben – und, mit Deleuze/Guattari (2006: 27), in einem experimentellen, rhizomorphen Tun an den Mauern um die Gärten wissenschaftlicher Erkenntnisprozesse zu kratzen:

> „Ein kräftiger Strang verselbständigt sich, eine halluzinatorische Wahrnehmung, eine Synästhesie, eine perverse Mutation, ein Zusammenspiel von Bildern reißt sich los, und schon ist die Vorherrschaft des Signifikanten in Frage gestellt. Die Semiotik der Gesten, der Mimik, des Spiels etc. gewinnt bei Kindern ihre Freiheit zurück und löst sich von der ‚Kopie', das heißt, von der beherrschenden Sprachkompetenz des Lehrers." (Ebd.)

Auf diese Weise brächte eine kollektive Praxis des *un|doing usw.|etc.* andere Formen eines *doing usw.|etc.* hervor, sodass ein zukünftiger Beitrag darüber…

„{Hier bricht das Ms. ab}" (Engels zit. in Marx 1894: 893).

Anmerkungen

1 Das nicht absehbare Ende einer solchen Methode verweist auf die hinkende Metaphorik des Ausdrucks *Quellen*. In dieser Hinsicht scheinen *Schneebälle* dem zirkulierenden Wissen in seiner Dynamik und ganz ohne Ursprungsimplikationen wesentlich angemessener zu sein.

2 Dass die Konzeption von Stalders *Kultur der Digitalität* (2016) sicherlich nicht auf das ganze Internet anzuwenden ist, sondern sich auf die *doings* in bestimmten Anteilen desselben bezieht, verdeutlichen die heftigen Debatten um das Urheberrecht und die damit einhergehenden rechtlichen Rahmenziehungen, die zumeist den Schutz sogenannten *geistigen Eigentums* absichern, während lediglich einige einschränkende Bedingungen zum Schutz referenzieller, kultureller Praktiken der Digitalität formuliert werden (Europäisches Parlament/Rat der Europäischen Union 2019).

Referenzen

Allert, Heidrun (2020). Algorithmen und Ungleichheit. *merz – medien+erziehung, 03*, 26–32.

Baacke, Dieter (1996). Medienkompetenz. Begrifflichkeit und sozialer Wandel. In Antje von Rein (Hg.), *Medienkompetenz als Schlüsselbegriff*. Bad Heilbrunn: Julius Klinkhardt, 112–124.

Banaji, Shakuntala (2023). et al. In Sandra Hofhues/Konstanze Schütze (Hg.), *Doing Research*. Bielefeld: Transcript, 208–215.

Bartling, Sönke/Friesike, Sascha (Hg.) (2014a). *Opening Science. The Evolving Guide on How the Web is Changing Research, Collaboration and Scholarly Publishing*. SpringerOpen.

Bartling, Sönke/Friesike, Sascha (2014b). Towards Another Scientific Revolution. In Dies. (Hg.), *Opening Science. The Evolving Guide on How the Web is Changing Research, Collaboration and Scholarly Publishing*. SpringerOpen, 3–15.

Borges, Jose L. (1937). The Analytical Language of John Wilkins. In Ders. (Hg.), *Other inquisitions 1937–1952*. Bd. 1952. Texas: University of Texas Press, 101–105.

Broden, Anne/Mecheril, Paul (2010). Rassismus bildet. Einleitende Bemerkungen. In Dies. (Hg.), *Rassismus bildet. Bildungswissenschaftliche Beiträge zu Normalisierung und Subjektivierung in der Migrationsgesellschaft*. Bielefeld: Transcript, 7–23.

Deleuze, Gilles/Guattari, Félix (2006). *Tausend Plateaus. Kapitalismus und Schizophrenie*. 6. Aufl. Berlin: Merve.

Duden Redaktion (2021). Et cetera | Rechtschreibung, Bedeutung, Definition, Herkunft. URL: duden.de/rechtschreibung/et_cetera [14.09.2021]

Europäisches Parlament/Rat der Europäischen Union (2019). Richtlinie (EU) 2019/790 über das Urheberrecht und die verwandten Schutzrechte im digitalen Binnenmarkt und zur Änderung der Richtlinien 96/9/EG und 2001/29/EG. URL: kurzelinks.de/0uqw [14.09.2021]

Foucault, Michel (2015). *Die Ordnung der Dinge. Eine Archäologie der Humanwissenschaften*. 23. Aufl. Berlin: Suhrkamp.

Habermas, Jürgen (1985). Ein anderer Ausweg aus der Subjektphilosophie. Kommunikative vs. Subjektzentrierte Vernunft. In Ders. (Hg.), *Der philosophische Diskurs der Moderne. Zwölf Vorlesungen*. 1. Aufl. Berlin: Suhrkamp, 344–379.

Hall, Stuart (1996/2010). Wer braucht „Identität"? In Juha Koivisto/Andreas Merkens (Hg.), *Ideologie, Identität, Repräsentation*. 3. Aufl. Hamburg: Argument Verlag, 167–187.

Homberger, Dietrich (2003). *Sachwörterbuch zur Sprachwissenschaft*. Ditzingen: Reclam.

Hörning, Karl H./Reuter, Julia (2004). Doing Culture. Kultur als Praxis. In Dies. (Hg.), *Doing culture. Neue Positionen zum Verhältnis von Kultur und sozialer Praxis*. Bielefeld: Transcript, 9–15.

Hussy, Walter/Schreier, Margrit/Echterhoff, Gerald (2010). *Forschungsmethoden in Psychologie und Sozialwissenschaften für Bachelor*. Berlin et al.: Springer.

Idensen, Heiko (1997). Hypertext. Fröhliche Wissenschaft? In Martin Warnke/Wolfgang Coy/Georg Christoph Tholen (Hrsg.), *HyperKult. Geschichte, Theorie und Kontext digitaler Medien* (S. 151–190). Stroemfeld.

Jagose, Annamarie (2001). *Queer Theory. Eine Einführung*. Querverlag.

Leeker, Martina (2023). ff. In Sandra Hofhues/Konstanze Schütze (Hg.), *Doing Research*. Bielefeld: Transcript, 224–237.

Marx, Karl (1894). *Das Kapital. Kritik der politischen Ökonomie. Dritter Band. Buch III: Der Gesamtprozeß der kapitalistischen Produktion*. Berlin: Karl Dietz.

Prager, Julia (2013). *Frames of Critique. Kulturwissenschaftliche Handlungsfähigkeit „nach" Judith Butler*. Baden-Baden: Nomos.

Rack, Fabian (2023). CC. In Sandra Hofhues/Konstanze Schütze (Hg.), *Doing Research*. Bielefeld: Transcript, 154–161.

Rummler, Klaus (2020). Die Dialektik des Publizierens in der akademischen Kulturindustrie im Zeitalter der Digitalisierung. In Valentin Dander/Patrick Bettinger/Estella Ferraro/Christian Leineweber/Klaus Rummler (Hg.), *Digitalisierung – Subjekt – Bildung. Kritische Betrachtungen der digitalen Transformation*. Opladen: Budrich, 251–272.

Selwyn, Neil (2019). What's the Problem with Learning Analytics? *Journal of Learning Analytics, 6*(3), 11–19.

Stalder, Felix (2016). *Kultur der Digitalität*. Berlin: Suhrkamp.

Taubert, Niels C./Weingart, Peter (2017). Changes in Scientific Publishing. A Heuristic for Analysis. In Dies. (Hg.), *The Future of Scholarly Publishing. Open Access and the Economics of Digitisation*. Kapstadt: African Minds, 1–33.

Terhart, Henrike (2023). et al. In Sandra Hofhues/Konstanze Schütze (Hg.), *Doing Research*. Bielefeld: Transcript, 216–223.

Warnke, Martin (1997). Das Medium in Turings Maschine. In Martin Warnke/Wolfgang Coy/Georg C. Tholen (Hg.), *HyperKult. Geschichte, Theorie und Kontext digitaler Medien*. Frankfurt/Main et al.: Stroemfeld, 69–82.

Wikipedia (2021). Reihe (Mathematik). URL: kurzelinks.de/ygys [14.09.2021]

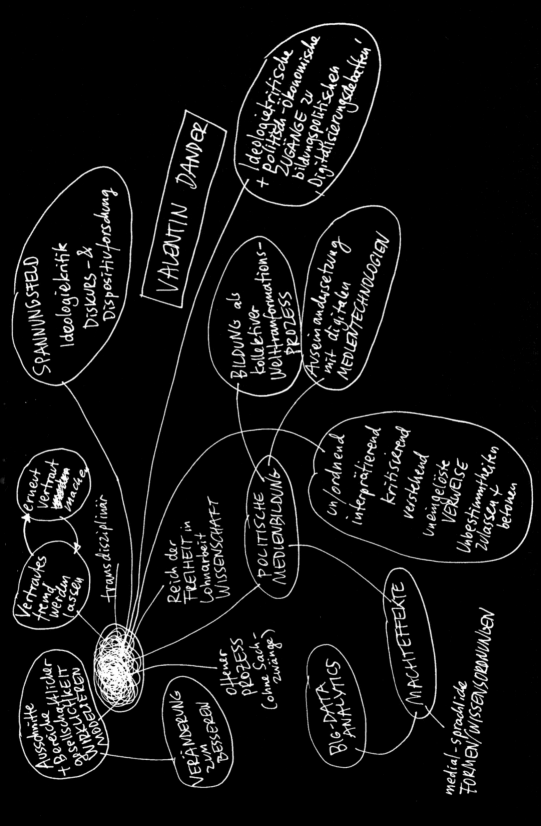

Verf. Texte schreiben, autorisieren, bewerten

Julia Reuter, Oliver Berli

Die Werke der Kunst und die Texte der Wissenschaft haben etwas gemeinsam: Sie sind das Ergebnis von arbeitsteiligen, materialen Prozessen, an denen **Verf. (Verfasser*innen)** *und zahlreiche andere Akteur*innen beteiligt sind. Besonders in Feldern, in denen geteilte Autor*innenschaft die Regel ist, ergeben sich interessante Fragen: Haben alle, die als Verfasser*innen sichtbar sind, zum Produkt beigetragen und was gilt überhaupt als echter Beitrag? In welcher Reihung werden sie genannt? Und wer oder was hat beigetragen, ohne genannt zu werden? Fragen, die sich vor dem Hintergrund eines akademischen Kapitalismus in bemerkenswerter Weise zuspitzen.*

– Die Abgabe rückt näher, aber so richtig zufrieden bin ich mit unserem Manuskript noch nicht. Vielleicht sollten wir die Gelegenheit nutzen und die Form etwas aufbrechen. Was meinst du?
– Eine gute Idee! Einem Essay zu unserem Stichwort stünde es bestimmt gut zu Gesicht, unsere eigene Praxis, das Verfassen eines Textes zum Thema **Verf.**, sichtbar zu machen und damit zu spielen, wer oder was eigentlich **Verf.** ist. Abgesehen davon sind wir uns bislang ja nicht in allen Punkten einig geworden. Wohldosierte Mehrstimmigkeit könnte uns hier weiterhelfen.
– Zumindest teilen wir die Annahme, dass Wissenschaft mehr ist als eine nicht-alltägliche theoretische Einstellung. Sie ist vor allem auch eine alltägliche Praxis. Dies betrifft neben allen Verfahren des Generierens und Bearbeitens von Daten ebenso das Verfassen von Texten. Letzterem kommt als zentraler Kommunikationsform der Wissenschaft Bedeutung zu; aber es ist auch zunehmend ein Indikator wissenschaftlicher Produktivität.
– Darauf können wir uns schnell einigen, andernfalls wären wir in einem Band mit dem Titel *Doing Research* auch irgendwie fehlplatziert.

In einer ersten Annäherung lässt sich die Frage, für was die Abkürzung **Verf.** steht, mit einem Blick in den Duden beantworten. Auf diese Weise lernen wir: Als Begriff bezeichnet der Verfasser oder die Verfasserin jene „Person, die einen Text verfasst [hat]" (Duden o.D.), und kann synonym mit Autor oder Autorin verwendet werden. Diese banal anmutende Definition hat einen soziologischen Kern, der sich im Vergleich mit anderen sozialen Welten erschließt: So besteht beispielsweise in der Kunst eine enge Verbindung zwischen der Selbst- und Fremdwahrnehmung als Künstler*in und der Produktion von als künstlerisch anerkannten Werken. Genauer gesagt sind es bestimmte Aufgaben, wie die Konzeption eines ausstellbaren Objekts, die als künstlerisch gelten. Diese Verbindung ist historisch variabel. Gleiches gilt für Autor*innenschaft im wissenschaftlichen Feld (siehe **Erstausg.**, Hahn 2023). Als geübte Leser*innen erwarten wir, dass wissenschaftliche Texte von einer Person oder einer Personengruppe verfasst wurden. Denn diese Texte – dies gilt für alle erdenklichen Formate – markieren typischerweise ihre Verfasser*innen. Ihre Namen finden sich auf Umschlägen von Monografien, auf Gutachten, unter den Titeln von Aufsätzen und Rezensionen oder Beiträgen auf wissenschaftlichen Weblogs.

Kollektive Arbeit

Auch wenn das Schreiben zum Teil als vereinzelnde oder individualisierende Praxis erlebt wird und (wissenschaftliche) Texte mit großer Selbstverständlichkeit einzelnen Verfasser*innen zugerechnet werden, sind diese stets als Produkte eines kollektiven Arbeitsprozesses zu verstehen. Diese Perspektive lässt sich über den bereits erwähnten Vergleich zu Kunstwerken eröffnen: Vom Gedicht bis zum Kinofilm lassen sich diese stets als Produkte eines kollektiven Handelns rekonstruieren, wie Howard Becker (1982) in seiner Theorie der Kunstwelten überzeugend darlegt.[1] Wer von den beteiligten Personen als Künstler*in gilt, hängt dabei stark von den geltenden Konventionen der Arbeitsteilung, der jeweiligen Position in der Kunstwelt und der Verteilung von Aufgaben ab. Analog gilt für wissenschaftliche Texte: Auch sie sind das Ergebnis von arbeitsteiligen Prozessen, an denen Autor*innen, aber auch andere Akteure beteiligt sind. Die Liste möglicher Aufgaben, die von verschiedenen Personen geleistet werden, um Forschung durchzuführen und in eine Publikation zu übersetzen, ist lang und vielfältig: Konzeptionelle Anregungen, Lektürehinweise, Entwicklung von Fragestellungen, Feedback zu Manuskripten, Bereitstellung von Ressourcen aller Art, Beschaffung von Literatur, Unterstützung bei der Erzeugung, Bereinigung sowie Auswertung von Daten und vieles mehr. Diese Aufgaben können und werden in der Regel arbeitsteilig organisiert. Im vorliegenden Fall kam beispielsweise der Anstoß für diesen Text von den Herausgeberinnen. Einen Anlass für die Entwicklung eines Manuskripts zu bieten, reicht aber meist nicht aus, um Autor*innenschaft zugeschrieben zu bekommen.

Konventionen der Arbeitsteilung

Nicht jeder Arbeitsschritt, der getan werden muss, um einen Text wie den vorliegenden entstehen zu lassen, wird im gleichen Maße sichtbar gemacht. Selbst dort, wo kollaborative Forschung die Regel ist, wird nicht jede Form der (wissenschaftlichen) Zusammenarbeit und Unterstützung in eine Nennung als Ko-Autor*in oder eine Danksagung übersetzt.² Eindrücklich beschreibt dies Grit Laudel (2002), indem sie unterschiedliche Formen der Kollaboration und deren Belohnung diskutiert. Jenseits von Kollaborationen, die eine arbeitsteilige Durchführung erfordern, beispielsweise ein Experiment, gibt es Laudel zufolge keine klaren Konventionen (ebd.: 13). In allen anderen Fällen von Kollaboration ist – vereinfacht gesprochen – von fachspezifischen, zum Teil lokal geltenden Konventionen der Belohnung von Mitarbeit auszugehen. Diese Ergebnisse beziehen sich primär auf experimentelle Forschung in den Naturwissenschaften. Wie sich die Lage in anderen Disziplinen und bei anderen Gruppengrößen darstellt, ist eine offene empirische Frage.

– Ja, was ist beispielsweise mit den Geistes- und Sozialwissenschaften? Als Qualifikationsarbeiten verfasste Monografien finde ich in mehrfacher Hinsicht spannend. Denn obwohl es nur eine offizielle **Verf.** gibt, weisen die mehr oder weniger umfangreichen Danksagungen in diesem Genre darauf hin, dass die Manuskripte einerseits Ergebnis langwieriger und kollektiver Arbeit sind. Andererseits kommt den dort genannten Personen der Status von unterstützendem Personal zu, um noch einmal Becker und seine Theorie der Kunstwelten zu bemühen. Das klingt harmlos, ist aber mit unterschiedlichen Chancen der Anerkennung geleisteter Arbeit verbunden.
– Auch auffällig in diesem Zusammenhang: Die nationalen Unterschiede der Danksagungen, beispielsweise in unserem eigenen Fach, der Soziologie. In etwas polemischer Zuspitzung lässt sich feststellen, dass es zwei Extreme gibt: Erstens, Danksagungen, in denen jeder Person gedankt wird, die in den vergangenen vier Jahren im Publikum saß.
– Und zweitens Texte, die man selbst mehrfach kommentiert hat und seinen Namen dennoch nicht liest. Aber lass uns nochmal auf die Ko-Autor*innenschaft zurückkommen. Wie sieht es eigentlich im Zeitvergleich aus?

Mit Blick auf die Sozialwissenschaften lässt sich in den vergangenen Jahrzehnten ein Trend zur Ko-Autor*innenschaft feststellen (Henriksen 2016). Dies gilt insbesondere in den Spezialisierungen, in denen quantitative und experimentelle Methoden dominieren und Forschungsprojekte teamförmig organisiert sind (ebd.: 471f.).³ Zudem lassen sich landesspezifische Trends innerhalb von Disziplinen ausmachen, wie dies beispielsweise David Pontille (2004) anhand von US-amerikanischen und französischen Soziologiejournals für den Zeitraum von 1960 bis 1995 aufzeigt.

Besonders in Feldern, in denen geteilte Autor*innenschaft die Regel ist, ergeben sich interessante Fragen: Haben alle beigetragen, die genannt werden, und was gilt als relevanter Beitrag?⁴ Wer hat beigetragen, ohne genannt zu werden? In welcher Reihung werden die **Verf.** genannt? Gerade die Reihenfolge unterliegt je nach Fach unterschiedlichen Konventionen.⁵

– Das ist jetzt vielleicht ein guter Zeitpunkt, um darüber zu verhandeln, in welcher Reihenfolge wir über diesem Manuskript auftreten wollen. Machen wir es zum Beispiel abhängig davon, wie viele Arbeitsstunden in dieses Stück Text eingeflossen sind?
– Das wäre eine Möglichkeit. Ich habe allerdings nicht dokumentiert, wie viel Arbeit ich in dieses Manuskript gesteckt habe. Und Du?
– Nicht wirklich. Wir könnten uns auch gegenseitig so lange die erste Position anbieten, bis jemand sagt: Ja, das mach ich. Ich finde alphabetische Reihungen gut, aber das liegt vielleicht an meinem Nachnamen. Anyway, in unserem Feld spielt die Reihenfolge sowieso eine untergeordnete Rolle.⁶

Neben der Markierung von Autor*innenschaft auf Buchumschlägen, in Titeleien, Bibliothekskatalogen oder Literaturdatenbanken gibt es auch sprachliche Mittel, mit denen **Verf.** in Texten auftreten können, wie wir es beispielsweise in diesem Text tun. Dabei ist die *Autor*in im Text* nicht identisch mit der *Autor*in in Fleisch und Blut*.⁷ Vielmehr gibt es verschiedene Formen der Autorisierung in Texten, im Sinne einer Zuschreibung und Stilisierung von Autor*innenschaft (Krey 2020: 98ff.). Gerade im Vergleich, beispielsweise zwischen unterschiedlichen Spezialisierungen innerhalb einer Disziplin, lassen sich deutliche Unterschiede herausarbeiten, die von demonstrativer Nüchternheit bis hin zur heroischen Stilisierung des ethnografischen oder theoriediskutierenden Wissenschaftssubjekts reichen.
Konventionen der Zuschreibung von Autor*innenschaft sind im unterschiedlichen Maße offen für Abweichung und Veränderung. Dies zeigt sich zum einen in der Justiziabilität von Quellen- und Bildnachweisen sowie spiegelverkehrt in Plagiatsfällen, die als wissenschaftliches Fehlverhalten strafrechtlich verfolgt werden können. Zum anderen haben sich rechtliche Formen der Regulierungen herausgebildet, etwa das Urheberrecht, die die schöpferische Arbeit von Autor*innen schützen und deren Verwertungsinteressen vertreten (Amlinger 2017: 405; siehe auch **CC**, Rack 2023).⁸

– Moment einmal, jetzt reden wir schon über die Verflechtung von **Verf.** und Rechtssystem, was ja

schon eine sehr starke Kodifizierung von Autor*innenschaft bedeutet. Das bringt uns aber weg von unserem Fokus auf das konkrete *doing writing*.
– Ja, lass uns noch einmal den Schreibprozess als solchen in den Blick rücken. Was genau passiert da eigentlich in den wissenschaftlichen Schreibstuben?
– Schreibstuben? Was für ein altertümlicher Begriff. Aber er zeigt, dass Schreiben immer auch eine Praxis ist, die nicht im luftleeren Raum stattfindet, sondern materiale Praxis ist.

Materiale Praxis

Zu den Verdiensten der Wissenschaftsforschung – insbesondere der ethnografischen Laborstudien (Latour/Woolgar 1979; Knorr-Cetina 1984) – gehört es, die Materialität wissenschaftlicher Kommunikation in den Vordergrund gerückt zu haben. Obwohl hier anfänglich vor allem die Experimentier- und Schreiborte der Naturwissenschaften im Fokus standen, macht diese Perspektive auf Forschung doch in einem grundsätzlichen Sinne die Vielzahl an Dingen sichtbar, die auch in anderen Wissenschaften für das Verfassen von Texten elementar sind: Angefangen von Tafeln, Papier, Notizheften, Bücherregalen, Post-It-Sammlungen, Schreibtisch, Feldtagebüchern bis hin zu elektronischen Schreibwerkzeugen, etwa Computer und Textverarbeitungsprogrammen. Aber auch die Materialität der Schreibpraxis – wie die Armmuskulatur, um den Stift zu halten oder die Tastatur zu bedienen – rückt damit in den Blick (Passoth 2012: 210). Entsprechend ist das Verfassen von (wissenschaftlichen) Texten alles andere als eine vom Körper losgelöste, abstrakte Tätigkeit. Die Körperlichkeit und Materialität des Verfassens findet aber nur selten manifesten Ausdruck in wissenschaftlichen Texten. Gedankt wird Gutachter*innen, Herausgeber*innen, Verlagsmenschen und Studierenden, nicht aber den Bandscheiben für ihr Durchhalten.

Die Materialität von Autor*innenschaft wurde auch in der Writing-Culture-Debatte thematisiert. Diese fokussierte vor allem die Literarizität und das damit verbundene implizite Othering des ethnografischen Realismus. Sie nahm aber auch die Verfasser*innen nicht nur als Schriftsteller*innen mitsamt der Apparaturen von Ethno-*Grafien* in den Blick, sondern als Akteur*innen mit einer gewissen Leibhaftigkeit, die für die Fabrikation von Erkenntnis über den Fremden von zentraler Bedeutung ist (Reuter 2002: 181ff.). Neben der Rolle von Sinneseindrücken, Leidenschaften und körperlicher Entbehrungen (Krankheiten, klimatische Anpassungsschwierigkeiten, erotische Sehnsüchte) im Kontext ethnografischer Feldforschungen wurde so auch in einem sehr grundsätzlichen Sinne die Rolle der Ethnograf*in als europäische, koloniale, weiße, männlich oder weiblich signifizierte Autor*in reflektiert. Hieraus lässt sich die Forderung einer Sensibilität für körperliche Habitualisierungen disziplinärer Wissensformen ableiten.[9]

– Nun haben wir aber weit ausgeholt, um das Argument zu stärken, dass das Verfassen eine Praxis ist, an der viele heterogene Elemente beteiligt sind.
– Aber der Blick in die Vergangenheit, in andere Disziplinen und Kulturen kann helfen, das Eigene zu befremden. Dies fällt Wissenschaftler*innen ja bekanntlich besonders schwer, wenn es um die eigene Praxis geht, denn die soll(te) ja möglichst unverdächtig sein.
– Du meinst wohl objektiv?
– Ich meine, dass Wissenschaft und ihre Produkte, und dazu zählen auch Texte und ihre **Verf.**, aufgrund eines nach wie vor dominanten positivistischen Selbstverständnisses häufig nicht als Ergebnis sozialer Ko-Konstruktionsprozesse in den Blick geraten. Dabei sind sie es.

Hervorbringungen im Feld

Wir kommen weder als Wissenschaftler*innen noch als Autor*innen zur Welt, sondern werden dazu gemacht (Beaufaÿs 2003). Als solche sind wir das Ergebnis jahrelanger professionsbezogener Erziehungs- und Subjektivierungsprozesse, in denen wir das Handwerk wissenschaftlichen Schreibens erlernen und uns Autorität im jeweiligen Feld erarbeiten (Etzemüller 2013: 188). So wichtig die gelungene Inkorporierung wissenschaftlicher Spielregeln und Positionen erscheint, so gilt doch gleichzeitig, dass ihre Relevanz beschwiegen werden muss (ebd.: 178). Im Verfassen von Texten zeigt sich dies einmal mehr: Weder die Herstellung noch persönliche Relevanz des Textes werden thematisiert, sodass wissenschaftliche Texte eine spezifische Form der Entkörperlichung und Vergeistigung wissenschaftlichen Wissens darstellen. Selbst als autobiografisch ausgewiesene Texte, etwa Gelehrtenbiographien, folgen der Logik der sozial bereinigten Wissenschaft: Nur selten finden sich hier Erzählungen über Schreibhemmungen, existenzbedrohende Brüche des akademischen Lebens, persönliche Krisen oder missglückte Schritte auf dem akademischen Weg. Vielmehr wird das Ideal einer geschlechtsneutralen, reinen Leistungskarriere und eines meritokratisch-demokratischen Wissenschaftssystems reproduziert (ebd.: 181). Ungleichheitsanalytisch gewendet müssten wir die Verstrickung in strukturierte Macht- und Herrschaftsverhältnisse betonen, die im Wesentlichen durch andere Akteursgruppen mit institutionalisierten Kapitalsorten bestellt werden. Dies können Forschungsinstitute, Förderorganisationen, politische Entscheidungsträger*innen, aber auch Mitglieder der eigenen Scientific Community sein, gegen oder für deren Argumente man sich ins Verhältnis setzt. Mit Bourdieu gesprochen befinden sich Verfasser*innen in einem Netzwerk objektiver Beziehungen, in dem sie durch Über- oder Unterordnung, Entsprechung oder Abgrenzung zueinander positioniert sind (Amlinger 2017: 407). Texte zu verfassen ist als soziale immer auch eine herrschaftsförmige Praxis.

Spiel um Positionen

Texte unter dem eigenen Namen zu verfassen und zu platzieren, ist nicht nur für die Selbst- und Fremdwahrnehmung als Wissenschaftler*in von Belang, sondern von buchstäblicher Bedeutung für die Karrierechancen. Denn *wer schreibt, der bleibt*. So wundert es nicht, dass sich Karriereratgeber, Handbücher zum wissenschaftlichen Arbeiten und hochschulische Förder- und Unterstützungsangebote für den sogenannten wissenschaftlichen Nachwuchs des Themas annehmen. Eingeübt werden soll das *richtige* Verfassen von unterschiedlichen Textsorten (Aufsatz, Exposé, Gutachten, Rezension, Forschungsbericht) oder Textelementen. Berücksichtigt werden dabei nicht nur Aspekte der wissenschaftlichen Qualitätssicherung, etwa der angemessene und legitime Umgang mit Quellen im Text, sondern auch fachkulturelle Konventionen, wie etwa das richtige Verhältnis von Abbildung und Text, die Referenz auf Schlüsselwerke oder den fachkulturellen Kanon, die den Text in seiner Gesamtkomposition überhaupt erst *accountable und anschlussfähig machen*.

– Dazu fällt mir ein, dass es in den letzten Jahren vermehrt zeitdiagnostische Aussagen zum wissenschaftlichen Publikationsverhalten gibt.
– Du meinst die Diskussion um den *Akademischen Kapitalismus* und seine Folgen für die Karrierestrukturen und Beschäftigungsverhältnisse des sogenannten wissenschaftlichen Nachwuchses? Die Diskussion, die ja auch in unserem Fach intensiv geführt wird, hat noch einmal die strukturellen Bedingungen des **Verf.** aufs Tableau gesetzt; und die haben nun einmal Einfluss auf Form wie Inhalt der Texte.

In Zeiten des spürbar gewachsenen akademischen Hasards angesichts des quantitativen Missverhältnisses von akademischem Mittelbau und Professuren (Rogge 2015) sowie einer Quantifizierung wissenschaftlicher Leistungen in einem „akademischen Kapitalismus" (Münch 2011) erscheint das Verfassen wissenschaftlicher Texte gleichermaßen als ökonomische wie hoch politisierte Praxis: Anzahl, Ort und Sprache der Publikationen werden zu Indikatoren für die Leistungsfähigkeit, etwa für die Berufbarkeit, Exzellenz und internationale Sichtbarkeit von Wissenschaftler*innen. Dies könnte aber in letzter Konsequenz auch bedeuten: Autor*innen, die wissenschaftlich erfolgreich sein wollen, müssen zunehmend als unternehmerisches Subjekt auftreten, Themen und Zuschnitt ihrer Publikation nach ihrer Verwertbarkeit und Marktgängigkeit auswählen und sie schließlich entsprechend gestalten (Output-Orientierung). Im Fall der professionellen Soziologie etwa beobachtet Richard Münch ein Publikationsverhalten, das vor allem von hoch arbeitsteiligen Forschungsverbünden dominiert wird, die in kooperativer Verwertung großer Datenmengen Publikationen für internationale Fachzeitschriften mit hohem Impact-Faktor vorbereiten. Er erklärt damit die Abwendung von der Tradition der Einzelautor*innenschaft hin zur kumulativen und kooperativen Publikation mit einer zunehmenden Projekt- wie Marktförmigkeit von Wissenschaft. Dies bedeutet ihm zufolge auch eine Konkurrenz unter solchen Nachwuchswissenschaftler*innen, die vom Geschäft der Lehre und Drittmitteleinwerbung befreit sind, und solchen, bei denen sich das Schreiben von Texten in einer Antrags- und Berichtsprosa oder Lehrforschung erschöpft (ebd.: 170ff.). Welche Themen mit einem solchen funktional-strategischen Publikationsverhalten (un)sichtbar gemacht werden, ist damit noch nicht beantwortet. Münch befürchtet, dass durch die flächendeckende Monopolstellung von sogenannten *high impact journals* Autor*innen ihr Schreib- und Publikationsverhalten ganz danach ausrichten, dass ihre Texte passend für die potenziellen anonymen Gutachter*innen im Peer Review verfasst werden: „Das befördert solide, brave und langweilige Texte und exkludiert alles, was nur das geringste Wagnis eingeht" (ebd.: 141). Er vermutet, dass mit der Standardisierung und strategischen Publikationspraxis langfristig also die Motivation und Fähigkeit zur Bearbeitung gewagter Forschungsfragen verloren ginge (ebd.: 146). Zudem muss bedacht werden, dass zeitaufwendige, *exotische* oder *abwegige* Publikationen vor allem für Wissenschaftler*innen in unsicheren Beschäftigungsverhältnissen zum biografischen Wagnis werden können (Rogge 2017: 243).

Unabhängig davon, wie man die Frage der Innovation wissenschaftlichen Wissens im akademischen Kapitalismus beantworten will, entzaubert das Moment der Marktgängigkeit und damit verbundenen strategisch-ökonomischen Ausrichtung wissenschaftlichen Publikationsverhaltens die Illusion der ausschließlich nach Wahrheit strebenden und frei von Marktlogiken und sozialen Notwendigkeiten betriebenen Wissenschaft.

– Ich frage mich, ob diese Darstellung des status quo für die Soziologie und verwandte Fächer zutrifft. Zumindest scheint sie mit einer fragwürdigen Nostalgie einherzugehen.
– Was ich sofort unterschreiben würde, ist die Notwendigkeit, verantwortungsbewusst mit Metriken umzugehen, wie dies beispielsweise im *Leiden Manifesto* vorgeschlagen wird. Besonders gut gefällt mir, dass wiederholt auf die Auseinandersetzung mit Inhalten gepocht wird – „Reading and judging a researcher's work is much more appropriate than relying on one number."[10]
– In dieser Allgemeinheit muss man ja zustimmen, aber die Bewertung von einzelnen Forscher*innen hat auch ihre Fallstricke. Zum einen besteht eine enge Verbindung zwischen der Bewertung von Texten und der Bewertung ihrer Verfasser*innen. Dies ist besonders problematisch, wenn über die Kontexte hinweggesehen wird, die Produktivität begünstigen. Zum anderen frage ich mich: Gibt es auch so etwas wie Standards der Originalität?

Bewertungen

Originalität, ein oft angelegtes Bewertungskriterium in der Begutachtung von wissenschaftlichen Anträgen und Texten (Guetzkow/Lamont/Mallard 2004), ist weder ein textimmanentes Merkmal noch eine personenspezifische Eigenschaft. Dennoch ist für den Mythos des genialen Gelehrten, der „in Einsamkeit und Freiheit" (Engler 2001) forscht, die Idee der Originalität konstitutiv. In der Praxis zeigt sich Originalität vor allem als kontingentes Ergebnis von Aushandlungsprozessen, das bezogen auf wissenschaftliche Texte durch institutionelle Arrangements (Verlagslandschaft, Publikationsmarkt, Datenbanken, Publikationsserver, Begutachtungsverfahren, Qualitätskriterien, Fachkultur, akademische Karrierestrukturen) mitgeprägt ist. Wie originell ein*e Autor*in letztlich erscheint, hängt nicht nur davon ab, wie sehr sie den Glauben des wissenschaftlichen Feldes an Originalität verkörpert, sondern auch davon, wie sehr es ihr gelingt, sich an den Strukturen auszurichten und individuelle Optimierungsstrategien zu entwickeln. Im Falle des Publikationsverhaltens kann dies auch bedeuten, nicht den Inhalt, sondern den Ort der Publikation zur handlungsleitenden Maxime zu erheben (Rogge 2017: 245ff.), was die Wissenschaftler*in nicht nur als eine nach Wahrheit strebende Einzelpersönlichkeit, sondern als unternehmerisches Selbst sichtbar macht – und Wissenschaft mehr als ein Karrierejob denn als Lebensform. Dieser Fall macht deutlich, wie eng das Verfassen wissenschaftlicher Texte an die Selbst- und Fremddefinition von Wissenschaftler*innen geknüpft ist. Natürlich geht die Konstruktion wissenschaftlicher Persönlichkeiten nicht im Schreiben und Veröffentlichen von Monografien, Berichten, Rezensionen und dergleichen auf. Gleichwohl steht die gesamte wissenschaftliche Persönlichkeit zur Disposition, wenn offenbar wird, dass die Position der Verfasser*in eines Textes zu Unrecht in Anspruch genommen wurde.

– Sollen wir hier zum Schluss kommen? Ich weiß, eigentlich könnten wir weiter an diesem Text feilen, aber irgendwann ist gut.
– Eins würde mich noch interessieren: Woher wissen wir eigentlich, wann *gut* ist? Wenn wir die Zeichengrenze, die uns vorgegeben wurde, erreicht haben oder wenn die Abgabefrist erreicht ist?
– Auch das sind verhandelbare Konventionen, gerade in Corona-Zeiten. Forschung als Praxis ist ein Prozess und insofern kann es auch für Artefakte wie diesen Text immer nur ein vorläufiges Ende geben.

Anmerkungen

1 Aus einer arbeitssoziologischen Perspektive heraus lässt sich wissenschaftliche und künstlerische Arbeit zudem mit Blick auf Arbeitsethos sowie Beschäftigungs- und Subjektivierungsformen vergleichen.
2 Zudem gibt es die Fälle, in denen Personen als Autor*innen genannt werden, ohne einen nennenswerten Beitrag zur Genese einer Publikation beigetragen zu haben. In den Richtlinien zur Sicherung guter wissenschaftlicher Praxis (beispielsweise der Denkschrift *Sicherung guter wissenschaftlicher Praxis* der DFG) wird diese Form der *Ehrenautor*innenschaft* als unzulässig bewertet.
3 Eng damit verbunden ist der Bedeutungszuwachs von kollaborativer Forschung in den Geistes- und Sozialwissenschaften sowie deren Internationalisierung (Kuhberg-Lasson/Singleton/Sondergeld 2014: 138).
4 Diese Frage stellt sich besonders in Bereichen wie der Hochenergiephysik, in denen die Anzahl der Ko-Autor*innen in den dreistelligen Bereich gehen kann (Birnholtz 2006).
5 Einen Überblick über fachspezifische Konventionen im Hinblick auf die Anzahl und Reihung von Ko-Autor*innen bietet das Diskussionspapier der Alexander-von-Humboldt-Stiftung (2009).
6 In anderen Disziplinen, beispielsweise der Physik und Chemie, gibt es Konventionen der Reihung, bei der die exponierten Positionen – die erste und die letzte – Signalwirkung haben.
7 Hier sind allerlei literarische Mittel und Verwirrspiele denkbar, von der Nutzung von Pseudonymen – aus Bruno Latour wird Jim Johnson (1988) – bis hin zur Kreation neuer gemeinsamer Namen (beispielsweise Pontille 2020).
8 Letzteres etwa in Form der *Verwertungsgesellschaft Wort*, die sich neben der Bewahrung des geistigen Eigentums für eine Vergütung der Autor*innen bei der Nutzung dieses Eigentums durch Dritte einsetzt und sogenannte Tantiemen ausschüttet. Neben Umfang und Erscheinungsort spielt bei der Höhe der Vergütung auch die Anzahl der Verfasser*innen eine Rolle: Je weniger (Mit-)Verfasser*innen, desto höher die Vergütung für die Einzelnen.
9 Dies wird gegenwärtig von einer mit der postkolonialen Kritik am „epistemologischen Eurozentrismus" (Mignolo 2000) und ihren Vorschlägen experimentellen Schreibens aufgegriffen (Reuter/van der Haagen-Wulff 2021).
10 Die Autor*innen des *Leiden Manifesto* (Hicks/Wouters/Waltman/ de Rijke/Rafols 2015), das als Kommentar in der Zeitschrift *Nature* veröffentlicht wurde, sprechen sich für zehn Prinzipien der Evaluation von Forschungsleistung aus. Dies geschieht vor dem Hintergrund der zunehmenden Nutzung von bibliometrischen und anderen Indikatoren in Hochschulen.

Referenzen

Alexander-von-Humboldt-Stiftung (2019). *Publikationsverhalten in unterschiedlichen wissenschaftlichen Disziplinen. Beiträge zur Beurteilung von Forschungsleistungen*. 2. erw. Aufl. URL: qs.univie. ac.at/fileadmin/user_upload/d_qualitaetssicherung/Dateidownloads/ Publikationsverhalten_in_unterschiedlichen_wissenschaftlichen_ Disziplinen.pdf [21.04.2021]
Amlinger, Caroline (2017). AutorIn sein. Schriftstellerische Arbeitsidentitäten im gegenwärtigen deutschen literarischen Feld. *Swiss Journal of Sociology*, 43(2), 401–421.
Beaufaÿs, Sandra (2003). *Wie werden Wissenschaftler gemacht? Beobachtungen zur wechselseitigen Konstitution von Geschlecht und Wissenschaft*. Bielefeld: Transcript.
Becker, Howard S. (1982). *Art Worlds*. Berkeley: University of California Press.
Birnholtz, Jeremy (2006). What Does It Mean to Be an Author? The Intersection of Credit, Contribution, and Collaboration in Science. *Journal of the American Society for Information Science and Technology*, 57(13), 1758–1770.

Deutsche Forschungsgemeinschaft (2013). *Sicherung guter wissenschaftlicher Praxis*. Denkschrift. Weinheim: Wiley.
Duden (o.D.). Verfasserin. *Duden online*. URL: duden.de/ node/194019/revision/194055 [13.07.2021]
Engler, Steffani (2001). *„In Einsamkeit und Freiheit." Die Konstruktion der wissenschaftlichen Persönlichkeit auf dem Weg zur Professur*. Konstanz: UVK.
Etzemüller, Thomas (2013). Der „Vf." als biographisches Paradox. Wie wird man zum „Wissenschaftler" und (wie) lässt sich das beobachten? In Thomas Alkemeyer/Gunilla Budde/Dagmar Freist (Hg.), *Selbst-Bildungen. Soziale und kulturelle Praktiken der Subjektivierung*, Bielefeld: Transcript, 175–196.
Guetzkow, Joshua/Lamont, Michèle/Mallard, Grégoire (2003). What is Originality in the Humanities and the Social Sciences? *American Sociological Review*, 69(2), 190–212.
Hahn, Annemarie (2023). Erstausg. In Sandra Hofhues/Konstanze Schütze (Hg.), *Doing Research*. Bielefeld: Transcript, 200–207.
Henriksen, Dorte (2016). The Rise in Co-Authorship in the Social Sciences (1980–2013). *Scientometrics*, 107(2), 455–476.
Hicks, Diana/Wouters, Paul/Waltman, Ludo/de Rijke, Sarah/Rafols, Ismael (2015). The Leiden Manifesto for Research Metrics: Use these 10 principles to guide research evaluation. *Nature*, 520, 429–431.
Johnson, Jim (1988). Mixing Humans and Nonhumans Together: The Sociology of a Door-Closer. *Social Problems*, 35(3), 298–310.
Knorr-Cetina, Karin (1984). *Die Fabrikation von Erkenntnis. Zur Anthropologie der Naturwissenschaft*. Frankfurt/Main: Suhrkamp.
Krey, Björn (2020). Textarbeit. *Die Praxis des wissenschaftlichen Lesens*. Berlin: De Gruyter Oldenbourg.
Kuhberg-Lasson, Veronika/Singleton, Katja/Sondergeld, Ute (2014). Publikationscharakteristika im interdisziplinären Feld der Bildungsforschung. *Journal for educational research online*, 6(3), 134–155.
Latour, Bruno/Woolgar, Steve (1979). *Laboratory Life. The Construction of Scientific Facts*. Princeton: University Press.
Laudel, Grit (2002). What Do We Measure by Co-Authorships? *Research Evaluation*, 11(1), 3–15.
Mignolo, Walter (2000). *Local Histories/Global Designs – Coloniality, Subaltern Knowledges, and Border Thinking*. Princeton: University Press.
Münch, Richard (2011). *Akademischer Kapitalismus. Über die politische Ökonomie der Hochschulreform*. Berlin: Suhrkamp.
Passoth, Jan-Hendrik (2012). Dinge der Wissenschaft. In Sabine Maasen/Mario Kaiser/Martin Reinhart/Barbara Sutter (Hg.), *Handbuch Wissenschaftssoziologie*, Wiesbaden: Springer, 203–212.
Pontille, David (2003). Authorship Practices and Institutional Contexts in Sociology: Elements for a Comparison of the United States and France. *Science, Technology, & Human Values*, 28(2), 217–243.
Pontille, Jérôme D. (2020). What Did We Forget about ANT's Roots in Anthropology of Writing? In Anders Blok/Ignacio Farías/Celia Roberts (Hg.), *The Routledge Companion to Actor-Network Theory*, London et al.: Routledge, 101–111.
Rack, Fabian (2023). CC. In Sandra Hofhues/Konstanze Schütze (Hg.), *Doing Research*. Bielefeld: Transcript, 154–161.
Reuter, Julia (2002). *Ordnungen des Anderen. Zum Problem des Eigenen in der Soziologie des Fremden*. Bielefeld: Transcript.
Reuter, Julia/van der Haagen-Wulff, Monica (2021). Postcolonial Studies. In Robert Gugutzer/Gabriele Klein/Michael Meuser (Hg.), *Handbuch Körpersoziologie*. 2. überarb. Aufl., Wiesbaden: Springer, im Erscheinen.
Rogge, Jan-Christoph (2015). The Winner Takes It All? Zur Zukunftsperspektiven des wissenschaftlichen Mittelbaus auf dem akademischen Quasi-Arbeitsmarkt. *Kölner Zeitschrift für Soziologie und Sozialpsychologie*, 67(4), 685–707.
Rogge, Jan-Christoph (2017). Wissenschaft zwischen Lebensform und Karrierejob. Berlin. URL: depositonce.tu-berlin.de/bitstream/11303/7092/4/rogge_jan-christoph.pdf [26.2.2021]

Mind Map: JULIA REITER + OLIVER BERLI

- **NEUGIERDE** an gesellschaftl. Wirklichkeit
- **PHÄNOMENE**
- fortlaufende **SUCHE** nach besseren **ANTWORTEN + FRAGEN**
- befriedigende Unterlagen
- wissenschaftliche **METHODEN + TECHNIKEN**
- autobiographische Elemente
- Wissenschaftstaunen + Praxis
- Musik
- Literatur
- **EXPLORATIVE FORSCHUNGSPRAXIS**
  - menschenbezogen
  - reflektierte Beziehungen zu Forschungsgegenständen
- **QUALITATIVE METHODENPRAXIS**
  - empirisch
- **QUALITATIVE DATEN**
- **LITERATUR**
- theoretisch
- disziplinär
- **SPRACHE / SPRACHFORMEN** der eigenen wissenschaftlichen **DISZIPLIN**
- **ANALYSE**
  - viel Zeit
  - Datensessions mit Kollegen
- Cooling Out / Warming Up
- wissenschaftlicher **ALLTAG**
- Musikgeschmack
- Bildungsungleichheiten + sozialer **AUFSTIEG**
- Bildungsungleichheiten
- **MIGRATION**
- Bewertungskulturen / Praktiken des Bewertens
- **HALTUNG**
- nicht immer angenehm
- **LEBENSFORM** / professionelle Tätigkeit
- **ARBEIT**
- **KULTUR**
- **KARRIERE**

Verl. Eine Kartografie des wissenschaftlichen Verlegens

Maximilian Heimstädt,
Georg Fischer

Kartografiert wird das Feld des wissenschaftlichen **Verlegens (Verl.)**, *um zu zeigen, wie dessen Struktur bestimmte Formen des akademischen Arbeitens ermöglicht oder einschränkt. Angefangen beim privatwirtschaftlichen und universitären Verlegen bewegt sich der Blick in die Peripherie des Feldes hin zu alternativen, räuberischen und plattformartigen Praktiken des Verlegens und schließlich zu Datenpraktiken, die die Nutzung wissenschaftlicher Texte vermessen, vermarkten und überwachen. Mithilfe dieser Kartografie lassen sich sowohl Verfestigungstendenzen bestehender Wissensordnungen als auch deren Transformation durch neue Organisationsformen des Verlegens verständlich machen.*

Wissenschaftliches Verlegen umfasst ein Bündel aus Aktivitäten zur Aufbereitung und Bereitstellung von wissenschaftlichen Inhalten in gedruckter oder elektronischer Textform. Zu den wichtigsten Textgattungen zählen Zeitschriften, Aufsätze, Monografien, Qualifikationsarbeiten, Sammelbände, Lehrbücher und Nachschlagewerke wie Lexika oder Handbücher. Das Wissenschaftssystem folgt dabei der Logik der Veröffentlichung, Diskussion und Konservierung von Wissen. Für die historische Genese des Wissenschaftssystems waren bestimmte Formen schriftlicher Kommunikation entscheidend. Die Soziologin Bettina Heintz (2000: 347) erläutert in diesem Zusammenhang, wie der wissenschaftliche Aufsatz den persönlichen, briefbasierten Austausch zwischen Wissenschaftler:innen nach und nach ablöste und mit seinem breiten, anonym adressierten Publikum zur „Standardform der naturwissenschaftlichen Kommunikation" avancierte. Mit dieser Umstellung hin zu einer aufsatzbasierten internen Kommunikation wurde auch der Weg für das Verlagswesen in der Wissenschaft geebnet. So entstanden nach und nach spezialisierte Verlage, die wissenschaftliche Erkenntnisse in Form von Büchern und Zeitschriften veröffentlichten. Diese Verlage mit oftmals jahrzehnte- oder sogar jahrhundertelanger Geschichte klassifizieren wir in diesem Text als traditionelle Wissenschaftsverlage.

Wissenschaftlicher Austausch wird heute durch eine Arbeitsteilung zwischen Wissenschaftler:innen, Bibliotheken, Archiven und Wissenschaftsverlagen realisiert: Wissenschaftler:innen verfassen auf Basis ihrer Forschungsarbeiten Texte und sind auf diese inhaltliche Arbeit spezialisiert. Die technische Arbeit der Aufbereitung und Bereitstellung dieser Texte wird von verlegerischen Akteur:innen übernommen. Die historische Genese des Verlagswesens infolge der Erfindung der Druckpresse lässt erkennen, dass die Aufbereitung und Bereitstellung von Texten jahrhundertelang ein Privileg war – und eine Dienstleistung, die sich Verleger:innen in der Regel gut bezahlen ließen (Eisenstein 2005; siehe auch **Bd.**, Mayer 2023). Die Entwicklung des Urheberrechts, das in seiner Vorform auch als *Druckprivileg* bezeichnet wurde, reflektiert diese Entwicklung und die herausgehobene Stellung der Verlage, Wissen verbreiten und verwerten zu können (Seifert 2014: 101). Bis heute ist das Urheberrecht die wichtigste wirtschaftliche Grundlage traditioneller Wissenschaftsverlage, da es die Bedingungen der Veröffentlichung und Verbreitung kultureller Güter regelt. Im Zentrum des Feldes wissenschaftlicher Verlage und anderer verlagsähnlicher Organisationen finden sich solche Akteur:innen, die einen beträchtlichen Einfluss darauf ausüben, welche Formen des Wissens als wissenschaftlich anerkannt werden. Im Folgenden umreißen wir zwei wichtige Organisationsformen im Zentrum des Feldes – privatwirtschaftliches und universitäres Verlegen – und zeigen, wie diese die Schnittstellenfunktion zwischen Wissenschaft und Wirtschaft jeweils ausfüllen.

Privatwirtschaftliches Verlegen

Trotz des öffentlichen Auftrags der Wissenschaft wird der Großteil des Verlegens wissenschaftlicher Texte heutzutage von privatwirtschaftlichen Verlagen organisiert. Die Spannbreite des privatwirtschaftlichen Verlegens reicht von Kleinverlagen, die oftmals auf bestimmte Sprachräume oder Disziplinen spezialisiert sind, bis hin zu internationalen Großverlagen, die vor allem auf das Geschäft mit englischsprachigen Fachzeitschriften fokussiert sind. Mitte der 1990er Jahre setzte im Markt für Fachzeitschriften eine deutliche Marktkonsolidierung ein. 2003 wurden rund 66 Prozent des Weltmarktes für lebens-, technik- und naturwissenschaftliche Fachzeitschriften von acht Großverlagen kontrolliert (House of Commons 2003). Ein Jahrzehnt später teilten die fünf weltweit größten Verlage – Reed-Elsevier, Wiley-Blackwell, Springer, Taylor & Francis und Sage – mehr als 50 Prozent aller wissenschaftlichen Artikelpublikationen unter sich auf (Larivière/Haustein/Mongeon 2015).

Die Wertschöpfungsprozesse privatwirtschaftlicher Wissenschaftsverlage unterscheiden sich stark. Die meisten operieren auf dem urheberrechtlichen Prinzip von Kontrolle und Verwertung wissenschaftlichen Wissens: Manche Verlage beschränken sich darauf, eingesandte Textdokumente in PDFs umzuwandeln und diese auf ihre Server zu laden; andere wiederum sorgen für Übersetzungen und erstellen hochspezialisierte Editionen alter Schriften und Dokumente mitsamt wissenschaftlicher Einordnung und begleitendem Material. Die starke Konzentration des Marktes für englischsprachige Fachzeitschriften ermöglichte es in den vergangenen Jahren einigen wenigen Organisationen (vor allem jenen Großverlagen), die Spannbreite an Leistungen zu erweitern, was Großverlage wiederum als Legitimation für Preiserhöhungen nutzten. 2012 veröffentlichte die verlagsnahe Webseite *Scholarlykitchen* eine Liste mit „60 Dingen, die wissenschaftliche Zeitschriftenverlage tun" (Anderson 2012). In den darauffolgenden Jahren wurde die Liste stetig erweitert, bis sie 2018 schließlich 102 verlegerische Aktivitäten beinhaltete (Anderson 2018). Die ständige Erweiterung verlegerischer Aktivitäten deutet nicht nur auf die Markt- und Deutungsmacht der Großverlage hin, sondern reflektiert zudem das sich wandelnde Geschäftsfeld der Verlage im digitalen Zeitalter. So verzeichnet jene Liste zum einen klassische verlegerische Tätigkeiten wie Manuskriptverwaltung, Organisation und Training der Gutachter:innen, Druck, Distribution und Vorhaltung der Publikationen. Zum anderen wurden mit der Zeit auch Praktiken wie „anti-piracy efforts", die Verteidigung von geistigem Eigentum gegen Urheberrechtspiraterie, hinzugefügt (Fischer 2020). Auch die Bemühung um Marketing wurde bei der Erweiterung der Liste berücksichtigt, was darauf hindeutet, dass Wissenschaftsverlage stellenweise die aus der Musikindustrie als 360-Grad-Deals bekannten Modelle der Komplettvermarktung übernehmen (Tschmuck 2013).

Universitäres Verlegen

Neben den genannten Großverlagen und kleineren bis mittelgroßen kommerziellen Wissenschaftsverlagen befinden sich im Zentrum des Feldes auch Universitätsverlage (Thompson 2005). Wie der Name bereits anzeigt, sind diese in der Regel universitätseigene Verlage, die von Bibliotheken oder anderen Teilbereichen einer Universität betrieben werden. Einige der ältesten Universitätsverlage, darunter Oxford und Cambridge University Press, entstanden deutlich vor den heutigen privatwirtschaftlichen Großverlagen. Heutzutage stehen Universitätsverlage und Großverlage in vielen Geschäftsfeldern in direkter Konkurrenz. Das Ziel von Universitätsverlagen liegt vor allem darin, die Forschungsarbeit der eigenen Institution zu unterstützen, indem sie Kosten, etwa für teure Abonnements, senken und Kontrolle über Urheberrechte der eigenen Forscher:innen zurückgewinnen. Ein weiteres Ziel der Universitätsverlage besteht darin, die Sichtbarkeit von Wissenschaftler:innen der eigenen Universität und somit auch das Renommee der Universität zu steigern. Deutlich wird der Unterschied zwischen universitärem und privatwirtschaftlichem Verlegen auch durch eine Deklaration von 2018, in der sich zahlreiche Universitätsverlage auf sieben Leitlinien einigten. Eine zentrale Leitlinie lautete:

„Der Zugang zu den Ergebnissen wissenschaftlicher Kommunikation muss so frei und umfassend wie möglich sein, damit Wissenschaft und Gesellschaft in vollem Umfang davon profitieren können." (AG Universitätsverlage 2018: 1)

Universitätsverlage positionieren sich teilweise auch als Wettbewerber für privatwirtschaftliche Verlage. Die Wertschöpfungsprozesse von Universitätsverlagen unterscheiden sich allerdings nicht grundlegend von jenen der privatwirtschaftlichen Verlage, weshalb sie ebenfalls dem Zentrum des Feldes für wissenschaftliches Verlegen zuzuordnen sind. Aufgrund ihres zunehmenden Anspruchs auf Offenheit (Adema/Stone 2018) und ihrer Orientierung am Gemeinwesen deuten sich jedoch auch Überschneidungen zu Organisationsformen in der Peripherie des wissenschaftlichen Verlegens an, wie das folgende Kapitel zeigen wird.

Alternatives, räuberisches und plattförmiges Verlegen

In der Peripherie des Feldes befinden sich Organisationsformen des Verlegens, die bestehende Ordnungen des Wissens, wie sie von Groß- und Universitätsverlagen verfestigt werden, herausfordern. Die folgenden drei Spielarten des Verlegens zeigen, dass diese Herausforderungen sowohl durch eine stärkere Orientierung an wissenschaftlichen Idealen als auch durch eine stärkere Orientierung an ökonomischen Zielen hergestellt werden können.

Alternatives Verlegen. Als alternatives Verlegen verstehen wir solche Organisationsformen, die Akteur:innen im Zentrum des Feldes nicht nur durch Wettbewerb herausfordern (etwa durch die Abnahme von Marktanteilen durch bessere Leistungen oder niedrigere Preise), sondern vor allem durch ihre ideologische Position. Alternative Verlage möchten zeigen, dass Formen des wissenschaftlichen Verlegens möglich sind, die sich vom ökonomischen Profitstreben gelöst haben und vor allem an der wissenschaftlichen Logik des freien Zugangs zu Wissen orientiert sind. Freier Zugang zu Wissen wird im alternativen Verlegen sowohl im materiellen Sinne verstanden (Kostenfreiheit) als auch im programmatischen Sinne (Bereitstellung von Literatur, die in die Kataloge etablierter Verlage nicht aufgenommen wird).

Der Merve-Verlag ist ein gut dokumentiertes Beispiel für alternatives Verlegen. 1970 in Westberlin von einem Kollektiv aus Literatur- und Theoriebegeisterten gegründet, war der Merve-Verlag von Beginn an als Gegenpol zum Frankfurter Suhrkamp-Verlag konzipiert. Letzterer beherrschte in Westdeutschland wesentlich die intellektuelle und akademische Verlagslandschaft in Philosophie, Soziologie, Literaturwissenschaft und weiteren Disziplinen der klassischen deutschen Geisteswissenschaften (Felsch 2015). Lag der Fokus von Suhrkamp vorwiegend auf deutschsprachigen Texten, so verlegte Merve erst italienische, später auch französische Schriften in übersetzter Form und machte damit Autor:innen wie Michel Foucault, Jacques Derrida, Jean Baudrillard, Jean-François Lyotard oder Paul Virilio in Deutschland überhaupt bekannt. Anfangs war der Ansatz des Merve-Verlags vom DIY-Gedanken geprägt: Von der Akquise über die Übersetzung bis hin zum Druck waren die Prozesse zunächst vollständig in der Hand eines Kollektivs, das damit, zumindest testweise, eine neomarxistische Wiederaneignung der Produktionsmittel im Verlagswesen verfolgte. Antibürgerliche Tendenzen zeigten sich auch im laxen Umgang mit Urheberrechten. So stellte Merve in Eigenregie Raubdrucke fremder Werke her, die beispielsweise vor der Mensa der Freien Universität Berlin oder in linksalternativen Buchläden unter der Hand verkauft wurden (ebd.: 76). Damit schrieb sich Merve in die Tradition des Verlegens im Untergrund ein, das unterdrückte oder gar zensierte Publikationen verfügbar macht (Behrends/Lindenberger 2014). Diese Ästhetik des Halbseidenen trug von Beginn an zum Reiz der Bücher von Merve bei: Neben ihrem urheberrechtlich fragwürdigen Status waren die Auflagen in der Regel nicht sehr hoch, sodass man als Konsument:in eine knappe, vom Markt potenziell schnell verschwindende Ware ergattern konnte. Zu dem popkulturellen Charme des Verbotenen und Untergründigen gesellte sich der Trend, dass Taschenbücher mit wissenschaftlichem oder theoretischem Inhalt beliebter wurden (Felsch 2015: 56). Beim „Kneipengerede" (ebd.: 221) konnten sich Studierende mit einem – demonstrativ aus der Manteltasche herausragenden – Merve-Bändchen politische, popkulturelle und akademische Distinktionsvorteile in der *peer group* sichern und ihren Status durch ein Konsumprodukt zur Schau stellen.

Während der Merve-Verlag eine alternative Form des Verlegens in Partnerschaft mit der Wissenschaft darstellt (vor allem nach der durch Raubdrucke geprägten Anfangsphase), existieren auch alternative Formen des Verlegens, die direkt aus dem Forschungsbetrieb kommen. In diesem Fall wird die Wiederaneignung des verlegerischen Prozesses als Wiedergewinnung wissenschaftlicher Autonomie verstanden. Ein Beispiel für diese Form des Verlegens ist die organisationswissenschaftliche Zeitschrift *ephemera*. Ihre erste Ausgabe wurde 2001 als Ausdruck des Unmutes über die Marktmacht der großen Wissenschaftsverlage und ihrem Umgang mit Urheberrechten publiziert. Als Gegenentwurf erscheint die Zeitschrift von Beginn an nicht nur offen lizenziert (Open Access), sondern auch kostenfrei für Autor:innen und deren Institutionen. Die gesamte verlegerische Wertschöpfungskette von *Ephemera* – vom Begutachten und Korrekturlesen bis zum Cover-Design und Onlineveröffentlichung – wird von einem Kollektiv aus Wissenschaftler:innen organisiert. Somit ist die Zeitschrift vollständig unabhängig vom kommerziellen Verlagswesen und von unternehmerischen Interessen. Das Selbstverständnis des Kollektivs gründet in der Idee, eine marginalisierte Position an den Grenzen der Organisationsforschung zu besetzen, um sowohl der Entpolitisierung organisationstheoretischer Fragen als auch der Entfremdung wissenschaftlicher Arbeit entgegenzuwirken: „We [...] believe that the craft of running a journal by ourselves is central to reconfiguring the politics of academic work" (Ephemera 2020: 2).

Auch Lehrbücher haben einen großen Einfluss auf die Entwicklung einer wissenschaftlichen Disziplin. In verschiedenen Fachgebieten wird daher seit einigen Jahren die hegemoniale Stellung einiger Lehrbücher und deren mangelnde Perspektivenvielfalt kritisiert (van Treeck/Urban 2016). Alternative Formen des Verlegens von Lehrbüchern sind Ausdruck dieser Kritik. Ein Beispiel aus den deutschsprachigen Rechtswissenschaften ist die 2020 gegründete Initiative *OpenRewi*, die das Ziel verfolgt, für möglichst viele rechtswissenschaftliche Bereiche neue Lehrmittel zu erstellen und zu verlegen. Alle Lehrmittel sollen gemäß der Open-Definition *offen* sein, das heißt kostenfrei und nachnutzbar im Internet verfügbar (Open Knowledge Foundation 2014; auch usw., Dander 2023; CC, Rack 2023). Die Lehrmittel entstehen in Projektteams, deren Arbeitsweise von der Initiative selbst als „dezentral, autonom und kooperativ" (OpenRewi 2021) beschrieben wird. In Abgrenzung zum traditionellen Verlegen steht auch die Selbstverpflichtung der Initiative zu umfassender Transparenz (beispielsweise in Form von frei zugänglichen Arbeitsplänen) und Diversität (beispielsweise durch die Einbindung von Studierenden und geschlechterparitätische Projektteams).

Räuberisches Verlegen. In der Peripherie des wissenschaftlichen Verlegens lauern seit einiger Zeit sogenannte Raubtierverlage (*predatory publishers*), die sich auf die Publikation von Raubtierzeitschriften (*predatory journals*) spezialisiert haben. Diese Verlage fordern Akteure im Zentrum des Feldes durch ihre ausschließliche Orientierung an ökonomischen Interessen heraus. Entstanden sind sie im Schatten der umfassenden Open-Access-Transformation des wissenschaftlichen Verlegens (Dobusch/Heimstädt 2019, 2021). Seit den frühen 2000er Jahren stellen etablierte Wissenschaftsverlage ihre Geschäftsmodelle erst zögerlich, dann aber immer umfassender von einem

Abonnement-Modell auf ein Modell mit *article processing charges* (APCs) um. Im traditionellen Abonnement-Modell waren Zeitschriftenartikel online hinter einer Bezahlschranke platziert. Zugang hatten nur solche Wissenschaftler:innen, deren Forschungsinstitutionen ein Abonnement der entsprechenden Zeitschrift abgeschlossen hatten. Im APC-Modell wird die Transaktion anders organisiert: Forschungsinstitutionen zahlen einmalig eine Gebühr an den Verlag, wenn ein Artikel nach dem Begutachtungsprozess zur Veröffentlichung in einer Zeitschrift akzeptiert wurde. Der Artikel ist anschließend via Open Access verfügbar, also für alle Leser:innen frei im Internet zugänglich. Die Gebührenlast verschiebt sich von den Konsument:innen hin zu den Produzent:innen.

Raubtierverlage machten sich diese Umstellung zunutze und etablierten eine wachsende Zahl neuer Zeitschriften, um APCs von Forschungsinstitutionen abzuschöpfen. Raubtierzeitschriften geben lediglich vor, eine Begutachtung nach wissenschaftlichen Standards durchzuführen – faktisch publizieren sie beinahe jeden eingereichten Beitrag. Wenn den Autor:innen überhaupt Gutachten vorgelegt werden, sind diese durchweg positiv, generisch und oft nur wenige Sätze lang. Ob die Gutachten von Menschen oder sogar vollautomatisch erstellt wurden (beispielsweise von Systemen wie GPT-3 aus dem Bereich des Natural Language Processing), bleibt unklar. Durch Raubtierzeitschriften gerät somit nicht nur die Reputation des wissenschaftlichen Begutachtungsprozesses in Gefahr, sondern sie stellen auch eine neue Möglichkeit des *sciencewashing* dar, der gezielten Verkleidung von Falschaussagen in das Gewand wissenschaftlicher Neutralität und Objektivität (Dobusch/Heimstädt 2019: 609). Raubtierzeitschriften sind keine Randerscheinung des Wissenschaftssystems mehr und gewinnen, zumindest quantitativ, zunehmend an Bedeutung für die wissenschaftliche Öffentlichkeit (Dobusch/Heimstädt 2021). Für das Jahr 2014 schätzten Shen und Björk (2015) die Größe des Marktes für Raubtierzeitschriften auf 74 Millionen US-Dollar, verglichen mit einem Volumen von 244 Millionen US-Dollar für seriöse Open-Access-Fachzeitschriften und 10,5 Milliarden US-Dollar für den weltweiten Markt für Zeitschriftenabonnements. Zwischen 2010 und 2014 ist die Gesamtzahl an Artikeln in Raubtierzeitschriften von 53.000 auf 420.000 angewachsen (ebd.).

Die Praktiken der Raubtierverlage unterscheiden sich deutlich von jenen anderen Formen wissenschaftlichen Verlegens. Die Organisation des Begutachtungsverfahrens spielt bei Raubtierzeitschriften kaum eine Rolle. Verlegen bedeutet für Raubtierverlage vor allem das Anlocken und Festhalten von Manuskripten. Dies tun sie, indem sie ihre Webseiten visuell denen von renommierten Zeitschriften angleichen und ein sehr breites Spektrum an Themen benennen. Das wichtigste Lockinstrument von Raubtierzeitschriften sind Phishing-Emails, die Angehörige von Forschungsinstitutionen oftmals täglich in ihren Postfächern finden und in denen sie zur Einreichung eines Beitrags ermuntert werden. In diesen Phishing-Emails wird zum einen auf die vergleichsweise niedrigen APCs der Zeitschrift, zum anderen auf die Bearbeitungszeit von nur wenigen Tagen oder Wochen verwiesen. Letztere wiederum realisieren Raubtierzeitschriften, wie oben beschrieben, durch einen äußerst oberflächlich oder symbolisch durchgeführten Peer Review. Ist ein Manuskript einmal angelockt, wird es von der Raubtierzeitschrift möglichst unnachgiebig festgehalten, um zu verhindern, dass es dem Verwertungsprozess wieder entzogen wird. Dies wird besonders sichtbar in Fällen, in denen Autor:innen im Verlauf des vermeintlichen Begutachtungsprozesses Zweifel an der Ernsthaftigkeit der Zeitschrift bekommen, der Verlag sich jedoch weigert, einem Rückzug des Beitrags zuzustimmen und es stattdessen in Geiselhaft nimmt, bis die APCs bezahlt sind (Chambers 2019).

Plattformartiges Verlegen. Das plattformartige Verlegen umfasst solche Organisationsformen, in denen über digitale Plattformen verlagsähnliche Verfahren der Qualitätsprüfung sichtbar werden, die sich selbst jedoch (noch) nicht als Verlag verstehen. Plattformartiges Verlegen wird von Akteuren im Zentrum des Feldes als Herausforderung wahrgenommen, ohne dass dies von Betreiber:innen oder Nutzer:innen der Plattformen notwendigerweise beabsichtigt ist (anders als beim alternativen und räuberischen Verlegen).

Eines der prägnantesten Beispiele für plattformartiges Verlegen sind Preprint-Server. Als Preprints werden alle wissenschaftlichen Texte bezeichnet, deren Publikation in einer Fachzeitschrift beabsichtigt ist, die jedoch noch nicht zur Begutachtung eingereicht oder nicht zur Veröffentlichung akzeptiert wurden. Mitunter verschicken Wissenschaftler:innen ihre Preprints direkt an Kolleg:innen oder publizieren sie über wissenschaftliche soziale Netzwerke wie *Academia.edu* und *Researchgate*. Zunehmend beliebt wird seit einigen Jahren auch die Veröffentlichung auf disziplinär-spezialisierten Preprint-Servern. Wird ein Text auf einem Preprint-Server hochgeladen, ist er für alle Besucher:innen der Plattform zugänglich. Zusätzlich erhält er einen Digital Object Identifier (DOI), eine Zertifizierung, die sonst nur durch Verlage für wissenschaftliche Artikel vergeben wird. Durch den DOI erhöht sich die Dauerhaftigkeit und somit die Zitierfähigkeit des Dokuments. Eine Studie von 2019 zählt weltweit 63 verschiedene Preprint-Server, von denen 38 in den Jahren 2016 bis 2019 online gingen (Johnson/Chiarelli 2019).

Die zunehmende Verfeinerung der Qualitätskontrolle über diese Plattformen lässt sich am deutlichsten anhand des ältesten Preprint-Servers *arXiv* zeigen. Das heutige Vertrauen in die Grundqualität der wissenschaftlichen Beiträge auf *arXiv* ist mit dem Vertrauen in traditionelle Fachverlage und -zeitschriften vergleichbar. In den frühen 1990er Jahren begannen Physiker:innen damit, digitale Kopien ihrer Manuskripte auf der von Paul Ginsparg gegründeten Plattform abzulegen, um den wissenschaftlichen Austausch zu fördern (Butler 2001). Schon kurze Zeit später folgten Preprints aus den Natur- und Technikwissenschaften. Zu Beginn waren der Gründer und ein Team aus ehrenamtlichen Helfer:innen noch selbst in der Lage, alle neu hochgeladenen Inhalte auf ein Mindestmaß an Qualität zu prüfen. Mit wachsender Popularität der Plattform wurde dieses einfache System sukzessive durch ein komplexes System aus automatischer Filterung sowie Sichtung und Sortierung durch themenspezifische Administrator:innen ersetzt (Reyes-Galindo 2016). Durch Verfahren der automatischen Texterkennung werden Beiträge, deren Sprache aus Sicht der Administrator:innen auf mangelnde Wissenschaftlichkeit hindeutet, unmittelbar abgelehnt. Für Beiträge, die diese erste Hürde genommen haben, treffen menschliche Administrator:innen die Entscheidung, ob sie in eine spezielle Kategorie eingruppiert oder als „crackpot science" eingeschätzt und in die Kategorie „gen-ph [general physics]" verschoben werden (ebd.: 596).

Schon vor der COVID-19-Pandemie hatten sich rund um lebenswissenschaftliche Preprint-Server wie *bioRxiv* und *medRxiv* weitere Praktiken der plattformartigen Qualitätssicherung entwickelt. So setzte sich die 2017 gegründete Initiative PREreview (Post, Read, and Engage with preprint reviews) zum Ziel, die Institution des Lesekreises für neue Fachartikel auf das Format des Preprints zu übertragen. Um im Zuge der COVID-19-Pandemie *fast science* zu stärken und gleichzeitig *fake science* zu verhindern, beteiligte sich die Initiative am Aufbau der Plattform *Outbreak Science Rapid PREreview*. Diese mobilisiert Wissenschaftler:innen dazu, zeitnah und in strukturierter Form Kurzgutachten zu neuen Preprints zu verfassen (Johansson/Saderi 2020). Sowohl die Filtersysteme von *arXiv* als auch die Kurzgutachten auf *bioRxiv* und *medRxiv* zeigen, dass digitale Plattformen von der wissenschaftlichen Gemeinschaft genutzt werden können, um die Bearbeitung der Kernaufgabe von Wissenschaftsverlagen – die Organisation von Qualitätsprüfung – anders einzurichten.

Neue Datenpraktiken

Unsere Kartografie des wissenschaftlichen Verlegens führte vom Zentrum zur Peripherie des Feldes für wissenschaftliches Verlegen. Im Sinne eines Ausblicks verlassen wir nun dort die Karte und erkunden neue, abseitige Praktiken von Verlagsorganisationen – solche, in denen die Bereitstellung wissenschaftlicher Literatur zur Fassade für andere, wissenschaftsunabhängige Geschäftsfelder wird. Mit der Umstellung von gedruckten auf elektronische wissenschaftliche Texte hat sich die Bedeutung der Infrastruktur, über die diese Texte angeboten wird, deutlich verschoben. Der Zugang zu digitaler Fachliteratur geschieht, wie eingangs beschrieben, vorwiegend über die Webseiten einiger weniger Großverlage. Anders als zu Zeiten analoger Literatur sind die Verlage somit imstande, umfassende Daten nicht nur über einzelne Publikationen, sondern auch über einzelne Nutzer:innen zu sammeln. Besuchen Wissenschaftler:innen beispielsweise die Webseite der renommierten Zeitschrift *Nature*, so kommen sie dort in Kontakt mit digitalen Werkzeugen wie Trackern, Audience-Tools, Fingerprintern und „Werkzeugen zur Echtzeitversteigerung von Nutzerdaten" (Brembs/Förstner/Kraker/Lauer/Müller-Birn/Schönbrodt/Siems 2020). Die großen Wissenschaftsverlage bieten nicht mehr nur Zeitschriften an, sondern betreiben auch eine Reihe weiterer wissenschaftlicher Dienstleistungsangebote (beispielsweise zur Verwaltung von Literatur, automatisierter Recherche, Management von Forschungsdaten oder kollaborativen Arbeit an Dokumenten), mit deren Datenspuren sich die aus Zeitschriften gewonnenen Profile weiter anreichern lassen.

Zu Beginn dieses Artikels haben wir beschrieben, dass die Digitalisierung wissenschaftlicher Texte zu einer Ausweitung verlegerischer Praktiken beigetragen hat. Neue Praktiken geraten jedoch spätestens dann in Konflikt mit den Interessen der wissenschaftlichen Gemeinschaft, wenn Aggregation und Vertrieb von Nutzungsdaten zum Geschäftsfeld wissenschaftlicher Verlage werden. Es lässt sich zum einen vermuten, dass Großverlage diese Nutzungsdaten durch Onlinemarketing monetarisieren. Zum anderen liegt es nahe, dass die Anbieter dieser wissenschaftlichen Dienstleistungen die gewonnenen Daten auch für Dienstleistungen ihrer anderen Geschäftsbereiche verwenden, beispielsweise zum „Big Data Policing" (ebd.). Wenn sich diese Vermutungen durch weitere Forschung bestätigen lassen sollten, bedeutet dies die Pervertierung der verlegerischen Praxis: Die Bereitstellung wissenschaftlichen Wissens durch unternehmerische Mittel wird in eine Figur verkehrt, in der die ehemals zentrale Praktik des Verlegens zu einem Mittel wird, dem lukrativen Handel mit Daten nachzugehen.

Referenzen

Adema, Janneke/Stone, Graham (2018). The Surge in New University Presses and Academic-led Publishing: An Overview of a Changing Publishing Ecology in the UK. *Liber Quarterly, 27*(1), 97–126.

AG Universitätsverlage (2018). Sieben Positionen zu institutionellen Publikationsinfrastrukturen und Universitätsverlagen. URL: blog.bibliothek.kit.edu/ag_univerlage/wp-content/uploads/2018/06/AG_Univerlage_Sieben-Positionen_Stand_Juni_2018.pdf [06.08.2021]

Anderson, Kent (2012). A Proposed List — 60 Things Journal Publishers Do. *The Scholarly Kitchen*. URL: scholarlykitchen.sspnet.org/2012/07/18/a-proposed-list-60-things-journal-publishers-do/ [06.08.2021]

Anderson, Kent (2018). Focusing on Value — 102 Things Journal Publishers Do (2018 Update). *The Scholarly Kitchen*. URL: scholarlykitchen.sspnet.org/2018/02/06/focusing-value-102-things-journal-publishers-2018-update/ [06.08.2021]

Behrends, Jan/Lindenberger, Thomas (2015). *Underground Publishing and the Public Sphere: Transnational Perspectives*. Münster: LIT Verlag.

Brembs, Björn/Förstner, Konrad/Kraker, Peter/Lauer, Gerhard/Müller-Birn, Claudia/Schönbrodt, Felix/Siems, Renke (2020). Auf einmal Laborratte. *Frankfurter Allgemeine Zeitung*. URL: zeitung.faz.net/faz/geisteswissenschaften/2020-12-02/3a45541d53e-23d3ae2cbea2c3e6a0af1 [06.08.2021]

Butler, Declan (2001). Los Alamos Loses Physics Archive as Preprint Pioneer Heads East. *Nature, 412*(6842), 3–4.

Chambers, Alan (2019). How I Became Easy Prey to a Predatory Publisher. *Sciencemag*. URL: sciencemag.org/careers/2019/05/how-i-became-easy-prey-predatory-publisher [06.08.2021]

Dander, Valentin (2023). usw. In Sandra Hofhues/Konstanze Schütze (Hg.), *Doing Research*. Bielefeld: Transcript, 376–383.

Dobusch, Leonhard/Heimstädt, Maximilian (2019). Predatory Publishing in Management Research: A Call for Open Peer Review. *Management Learning, 50*(5), 607–619.

Dobusch, Leonhard/Heimstädt, Maximilian (2021). Strukturwandel der wissenschaftlichen Öffentlichkeit: Konstitution und Konsequenzen des Open-Access-Pfades. *Leviathan*, Sonderband 37, 425–454.

Eisenstein, Elizabeth (2005). *The Printing Revolution in Early Modern Europe*. Cambridge: Cambridge University Press.

Ephemera (2020). *Pasts, presents, and futures of critical publishing: Marking 20 years of ephemera*. URL: ephemerajournal.org/content/pasts-presents-and-futures-critical-publishing-marking-20-years-ephemera [06.08.2021]

Felsch, Philipp (2015). *Der lange Sommer der Theorie. Geschichte einer Revolte*. München: Beck.

Fischer, Georg (2020). Licht und Schatten in der akademischen Medienindustrie. In Simon Schrör/Georg Fischer/Sophie Beaucamp/Konstantin Hondros (Hg.), *Tipping Points. Interdisziplinäre Zugänge zu neuen Fragen des Urheberrechts*, Baden-Baden: Nomos, 223–240.

Heintz, Bettina (2000). „In der Mathematik ist ein Streit mit Sicherheit zu entscheiden." Perspektiven einer Soziologie der Mathematik. *Zeitschrift für Soziologie, 29*(5), 339–360.

House of Commons (2003). Scientific Publications: Free for All? URL: publications.parliament.uk/pa/cm200304/cmselect/cmsctech/399/399.pdf [06.08.2021]

Johansson, Michael/Saderi, Daniela (2020). Open Peer-Review Platform for COVID-19 Preprints. *Nature, 579*(7797), 29.

Johnson, Rob/Chiarelli, Andrea (2019). The Second Wave of Preprint Servers. How Can Publishers Keep Afloat? *The Scholarly Kitchen*. URL: scholarlykitchen.sspnet.org/2019/10/16/the-second-wave-of-preprint-servers-how-can-publishers-keep-afloat/ [06.08.2021]

Larivière, Vincent/Haustein, Stefanie/Mongeon, Philippe (2015). The Oligopoly of Academic Publishers in the Digital Era. *PloS ONE, 10*(6), e0127502.

Mayer, Katja (2023). Bd. In Sandra Hofhues/Konstanze Schütze (Hg.), *Doing Research*. Bielefeld: Transcript, 130–137.

Open Knowledge Foundation (2014). Offen-Definition. URL: opendefinition.org/od/2.0/de [06.08.2021]

OpenRewi (2021). Über uns. URL: openrewi.org/mission [06.08.2021]

Rack, Fabian (2023). CC. In Sandra Hofhues/Konstanze Schütze (Hg.), *Doing Research*. Bielefeld: Transcript, 154–161.

Reyes-Galindo, Luis (2016). Automating the Horae: Boundary-Work in the Age of Computers. *Social Studies of Science, 46*(4), 586–606.

Seifert, Fedor (2014). *Kleine Geschichte(n) des Urheberrechts. Entstehung und Grundgedanken des geistigen Eigentums*. Passau: MUR-Verlag.

Thompson, John (2005). *Books in the Digital Age*. Cambridge: Polity Press.

Tschmuck, Peter (2013). Das 360°-Musikschaffen im Wertschöpfungsnetzwerk der Musikindustrie. In Bastian Lange/Hans-Joachim Bürkner/Elke Schüssler (Hg.), *Akustisches Kapital: Wertschöpfung in der Musikwirtschaft*, Bielefeld: Transcript, 285–316.

Van Treeck, Till/Urban, Janina (2017). *Wirtschaft neu denken: Blinde Flecken in der Lehrbuchökonomie*. Berlin: iRights Media.

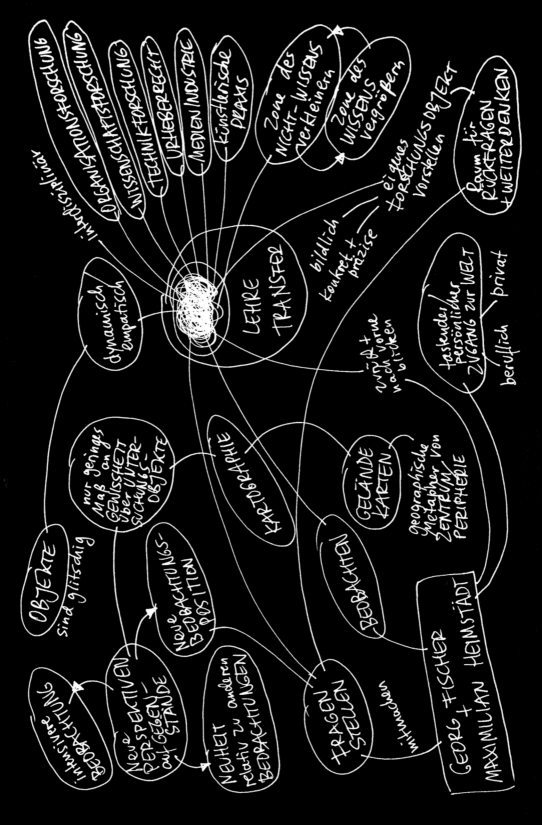

vgl. Funktionalitäten in Erziehungs- wissenschaft und Design — Julia Schütz, Gerald Moll

Vergleiche (Vgl.) *sind omnipräsent und erfüllen eine Reihe unterschiedlicher Funktionen. Dieser Beitrag[1] geht der Frage nach, wie und zu welchem Zweck Vergleiche in der wissenschaftlichen Praxis Anwendung finden. Dabei rückt sowohl die Kommunikationsform der Schriftsprache als auch die des Bildes in den Blick. Anschließend thematisiert der Beitrag den Vergleich in seiner epistemischen Funktion. Hier zeigt sich, dass Vergleiche der Orientierung, Legitimation und Positionierung dienen und vor allem die Antwort auf sozial anerkannte und geforderte Ansprüche an die Wissenschaft sind.*

Vgl. sind allgegenwärtig. Durch sie orientieren wir uns im alltäglichen und beruflichen Leben, erkennen Situationen und passen unsere Verhaltensweisen an (Jahn 2011). Menschen vergleichen in ihrem Alltag häufig und vieles, wenngleich ihre Vergleiche nicht immer transparent kommuniziert werden und teilweise eher den innerlichen Verstehensprozessen dienen als der Nachvollziehbarkeit des Denkens und Handelns gegenüber anderen Personen. In der wissenschaftlichen Praxis ist die Verwendung von Vergleichen ebenfalls allgegenwärtig, aber in der Darstellung weitaus transparenter als in alltagsweltlichen Zusammenhängen. In dem international beachteten Belletristik-Bestseller *Hectors Reise oder die Suche nach dem Glück* wird vom Protagonisten, dem Psychiater Hector, als eine der wichtigsten Lektionen für ein glückliches Leben benannt: „Vergleiche anzustellen ist ein gutes Mittel, um sich sein Glück zu vermiesen" (LeLord 2004: 27). Anders und doch ähnlich verhält es sich mit Vergleichen im Wissenschaftssystem.[2] Welche grundlegenden Funktionen dem Vergleich in der Wissenschaft zukommen, wird hier exemplarisch anhand des *doing research* in der Erziehungswissenschaft sowie im Design erläutert. So erklärt sich der nachfolgende Fokus auf Schrift und Bild. Darüber hinaus erweitern wir die Perspektive durch die Vorstellung eines Forschungsansatzes, der originär in der Erziehungswissenschaft beheimatet ist und hier als Beispiel dafür fungiert, wie mittels Vergleiches wissenschaftliche Erkenntnisse gewonnen werden können. Dass diese beiden augenscheinlich ungleichen Disziplinen – Erziehungswissenschaft und Design – in einem gemeinsamen Beitrag aufeinandertreffen, folgt der Auffassung Rudolf Stichwehs (2013/1994: 21f), der zufolge sich Disziplinen vorrangig anhand ihres Gegenstands und nicht in Abgrenzung zueinander entwickelt haben. Die Frage nach dem *doing research* ist eine disziplinübergreifende, die am ehesten über- und interdisziplinär zu beantworten ist. Unbestreitbar haben Disziplinen unterschiedliche Praktiken des Kommunizierens ausgebildet, wenngleich die schriftliche Kommunikation – und damit die Verwendung von schriftlichen Abkürzungen – allen gemein ist (ebd.; Taubert 2017: 130).

Vergleiche als Verweise

Vergleiche innerhalb wissenschaftlicher Kommunikation – dazu zählen sowohl schriftsprachliche, mündliche als auch visuelle Formen – erfüllen unterschiedliche Funktionen für je unterschiedliche Akteur:innengruppen (hierzu zählen Studierende, Wissenschaftler:innen sowie Akteur:innen außerhalb der Wissenschaft). Während Schrift und Sprache geläufige Kommunikationsformen darstellen, werden Bilder (beispielsweise in Form von Abbildungen, statistischen Diagrammen oder Mappings) nicht immer sofort mit Wissenschaftskommunikation und Wissenschaftshandeln assoziiert (siehe auch s., Kramer 2023). Dabei

„eröffnet die Bildsprache unserer Kultur neue Kommunikationsmöglichkeiten und Wirklichkeitskonstruktionen neben dem Sprachlichen, die nicht auf Worte reduzierbar sind, sondern genuin alternative Weltzugriffe ermöglichen" (Stetter 2021).

Ästhetisch-künstlerische, geistes- und sozialwissenschaftliche Disziplinen bedienen sich ebenso des Vergleichs wie naturwissenschaftliche Fächer. Vergleiche fungieren dabei als Verweise auf andere Informationsquellen. Im Nachfolgenden werden wir zeigen, wie und zu welchem Zweck Vergleiche in der wissenschaftlichen Praxis Anwendung finden. Dabei fokussieren wir in einem ersten Schritt die Kommunikationsform Schrift und wenden uns im Anschluss dem Bild als visuellem Kommunikationsmittel zu. Anschließend thematisieren wir den Vergleich und seine Funktion als Zugangsform zu wissenschaftlicher Erkenntnisgewinnung.

Vergleiche und Schriftsprache

Anhand des Aufbaus eines fiktiven wissenschaftlichen Zeitschriftenbeitrags sollen die verschiedenen Funktionen des Vergleichs und die unterschiedlichen (direkt oder indirekt) beteiligten Akteur:innengruppen aufgezeigt werden. Zugrunde gelegt wird ein Verständnis von wissenschaftlicher Arbeitsweise, das auf Wissensgenerierung, -vermittlung und -verständnis abzielt. Ein Zeitschriftenbeitrag führt zu Beginn die Leser:innenschaft in das Thema ein und argumentiert für dessen Relevanz unter Einbezug des aktuellen Forschungsstandes. Die Autor:innen wählen in Form von Vergleichen für sich selbst und für die

Leser:innen als wichtig erachtete Publikationen aus. Der Vergleich erfüllt so die Funktionen einer *Einordnung*, sowohl der wissenschaftlichen Herkunft der Verfasser:innen als auch der diskursiven Anbindung des Themas sowie die der disziplinären *Orientierung* der Leser:innen. Die zentrale Fragestellung wird mit Verweisen auf andere wissenschaftliche Studien begründet. Der Vergleich mit diesen zeigt im besten Fall an, dass ein Forschungsdesiderat besteht und sich die gewählte Fragestellung von anderen unterscheidet. Dadurch erfüllt der Vergleich die Funktion der *Legitimation* der wissenschaftlichen Auseinandersetzung, das *doing research*.

Obligatorisch wenden sich die Autor:innen nach dem ersten Abschnitt des Beitrags dem aktuellen Stand der Forschung zu. Vergleiche dienen an dieser Stelle als Beleg und Bestätigung für die eigenen Annahmen. Damit dies nicht die in Fachzeitschriften übliche Zeichenbegrenzung überschreitet, werden in Klammern zumeist mehrere Verweise gegeben. Hier kommt die Funktion der *Vertiefung* zum Tragen. Mit den weiterführenden Verweisen wird nicht nur ein Anreiz gegeben, einschlägige Konzepte, Begriffe oder Themen tiefergehend zu verstehen, sondern sie entlasten (*Entlastung*) die Autor:innen auch bei der Erläuterung und Definition ebendieser. Die *Reduktion von Komplexität* stellt damit eine wichtige Funktion von Vergleichen in der wissenschaftlichen Arbeit dar und birgt gleichzeitig das Risiko der *Verkürzung*, die wiederum als weitere Funktion von Vergleichen markiert werden kann. Die Aufarbeitung des aktuellen Forschungsstands und der vorausgegangene iterative Prozess im Zusammenspiel mit der Entwicklung der Forschungsfrage sowie der Ausarbeitung eines Untersuchungsplans tragen dazu bei, bereits vor Beantwortung der Forschungsfrage Erkenntnisse durch Vergleiche zu gewinnen.

Im nächsten Abschnitt des Zeitschriftenbeitrags wird das empirische oder theoretisch-konzeptionelle Vorgehen dargelegt und begründet. Handelt es sich um einen empirischen Beitrag, verweisen die Autor:innen in diesem Abschnitt auf Standardwerke der Methodenliteratur und in diesem Zusammenhang eigenständig verfasste Beiträge. Sie machen damit deutlich, dass sie in diesem Arbeitsbereich als Wissenschaftler:innen ausgewiesen sind, und legitimieren ihre Autor:innenschaft und Expertise. Der Vergleich dient an dieser Stelle erneut einer Einordnung, nun für das methodische Vorgehen. Ebenso dient er der *Wiedererkennung* und besseren *Nachvollziehbarkeit* bereits bekannter Untersuchungspläne sowie der *Reputation* der Verfasser:innen selbst. Das Zitieren anderer, meist in der eigenen Disziplin beheimateten Kolleg:innen stellt ein gängiges und von der wissenschaftlichen Community erwartetes Vorgehen dar. Das Ignorieren dieser Praxis würde als grobe Nachlässigkeit der Autor:innen bewertet. An dieser Stelle ist darauf hinzuweisen, dass sogenannte Zitationskartelle, also das implizit oder explizit abgesprochene gegenseitige Zitieren zur Aufwertung der wissenschaftlichen Reputation, erkennbar sind, obwohl von Wissenschaftler:innen gemeinhin geduldet. In wissenschaftlichen Communities gilt das gegenseitige Aufeinander-Verweisen mittels Vergleichs mitunter als *Solidaritätsbekundung* und der gegensätzliche Fall als vorsätzliche Missachtung der Leistung anderer. Auch dem fehlenden Vergleich kann also funktionale Bedeutung zugewiesen werden.

Im Ergebnisteil des fiktiven Zeitschriftenbeitrags werden die empirischen Befunde schließlich dargestellt, an den wissenschaftlichen Diskurs angebunden und diskutiert. Zahlreiche Vergleiche zu anderen Untersuchungen ähnlichen Formats werden gezogen und in ihren Unterschieden und Gemeinsamkeiten diskutiert. Die Vergleiche dienen hier sowohl der *Abgrenzung* als auch der *Anschlussfähigkeit* der eigenen Befunde und belegen dadurch die Exklusivität der vorgelegten Untersuchung. Limitationen der wissenschaftlichen Bearbeitung können so entkräftet werden.

Anhand des Beispiels eines fiktiven Fachbeitrags zeigt sich, dass Vergleichen im schriftlichen wissenschaftlichen Arbeiten unterschiedliche Funktionalitäten zugesprochen werden können, die verschiedene Akteur:innengruppen betreffen und den wissenschaftlichen Anforderungen, also der Arbeit an der Sache an sich, dienen. Diese Handlungsweise muss erlernt werden und grenzt sich vom Alltagshandeln ab. Auch wenn die Suche nach dem Glück für wissenschaftliches Arbeiten nicht genuin handlungsleitend ist, so sind es doch gerade die (fehlenden) Vergleiche, die dazu führen, neue Fragestellungen zu entwickeln und Erkenntnisse zu generieren. Zudem ist

„Wissenschaft […] in ihrem Kern durch die systematische Suche nach neuen Erkenntnissen und Wahrheit gekennzeichnet. Diese neuen Erkenntnisse sollen möglichst objektiv, intersubjektiv nachprüfbar und verallgemeinerbar sein." (Bänsch/Allewell/Moll 2020: 3)

Wissenschaftliche Erkenntnisse sollten außerdem in eigener Leistung vollbracht werden und nicht plagiiert sein, sodass eine weitere wichtige Funktion des Vergleichs in Erscheinung tritt: der *Schutz des Urheberrechts*.

Vergleiche im Bild

Als visuelles Kommunikationselement dient das Bild in unterschiedlichen Ausführungen der Wissenschaftskommunikation. Wenn wir im Folgenden vom

Bild sprechen, sind damit jegliche visuellen Darstellungsformen gemeint. Die visuelle Übersetzung wissenschaftlicher Vorgehensweisen und Erkenntnisse in Form von schematischen Abbildungen gilt, möglicherweise nicht zuletzt durch den Einzug digitaler Hilfsmittel, als wissenschaftlicher Standard. Als Subdisziplin der Kommunikationswissenschaften konnte sich die Visuelle Kommunikationsforschung etablieren (Lobinger 2020). „Bilder vermögen komplexe Zusammenhänge, Prioritäten und Abhängigkeitsverhältnisse sichtbar zu machen und Komplexität zu reduzieren" (Adelmann/Hennig/Hessler 2008: 42). Bilder, so beschreibt es Julia Metag (2020: 2),

„können daher ein Weg sein, jene wissenschaftlichen Phänomene für uns wahrnehmbar zu machen, die sonst nicht mit bloßem Auge zu erkennen wären, auch wenn Bilder nicht alle wissenschaftlichen Prozesse oder Phänomene exakt abbilden können".

Wird ein Bild im Forschungsprozess oder im Rahmen der Vermittlungsarbeit in hochschulischen Lehr- und Lernsettings kontextualisiert, so folgt meist eine Bildbeschreibung. Ein Bild wird zuweilen erst dann als wissenschaftlich angesehen, wenn es textlich eingebunden[3] wird (Lohoff 2008). Dies kann jedoch auch gegenteilig ausgelegt werden: Nicht der Text kontextualisiert das Bild innerhalb einer wissenschaftlichen Abhandlung, sondern das Bild ist unabdingbarer Bestandteil eben dieser. „A method that seeks to engage the postmodern must engage the visual", schreibt Adele E. Clarke (2005: 205). Das Bild kann durch einen Verweis im Sinne eines Vergleichs auf weitere Bildquellen bestätigt, analysiert oder historisch abgrenzt werden. Damit finden sich die Funktionalitäten der Einordnung, der Komplexitätsreduktion sowie der Nachvollziehbarkeit in der Bildsprache wie sie bereits für die Schriftsprache identifiziert wurden.

Das Bild als Kommunikationsmittel im *doing research* erfüllt in seiner bloßen Existenz multiple Funktionen. Bilder, die in der Wissenschaft vergleichend eingesetzt werden, finden sich prominent in der Darstellung empirischer Befunde. Hier werden Bilder in Form von Grafiken beispielsweise als Balkendiagramme oder Boxplots generiert und in direkten Vergleich gestellt, um wissenschaftliche Erkenntnisse überhaupt erst verstehen und einordnen zu können. Darüber hinaus können auch Zeichnungen, schematische Darstellungen oder Fotografien verschiedene Zustände einer Thematik darstellen und vergleichbar machen. Schmelzende Gletscher, volle und leere Bahnhöfe, gesunde und zerstörte Wälder, Modetrends, technische Ausstattungen in bestimmten zeitgeschichtlichen Epochen sowie Veränderungen der Geografie einer Landschaft sind mittels visueller Darstellungsformen für die Betrachter:innen schnell zu erfassen. Den Leser:innen beispielsweise des oben genannten fiktiven Beitrags wird unmittelbar vor Augen geführt, ob Veränderungen stattgefunden haben und wenn ja, welche. Der Vergleich erfüllt damit Funktionen der *Orientierung* und *Zustandsdiagnostik*. Der Bildvergleich kann durch vergleichbare Parameter Unterschiede aufzeigen. Diese Unterschiede können historisch bedingt sein, aber auch, zum Beispiel in einer interaktiven Karte, durch aktive Einflussnahme der Rezipient:innen in Form der Veränderung digitaler Parameter hervorgerufen werden. Ein Verständnis dieser Parameter vorausgesetzt, trägt der visuelle Vergleich somit zum Erkenntnisgewinn bei.

Je nachdem, wie dramatisch, signifikant Veränderungen eines Zustandes in den Abbildungen zu Tage treten, kann mit dem Erkenntnisgewinn eine *Handlungsaufforderung* einhergehen. Zeigt der Bildvergleich eine positive Veränderung, kann die Entwicklung durch Handlungen verstärkt oder fortgeführt werden. Zeigen sich negative Auswirkungen, kann dies eine Handlungsaufforderung an die wissenschaftlichen Akteur:innen oder auch die Öffentlichkeit implizieren. Hier wiederum birgt der Bildvergleich die Gefahr der *Manipulation*. Denn je nach Ausprägung der sichtbaren Veränderungen kann die Aufforderung zur Handlung in unterschiedlichen Dringlichkeitsstufen erfolgen und eine emotionale Reaktion erwünscht sein.

Eine darüberhinausgehende Funktion von Bildern in wissenschaftlichen Zusammenhängen wurde eingangs bereits angedeutet: Sie ermöglichen einen alternativen Weltzugriff, der im Verständnis von Bildung als Selbst- und Weltbezug aufscheint und gleichzeitig unterschiedliche Sinne adressiert. Visuelle Szenarien einer möglichen Zukunft können entworfen werden, die zunächst noch unbeschrieben und somit fiktiv erscheinen. Nach Peirce können ikonische Diagramme etwas Zukünftiges real werden lassen und eine neue Kategorie von Realität erzeugen (Pape 1983; Stjernfelt 2007). Werden Bilder miteinander verglichen, geschieht dies häufig mittels Sprache. Im sprachlichen Vergleich findet eine Reduktion des Abgebildeten, eine lineare Umsetzung eines intuitiven Zugangs zur Realität statt.

Ausgehend davon, dass die Darstellung wissenschaftlicher Befunde mithilfe bestimmter Bildformen allgemein anerkannt ist, stellt sich die Frage, wie diese Visualisierungen ohne schriftliche Ergänzungen aussagefähig sind. Ein Ansatz findet sich in der Gestalttheorie von Max Wertheimer (1925). Gestaltprinzipien kehren ihre Funktionsweise am eindrücklichsten im Vergleich heraus, der unmittelbar überzeugend ist. Voraussetzung dafür ist das Nebeneinander gleicher grafischer Stilmittel, Formen, Farben, Formate, welche sich nur durch Anordnung, Häufigkeit, Größe oder Form unterscheiden. Das Gesetz der Nähe etwa wird durch eine vergleichende Darstellung eines Quadrats bestehend aus einzelnen Kreisen gegenüber einzelnen, wenigen Kreisen gezeigt, die durch ihre Nähe zueinander eine eigene Form bilden. Der Vergleich manifestiert sich also als Gegenüberstellung grafischer Stilmittel in der Weise, dass die Unterschiede sofort zu Tage treten oder, metaphorisch gesprochen, ins Auge springen. Weitere Gestaltprinzipien, aus denen sich grundsätzliche Gestaltungsparadigmen im Design ableiten lassen, sind unter anderem das Gesetz der Ähnlichkeit, Geschlossenheit und fortgesetzten Linie. Wie die Bildgestaltung, Fotografie und Interface-Gestaltung arbeitet auch das Design häufig mit den Mitteln des Vergleichs auf visueller Basis (siehe **AFK**, Herlo 2023). Die visuelle Umsetzung zielt auf einen größtmöglichen Kontrast in der Darstellung ab, um Rezipient:innen eine Entscheidungsfindung zu ermöglichen und neue Erkenntnisse zu generieren.

Vergleiche als Forschungszugang und -gegenstand

Vergleiche können im *doing research* nicht nur in ihrer Funktionalität betrachtet werden, sondern werden mitunter auch selbst als Gegenstand der Forschung und/oder als methodische Arbeitsschritte im Erkenntnisprozess begriffen. Der Vergleich findet sich so beispielsweise in zahlreichen disziplinären Bezeichnungen wieder (etwa in der vergleichenden Politikwissenschaft oder vergleichenden Literaturwissenschaft) und erhebt sich auf diese Weise als eigenständiger Gegenstandsbereich. Der Vergleich orientiert sich häufig an weiteren Stellgrößen, etwa Internationalität und Zeitpunkten. Für den erziehungswissenschaftlichen Kontext lassen sich hier die internationalen Vergleichsstudien wie PISA (Programme for International Student Assessment) oder TIMSS (Trends in International Mathematics and Science Study) anführen, die eine Vergleichbarkeit zwischen den Bildungssystemen zu einem bestimmten Zeitpunkt forcieren und so den Wettbewerb befördern, der auf unterschiedlichen Ebenen durchaus kritisch bewertet wird (Tilmann 2016).

Anders als dieses teils kritisierte Vorgehen der internationalen Leistungsuntersuchungen ist der Ansatz einer komparativen pädagogischen Berufsgruppenforschung zu bewerten (Nittel/Schütz/Tippelt 2014; Schütz 2018), der zeigt, wie der theoretisch gerahmte Vergleich als wissenschaftliche Praktik zum Erkenntnisgewinn beiträgt. Komparativ-pädagogische Berufsgruppenforschung stellt eine konsequent vergleichende Forschungsperspektive dar und ist weniger – auch wenn dieser Eindruck naheliegt – von der vergleichenden Erziehungswissenschaft als vielmehr von einer spezifischen Variante der Arbeits- und Berufsforschung in der Tradition des Symbolischen Interaktionismus geprägt (Tippelt 2017).[4] Im Mittelpunkt dieses Forschungsansatzes steht der Vergleich kontrastierender pädagogischer oder nicht-pädagogischer Berufskulturen unter Maßgabe eines normativ neutralen, analytischen Konzepts (Meyer 2017). Der Versuch besteht darin, Gemeinsamkeiten und Unterschiede zwischen den pädagogischen Berufskulturen zu entdecken und dabei den Nukleus von pädagogischer Rationalität freizulegen, wobei es vor allem um das Verhältnis kommunikativen und strategischen Handelns im Habermasschen Sinne geht. Über dieses Vorgehen konnte beispielsweise gezeigt werden, dass die gesellschaftliche Anerkennung, die einer pädagogischen Berufsgruppe (dazu zählen nachweislich Erzieher:innen, Lehrer:innen, Weiterbildner:innen) entgegengebracht wird, im Zusammenhang mit unterschiedlichen Einflussgrößen steht (Schütz 2018): das Alter der Adressat:innen (je jünger, desto weniger gesellschaftlich anerkannt), der Anteil der Frauen im Berufsfeld (je mehr Frauen, desto weniger gesellschaftlich anerkannt) und die Nähe zu lebenspraktischen Aufgaben (je näher, desto weniger anerkannt). Über den Vergleich werden also neue Erkenntnisse, hier im Zusammenhang mit dem Berufshandeln, generiert und ermöglichen eine Verhältnisbestimmung innerhalb und außerhalb des originären Handlungsfelds. In seinen Studien hat Everett Hughes (1958) eine der zentralen Maximen komparativer Berufsforschung auf den Punkt gebracht: die Einnahme einer egalitären Haltung, die Einklammerung von gesellschaftlich ventilierten Vorurteilen über angesehene Berufe sowie der nüchterne Blick auf zentrale integrative Problemlagen, die von bestimmten Berufen und Professionen bearbeitet werden. Zugespitzt ließe sich formulieren: Der wertende Vergleich soll zumindest in der Haltung der Forscher:innen ausgeklammert werden. Insofern knüpft die komparative pädagogische Berufsgruppenforschung an die Tradition der Berufssoziologie des Symbolischen Interaktionismus an, da vordergründig unkonventionelle, ja riskante Vergleiche zwischen Berufen angestellt werden (ebd.). Fremdheit wird von diesem Ansatz systematisch gebraucht, um sie als Ressource für instruktive Suchbewegungen und die Inszenierung von dosierten Krisen im Forschungsprozess zu nutzen. Es ist viel Bewegung im kollektiven Prozess der Professionalisierung von Bildungsmitarbeiter:innen unterschiedlicher Bereiche zu beobachten – und dies nicht erst seit dem Einsetzen der Covid-19-Pandemie. Weil es sich aus der Außenperspektive der sogenannten Zivilgesellschaft um teilweise extrem unterschiedliche Berufsgruppen handelt (man denke an Erzieher:innen und Hochschulprofessor:innen) und gerade weil die Berufe sich in ihrer Reputation, im Image sowie in der gesellschaftlichen Wertschätzung so stark voneinander unterscheiden, sind sie im Ansatz einer komparativ pädagogischen Berufsgruppenforschung so attraktiv (Meyer/Nittel/Schütz 2020).

Schlussbemerkung

Vergleiche anzustellen ist, wie eingangs zitiert, ein gutes Mittel, um sich das eigene Glück zu vermiesen. Für das wissenschaftliche Arbeiten, das *doing research*, und der ihr zugehörigen schriftlichen und visuellen Kommunikation zählen Vergleiche zur gängigen Arbeitsweise. Durch sie entstehen der Diskurs, die Debatte, die Erkenntnisse. Vergleiche helfen der Orientierung, dienen der Legitimation von Forschungsfragen und -argumentationen und positionieren wissenschaftliche Projekte sowie Personen innerhalb spezifischer disziplinärer Kontexte. Vergleiche zeigen sich in der Forschung in methodischen, theoretischen und empirischen Dimensionen und so muss für das wissenschaftliche Arbeiten, anders als für die Frage nach dem Glück, festgehalten werden: Vergleiche sind nicht nur berechtigt, sondern vielmehr ein Anspruch, der sowohl von der *scientific community* als auch der außerwissenschaftlichen Öffentlichkeit anerkannt und gefordert wird. Im besten Fall sind sie der Weg zum Forschungsglück.

Anmerkungen

1 Wir danken Dr. Lena Rosenkranz für ihre kritischen Einlassungen.
2 Zumal in wissenschaftlichen Zusammenhängen eher selten die Frage nach dem Glück handlungsleitend ist. Ausnahmen finden sich manchmal eben doch (Oelkers 2002; Burow/Hoyer 2011).
3 Eine Verbindung von Bild, Sprache und Vergleich findet sich im wissenschaftlichen Diskurs auch in der Verwendung von Metaphern. Nach Lakoff und Johnson begrenzt sich die Verwendung von Metaphern nicht nur auf das Sprachliche, sondern ist mit dem menschlichen Denken, Erleben und Handeln maßgeblich verbunden: „Das Wesen der Metapher besteht darin, dass wir durch sie eine Sache oder einen Vorgang in Begriffen einer anderen Sache bzw. eines anderen Vorgangs verstehen und erfahren können" (Lakoff/Johnson 1997: 9; siehe auch Kurz 2004). Die Metapher erzeugt demnach durch einen bildhaften sprachlichen Vergleich Verstehen.
4 Diese Forschungsperspektive kann inzwischen auch einen institutionellen Rahmen vorweisen: Das Zentrum für pädagogische Berufsgruppen- und Organisationsforschung an der FernUniversität in Hagen (ZeBO$_{Hagen}$), das im Mai 2019 gegründet wurde.

Referenzen

Adelmann, Ralf/Hennig, Jochen/Hessler, Martina (2008). Visuelle Wissenskommunikation in Astronomie- und Nanotechnologie. Zur epistemischen Produktivität und den Grenzen von Bildern. In Friedhelm Neidhardt/Peter Weingart/Renate Mayntz/Ulrich Wengenroth (Hg.), *Wissensproduktion und Wissenstransfer*, Bielefeld: Transcript, 41–74.

Burow, Olaf-Axel/Hoyer, Timo (2011). Schule muss nicht bitter schmecken. Glück als unterschätzte Dimension der Ganztagsschule. In Stefan Appel/Ulrich Rother (Hg.), *Mehr Schule oder doch: Mehr als Schule?*, Schwalbach: Wochenschau, 48–57.

Clarke, Adele E. (2005). *Situational Analysis. Grounded Theory after the Postmodern Turn.* Thousand Oaks: Sage Publications.

Herlo, Bianca (2023). AFK. In Sandra Hofhues/Konstanze Schütze (Hg.), *Doing Research*. Bielefeld: Transcript, 90–97.

Hughes, Everrett C. (1958). *Men and Their Work*. Glencoe: Free Press.

Jahn, Detlef (2011). *Vergleichende Politikwissenschaft*, Wiesbaden: Springer.

Kramer, Michaela (2023). s. In Sandra Hofhues/Konstanze Schütze (Hg.), *Doing Research*. Bielefeld: Transcript, 338–345.

Kurz, Gerhard (2004). *Metapher, Allegorie, Symbol*. 5. Aufl., Göttingen: Vandenhoeck & Ruprecht.

Lakoff, George/Johnson, Mark (1997). *Leben in Metaphern. Konstruktion und Gebrauch von Sprachbildern*. Heidelberg: Carl Auer.

LeLord, Francois (2004). *Hectors Reise oder die Suche nach dem Glück*. München, Zürich et al. : Pieper.

Lobinger, Katharina (2020). *Visuelle Kommunikationsforschung. Medienbilder als Herausforderung für die Kommunikations- und Medienwissenschaft*. Wiesbaden: Springer.

Lohoff, Markus (2008). *Wissenschaft im Bild. Performative Aspekte des Bildes in Prozessen wissenschaftlicher Erkenntnisgewinnung und -vermittlung*. Aachen: RWTH.

Metag, Julia (2020). Visuelle Wissenschaftskommunikation. Zur visuellen Darstellung von Wissenschaft, ihrer Produktion, Nutzung und Wirkung. In Katharina Lobinger (Hg.), *Handbuch Visuelle Kommunikationsforschung*, Wiesbaden: Springer, 291–312

Meyer, Nikolaus (2017). *Komparativ pädagogische Berufsgruppenforschung. Erwachsenenbildung und Journalismus im Vergleich*. Gütersloh: WBV.

Meyer, Nikolaus/Nittel, Dieter/Schütz, Julia (2020). Was haben Erzieher*innen und Professor*innen gemeinsam? Komparative Perspektiven auf zwei stark kontrastierende pädagogische Berufsgruppen. In Isabell van Ackeren et al. (Hg.), *Bewegungen. Beiträge zum 26. Kongress der Deutschen Gesellschaft für Erziehungswissenschaft*, Opladen et al.: Budrich, 309–332.

Nittel, Dieter/Schütz, Julia/Tippelt, Rudolf (2014). *Pädagogische Arbeit im System des lebenslangen Lernens. Ergebnisse komparativer Berufsgruppenforschung*. Weinheim: Beltz.

Oelkers, Jürgen (2002). Kindheit – Glück – Kommerz. *Zeitschrift für Pädagogik, 48*(4), 553–570.

Pape, Helmut (1983) (Hg.). *Charles S. Peirce. Phänomen und Logik der Zeichen*. Frankfurt/Main: Suhrkamp.

Schütz, Julia (2018). *Pädagogische Berufsarbeit und soziale Anerkennung. Ergebnisse komparativer Berufsgruppenforschung*. Weinheim: Beltz.

Stetter, Bitten (2021). MAPPING! Einblicke in eine angewandte Designforschung und eine designemanzipierte Datenanalyse. In Gerald Moll/Julia Schütz (Hg.), *Wissenstransfer – Komplexitätsreduktion – Design. Zur Reduktion von Komplexität und der Rolle des Designs im hochschulischen Wissenstransfer*. Gütersloh: WBV, im Erscheinen.

Stichweh, Rudolf (2013/1994). *Wissenschaft, Universität, Professionen: Soziologische Analysen*. Bielefeld: Transcript.

Stjernfelt, Frederik (2007). *Diagrammatology: An Investigation on the Borderlines of Phenomenology, Ontology and Semiotics*. Bielefeld: Springer.

Taubert, Niels (2017). Formale wissenschaftliche Kommunikation. In Heinz Bonfadelli/Birte Fähnrich/Corinna Lüthje/Jutta Milde/Markus Rhomberg/Mike S. Schäfer (Hg.), *Forschungsfeld Wissenschaftskommunikation*. Wiesbaden: Springer, 125–139.

Tilmann, Klaus-Jürgen (2016). Empirische Bildungsforschung in der Kritik – ein Überblick über Themen und Kontroversen. *Zeitschrift für Erziehungswissenschaft, 31*, 5–22.

Tippelt, Rudolf (2017). Pädagogische Berufsgruppenforschung: Arbeitsteilung, Kooperation, Organisation. *Der Pädagogische Blick, 4*, 198–207.

Wertheimer, Max (1925). *Über Gestalttheorie*. Erlangen: Philosophische Akademie.

Mindmap: JULIA SCHÜTZ + GERALD MOLL

Zentrale Verbindungen:
- disziplinär
- interdisziplinär
- empirisch

Äste (im Uhrzeigersinn):
- Bildungsgerechtigkeit
- Wissenstransfer
- Ergänzung zur PRAXIS
- erweiterte Begrifflichkeit des DESIGNS
- Reduktion von KOMPLEXITÄT
- beruflicher Auftrag
- Befriedigung der NEUGIERDE
- FRAGENDES LERNEN
  - FRAGEN stellen
  - ANTWORTEN suchen
- Berufsarbeit im Erziehungs- und Bildungssystem

Fragen:
- WARUM machen die Akteur*innen die DINGE so wie sie sie machen?
- WODURCH werden sie beeinflußt?
- WAS behindert sie?
- WAS hilft ihnen?
- WAS treibt sie an?

vgl. Verhandlungen   Till Gathmann

vgl.[1]

[1] rechts   **vergeblich**

vgl. [2][3]

2 links
3 Rückseite, Daumen

flagrant

*vgl.*⁴ ⁵

---

4   Vorderseite, Zeigefinger
5   *v*, *g*, *l*, Punkt, 4 und 5

vage

vgl.[6]

---

6 *vgl.*[1], *vgl.*[23], *vgl.*[45] und *vgl.*[6]

*vgl.*⁷

---

⁷   **verträglich**

„Vergleiche diesen Satz, der wichtige Informationen über die vorhergehenden Seiten enthält, mit den vorhergehenden Seiten, die nichts über diesen Satz sagen."

Die Bildserie versammelt semantisch tastende Deklinationsversuche des breiten Bedeutungsgefüges der akademischen Abkürzung **vgl. (vergleiche/siehe)**, deren Aufgabe darin besteht, Verbindungen herzustellen. Die grafischen Verhandlungen bewegen sich zwischen Missverständnis und metaphorischer Zuspitzung, die Seiten konturieren einen forschenden Ansatz zwischen produktiver Öffnung und klärender Abstraktion.

Till Gathmann arbeitet als Typograf und Künstler in Berlin. Er studierte an der Hochschule für Grafik und Buchkunst in der Klasse Typografie und in der Meisterklasse von Günter Karl Bose. Er ist auf konzeptuelle Kooperationen in der künstlerischen Buchgestaltung spezialisiert. Im Zentrum dieser Arbeit steht die Übersetzbarkeit von spezifischen Werken in das Medium Buch – auch im Hinblick auf die Prozesse dessen, was im psychoanalytischen Setting Übertragung genannt wird. In diesem Sinne sind Bücher Resultate der Modelle des Verstehens, die am und im Material des Arbeitsprozesses gebildet werden.

Web: http://tillgathmann.org

Abbildungen S. 409-414: Till Gathmann. *Vgl.* (2021). Detaillierte Angaben siehe Vollseiten.

www. Die Funktionen des Internets für
die Wissenschaft

Johannes Breuer

Das **www.** *(World Wide Web) hat in seiner Funktion als Produkt, Instrument, Gegenstand und Datenquelle das Wissenschaftssystem massiv verändert. Wenngleich Internetdaten, sogenannte digitale Spurdaten, für die sozial- und erziehungswissenschaftliche Forschung großes Potenzial haben, das von einer stetig wachsenden Zahl von Forschenden genutzt wird, haben sie auch gewisse Limitationen, auf die es zu reagieren gilt.*

Die Abkürzung **www.** steht für World Wide Web[1] und ist den meisten Menschen als üblicher Teil von Internetadressen geläufig (https://www.). **www.** und Wissenschaft sind auf verschiedenen Ebenen eng miteinander verwoben. Für nahezu alle Forschenden ist Wissenschaft ohne **www.** undenkbar geworden. Einerseits ist es ein mächtiges Werkzeug, welches Forschung erleichtert, beschleunigt oder erst ermöglicht. Andererseits sind **www.** und Internet selbst Ergebnisse wissenschaftlicher Forschung. Das **www.** wurde zwischen Ende der 1980er und Beginn der 1990er Jahre am CERN entwickelt; als Begründer gilt gemeinhin der britische Physiker und Informatiker Tim Berners-Lee. Auch der Vorläufer des Internets, das durch das US-Verteidigungsministerium geförderte Arpanet, wurde in den 1960er und 1970er Jahren im Wissenschaftskontext entwickelt und diente ursprünglich der Vernetzung von Computern an Universitäten und anderen Forschungseinrichtungen. Hieran wird deutlich, dass die Genese, Entwicklung sowie die originäre Nutzung des **www.** in der Wissenschaft verortet sind. Diese strukturelle Kopplung ist einer der Gründe, warum das **www.** insbesondere die Wissenschaft in den letzten Jahrzehnten nicht nur geprägt, sondern grundlegend verändert hat.

Das **www.** und Services, die darauf basieren und zugreifen (etwa Mail, Suchmaschinen oder Online-Datenbanken), werden von Forschenden für alle Bereiche und Phasen ihrer wissenschaftlichen Tätigkeit genutzt: Für das Suchen nach Forschungsliteratur, den Zugriff auf Literatur oder andere relevante Informationen, die Kommunikation mit anderen Forschenden, die Zusammenarbeit an Dokumenten oder anderen Erzeugnissen, wie etwa Software, oder für die Veröffentlichung und Verbreitung von Ergebnissen und Erkenntnissen. Zur letzten Kategorie gehören auch die Bekanntgabe und Kommunikation von Forschungsergebnissen über Social Media, Blogs und andere Plattformen. Einer der eindeutigen Indikatoren für die enorme Bedeutung des **www.** für die Wissenschaft ist, dass viele wissenschaftliche Journale mittlerweile ausschließlich online erscheinen und es kaum noch Journale gibt, die ausschließlich in gedruckter Form publiziert werden. Die Digitalisierung wissenschaftlicher Erzeugnisse (Daten, Publikationen et cetera) erleichtert ihre Verbreitung und damit potenziell auch den Zugriff sowohl für Forschende als auch für die Öffentlichkeit. Die Verbreitung von Onlineservices und **www.** sowie ihre Nutzung durch die Wissenschaft haben in wesentlichem Maße dazu beigetragen, dass Reformbewegungen im Hinblick auf den Zugang zu wissenschaftlichen Erzeugnissen wie Daten (Open Science) und Publikationen (Open Access) entstehen konnten.

Neben der Rolle als Forschungswerkzeug nimmt das Internet für die wissenschaftliche Arbeit mindestens zwei weitere wichtige Funktionen ein, die mit der fortschreitenden Digitalisierung aller Lebensbereiche an Bedeutung gewonnen haben: (1) als Erkenntnisgegenstand und (2) als Datenquelle.

Das Internet als Erkenntnisgegenstand

Eine wichtige Funktion des Internets für die Wissenschaft ist diejenige als Erkenntnisgegenstand. In den Sozial-, Erziehungs- und Geisteswissenschaften werden vornehmlich die gesellschaftlichen sowie individuellen Nutzen, Risiken und Auswirkungen des Internets untersucht (Salganik 2018). Das Internet ist als Erkenntnisgegenstand von solcher Relevanz für eine Vielzahl von Wissenschaftsdisziplinen, dass sich eigene Felder und Organisationen für seine inter- und transdisziplinäre Erforschung etabliert haben.[2] Angesichts der Omnipräsenz des Internets in wissenschaftlichen und außerwissenschaftlichen Bereichen ist die Spannbreite der Fragen innerhalb der Forschung, die sich mit dem **www.** befasst, nicht verwunderlich. In den Erziehungs- und Sozialwissenschaften liegt der Fokus in weiten Teilen auf Fragen der Nutzung (*Was machen Menschen im Internet?*) und Wirkung (*Wie beeinflusst das Internet die Nutzer*innen?*). Dabei werden die Forschungsfragen nicht immer nur auf der Individual- oder Mikroebene gestellt, sondern können auch eine Meso- oder Makroperspektive haben. Beispiele für solche Perspektiven sind Untersuchungen der Auswirkungen des Internets auf die Institution Schule oder das gesamte Wissenschaftssystem. Ebenso vielfältig wie die Fragestellungen sind die Methoden, mit denen Nutzung und Wirkung des Internets beziehungsweise seine Inhalte und Anwendungen in den sozial- und erziehungswissenschaftlichen Disziplinen untersucht werden. Neben diskursanalytischen Ansätzen kommt in der empirischen Erforschung dieses Bereichs die gesamte Bandbreite qualitativer und quantitativer Methoden zum Einsatz. Entsprechend heterogen sind auch die verwendeten Forschungsdaten. So werden Interview-, Befragungs-, und Experimentaldaten ebenso genutzt wie inhaltsanalytische Daten.

Das Internet als Datenquelle

Zusätzlich zur Rolle als Erkenntnisgegenstand ist eine weitere Funktion des Internets die der Datenquelle. Sie hat für die Wissenschaft und speziell die sozial- und geisteswissenschaftliche Forschung in jüngster Zeit enorm an Bedeutung gewonnen. Diese Entwicklung bezieht sich einerseits auf die zunehmende Digitalisierung von Quellen (zum Beispiel historische Texte oder Nachrichteninhalte), steigende Verfügbarkeit von digitalen Forschungsdaten und die fortlaufende Verbreitung der Ideale einer Open Science sowie die damit verbundenen Veränderungen von Erwartungen und Anforderungen (etwa seitens der Journale und Forschungsförderer). Andererseits generiert die Internetnutzung sowie von Anwendungen und Services, die darauf zugreifen, eine große Menge an Daten, welche von Anbieter*innen unter anderem genutzt werden, um Angebote zu verbessern und mehr über Nutzer*innen zu erfahren.[3] Diese sogenannten digitalen Spurdaten (*digital trace data*) oder digitalen Verhaltensdaten (*digital behavioral data*) sind auch für die wissenschaftliche Forschung von großem Interesse und werden von Forschenden zusehends genutzt, um sowohl neue Fragen als auch neue Antworten auf bekannte Fragen zu erarbeiten. Der Gebrauch digitaler Spurdaten ist kennzeichnend für die noch jungen, aber rasant wachsenden Felder der Digital Humanities und Computational Social Science (Heiberger/Riebling 2016; Hox 2017). Howison, Wiggins und Crowston (2011: 769) definieren digitale Spurdaten als „records of activity (trace data) undertaken through an online information system (thus, digital)". In ähnlicher Weise beschreibt Bail (2020: o.S.) sie als „large digital datasets that describe human behavior".

Aufgrund ihres Umfangs werden digitale Spurdaten häufig der Kategorie Big Data zugeordnet. Wenngleich der Begriff *Big Data* oft undefiniert ist,[4] treffen die sogenannten *Three Vs of Big Data* auf digitale Spurdaten prinzipiell zu: Sie entstehen im großen Umfang (Volume) und mit hoher Geschwindigkeit (Velocity), wobei sie sehr unterschiedliche Formate haben können (Variety). In ihrer Entstehung unterscheiden sich digitale Spurdaten zudem von anderen Arten von Daten, die in der empirischen sozial- und erziehungswissenschaftlichen Forschung gemeinhin zum Einsatz kommen. Anders als beispielsweise Interview- oder Befragungsdaten werden digitale Spurdaten nicht originär für und durch die Forschung selbst produziert, sodass die Entstehung der Daten und ihre wissenschaftliche Nutzung voneinander getrennt sind. Aus diesem Grund werden digitale Spurdaten häufig auch als *found data* (in Abgrenzung zu *designed data*) oder, in Anlehnung an die bildenden Künste, als *ready-made data* (in Abgrenzung zu *custom-made data*) bezeichnet (ebd.).

Neben dem zugrundeliegenden datengenerierenden Prozess ist Vielfalt ein weiteres wesentliches Merkmal digitaler Verhaltensdaten. Digitale Verhaltensdaten können durch die Nutzung verschiedener Plattformen und Anwendungen erzeugt werden und in zahlreichen Formaten vorliegen. Ein prominentes Beispiel sind Daten von Social-Media-Plattformen wie Twitter, Facebook, Instagram oder YouTube, die in der aktuellen Forschung, speziell der Computational Social Science, häufig verwendet werden. Je nach Plattform und Art der Datensammlung kann es sich beispielsweise um Textdaten, Netzwerkdaten oder Bilder handeln. Im Hinblick auf ihren Entstehungskontext unterscheiden sich digitale Spurdaten zudem dahingehend, ob sie von Nutzer*innen bewusst oder unbewusst erzeugt wurden. Hox (2017) unterscheidet zwischen *intentional digital traces* (etwa Posts, Kommentare) und *unintentional digital traces* (etwa automatisch erfasste Standort- und Gerätedaten). In ähnlicher Weise differenziert Menchen-Trevino (2013) *participation traces* (etwa Posts, Kommentare) und *transactional data* (etwa Daten zu Logins). Bezüglich der Sammlung digitaler Verhaltensdaten unterscheidet Menchen-Trevino zudem zwischen *horizontal trace data* und *vertical trace data*: Während erstere in die Breite gehen, wie im Falle einer Sammlung aller Tweets zu einem Hashtag, zielen zweitere auf die Tiefe ab, insofern sie eine größere Menge unterschiedlicher Daten für dieselben Beobachtungseinheiten erfassen. Ein Beispiel für *vertical trace data* wäre die Sammlung umfangreicher Daten, etwa von unterschiedlichen Social-Media-Plattformen und aus Interviews, für eine begrenzte Gruppe von Nutzer*innen. An dieser Unterscheidung wird deutlich, dass die Weise, auf welche die Daten gesammelt werden, maßgeblich bestimmt, was mit ihnen möglich ist.

Potenziale und Limitationen digitaler Spurdaten

Für die wachsende Popularität digitaler Spurdaten in der sozial- und erziehungswissenschaftlichen Forschung und anderen Fachbereichen gibt es mehrere Gründe. Zum einen werden diese Daten in enormem Umfang und mit hoher Geschwindigkeit produziert; zum anderen ist der Umgang mit ihnen durch das rasante Wachstum von Rechenleistung und die (Weiter-)Entwicklung von Analyseverfahren für Forschende deutlich einfacher geworden. Die Nutzung solcher etwa aus den Bereichen Machine Learning und Natural Language Processing stammenden Verfahren ist laut Hox (2017) ein wesentliches Merkmal der Computational Social Science. Aufgrund dieser Entwicklungen haben Forschende „the capacity to collect and analyze data with an unprecedented breadth and depth and scale" (Lazer et al. 2009: 722). Auch im direkten Vergleich mit anderen Datentypen, die in den Sozial- und Erziehungswissenschaften verbreitet sind, bieten digitale Spurdaten einige Vorteile. Im Gegensatz zu Daten aus Selbstauskünften sind sie weniger (direkt) von sozialer Erwünschtheit beeinflusst. Während bei Selbstauskünften das Verhalten retrospektiv erfasst wird, erfolgt die Erfassung digitaler Verhaltensdaten zudem instantan, sodass für digitale Spurdaten nicht das Problem der Verzerrung durch Erinnerungsfehler besteht. Mehrere Studien konnten zeigen, dass Selbstauskünfte zur Mediennutzung aus diesem Grund wenig verlässlich sind (Araujo/Wonneberger/Neijens/de Vreese 2017; Scharkow 2016). Insbesondere bei spezifischen und seltenen Verhaltensweisen oder solchen, die lange zurückliegen, ist die Verzerrung durch Erinnerungsfehler ein wesentliches Problem.

Wenngleich digitale Spurdaten für die sozial- und erziehungswissenschaftliche Forschung großes Potenzial haben, sind auch sie mit spezifischen Limitationen verbunden. So fehlen in digitalen Spurdaten oftmals detaillierte Informationen zu den individuellen Nutzer*innen. Während viele Plattformen Informationen zu grundlegenden demografischen Charakteristika liefern können (Alter, Geschlecht, Wohnort), beinhalten digitale Spurdaten dennoch keine oder sehr begrenzt direkte Informationen zu Meinungen oder Einstellungen, worin sie sich von Interview- oder Befragungsdaten unterscheiden. Darüber hinaus sind auch für die Sozial- und Erziehungswissenschaften relevante abhängige Variablen wie Wahlverhalten, Offline-Aktivitäten oder Indikatoren zur schulischen Leistung häufig nicht in digitalen Spurdaten enthalten. Eine weitere Limitation sind mögliche Verzerrungen (*biases*) in digitalen Spurdaten (Jürgens/Stark/Magin 2020; Sen/Flöck/Weller/Weiß/Wagner 2021). Diese können durch die Stichprobenziehung (*sampling*) sowie die Auswahl von Datentypen und Operationalisierung von Messungen entstehen (siehe auch *, Scharlau/Jenert 2023). Abhängig von Art und Ausmaß der Verzerrungen sind daher Erkenntnisse, die mit Daten von Nutzer*innen bestimmter Plattformen gewonnen werden, möglicherweise nicht auf andere Populationen übertragbar. Um dies zu vermeiden, sollten (mögliche) Verzerrungen bei der Planung der Datenerhebung und -auswertung berücksichtigt werden. Überdies stellen sich epistemologische Fragen bezüglich der Analyse und Interpretation bestimmter Variablen. So müssen etwa Retweets oder Likes bei Twitter angesichts ihrer unterschiedlichen Nutzung nicht unbedingt Zustimmung zu deren Inhalten bedeuten. Es geht in diesem Kontext entsprechend um die Frage, welche Informationen aus den Daten gewonnen werden, sowie darum, wie und wozu diese genutzt werden können.

Eine Möglichkeit, den Limitationen digitaler Spurdaten zu begegnen, ist ihre Verknüpfung mit anderen Datentypen. So ermöglichen beispielsweise Kombinationen mit Befragungsdaten umfassendere Einblicke in Eigenschaften und Einstellungen von Individuen (Stier/Breuer/Siegers/Thorson 2020). Auch können qualitative Interviewdaten wichtige Kontextinformationen zu Verständnisprozessen und Intentionen bei bestimmten Nutzungsweisen von Plattformen und Services im Internet liefern. Ob und welche Verknüpfungen möglich sind, hängt wesentlich davon ab, wie die Spurdaten gesammelt wurden und wie viel Einblick und Kontrolle die Forschenden im Prozess der Datengenerierung haben.

Zugangswege zu digitalen Spurdaten

Entsprechend der Vielfalt der Quellen und Typen digitaler Spurdaten gibt es für Forschende verschiedene Möglichkeiten des Zugangs. Breuer, Bishop und Kinder-Kurlanda (2020) unterscheiden zunächst drei Arten: Forschende können (1) Daten selbst erheben, (2) direkt mit Anbieter*innen von Plattformen/Services kooperieren oder (3) Daten von Drittanbieter*innen erwerben. Bei der eigenständigen Erhebung kann zudem danach unterschieden werden, ob die Daten manuell über Copy/Paste oder Screenshots, mittels Web Scraping oder über die von vielen Plattformen angebotenen Application Programming Interfaces (APIs) gesammelt werden. Alle Zugangsweisen unterscheiden sich in verschiedenen Dimensionen und haben eigene Vor- und Nachteile. Die wesentlichen Unterschiede aus Sicht der Forschenden beziehen sich auf die für die jeweilige Zugangsmethode benötigten Ressourcen (Wissen, Fähigkeiten, Zeit, Kosten) sowie den Typ und Umfang der Daten, die gewonnen werden.

An den Beispielen der Zugangswege wird deutlich, dass letztlich die Plattformen – meist kommerzielle Anbieter*innen – den Zugang zu den Daten kontrollieren. Angesichts dieser Einschränkung ergibt sich für Forschende eine paradoxe Situation: „Social scientists have access to more data than they ever had before to study human society, but a far smaller proportion than at any time in history" (King/Persily 2018: 3). Die Auswirkungen der Abhängigkeiten von den Entscheidungen kommerzieller Plattform- und Service-Anbieter*innen im Internet zeigen sich beispielsweise an der drastischen Reduktion des Datenzugangs über die Facebook-API im Zuge des Cambridge-Analytica-Skandals. Diese hat die

Forschung mit über die API gesammelten Daten für Facebook weitgehend unmöglich gemacht. In Anbetracht dieser Entwicklungen sowie des grundsätzlichen Risikos, dass Unternehmen, die Plattformen und Services betreiben, den Datenzugang über APIs jederzeit reduzieren und beenden können, sieht Freelon (2018) ein „post-API age" für Computational Research anbrechen. Die Verfügbarkeit von Daten über APIs beeinflusst nicht zuletzt auch, welche Plattformen eingehender erforscht werden können. So ist die relative Freizügigkeit im Zugang zu Daten über die API einer der Gründe dafür, dass Twitter so umfassend beforscht wird. Ein weiteres Problem, dass sich durch die Anforderungen für den Zugriff auf digitale Verhaltensdaten ergibt, ist die Entstehung von Disparitäten im Datenzugang. boyd und Crawford (2012: 674) sehen die Gefahr einer Aufteilung in „Big Data rich" und „Big Data poor", welche zu Ungleichheiten in den Forschungsmöglichkeiten führt. So besteht bei den aktuell verbreiteten Zugangswegen das Risiko, dass nur Forschende beziehungsweise Institutionen mit den entsprechenden Ressourcen (Fähigkeiten, Technologie, Geld) oder Kontakten zu Plattformen Zugang zu den für sie relevanten digitalen Spurdaten erhalten.[5]

Aufgrund der skizzierten Einschränkungen und Risiken werden von Forschenden alternative Modelle des Datenzugangs vorgeschlagen und diskutiert. Einige Vorschläge zielen auf neue Kooperationsmodelle zwischen Forschenden und Firmen (King/Persily 2019; Puschmann 2019). Eine weitere Möglichkeit des Datenzugangs besteht in dem, was Halavais (2019: 8) in seinem „proposal for ethical distributed research" als „partnering with users to collect big data" beschreibt. In einem solchen Szenario kooperieren Forschende nicht mit Betreiber*innen von Plattformen und Services, sondern direkt mit Nutzer*innen. An anderen Stellen wird ein solcher Ansatz auch als Datenspende (*data donation*) bezeichnet (Boeschoten/Ausloos/Moeller/Araujo/Oberski 2020). Die meisten Plattformen bieten Nutzer*innen die Option, eigene Daten zu exportieren.[6] Weil die Nutzer*innen diese selbstständig mit Forschenden teilen, erzeugt dieser Ansatz mehr Transparenz für sie. Er umgeht zudem die Problematik der Einschränkungen des Datenzugriffs und der Datennutzung durch technische Maßnahmen (etwa Einschränkungen der Zahl und/oder des Umfangs der Zugriffe über APIs) oder Nutzungsbedingungen (Terms of Service). Selbstverständlich bringt auch die Kooperation mit Nutzer*innen über eine Datenspende eigene Herausforderungen und Limitationen mit sich. Diese betreffen etwa die Rekrutierung der Teilnehmer*innen, die technische Umsetzung und den Datenschutz.

Eine weitere Möglichkeit des Datenzugangs ist die Nachnutzung (Sekundäranalyse) von bestehenden Daten aus abgeschlossenen oder fortlaufenden Sammlungen digitaler Verhaltensdaten. Aber auch diese Daten müssen erst gesammelt werden. Zu bedenken ist ferner, dass die Veröffentlichung und Nachnutzung von Daten durch Datenschutzvorgaben oder Nutzungsbedingungen von Plattformen sowie ihrer APIs eingeschränkt sein kann. An diesem Punkt wird deutlich, dass sich für digitale Spurdaten in allen Phasen des klassischen Forschungsdatenzyklus – von der Studienplanung über die Datenerhebung und -auswertung bis hin zur Publikation – spezifische Herausforderungen ergeben, die unterschiedliche forschungspraktische, ethische und rechtliche Fragen betreffen. Trotz dieser Herausforderungen bietet die Nutzung digitaler Verhaltensdaten für die sozial- und erziehungswissenschaftliche Forschung (wie auch andere Disziplinen) enorme Chancen, ihr Portfolio an Methoden und Fragestellungen zu erweitern. Die Bedeutung des Internets als Datenquelle wird weiterhin wachsen, wodurch auch seine Funktionen als Werkzeug sowie Erkenntnisgegenstand nochmals an Bedeutung gewinnen.

Fazit

Das Internet nimmt im Verhältnis zu Wissenschaft und Forschung verschiedene Rollen ein, deren Eigenschaften und Bedeutung sich über die Zeit verändert haben. Das Internet ist zugleich Produkt, Werkzeug und Erkenntnisgegenstand der Wissenschaft. Aufgrund der fortschreitenden Digitalisierung sowie der enorm gestiegenen Produktion und Relevanz von Daten ist es in jüngster Zeit darüber hinaus zu einer wichtigen Quelle für Forschungsdaten geworden. Digitale Spurdaten, welche durch die Nutzung digitaler Plattformen und Services entstehen, werden von Forschenden aus verschiedenen Fachbereichen und speziell in den sozial- und erziehungswissenschaftlichen Disziplinen vermehrt genutzt. Im Vergleich zu anderen etablierten Methoden der Datengewinnung bieten sie eine Reihe von Vorteilen, haben gleichsam jedoch spezifische Limitationen, weshalb eine Verknüpfung verschiedener Datentypen und Methoden gewinnbringend sein kann. Wie bei anderen Datentypen erzeugt die Analyse und Interpretation digitaler Spurdaten Informationen, die wiederum zur Produktion von Wissen genutzt werden können. Aufgrund ihrer Menge und Vielfalt, der Geschwindigkeit ihrer Entstehung sowie ihrer (potenziellen) Verfügbarkeit ist es möglich, die Informationsgewinnung und Wissensproduktion mithilfe von digitalen Spurdaten zu erweitern und beschleunigen. Hierfür ist es wichtig, dass möglichst alle Forschenden gleichen und möglichst freien[7] Zugang zu diesen Daten haben. Hier gilt es, Disparitäten im Datenzugang zu reduzieren und Modelle des Zugangs zu entwickeln, welche Wissenschaftler*innen aus allen Regionen, Disziplinen und Institutionen den Zugriff auf diejenigen digitalen Verhaltensdaten ermöglichen, die sie für ihre Forschung benötigen. Solche Entwicklungen in Richtung einer offenen Forschungskultur im Sinne von Open Science können dazu beitragen, dass die Bedeutung des Internets für die Wissenschaft als Quelle für Daten und Informationen sowie als Werkzeug zur Produktion und Dissemination von Wissen weiter wächst – und somit Forschung ermöglicht, erweitert und verbessert. Mit dem Voranschreiten der Digitalisierung ist zu erwarten, dass die Menge digitaler Spurdaten weiterhin steigen wird. Die zunehmende Bedeutung von Daten für viele Lebensbereiche, die oftmals als Datafizierung (*datafication*) beschrieben wird, verändert auch die Wissenschaft. Dies ist einerseits eine Chance, zugleich jedoch eine Herausforderung, der die Wissenschaft begegnen muss, um das produktive Potenzial des Internets für die Forschung auszubauen und weiterzuentwickeln.

Anmerkungen

1 Alltagssprachlich werden die beiden Begriffe *World Wide Web* (www.) und *Internet* oftmals synonym verwendet. Technisch gesehen ist das www. jedoch nur ein Teil beziehungsweise eine Anwendungsmöglichkeit des Internets; die bekannteste andere Internetanwendung ist E-Mail. Sofern diese Unterscheidung nicht explizit getroffen wird, werden im weiteren Verlauf des Beitrags die Begriffe im Sinne der besseren Lesbarkeit synonym verwendet.

2 Gängige Bezeichnungen für diese Forschungsfelder sind beispielsweise *Web Science* oder *Internet Research* und es sind in den letzten Jahrzehnten zahlreiche Journale, Konferenzen und Fachgesellschaften entstanden, die sich diesen Feldern zuordnen und teilweise auch deren Bezeichnungen im Titel tragen, etwa die Association of Internet Researchers (AoIR) oder die ACM Web Science Conference (WebSci).

3 In der Regel ist das Ziel kommerzieller Anbieter*innen in beiden Fällen die Maximierung von Profit. Auch wenn dies zweifelsohne ein wichtiges Thema ist, wird die ethische Bewertung dieser Datensammlungspraktiken seitens der Unternehmen hier nicht weiter diskutiert.

4 Aufgrund der Komplexität und häufig uneinheitlichen Definition des Begriffs gibt es Forschung, die zum Ziel hat, die (für die Wissenschaft) relevanten Merkmale und Besonderheiten von Big Data zu erfassen. Das interdisziplinäre Projekt ABIDA – Assessing Big Data (siehe https://www.abida.de/) ist ein gutes Beispiel hierfür.

5 Während die Ungleichheiten im Hinblick auf Kontakte und finanzielle Ressourcen deutlich schwerer zu beseitigen sind, ist im Hinblick auf die Fähigkeiten, die benötigt werden, um digitale Verhaltensdaten zu erheben und analysieren, zu erwarten, dass sich Unterschiede zwischen Forschenden und Institutionen verringern, da es eine stetig steigende Zahl von Tutorials, Workshops und anderen Fortbildungsangeboten für diesen Bereich gibt und Digital Methods sowie Computational Methods zusehends Eingang in die Curricula von Studiengängen finden.

6 In den meisten Fällen wurden diese Optionen als Reaktion auf die Einführung der Datenschutzgrundverordnung (DSGVO) in der EU eingeführt oder erweitert.

7 Selbstverständlich ist ein völlig freier Zugang zu digitalen Spurdaten nicht möglich, da rechtliche Rahmenbedingungen (insbesondere im Hinblick auf den Datenschutz) auch in der wissenschaftlichen Forschung beachtet werden müssen, obschon es für die akademische Forschung teilweise gesonderte Regelungen gibt (unter anderem innerhalb der DSGVO).

Referenzen

Araujo, Theo/Wonneberger, Anke/Neijens, Peter/de Vreese, Claes (2017). How Much Time Do You Spend Online? Understanding and Improving the Accuracy of Self-reported Measures of Internet Use. *Communication Methods and Measures*, *11*(3), 173–190.

Bail, Chris (2020). What Is Digital Trace Data? Video, YouTube. URL: youtube.com/watch?v=uuSWQN7uYhk [1.6.2021]

Boeschoten, Laura/Ausloos, Jef/Moeller, Judith/Araujo, Theo/Oberski, Daniel L. (2020). Digital Trace Data Collection Through Data Donation. *ArXiv:2011.09851 [Cs, Stat]*.

boyd, danah/Crawford, Kate (2012). Critical Questions for Big Data: Provocations for a Cultural, Technological, and Scholarly Phenomenon. *Information, Communication & Society*, *15*(5), 662–679.

Breuer, Johannes/Bishop, Libby/Kinder-Kurlanda, Katharina (2020). The Practical and Ethical Challenges in Acquiring and Sharing Digital Trace Data. Negotiating Public-Private Partnerships. *New Media & Society*, *22*(11), 2058–2080.

Freelon, Deen (2018). Computational Research in the Post-API Age. *Political Communication*, *35*(4), 665–668.

Halavais, Alexander (2019). Overcoming Terms of Service: A Proposal for Ethical Distributed Research. *Information, Communication & Society*, *22*(11), 1567–1581.

Heiberger, Raphael H./Riebling, Jan R. (2016). Installing Computational Social Science: Facing the Challenges of New Information and Communication Technologies in Social Science. *Methodological Innovations*, *9*, 1–11.

Howison, James/Wiggins, Andrea/Crowston, Kevin (2011). Validity Issues in the Use of Social Network Analysis with Digital Trace Data. *Journal of the Association for Information Systems*, *12*(12), 767–797.

Hox, Joop (2017). Computational Social Science Methodology, Anyone? *Methodology*, *13* (Supplement 1), 3–12.

Jürgens, Pascal/Stark, Birgit/Magin, Melanie (2020). Two Half-Truths Make a Whole? On Bias in Self-Reports and Tracking Data. *Social Science Computer Review*, *38*(5), 600–615.

King, Gary/Persily, Nathaniel (2019). A New Model for Industry-Academic Partnerships. *PS: Political Science & Politics*, *53*(4), 703–709.

Lazer, David/Pentland, Alex/Adamic, Lada/Aral, Sinan/Barabasi, Albert Laszlo/Brewer, Devon/Christakis, Nicholas/Contractor, Noshir/Fowler, James/Gutmann, Myron/Jebara, Tony/King, Gary/Macy, Michael/Roy, Deb/Van Alstyne, Marshall (2009). Life in the Network: The Coming Age of Computational Social Science. *Science*, *323*(5915),721–723.

Menchen-Trevino, Ericka (2013). Collecting Vertical Trace Data: Big Possibilities and Big Challenges for Multi-Method Research. *Policy & Internet*, *5*(3), 328–339.

Puschmann, Cornelius (2019). An End to the Wild West of Social Media Research: A Response to Axel Bruns. *Information, Communication & Society*, *22*(11), 1582–1589.

Salganik, Matthew J. (2018). *Bit by Bit: Social Research in the Digital Age*. Princeton: University Press.

Scharlau, Ingrid/Jenert, Tobias (2023). *. In Sandra Hofhues/Konstanze Schütze (Hg.), *Doing Research*. Bielefeld: Transcript, 44–51.

Scharkow, Michael (2016). The Accuracy of Self-Reported Internet Use – A Validation Study Using Client Log Data. *Communication Methods and Measures*, *10*(1), 13–27.

Sen, Indira/Flöck, Fabian/Weller, Katrin/Weiß, Bernd/Wagner, Claudia (2021). A Total Error Framework for Digital Traces of Human Behavior on Online Platforms. *Public Opinion Quarterly*.

Stier, Sebastian/Breuer, Johannes/Siegers, Pascal/Thorson, Kjerstin (2020). Integrating Survey Data and Digital Trace Data: Key Issues in Developing an Emerging Field. *Social Science Computer Review*, *38*(5), 503–516.

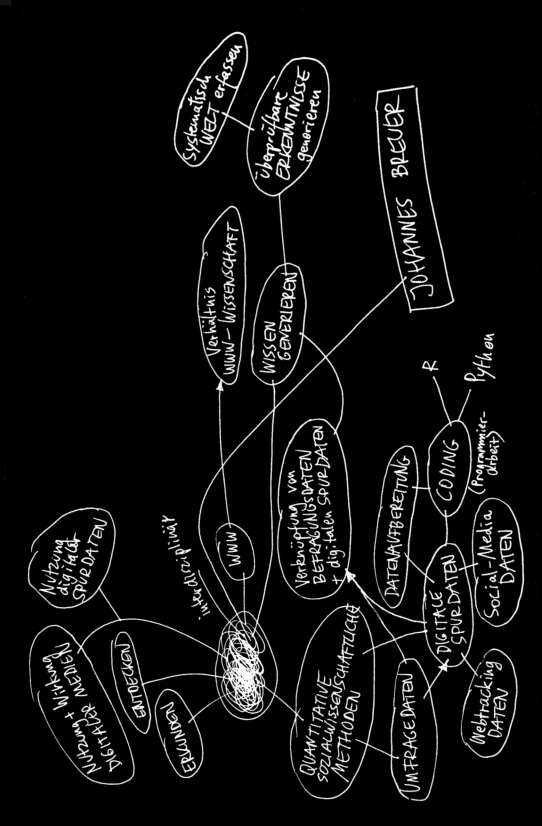

2.8. Forschungsmethod(olog)ische Überlegungen zum Verallgemeinern

Petra Herzmann

Anhand von vier forschungsmethod(olog)ischen Überlegungen macht der Beitrag **z.B. (zum Beispiel)** *im Folgenden kenntlich, wie ausgehend vom Beispielhaften und Situativen des Falls die Suche nach dessen Typischem angestrebt und damit ein allgemeiner Beitrag zum wissenschaftlichen Diskurs geleistet werden kann.*

Qualitative Forschung in den Bildungswissenschaften interessiert sich in der Regel für kontextgebundenes Handeln von Personen, Gruppen oder Organisationen und deren situiertes Wissen. So wird z.B. die ethnografisch beobachtete Herstellung der Teilhabemodi in einer (inklusiven) Schulklasse als lokal und institutionell gebunden untersucht (Herzmann/Merl 2017; Merl 2019). Anders als in laborexperimentellen Settings naturwissenschaftlicher und psychologischer Forschung geht die qualitative Forschung bewusst in ihr Forschungsfeld. Sie lässt diejenigen zu Wort kommen, die als Akteur*innen im Feld auskunftsfähig über dessen Strukturen und Prozesse sind. Anders auch als die quantitative Bildungsforschung, die die Bewusstseins- und Wahrnehmungsfähigkeit der untersuchten Objekte im Untersuchungssetting zu begrenzen versucht – wie Rademacher (2018) dies für die PISA-Untersuchungen beispielhaft aufzeigt[1] –, rekonstruiert die qualitative Bildungsforschung die kommunikative und interaktive Herstellung von Sozialität, zu der auch die Forschenden selbst beitragen.

Qualitative Forschung, die trotz einer anhaltenden Auseinandersetzung um ihre Reichweite am konstitutiven Prinzip der Offenheit des Forschungsprozesses und der angestrebten Entdeckung neuer Phänomene und Zusammenhänge festhält – wie dies vor allem mit Beginn der Entwicklung der Grounded-Theory-Methodologie formuliert wurde (Glaser/Strauss 1967) –, nimmt ihren Ausgangspunkt häufig anhand von *beispielhaften (Einzel-)Fällen*.[2] Dabei interessiert sich qualitative Forschung für den Fall in seiner Komplexität, also dafür, wie die Strukturen, Bedingungen und Konsequenzen des Falls – wie dies etwa mit dem Kodierparadigma der Grounded Theory Methodologie vorgeschlagen wird (ebd.) – zu verstehen sind. Die schlichte und analytisch zugleich anspruchsvolle Frage lautet: *Was ist der untersuchte Fall?* Anhand dieser Frage ist ein wesentliches Erkenntnisziel qualitativer Forschung bereits formuliert, das aber – und darauf konzentrieren sich meine folgenden Ausführungen – hinter dem Erkenntnisinteresse von Wissenschaft, allgemeine Aussagen ausgehend vom beispielhaften Fall zu generieren, noch zurückbleibt.

Deshalb stellt sich für qualitative Forschung ausgehend von der Situiertheit des (Einzel-)Falls die weitergehende Frage, *wofür der beispielhaft analysierte Fall steht*. „To call something a ‚case' implies that it is a case of ‚something'" (Silverman 2013: 143). Wie lassen sich von den lokal gewonnenen Daten verallgemeinerbare Aussagen für das jeweils zugrundeliegende Erkenntnisinteresse treffen? Damit soll nun nicht nahegelegt werden, dass qualitative Forschung sich auf Generalisierungsziele quantitativer Forschung im Sinne statistisch belastbarer Befunde und erwarteter Repräsentativität zu beziehen habe. Vielmehr ist im Bewusstsein des Beispielhaften und Kontingenten des untersuchten Falls die Reichweite der Ergebnisse von Fallstudien selbst zu diskutieren. So interpretiert Berliner (2002) die Möglichkeiten der Verallgemeinerungen und Theorieentwicklung – mit Bezugnahme auf seine Überlegungen zum „power of content" (ebd.) – als in gewisser Weise limitiert.[3] Dennoch ist der jeweils erforschte Fall zumindest in einen größeren (Diskurs-)Zusammenhang einzuordnen; es ist die Frage zu klären, inwiefern Strukturgesetzlichkeiten des Falles identifiziert werden können, die diesen als typisch im Hinblick auf das zugrundeliegende Erkenntnisinteresse ausweisen. „Qualitative research should produce explanations which are *generalizable* in some way, or which have a wider resonance" (Mason zit. nach Silverman 2013: 143).

Anhand von vier Überlegungen mache ich deshalb kenntlich, wie ausgehend vom Beispielhaften und Situativen des Falls die Suche nach dessen Typischem angestrebt und damit ein allgemeiner Beitrag zum wissenschaftlichen Diskurs geleistet werden kann. Diese Überlegungen werden zur besseren Darstellbarkeit analytisch unterschieden, auch wenn sie forschungspraktisch teils ineinandergreifen. Dabei kann nicht jede Überlegung an die ihr zugrundeliegende Methodologie angeschlossen werden. Vielmehr werde ich auf zentrale Begriffe dieser Paradigmen zurückgreifen und gemäß des in diesem Beitrag leitenden Kürzels exemplarisch vorgehen.

Standortgebundenheit von Forschung

Überlegungen zur Standortgebundenheit von Forschung haben in der qualitativen Forschung eine lange Tradition[4] und sind je nach zugrundeliegendem Forschungsparadigma in unterschiedlicher Weise relevant (Deppe/Keßler/Sandring 2018). Dabei bezieht sich Standortgebundenheit von Forschung zunächst auf die *eigene Rolle des*r *Forscher*in *im*

Forschungsprozess. So leuchtet im Kontext ethnografischer Forschung ein, dass durch das Eintreten der Forschenden in ihr Forschungsfeld die Grenzen zwischen Erhebung, Darstellungsform bzw. Dokumentation und Analyse wenig trennscharf sind und insbesondere bei längeren Feldaufenthalten die eigene Rolle zu klären ist. Auf Aspekte methodischer Befremdung des (vermeintlich) Vertrauten wird deshalb bereits seit längerem hingewiesen (Amann/Hirschauer 1997); darüber hinaus wird die körpergebundene Wahrnehmung und ihre begriffsgebundene Erfahrung qualitativer Forschung vielfach diskutiert (Ricken/Reh 2014). Diese in der Ethnografie augenfällige Reziprozität der Beobachtungs- und Befragungssituation beziehungsweise zwischen Feld und Forscher*in gilt aber für jede wissenschaftliche Erkenntnis, da ,Wirklichkeit' nicht unmittelbar zugänglich ist, sondern durch den Filter der wahrnehmenden und erkennenden Subjekte hervorgebracht wird (Rademacher 2018). Die gemeinsam durch die Beforschten und Forschenden erzeugte Sozialität wirft aber zu Forschungsbeginn vermeintlich einfache Fragen auf: Warum interessiere ich mich gerade für diesen Fall? Welcher Aufmerksamkeitsfokus stellt sich mit meinem Erkenntnisinteresse ein? Auf welche Beobachtungssituation, welches Dokument oder Artefakt richtet sich mein Interesse? Auf welche Person bin ich für meine Befragung besonders neugierig? Auf welche Situationen im Feld oder Äußerungen von Befragten reagiere ich wie (mit Sympathie, Irritationen oder Abwehr)?[5]

Die Standortgebundenheit ist nicht nur selbstreferentiell auf die eigene Rolle bezogen, sondern richtet sich auch auf die Reflexion der *Art und Qualität der Daten*, die im Forschungsprozess erzeugt werden und ihrer Interpretation zugrunde liegen. So sind beispielsweise die Zeitlichkeit (etwa Erhebungszeitpunkte oder -räume) sowie die Materialität der erhobenen Daten (**z.B.** Protokolle, Transkripte, Skizzen, Audio- oder Videografien, auch **ggf.**, Zahn 2023) zu bestimmen. Dadurch lässt sich klären, welcher Ausschnitt des untersuchten Feldes mit den Daten in den Blick der Forschung gerät und – im Sinne der hier zur Rede stehenden Generalisierung –, worüber die Daten Aussagen treffen können, beziehungsweise, wo für den Geltungsbereich von Forschung Grenzen erreicht sind. Nicht zuletzt verweist die Notwendigkeit der Reflexion der Standortgebundenheit darauf, das der Forschung zugrundeliegende *Gegenstandsverständnis* zu klären. Interessiere ich mich etwa für Schüler*innen als Teilnehmer*innen in der sozialen Situation Unterricht (z.B. Breidenstein, 2008 zur Metapher des „Schülerjobs") oder frage ich nach Lernprozessen und vermeintlichen Bildungsereignissen von Schüler*innen? Nehme ich Unterricht als ein kommunikatives Geschehen in den Blick, für das sich spezifische Ordnungsmuster identifizieren lassen (Meseth/Proske/Radtke 2011), oder betrachte ich Unterricht sozialtechnologisch, weil mich Kompositionsmerkmale und Effekte einer erfolgreichen Klassenführung interessieren? Die Auflistung der Gegenstandsverständnisse ist zwar nicht unbegrenzt, mit den hier angedeuteten Perspektiven auf Unterricht und Lernen aber keinesfalls vollständig – und nicht jede der skizzierten Perspektiven ist mit Erkenntnisinteressen qualitativer Forschung in gleicher Weise vereinbar. Die Relevanz des jeweiligen theoriebegründeten Gegenstandsverständnisses wird im Verlauf der Ausführungen erneut aufgegriffen. Bezüglich der Standortgebundenheit von Forschung ist darauf zu verweisen, dass sich mit dem Gegenstandsverständnis ein Fokus auf die Untersuchung der Daten einstellt, der „die ForscherInnen auf empirisch vermutete Sachverhalte erst aufmerksam werden lässt" (Brüsemeister 2000: 3). So gilt es zu Beginn der Forschung deutlich zu machen, warum ein Fall in den Blick der Forschenden gerät.

Die Standortgebundenheit der eigenen Forschung(-stätigkeit) zu reflektieren, macht auf die (Wirklichkeits-)Konstruktionen aller im Forschungsfeld Handelnden aufmerksam. Dadurch können Begründungen von Entscheidungen, die im Forschungsprozess zu treffen sind, deutlich werden. Das Ziel der Reflexion der Standortgebundenheit ist die Klärung der Geltungsansprüche und der Reichweite eigener Forschung. Generalisierungserwartungen an Forschung werden demzufolge wissentlich eingeschränkt.

Kontrastierung von Fällen

Die folgenden Überlegungen zur Kontrastierung von Fällen sind nicht in dem Sinne zu verstehen, dass eine Generalisierung der Befunde über die Erhöhung der Fallzahlen angestrebt wird. Auch die von Student*innen häufig vorgebrachte Frage: „How many cases do [you] need?" (Silverman 2013: 141) wird im Folgenden nicht abschließend beantwortet werden können.[6] Fallvergleiche ermöglichen aber, Ähnlichkeiten und Unterschiede zwischen (Einzel-)Fällen zu analysieren. Dabei lassen sich die Möglichkeiten der Kontrastierungen zunächst nach deren Reichweite unterscheiden. So legt Hummrich in ihrer biografischen Interviewstudie zu *Bildungserfolg und Migration* (2009) die Fallvergleiche in zweifacher Weise an: Fälle, die große Ähnlichkeiten aufweisen, werden in der minimalen Kontrastierung gefasst, diejenigen mit großen Unterschieden in der maximalen. Die maximale Kontrastierung dient dazu, einen Überblick über den durch das Untersuchungssample abgesteckten Möglichkeitsraum zu schaffen, um das Untersuchungsfeld in seiner Breite zu erschließen. Mit der minimalen Kontrastierung werden die Dimensionen der Erfahrungsverarbeitung ausdifferenziert und gegebenenfalls modifiziert, um die aus der maximalen Kontrastierung gewonnenen Erkenntnisse zu präzisieren (Hummrich 2009).

Fallvergleiche bereits in der Phase der Datenerhebung anzulegen ist unter dem Begriff des „theoretical sampling" (Glaser/Strauss 1967) ein im Kontext der Grounded-Theory-Methodologie etabliertes Verfahren zur Auswahl der Fälle.[7] Diese erfolgt im Wechselspiel zwischen der (vorläufigen) Interpretation bereits vorliegender Fälle, der Konzeptbildungen und der Wahl weiterer, in diesen Konzepten prinzipiell unterscheidbarer Fälle. Das für die qualitative Forschung konstitutive Prinzip der Zirkularität wird insofern realisiert, als Forscher*innen, während sie ihre Daten parallel erheben, kodieren und analysieren, auch darüber entscheiden, welche Daten als nächste erhoben werden sollen und wo diese im Forschungsfeld zu finden sind.

Kontrastierungen lassen sich ebenso bei der Bestimmung des Untersuchungssamples berücksichtigen. So wurden im Forschungsprojekt *EFiS-NRW – Auf dem Weg zur Inklusion: Ethnographische Feldstudien in Schulen in NRW* (Herzmann/Merl/Panagiotopoulou/Rosen/Winter 2017) die Untersuchungsfelder komparativ angelegt: Das Sampling umfasste vier Teilstudien, die inklusiven Unterricht an einer Grundschule, an einer Hauptschule, an einer privaten Gesamtschule sowie an einem Gymnasium fallvergleichend untersucht haben. Für die Forschung stellt sich in einem solchen komparativen Ansatz allerdings eine neue Herausforderung ein, die als *Reifizierungsproblem* qualitativer Forschung (Diehm/Kuhn/Machold 2010) diskutiert wird. Im konkreten Fall des Schulformvergleichs ist darauf zu achten, vorliegende empirische Befunde zur Homogenität von Leistungserwartungen, etwa am Gymnasium (Rabenstein/Idel/Ricken 2015), nicht vorschnell an die Interpretation der Daten heranzutragen, ohne diese Untersuchungen zugleich gänzlich unberücksichtigt zu lassen.[8]

Mit Hilfe von Fallvergleichen können die Ähnlichkeiten und Unterschiede zwischen Fällen identifiziert werden. Diese Fallvergleiche können in verschiedenen Forschungsphasen realisiert werden und minimal oder maximal kontrastiv angelegt sein. Generalisierung zielt dabei auf die Analyse der Strukturgesetzlichkeiten der Fälle.

Aggregatzustände des Sozialen

Ausgehend von der Schwierigkeit einer „Situationszentrierung" (Diehm/Kuh/Machold 2013: 42) qualitativer Forschung wird vor allem in der ethnografischen Forschung vorgeschlagen, zur Kontextualisierung des Situativen „aneinander gekoppelte Aggregatzustände" (Reckwitz 2008: 202) des Sozialen – Praktiken, Diskurse, Artefakte et cetera – systematisch aufeinander zu beziehen. In einer eigenen differenztheoretischen Studie haben wir unterrichtliche Praktiken mithilfe unterschiedlicher Materialitäten rekonstruiert, etwa schulrechtliche Vorgaben (**z.B.** Schulgesetze und Lehrer*innenausbildungsgesetze), schulische Artefakte (**z.B.** Förderpläne und Fördermaterialien) und Interviews mit Pädagog*innen (Herzmann/Merl 2017; Merl 2019). Die Analysen zeigen, wie Materialisierungen von Differenzordnungen in Artefakten eingeschrieben sind und Praktiken vorstrukturieren und wie in (Ding-)Praktiken Regelungen legitimatorisch aufgerufen und Differenzordnungen re-stabilisiert werden (Merl/Herzmann 2019). Die situative Hervorbringung von Differenz wird – in aller Vorsicht – aufgrund ihres Zusammenhangs zu beständigeren Repräsentationen als über die beobachtete Situation hinaus gültig angenommen (Herzmann/Rabenstein 2020).

Als eine heuristische Möglichkeit differenztheoretischer Forschung, beispielsweise die Hervorbringung von dis/ability übersituativ zu erforschen, kann das kulturelle Modell von Behinderung (Waldschmidt 2017) herangezogen werden[9]. Dieses Modell erlaubt, dis/ability als eine sich situativ vollziehende soziale Praxis der Herstellung von Behinderung und Fähigkeit zu analysieren und diese zugleich in einen Zusammenhang zu symbolischen Ordnungen, institutionellen Rahmenbedingungen und gesellschaftlichen (Macht-)Verhältnissen zu stellen – auf das damit zusammenhängende Problem der Reifizierung habe ich bereits verwiesen.

Über die Kombination verschieden aggregierter Daten(-arten) kann die Analyse der Beobachtungssituation im Hinblick auf ihren Zusammen-

hang zur Dauerhaftigkeit des (institutionellen, kulturellen, sozialen) Kontextes befragt werden. Generalisierung bezieht sich hier auf die Bemessung situativer und übersituativer Gültigkeiten des Untersuchungsgegenstandes.

Einordnungen in den wissenschaftlichen Diskurs

Das konstitutive Prinzip der Offenheit qualitativer Forschung sollte nicht missverstanden werden. Um Forschung nicht naiv zu beginnen, bedarf es zu Forschungsbeginn einer theoriebegründeten Einordnung des der Forschung zugrundeliegenden Gegenstandsverständnisses und Erkenntnisinteresses. Mittels theoretischer Beschreibungen des eigenen Forschungsgegenstandes ist intendiert, verallgemeinerbare Fallstrukturen beziehungsweise *Strukturgesetzlichkeiten der Fälle* identifizieren zu können. Um zugleich nicht den Theorien die alleinige Vorherrschaft über die Interpretation der empirischen Daten zuzugestehen und der deduktiven Ableitungslogik vom Theoretischen zu folgen, wird auf das Konzept von Theorien als *sensitizing concepts* in Anlehnung an Blumer (1954: 7) rekurriert: „Whereas definitive concepts provide prescriptions of what to see, sensitizing concepts merely suggest directions along which to look".[10]

Ich möchte dies an zwei eigenen Forschungsprojekten deutlich machen: Unsere Studie *Kontingenzbearbeitung in der Krise* (Hövels/Herzmann 2021) untersucht ausgewählte Kommunikationsbeiträge des virtuellen Lehrer*innenzimmers innerhalb der Plattform Twitter. Mithilfe der Dokumentarischen Methode werden diskursive Verhandlungen von Krisen in digitalen Räumen im Kontext der pandemiebedingten Schulschließungen analysiert. Dabei wird auf Theoriediskurse zu Ungewissheit als konstitutivem Merkmal pädagogischer Professionalität Bezug genommen. Anhand von Ausschnitten der Twitter-Kommunikation wird rekonstruiert, wie Lehrer*innen Aspekte von Ungewissheit im Kontext der Krise im virtuellen, öffentlichen Raum subjektiv entwerfen und kollektiv verhandeln. Diesbezüglich kann gezeigt werden, in welchen Dimensionen sich Kontingenzen offenbaren und wie das zunächst individuelle Erleben von Ungewissheit gemeinschaftlich verarbeitet wird. Zugleich wird die öffentliche Verhandlung der Krise im *#twitterlehrerzimmer* daraufhin befragt, inwiefern Selbstreflexionen und Selbststilisierungen mit einer Situation von Schulschließungen einhergehen, zu deren Bewältigung den Akteur*innen keine Routinen zur Verfügung stehen. Für die hier interessierende Einordnung in den professionstheoretischen Diskurs ist weitergehend zu diskutieren, inwiefern über die Kommunikationsbeiträge im *#twitterlehrerzimmer* bereits eine reflexive Berufskrisenbearbeitung stattfindet oder sich darin lediglich ein Klagen der Akteur*innen gegenüber bildungspolitischen Entscheidungen ausdrückt.

Die zweite Untersuchung interessiert sich für Kommunikationsprozesse in Seminaren der universitären Lehrer*innenbildung (Artmann/Herzmann/Hoffmann/Proske 2017). Für das untersuchte Setting theoriebezogener Fallarbeit mit Hilfe von Unterrichtsvideografien wird in kommunikationstheoretischer Perspektive die Entwicklung und Herstellung der Gültigkeit von Deutungen im studentischen Sprechen über Unterricht herausgearbeitet. Dabei werden der Systemtheorie (Luhmann 1970) sowie wissenssoziologischen Theorieansätze (Vogd 2010) folgend Bezugsprobleme wie die Kommunikation von Aufgabenstellungen sowie die Versprachlichung von pädagogischem Wissen aufgezeigt, die von Studierenden und Lehrenden bearbeitet werden müssen, um die öffentlich organisierte Seminarinteraktion und deren Fortsetzung zu ermöglichen. Mit dem Hinweis auf die funktionale Analyse (ebd.) ist es möglich, die Seminarkommunikation als eine spezifisch organisierte Form der Kommunikation zu beschreiben, die Ausdruck der Kontextbedingungen eines institutionell und curricular gerahmten Settings universitärer Lehrer*innenbildung ist (Artmann/Herzmann/Hoffmann/Proske 2017). Für die hier interessierende, weitergehende Theoretisierung ist interessant, dass die Frage der Generalisierung von Fällen einer institutionentheoretischen Kontextuierung bedarf.

Kernoperation der Generalisierung von Fällen ist deren theoretische Einbettung in den für die Untersuchungsfrage relevanten wissenschaftlichen Diskurs. In der qualitativen Forschung werden Geltungsansprüche von Forschung nicht über Fallzahlen und Repräsentativität angestrebt, sondern über die Bezugnahme auf theoretisch ausgewiesene Frage- oder Problemstellungen und sich daran anschließende Analysekategorien.

Fazit

Was den Fall in seiner Situiertheit und Kontextgebundenheit auszeichnet, wofür der Fall ausgehend von dessen Beispielhaftem steht und was dieser Fall wiederum im Anschluss an theoretische Bezugnahmen zum wissenschaftlichen Diskurs beitragen kann, sind zentrale Fragen qualitativer Forschung. Dass sich ein Fall dabei nicht selbst genügen kann, wurde über verschiedene Möglichkeiten der Generalisierung des Beispielhaften aufzuzeigen versucht: Beginnend mit Kontrastierungen von Fällen in unterschiedlichen Phasen im Forschungsprozess über die Berücksichtigung der Aggregatzustände der Daten und Materialitäten des Feldes bis hin zu theoriebezogenen Einordnungen von Fällen, für die es einen Unterschied macht, ob Praktiken des Handelns, Artefakte des Feldes oder die impliziten Wissensbestände der Akteur*innen fokussiert werden. Weitergehend zu klären ist **z.B.**, wie Unterricht als Gegenstand von Forschung theoretisch modelliert wird, und für die Professionalisierungsforschung etwa, an welches Professionsverständnis mit der Forschungsfrage angeschlossen wird. Der anfängliche Hinweis auf die Standortgebundenheit von Forschung bezieht diese Gegenstandsbestimmung explizit ein. Sie ist Teil der Generalisierungserwägungen – gerade auch im Sinne einer Bestimmung der Reichweite von Forschung mit Fallstudien. Wie mit Bezugnahme auf poststrukturalistische Überlegungen einer differenztheoretischen Schul- und Unterrichtsforschung deutlich gemacht wurde, ist auch die eigene Forschungstätigkeit stets als Herstellung einer vorübergehenden Bedeutungsfixierung zu verstehen (Merl/Herzmann 2019; Herzmann/Rabenstein 2020). Für die qualitative Bildungsforschung ist das Spannungsfeld des Situativen – Typischen – und Allgemeinen damit als ein für den wissenschaftlichen Erkenntnisgewinn Unhintergehbares markiert, das sowohl im Sinne einer (methodologischen) Daueranstrengung kontinuierlich als auch in den jeweiligen Studien spezifisch zu bearbeiten ist.

Anmerkungen

1 Etwa, indem Testleiter*innen ein Manual ausgehändigt bekommen, das wortgetreu verlesen werden muss, wodurch eine Verfälschung der Untersuchungsergebnisse insofern verhindert werden soll, als dass alle Versuchspersonen die exakt gleichen Anweisungen erhalten (Rademacher 2018).
2 Interessant ist für das hier zur Diskussion stehende Kürzel, dass Silverman (2013) in seinen Ausführungen zu *doing qualitative research* vorschlägt, die Bezeichnung *case* durch *instance* zu ersetzen (ebd.: 157).
3 In diesem Zusammenhang scheint eine Skepsis gegenüber dem Konstrukt von Theorien mittlerer beziehungsweise lokaler Theorieentwicklung, wie sie etwa im Kontext fachdidaktischer Entwicklungsforschung formuliert wird (Prediger et al. 2012), angezeigt.
4 Standortgebundenheit wurde bereits im Kontext hermeneutischen Interpretierens bei Soeffner (1979), in den Arbeiten Mannheims zu *Strukturen des Denkens* (1922–1925) sowie in Garfinkels *Studies in Ethnomethodology* (1967) diskutiert.
5 Eine Dokumentation der Antworten ist beispielsweise in Form eines Forschungstagebuchs zu empfehlen.
6 Informationen zur Fallselektion sind dokumentationsrelevant, um die Verallgemeinerbarkeit der Ergebnisse einzuschätzen.
7 Als Gegenmodell zu repräsentativen Zufallsstichproben und einer a priori festgelegten, merkmalsvermittelten Fallauswahl.
8 Das Reifizierungsproblem stellt sich für ethnografische Forschung grundsätzlich, insofern gesellschaftliche Differenzkategorien wie race, dis/ability und gender in ihrer Bedeutungserzeugung in pädagogischen Praktiken nicht vorschnell an gesellschaftliche Strukturkategorien anzuschließen sind, für die Analysen zugleich aber auch nicht gänzlich vernachlässigt werden dürfen (Herzmann/Rabenstein 2020).
9 Weiterführend Merl (2019), Merl/Herzmann (2019) sowie Herzmann/Rabenstein (2020).
10 Dieses Verhältnis von Theorie und Empirie lässt sich auch als abduktiv bezeichnen (Reichertz 2003).

Referenzen

Amann, Klaus/Hirschauer, Stefan (1997). *Die Befremdung der eigenen Kultur*. Frankfurt/Main: Suhrkamp.
Artmann, Michaela/Herzmann, Petra/Hoffmann, Markus/Proske, Matthias (2017). Sprechen über Unterricht. *Lehrerbildung auf dem Prüfstand, 10*(2), 216–233.
Berliner, David C. (2002). Comment: Educational Research: The Hardest Science of All. *Educational Researcher, 31*(8), 18–20.
Blumer, Herbert (1954). What is Wrong with Social Theory? *American Sociological Review, 19*(1), 3–10.
Breidenstein, Georg (2006). *Teilnahme am Unterricht*. Wiesbaden: Springer VS.
Brüsemeister, Thomas (2000). *Qualitative Forschung*. Wiesbaden: Westdeutscher Verlag.
Deppe, Ulrike/Keßler, Catharina I./Sandring, Sabine (2018). Eine Frage des Standorts? In Maja S. Maier/Catharina I. Keßler/Ulrike Deppe/Anca Leuthold-Wergin/Sabine Sandring (Hg.), *Qualitative Bildungsforschung*. Wiesbaden: Springer, 51–74.
Diehm, Isabell/Kuhn, Melanie/Machold, Claudia (2010). Die Schwierigkeit ethnische Differenz durch Forschung nicht zu reifizieren. In Frederike Heinzel/Argyro Panagiotopoulou (Hg.), *Qualitative Bildungsforschung im Elementar- und Primarbereich*. Baltmannsweiler: Schneider Verlag Hohengehren, 78–92.
Glaser, Barney G./Strauss, Anselm L. (1967). *The discovery of grounded theory. Strategies for qualitative research*. New York: Aldine de Gruyter.
Herzmann, Petra/Merl, Thorsten (2017). Zwischen Mitgliedschaft und Teilhabe. Praxeologische Rekonstruktionen von Teilhabeformen im inklusiven Unterricht. *Zeitschrift für interpretative Schul- und Unterrichtsforschung, 6*, 97–110.
Herzmann, Petra/Merl, Thorsten/Panagiotopoulou, Argyro/Rosen, Lisa/Winter, Julia (2017). »Auszeit« vom inklusiven Unterricht. In Jürgen Budde/Andreas Dlugosch/Tanja Sturm (Hg.), *(Re-)Konstruktive Inklusionsforschung: Differenzlinien – Handlungsfelder – Empirische Zugänge*. Opladen et al.: Budrich, 261–272.
Herzmann, Petra/Rabenstein, Kerstin (2020). Von Intersektionalität zu Differenz in der Schulforschung. In Astrid Biele Mefebue/Andrea Bührmann/Sabine Grenz (Hg.), *Handbuch Intersektionalitätsforschung*. Wiesbaden: Springer, 1–14.
Hövels, Barbara/Herzmann, Petra (2021). Kontingenzbearbeitung in der Krise. *Zeitschrift für Qualitative Forschung, 22*(1), 139–158.
Hummrich, Merle (2009). *Bildungserfolg und Migration*. Wiesbaden: Springer.
Luhmann, Niklas (1970). Funktionale Methode und Systemtheorie. In Ders. (Hg.), *Soziologische Aufklärung*. Opladen: Westdeutscher Verlag, 31–53.
Merl, Thorsten (2019). *un/genügend fähig*. Bad Heilbrunn: Klinkhardt.
Merl, Thorsten/Herzmann, Petra (2019). Inklusion und dis/ability. Überlegungen zu einer differenztheoretischen Unterrichtsforschung. *Zeitschrift Für Inklusion, 10*(2).
Meseth, Wolfgang/Proske, Matthias/Radtke, Frank-Olaf (2011). Was leistet eine kommunikationstheoretische Modellierung des Gegenstandes „Unterricht"? In Dies. (Hg.), *Unterrichtstheorien in Forschung und Lehre*. Bad Heilbrunn: Klinkhardt, 223–240.
Prediger, Susanne/Link, Michael/Hinz, Renate/Hußmann, Stephan/Thiele, Jörg/Ralle, Bernd (2012). Lehr-Lernprozesse initiieren und erforschen. Fachdidaktische Entwicklungsforschung im Dortmunder Modell. *MNU, 65*(8), 452-457.
Rabenstein, Kerstin/Idel, Till-Sebastian/Ricken, Norbert (2015). Zur Verschiebung von Leistung im individualisierten Unterricht. Empirische und theoretische Befunde zur schulischen Leitdifferenz. In Jürgen Budde/Nina Blasse, Andrea Bossen/Georg Rißler (Hg.), *Heterogenitätsforschung: Empirische und theoretische Perspektiven*. Weinheim: Beltz, 241–258.
Rademacher, Sandra (2018). Blinde Flecken der Bildungsforschung. In Maja S. Maier/Catharina I. Keßler/Ulrike Deppe/Anca Leuthold-Wergin/Sabine Sandring (Hg.), *Qualitative Bildungsforschung*. Wiesbaden: Springer, 273–284.
Reckwitz, Andreas (2008). Praktiken und Diskurse. Eine sozialtheoretische und methodologische Relation. In Herbert Kalthoff/Stefan Hirschauer/Gesa Lindemann (Hg.), *Theoretische Empirie*. Frankfurt/Main: Suhrkamp, 188–209.
Reichertz, Jo (2003). *Die Abduktion in der qualitativen Sozialforschung*. Opladen: Leske & Budrich.
Ricken, Norbert/Reh, Sabine (2014). Relative und radikale Differenz. In Anja Tervooren/Nicolas Engel/Michael Göhlich/Ingrid Miethe/Sabine Reh (Hg.), *Ethnographie und Differenz in pädagogischen Feldern*. Bielefeld: Transcript, 25–45.
Silverman, David (2013). How many cases do you need? In Ders. (Hg.), *Doing Qualitative Research*. Los Angeles et al.: Sage Fourth Edition, 141–158.
Vogd, Werner (2010). Methodologie und Verfahrensweise der dokumentarischen Methode und ihre Kompatibilität zur Systemtheorie. In René John/Anna Henkel/Jana Rückert-John (Hg.), *Die Methodologien des Systems*. Wiesbaden: Springer, 120–140.
Waldschmidt, Anne (2017). Disability Goes Cultural. The Cultural Model of Disability as an Analytical Tool. In Anne Waldschmidt/Hanjo Berressem/Moritz Ingwersen (Hg.), *Culture – theory – disability*. Bielefeld: Transcript, 19–28.
Zahn, Manuel (2023). ggf. In Sandra Hofhues/Konstanze Schütze (Hg.), *Doing Research*. Bielefeld: Transcript, 254–261.

PETRA HERZMANN

- Kasuistik + Unterrichtsvideografie
- Forschendes Lernen
- didaktische Reduktionen + heuristische Modellierungen

Zentrale Themen:
- Lehrer*innen-professionalität
- Schule
- Unterricht
- Differenz + Inklusion

- ERKENNTNISGEWINN
- Disziplinär + interdisziplinär
- Theoriebildende REKONSTRUKTIONEN

- KREATIVITÄT
- DISZIPLIN
- NEUGIER
- ANSTRENGUNGSBEREITSCHAFT

2.Zt. Vom Umgang mit politischen Bildwelten   Nicole Kreckel

Die Abkürzung z.Zt. *(zur Zeit) kann auf einen vergangenen Zeitraum rekurrieren oder sich auf die Gegenwart beziehen. Mit Blick etwa auf die Amtszeit Donald Trumps, das Erstarken rechter politischer Kräfte in Europa oder den Zusammenschluss der Querdenker*innen, stellt die Autorin fest, dass wir* z.Zt. *des Populismus leben und fragt, welchen Beitrag mediale, künstlerische und kunstwissenschaftliche Forschungsfelder leisten können, um – etwa durch angemessenere Bildkompetenz – populistische (Bild-)Strategien zu de-/recodieren.*

z.Zt. des Verfassens dieses Aufsatzes finden sich jede Menge Sammelbände, einzelne Aufsätze und Monografien auf meinem Schreibtisch, zum Politischen Bild[1], zur Bildentschlüsselung[2], Politischen Kommunikation[3,] Visuellen Politik[4] und Visuellen Kultur[5]. Mit ihrer Hilfe gilt es herauszufinden, wie sich der Umgang mit politischen Bildern gestaltet und diesen anhand von Schlüssel-Aufsätzen aus den verschiedenen Bereichen zu erläutern. In den folgenden Abschnitten wird also umrissen, wie sich mir das *doing* um das politische Bild durch die Ansätze verschiedener Politikwissenschaftler*innen, Forscher*innen der Visuellen Kultur, Kunstwissenschaftler*innen und Künstler*innen erschlossen hat. Meine Position ist dabei die einer studierten Kunsthistorikerin, die sich der Visuellen Kultur zugewandt hat, um disziplinübergreifend forschen zu können. Meinen Alltag prägen Kunsttheorie und Kunstgeschichte, Museologie, die Medienwissenschaften sowie Ansätze der Kultur- und Gesellschaftswissenschaften.

Populistische (Bild-)Strategien

Mit Donald Trump tritt das erste Mal eine *Marke* die Präsidentschaft an (Andree 2015). In den ersten 100 Tagen seiner Amtszeit postet Trump über 300 Bilder auf seinem Facebook- und Twitter-Kanal – dabei präsentiert er sich 96 Mal an einem Tisch sitzend und 52 Mal als zentrale Figur einer großen Menschengruppe (Strand/Schill 2019). Eine solche Bildstrategie verfolge unter anderem das Ziel, so die Kommunikations- und Medienwissenschaftler, Trump in seinem Amt zu legitimieren (ebd.: 174f.). Nach Ansicht des Kunsthistorikers Hanno Rauterberg entspricht die populistische und narzisstische Darstellung Donald Trumps in Wort und Bild einer Verkörperung und überzeugenden Darstellung des „Klischees des modernen kompromisslosen Künstlers, der niemanden gelten lässt außer sich selbst" (Rauterberg 2018: 90).

Als Beispiel für eine (Selbst-)Darstellungsweise führt er den politisch grenzüberschreitenden Künstler Jonathan Meese an, der durch die *Hitler-Gruß-Affäre* weitläufig in den Medien vertreten war. Die medial breit aufgestellte künstlerische Arbeit Meeses geht einher mit ständigen Darstellungen seiner Künstler-Persona: Meese macht sich selbst zur zentralen Figur seiner künstlerischen Arbeit. Seine weitläufige Selbstdarstellung fordert die Betrachtenden immer wieder dazu auf, die Wirkmechanismen dieser vermeintlichen Selbstinszenierung zu hinterfragen – neben der Fotografie oder den schreiend bunten, aufmerksamkeitsheischenden Installationen scheint dem Künstler seine Persona als weiteres Material zu dienen. Das immergleiche Outfit, in dem Meese gerne in die Öffentlichkeit tritt – schwarze Adidas-Jacke und Cordhose – lässt einen unmittelbaren Vergleich zur inszenierten Persona Donald Trump zu, der nicht erst seit dem Präsidentenamt, sondern auch aufgrund seines sich oft ähnelnden (clownesken) Äußeren, Sujet vieler Karikaturen wurde. Obwohl er in diesen Darstellungen oft belächelt wird, analysieren die Politikwissenschaftler*innen Bernhardt/Liebhart/Pribersky (2019) bezogen auf die von Trump und seinem Team gesteuerte Bildpolitik treffend, dass darin gezielte Identifikationsangebote beziehungsweise Möglichkeiten zur Kommunikation eröffnet würden. Die strategische Nutzung des visuellen Materials mache klar, dass sich der ehemalige US-amerikanische Präsident über die Wirkung seiner medial begleiteten Auftritte sehr wohl bewusst sei (ebd.: 52). Trumps überzogene Selbstdarstellung mit Schmollmund hat sich in unserem kollektiven Gedächtnis verankert. Ein Künstler wie Jonathan Meese kann uns durch seine eigene Selbstinszenierung auf Wirkmechanismen einer solchen überstilisierten Selbstdarstellung aufmerksam machen.

Die eindeutig inszenierte und bewusst gesteuerte (Selbst-)Darstellung der Marke Donald Trump zeigt beispielhaft, dass wir z.Zt. *einer Bildpolitik leben, die populistisch agierenden Politiker*innen eine Bühne zur Selbstinszenierung und – über die sozialen Netzwerke – direkten Kommunikation bietet. Künstlerische Strategien, wie die Jonathan Meeses, können solche Inszenierungsstrategien wahrnehmbar machen.*

Politische Kunst und ihr Potenzial

Nachdem Donald Trump zum Präsidenten der Vereinigten Staaten Amerikas gewählt worden war, ermutigte die Kulturredakteurin Katherine Brooks Kunstschaffende, politische Werke zu produzieren. Brooks traute der Kunst also zu, im besten Sinne aufklärerisch tätig zu werden, „als Korrektiv" für „Aufklärung und Fortschritt" einzutreten, durch ästhetische Mittel etwas verändern zu können und „läuternde Wirkung zu entfalten"[6] (Brooks 2016 zit. nach Rauterberg 2018: 93). Kunst, die in solcher Weise politisch engagiert und aufklärerisch auftrete, erlebe seit Mitte der 2000er ein Revival – so Rauterberg. Der Fotograf Wolfgang Tilmans etwa warb 2016 mit einer Plakat-Kampagne gegen den Brexit und 2017 dafür, wählen zu gehen, um „die Populisten der AfD kleinzuhalten". Tillmanns stelle sich mit seinem politisch linken Kunstschaffen auf die Seite der „bestehenden Ordnung", was Rauterberg für neoliberal fragwürdig hält (Rauterberg 2018: 94). Er kritisiert die beruhigende Herangehensweise dieser Arbeit(en) für eine demokratische Gesellschaft: Je drastischer die ungehemmte Meinungsäußerung rechter Aktivist*innen erfolge, desto mehr würden sich Künstler*innen dem „ethisch Richtigen zuwenden" und beruhigend auf die Situation eingehen (wollen) (ebd.: 96).[7]

Nicht nur Rauterberg steht einer solchen politisch-künstlerischen Herangehensweise kritisch gegenüber. So sprechen Emmerling, Leonhard/Kleesattel, Ines (2016: 12) in der Einleitung ihres Sammelbands aus einer ähnlichen Haltung, wenn sie erläutern, dass sich diese „aufklärerisch-dokumentarische[n] oder auch einnehmend attraktive[n] Kunstwerke geradezu darin [überbieten], ‚Machtverhältnisse zu thematisieren', ‚Verstrickungen zu enthüllen' und ‚Ungerechtigkeiten zu kritisieren'" (ebd.). Für die Autor*innen ist klar, dass politisch motivierte Kunst zum einen aufdecke und zum anderen durch Partizipation der Betrachter*innen selbst zu Orten politischer Aushandlung werde; das Werk wirkt also im besten Fall politisch aktivierend (siehe auch u.a., Rodonò 2023). Sie heben hervor: Indem die Werke damit Erfolg hätten und *Politizität* in der Kunst zum Mainstream werde, würden sich Künstler*innen und ihre kritisch-politische Kunst gleichsam in die (neo-)liberale Welt und die kapitalistischen Strukturen einweben (ebd.: 12f.).

Dass politischer Kunst trotz ihres aktivierenden Potenzials nicht immer Konsequenzen folgen, verdeutlicht etwa die jüngst aufgedeckte Pegasus-Spionage, die Ende Juli 2021 breit durch die Medien ging. Beteiligt an dieser medialen Resonanz waren 80 Journalist*innen, die den Skandal sowie das Ausmaß der Verstrickungen rund um die Spy-Software Pegasus bearbeitet hatten – jedoch nicht als Pionier*innen. Weitaus leiser war die mediale Reaktion, als das künstlerische Kollektiv Forensic Architecture ihre Arbeit *Digital Violence: How the NSO Group Enables State Terror* am 3. Juli 2021 veröffentlichte. Die filmische Arbeit war in Zusammenarbeit mit der Filmemacherin Laura Poitras entstanden; das Gesamtprojekt wurde von Amnesty International und dem Citizen Lab der Universität Toronto unterstützt. In der Ausstellung *Investigative Commons* im Haus der Kulturen der Welt (Berlin) wurde die Arbeit bis zum 8. August 2021 gezeigt. Die unbemerkte Überwachung durch Pegasus wurde darin bereits offenkundig (Forensic Architecture 2021) – aber erst von der oben genannten Gruppe von Journalist*innen in das Zentrum medialer Aufmerksamkeit gerückt. Das Beispiel Forensic Architecture zeigt: Kunst, die als Beweis fungieren will, hat es außerhalb der sogenannten Kunstblase schwer, gehört zu werden und Aufmerksamkeit zu erfahren. Forensic Architecture interviewten für ihr Projekt Journalist*innen, Menschenrechtsaktivist*innen und Antwält*innen – die daraus gewonnenen Erkenntnisse wurden anschließend visuell aufgearbeitet und auf der Plattform *digitalviolence.org* zugänglich gemacht. Die Arbeit von Forensic Architecture ist also zugleich ein Beleg dafür, dass *forensische* Forschung und fundierte Recherche im Kunstkontext realisiert werden kann und Kunst ihre Betrachter*innen durch die visuelle Aufarbeitung komplexer Strukturen in gewisser Weise aufklärt. Die NSO Group, die die Pegasus-Software vertreibt, ist Teil der neoliberalen Strukturen, die Emmerling/Kleesattel (2016: 12f.) benennen. Forensic Architecture zeigt dagegen auf, dass es politischer Kunst durch gezielte Zusammenarbeit mit Menschenrechtsorganisationen und freien Journalist*innen gelingen kann, eben nicht in deren Falle zu treten.

z.Zt. werden die Intentionen und der dokumentarisch-aufklärerische Anspruch politischer Kunst sowie deren gleichzeitige Teilhabe an neoliberalen Strukturen oft kritisiert. Dennoch können Positionen wie Forensic Architecture ihren aufklärerischen Anspruch einlösen und durch Kunst bilden – also zum hinterfragenden Umgang mit Medien auffordern.

Forschung der Visuellen Kultur

Eine Aufgabe der Visuellen Kultur oder der Visual Culture Studies besteht in der Thematisierung von Macht-Verhältnissen – oder genauer: in der Dekodierung visuellen Materials mit Hinblick auf die Machtstrukturen, unter denen beispielsweise Bilder entstanden sind und die sie reproduzieren. In der jüngsten Arbeit von Forensic Architecture erhalten die verschiedenen recherchierten Fakten – digitale Spionage, physische Anschläge oder auch gezielte Zahlungen an die NSO Group durch private Firmen – auf der Plattform *digitalviolence.org* in einem dreidimensionalen bewegbaren Schaubild eine visuelle Form. Machtstrukturen werden mit visuellen Mitteln dekodiert, womit sich der spezielle Forschungsansatz von Forensic Architecture mit dem der Visuellen Kultur vergleichen lässt. Die Visuelle Kultur wird als nicht-, oder im Anschluss an William J. T. Mitchell, als interdisziplinär verstanden. So werden ihr besonders im deutschsprachigen Raum Ansätze zugerechnet, die fachliche Grenzen überschreiten wollen und sich gegen etwaige disziplinäre Ausschlussmechanismen richten. So unterschiedlich die Disziplinen sein mögen, aus denen die Autor*innen der Visuellen Kultur kommen (wie etwa die Biologie, die Literaturwissenschaft, Kunstgeschichte oder Ethonologie), definieren Schade, Sigrid/Wenk, Silke (2011: 55) als verbindendes Element „Macht- und gesellschaftskritische Fragestellungen". Gleichsam werden Bilder als kulturelle Konstruktionen verstanden und der Ansatz der Visuellen Kultur – die „kritisch-konstruktive Möglichkeit kulturwissenschaftlicher Forschung" in visuellem Material fruchtbar werden zu lassen (Rimmele/Stiegler 2012: 164) – kann als Perspektivwechsel begriffen werden.

An dieser Stelle mag Aby Warburg mit seinem *MNEMOSYNE*-Bilderatlas ins Gedächtnis kommen – auch er nutzte visuelles Material, genauer Schwarz-Weiß-Reproduktionen von Bildern, zum Erkenntnisgewinn. Mit vergleichendem Blick gelang es ihm, Ordnung in scheinbares Chaos zu bringen und Werke in einen Dialog treten zu lassen, die ursprünglich nicht miteinander verbunden waren. So werden bestimmte Körperhaltungen, wie etwa Dürers auf dem linken Arm abgestützte *Melancholia,* als kulturelle Konstrukte wahrnehmbar. Die kulturelle Konstruktion und der gesellschaftspolitische Kontext sind in der Visuellen Kultur ebenso wichtig wie das visuelle Material an sich. Ein weiterer Ansatz Warburgs war es, „das Bild als Quelle im Kontext vielfältigster kultureller Produkte" (Hübschner/Neuendank 2018: 307) zu begreifen; ein Kunstwerk also nicht mehr nur mit anderen Kunstwerken zu vergleichen, sondern

„Motive, Topoi sowie visuell greifbare Formulierungen verhandelbar zu machen – sie im Nachspüren, Ansammeln, Anordnen und im Ins-Verhältnis-Setzen zu erschließen".

Durch den vergleichenden Blick wird eine Bildlesekompetenz geschult, die es ermöglicht, differenzierte Aussagen über Motive, Bedeutung und Funktion zu treffen (ebd.: 307f.). Dieses Verständnis von Bildern greift Tom Holert (2000) auf. Er erweitert Warburgs Ansatz und hebt hervor, dass die Prozesse und Kontexte in den Blick genommen werden müssten, in denen sich Bilder finden lassen; es brauche ein Wissen um ihre Zugänglichkeit und damit verbundene Machstrukturen. Am Ende steht für Holert das Ziel einer Entzauberung der Wirkmacht der Bilder. Das heißt, er stellt sich dezidiert „Mythen des ‚Visuellen'" entgegen und betont, dass die gesellschaftlichen Interaktionen untersucht werden sollten, die im Zusammenhang mit Bildern stünden (ebd.: 33). Holert, als hier angeführter aktueller Vertreter der Visuellen Kultur, macht sich dafür stark, Inszenierungsstrategien um Bilder aufzuzeigen und gleichsam zu einem Verständnis beizutragen, wie Bilder in der Politik als Beweisträger*innen oder Evidenzerzeuger*innen eingesetzt werden – und in welchem Zusammenhang sie mit Machtstrukturen stehen (Holert 2002). So führt er unter anderem Beispiele von journalistischen Bildern an, die Politiker*innen zeigen, die vermeintliches visuelles Beweismaterial in die Kamera halten. Holert stellt damit heraus, wie wichtig der Zeige-Gestus wird, wenn Politiker*innen im Plenarsaal des Bundestages oder in eine Kamera gerichtet Schaubilder und Grafiken in die Luft halten, um ihr Argument zu verdeutlichen (ebd.: 206ff.). Bilder werden als Beweise präsentiert – von Politiker*innen vor der Kamera, ohne dass man als Betrachter*in vor dem Fernsehbildschirm etwas auf ihnen erkennen könnte. Sie sollen dem gesprochenen Argument Nachdruck verleihen und die Zuhörer*innen und Zuschauer*innen dazu bringen, der Politiker*in zu glauben. Die Überzeugungskraft der Bilder wird von politischen Akteur*innen noch expliziter bei Wahlkämpfen genutzt. Hier wird das visuelle Material dezidiert dazu verwendet, um Wähler*innen zu beeinflussen und zu einer Wahlentscheidung zu bewegen.

Die Visuelle Kultur verdeutlicht mit ihrem machtkritischen Ansatz die kulturelle Konstruiertheit (und damit gesellschaftlich-wirksame Interaktionen) von Bildern, die **z.Zt.** *etwa in der Politik als vermeintliches visuelles Beweismaterial, etwa zu Wahlkampfzwecken, genutzt werden.*

Populistische Wahlplakate

Die Visuelle Politik ist der Bereich der Politikwissenschaft, der sich explizit mit politischen Bildern und deren Dekodierung auseinandersetzt. Wie sich die populistische Argumentation von Bildern aufdecken lässt, kann an einem AfD-Plakat verdeutlicht werden: Der Wahlkampf der AfD ist nicht nur geprägt von (überredenden) Bildern, sondern ebenso von visuellem Vokabular – etwa „Angsträumen" oder „blonden Frauen" (Höcke zit. nach Knappertsbusch 2017, aus: Biskamp 2017: 91) –, das sich auch auf ihren Plakaten wiederfindet. Visuelle Stereotype werden nach Pappert, Steffen/Czachur, Waldemar (2019: 108 ff.) auch *Visiotype* genannt. Hierbei handle es sich um symbolisch aufgeladene Bilder, die durch eine immer wieder aufgegriffene Bedeutungszuschreibung und mediale Reproduktion ein bestimmtes Wissen und bestimmte Zusammenhänge bei den Betrachtenden abrufen. Dies wird an folgendem Beispiel nachvollziehbarer: Die blonde weiblich gelesene Person als Sinnbild des sogenannten phänotypisch deutschen Idealbildes, wird bei der nordrhein-westfälischen Landtagswahl 2017 auf Wahlplakaten der AfD aufgenommen: Ein Plakat trug den Wahlspruch „Mit 18 freut sich Lili noch mehr, dass ihre Eltern AfD gewählt haben." Im Bildhintergrund des Plakats ist der Kölner Dom zu erkennen und davor, bildmontageartig eingefügt, steht ein blondes Mädchen, das strahlend in die Kamera grinst. Darunter befindet sich die Bildunterschrift „Unser Programm heißt Realität". Im Zusammenspiel erzeugen die einzelnen Bildelemente ein visiotype Bildfigur. Wie Pappert/Czachur erläutern, spielt der dargestellte Zusammenhang auf die Kölner Silvesternacht 2015/2016 an. Hier kam es zu einer Reihe sexueller Übergriffe von jungen, vermeintlich *nicht-deutschen* Männern auf mehrere hundert Frauen (ebd.: 109). Die Autoren fächern die durch das Plakat formulierte populistische Aussage in ihrer Analyse strukturell in drei Aspekte auf: Das Aufgreifen der Silvesternacht und damit eine sexuelle Belästigung, die auf *Ausländer* zurückgeführt wird; das blonde Mädchen als Stereotyp der Unschuld; und, nach der Zusammenführung dieser beiden Aspekte, die AfD als die Partei, die sich dieser vermeintlichen *Realität* stellt und sie in Angriff nimmt (ebd.: 114).

In der Wahlkampfkommunikation und Plakatwerbung können Bilder also eingesetzt werden, um populistische Argumente zu unterstützen oder zu formulieren, die teils rein visuell funktionieren. Durch die Bild-Bild-Kombination aus Kölner Dom und blondem Mädchen wird ein eindeutiges Argument geformt. Es ist also nicht nur so, dass Bilder aus der politischen Kommunikation nicht mehr wegzudenken sind, sondern sie „können mitunter auch aktiv in das politische Geschehen eingreifen" (Bernhardt/Liebhardt 2020: 11). Diese aktive, überredende Rolle kann mit der Wahrnehmung von Bildern als *lebendige* Akteur*innen verknüpft werden, die auf Mitchell zurückgeht, der die Frage nach dem stellt, was Bilder „wollen" (Mitchell 2005, zit. nach Hark 2011: 54). Natürlich sind Bilder wie etwa politische Fotografien reproduzierbar und in den meisten Fällen reproduzierende Objekte in Bezug auf die Wirklichkeit, die sie darstellen möchten (etwa, dass es sexuelle Übergriffe auf dem Domplatz gab) – aber sie produzieren diese (oder eine andere) Wirklichkeit ebenso: etwa durch Höckes Aussage zum „Angstraum", der durch das AfD-Wahlplakat selbst kreiert wird. Bilder

„konstituieren Sehweisen, prägen Wahrnehmungsmuster, transportieren historische Deutungsweise […]. Kurzum: Bilder sind, mit Nelson Goodman gesprochen, Welterzeuger, nicht Weltabbilder." (ebd.; Goodman 1984)

Bilder als Welterzeuger zu verstehen, die Wirklichkeit nicht nur re-, sondern auch produzieren, ist besonders **z.Zt.** *des Wahlkampfs (bei der Analyse von Wahlplakaten) eine wichtige Einsicht. Denn die AfD argumentiert nicht nur auf sprachlicher Ebene mit Stereotypen, sondern stützt ihre populistischen Argumentationen oft durch Visiotypen, die es zu erkennen und zu decodieren gilt.*

Visuelle Politik und politische Kommunikation

Benjamin Drechsel (2005: 149f.) schreibt in seiner Dissertation, politische Bilder hätten den Status, *politisch* zu sein – nicht nur über das dargestellte Sujet, sondern auch durch politische Kontexte. Somit sei „[e]in Bild dann ein politisches Bild, wenn es intersubjektiv überprüfbar in Zusammenhang mit mindestens einer öffentlich verbindlichen Entscheidung gestellt wird" oder allgemein „in Zusammenhang mit Politik gestellt wird" – er nimmt damit die Funktion von Bildern in politischen Zusammenhängen in den Blick.[8] Für Bernhardt, Petra/Liebhart, Karin/Pribersky, Andreas (2019) definiert sich der Gegenstandsbereich der Visuellen Politik, im Anschluss an Drechsel, durch „materielle […] Bilder […] und Images, die eine politische Kontextualisierung erfahren". Ihr Ansatz ist es, der eigentlich „kritische[n] Perspektive [ihres Fachs] auf medienzentrierte Politikherstellung und -darstellung" den „Stellenwert und […] [die] Bedeutung [der visuellen Dimension des Politischen] für politikwissenschaftliche Fragestellungen und Analysen" gegenüberzustellen (ebd.: 45). Die Wurzeln der Visuellen Politik werden damit in der Kommunikations- und Medienwissenschaft verortet, ebenso wie in der Kunstwissenschaft (mit Rückbezug auf Panofsky). Weitere Traditionslinien finden die Autor*innen in den Geistes-, Kultur- und Sozialwissenschaften neben einer Nähe zu den Bildwissenschaften sowie den Visual Culture Studies beziehungsweise der Visuellen Kultur (ebd.).

Politische Kommunikation, wie sie von Kommunikationswissenschaftler*innen oder von einigen Literaturwissenschaftler*innen untersucht wird, ist stark an den politischen Persönlichkeiten sowie ihren Zielgruppen orientiert (Holtz-Bacha 2008; Geise/Podschuweit 2019). Denkt man an Abbildungen von Demonstrationen oder von Politiker*innen vor dem Redner*innenpult, wird deutlich, dass es sich hier zumeist um Kommunikationsprozesse handelt. Kommunikationsprozesse, die, über das Bild, von

Bürger*innen an Politiker*innen gerichtet sind – oder in denen eine Politiker*in ihre Agenda durch mediale Inszenierung an die Gesellschaft richtet. Hinter solchen Inszenierungen stehen bestimmte „Bildstrategien und Darstellungsmerkmale" – und genau diese interessieren in der Visuellen Politik (ebd.: 48).[9] Die politikwissenschaftliche Forschung an politischen Bildern setzt ein Bild meist in Zusammenhang mit anderen kommunikativen Modi (einer politischen Aussage etwa einer Partei oder Politiker*in). Weniger geht es hier jedoch um das Ziel, eine Blaupause für Interpretationen ähnlicher Bilder, eine gewisse *Bildkompetenz*, zu entwickeln.

Eine bildspezifische Kompetenz lässt sich beispielsweise durch methodische Werkzeuge generieren. So gehen Bernhardt/Liebhart/Pribersky in ihrem Aufsatz abschließend auf einige Bildanalysemethoden ein: Visuelle Kontextanalyse, Quantitative Bildtypenanlyse, Politische Ikonografie, Visuelle Kontextanalyse, Visuelle Frame-Analyse. Die Literatur, auf die sich die Autor*innen hier beziehen, stammt zumeist aus Sekundärquellen aus der Kommunikationswissenschaft, der Kunstgeschichte, Politik- oder Medienwissenschaft (ebd.: 51f.). Hierin zeigt sich die anfangs erwähnte Nähe der Visuellen Politik zur Kommunikationswissenschaft und verdeutlicht, wie interdisziplinär die Autor*innen ihren Forschungsansatz verstehen: Die Grenzen der Visuellen Politik sind offen, vor allem in Richtung der zuvor genannten Disziplinen. Wie relevant ein Verständnis um Bilder bei populistischen Bildstrategien ist, erörtern Bernhardt/Liebhart/Pribersky unter Bezugnahme auf ein offizielles Foto des Weißen Hauses, das den ehemaligen Präsidenten im State Dining Room zeigt mit ausgestreckten Jazz-Hands, einen gesamten Tisch voll Fast-Food präsentierend. Trump inszeniert sich, umringt von Burgern und Pommes, als *authentischer US-Amerikaner*. Gleichsam passt das Bild zur eingangs erwähnten Bildstrategie der ersten 100 Tage seiner Amtszeit. Dass gewollte Authentizität bei der Inszenierung von populistischen Politiker*innen ein beliebtes Stilmittel ist, macht Uta Rußmann in einem Interview mit der österreichischen Tageszeitung *Der Standard* deutlich: Rußmanns Ansicht nach orientierten sich populistische Politiker*innen bei der Verwendung sozialer Medien an *Normalnutzer*innen*. Zudem würden auch bildliche Medien überredend eingesetzt; Politiker*innen wie Trump seien stets auf ihren eigenen Vorteil bedacht (Pumhösl 2017: o.S.).

Die Visuelle Politik fragt nach den Kommunikationsvorgängen und Aussagen, die von Bildern ausgehen; ebenso wie nach den Einbindungen in weiterführende politische Kommunikation. Besonders z.Zt. *der direkten Kommunikation von Politiker*innen an Wähler*innen über soziale Netzwerke wird dieser Aspekt der Bild-Decodierung immer relevanter.*

Fazit

So geht es zurück zum Anfang und zu der narzisstischen Darstellung Trumps, dessen Inszenierungsstrategie Betrachter*innen vielleicht durch Bezugnahme auf Jonathan Meese besser erfassen können. Trumps Selbstdarstellung innerhalb weitläufigerer Kommunikationsstrategien kann tiefergehend durch Analysen der Visuellen Politik begriffen werden. Eine Hinzunahme von Vergleichsabbildungen kann Bild-Traditionen sichtbar werden lassen – die Visuelle Kultur trägt so zu einem weitläufigen, netzwerkartigen Gesamtverständnis politischer Bilder bei. Und wird abschließend aufklärerische künstlerische Forschung – wie die von Forensic Architecture – hinzugezogen, ergibt sich ein hilfreiches Werkzeug, das zur Lesbarkeit populistischer Bildstrategien beiträgt. Gemeinsam ist den vorgestellten Herangehensweisen, in detektivischer Arbeit ein *Dahinter* offen legen zu wollen, um zu einem nachhaltigen Verständnis unserer heutigen Bildwelten zu gelangen. Künstlerischen Arbeiten, Studien der Visuellen Kultur und der Visuellen Politik ist zudem gemein, meist inter- oder transdisziplinäre Antworten auf die Frage der *Lesbarkeit* unserer durch Bilder produzierten Wirklichkeit zu finden.

Die Kommunikation von Politiker*innen kann über Fotografien oder Plakate als Vermittler*innen geschehen und Bilder können zu populistischen Zwecken instrumentalisiert und politisiert werden. Es gibt jedoch Unterschiede zum Umgang mit visuellem Material in den sozialen Netzwerken: Hier können Politiker*innen in einen direkten Austausch mit ihren Follower*innen treten. Die Präsentation von Bildern auf Twitter oder Instagram ist weitaus weniger moderiert oder kontextualisiert als jene auf Plakaten.

„The Trump administration's use of social media and visual communication evolved after its first 100 days – both in terms of messages delivered and tactics deployed – but one thing is certain: visuals remained central and critical." (Strand/Schill 2019: 182f.)

Durch diese Art der direkten Kommunikation ist es von Nöten, Betrachter*innen im Lesen politischer Bilder stärker zu schulen, wie ich schließen möchte, da für üblich kein filternder Journalismus mehr den Kommunikationsprozess lenkt.

Anmerkungen

1 Vergleiche Drechsel (2005).
2 Vergleiche Petersen/Schwender (2011).
3 Vergleiche Bernhardt/Liebhardt (2020).
4 Vergleiche Bernhardt/Liebhart/Pribersky (2019).
5 Vergleiche Rimmele/Stiegler (2012); Schade/Wenk (2011).
6 Auch wenn Rauterberg diesen Aufruf als naiv betitelt, zeigt er dennoch die Perspektive auf ein aufklärerisches Potential politischer Kunst. Wird dieser Aufruf, wie von Rauterberg, jedoch als Korrektiv gedeutet, würde ich ihm zustimmen, dass Kunst nicht einem Korrektiv entspricht.
7 Vergleichbare künstlerische Positionen, versuchen das politische Geschehen durch Offenlegung und Vermittlung der zugrunde liegenden Strukturen lesbar zu machen und Reflexionsprozesse bei den Betrachter*innen hervorzurufen, die ein *ethisch richtiges* Handeln zur Folge haben. Beispielhaft dafür agieren auch einige Ausstellungen der letzten Jahre, die ebensolche Kunst versammeln, etwa die von Okwui Enwezor kuratierte Venedig Biennale (2015) oder die von Adam Szymczyk kuratierte Documenta 14 (2017).
8 Das zugrundeliegende Politikverständnis der hier benannten Definition ist geprägt von demokratischen Prozessen und Strukturen des global westlichen Zusammenlebens. Danke an Melanie Dietz für diese wichtige Anmerkung im gemeinsamen Podcast im Sommersemester 2020, im Rahmen des Lehr-Forschungs-Projektes *Politische Bilder Lesen*.
9 Erstaunlich ist, dass sich Bernhardt/Liebhart/Pribersky (2019: 48) in ihrem Aufsatz auf eine der ältesten kunsthistorischen Bildanalysemethoden beziehen, den Dreischritt von Erwin Panofsky, der sich in vorikonografische Beschreibung, ikonografische Analyse und ikonologische Interpretation gliedert. Die anschließende sehr treffende Beschreibung gleicht jedoch eher der Objektiven Hermeneutik.

Referenzen

Andree, Martin (2015). Trump-Mania. *Horizont, 44*, 26.

Bernhardt, Petra/Liebhardt, Karin (2020). *Wie Bilder Wahlkampf machen*. Wien/Berlin: Mandelbaum Verlag.

Bernhardt, Petra/Liebhart, Karin/ Pribersky, Andreas (2019). Visuelle Politik: Perspektiven eines politikwissenschaftlichen Forschungsbereichs. *Austrian Journal of Political Science, 48*(2).

Biskamp, Floris (2017). Angst-Traum „Angst-Raum". Über den Erfolg der AfD, „die Ängste der Menschen" und die Versuche sie „ernst zu nehmen". *Forschungsjournal Soziale Bewegungen, 30*(2), 91–100.

Brooks, Katherine (2016). Dear Artists: We Need You More Than Ever. URL: kurzelinks.de/zg01 [28.07.2021]

Drechsel, Benjamin (2005). *Politik im Bild. Wie politische Bilder entstehen und wie digitale Bildarchive arbeiten*. Frankfurt et al.: Campus Verlag.

Emmerling, Leonhard/Kleesattel, Ines (2016). Politik der Kunst. Zur Einleitung. In Dies. (Hg.), *Politik der Kunst. Über Möglichkeiten, das Ästhetische politisch zu denken*. Bielefeld: Transcript, 11–18.

Forensic Architecture (2021). Digital Violence. How the NSO Group enables State Terror. URL: kurzelinks.de/fy05 [29.07.21]

Geise, Stephanie/Podschuweit, Nicole (2019). Partizipation durch Dialog? Mobilisierungsstrategien politischer Akteure im Bundestagswahlkampf 2017. In Ines Engelmann/Marie Legrand/Hanna Marzinkowski (Hg.), *Politische Partizipation im Medienwandel*. Social Science Open Access Repository, 157–191.

Goodman, Nelson (1984). *Weisen der Welterzeugung*. Frankfurt/Main: Suhrkamp.

Hark, Sabine (2011). Das ethische Regime der Bilder oder: Wie leben Bilder? In Angelika Bartl/Josch Hoeneß/Patricia Mühr/Kea Wienand (Hg.), *Sehen – Macht – Wissen. ReSaVoir. Bilder im Spannungsfeld von Kultur, Politik und Erinnerung*. Bielefeld: Transcript, 53–57.

Holert, Tom (2002). Evidenz-Effekt. Überzeugungsarbeit in der Visuellen Kultur der Gegenwart. In Matthias Bickenbach/Axel Fliethmann (Hg.), *Korrespondenzen. Visuelle Kulturen zwischen Früher Neuzeit und Gegenwart*. Köln: Universitäts- und Stadtbibliothek Köln, 198–225.

Holert, Tom (2000). Bildfähigkeiten. Visuelle Kultur, Repräsentationskritik und Politik der Sichtbarkeit. In Ders. (Hg.), *Imagineering. Visuelle Kultur und Politik der Sichtbarkeit*. Köln: Oktagon, 14–33.

Holtz-Bacha, Christiane (Hg.) (2008). *Frauen, Politik und Medien*. Wiesbaden: VS.

Hübscher, Sarah/Neuendank, Elvira (2018). Learning from Warburg. Der Bilderatlas als Erkenntnis-, Darstellungs- und Vermittlungsinstrument. *Zeitschrift für Pädagogik, 64*(3), 307–324.

Mitchell, William J. T. (2005). *What do pictures want?* Chicago et al.: University of Chicago Press.

Pappert, Steffen/Czachur, Waldemar (2019). Visueller Populismus. Eine Analyse multimodaler Praktiken anhand von Wahlplakaten aus Deutschland und Polen. *OBST, 95*, 103-127.

Petersen, Thomas/Schwender, Clemens (Hg.) (2011). *Die Entschlüsselung der Bilder. Methoden zur Erforschung visueller Kommunikation. Ein Handbuch*. Köln: Herbert von Halem Verlag.

Pumhösl, Alois (2017). Medienforscherin: „Es gibt Parallelen zwischen der FPÖ und Trump". Interview mit Uta Rußmann. URL: kurzelinks.de/4kbg [19.06.21]

Rauterberg, Hanno (2018). Kultureller Klimawandel. Wie Populisten in die Rolle der Avantgarde schlüpfen und die Künstler von Beschützern des Status Quo werden. *KUNSTFORUM, 254*, 88–103.

Rimmele, Marius/Stiegler, Bernd (2012). *Visuelle Kulturen. Visual Culture zur Einführung*. Hamburg: Junius.

Rodonò, Aurora (2023). u.a. In Sandra Hofhues/Konstanze Schütze (Hg.), *Doing Research*. Bielefeld: Transcript, 368–375.

Schade, Sigrid/Wenk, Silke (2011). *Studien zur Visuellen Kultur. Einführung in ein transdisziplinäres Forschungsfeld*. Bielefeld: Transcript.

Strand, Ryan T./Schill, Dan (2019). The Visual Presidency of Donald Trump's First Hundred Days. Political Image-Making and Digital Media. In Anastasia Veneti/Daniel Jackson/Darren G. Lilleker (Hg.), *Visual Political Communication*. Basel: Springer, 167–186.

Nicole Kreckel – Mindmap

- **NICOLE KRECKEL**
- NEUGIER
- MUSEOLOGIE
- Besucher*innen- + Ausstellungs-Forschung
- Politikwissenschaft / Visuelle Politik / Visuelle Kultur / Kunstgeschichte
- transdisziplinär / interdisziplinär
- "Politische Bilder"
- "Spaziergang" öffentlicher Raum
- Methoden der Bildanalyse & Decodierung
- Kommunikationswissenschaft
- LEHRE — Studierende einbeziehen
- TEXTE — persönlich
- DIALOG
- AUSTAUSCH
- Kollektives + gemeinsames Forschen + Denken an Themen — IDEAL
- GESPRÄCHE
- FRAGEN
- ANTWORTEN finden
- zuvor gestellte ANTWORTEN
- FRAGEN finden
- inter-/trans-disziplinär antworten

Autor*innen

Altenrath, Maike ist wissenschaftliche Mitarbeiterin am Lehrgebiet Mediendidaktik am Institut für Bildungswissenschaft und Medienforschung an der FernUniversität in Hagen. Sie beschäftigt sich mit Fragestellungen zur Digitalisierung und Digitalität (insbesondere) im Feld der Erwachsenenbildung.

Banaji, Shakuntala, Phd., ist Professorin für Medien, Kultur und sozialen Wandel an der London School of Economics and Political Science. Sie arbeitet zu den Themen Kindheit, Jugend und Medien, Teilnehmer*innen im globalen Süden, leitet den Masterstudiengang *Medien, Kommunikation und Entwicklung* und hat zahlreiche Publikationen zu Publikum, Film, Bürger*innenbeteiligung und neuen Medien veröffentlicht.

Baumgartner, Maximiliane ist Bildende Künstlerin und Kunstpädagogin. Sie zeigt ihre Arbeiten sowohl in institutionellen Kontexten in Einzelausstellungen als auch im urbanen Außenraum in Form von Aktionsräumen, die sie als mögliche Formen von (Gegen-)Öffentlichkeit sowohl als Produktions- als auch als Austragungsort versteht. Im Jahr 2020 erschien mit dem Neuen Essener Kunstverein und dem Kunstverein München die Publikation *Ich singe nicht für Bilder schöne Lieder*.

Berli, Oliver, Dr. phil., ist Soziologe und arbeitet an der Universität zu Köln. Er forscht zu Praktiken des Unterscheidens in Kultur und Wissenschaft. Im *Berliner Journal für Soziologie* erschien zuletzt seine Untersuchung zu Warming up und Cooling out in der Wissenschaft am Beispiel von Wissenschaftskarrieren in Deutschland. Zudem befasst er sich mit der textuellen Performanz qualitativer Forschung.

Breiter, Andreas, Dr.-Ing., ist Professor für Angewandte Informatik an der Universität Bremen. Zugleich leitet er dort das Institut für Informationsmanagement Bremen GmbH (ifib), ein gemeinnütziges Forschungsinstitut.

Breuer, Johannes, Dr. phil., ist Senior Researcher im Team *Data Augmentation* bei GESIS – Leibniz-Institut für Sozialwissenschaften und leitet zudem das Team *Research Data and Methods* am Center for Advanced Internet Studies (CAIS). Er befasst sich mit der Nutzung digitaler Spurdaten und publiziert regelmäßig zur Nutzung und Wirkung digitaler Medien.

Bührer, Alena arbeitete als wissenschaftliche Mitarbeiterin an der Universität zu Köln. Sie publiziert im Kontext des BMBF-Verbundprojekts *Ganztag-digital*, für das sie von 2019 bis 2021 tätig war.

Dander, Valentin, Dr. phil., ist Professor, Erziehungswissenschaftler und Medienpädagoge. Er leitet den Studiengang *Medienbildung und pädagogische Medienarbeit* an der Fachhochschule Clara Hoffbauer, Potsdam, und arbeitet zu Fragen Politischer Medienbildung und der Medienkritik in datafizierten Gesellschaften.

Dang, Sarah-Mai, Dr. phil., ist Leiterin der BMBF-Forschungsgruppe Ästhetiken des Zugangs (DAVIF) am Institut für Medienwissenschaft der Philipps-Universität Marburg und des internationalen DFG-Netzwerks *New Directions in Film Historiography*. Sie forscht und lehrt zu digitalen Methoden und Praktiken in den Geisteswissenschaften, Forschungsdaten, Open Science, audiovisueller Medienästhetik und feministischer Theorie. Ihre Arbeitsergebnisse veröffentlicht sie regelmäßig in deutsch- und englischsprachigen Publikationen.

de Witt, Claudia, Dr. phil., ist Professorin für Bildungstheorie und Medienpädagogik an der FernUniversität in Hagen. Sie forscht und lehrt über Bildung und Digitalisierung, Künstliche Intelligenz in der Hochschulbildung und Gestaltung digitaler Lehr-Lernprozesse. Sie leitet das *AI.EDU Research Lab* und gibt u.a. den Online-Sammelband *Medien im Diskurs* mit heraus.

DIS ist ein in New York City ansässiges Künstlerkollektiv, das von Ren Lauren Boyle, Marco Roso, Solomon Chase und David Toro gegründet wurde und Wissen und Diskurse in Erfahrungen verwandelt. 2016 kuratierte DIS die bb9 [berlinbiennale 9] und ihre kulturellen Interventionen manifestieren sich in einer Vielzahl von Medien und Plattformen, von ortsspezifischen Ausstellungen bis hin zu laufenden Online-Projekten. Die frühe Iteration von DIS war das DIS Magazine (2010-2017). dis.art konzentriert sich auf die Zukunft der Schnittfläche von Bildung+Unterhaltung [Genre-Non-Conforming Edutainment].

Fischer, Georg, Dr., ist Soziologe. Er arbeitet als wissenschaftlicher Mitarbeiter beim Verfassungsblog in einem Forschungsprojekt zu Open Access in den Rechtswissenschaften und publiziert regelmäßig auf iRights.info, einem journalistischen Portal zu Urheberrecht und Kreativität in der digitalen Welt.

Garz, Jona T., Dr. phil., ist Dipl.-Theol. und Bildungshistoriker_in. Er arbeitet an einer historischen Epistemologie psychometrischer Tests und ist momentan als Post-Doc an der Universität Zürich im NFP-76 Projekt Fürsorge und Zwang beschäftigt, wo er zur stationären Erziehung sogenannter psychopathischer Jugendlicher forscht.

Gathmann, Till arbeitet als Typograf und Künstler in Berlin. Er studierte an der Hochschule für Grafik und Buchkunst in der Klasse Typografie und in der Meisterklasse von Günter Karl Bose. Er ist auf konzeptuelle Kooperationen in der künstlerischen Buchgestaltung spezialisiert. Im Zentrum dieser Arbeit steht die Übersetzbarkeit von spezifischen Werken in das Medium Buch – auch im Hinblick auf die Prozesse dessen, was im psychoanalytischen Setting Übertragung genannt wird. In diesem Sinne sind Bücher Resultate der Modelle des Verstehens, die am und im Material des Arbeitsprozesses gebildet werden.

Götz, Magdalena ist wissenschaftliche Mitarbeiterin am Lehrstuhl für Medienästhetik an der Universität Siegen. Zuvor war sie Kollegiatin am Graduiertenkolleg *Locating Media* und wissenschaftliche Koordinatorin am Sonderforschungsbereich *Medien der Kooperation*. Sie forscht zu den Interrelationen von queer/feministischer Kunst, digitalen mobilen Medien, Affekten und Infrastrukturen. Als Kuratorin, Kunstvermittlerin, Lektorin und Projektmanagerin arbeitete sie für Ars Electronica, Kunstmuseum Celle, Edith-Ruß-Haus für Medienkunst.

Gramlich, Naomie ist wissenschaftliche*r Mitarbeiter*in am Lehrstuhl für Medienwissenschaft/Medientheorie an der Universität Potsdam und schreibt an einer Promotion zum Thema Extraktivismus, Dekolonisation und Mediengeologie.

Grüntjens, Jennifer ist wissenschaftliche Mitarbeiterin im Lehrgebiet Mediendidaktik am Institut für Bildungswissenschaft und Medienforschung an der FernUniversität in Hagen. Sie beschäftigt sich mit Fragestellungen zum Lehren und Lernen mit digitalen Medien und der Hochschuldidaktik, insbesondere mit forschendem Lernen in der Online-Lehre.

Haas, Annika ist wissenschaftliche Mitarbeiterin am Institut für Geschichte und Theorie der Gestaltung an der Universität der Künste Berlin. In ihrem Promotionsprojekt beschäftigt sie sich mit den ästhetischen Dimensionen der Theorie bei Hélène Cixous.

Hahn, Annemarie ist Dozentin für Kunstpädagogik an der HKB Bern und der Hochschule Düsseldorf. Die ausgebildete Mediengestalterin studierte Kunstpädagogik und Germanistik für das Lehramt an Förderschulen an der Universität zu Köln. Ihre Forschungsschwerpunkte sind: Kunstpädagogik, Digitalität, Inklusion unter Berücksichtigung agentieller Theorien. Sie promoviert *Zum Verhältnis menschlicher und dinglicher Akteur*innen bei der Konstitution inklusiver Subjekte in der Kunstpädagogik unter (post)digitalen Bedingungen*.

Heimstädt, Maximilian, Dr. rer. pol., ist Akademischer Oberrat an der Universität Bielefeld (Fakultät für Soziologie) und Leiter der Forschungsgruppe *Reorganisation von Wissenspraktiken* am Weizenbaum-Institut für die vernetzte Gesellschaft in Berlin.

Herzmann, Petra, Dr. phil., ist Professorin für empirische Schulforschung mit dem Schwerpunkt Qualitative Methoden. Sie arbeitet am Department Erziehungs- und Sozialwissenschaften der Universität zu Köln. Ihre Forschungsschwerpunkte umfassen die Professionalisierung und Professionalität von Lehrer*innen, Schul- und Unterrichtsforschung sowie Methoden rekonstruktiver Bildungsforschung. Sie publiziert regelmäßig in erziehungswissenschaftlichen Zeitschriften (u.a. ZfPäd, ZQF, ZISU).

Heudorfer, Anna ist als Referentin für Projektförderung in der Stiftung *Innovation in der Hochschullehre* tätig. Zudem forscht sie zu Hochschullehre mit Schwerpunkten auf der Verbindung von Forschen und Lernen sowie der Einbindung zivilgesellschaftlicher Akteur*innen in die Lehre.

Herlo, Bianca, Dr. phil., ist Designforscherin an der Universität der Künste Berlin. Sie leitet die Forschungsgruppe *Ungleichheit und digitale Souveränität* am Weizenbaum-Institut und lehrt Design an verschiedenen Hochschulen. Seit 2021 ist sie Vorsitzende der Deutschen Gesellschaft für Designtheorie und -forschung. Mit Daniel Irrgang, Gesche Joost und Andreas Unteidig gibt sie den Band *Practicing Sovereignty. Digital Involvement in Times of Crises* beim transcript Verlag heraus.

Hoffmann, Markus, Dr. phil., ist Akademischer Rat am Arbeitsbereich Schulforschung mit dem Schwerpunkt Unterrichtstheorien und Schulsystem der Universität zu Köln. Seine Arbeitsschwerpunkte sind schulische Sexualerziehung, Professionsforschung und Deutungsmusteranalysen. Er publiziert regelmäßig u.a. in der Zeitschrift ZISU.

Hofhues, Sandra, Dr. phil., ist Professorin für Mediendidaktik im Institut für Bildungswissenschaft und Medienforschung der Kultur- und Sozialwissenschaftlichen Fakultät der FernUniversität in Hagen. Sie forscht, lehrt und arbeitet zur Mediendidaktik unter Bedingungen von Digitalisierung und Digitalität. Zusammen mit Konstanze Schütze gibt sie den vorliegenden Band *Doing Research* heraus.

Jenert, Tobias, Dr. phil., ist Professor für Wirtschaftspädagogik, insbesondere Hochschuldidaktik und -entwicklung, an der Universität Paderborn.

Kaiser, Anja ist Grafikdesignerin, Künstlerin und Pädagogin. Sie befasst sich mit der Aneignung von widerständigen Medien, undisziplinierten grafischen Methoden und einer messy/unordentlichen Designgeschichte. Sie lehrt aktuell als Vertretungsprofessorin an der Hochschule für Grafik und Buchkunst Leipzig in der Fachklasse für Typografie. Ihre Arbeiten wurden in Brno auf der internationalen Design Biennale gezeigt und ausgezeichnet. 2017 erhielt sie den INFORM Preis der Galerie für Zeitgenössische Kunst Leipzig. 2020 widmete ihr Le Signe – Centre National du Graphisme in Chaumont eine umfassende Einzelausstellung zu ihrer autonomen und angewandten Gestaltungspraxis.

Klein, Kristin ist wissenschaftliche Mitarbeiterin am Institut für Kunst und Kunsttheorie der Universität zu Köln. Sie forscht zur Kunst(pädagogik) im Kontext postdigitaler Kulturen und ist Mit-Herausgeberin des Workbook Arts Education (2018), des Sammelbandes Postdigital Landscapes (2019) und der Plattform PIAER (2020).

Köppert, Katrin, Dr. phil., ist Kunst- und Medienwissenschaftler*in, hat an der Hochschule für Grafik und Buchkunst Leipzig die Juniorprofessur für Kunstgeschichte/populäre Kulturen inne, leitet das DFG-Forschungsnetzwerk *Gender, Medien und Affekt* sowie die *Akademie für transkulturellen Austausch* an der HGB Leipzig. Publiziert regelmäßig in der Zeitschrift für Medienwissenschaft bzw. fkw // Zeitschrift für Geschlechterforschung und visuelle Kultur.

Kolb, Gila, Dr. phil., leitet die Forschungsprofessur Fachdidaktik der Künste an der PH Schwyz und ist Dozentin im MA Art Education an der HKB Bern. Sie arbeitet zum Zeichnen können im Kunstunterricht, zur agency von Kunstvermittler*innen sowie zu Bedingungen einer postdigitalen Kunstpädagogik.

Kommer, Sven, Dr. phil., ist Professor für Allgemeine Didaktik mit dem Schwerpunkt Technik- und Medienbildung an der RWTH Aachen.

Kramer, Michaela, Dr. phil., ist Medienpädagogin. Sie arbeitet als Akademische Rätin an der Friedrich-Alexander-Universität Erlangen-Nürnberg, leitet derzeit vertretungsweise die Professur für Medienbildung an der PH Heidelberg und publiziert regelmäßig in Zeitschriften, Sammelbänden und Jahrbüchern zum Thema Sozialisation in tiefgreifend mediatisierten Gesellschaften.

Krebber, Gesa, ist Kunstpädagogin und arbeitet als Dozentin am Institut für Kunst und Kunsttheorie der Universität zu Köln. Sie leitet den Saloon Arts Education sowie das Kunstlehrer*innennetzwerk *Networking Beyond* und publiziert regelmäßig im Kopaed-Verlag.

Kreckel, Nicole ist Kunstwissenschaftlerin und freie -vermittlerin. Sie arbeitet an der Goethe-Universität Frankfurt am Main am Schwerpunkt Visuelle Kultur des Instituts für Kunstpädagogik, dort forscht sie zu gesellschaftsrelevanter Museumspraxis und politischen Bildern. Kunstvermittlung versteht sie als vielstimmige Praxis.

Leeker, Martina, PD. Dr., ist Theater- und Medienwissenschaftlerin. Bis 2018 war sie Senior-Researcher am *Centre for Digital Cultures* der Leuphana Universität Lüneburg. Derzeit hat sie die Lehrvertretung des Lehrstuhls für Ästhetische Theorie und Praxis am Institut für Kunst und Kunsttheorie der Universität Köln inne. Ihre Forschungsschwerpunkte umfassen digitale Kulturen, Theater und Digitalität, künstlerische Forschung, Mimesis, Bildungstheorien sowie Forschung mit performativen Methoden in Speculation-Labs und Wissensperformances.

Lorenz, Thorsten, Dr. phil., Professor im Ruhestand für Medienbildung an der PH Heidelberg, freier Essayist und Programmberater Hörfunk. Seine Publikations-Schwerpunkte liegen an den Schnittstellen von Wissenschafts- und Medientheorie; Bildung und Geschichte der Medientechnologien; Wissenschaftsjournalismus; Musik und/in Medien. Von 1985 bis 1996 war er Fernseh-Redakteur und Regisseur für ARD, ZDF und ARTE.

Loviscach, Jörn, Dr. rer. nat., ist Professor für Ingenieurmathematik und technische Informatik an der FH Bielefeld. Zuvor war er unter anderem stellvertretender Chefredakteur der Computer-Fachzeitschrift *c't*. Er hat Tausende von Videos veröffentlicht und bloggt zu Didaktik, Technik und Politik.

Macgilchrist, Felicitas, Phd., leitet die Abteilung *Mediale Transformationen* am Leibniz-Institut für Bildungsmedien | Georg-Eckert-Institut (GEI) und ist Professorin an der Universität Göttingen. Sie ist Co-Editor von Learning, Media and Technology und sie publiziert regelmäßig in Postdigital Science and Education, MedienPädagogik und Critical Discourse Studies.

Mayer, Katja, Dr. phil., ist Soziologin an der Universität Wien und arbeitet am Institut für Wissenschafts- und Technikforschung zu Open Science und der Macht der sozialwissenschaftlichen Methoden. Sie lehrt den kritischen Umgang mit Informationstechnologien. Am Zentrum *Soziale Innovation* leitet sie forschungspolitische Projekte.

MELT (Ren Loren Britton & Isabel Paehr) hinterfragt, wie Kolonialität, Klimawandel und technologische Entwicklungen miteinander verwoben sind und wie transformative materiell-diskursive Prozesse untersucht und in Gang gesetzt werden können anhand von Erkenntnissen aus Chemie, Crip Technoscience und trans*feminismus. MELT arbeitet derzeit am Meltionary, einem wachsenden experimentellen Verzeichnis, das verschiedene Materialien, Metaphern und Formen des Schmelzens untersucht.

Moll, Gerald ist Diplom-Designer und Professor für Kommunikationsdesign. Er arbeitet an der Hochschule Macromedia in Leipzig und Hamburg, ist Initiator des Startup Boogies in Leipzig und lehrt und forscht zu den Themen Wissenstransfer und Komplexitätsreduktion.

Mojescik, Katharina, Dr. rer. soc., ist Universitätsassistentin am Institut für Soziologie der Universität Innsbruck. Sie hat u.a. zu Forschendem Lernen und studentischen Medienhandeln geforscht und publiziert. Aktuell befasst sie sich mit Wandlungstendenzen der Erwerbsarbeit an der Schnittstelle zwischen Arbeits-, Wirtschafts- und Organisationssoziologie.

Musche, Sina ist Masterstudierende im Fachbereich Medienkulturwissenschaft und Intermedia an der Universität zu Köln. Sie beschäftigt sich mit Themenbereichen in der Medienpädagogik und queer-feministischer, neomaterialistischer Theorie.

Porombka, Stephan, Prof. Dr., ist seit 2013 Professor für Texttheorie und Textgestaltung an der Berliner Universität der Künste. Zuvor hat er u.a. an der Universität Hildesheim das universitätsweite Qualitätsmanagement aufgebaut und die Studiengänge *Kreatives Schreiben und Kulturjournalismus* sowie *Literarisches Schreiben* mitentwickelt und geleitet.

Rack, Fabian ist Wissenschaftlicher Mitarbeiter bei FIZ Karlsruhe – Leibniz-Institut für Informationsinfrastruktur und Rechtsanwalt bei iRights.Law. Er schreibt regelmäßig auf iRights.info über Urheberrecht und kreatives Schaffen in der digitalen Welt.

Reuter, Julia, Dr. phil, ist Professorin für Erziehungs- und Kultursoziologie an der Universität zu Köln. Aktuell forscht sie zu Fragen sozialer Ungleichheiten und Statuspassagen in Wissenschaftskarrieren. Gemeinsam mit anderen veröffentlichte sie u.a. 2020 das Buch *Vom Arbeiterkind zur Professur*.

Riettiens, Lilli, Dr. phil., ist Erziehungswissenschaftlerin. Sie arbeitet an der Universität zu Köln und vertritt dort derzeit die Juniorprofessur für Mediendidaktik und Medienpädagogik. Sie forscht und lehrt zum Themenfeld Gender und Medien.

Rodonò, Aurora ist Diversity-Managerin am Rautenstrauch-Joest-Museum Köln, Gastdozentin an der Universität zu Köln und freie Kulturarbeiterin. In ihrer akademischen und kuratorischen Praxis verbindet sie Kunst, Wissenschaft und Aktivismus. Im Mai 2017 war sie an der Durchführung des *Tribunals NSU-Komplex auflösen* (Schauspiel Köln) beteiligt.

Schäffer, Burkhard, Dr. phil., ist Professor für Erwachsenenbildung/Weiterbildung an der Universität der Bundeswehr München. Er forscht zu medienbezogener qualitativer Erwachsenenbildungsforschung und publiziert zu methodologischen, medientheoretischen und erwachsenenbildungsbezogenen Themen. Zudem ist er Herausgeber einschlägiger Handbücher zu Erwachsenenbildungsforschung, zu Film- und Fotoanalyse sowie Mitherausgeber der Reihe TELLL.

Scharlau, Ingrid, Dr. phil., ist Professorin für Kognitive Psychologie. Sie arbeitet an der Universität Paderborn, leitet dort die Arbeitsgruppe *Kognitive Psychologie*, das Schreibzentrum und Mentoring-Programme für Wissenschaftlerinnen. Sie publiziert zu allgemeinpsychologischen und hochschuldidaktischen Fragen.

Schaper, Sabrina ist wissenschaftliche Mitarbeiterin am Lehrgebiet *Mediendidaktik* an der FernUniversität in Hagen. Sie lehrt zu Fragen und Themen der Mediendidaktik unter Bedingungen der Digitalität und beschäftigt sich in ihrer Dissertation mit studentischen Handlungsorientierungen an der Universität als Organisation. Ihre Arbeits- und Forschungsschwerpunkte umfassen qualitative Methoden der empirischen Sozialforschung, Hochschul(bildungs)forschung und Hochschulentwicklung.

Schiefner-Rohs, Mandy, Dr. phil., ist Professorin für Pädagogik mit Schwerpunkt Schulpädagogik an der TU Kaiserslautern. Sie arbeitet an der Schnittstelle von medien- und (hoch-)schulpädagogischen Fragestellungen, leitet u.a. das Verbundprojekt *All is data* und publiziert regelmäßig in Kooperation und allein.

Schütz, Julia, Dr. phil., ist Erziehungswissenschaftlerin und Professorin für Empirische Bildungsforschung. Sie arbeitet an der FernUniversität in Hagen, leitet das dortige Lehrgebiet *Empirische Bildungsforschung* und publiziert zu professionspraktischen und -theoretischen Fragen in unterschiedlichen Fachzeitschriften.

Schütze, Konstanze, (Dr.), Kuratorin und Kunstpädagogin, lehrt und forscht als Juniorprofessorin für Kunst Medien Bildung an der Universität zu Köln. Forschungsfokus: Fragen der Bildlichkeit nach dem Internet, bildwissenschaftliche Medientheorie sowie transdisziplinäre Forschungssettings und interinstitutionelle Ansätze für die Kunstpädagogik/-vermittlung.

Stefflbauer, Nakeema, Dr., ist Digitalisierungsexpertin mit einem Hintergrund in Forschung, Technologietransformation und sozialem Unternehmer*innentum. Sie hat einen Executive MBA der *disruptiv Quantic School of Management* sowie Abschlüsse von der Brown University und der Harvard University. Als Gründerin und Geschäftsführerin der deutschen Non-Profit-Organisation *FrauenLoop* engagiert sich Dr. Stefflbauer gegen die Marginalisierung von Migrant*innen, Flüchtlingen und berufstätigen Eltern in der Technologieszene.

Terhart, Henrike, Dr. phil., ist Akademische Rätin. Sie arbeitet an der Universität zu Köln im Department Erziehungs- und Sozialwissenschaften, ist akademische Leitung des dortigen Weiterbildungsprogramms *LehrkräftePLUS* und publiziert regelmäßig in Fachzeitschriften und Sammelbänden.

Tillmann, Angela, Dr. phil., ist Erziehungswissenschaftlerin und Professorin für Kultur- und Medienpädagogik. Am Institut für Medienforschung und Medienpädagogik der TH Köln forscht sie u.a. zu Jugend/Kindheit und Medien, Sozialer Arbeit im digitalen Wandel und Geschlechterkonstruktionen in Medien.

Verständig, Dan, Dr. phil., ist Juniorprofessor für Erziehungswissenschaft mit dem Schwerpunkt Bildung in der digitalen Welt an der Otto-von-Guericke-Universität Magdeburg. Er arbeitet im Schnittfeld von Bildungstheorie und Digitalisierungsforschung.

Wagner, Lena ist aktuell als wissenschaftliche Mitarbeiterin am Didaktik-Medien-Zentrum der Hochschule Augsburg im Projekt *gP cycle* für digitale Innovation im Lernen und Lehren tätig. Ihr Schwerpunkt liegt dabei auf der mediendidaktischen Entwicklung einer kompetenzbasierten Plattform entlang des Studierenden-Lifecycle. Zuletzt war sie wissenschaftliche Mitarbeiterin am Institut für Medien, Wissen und Kommunikation an der Universität Augsburg sowie E-Learning-Autorin für die Universitäten Innsbruck und Kaiserslautern.

Wolfgarten, Tim, Dr. phil., ist wissenschaftlicher Mitarbeiter am Lehrerbildungszentrum der RWTH Aachen. Seine Arbeitsschwerpunkte ergeben sich über die Schnittstellen von Bildung und Migration, Medien und ästhetischer Bildung, bild- und kulturwissenschaftlichen Theorien sowie Methoden qualitativer Sozialforschung und forschendem Lernen.

Yazdani, Nushin Isabelle ist Designerin für Interaktion und Transformation, Künstlerin und KI-Forscherin. In ihrer Arbeit untersucht sie die Verflechtung von digitalen Technologien und sozialer Gerechtigkeit, künstlicher Intelligenz und Diskriminierung – aus einer intersektionalen, feministischen Perspektive. Sie ist Dozentin, Mitglied bei *dgtl fmnsm* sowie im *Design Justice Network* und kuratiert und organisiert Community-Events an der Schnittstelle von Technologie, Kunst und Design.

Zahn, Manuel, Dr. phil., arbeitet als Professor für Ästhetische Bildung an der Universität zu Köln. Seine Arbeitsgebiete sind Erziehungs- und Bildungsphilosophie, Medienbildung, Kunstpädagogik und Ästhetische Bildung in der digitalen Medienkultur. Er blickt auf zahlreiche Vorträge und Publikationen, zuletzt auf *Mikroformate. Interdisziplinäre Perspektiven auf aktuelle Phänomene in digitalen Medienkulturen* (2021).

to be continued online

Pädagogik

Tobias Schmohl, Thorsten Philipp (Hg.)
Handbuch Transdisziplinäre Didaktik
2021, 472 S., kart., 7 Farbabbildungen
39,00 € (DE), 978-3-8376-5565-0
E-Book: kostenlos erhältlich als Open-Access-Publikation
PDF: ISBN 978-3-8394-5565-4
ISBN 978-3-7328-5565-0

Andreas de Bruin
Mindfulness and Meditation at University
10 Years of the Munich Model

2021, 216 p., pb.
25,00 € (DE), 978-3-8376-5696-1
E-Book: available as free open access publication
PDF: ISBN 978-3-8394-5696-5

Andreas Germershausen, Wilfried Kruse
Ausbildung statt Ausgrenzung
Wie interkulturelle Öffnung und Diversity-Orientierung in Berlins Öffentlichem Dienst und in Landesbetrieben gelingen können

2021, 222 S., kart., 8 Farbabbildungen
25,00 € (DE), 978-3-8376-5567-4
E-Book: kostenlos erhältlich als Open-Access-Publikation
PDF: ISBN 978-3-8394-5567-8

Leseproben, weitere Informationen und Bestellmöglichkeiten finden Sie unter www.transcript-verlag.de